CHARLIE KAUFMAN

AMEISIG

Roman

Aus dem Englischen
von Stephan Kleiner

Carl Hanser Verlag

Die amerikanische Originalausgabe erschien 2020 unter dem Titel *Antkind*
bei Random House in der Penguin Random House Verlagsgruppe, New York.

Handlung und Personen in diesem Roman sind frei erfunden. Ähnlichkeiten der beschriebenen Figuren, einschließlich ihrer Vorgehens- und Verhaltensweisen, mit historischen oder lebenden Personen sind rein zufällig.

1. Auflage 2021

ISBN 978-3-446-26833-3

Umschlag: Peter-Andreas Hassiepen, München nach einem Entwurf
von Harper Collins Publishers | Motiv: © Jack Smyth
Satz: Satz für Satz, Wangen im Allgäu
Druck und Bindung: Friedrich Pustet, Regensburg
Printed in Germany

FSC
www.fsc.org
MIX
Papier aus verantwortungsvollen Quellen
FSC® C014889

AMEISIG

Es ist so amerikanisch, das Feuer.
Es gleicht uns so.
Seine Verwüstung. Und sein
schlussendlicher kurzer Triumph.

LARRY LEVIS,
»My Story in a Late Style of Fire«

Smoke gets in your eyes
Smoke gets in your eyes
Smoke gets in your eyes
Smoke gets in your eyes

JEROME KERN UND OTTO HARBACH,
»Smoke Gets in Your Eyes«

ES LANDET MIT einem *Wumms*, aus dem Nichts kommend, von außerhalb der Zeit, außerhalb jeder Ordnung, herausgeschleudert aus der Zukunft oder vielleicht der Vergangenheit, aber es landet hier, an dieser Stelle, in diesem Augenblick, der jeder Augenblick sein könnte, was wohl bedeutet, so nimmst du an, dass es gar kein Augenblick ist.

Es scheint ein Film zu sein.

HERBERT UND DUNHAM FAHREN RAD (1896)

Herbert und ich fahren mit den Rädern nach Anastasia Island rüber. Da gibt's jetzt die neue Brücke. Es ist der 30. November 1896 und beinah schon dunkel, aber noch nicht ganz. Das Wetter weiß ich nicht genau, weil die Aufzeichnungen gehn nicht so weit zurück, aber es ist Florida, also wird's wohl warm sein, egal welche Jahreszeit. Jedenfalls sind wir am Johlen und Schreien und alles, wie Jungs das so machen, weil genau das waren wir nämlich und tüchtig aufgekratzt obendrein. Ich will Herbert grad so eine Geschichte über einen Geist auftischen, ich weiß ja, dass ihm leicht bang wird, und es ist immer eine Mordsgaudi, ihn bisschen aufzuziehen. Herbert und ich, wir kennen uns, weil die Schwestern uns beide aufgenommen haben, wo wir noch ganz klein waren, weil wir waren Waisenkinder und mitten aufm Tolomato-Friedhof gefunden worden, kein Flachs, bisschen gruslig auch, wenn man sich's mal überlegt. Die Schwestern haben uns halt genommen, und so sind wir uns begegnet, und jetzt hat uns die Witwe Perkins beide adoptiert, die ist alt und einsam und wollte paar Jungs um sich rum, dass sie sich wieder jung fühlt und nicht so allein, meint sie. Aber das spielt jetzt keine Rolle, wo wir mit den Rädern nach Crescent

Beach fahren, weil da kann man so gut Trommler angeln. Immer noch nicht dunkel, und wir nehmen unsre Ruten und lassen die Räder stehn und dann zum Wasser runter.

»Was ist das?«, fragt Herbert.

Ich weiß es auch nicht genau, aber ich will ihm eh Bange machen und sag: »Vielleicht ein Geist, Herbert.«

Als er das hört, will Herbert auf der Stelle wieder in die Stadt verduften, also sag ich zu ihm, ich würd bloß Spaß machen, und in echt gäb's so was wie Geister gar nicht, und das scheint ihn zu überzeugen, dass es sich lohnen könnte, sich das Ding doch mal aus der Nähe anzuschauen.

Herbert willigt bibbernd ein, und wir gehn rüber zu dem Klumpen, weil so sieht es aus: wie ein Klumpen.

Donnerlittchen, ist der groß! Ich bin kein Vermessungsexperte, aber ich schätze, er muss wohl sechs Meter lang und drei Meter breit sein. Er hat vier Arme. Er ist weiß und fühlt sich an wie harter Gummi, so wie die Sohlen von den Colchester-Turnschuhen, die mir die Witwe Perkins zu meinem letzten Geburtstag gekauft hat, wo ich zehn geworden bin. Herbert will das Ding nicht anfassen, aber ich kann die Finger nicht davon lassen.

»Was ist denn das für ein Zeug?«, fragt Herbert.

»Keine Ahnung, Herbert«, sag ich. »Was hat die mächtige See zu uns emporgespuckt? Wer kann wissen, was in der Finsternis des Meeres, schwarz wie Tinte, lauert? Das ist, wie sagt man, eine Metapher für den Geist des Menschen in all seiner Unergründlichkeit.«

Herbert nickt gelangweilt. Er kennt das alles schon. Auch wenn wir uns so nah sind wie echte Brüder, sind wir doch sehr verschieden. Herbert interessiert sich nicht für Angelegenheiten des Geistes oder des Verstandes. Wenn ich ehrlich bin, würde ich sagen, er ist eher ein Pragmatiker. Aber er hört mir zu, was ich so spekuliere, deswegen liebe ich ihn, für seine Nachsicht. Also rede ich weiter: »Die Bibel, die uns die Schwestern im Waisenhaus gelernt haben, steckt voller Fischsymbolik, und soweit ich weiß, gibt's in allen mythologischen Überlieferungen

Fische, aus dem Orient oder sonst woher. Ich hab sogar gehört, in der Schweiz soll's einen Knaben namens Carl Young geben, der Fische für ein Symbol des Unterbewussten hält – heißt es Unbewussten oder Unterbewussten? Kann ich mir nie merken.«

Herbert zuckt mit den Schultern.

»Jedenfalls«, red ich weiter, »muss ich dabei an diesen Burschen Jona aus der Judenbibel denken. Der wird von einem riesigen Fisch verschluckt, weil er drückt sich davor, zu machen, was Gott von ihm verlangt. Nach einer Weile lässt Gott den Fisch Jona am Ufer ausspeien. Nun ist dieser Fisch hier an unserem Ufer ausgespien worden. Ist es das Gegenteil von Jona? Hat Gott diesen Fisch von irgendeinem riesigen Menschen verschlucken lassen, bloß damit er ihn hier wieder ausspeien kann? Ich weiß, man soll die Bibel nicht so wörtlich nehmen, sondern, wie heißt es noch, allegorisch und so fort. Aber hier liegt ein riesiges, mysteriöses Fischding vor uns. Und es hat vier Arme! Wie ein Fischhund. Oder ein halber Oktopus. Oder zwei Drittel von einer Ameise. Es ist geheimnisvoll!«

Ich sehe Herbert an. Er stupst das Monster mit einem Stock an, ohne zuzuhören.

»Komm«, sag ich. »Wir binden's mit Seetang an unsre Räder und schleifen's in die Stadt.«

Nun liebt Herbert Herausforderungen wie jeder andre auch, also leuchten seine Augen auf, und wir machen uns an die Arbeit. Als wir das Ding festgezurrt haben, steigen wir auf die Räder und versuchen, loszufahren. Der Seetang reißt ziemlich schnell, und Herbert und ich fliegen von den Rädern in einen Graben, woraus ich schließe, dass das Seeungeheuer schwerer ist, als wir gedacht haben. Wie gesagt, ich bin kein Experte für Gewichte oder Maße.

Herbert kommt drauf, Doc Webb aus der Stadt zu holen. Er ist der gebildetetste Mann von St. Augustine, und keiner weiß besser wie er, wie die Natur funktioniert. Außerdem ist er der Arzt von der Schule für die Blinden und die Tauben, und dort misst er grad die Temperatur von zwei kleinen augenlosen Jungs, als wir ankommen.

»Wie geht's, Jungs?«, fragt er uns, nicht die blinden Jungs, weil da weiß er wohl schon die Antwort.

»Wir dachten, es würde Sie vielleicht interessieren, dass wir grad ein Seeungeheuer am Crescent Beach gefunden haben«, sag ich, ganz stolz und alles.

»Stimmt das, Herbert?«, fragt Doc Webb Herbert.

Herbert nickt und sagt dann: »Wir glauben, es kommt aus der Judenbibel und alles.«

Das stimmt nicht ganz, aber es überrascht mich, dass Herbert überhaupt so viel mitgekriegt hat.

»Nun, ich kann mir die Sache erst morgen ansehen. Ich habe hier einen ganzen Schlafsaal voller blinder Kinder, deren Vitalfunktionen gemessen und aufgezeichnet werden müssen. Gar nicht zu reden von den gehörlosen Kindern am anderen Ende des Schulgeländes.«

Und als Doc Webb davonläuft, um sich seinen Aufgaben zu widmen, da schießt mir was durch den Kopf, und es trifft mich mit einer Heftigkeit, dass es mich verdammt noch mal fast umhaut.

»Herbert«, sage ich. »Was, wenn dieser Haufen Zeugs wir war?«

»Wie, wir?«, fragt Herbert.

»Na ja, nehmen wir mal an, es gäbe viele von uns –«

»Von dir und mir?«

»Ja. Von dir und mir, aber es wären Säuglinge von uns aus der Zukunft, die auf ihrer Zeitreise in die Vergangenheit ganz zusammengequetscht werden, ganz zu einer einzigen unseligen Monstrosität aus Fleisch zusammengequetscht. Also ist das vielleicht gar kein Seeungeheuer da am Strand, sondern bloß wir?«

»Du und ich?«

»Ist bloß 'ne Idee. Gibt einem aber schon zu denken.«

KAPITEL 1

MEIN BART IST ein Wunder. Er ist der Bart Whitmans, Rasputins, Darwins, und doch ist er ganz und gar mein Bart. Er ist marmoriertes, stahlwollenes Zuckerwattekonfekt, viel zu lang, zu dünn und zu widerborstig, um modisch zu sein. Und gerade dass er so unmodisch ist, ist seine Hauptaussage. Er sagt: Ich schere (ha!) mich keinen Deut um Mode. Ich schere mich nicht um Attraktivität. Dieser Bart ist zu groß für mein schmales Gesicht. Dieser Bart ist zu breit. Zusammen mit meiner Glatze lässt er meinen Schädel asymmetrisch wirken. Er ist abschreckend. Wer mir also entgegentritt, der tut es zu meinen Bedingungen. Da ich diesen Bart seit nunmehr drei Jahrzehnten trage, rede ich mir ein, er habe zur Renaissance des Bartes an sich beigetragen, doch in Wahrheit sind die Bärte von heute etwas völlig anderes und größtenteils pflegebedürftiger als ein glattrasiertes Gesicht. Und handelt es sich um Vollbärte, dann bedecken sie Gesichter, die auf konventionelle Weise gutaussehend sind, die Gesichter von Möchtegernholzfällern, von Männern, die ihr eigenes Bier brauen. Die Frauen mögen diesen Look, diese geleckten Großstadttypen, Männer in maskulinem *drag*. Aber so ist mein Bart nicht. Mein Bart ist auf widerborstige Weise heterosexuell, ungepflegt, rabbinisch, intellektuell, revolutionär. Er lässt meine Umgebung wissen, dass ich mich nicht für Mode interessiere, dass ich exzentrisch bin, dass ich ernsthaft bin. Er gibt mir die Möglichkeit, mein Gegenüber danach zu beurteilen, wie es mich beurteilt. Meidest du mich, bist du oberflächlich. Verspottest du mich, bist du ein Spießer. Widere ich dich an, bist du … konventionell.

Dass er einen Portweinfleck kaschiert, der sich von meiner Oberlippe bis zu meinem Brustbein erstreckt, ist drittrangig, allenfalls zweitrangig. Dieser Bart ist meine Visitenkarte. Er ist das, was mich in einem Meer aus Gleichförmigkeit unvergesslich macht. Es ist dieses Merkmal, das mich in Verbindung mit meiner eulenhaften Drahtgestellbrille, meiner Habichtnase, meinen tiefliegenden Schwarzdrosselaugen und meiner Geierglatze leicht karikierbar macht, als Vogel wie als Mensch. Mehrere gerahmte Beispiele aus verschiedenen kleinen, aber renommierten filmkritischen Zeitschriften (fotografiert zu werden, lehne ich aus philosophischen, ethischen, persönlichen und terminlichen Gründen ab) schmücken die Wände meines Arbeitszimmers. Mein Lieblingsstück ist ein Exemplar dessen, was man gemeinhin als Vexierbild kennt. Stellt man es auf den Kopf, erscheine ich als ein weißer Don King. Mich als eingefleischten Anhänger des Boxsports amüsiert dieser Bildwitz, und tatsächlich habe ich die umgedrehte Version der Illustration als Autorenfoto für mein Buch *Die verlorene Religion der Maskulinität: Joyce Carol Oates, George Plimpton, Norman Mailer, A. J. Liebling und die teils hart umkämpfte Geschichte des Boxsports, der süßen Wissenschaft, und warum* verwendet. Das Unheimliche ist, dass die Don-King-Illusion auch im wahren Leben funktioniert. Wenn ich im Yogakurs die Sirsasana mache, scharen sich die Hühner oft um mich und gackern, ich sähe aus wie »dieser fürchterliche Boxmensch«. Ich denke, auf diese Art flirten sie mit mir, diese mittelalten, frivolen Kreaturen, die mit ihren zusammengerollten Yogamatten unter dem Arm oder im Schulterholster einherstaksen und einer desinteressierten Welt ihre spirituelle Disziplin unter die Nase reiben – vom Yoga zum Mittagessen zum lieblosen Ehebett. Für mich ist es nur Training. Ich trage kein spezielles Outfit und überhöre die aus fernöstlichen Religionen zusammengepanschte Predigt, die die Yogalehrerin zuvor vom Stapel lässt. Ich trage nicht einmal kurze Hose und T-Shirt. Für mich heißt es graue Anzughose und weißes Hemd mit Knopfkragen. Gürtel.

Schwarze Balmorals an den Füßen. Die Brieftasche in die enge rechte Gesäßtasche gesteckt. Ich denke, das macht die Sache klar: Ich bin kein Schaf. Ich bin kein Mitläufer. Es sind die gleichen Kleider, die ich auch trage, sollte ich zufällig einmal zur Entspannung mit dem Rad durch den Park fahren. Kein mit Firmenlogos übersäter Spandex-Anzug in meinem Fall. Ich muss niemanden davon überzeugen, dass ich es mit dem Radfahren ernst meine. Ich muss niemanden von überhaupt irgendetwas überzeugen. Ich fahre Rad. Das ist alles. Will sich jemand dazu irgendeine Meinung bilden, nur zu, doch sie interessiert mich nicht. Ich räume gern ein, dass es meine Freundin war, die mich dazu gebracht hat, ein Fahrrad zu besteigen und einen Yogaraum zu betreten. Sie ist eine berühmte Fernsehschauspielerin, bekannt für ihre Rolle als grundanständige, aber sexuell anziehende junge Mutter in einer Neunzigerjahre-Sitcom und aus vielen Fernsehfilmen. Sie kennen sie mit Sicherheit. Man könnte meinen, für mich als älteren intellektuellen Autor wäre sie »ein paar Nummern zu groß«, doch das wäre ein Irrtum. Als wir uns bei einer Signierstunde zu meiner hochgelobten, in einem Kleinverlag erschienenen kritischen Biografie von –

Etwas (ein Reh?) läuft vor meinem Wagen über die Straße. Augenblick mal! Gibt es hier Rehe? Ich bin der Meinung, irgendwo gelesen zu haben, es gäbe hier Rehe. Ich muss das bei Gelegenheit einmal überprüfen. Die mit den Reißzähnen? Ich glaube, es gibt so etwas – Rehe mit Reißzähnen –, aber ich weiß nicht, ob ich es mir nur eingebildet habe, und falls nicht, weiß ich nicht, warum ich sie mit Florida in Verbindung bringe. Ich muss das überprüfen, wenn ich angekommen bin. Was immer es auch war, es ist längst verschwunden.

Ich fahre durch die Finsternis auf St. Augustine zu. Ich bin in Gedanken zu dem Bartmonolog abgeschweift, wie ich es während langer Reisen mit dem Auto oft tue. Während Reisen aller Art. Ich habe den Monolog bei Signierstunden gehalten, bei einem Vortrag über Jean-Luc Godard im Mithörsaal der Mensa des jüdischen Studentenheims in der 92nd Street. Den Leuten scheint es zu gefallen. Es ist mir gleichgültig, aber es scheint der Fall zu sein. Ich erwähne dieses Detail nur, weil es der Wahrheit entspricht. Die Wahrheit ist meine Herrin in all meinem Treiben, wenn man sagen kann, dass ich eine Herrin habe, was man nicht kann. Zweiunddreißig Grad laut der Außentemperaturanzeige meines Autos. Achtundneunzig Prozent Luftfeuchtigkeit laut dem Schweißfilm auf meiner Stirn (in Harvard nannte man mich liebevoll das menschliche Hygrometer). Im Scheinwerferlicht ein Sturm aus Insekten, die gegen die Windschutzscheibe klatschen und von den Scheibenwischern verschmiert werden. Meiner semiprofessionellen Einschätzung nach ist es ein Schwarm der Haarmücke – *Plecia nearctica* –, auch bekannt als Liebesfliege, Flitterwochenfliege oder Zweikopfmücke, weil immer zwei von ihnen aneinandergeklammert fliegen, selbst nachdem die Paarung abgeschlossen ist. Es ist diese Art des postkoitalen Kuschelns, die ich nach dem Geschlechtsakt mit meiner afroamerikanischen Freundin so genieße. Sie kennen sie ganz bestimmt. Könnten wir beide auf diese Weise durch die Nacht fliegen, ich würde es sofort tun, selbst wenn die Gefahr bestünde, an der Windschutzscheibe eines Riesen zu zerplatzen. Einen Augenblick lang verliere ich mich in diesem so sinnlichen wie tödlichen Szenario. Ein vernehmliches *Spratz* reißt mich aus der Zerstreuung dieses Reisetraums und ich sehe, dass ein besonders großes und bizarres Insekt gegen das Glas geprallt ist, exakt in der Mitte dessen, was ich als den nordwestlichen Quadranten der Windschutzscheibe einschätzen würde.

Der Highway ist leer, das Nichts zu beiden Seiten gelegentlich unterbrochen von einem fluoreszierenden Fast-Food-Restaurant, geöffnet, aber verwaist. Keine Autos auf den Parkplätzen. Die Namen klingen nicht vertraut. Slammy's. The Jack Knife. Mick Burger. Diese Läden mitten in der Einöde haben etwas Unheimliches an sich. Für wen machen sie das Essen? Woher nehmen sie die Zutaten? Kommen Lastwagen mit gefrorenen Fleischbratlingen aus irgendeinem Slammy's-Lager vorbeigefahren? Schwer vorstellbar. Vermutlich war es ein Fehler, aus New York hierherzukommen. Ich dachte, es hätte vielleicht etwas Meditatives, wäre eine Gelegenheit, über das Buch nachzudenken, über Marla, über Daisy, über Grace, darüber, wie weit entfernt ich offenbar von allem bin, was ich mir im Leben vorgenommen habe. Wie geschieht so etwas? Kann ich überhaupt wissen, wer ich war, ehe mich die Welt in die Finger bekommen, mich gegen mich selbst gewendet und zu diesem ... *Ding* gemacht hat?

Doch das ist Schnee von gestern, wie der sogenannte Volksmund sagt. Man kann es nicht wissen. Willkürliche Überlegungen nach einer archäologischen Ausgrabung mit magerem Ergebnis. Woher kommt diese Wut? Warum weine ich? Warum liebe ich die Frau aus dem Whole-Foods-Biosupermarkt? Selbst nachdem sie von Amazon aufgekauft wurden, liebe ich sie noch, obwohl ich weiß, dass Amazon für alles Schlechte an dieser Welt steht. Nun gut, noch nicht *alles*. Daran arbeitet Bezos noch. Was versuche ich zu beweisen? Was zum Teufel versuche ich zu beweisen? Und ich bewege mich weiter in die Zukunft hinein, weiter weg von dem Zeitpunkt, da dieses geborstene Tongefäß neu war, da sein Zweck eindeutig war, da es dafür geschaffen war, eine bestimmte, längst vergessene Sache zu bergen. Welchen Schmerz sollte es bergen? Welche Scham? Welchen Verlust? Welche – wenn ich mir den Gedanken erlauben darf – Freude? Welches ungestillte, auf ewig verworfene Bedürfnis? Hier bin ich, jenseits der fünfzig, ohne Haupthaar und mit einem ungepflegten grauen Bart, und fahre durch die Nacht, um für ein Buch über Gender und Film zu recherchieren, ein Buch, das mir kein Geld einbringen und von niemandem gelesen werden wird. Will ich das wirklich tun? Bin ich der, der ich sein will? Will ich wirklich dieses lächerliche Gesicht, das ich, wie böse Zungen sagen, verdient habe? Nein. Und doch ist es da. Was ich will, ist *ganz* sein. Ich will mich nicht hassen. Ich will hübsch sein. Ich will, dass mich meine Eltern vor einer Million Jahren lieben, wie sie es vermutlich nicht getan haben. Vielleicht haben sie es auch getan. Ich glaube, das haben sie, aber ich kann keine andere Erklärung für diese ewige Bedürftigkeit finden, dieses nicht zu füllende Loch, diese Überzeugung, abstoßend zu sein, armselig, widerwärtig. Ich suche in jedem Gesicht nach irgendeinem Beweis des Gegenteils. Flehentlich. Ich will, dass sie mich anschauen, wie ich die Frauen anschaue, die an mir vorübergehen, ohne mich zu sehen. Hochmütig und eigenständig. Vielleicht habe ich deswegen den Bart. Er ist das Gebell des getroffenen Hundes. Er sagt: Du musst mich nicht lieben, musst mich nicht anziehend finden, und auf diese Weise werde ich das demonstrieren. Ich werde wie ein lächerlicher Intellektueller aussehen. Ich werde schmutzig aussehen, so als röche ich womöglich schlecht. Als ich jünger war, hatte ich noch etwas Hoffnung, mich in etwas Anziehendes zu verwandeln. Die Lüge vom hässlichen Entlein, die man traurigen, unattraktiven Kindern eintrichtert wie Stopfgänsen den Mais. Ich ging ins Fitnessstudio. Ich ging joggen. Ich kaufte mir angesagte Kleidung. Breite Gürtel waren in. Ich kaufte die breitesten Gürtel, die ich finden konnte. Ich musste bis zu Lindenhurst marschieren, um sie aufzutreiben. Ich ließ mir eigens die Gürtelschlaufen von einem Schneider in Weehawken vergrößern, der für David Soul ähnliche Arbeiten erledigte. Doch die Haare gingen mir aus, und mein Gesicht alterte, und es war zwecklos, es zu leugnen, also schlug ich die andere Richtung ein. Vielleicht könnte ich weise aussehen. Vielleicht würden meine wässrigen Augen hinter dicken Gläsern gedankenvoll oder gar gütig erscheinen. Das war meine größte Chance. Und es bewirkte in jedem Fall, dass ich wahrgenommen wurde. Zweifellos wurde hinter meinem Rücken gelacht, doch meine Beharrlichkeit zeugte von meiner Missachtung des Standardmodells, von meiner Unabhängigkeit.

Und in einem gewissen Rahmen hat es auch funktioniert. Meine jetzige Freundin, die meiner Ehe ein Ende gesetzt hat, ist eine Schauspielerin, wunderschön, Star einer Neunziger-Sitcom, Sie kennen sie in jedem Fall. Ich glaube, sie fühlte sich von meinem rebellischen, intellektuellen Äußeren angezogen. Und von meinem letzten Buch. Sie ist Afroamerikanerin, nicht dass das eine Rolle spielte, aber ich hätte gewiss nicht damit gerechnet. Ich hätte nie gedacht, eine afroamerikanische Frau könnte sich für mich interessieren. Ich bin alles andere als ein supermaskuliner Geringqualifizierter, und sie ist sehr schön und fünfzehn Jahre jünger als ich. Sie hatte mein Buch über William Greaves und seinen Film *Symbiopsychotaxiplasm* gelesen. Sie schrieb mir einen Fanbrief. Sie kennen sie. Sie ist sehr schön. Ich werde ihren Namen nicht nennen. Wir trafen uns, und meine schwierige Ehe wurde augenblicklich zu einer unerträglichen. Diese afroamerikanische Frau war alles, was ich mir stets gewünscht und nie für möglich gehalten hatte. Sie hat auch in mehreren Filmen mitgespielt. Filmen, die ich in meinen Schriften analysiert habe, wobei ich ihre Schauspielleistung hervorhob. Sie ist offenkundig belesen. Sie ist witzig, und unsere Unterhaltungen sind wie Blitzschläge: geistreich, gefühlstief, freimütig. Oft reden wir die ganze Nacht hindurch, befeuert von Kaffee, Zigaretten (die ich vor Jahren aufgegeben habe, aber unerklärlicherweise noch immer rauche, wenn ich mit ihr zusammen bin) und Sex. Ich wusste gar nicht, dass ich noch zu solchen Erektionen fähig bin. In der ersten Nacht bekam ich ihn nicht hoch, weil ich mir vorstellte, dass sie mich mit der Anatomie des stereotypen afroamerikanischen Mannes verglich, und gehemmt und beschämt war. Doch wir sprachen darüber. Sie erklärte mir, sie sei sowohl mit spärlich als auch mit üppig behangenen schwarzen Männern zusammen gewesen, meiner Annahme hafte etwas Rassistisches an und das müsse ich überdenken. Dann sagte sie, die Größe sei ohnehin nicht wichtig. Entscheidend sei, wie ein Mann seinen Penis, seinen Mund, seine Hände einsetze. Die Liebe, mit der er sich dem widme, sei das ultimative Aphrodisiakum, erklärte sie. Sie schloss mit den Worten, ich müsse meine privilegierte Stellung als weißer Mann hinterfragen, was in meinen Augen nichts mit dem Thema zu tun hatte, doch sie hatte gewiss recht. Sie ist eine weise afroamerikanische Frau und überaus sinnlich. Was immer sie tut, sei es schmecken oder baden oder schauen oder Sex, tut sie mit der größten Unmittelbarkeit, die ich je bei einem anderen Menschen beobachtet habe. Ich habe viel von ihr zu lernen.

Im Laufe der Jahrzehnte habe ich Mauern um mich herum errichtet, die niedergerissen werden müssen. Das hat sie mir gesagt, und ich versuche es. Ich gehe mit ihr zum Yoga, und ich achte stets darauf, mich dabei hinter ihr zu platzieren, um ihren prächtigen afroamerikanischen Hintern betrachten zu können. Es ist kaum zu glauben, dass ich so etwas anfassen darf. Und sie hat uns für ein Tantra-Wochenende angemeldet, das im Juli stattfinden soll und mich schon jetzt ganz nervös macht. Kontrolle über die Ejakulation ist wichtig, aber ich weiß nicht, wie wohl mir dabei ist, mich tantrisch mit Fremden auseinanderzusetzen. Meine Freundin hat schon einmal an diesem Workshop teilgenommen und sie sagt, er habe ihr Leben verändert, doch mir ist nicht wohl dabei, mich vor Fremden auszuziehen. Nicht nur wegen des Problems mit meiner Penisgröße, daran arbeite ich (an meiner Einstellung dazu, nicht an der Größe), sondern auch wegen des Problems mit meiner Körperbehaarung. Es gilt heutzutage nicht als attraktiv, wenn Männer (oder Frauen, lassen Sie mich gar nicht von dieser sexistischen Doppelmoral anfangen, von diesem gesellschaftlichen Albtraum der erwachsenen Frau, die sich wie ein vorpubertäres Kind gibt) überhaupt Körperbehaarung haben, ganz zu schweigen von üppiger Körperbehaarung. Ich weigere mich, an der Kultur des Waxings oder Epilierens teilzuhaben. Ich betrachte das als eitel und unmännlich, und so bin ich stattdessen eben befangen. Meine Freundin sagt, der Workshop werde im Hinblick auf unser Geschlechtsleben Wunder bewirken, und das ist gut, doch ich kann mich des Gedankens nicht erwehren, dass das bedeutet, dass sie unbefriedigt ist. Sie sagt, das sei nicht der Fall, es gehe dabei um spirituelle Kommunikation und das Überwinden von Ängsten, und ich glaube, das kann ich so annehmen. Es ist nur eben so, dass mir diese Beziehung aufgrund ihrer Frische und, ich gestehe es, ihrer exotischen Natur ausgesprochen viel bedeutet. Es gibt viel zu überlegen, und die Haarmücken klatschen weiter gegen die Windschutzscheibe. Die Scheibenwischer funktionieren offenbar nicht mehr richtig. Sie verteilen die Insekten lediglich. Ich halte Ausschau nach einer Tankstelle oder wenigstens einem Sammy's, wo ich etwas Wasser und eine Serviette bekommen könnte. Doch da ist nichts. Nur Finsternis.

Beschreiben Sie mir, wie es anfängt.

In einem Auto. Ich sitze am Steuer. Ich, aber nicht ich. Wissen Sie, was ich meine? Nacht. Finster. Schwarz eigentlich. Ein leerer Highway, gesäumt von schwarzen Bäumen. Konstellationen aus Motten und Insekten mit harten Panzern im Licht der Scheinwerfer, sie prallen gegen die Windschutzscheibe, hinterlassen ihre Innereien. Ich drehe am Radio herum. Ich bin nervös, aufgekratzt. Zu viel Kaffee? Erst Starbucks, dann Dunkin' Donuts. Dunkin' Donuts hat natürlich den besseren Kaffee. Starbucks ist der smarte Kaffee für dumme Leute. Es ist der Christopher Nolan des Kaffees. Dunkin' Donuts ist anspruchslos, authentisch. Es ist das schlichte, ehrliche Vergnügen eines Judd-Apatow-Films. Nicht angeberisch. Unverstellt. Menschlich. Versuch es nicht mit mir aufzunehmen, Christopher Nolan. Du wirst immer den Kürzeren ziehen. Ich weiß, wer du bist, und ich weiß, ich bin der Klügere von uns beiden. Im Radio bekomme ich lange keinen Sender herein. Dann verrauschte kubanische Popmusik. Meine Finger klopfen auf dem Lenkrad herum. Ich kann es nicht kontrollieren. Alles bewegt sich, ist lebendig. Herzklopfen, pulsierendes Blut. Schweißtropfen, die sich auf der Stirn sammeln und hinunterrinnen. Dann ein Prediger: »Ihr werdet weiterhin hören, aber nicht verstehen, und ihr werdet weiterhin sehen, aber nicht erkennen.« Dann nichts. Dann der Prediger. Dann nichts. Insekten zerplatzen weiter im verrauschten Nichts. Dann der Predig– Ich stelle den Prediger ab. Die Reifen surren. Es ist so dunkel. Es beginnt zu nieseln. Wie wird das gemacht? Wie macht er den Regen fallen? Ein Wunder der Handwerkskunst. Eine weitere Illusion. Die Schönheit der Welt, geschaffen durch Übung, über Jahrzehnte hinweg, durch Versuch und Irrtum. Vor mir eine fluoreszierende Explosion aus Licht. Fast-Food-Restaurant. Slammy's. Slammy's mitten im Nichts. Inmitten des Nieselregens und der Scheibenwischer und der Insekten und der Schwärze. Slammy's. Der Parkplatz ist verwaist; das Restaurant ist verwaist. Geöffnet, aber verwaist. Ich habe im wahren Leben noch nie von Slammy's gehört. Unbekannte Fast-Food-Restaurants haben etwas Beunruhigendes an sich. Sie sind wie Konserven von Billigmarken in einem Supermarktregal. Neelons Original Thunfisch macht mir jedes Mal Angst. Ich gewöhne mich nie daran. Ich bringe es nicht über mich, Neelons Original Thunfisch zu kaufen, obwohl er laut Etikett delfinsicher mit der Angel gefischt und in Quellwasser eingelegt ist und über eine neue und verbesserte Textur verfügt. An der Straße hatten mehrere dieser mysteriösen Fast-Food-Restaurants gelegen: The Jack Knife. Morkus Flats. Ipp's. Alle verwaist. Alle hellerleuchtet. Wer isst dort? Vielleicht wirken diese Restaurants bei Tageslicht weniger unheilvoll.

In jedem Fall bremse ich ab und fahre auf den Parkplatz. Die Insekten auf der Windschutzscheibe haben mir beinahe vollständig die Sicht genommen. Ich sehe, erkenne aber nichts – außer Insekten. Ich höre sie, verstehe sie aber nicht. Ich brauche Servietten und Wasser. Eine junge Afroamerikanerin in einer karnevalistisch gefärbten Uniform streckt argwöhnisch den Kopf aus der Küche, als das Geräusch meiner Reifen auf dem Schotter ertönt. Ich parke und gehe dann auf sie zu. Sie sieht mich unter schweren Augenlidern hervor an.

»Willkommen bei Sammy's«, sagt sie, ohne es zu meinen. »Was kann ich für Sie tun?«

»Hallo. Ich müsste einmal die Toilette benutzen«, sage ich dem Kopf auf den Kopf zu.

Ich lache innerlich über das Wortspiel. Ich muss daran denken, es irgendwo einzubauen, vielleicht in meinem anstehenden Vortrag bei der Internationalen Gesellschaft der Liebhaber antiker Filmprojektoren (IGLAF). Die sind ein lustiger Haufen.

Die Herrentoilette ist ein Albtraum. Man fragt sich, was Leute auf öffentlichen Toiletten treiben, dass die Wände hinterher mit Fäkalien beschmiert sind. Und es kommt nicht selten vor. Aber wie passiert es? Der Gestank ist unerträglich, und es gibt keine Papiertücher, nur einen dieser Gebläsetrockner, die ich hasse, weil sie bedeuten, dass ich keine Möglichkeit habe, den Türknauf zu drehen, ohne den Türknauf anzufassen, den ich aber nie anfassen will.

Ich drehe ihn mit Daumen und kleinem Finger der linken Hand.

»Daumen und kleiner Finger links«, sage ich laut, um in meinem Gehirn zu verankern, mit welchen Fingern ich mir nicht die Augen reiben oder in Mund oder Nase fassen darf, ehe ich nicht anständige Seife und Wasser gefunden habe.

»Ich bin eigentlich nur auf der Suche nach etwas Wasser und Papiertüchern. Für die Windschutzscheibe«, sage ich zu dem afroamerikanischen Teenager.

»Sie müssen was kaufen.«

»Gut. Was empfehlen Sie?«

»Ich empfehle Ihnen, was zu kaufen, Sir.«

»In Ordnung. Ich nehme eine Coke.«

»Wie groß?«

»Groß.«

»Small, Medium oder Biggy.«

»Biggy Coke? So nennt man das?«

»Ja. Biggy Coke.«

»Dann eine Biggy Coke.«

»Coke haben wir nicht.«

»Verstehe. Was haben Sie denn?«

»Slammy's Original Boardwalk Cola. Slammy's Original Boardwalk Root –«

»Ist gut. Cola.«

»Wie groß?«

»Groß.«

»Biggy?«

»Ja, Biggy. Entschuldigung.«

»Was noch?«

Ich möchte, dass sie mich mag. Sie soll wissen, dass ich nicht irgend so ein privilegiertes jüdisches Rassistenarschloch aus dem Norden bin. Zunächst einmal habe ich eine afroamerikanische Freundin. Ich möchte, dass sie das weiß. Ich weiß nicht, wie ich es in dieses Gespräch einflechten soll, in diesem frühen Stadium unserer Beziehung. Aber ich spüre ihren Abscheu, und sie soll wissen, dass ich nicht der Feind bin. Sie soll auch wissen, dass ich kein Jude bin. Es gibt historisch bedingte Spannungen zwischen der afroamerikanischen und der jüdischen Community. Es ist mein Fluch, dass ich jüdisch aussehe. Darum verwende ich meine Kreditkarte, sooft es geht. Ich werde sie auch verwenden, um die Slammy's-Cola zu bezahlen. Dann wird in meiner aufgeklappten Brieftasche vielleicht zufällig das Foto meiner afroamerikanischen Freundin zum Vorschein kommen. Und sie wird sehen, dass ich mit Nachnamen Rosenberg heiße. Kein jüdischer Name. Nun ja, kein *ausschließlich* jüdischer Name. Wird ihr das überhaupt bewusst sein? Ich sollte sie nicht für ungebildet halten. Das ist rassistisch. Ich sollte meine Privilegien beim Hereinkommen an der Garderobe abgeben, wie meine afroamerikanische Freundin gern sagt. Doch mir sind schon viele Leute verschiedenster Abstammung begegnet, die nicht wussten, dass Rosenberg kein jüdischer Name ist, nun ja, zumindest nicht ausschließlich. Ich dachte, sie wüssten es. Aber im Verlauf der Unterhaltung lenkten sie das Gespräch auf den Holocaust oder Dreidel oder Gefilte Fisch, aus Nettigkeit, als Handreichung. Und ich nutze die Gelegenheit dann immer, um ihnen zu erklären, dass Rosenberg in Wahrheit ein deutscher –«

»Was noch?«, wiederholt sie.

»Muss ich denn noch etwas kaufen, um Papiertücher zu bekommen?«

»Fünf Dollar Minstverzehr«, sagt sie und zeigt auf irgendein imaginäres Schild.

Ich will ihr sagen, dass es *Mindestverzehr* heißt, doch ich halte meine Zunge im Zaum. Dafür bleibt immer noch Zeit, wenn wir uns erst einmal angefreundet haben. Ich schaue auf die Menütafel über ihr. »Wie ist der Slammy's-Burger?«

Sie betrachtet ihre Fingernägel und wartet.

»Den nehme ich.«

»Sonst noch was?«

»Nein. Das wäre alles.«

»Fünf Dollar siebenunddreißig.«

Ich ziehe die Brieftasche mit dem gut sichtbaren Foto meiner Freundin heraus. Sie würden sie erkennen. Sie hat als grundanständige, aber sexuell anziehende junge Mutter in einer Neunziger-Sitcom begonnen. Ich werde ihren Namen nicht nennen, doch sie ist wunderschön und klug und witzig und weise und Afroamerikanerin. Sie bevorzugt die Bezeichnung »schwarz«, aber ich komme einfach nicht gegen meine gute Kinderstube an. Ich arbeite daran. Das Mädchen hinter dem Tresen schaut nicht auf meine Brieftasche. Ich gebe ihr meine Kreditkarte. Sie nimmt sie, inspiziert sie und gibt sie mir dann zurück.

»Keine Kreditkarten«, sagt sie.

Warum hat sie sie genommen? Ich gebe ihr sechs Dollar. Sie zählt das Wechselgeld ab, zählt noch einmal nach und legt es dann auf den Tresen. Warum will sie meine Hand nicht berühren?

»Könnte ich auch einige Papiertücher und etwas Wasser bekommen?«

Sie seufzt, als hätte ich sie gebeten, mir am Wochenende beim Umzug zu helfen, und verschwindet im Hinterraum, wo vermutlich das Wasser und die Papiertücher aufbewahrt werden. Ein junger afroamerikanischer Mann in der gleichen Karnevalsaufmachung streckt den Kopf heraus und sieht mich an. Ich lächle und nicke ihm zu. Er verschwindet. Das Mädchen kehrt mit einer Tüte, zwei kleinen Pappbechern voll Wasser und drei Papiertüchern zurück.

»Könnte ich etwas mehr Papiertücher bekommen? Ich habe sehr viele Insekten auf der Windschutzscheibe.«

Sie sieht mich sehr lange – vielleicht fünf Minuten lang? – ungläubig an, dann dreht sie sich um und verschwindet im Hinterraum. Ich will unbedingt, dass sie mich mag. Wie kann ich sie dazu bringen, ihre Meinung über mich zu ändern? Weiß sie, dass ich ein ganzes Buch über die Arbeit des bahnbrechenden afroamerikanischen Filmemachers William Greaves geschrieben habe, dessen narrativer Dokumentarfilm *Symbiopsychotaxiplasma* seiner Zeit so weit voraus war, dass ich Greaves zum Vincent van Gogh des amerikanischen Kinos erklärt habe? Wobei mir nun bewusst wird, dass es etwas Rassistisches hat, einen afroamerikanischen Filmemacher aufzuwerten, indem man ihn mit einem weißen Künstler aus Europa vergleicht. Einem toten Künstler obendrein. Ich habe vergessen, *tot* und *heterosexuell* zu denken. Und da ist noch ein weiteres Adjektiv ... *cis*. Aber weiß sie überhaupt, dass ich dieses Buch geschrieben habe? Gibt es irgendeine Möglichkeit, das jetzt zu erwähnen? Ich bin kein Rassist. Nicht im Geringsten. Sie kehrt mit drei weiteren Papiertüchern zurück. Der Spender spuckt vermutlich immer drei auf einmal aus.

»Kennen Sie William Greaves?«, frage ich, um die Lage zu sondieren.

Der junge Mann streckt wieder den Kopf heraus, bedrohlich diesmal, so als hätte ich dem Mädchen gerade einen Heiratsantrag gemacht.

»Schon gut«, sage ich. »Danke für die Tücher und das Wasser.«

Ich wende mich zum Gehen. Jemand lässt einen pfeifenden Seufzer entweichen. Entweder sie oder er. Vielleicht ist im Hinterraum auch noch ein dritter Afroamerikaner, der fürs Seufzen zuständig ist. Ich mache nicht kehrt, um nachzusehen. Ich bin verletzt. Ich bin einsam. Ich möchte geliebt werden. Sobald ich das Sammy's-Restaurant verlassen habe, verriegelt sich die Tür hinter mir. Die Innenbeleuchtung verlischt, und der Parkplatz ist in trübes Rot getaucht. Ich drehe mich um. Im Fenster ein leuchtendes GESCHLOSSEN-Schild. Wohin sind sie verschwunden? Brauchen sie kein Licht, um ihre Sachen zu packen? Haben sie Autos?

KAPITEL 2

ES IST UNHEIMLICH hier draußen. Sirrende Insekten. Frösche. Ich lege Essen und Getränk ins Auto und schrubbe mit nassen Papiertüchern an der Scheibe herum. Die Insekten verschmieren wie Vaseline. Bald sind die Papiertücher nutzlos. Die Windschutzscheibe sieht schlimmer aus als zuvor. Ich treffe die leicht überspannte Entscheidung, mein Hemd zu benutzen. Das große Insekt im nordwestlichen Quadranten hat einen harten Panzer und klebt fest. Ich kratze mit dem Nagel des kleinen Fingers meiner Türknaufhand daran herum, der rot lackiert ist, um meine Solidarität mit der australischen Polished-Man-Bewegung zu bekunden, aber auch um eine geringe, doch fürchterlich unansehnliche Fingernagelfehlbildung namens *Matrosennagel* zu kaschieren. Ich rate Ihnen, es nicht nachzuschlagen. Das Insekt löst sich stückweise ab, sein Inneres ist schwarz und glänzend. Der innere Teil ist irgendwie noch lebendig, wie ein frisch gehäuteter Mann, aber nur um Haaresbreite, und ich erlebe einen jener tiefen Augenblicke der Gemeinschaft mit der Welt der Natur. Es ist, als erkennten wir einander, dieses Insekt und ich, über Grenzen zwischen den Spezies hinweg, über die Zeit hinweg. Es kommt mir vor, als wollte er mir etwas sagen. Sehe ich da Tränen in seinen Augen? Was ist das für ein Wesen? Als Amateurentomologe kenne ich mich mit Insektenarten recht gut aus, aber Florida ist natürlich in vielerlei Hinsicht etwas Besonderes, anders als jeder andere Ort. Selbst die Insekten hier sind exzentrisch und auch rassistisch, wie ich vermute. Ich zerquetsche es in meinem Hemd. Er hat gelitten, wie wir alle. Es war besser so.

Dann kommt mir ein Gedanke: Vielleicht war es eine Drohne. Überhaupt kein Insekt. Eine weinende Miniaturdrohne. Ich habe gehört, es gibt solche Dinge. Überall um uns herum Sicherheitskameras, die alles überwachen. Die jeden überwachen. Haben sie mich im Visier oder war es nur eine versehentliche Kollision? Warum sollte mich die Regierung beobachten wollen? Oder ist es vielleicht eine Nichtregierungsorganisation? Oder eine Einzelperson? Wäre ein anderer Kritiker in der Lage, sich diese Art von Technologie zu beschaffen oder überhaupt zu leisten? Könnte es Armond White sein? Manohla Dargis? Einer meiner Feinde? Jemand, der mir Böses will, der mich »ausstechen« will, wie man so sagt. Ich habe oft gespürt, dass fremde Mächte gegen mich wirken, mich niederdrücken. Es könnte daran liegen, dass ich ein Stachel im Fleisch des Systems bin. Die Entertainment-Industrie setzt über drei Billionen Dollar im Jahr um. Das ist Big Business, Freunde. Und zusätzlich zu dem erwirtschafteten Geld hat dieses Business einen großen Einfluss auf die öffentliche Meinung, kulturelle Veränderungen, gezielte Fehlinformationen, gar nicht zu reden von dem Brot-und-Spiele-Aspekt des Ganzen. Das soll nicht aufgedeckt werden. Ich habe oft überlegt, weshalb meine Karriere immer und immer wieder stagniert. Vielleicht ist das kein Zufall. Ich zupfe die Drohne von meinem Hemd, untersuche sie, kratze das »Fleisch« herunter. Im Inneren finde ich ein winziges Knochengerüst. Welch neuer Schrecken ist das?, frage ich mich mit den Worten der großen (wenngleich von gewissen Teenagermädchen in peinlicher Weise überschätzten) Dorothy Parker, während ich überlege, was die unheilige Verbindung aus Elektronik und Tiertechnik in unserer Gesellschaft hervorgebracht hat. Armond White ist ein Monster. Und dies hier trägt seine Handschrift.

Ich zerquetsche diese Albtraumdrohne mit dem Fuß, um sicherzustellen, dass sie nicht selbst in ihrem beschädigten Zustand noch meine Taten aufzeichnen kann, und lege sie dann ins Handschuhfach, um sie später genauer zu untersuchen. Ich bin kein Elektronikexperte, auch wenn ich einen sechswöchigen Kurs zur Atomlagenabscheidung, einer Technik zum Aufbringen sehr dünner Filme auf Objekte, absolviert habe, weil ich den Text im Katalog des Learning Annex nicht richtig gelesen hatte und glaubte, es handle sich um ein Seminar über Pro-Ana-Filme.

Ich sehe, dass ich letztlich einen Kreis von der Größe einer mittelgroßen Pizza auf der Fahrerseite freibekommen habe. Das wird genügen. Ich will fort von hier. Ich steige ohne Hemd wieder in den Mietwagen und fahre auf den Highway. Überraschenderweise schmeckt die Cola nicht schlecht. Nicht so süß wie Coke und mit mehr zitrusartiger Frische. Vielleicht ein Hauch von Grapefruit, aber da bin ich mir nicht ganz sicher. Pampelmuse? Ich schmatze eine ganze Zeit lang mit den Lippen und poche mit der Zunge am Gaumen herum, um den Geschmack zu bestimmen. Das scheint mir für das Erkennen von Aromen essenziell zu sein, doch meine Frau hat es nicht getan, und nachdem ich es zwanzig Jahre lang getan hatte, fand sie es gar nicht mehr komisch. Was soll ich sagen, ich mache es nun einmal so. Alle in meiner Familie schmecken auf diese Weise. Drei Thanksgiving-Feste endeten damit, dass meine Frau auf der Heimfahrt erklärte, sie wolle sich scheiden lassen. Dann überlegte sie es sich doch jedes Mal anders, und die Scheidung erfolgte schließlich auf meinen Wunsch. Das hing vor allem damit zusammen, dass ich bei einer Signierstunde zu meinem Buch *William Greaves und das afroamerikanische Kino der afroamerikanischen Identität* die afroamerikanische Frau kennenlernte. Das Buch hatte sie sehr berührt, und sie war überrascht, dass ich kein Afroamerikaner war, so einsichtsvoll (ihre Worte!) waren meine Überlegungen zu ihrer Ethnie und Kultur. Ich lege Wert darauf, dass in meinen filmtheoretischen Schriften weder mein Vorname noch ein Foto von mir auftauchen. Das neutrale B. Rosenberg (zuweilen auch B. Ruby Rosenberg, zu Ehren der *maßgeblichen* B. Ruby Rich) erlaubt dem Leser, das Werk frei von vorgefassten Meinungen bezüglich seines Ursprungs zu rezipieren. Natürlich war sie vertraut mit der bahnbrechenden Arbeit des gefeierten afroamerikanischen Ultimate-Frisbee-Champions Jalen

Rosenberger und hatte bei der Lektüre daher meinen ethnischen Hintergrund vorausgesetzt. Doch man muss ihr anrechnen (ihr, nicht ihrer Ethnie!), dass sie das Buch auch dann noch zu schätzen wusste, als sie herausfand, welcher Ethnie ich tatsächlich angehöre. Auch noch nach ihrer zweiten Unterstellung, ich sei Jude. Sie ist eine gebildete Frau. Es überraschte mich (wusste sie doch, dass Rosenberger kein ausschließlich jüdischer Name ist!), dass sie nicht wusste, dass Rosenberg kein ausschließlich jüdischer Name ist. Das sagte ich ihr auch. Und sie antwortete: »Selbstverständlich wusste ich das, aber die jüdische Identität wird über die mütterliche Seite vererbt, also erschien es mir denkbar, dass Ihr Vater ein Rosenberg und Ihre Mutter beispielsweise eine Weinberg war.« Woraufhin ich mich erstens verliebte. Und ihr zweitens sagte, nein, der Mädchenname meiner Mutter sei nicht Weinberg, sondern Rosenberger, wie Jalen, mit dem ich allerdings leider nicht verwandt bin, wie ich genealogy.com entnommen habe. Oder den anderen fünfzehn Quellen, die ich konsultiert habe. Ich wollte, dass sie es wusste. Ja, es kann auch ein jüdischer Name sein, aber nicht in diesem Fall. Ich weise darauf hin, dass der bekannte Nazi Alfred Rosenberg in der Tat ein heftiger Antisemit war, und ich glaube, entfernt mit ihm verwandt zu sein. Das hätte ich hinsichtlich meiner nichtjüdischen Identität also immerhin auf der Habenseite.

»Sie sehen jüdisch aus«, sagte sie.

»Das höre ich nicht zum ersten Mal. Aber Sie müssen mir glauben, dass ich es nicht bin.«

»Okay. Ihr Greaves-Buch ist der Wahnsinn.«

Sie war der Wahnsinn. Sie war alle positiv besetzten afroamerikanischen Figuren aus dem Fernsehen in einem, Figuren, die geschaffen wurden, um den negativen schwarzen Stereotypen, welche uns täglich in den Nachrichten begegnen, etwas entgegenzusetzen. Sie war beredt, gebildet, athletisch, wunderschön, charmant, ausgesprochen kultiviert. Und ich glaubte, bei ihr eine Chance zu haben. Das würde nicht nur mein Selbstgefühl, sondern auch meine Position innerhalb der Akademikergemeinde enorm aufwerten. Ich lud sie auf einen Kaffee ein. Es ist nicht so, dass ich sie als ein Requisit betrachtet hätte oder als Beute oder als etwas, was sich gut in meinem Lebenslauf machen würde. Nun ja, all das dachte ich schon, doch ich *wollte* es nicht denken. Ich wollte mich mit diesen wenig anheimelnden Gedanken auseinandersetzen, wollte sie vertreiben. Ich wusste, dass sie falsch waren. Und ich wusste, dass sie nicht die Gesamtheit meiner Gedanken ausmachten. Also würde ich sie verbergen und mich stattdessen auf das Gefühl echter Anziehung konzentrieren, das ich für diese Frau empfand. Früher oder später würde das Novum ihres Afroamerikanischseins schwinden, und ich wusste, dann würde eine unverfälschte Liebe zu ihr zurückbleiben, zu ihr als Frau von beliebiger Hautfarbe, von gar keiner Hautfarbe: einer durchscheinenden Frau. Wobei mir bewusst war, dass selbst meine Gefühle für Frauen an sich nicht unverfälscht waren. Attraktivität war dabei ein bestimmender Faktor, was falsch ist. Und natürlich fand ich exotische ethnische, kulturelle oder nationale Merkmale jedweder Art ansprechend. Meine kambodschanische, maorische, französische, isländische, mexikanische oder Inuit-Freundin hätte ich mit der gleichen Begeisterung hergezeigt wie meine afroamerikanische. Nahezu. Das war eine Seite von mir, mit der ich mich noch weiter auseinandersetzen musste. Ich musste bei jeder Gelegenheit gegen meine Instinkte ankämpfen.

Daumen und kleiner Finger links.

Daumen und kleiner Finger links.

Ich hatte schon oft das Gefühl, dass ich beobachtet werde. Dass mein Leben von unsichtbaren Mächten überwacht wird, die nach Gutdünken Anpassungen vornehmen, um meine Pläne zu durchkreuzen, mich zu demütigen. Ich fürchte, die deaktivierte Drohne könnte über einen noch funktionsfähigen Peilsender verfügen, der nun an meiner Schuhsohle klebt.

Ich fahre zum Strand und puste die Drohne wie eine Erbse durch meinen Slammy's-Strohhalm in den Ozean. Dann schrubbe ich meinen Schuh mit Meerwasser ab. Ich fühle mich mit einem Mal unglaublich einsam. Vielleicht ist es das Meer. Der weite Ozean. Vielleicht ist es das Meer, das diese Gefühle auslöst. Ich habe beim Hinausschauen aufs Meer oft ein gewisses melancholisches Heimweh empfunden. Erinnere ich mich daran, wie ich einst dort gelebt habe, vor vierzig Billionen Jahren, neben einer hydrothermalen Spalte, als ich nur eine Meeresschnecke oder etwas dergleichen war?

Ich erreiche die Innenstadt von St. Augustine. Es ist noch früh, und die Geschäfte sind noch geschlossen. Wie alles andere heutzutage ist die Stadt lediglich eine Erweiterung von Disneyland. Märchenschlösser. Malerische Architektur. Dass die Gebäude in gewisser Weise authentisch sind, ändert nichts an dem Eindruck von Falschheit, von Fetischisierung. Ich beklage eine Welt der Touristen, kostümierte Städte, unsere Unfähigkeit, an einem echten Ort echt zu sein. Es ist 5.00 Uhr. Der Slammy's-Burger liegt ungegessen auf dem Beifahrersitz. Im Auto riecht es nach Zwiebeln und Schweiß. Ich rufe meine Freundin auf ihrem Handy an. In Tunesien ist es jetzt 10.00 Uhr. Um diese Zeit sollte man anrufen können. Sie dreht dort einen Film, mit einem Regisseur, den Sie kennen. Ich werde seinen Namen nicht nennen. Nur so viel: Er ist ein ernsthafter Filmemacher, und für sie ist es ein bedeutender Karrieresprung. Obwohl ich sie mit bislang ungekannter Heftigkeit vermisse, respektiere, ja begrüße ich ihre Entscheidung, diese Rolle anzunehmen. Wobei ich zugeben muss, dass ich verletzt war. Es fielen Worte, auf die ich nicht stolz bin. Aber unsere Beziehung ist noch frisch und noch nicht gefestigt. Eine längere Trennung zu diesem Zeitpunkt bereitet mir Sorge. Dass es ihr keinerlei Sorgen bereitete, habe ich durchaus bemerkt. Zweifellos spielen in diesem Film einige sehr gutaussehende afroamerikanische Schauspieler aus der ganzen Welt mit. Sie ist jung und wunderschön und sexuell befreit, und auch wenn ich ihre Karriere unterstütze, ja sogar stolz darauf bin, habe ich meine Unsicherheiten. Ich hasse mich dafür, das ist wirklich wahr. Aber sie sind nun einmal da. Ich rufe sie oft an. Oft kann sie nicht ans Telefon gehen. Sie drehen zu jeder Tages- und Nachtzeit. Ich werde Ihnen nicht sagen, wovon der Film handelt, aber es ist eine bekannte historische Begebenheit, die sich bei Tag und bei Nacht ereignete. Um der kinematografischen Wirklichkeitstreue Genüge zu tun, zu deren größten Verfechtern ich zweifellos zähle – nehmen Sie nur meine Monografie *Tag für Tag: Die verlorene Kunst der Wirklichkeitstreue im Film* als Beispiel für meine klare Position zu diesem Thema –, muss rund um die Uhr gedreht werden. Es ist daher eine freudige Überraschung, als sie abhebt.

»Hi, B.« (Ich verwende meinen Vornamen nicht, um im Rahmen meiner Arbeit eine geschlechtsneutrale Identität beizubehalten.)

»Hi, L.« (Nicht ihr tatsächlicher Anfangsbuchstabe, um ihre Privatsphäre zu schützen.) »Schön, dass ich dich erwische.«

»Ja.«

»Wie geht's dir? Ich bin gerade in St. Augustine angekommen. Lange Fahrt.«

»Ausgezeichnet«, sagt sie.

Sie sagt nie »ausgezeichnet«. Das klingt irgendwie förmlich. Distanziert.

»Schön«, sage ich. »Wie läuft der Dreh?«

»Ausgezeichnet.«

Zwei Mal *ausgezeichnet*.

»Gut, gut.«

Ich sage zwei Mal »gut«. Ich weiß nicht, weshalb. Mir ist bewusst, dass das zweite *gut* das erste so relativiert, dass das Ganze weniger gut wird. So viel weiß ich. Es war keine Absicht. Ist jemals irgendetwas Absicht?

»Und«, sagt sie, »was steht heute an?«

»Ich beziehe die Wohnung. Ruhe mich vielleicht ein paar Stunden aus. Dann fahre ich zur historischen Gesellschaft. Um drei bin ich dort mit der Kuratorin verabredet.«

»Cool«, sagt sie.

Sie sagt nie »cool«. *Cool* bedeutet: Das interessiert mich nicht, und mir fällt weiter nichts dazu ein.

»Ich vermisse dich«, sage ich versuchsweise.

»Vermiss dich auch.«

Zu schnell. Kein Pronomen.

»Okay«, sage ich.

»Okay?«, sagt sie.

Sie merkt, dass ich verärgert bin, und sie lässt es mich spüren.

»Ja«, sage ich. »Wollte nur Hallo sagen. Sollte mich wohl besser mal aufs Ohr legen.«

Auch keine Pronomen und der Ausdruck *aufs Ohr legen*. Ich sage nie »aufs Ohr legen«. Was bezwecke ich damit? Ich weiß es nicht. Es klingt lässig, vielleicht auch taff, so als wäre ich ein Privatschnüffler? Ich weiß es nicht. Ich muss später einmal etwas über Etymologie nachlesen. Ich weiß nur, dass ich diese gutaussehenden jungen afroamerikanischen Schauspieler dort drüben hasse, mit ihrer dreisten Aufschneiderei, ihrem coolen Selbstvertrauen, ihren fleischigen Gliedmaßen, ihren muskulösen Körpern. Wie unfassbar narzisstisch, so viel Zeit und Energie in seinen Körper zu investieren. Ist ihr das nicht bewusst? Vermutlich nicht. Schließlich tut sie das selbst, mit ihrem Yoga und ihren Triathlons und ihrem Pilates, ihren Boxstunden und Modern-Dance-Kursen. Doch bei Frauen ist das etwas anderes, oder nicht? In unserer Gesellschaft, die sich immer weiter auf die geschlechtliche Gleichförmigkeit zubewegt, möchten wir das nicht wahrhaben. Doch es ist wahr. Frauen werden für diese Art des Putzverhaltens gefeiert und belohnt. Und zunehmend auch Männer. Das traditionelle amerikanische Idealbild sind Körperkraft und Muskeln, doch nicht zum Herzeigen, nicht Muskeln als Selbstzweck. Wir haben Männer bewundert, die ihre Muskeln von der Arbeit oder vom Sport hatten und nicht vom narzisstischen Streben nach Muskeln. Ist es ein Zufall, dass das Bodybuilding historisch betrachtet im Großen und Ganzen die Domäne des homosexuellen Mannes war? Muskeln als Zierde. Muskeln als *drag*. Heute aber sieht man in den Titelrollen ebenso oft muskulöse heterosexuelle Männer, oberkörperfrei, manikürt, enthaart. Wie ich an dieser Stelle gern anmerken möchte, bin ich mir völlig im Klaren darüber, dass meine Einstellung zur schwulen Community nicht frei von Stereotypisierung ist, und ich arbeite daran. Es ist kompliziert, ein Mann zu sein, vor allem ein weißer Mann, bei dem Mangel an Verständnis, bei all dem unablässigen Gerede von Privilegien, dieser ständigen Ermahnung: »Setzt euch hin. Ihr wart lange genug an der Reihe. Jetzt ist es an der Zeit, beiseitezutreten und die Geisteshaltung des Selbsthasses einzunehmen«, eine Haltung, zu der ich im Übrigen ohnehin neige. Erst jetzt, da sie eingefordert wird, sträube ich mich dagegen. Wenn ich mich schon selbst hassen muss, dann möchte ich, dass es meine eigene Entscheidung oder zumindest das Ergebnis meiner eigenen Psychopathologie ist.

»Okay«, sagt sie. »Schlaf gut, B. Bis bald.«

Vage. Unbestimmt. Förmlich. Passiv-aggressiv.

»Ich rufe dich morgen an«, sage ich. Aggressiv. »Ich halte dich auf dem Laufenden.«

»Okay«, sagt sie.

Doch das Timing ihres Okay stimmt nicht. Es gibt ein Zeitfenster. Zu schnell, und es ist forciert, übereilt, verbirgt etwas. Zu langsam, und es ist gereizt, entnervt, Ausdruck eines stummen Seufzers.

»Cool«, sage ich.

Ich sage nie »cool«.

»Cool«, sagt sie.

Sie sagt nie »cool«.

»Ruh dich ein bisschen aus«, setzt sie hinzu.

»Das mache ich. Hab dich lieb.«

»Hab dich lieb.«

Wütend schalte ich das Telefon ab. Ein Gemisch aus Herzschmerz, Eifersucht, Verbitterung und ohnmächtigem *German zugzwang* gärt in mir. Ich weiß, alles wäre so einfach, wenn ich nur ein gutaussehender, erfolgreicher junger Afroamerikaner wäre. Selbst wenn ich sie wäre. Ich wäre wunderschön, und alle würden mich lieben und wären voller Verständnis für meine schwierige Situation und beeindruckt, welche Hindernisse ich als afroamerikanische Frau in dieser rassistischen Gesellschaft überwunden habe. Wäre das schön, denke ich. Mich im Spiegel bewundern zu können, wann immer ich wollte. Wie selbstbewusst ich im sozialen Miteinander auftreten würde. Wie mich die Slammy's-

Frau anlächeln und mir fünfhundert Papiertücher geben würde, weil ich eine *Sister* bin. Vielleicht würden wir sogar miteinander schlafen. Ich spüre eine Enge in meiner Hose. Beim Gedanken an diese Verwandlung und eine Affäre mit der mürrischen Slammy's-Frau hat mich eine gewisse Geilheit überkommen. Mein Blick fällt auf mein tatsächliches Ich im Rückspiegel: alt, kahlköpfig, schmächtig, langer, unbändiger grauer Bart, Brille, Hakennase, jüdisches Aussehen. Die Geilheit verpufft und lässt mich verzagt und einsam zurück.

Ich verspüre einen Schmerz in der Flanke. Seitenstechen? Nierenschaden? Blinddarmentzündung? Krebs? Es tut nun schon eine Zeit lang weh. Mal mehr, mal weniger. Wenn der Schmerz aufhört, vergesse ich ihn und konzentriere mich auf einen anderen Schmerz. Dann setzt er wieder ein, und ich denke: Warum kommt er wieder? Ich sollte zum Arzt gehen, aber ich will es nicht wissen, falls etwas mit mir nicht stimmen sollte. Es würde mein Ableben nur beschleunigen. Ich wäre ohne Hoffnung, würde aufgeben. Ich weiß das. Ich könnte nicht arbeiten. Ich muss arbeiten. Das ist es, was mich am Leben hält, diese Hoffnung, dass mir das nächste Werk Aufmerksamkeit verschaffen wird. Es ist immer das nächste.

Ich finde das Apartmenthaus. Es befindet sich in einem Wohnkomplex außerhalb der Stadt. Ich bin mir nicht sicher, wie man diese Art von Gebäude nennt, aber im Prinzip sieht es aus wie ein einziges riesiges Haus, drei Stockwerke hoch, vielleicht acht Hauslängen breit. Und es stehen viele davon auf einer Art Campus, und sie sind alle blassgelb. Ein leerer, narbiger Tennisplatz. Kein Netz. Es ist billig. Ich habe keinen hohen Vorschuss für das Buch bekommen. In der einzigen Bewertung auf TripAdvisor steht: *Der Weg zur Arbeit ist nicht weit und es ist nicht wet (sic) zum Bus weil ich kein Auto habe und nicht weit zu Restaurants.* Als ich die Bewertung las, tat mir der Mann (die Frau? Die trans* Frau? Der trans* Mann?) leid, aber ich hatte auch Angst, ihn (sie, xien) als Nachbar zu haben und ihn (sie, xien) zur Arbeit und zu Restaurants fahren zu müssen. *Xier* ist mir das liebste der zur Verfügung stehenden genderneutralen Pronomen, und ich habe es auch zu meinem eigenen

Pronomen auserkoren, doch wenn ich nicht gerade in der dritten Person von mir spreche, was nicht häufig vorkommt, findet es kaum Verwendung. Ich verwende es freilich in meiner Kurzbiografie auf der Umschlagklappe: »B. Rosenberger Rosenberg schreibt über Film. In den Jahren 1998, 2003 und 2011 erhielt xier das Milton Bradley Film Certificate of Excellence. Xier unterrichtet Filmwissenschaft als Wahlfach am Howie Sherman Zoo Worker Institute in Upper Manhattan. Xier kocht gern und hält sich für eine*n recht gute*n Köch*in. Einige der besten Köch*innen der Welt sind Frauen.« Den letzten Satz habe ich angefügt, da das leider noch immer keine Selbstverständlichkeit ist.

KAPITEL 3

ES IST 8.00 UHR. Ich klopfe an die Tür des Gebäudewarts. Ein alter Mann, spindeldürr und stocksteif, öffnet. Zur Begrüßung reicht er mir ein stockfleckiges kopiertes Stück Papier. *Ich bin Lippenleser*, steht darauf. *Bitte sprechen Sie deutlich und ohne sich von mir abzuwenden oder ihren Mund zu bedecken. Sie müssen nicht besonders laut oder langsam sprechen. Sollten Sie einen Akzent haben, geben Sie ihn bitte unten an, da er ihre Lippenbewegungen bei der Aussprache bestimmter Wörter beeinflussen wird. Ich beherrsche spanische Akzente (nur Kubanisch und Mexikanisch), Mandarin, Hebräisch, Französisch, Vietnamesisch und Holländisch. Alle anderen Akzente machen mir das Lippenlesen nahezu unmöglich und könnten Papier und Stift erforderlich machen, die ich gegen eine geringe Gebühr gern zur Verfügung stelle.*

Ich schreibe *Amerikanischer Akzent* auf das Blatt und gebe es ihm zurück.

Er schaut merkwürdig lange darauf. Mir bleibt genug Zeit, um in Gedanken langsam bis dreißig zu zählen, was ich auch tue. Er hebt den Kopf und nickt. Ich sage ihm, ich hieße B. und sei wegen der Wohnung da. Er nickt. Da kommt mir das Experiment in den Sinn. Ich weiß nicht, weshalb es mir in den Sinn kommt. Vielleicht ist von dem Telefongespräch noch ein wenig Feindseligkeit in mir – jedenfalls beschließe ich herauszufinden, was passiert, wenn ich die Wörter nur stumm mit den Lippen forme. Ich sage stumm: »Ist die Wohnung bezugsfertig?« Er nickt, geht davon, kehrt mit einem Schlüssel zurück und deutet auf die

Treppe nach oben. Es funktioniert bestens. Ich sage stumm: »Danke.« Er nickt, lächelt, dann schreibt er auf den Zettel: *Warum bewegen Sie nur die Lippen?*

Ich zögere überrascht und sage dann stumm: »Ein Experiment. Woran haben Sie es gemerkt?«

Sie atmen nicht beim Sprechen.

»Interessant!« Ich lächle. Das ist in der Tat interessant. Ich lerne bereits eine ganze Menge über die Community der Gehörlosen.

Später werde ich üben, beim stummen Bewegen der Lippen zu atmen. Es wird etwas dauern, aber ich denke, ich werde es hinbekommen. Übung macht den Meister.

Die Wohnung ist genau wie erwartet. Unscheinbar. Blassgelbe Bettdecke und Vorhänge. Sie wirkt sauber. Lysol. Im Kühlschrank ist ein einzelnes braunes Ei. Ich ziehe die Vorhänge auf. Sonnenlicht färbt den Raum golden.

Daumen und kleiner Finger links!

Das Bad ist sauber. Ich wickle das Stück Ivory-Seife in Hotelgröße aus, wasche mir die Hände. Erleichterung. Unterwegs ein anständiges Bad zu finden, ist immer eine Geduldsprobe.

ICH LIEGE RÜCKLINGS auf dem noch gemachten Bett, starre an die Decke und versuche gleichzeitig zu atmen und Wörter mit den Lippen zu formen. Ich stelle fest, dass beim Atmen durch den Mund und gleichzeitigen stummen Sprechen eine Stimme entsteht, ein flüsterndes Geräusch: das Flüstern eines Gehörlosen. Ich experimentiere mit stummem Sprechen und Nasenatmung. Es ist geräuschlos. Braucht etwas Übung. Erinnert mich daran, wie ich als Kind gelernt habe, meinen Bauch zu reiben und dabei auf meinen Kopf zu klopfen. Ich war so verdammt stolz darauf. Ich war ein Dummkopf, denke ich. Genau wie die ganzen anderen dummen Kinder. Keine Ausnahme. Ein guter Schüler, doch nie Klassenbester. Zweiter. Dritter. Ich war kein Schachwunderkind. Niemand sprach meine Mutter in einem Einkaufszentrum an und sagte, er sei im Auftrag einer Casting-Agentur unterwegs und ich müsse unbedingt in Filmen mitspielen. Kein Erwachsener hat mich je sexuell missbraucht. Nur ein einziges Mädchen hat mir je einen Liebesbrief geschrieben, und es war ein Mädchen aus der zweiten Riege, nicht das hübscheste oder klügste, nicht einmal jenes versponnene, grüblerische, künstlerisch veranlagte Mädchen namens Melliflua Vanistroski. Nein, das Mädchen, das sich in mich verliebt hatte, war nichtssagend. Gewiss ungeliebt. Sie wirkte unsicher. Sie hatte keinerlei erkennbare Persönlichkeit. Sie hatte braune Haare. Sie hatte braune Augen. Sie hatte weiße Haut. Ihre Nase war nicht niedlich.

Das erinnert mich an die Nasenatmung und das stumme Sprechen, und ich beginne von Neuem. Diesmal sehe ich beim Ausatmen Rauch aus meinen Nasenlöchern aufsteigen. Sonderbar. Ich blicke auf meine rechte Hand und sehe eine Zigarette. Sonderbar. Ich habe mir keine Zigarette angesteckt. Ich hatte gar keine Zigarette. Ich habe vor fünf Monaten mit dem Rauchen aufgehört. Sonderbar. Wie kommt das Ding in meine Hand? Ich muss zugeben, es schmeckt gut. Aber das Aufhören fiel mir so schwer, dass ich auf irgendeine Weise unbewusst wieder angefangen haben muss. Ich habe keine Erinnerung daran, Zigaretten gekauft, mir eine angesteckt, den Rauch inhaliert zu haben. Die Sucht ist ein machtvolles Biest. Ich werde die Zigaretten zerreißen, sie hinauswerfen. Nachdem ich diese zu Ende geraucht habe. Es war eine harte Nacht, und ich muss entspannen. Meine Aufmerksamkeit nun ganz auf meinen kleinen weißen Papierröllchenfreund gerichtet, sauge ich den Rauch tief in meine Lunge, lasse ihn entweichen, sehe zu, wie er sich mäandernd zur Decke kringelt.

Das letzte Mal, dass ich eine Zigarette bewusst geraucht habe, war am 9. August 1995. Dem Tag, an dem Jerry Garcia starb. Raucher. Herzinfarkt.

Das andere letzte Mal war an Weihnachten 1995 (Dezember). Dean Martins Tod. Lungenkrebs. Dean Martin, dessen staunenmachender, bahnbrechender Auftritt in Billy Wilders Meisterwerk *Küss mich,*

Dummkopf Charlie Kaufmans »innovative« Idee, einen Schauspieler sich selbst durch den Kakao ziehen zu lassen, um gerade einmal dreißig Jahre vorweggenommen hatte.

Ich spüre, wie ich zu den neuronalen Klängen von »That's Amore« einnicke.

ICH BIN IN meiner Wohnung, aber es ist ein Krankenhaus, aber ich wohne dort, aber überall liegen Kleiderstapel. Es ist dunkel. Ich schreibe etwas. Ein Buch? Ich schreibe einen Satz, in dem das Wort *unvariationistisch* vorkommt. Ich starre auf das Wort. Ich kann mich nicht erinnern, was es bedeutet. Ich versuche es in seine lateinischen Bestandteile zu zerlegen. Unva. Riat. Ionis. Tisch. Das sind keine Wörter. Nun ja, *Tisch* schon. Aber die anderen Wörter sind keine Wörter. Da bin ich mir fast sicher. Ein Arzt kommt mit auf Schaumkarton aufgeklebten Fotos herein. Sie zeigen mich im Profil mit verschiedenen Nasen.

»Das sind Ihre Optionen«, sagt er.

Ich betrachte die beschrifteten Fotos. Knollennase. Stupsnase. Römische Nase. Griechische Nase. Afroamerikanische Nase. Japanische Nase.

»Ich weiß nicht«, sage ich. »Brauche ich denn eine neue Nase? Unterscheidet sich die afroamerikanische Nase von der afroafrikanischen Nase?«

Plötzlich wird mir – im Traum – bewusst, dass ich die Schauspieler in dem Film meiner Freundin »Afroamerikaner« genannt habe, obwohl sie aus ganz anderen Ländern stammen. Ich schäme mich in Grund und Boden. Hat sie es gehört? Ich bin ein fürchterlicher Rassist!

»Warum brauche ich eine neue Nase?«, sage ich. »Macht mich das nicht zur Lüge?«

»Der OP-Termin steht«, erklärt er. »Wenn Sie absagen, wird das viele Menschen in Bedrängnis bringen. Das Personal hat Sie fest eingeplant.

Die Nasen sind bestellt. Denken Sie doch auch einmal an andere, nur dieses eine Mal.«

Er hat recht. Ich muss an andere denken. Nur dieses eine Mal.

»Welche Nase finden Sie denn am besten?«, frage ich.

»Für Sie? Die Fabray.«

Er blättert die Karten durch, zieht das Foto von mir mit einer Nanette-Fabray-Nase heraus.

Sie gefällt mir. Sie ist klein. Sie ist hübsch. Aber ich glaube nicht, dass sie zu meinem Gesicht passt.

Er sagt, dies könnte der erste von vielen Eingriffen sein und mit der Zeit würde im Zuge meiner fortschreitenden Verwandlung alles Sinn ergeben.

»Ähm …«

»Ihr Gesicht ist das Gesicht, mit dem Sie der Welt begegnen«, sagt er. »Sorgen Sie dafür, dass es stimmig ist.«

Ich nicke, wenn auch zweifelnd. Er setzt einen Haken neben das Profil mit der Fabray-Nase und gibt es einem Mann in OP-Kittel und Maske.

Ich gehe durch den Wald. Mein Gesicht ist bandagiert. Komplett, bis auf die Augen. Ich frage mich, wie ich essen soll. Oder atmen. Meine Hand steckt in der Hosentasche und spielt mit meinem Schlüsselbund. Plötzlich merke ich, dass mein Schlüsselanhänger meine alte Nase ist. Ich habe sie an der Form erkannt. Das kleine Muttermal am Nasenflügel. Ich denke: Wie nett, dass sie mir ein Andenken mitgeben. Auf dem Weg rennt ein Hund auf mich zu. Ich gerate in Panik, spanne meinen Körper an. Es ist ein Deutscher Schäferhund. Ihm folgt mit einigem Abstand eine Joggerin. Sie sieht meine Panik, sagt nichts zu mir, lächelt nicht entschuldigend oder grüßt mich in irgendeiner Weise. Tatsächlich wirkt sie eher wütend.

»B.«, sagt sie. »Komm.« Der Hund heißt wie ich. Wir haben beide den gleichen höchst ungewöhnlichen Namen. Sie läuft an mir vorbei, ohne mich in irgendeiner Weise zur Kenntnis zu nehmen. Sie führt den Hund nicht an der Leine, was mit ziemlicher Sicherheit verboten ist. Sie ist im Unrecht, und wenn ich wollte, könnte ich die Polizei rufen. Ich habe die Macht. Sie ist im Unrecht.

»Schönen Dank auch«, sage ich bissig, als sie an mir vorbeiläuft. So sarkastisch, wie ich kann. Sie dreht sich nicht einmal um. Trägt sie Ohrhörer? Ich versuche mich zu erinnern, wie sie von vorn aussah. Nein. Sie trägt keine Ohrhörer. Sie hat mich gehört und ignoriert.

»Wie wär's mit einer Entschuldigung? Blöde Fotze«, sage ich, vermutlich nicht so laut, dass sie es hören kann. Aber sehr wütend. Ich fühle mich unsichtbar. Ich hoffe, sie hat mich nicht gehört. Ich bin ihr gleichgültig. Sie findet mich unattraktiv, eines Flirts oder auch nur des üblichen Maßes an Höflichkeit unwürdig. Ich hasse sie. Dann hasse ich mich dafür, dass ich sie hasse. Dass es mir nicht gleichgültig ist. Dass es mich wütend macht. Aber warum konnte sie sich nicht anständig verhalten? Warum sind die Menschen so grässlich? Ich hasse Menschen. Ich hoffe, sie hat mich nicht gehört. Warum findet sie mich nicht attraktiv? Zumindest hätte sie aufgrund meines bandagierten Gesichts Mitgefühl zeigen sollen. Menschen mit bandagierten Gesichtern gegenüber zeigt man Mitgefühl, das ist die gesellschaftliche Norm. Sie war hübsch, auf so eine Joggerinnen-Art, so eine zupackende Wir-Frauen-sind-taff-Art. Eine Sport-BH-und-Tanktop-Art. Vielleicht hat sie der lange graue Bart abgestoßen, der unten aus dem Verband herauslugt? Um das Eis zu brechen, hätte ich ihr sagen können, dass ihr Hund und ich auf den gleichen höchst ungewöhnlichen Namen hören. Warum ist sie zu ihrem Hund so nett und zu mir nicht? Ich könnte ebenso gut ihr Hund sein. Dann würde sie mich lieben. Dann könnte ich ihr die Nase in den Schritt pressen, und sie würde nur kichern und mich wegschieben. Oder mich ein wenig schnuppern lassen. Alles halb so wild, wenn man ein Hund ist. Meine neue Nase. Die Nanette Fabray. Ich stelle mir ihren Hund mit einer Fabray-Nase vor, während ich den Blick auf ihren verschwitzten Schritt richte. Frauen schwitzen stärker im Schritt als Männer, das habe ich gelesen. Ich schaue ihr hinterher, wie sie den Weg entlangjoggt, betrachte ihren Hintern. Ich bin einsam. Sie könnte mich niemals lieben. Ich gehe weiter. Ein Specht landet auf einem Baumstamm neben mir. Ich bleibe stehen, und wir blicken einander an. Ich spreche ihn mit dieser Babystimme an, die für Babys und Tiere reserviert ist.

»Hallo, Specht. Na, du. Na, du. Wie geht's dir denn? Ja, hallo. Ja, hallo.«

Er hüpft auf die andere Seite des Baums. Nichts. Arschloch.

EVELYN, DIE ICH einst geliebt habe, die nun fort ist, mit der es die Chance auf etwas Zwischenmenschliches gab, wenn dergleichen in meinem Leben je möglich war – Evelyn, die nun schon lange fort ist und von der ich noch immer glaube, heute werde sie vielleicht anrufen, doch sie tut es nicht, sie wird es nicht tun, sie kann nicht, sie will nicht, sie hat kein Interesse mehr, sie ist tot, sie lacht gerade mit jemand anderem zusammen, sie ist alt und unattraktiv, sie ist noch immer verblüffend jugendlich, sie denkt gar nicht an mich, sie hat ihr Studium wiederaufgenommen und ist jetzt Psychologin, Anwältin, Chefeinkäuferin eines Kunstmuseums. Man kann es nicht wissen. Sie ist nicht im Internet. Vielleicht ist sie tot, hat einen anderen Namen angenommen, den Namen ihres Mannes. Ich könnte einen Privatdetektiv anheuern, aber zu welchem Zweck? Habe ich nicht genug Schaden angerichtet? Sollte nicht eine Zeit kommen, da ich zu einer weniger ungeheuerlichen Präsenz in der Welt zusammenschrumpfe? Vielleicht sollte ich einmal über Meditation nachdenken. Die Philosophie der fernöstlichen Religionen hat mir immer am ehesten entsprochen. Und je weniger man auf das Ich fokussiert wäre, desto attraktiver würde man wahrscheinlich. Die Falten werden nicht mehr verschwinden, doch sie würden zu attraktiven Falten werden. Zu George-Clooney-Dollarmilliarden-Augenfältchen.

KAPITEL 4

ICH HALTE AM Gebäude der St. Augustine Society for the Preservation of St. Augustine Film History (SASFPSAFH), das eine kleine Monstrosität ist, sowohl sinnbildlich als auch buchstäblich, entworfen als eine Kreuzung aus der unvermeidlichen spanischen Architektur und dem Kopf des titelgebenden »Schreckens vom Amazonas« aus dem vielleicht bekanntesten all jener Filme, die man mit St. Augustine in Verbindung bringt; in Wahrheit wurde er beinahe vollständig im nahegelegenen Palatka gedreht. Die einzigen Fenster des Gebäudes sind die Augen der Kreatur auf Höhe des zweiten Stockwerks, also ist es dunkel in der Eingangshalle, als ich die Kuratorin der Society Euridice Snaptem treffe, eine kugelrunde kleine Frau mit unverhältnismäßig kleinem Kopf und Händen.

»Sie sind also ein Mann«, ist das Erste, was sie zu mir sagt. »Natürlich habe ich Ihre Werke gelesen, aber Ihr Geschlecht war mir immer ein Rätsel. Tatsächlich hatte ich sie eher für eine Frau gehalten.«

»Das nehme ich als Kompliment«, sage ich, um irgendetwas zu sagen und weil niemand Frauen mehr respektiert als ich.

»Ich weiß nicht, ob ich es so gemeint hatte, aber …«, sagt sie und vollführt mit den Händen eine vage und ungeduldige »Sei's drum«-Geste. »Wie auch immer. Hier entlang, bitte.«

Und sie führt mich den Gang entlang und eine Treppe hinunter.

»Der Schließraum ist im Kinn«, sagt sie. »Wir sagen, er ist im Kinn, weil er sich im Kinn des Schreckens befindet. Sie haben vielleicht bemerkt, dass das Gebäude die Form des Schreckens vom Amazonas hat; der Film wurde im nahegelegenen Palatka gedreht. Jedenfalls liegen Ihre Materialien schon bereit. Aus dem Kinn darf nichts entnommen werden. Wenn Sie so weit sind, sich den Filmabzug anzusehen, gehen Sie vom Kinn in den ersten Stock, linke Kieme. Folgen Sie der Beschilderung. Vergessen Sie nicht, das Kinn abzuschließen. In der linken Kieme ist der Vorführraum eins. Es ist die linke Seite aus Sicht des Schreckens, also mit anderen Worten, so als wären Sie der Schrecken. Aber es ist alles gut ausgeschildert. Sollten Sie sich verlaufen, rufen Sie mich auf dem Handy an, dann komme ich Sie holen. Aber das wird bestimmt nicht notwendig sein. Es ist alles gut ausgeschildert. Die linke Kieme ist nie abgeschlossen. Schließen Sie hinterher nicht ab. Aus feuerpolizeilichen Gründen.«

Sie sperrt das Kinn auf, ich trete ein, und sie schließt die Tür hinter mir und lässt mich mit den angeforderten Materialien allein. Ich sehe drei Sicherheitskameras an den Wänden. Die meinen es hier wirklich ernst.

Meine Monografie mit dem Arbeitstitel *Nun endlich werde ich: Gender und Transformation im amerikanischen Kino* ist, wie der Titel vielleicht schon sagt, als kritische Untersuchung der Geschichte des Transgenderismus im amerikanischen Kino angelegt. Der erste dokumentierte Film, der sich auf dieses Terrain begab, war überraschenderweise *A Florida Enchantment* von 1914, gedreht direkt hier in St. Augustine. Die Log Line des Films: *Junge Frau isst Zaubersamen, der sie in einen cisgender, heteronormativen Mann verwandelt – oder zumindest das Abbild eines cisgender, heteronormativen Mannes mit allen dazugehörigen cisgender, heteronormativen Manierismen (Mann-ierismen!) und Begierden. Ihr Verlobter probiert schließlich auch einen Zaubersamen und stöckelt in Damenhut und Kleid umher, gejagt von wütenden Stadtbürgern*. Der Film ist eine faszinierende Zeitkapsel und wird für mein gesamtes Buch tonangebend sein.

Ich mache mich an die Arbeit, vertiefe mich in die Notizbücher des Regisseurs Sidney Drew. *Wie ist es, eine Frau zu sein, und warum?*, schrieb er vorausblickend vor auf den Tag genau einhundert Jahren. *Das gilt es mit diesem Spielfilm zu ergründen. Ist es eine bloße Laune des Schicksals oder ist es eine Berufung, vielleicht die höchste Berufung überhaupt, eine Frau zu sein? Dass ein bloßer Zaubersame dieses biologische Wunder abzuwandeln vermag, soll als Beweis für die Formbarkeit der menschlichen Natur genügen. Es ist vorstellbar, dass in einer fernen Zukunft Wissenschaftler einen solchen Samen entwickeln, wenngleich sie es wohl eher eine Tablette nennen werden, oder womöglich wird es auch eine Salbe sein. Wie viele derer, denen das Glück beschieden sein wird, zu jener Zeit auf der Erde zu leben, werden diese Tablette oder Salbe oder vielleicht auch diesen Wickel anwenden? Ich glaube, viele werden sich darum reißen, selbst herauszufinden, wie die andere Hälfte die Welt erlebt. Teiresias aus der griechischen Mythologie wurde von der Göttin Hera eine ebensolche Verwandlung auferlegt, und er lebte viele Jahre lang als Frau, woraufhin er zu dem Schluss kam, die Frau erfahre beim Beischlaf die neunfache Lust des Mannes. Ich würde diese Tablette gewisslich einnehmen oder diese Salbe in meinem Anus verstreichen oder diesen Wickel an der Wurzel meines Penis anwenden, oder wo immer mein Arzt es mir riete. Meine Neugierde würde mich dazu treiben.*

Ich presse meinen Nasenrücken mit Daumen und Zeigefinger zusammen. Drews Notizbuch ist eine Enttäuschung, verworren, zusammenhanglos und fetischisierend. Es erscheint mir aufschlussreich, dass Drew als eine Hälfte des Bühnenduos Mr. und Mrs. Sidney Drew auftrat, in welchem die Identität seiner Frau, der Dramatikerin und Theaterschauspielerin Gladys Rankin, vollständig unterschlagen wurde. Nach Rankins Tod wurde sie auf der Bühne durch Drews zweite Frau Lucille McVey ersetzt, die unter dem Namen (Trommelwirbel, bitte!) Mrs. Drew auftrat und als Person in gleicher Weise totgeschwiegen wurde wie ihre Vorgängerin. Hoffte Drew, sich durch die Pille selbst auslöschen zu können und nichts weiter als der Fortsatz eines Mannes zu sein? Ich vermute, so weit hatte er sich seine neue weibliche Inkarnation nicht ausgemalt. Ich sehe die Dokumente auf dem Tisch durch, bis ich auf Edith Storeys Notizbuch stoße. Sie war die Schauspielerin (ich bevorzuge das nichtgegenderte »Schauspielende«, aber meinem

Lektor zufolge ist die Zeit dafür noch nicht reif), die Miss (Ms.) Lillian Travers gespielt hatte, den trans* Mann im Film. Ich schlage es an einer beliebigen Stelle auf und finde Folgendes: *Ich habe die Bewegungen der Männer studiert. Sie neigen dazu, die breiten Schultern beim Gehen vor- und zurückzuschwingen. Ein großer Unterschied zu uns Damen, die wir eher dahingleiten. Ich will versuchen, diese männliche Gangart anzunehmen, denn sie erscheint mir selbstbewusst und stark, mit anderen Worten maskulin.*

Ich fürchte, Ms. Storey war ebenso unaufgeklärt wie ihr Regisseur. Ich seufze und nehme eine kleine Auszeit, um meine E-Mails zu checken. Um Facebook zu checken. Twitter. Die verschiedenen Internetseiten, auf denen ich unterwegs bin: Clipboard, Chapstick, Nimrod, William's Anomalies, Punching Bag, The Clerk Report, Peptide, Hollywood Blabb, Pimbleton's, Word-a-Doodle, Chim-Chim-Cheree, PoliTechs, Boop Archives und Ladies Only.

Ich schreibe in mein Tagebuch:

> *Liebes Tagebuch, heute bin ich 58 Jahre alt geworden, und niemand hat mir eine E-Mail geschickt. Meine Freundin dreht vielleicht gerade, und der Zeitunterschied ist recht groß, also habe ich die Hoffnung noch nicht ganz aufgegeben. Nur 43 Glückwünsche auf Facebook. Die durchschnittliche Anzahl an Facebook-Geburtstagsglückwünschen beträgt 79. Ich habe 36 weniger, was dem Alter von Jesus zum Zeitpunkt seines Todes plus 3 entspricht. Zufall? Ich fühle mich einsam.*

Der reduktionistische Zugang zum Verständnis von Gender, der sich bei Drew und Storey beobachten lässt, ist mir ein Ärgernis. Lassen sich unsere Überlegungen zum Thema Gender wirklich auf eine bloße Unterscheidung des Stütz- und Bewegungsapparats herunterbrechen? Was ist mit den hüftbetonteren Männern? Sind wir denn keine Männer, wenn wir etwas breitere Hüften haben? Was ist mit breitschultrigen Frauen? Können wir die Geschlechtszuschreibung von den Genitalien abhängig machen? Was ist mit den Intersexuellen? Können wir es auf XY vs. XX reduzieren? Was ist mit den XXY unter uns? Den XYY?

Den YYY? Den XYXYX? Den seltenen, aber nicht weniger menschlichen Z? Die aktuellen Forschungsergebnisse lehren uns, dass es keine klaren Abgrenzungen gibt und dass jeder Versuch, das Geschlecht zu reglementieren, nichts weiter als biologischer Faschismus ist. Hitler wäre stolz darauf.

E-Mail-Pause.

Facebook-Pause.

Nichts.

Ich weiß, würde ich heutzutage ein Kind bekommen, würde ich es als *theyby*, als geschlechtsneutrales Baby aufwachsen lassen – keine Bekanntgabe des Geschlechts, es würde niemandem genannt werden, nicht einmal dem *theyby* selbst. Diese wunderbare Möglichkeit bestand noch nicht, als wir Eltern wurden, und ich glaube, meine Kinder haben darunter sehr gelitten.

LAVOISIER, MEIN BRUDER mit dem üppigen Haupthaar, hat einmal mehr versäumt, mir einen simplen Glückwunsch zu schicken. Ist er je mit einer Afroamerikanerin zusammen gewesen? Ich bezweifle es ernsthaft. Seiner offenkundigen Erfolge und seiner sexuellen Gipfelstürmerei (an sich schon eine problematische Art des Umgangs mit Frauen) zum Trotz ist er also kein Rebell. Er hat sich innerhalb der vorgeschriebenen ethnischen Schranken eingerichtet. Ist er überhaupt je mit einem Mann zusammen gewesen? Nicht er! Trotz seines vollen Haupthaars und eines äußerst erfolgreich laufenden Weinhandels. Ich bin hier der Rebell. Nicht, dass ich je mit einem Mann zusammen gewesen wäre, doch ich wäre dazu bereit. Ich verliebe mich in Menschen, nicht in Körperteile. Ich würde mit einem Mann zusammen sein! Oder besser gesagt, ich würde vorher nicht einmal nachfragen. Ich lasse mich gern überraschen.

Um meine Wut zu unterdrücken, wühle ich mich tiefer in den Dokumentenstapel hinein. Ich vergrabe meine Wut in der Recherche.

Meine Zeit wird kommen, wenn ich nur unbeirrt weitermache. Ich entdecke, dass im Schließraum handgezeichnete Diagramme, handschriftliche Auszüge aus Whitman-Gedichten und die Hüfte-Schulter-Verhältnisse von Männern wie Frauen lagern, alles aus dem Besitz des Regisseurs Drew. Man muss über Drews Motivation nachdenken. Kämpfte er (sie, xier) selbst mit Problemen der Gender-Dysmorphie, -Dysphorie, -Distransie, -Distendie? Diese *Dis*-Liste, innerhalb deren Grenzen wir alle traurigerweise leben müssen, ließe sich leider noch fortführen. So ist nun einmal das Tier Mensch. Welch eine erbärmliche Existenz. Niemand von uns stimmt ganz mit seinem (ihrem, xiesem) körperlichen Ich, mit der ihm (ihr, xier) zugeordneten Identität überein. Unser Gesicht ist das Gesicht, das wir der Welt zeigen, wie mein Traumarzt sagte. Auch unser Körper ist das Gesicht, das wir der Welt zeigen. Ebenso wie unsere Genitalien. Wenn ich mich im Grunde meines Herzens als spindeldürre zwanzigjährige Waifu mit übergroßen, seelenvollen, traurigen Augen, Schmollmund, vielleicht einem bezaubernden »Boy«-Haarschnitt und eher kleinen, strammen Brüsten – meine Brustgröße könnte durchaus von meiner jeweiligen Stimmung abhängen – wahrnehme oder mich zumindest dafür halte, bin ich dann nicht genau das? Es gibt vielleicht Tage, da fühle ich mich üppig und weich, ja breithüftig – breithüftiger, als ich es derzeit bin –, mit einem drallen Hintern, der sich gut anfasst (aber nur mit meiner Erlaubnis!). Es gibt vielleicht Tage, da bin ich eine Läuferin, rank und schlank und mit kleinen Brüsten. Vielleicht bin ich an solchen Tagen ein Tomboy. Ich nenne Männer »Alter«, und sie finden es bezaubernd. Vielleicht bin ich eine Sekretärin, die sich um alles kümmert. Die Kaffee holt. Fürs Büro Kekse backt. Nehme ich mich so wahr, dann bestehe ich auch darauf, so wahrgenommen zu werden. Sollten wir nicht alle wahrgenommen werden, wie wir wahrgenommen werden wollen? Was für eine Kultur versagt Menschen die Freiheit, wahrgenommen zu werden, wie sie wahrgenommen werden wollen? Das ist der Transgender-Kampf. Und die westlichen Kulturen haben ihn im Laufe ihrer Geschichte in den Untergrund verdrängt, in die Kanalisation und die dunklen Gassen. Warum machen die Stadtbürger in *A Florida Enchantment* Jagd auf den Mann? Warum fühlen sie sich bedroht durch die Kleiderwahl eines Menschen, durch xiese Manierismen? Natürlich ist der Film nicht vollständig aufgeklärt. Zusätzlich zu der unaufgeklärten Auseinandersetzung mit Gender hat er auch noch eine verstörende ethnische Komponente. Jede der afroamerikanischen Figuren wird von einer/einem weißen Schauspieler*in in afroamerikanischer Maske dargestellt. Zudem herrscht hinsichtlich der Maske eine verstörende Uneinheitlichkeit. Während die meisten Figuren einfach nur dunkles Make-up und Perücken tragen, scheinen andere zu Minstrel-Charakteren geschminkt zu sein, mit hellerem Make-up, das die Lippen betont. Doch das ist noch immer nicht der faszinierendste und verstörendste Aspekt der ethnischen Darstellung. Als Lillian (nunmehr Lawrence) beschließt, dass sie (er) lieber einen Kammerdiener als eine Hausangestellte möchte, und sie (er) ihrer (seiner) Hausangestellten gegen deren Willen(!) eine Pille verabreicht, vollzieht sich die Verwandlung der Hausangestellten (wenngleich mit einer zusätzlichen alkoholischen Komponente) auf gewaltsame Weise. Sie wird nicht zu einem Mann, sagt uns der Film, sie wird zu einem *schwarzen* Mann, einem Wilden. Während Lawrence mit seinen weiblichen Eroberungen flirtet und sie zärtlich umgarnt, prügelt der vermännlichte Jane einen Nebenbuhler beinahe zu Tode, um die Frau für sich zu gewinnen, an der er nun interessiert ist.

ICH SAUGE DEN samtigen Rauch tief in meine Lunge ein. Augenblick mal. Ich kann mich nicht erinnern, diese Zigarette angezündet zu haben. Und überall hängen Schilder, auf denen RAUCHEN VERBOTEN steht. Natürlich herrscht in einem Filmarchiv Rauchverbot. Das weiß ich. Es würde dem kleinsten Kind einleuchten, selbst einem Kind ohne jegliches Vorwissen über Filmwissenschaft oder Redoxreaktionen. Ich drücke die Zigarette aus, doch erst nachdem ich sie und eine weitere zu Ende geraucht habe.

Ich mache eine Pause, um die fortlaufende Liste an Begriffen zu erweitern, die ich in dieser oder künftigen Monografien verwenden möchte:

Koterie
spielerisch
Sorglosigkeit
hausfrau
endemisch
nervöse Zwiebel
emotionale Aderpresse
Guy Debord
kultureller Priapismus
gesellschaftlicher *zugzwang*
Magister Ludi
schelmische Nachlässigkeit

Warum kann ich mich nicht auf meine eigentliche Aufgabe konzentrieren?

Dendroarchäologie
Alopecia totalis
Shooty Babitt
theybys
Leiomy Maldonado
Passahfest-Margarineknappheit 2008

KAPITEL 5

WIEDER IN MEINER Mietwohnung in St. Augustine, arbeite ich mit Feuereifer an dem Abschnitt über die Kostüme in *Enchantment*, den ich verschmitzt mit »Return to Gender, a Dress Unsewn« überschreibe, eine Anspielung auf das – von den großartigen afroamerikanischen Songwritern Scott und Blackwell geschriebene – Lied »Return to Sender«, das die Zeile *»Return to sender / Address unknown«* enthält. Ich bin mir nicht zu fein für ein wenig Verspieltheit in meiner Arbeit.

Plötzlich ertönt lautes Geschrei aus der gegenüberliegenden Wohnung.

»Verschissener Scheißkerl. Du verschissener kleiner Dreckskerl. Du Judenmauschel, du kleiner Drecks-Itzig. Mach, was ich dir sage!«

Ich bin sprachlos. Welche arme jüdische Seele wird da beschimpft? Auch wenn ich selbst kein Jude bin, werde ich Antisemitismus in keiner seiner mannigfaltigen Erscheinungsformen dulden. Sollte ich die Polizei rufen? Sollte ich mich um meine eigenen Angelegenheiten kümmern? Ein kleiner häuslicher Streit ist doch gewiss kein Grund für ein Eingreifen der Polizei. Und schließlich gehen uns doch allen einmal die Nerven durch. Ich bin neu in der Stadt. Soll ich meinen Einstand feiern, indem ich den Notruf wähle? Und aufgrund der weitverbreiteten Annahme, ich wäre selbst Jude, wird man mein Einschreiten vielleicht für einen Fall von »Jude schützt Juden« halten, was von vielen als Mauschelei betrachtet und missbilligt wird. So betrachtet, könnte es der örtlichen jüdischen Community eher schaden als nützen. Ich muss alle potenziellen Konsequenzen sorgfältig überdenken.

Dann ertönt ein dumpfer Schlag. Dann berstendes Glas. Dann ein dumpfer Schlag.

Ich kann nicht guten Gewissens nichts tun. Man denke nur an den Mordfall Kitty Genovese. Oder besser noch an Harlan Ellison, der die tatenlos zuschauenden Zeugen als »sechsunddreißig Arschlöcher« bezeichnet hatte. Ich will von Ellison nicht als Arschloch bezeichnet werden, auch wenn sich hinterher herausstellte, dass er sich geirrt hatte und die Zeugen im Fall Genovese falsch dargestellt worden waren, und außerdem war Ellison nach allem, was man hört, ein unausstehlicher Kerl. Und wie wir alle wissen, ist Wahrnehmung alles. Fragen Sie nur einmal jemanden, der fälschlicherweise des Kindesmissbrauchs angeklagt wurde. Kann so jemand sein Leben jemals normal weiterleben? Die Antwort lautet Nein, und das sage ich als Sympathisant. Um das zu präzisieren: Ich sage das als Sympathisant der fälschlich Beschuldigten, nicht der Kinderschänder und ganz gewiss nicht als Nazi-Sympathisant, sollten Sie das aus irgendeinem Grund annehmen. Wobei ich sagen muss, dass es in unserer Gesellschaft eine Hexenjagdmentalität bezüglich jeder vermeintlichen Abweichung von der Norm gibt. Wir sind zu einem Land politisch korrekter Schafe geworden. Mir ist bewusst, dass diese Sichtweise Angriffsfläche für Kritik von außen und sogar von mir selbst bietet. Doch ich möchte diese Gelegenheit nutzen, um nochmals zu betonen, dass ich keine Form von Kindesmissbrauch unterstütze, sei es körperlich, seelisch oder sexuell. Dennoch möchte ich gern anfügen, dass der Begriff »Pädophilie« tatsächlich oft missverstanden wird. Er bezieht sich ausdrücklich und ausschließlich auf sexuelles Interesse an präpubertären Kindern. Interesse an jungen Teenagern nennt man Hebephilie und Interesse an Teenagern über fünfzehn Jahren Ephebophilie. Schlagen Sie es nach.

Ich beschließe, auf ein weiteres Anzeichen gewaltsamer Übergriffe in der Nachbarwohnung zu warten und bei Bedarf einzuschreiten.

»FICK DICH, DU HEBRÄER!«, schreit er.

Ich nehme meinen Schlüssel, verlasse mein Zimmer, klopfe an seine Tür.

Ein sehr alter Mann öffnet.

»Ach, Sie sind es«, sagt er leise.

»Entschuldigen Sie, aber ein gewisser Tumult ließ sich nicht überhören. Ist bei Ihnen alles in Ordnung?«, sage ich und versuche, an ihm vorbei in die dunkle Wohnung zu schauen. Ich befürchte, der ältere Jude, der vor mir steht, würde vielleicht von jemandem misshandelt.

»Ich bin allein«, erklärt er. »Ich lebe allein. Ich habe immer schon allein gelebt. Ich bin ein alter Mann«, setzt er hinzu, als wäre das von Belang, als wäre es nicht ohnehin offensichtlich.

»Ich habe Schreie gehört, jemand wurde ›Itzig‹ genannt. Mit wem haben Sie denn geredet, wenn Sie allein sind? Oder wer hat mit Ihnen geredet, wenn Sie mit niemandem geredet haben?«

»Ich habe mit Ihnen geredet«, ist seine rätselhafte Antwort.

»Zunächst einmal bin ich kein Jude«, sage ich, reflexhaft, defensiv. »Und außerdem war ich nicht in Ihrer Wohnung, als Sie jemanden so beschimpft haben oder jemand Sie oder irgendjemand anderen so beschimpft hat.«

»Ich weiß«, sagt er. »Es freut mich, dass wir uns endlich unterhalten können wie zivilisierte Menschen.«

»Ich weiß wirklich nicht, wovon Sie reden«, sage ich. »Wir sind uns noch nie begegnet. Tatsächlich war ich überhaupt noch nie in St. Augustine.«

»Ich bin alt und einsam«, erklärt er nochmals ohne ersichtlichen Grund.

Dann begreife ich: Alles klar, so eine Geschichte ist das. Alter Mann sucht Freund. Wie oft schon war ich in der gleichen Situation? Es sollte einen psychologischen Begriff für alte Menschen geben.

»Ich bin alt und einsam und habe nicht mehr viel Zeit«, fährt er fort. »Vielleicht habe ich mein Leben vergeudet, indem ich es in Einsamkeit gefristet habe. Als junger Mann hatte ich nicht genug Selbstvertrauen, um Frauen anzusprechen. Dann gingen die Jahre ins Land, wie sie es nun einmal tun müssen, wie sie es unausweichlich tun. Und hier bin ich nun und habe nie die Liebe einer Frau gekannt, nie auch nur einen Freund gehabt. Und endlich stehen Sie leibhaftig vor mir. Jemand, mit dem ich reden, mit dem ich mein Leben und meine Arbeit teilen kann.«

»Hören Sie«, sage ich. »Ich bin nur sehr kurz in Florida, und ich habe in dieser Zeit viel zu tun. Ich verstehe, dass Sie einsam sind, und Sie haben mein Mitgefühl. Ich schreite ganz gewiss selbst auf das Greisenalter zu, so wie wir es alle tun, und darum kann ich es mir auch nicht leisten, die Arbeit an meinem Buch zu unterbrechen.«

»Ach? Worüber schreiben Sie denn?«, fragt er, ein sonderbares, abscheuerregendes kleines Lächeln auf dem sonderbaren und gleichförmig blassen Gesicht.

»Ich recherchiere zu einem wenig bekannten Stummfilm, der 1914 in St. Augustine gedreht wurde.«

»*A Florida Enchantment*«, sagt er. Es ist keine Frage.

»Woher wissen Sie das?«, frage ich.

»Ich habe den kleinen Jungen gespielt. Ingo Cutbirth. Ich stehe im Vorspann.«

»In dem Film kommt kein kleiner Junge vor«, sage ich und überlege angestrengt, ob das tatsächlich stimmt. Natürlich bin ich ein Experte für diesen Film, den ich mehrere tausend Male gesehen habe, nicht nur vorwärts, sondern auch rückwärts, wie ich es bei interessanten Filmen häufig tue. Einerseits erlaubt es mir, den Film eher als eine formale Konstruktion denn als eine Geschichte zu sehen, so als würde man ein Gesicht falschherum abzeichnen, um durch die vorgefassten Begriffe von »Nase«, »Augen« *et ketera* nicht vom tatsächlichen Verlauf der Linien abgelenkt zu werden. Doch zusätzlich dazu glaube ich, dass die lineare Zeit den Lehren der modernen Physik gemäß eine Illusion ist, dass Ursache und Wirkung eine Geschichte sind, die wir uns selbst erzählen. In Wahrheit gibt es unendlich viele Versionen einer jeden Geschichte; die erste davon ist die schlichte narrative Konvention: Dies geschieht, dann folgt jenes daraus. Die zweite Version ist, dass sich Geschehnisse in gequantelter Form und unabhängig voneinander ereignen und in jeder vorstellbaren Reihenfolge betrachtet werden können, nein müssen, um die vollständigen Auswirkungen einer beliebigen Reihe von Ereignissen zu erfassen. Natürlich hat René Chauvin, der große Intellektuelle des Kinos, ebendiese Vorstellung in ihrer simpelsten Form in seinem Film *Moutarde* ausgelotet, der vorwärts und rückwärts angesehen werden muss und sich um einen Schlüsselmoment zwischen dem Ehepaar Gérard und Claire in der Mitte des Films dreht. In der »Vorwärts«-Version serviert Claire ihrem Mann Gérard einen Teller mit Würsten. Er fragt, ob noch Senf im Haus sei, und Claire sagt: »Oh, das tut mir so leid, Gérard. Ich war heute auf dem Markt, aber ich habe vergessen, Senf mitzubringen. Ich kaufe morgen welchen.« »Das macht doch nichts, mein Schatz«, sagt er, und sie küssen sich. In der nächsten Einstellung sehen wir Claire auf dem Markt, ein wonniges Lächeln auf dem Gesicht, während sie liebevoll ein Glas Senf für ihren Mann aussucht. In der umgekehrten Fassung sehen wir, wie Claire liebevoll ein Glas Senf auswählt und ihrem Mann anschließend verheimlicht, dass sie welchen gekauft hat. Eine arglistige Claire. Warum enthält sie ihrem Mann den Senf vor? Natürlich sehen wir alles, was nach (oder vor) diesen beiden Szenen geschieht, im Lichte dieses Betrugs oder, im Gegenteil, dieser freundlichen Geste. Dass der Film mit Claires Tod endet (oder beginnt) und sie damit in der umgekehrten Version zu einem Geist macht, verkompliziert die Geschichte nur weiter. Chauvins Experiment, das die Filmwelt in ihren Grundfesten erschüttert hat, sollte theoretisch auch funktionieren, wenn die Szenen in beliebiger Reihenfolge angeordnet würden, was Raum für noch komplexere und unterschiedlichere Interpretationen jener gequantelten Welt schaffte. In jedem Fall (ich höre jetzt auf zu salbadern) sehe ich mir alle interessanten Filme auf diese Weise an, wodurch ich die Wirkung der Schwerkraft in einem Film nicht für selbstverständlich nehme. Denn wenn wir über die figurative Schwerkraft in einem Film sprechen, vergessen wir oft, dass die tatsächliche Schwerkraft, die der Erde, für ein Verständnis der *conditio humana* unerlässlich ist. Niemand von uns ist immun gegen die Last, die sie uns auferlegt, und zugleich sollten wir ihr dankbar sein, dass sie uns daran hindert, ins Weltall davonzuschweben und im kosmischen Vakuum zu explodieren, oder was auch immer im Weltall geschieht (ich bin kein Wissenschaftler, auch wenn ich in Harvard Horror-Vacui-Wissenschaften im Nebenfach studiert habe). Die wirklich großen und introspektiven Filmfiguren haben ein eigenes Bewusstsein für diese Dualität, das wir nur wahrnehmen, wenn wir ihnen dabei zusehen, wie sie sich auf dem Kopf stehend bewegen, wenn jeder Schritt sowohl Gebet als auch Androhung göttlicher Strafen ist.

Der alte Mann starrt mich an.

»Man sieht mich nicht«, sagt er. »In *Enchantment.* Der Film ist aus meiner Sicht gedreht. Der Regisseur hat mit der Form experimentiert. Ich stand bei jeder Einstellung unter der Kamera. Ich war ein klein gewachsener Junge mit einem ziemlich flachen Kopf, sodass ich ohne Schwierigkeiten darunter passte. Ich stehe im Vorspann. Ungesehener Junge – Ingo Cutbirth.«

»Natürlich!«, sage ich.

Plötzlich ergibt der ganze Film Sinn. Der Junge! Natürlich! Der ungesehene Junge! Der Erzähler! Der Träumer, der den Traum träumt. Wie sehr das alles verändert! Wie viele neue Fragen sich jetzt stellen. Warum ein Junge? Warum hat sich der Regisseur für einen Jungen –

»Augenblick mal. Wie alt waren Sie 1914?«

»Sechs«, sagt er.

Warum hat sich der Regisseur dafür entschieden, einen sechsjährigen Jungen, einen eindeutig noch nicht geschlechtsreifen Jungen diesen Traum, diese Fantasie über eine erwachsene Frau haben zu lassen? Das erscheint mir –

»Augenblick mal. Sie sind 1908 geboren?«

»Neunzehnhundertvierzehn war ein Jahr des Umbruchs«, übergeht der alte Mann meine Frage. »Wir wussten, uns blieben noch drei Jahre, ehe wir in den Ersten Weltkrieg eintreten würden, und dass der Zweite Weltkrieg für kurz darauf angesetzt war. Wenn die Deutschen eines sind, dann pünktlich. Also –«

»Woher wussten Sie, was die Zukunft bringen würde?«, frage ich.

»Es gab Prognostiker«, erklärt er. »Menschen, die sich der gequantelten Natur der Zeit bewusst waren. Die Physik war eine aufstrebende Wissenschaft, und alle sprangen auf den Zug auf. Maler, Schriftsteller, selbst Wahrsager. Die Dinge sind nicht, wie sie scheinen.«

»Das weiß ich«, sage ich. »Das habe ich doch gerade zu *Ihnen* gesagt! Haben Sie mein Buch über *Senf* gelesen?«

»Ich mache mir nicht viel aus Kochbüchern.«

»Über den Film *Moutarde*.«

»Ah«, sagt er. »Noch nicht, aber es liegt auf meinem Nachttisch.«

»Wirklich?«

»Natürlich.«

»Wieso natürlich?«, frage ich.

Er zögert kurz und sagt dann etwas zu schnell: »Ich interessiere mich schon sehr lange für die Filmkunst. Wie dem auch sei, jedenfalls wollte ich sagen, dass sich die Welt veränderte. Die Frauen hinterfragten ihre gesellschaftliche Rolle. Die Männer würden bald in Übersee auf dem Schlachtfeld fallen. Die Kunst des Kinos steckte vielleicht nicht mehr in den Kinderschuhen, aber gewiss noch in ihrer frühen Jugend, der *Hebe*-Periode, wie man es meines Wissens nannte.«

»Hebe? Wie das Schmähwort für eine Jüdin, abgeleitet von ›Hebräerin‹?«

»Wie in Hebephilie«, sagt er.

»Ah. Ja. Liebe zu Jüdinnen? Nein, das heißt es nicht. Aber der Begriff sagt mir etwas. Ich komme nur gerade nicht darauf.«

»Und darum wurde vieles ausprobiert, es gab Kinderkrankheiten, man erforschte die durch Theater und Literatur, die Eltern des Kinos, gesetzten Grenzen.«

»Sind Sie Cineast?«, frage ich, mit einem Mal beeindruckt von diesem verhutzelten, kalkweißen Juden(?)vor mir.

»Wenn Sie mit ›Cineast‹ jemanden meinen, den Filme oder unbelichtetes Filmmaterial sexuell erregen, dann ja.«

»Das meinte ich nicht. Ich meinte einen Filmliebhaber.«

»Das bin ich in –«

»Im platonischen Sinne, meine ich.«

»Oh. Auch das bin ich, ja. Manche Filme liebe ich als Freunde, andere auf tiefere Weise.«

Auch wenn ich es für mich nie so formuliert hatte, verstehe ich, was er meint. Und ich verspüre eine plötzliche Verbundenheit mit ihm. Ich sollte dazusagen, dass mich ältere Menschen stets heftig abgestoßen haben. Ich weiß, das ist keine gesellschaftlich akzeptable Reaktion, weshalb ich es bislang auch für mich behalten habe. Während ich nun selbst allmählich zum Tattergreis werde, richtet sich dieser Abscheu mehr und mehr nach innen. Statt Mitgefühl für die Alten zu entwickeln, stelle ich fest, dass ich sie und mich selbst nur umso mehr hasse und sehnsüchtig und neidisch nach den jungen Menschen schiele, nach jenen von straffer Haut, von scharfem Verstand, von perfekter Gestalt, von wachem Geist, von tätowiertem Arm, von gepierctem Was-auch-immer. Gewiss, ich betrachte sie als dumm und oberflächlich, mit ihren Baseballkappen mit den maschinell geplätteten Schirmen, an denen noch das Etikett hängt, in ihrer Ignoranz gegenüber internationalen Angelegenheiten, in ihrem Unvermögen, mich wahrzunehmen, sich sexuell von mir angezogen zu fühlen, mich zu bewundern. »Auch ihr werdet einmal alt werden und sterben!«, habe ich zuweilen Grüppchen von Teenagern angeschrien, die mir vom sicheren Supermarktparkplatz aus »Glatze« oder »Bartmann« oder »Glatzi« oder »Bärtchen« oder »Glatzkopf« oder »Bartgesicht« hinterhergerufen haben. Mitunter habe ich auch Teenager auf diese Weise angeschrien, die gar nichts zu mir gesagt hatten. Wer mich nicht abstößt, sind die älteren genialischen Regisseure unter uns. Die Godards, die Melvilles, die Renaiseseses. Auch wenn ich von Natur aus nicht homosexuell bin, verspüre ich ein gewisses romantisches Interesse an diesen Männern. Vielleicht, weil ich sie als Vaterfiguren betrachte, als gottähnlich, als Paterfamiliase, wenn man so möchte. Vielleicht auch, weil ich mir wünsche, von ihnen wahrgenommen, geliebt und bewundert zu werden, so wie ich sie liebe und bewundere. Wie kann ich das erreichen? Nun, gewiss wäre es hilfreich, eine Monografie zu schreiben, die ihre

Arbeit in einer Art und Weise beleuchtet, wie sie in der Geschichte des Films noch nicht beleuchtet wurde. Vielleicht könnte ich ihnen sogar Aspekte ihrer Arbeit vor Augen führen, die ihnen selbst noch nie in den Sinn gekommen sind. Doch das ist noch nicht geschehen, und da sie einer nach dem anderen verstorben sind, ist die Wahrscheinlichkeit, dass es geschehen wird, stark gesunken. Ich habe mir schon oft überlegt, wie ungerecht es ist, dass liebreizende junge Frauen aus dem alleinigen Grund Zugang zu älteren, erfolgreichen, brillanten Künstlern erhalten, dass die Künstler sie vögeln wollen. Wohingegen ich mich bemüht habe, ihr Werk zu verstehen, Licht darauf zu werfen. Ich habe sie auf meine höchst einsichtsvolle Weise verehrt, und doch: nichts. Das ist der Höhepunkt des Sexismus. Warum können sie mich nicht lieben? Warum konnte mein Vater mich nicht so lieben, wie ich war? Immerzu musste ich ihm beweisen, was ich wert war. Nie wurde ich geliebt, weil ich niedlich oder sexy war. Und als Kind war ich beides, wie ich glaube. Stellen Sie sich eine glückliche Verbindung von Brandon Cruz aus *Eddies Vater* und der aus der Serie *Blossom* bekannten Mayim Bialik vor, und Sie sehen mich als Jungen vor sich. Ich war der Inbegriff des Liebreizes. Ich weiß, es ist politisch inopportun, die Knabenliebe zu preisen, doch die Griechen, die großartigste Generation (diejenigen unter Ihnen, die gegen die Nazis gekämpft haben, mögen mir verzeihen) mit der höchsten Anzahl an Genies pro Quadratmeter in der Geschichte, scheinen damit recht gut gefahren zu sein. Damit wir uns recht verstehen: Ich heiße ein solches Machtgefälle in keiner Art von Beziehung gut, und ich bin voll und ganz der Meinung, dass Kinder vor Sexualstraftätern geschützt werden müssen. Was ich sagen will, ist lediglich: Als kleiner Junge wäre ich geschmeichelt gewesen, hätte Alain Resnais Interesse an mir gezeigt. Doch dieser Zug ist offenkundig längst abgefahren.

Ohne ersichtlichen Grund kommt mir in den Sinn, dass ich mir meinen Körper manchmal als durch und durch massiv vorstelle. Keine Knochen, kein Blut. Gummi vielleicht, mit einem metallenen Skelett. Es wäre die ideale Beschaffenheit eines Lebewesens. Keine Gefahr einer Nierenerkrankung mehr, denn meine Nieren bestünden aus massivem Gummi, und massives Gummi ist nicht anfällig für Nierenerkrankungen. Das habe ich nachgelesen. So wie ich mir bei Zahnschmerzen vorstelle, um wie viel besser die Welt wäre, wenn Menschen Schnäbel hätten, und damit meine ich anstelle von Zähnen, nicht zusätzlich zu ihnen wie bei Hegel und Schlegel. Schnäbel zusätzlich zu Zähnen würden offensichtlich keine Probleme lösen.

Ich konzentriere mich wieder auf meinen vorherigen Gedankengang: Der alte Mann ist noch immer alt, aber sehen wir der Wahrheit ins Gesicht, er ist kein Alain Resnais. Wenn ich mit einem alten Mann kuscheln soll, muss er ein verbrieftes Genie sein, ein Poet, ein Künstler. So wie ich es mir in meiner Jugend für meine eigene Zukunft erhofft hatte und noch immer für meine jetzige Zukunft erhoffe, nur dass mir nun weniger Zeit bleibt, dieses Ziel zu erreichen. Im Augenblick aber bin ich ein bloßer Lobpreiser der Genies, ein Apologet großer Männer, die Antisemiten und Rassisten sind, brillanter Künstler, die Frauen missbrauchen. Meine unpopuläre Meinung ist, dass wir unseren Genies diese charakterlichen Eigenarten verzeihen müssen. Künstler müssen die Freiheit haben, die finstersten Bereiche ihrer Psyche zum Ausdruck zu bringen und zu erkunden. So wie Persephone das halbe Jahr in der Unterwelt verbringen muss, so müssen diese Männer tief in sich selbst (und manchmal auch in junge Frauen!) eindringen, um uns die Früchte zu bringen, die wir so sehr als Nahrung benötigen. Der Granatapfel – Sinnbild des Lebens, des Todes, des Königlichen, der Fruchtbarkeit, des Leidens Christi, der Virilität und so vieler weiterer Dinge – ist natürlich die Frucht, die wir mit Persephone assoziieren. Sie fesselt sie auf ewig, wenn auch nicht unausgesetzt, an die Unterwelt. Verachten wir Persephone dafür? Nein, wir preisen sie, denn wenn sie emporkommt, bringt sie uns den Frühling. Ein Feld muss zuweilen brachliegen, wenn wir irgendeine Hoffnung auf eine mögliche Erneuerung haben wollen. Ein Genie muss zuweilen ein Rassist sein, damit wir auf Erleuchtung hoffen können. Die Geschichte ist großzügig gesprenkelt mit Genies, die Juden verachtet, Schwarze abgelehnt,

Frauen zu Objekten degradiert haben. Sollen wir darum ihre großen Werke unterschlagen? Die Antwort ist ein schallendes »Nein, das sollen wir nicht!«. Wir alle sind Menschen. Wir alle haben unsere Schwächen. Das Vorurteil ist evolutionsbedingt in unsere Gene eingeschrieben. Wir müssen wissen, dass der Tiger an sich ein gefährliches Tier ist. Wir müssen *nicht* wissen, dass es nicht alle Tiger sind. Die Bestimmung der Persönlichkeit individueller Tiger dient nicht unserem Überlebensdrang. Gewiss, es mag uns zu erleuchteteren Individuen und zu Freunden bestimmter Tiger machen, und dagegen habe ich nicht das Geringste einzuwenden. Ich begrüße es, aber man muss anerkennen, dass es einen Urinstinkt im Menschen gibt und dass es sich im Wesentlichen um einen Überlebensinstinkt handelt. Also akzeptiert das, beklagt es, macht es verächtlich, wütet dagegen, aber erkennt an, dass es eine äußerst menschliche Eigenschaft ist, und bringt Geduld dafür auf. Habt Mitgefühl. Vielen Dank und gute Nacht. Das ist eine Stegreifrede, die ich, von zahlreichen Zwischenrufen unterbrochen, im Kopierraum des Bates College gehalten habe, als ich gastierender Kritiker in der dortigen filmwissenschaftlichen Fakultät war, wo meine Tätigkeit darin bestand, während der Filmvorführungen in der letzten Reihe zu sitzen, ungeduldig mit meinem Stift gegen mein Notizbuch zu klopfen und zu seufzen.

Der alte Mann starrt vor sich hin. Ich bin mir nicht sicher, wie lange wir schon in seiner offenen Tür stehen. Ich suche nach Hinweisen: War es zuvor noch hell? Jetzt ist es dunkel. Ich weiß es nicht mehr. Vielleicht war es zuvor noch hell. Gewiss war es heute irgendwann einmal hell. Da bin ich mir so gut wie sicher.

»Wie dem auch sei«, sage ich.

Er fragt, ob ich hereinkommen wolle. Er erklärt wieder, er habe sein Dasein in Einsamkeit gefristet, gebeutelt von Sozialphobie, und nun habe er zu diesem sehr späten Zeitpunkt beschlossen, sein Leben zu ändern. Ihm sei nun bewusst, dass seine Ängste seine *joie de vivre* stark eingeschränkt hätten. Nie habe er die Umarmung einer Frau gespürt, mit einem männlichen Kumpel ein Bier getrunken, mit einem Kumpel ein Footballspiel angesehen, einen Kumpel gehabt, mit einem Kumpel Billard gespielt. Dies sei, vertraut er mir etwas peinlich berührt an, überhaupt das erste Mal, dass er das Wort *Kumpel* ausgesprochen habe. Jetzt müsse er feststellen, dass es ihm gefalle, sagt er. Es sei freundlich, erklärt er. Es habe ein gutes Bouquet, wie man auch über Weine mit einem guten Bouquet sage.

Ich sage ihm, ich hätte zu tun.

Er nickt traurig.

Dann denke ich: Sei nett zu ihm, er ist ein alter Mann. Dann denke ich: Aber zu nett auch wieder nicht; er soll nicht bei jeder zufälligen Begegnung auf dem Flur denken, ich wolle ewig mit ihm plaudern. Dann denke ich: Eines Tages werde ich alt sein – was, wenn dann niemand mit mir reden will? Dann denke ich: O nein, Karma. Wenn ich nicht nett zu ihm bin, stößt mir vielleicht eines Tages etwas Schlimmes zu. Dann denke ich an diesen Film, in dem sich Meg Ryan in einen alten Mann verwandelt. Nicht, dass ich an solchen magischen Unsinn glauben würde, doch der Film spricht einige wichtige Dinge an. Und nicht, dass Meg Ryan heute alt wäre, das nun wirklich nicht, aber es ruft einem in Erinnerung, dass sie einmal das nette Mädchen von nebenan war und dass wir als Gesellschaft unsere alten Modelle gegen neue eintauschen. Dann denke ich: Dieser alte Mann war einmal jung – so jung, wie Meg Ryan es einmal war. Aber das sieht nun niemand mehr. Wir sind in der Gegenwart gefangen. Ein alter Mann ist alt. Ein junger Mann ist jung. Ein Junge ist ein Junge. Wir können das Leben nicht als eine Reise betrachten. Wir sind nicht dort, wo wir aufgebrochen sind. Wir sind nicht dort, wohin wir gehen. Es ist von entscheidender Wichtigkeit, diesen alten Mann nicht nur als eine Erinnerung an meine eigene Sterblichkeit zu betrachten, sondern als eine Person, als jemanden, der vielleicht ein faszinierendes Leben voller faszinierender Gedanken hatte oder noch immer hat.

»Ich muss ein paar Besorgungen machen«, sage ich.

»Gut. Ich war mir nicht sicher, ob Sie noch etwas sagen würden. Es ist etwas seltsam, wenn Sie mich so lange anstarren.«

»Ich hatte einen Blackout«, schütze ich vor. Dann denke ich: Der Film hieß *A Kiss to Remember*. Dann denke ich: Nein, doch nicht.

»Ich beneide euch junge Leute um eure Blackouts und eure bunten Gummiarmbänder. Um eure Augenbobs.«

»Unsere was?«

»Augenbobs? Gibt es noch keine Augenbobs?«

»Ich weiß nicht einmal, was dieser Satz bedeutet.«

»Manchmal bin ich der Zeit voraus. Ich habe Träume, wissen Sie.«

Ojemine, denke ich.

»Warum sagen Sie das?«, fragt er.

»Was?«

»Ojemine.«

»Habe ich das gesagt? Ich dachte, ich hätte es gedacht.«

»Wenn wir es ganz genau nehmen wollen, haben Sie es sowohl gedacht als auch gesagt.«

Du raffinierter Mistkerl, denke (sage?) ich. Ich sollte machen, dass ich fortkomme.

Ich will mich umwenden und gehen, bin sogar schon dabei. Ich drehe mich buchstäblich gerade um, aber aus irgendeinem Grund langsam, scheinbar in Zeitlupe, aus irgendeinem Grund sehr, sehr langsam, als mir etwas auffällt.

Er reibt sich die Schläfen, und mir kommt der Gedanke, sein Gesicht könnte mit Schminke bedeckt sein. An seinen verschmierten Schläfen wird dunklere Haut sichtbar. Plötzlich argwöhne ich, er könnte vielleicht Afroamerikaner und als weißer Amerikaner geschminkt sein, gemeinhin auch bekannt als Whiteface oder Blassgesicht oder Kräckerkopf oder Lumpenvisage oder Clownsweiß.

»Sind Sie Afroamerikaner?«, frage ich.

»Nein!«, schreit er und schlägt die Tür zu.

Aber ich glaube, er ist einer. Und jetzt will ich ihn besser kennenlernen. Ich hämmere gegen die Tür.

»Ich möchte Sie besuchen«, sage ich. »Ich habe meine Meinung geändert. Halloooo?«

»Hau ab, du Itzig!«, schreit er.

»Ich bin kein Jude«, erkläre ich dem Holz zwischen uns.

Es kommt keine Antwort. Er glaubt mir nicht. Es heißt, man sehe immer nur sich selbst in anderen. Vielleicht glaubt er, ich leugnete meine Abstammung, weil er die eigene leugnet. Aber ich bin kein Jude. Bin ich nicht. Ich werde für ihn eine Diashow mit Leuten zusammenstellen, die jüdisch aussehen, es aber nicht sind. Ringo Starr wird dabei sein. Ringo Starr ist kein Jude, obwohl er eine auffällige Nase hat. Mir wird bewusst, dass er fast den gleichen Namen trägt wie Ingo, der Ingo heißt. Der Unterschied ist das *R*, das auch der erste Buchstabe meines Nachnamens ist. R + Ingo = Ringo. Ich stelle mir das in einem Herzen an einem Baum vor. Ich erläutere ihm all das durch die Tür hindurch.

»R plus Ingo ist gleich Ringo«, wiederhole ich. Es fühlt sich geradezu kosmisch an, irgendwie vorbestimmt. Vielleicht wird unsere schlussendliche Kommunion einen neuen Stern am Firmament entstehen lassen. Ich erläutere weiter, Ringos Nachname laute Starr und darum hätte ich gesagt, unsere Beziehung könnte womöglich einen neuen Stern erschaffen.

Verdammt. Ich hätte gleich hineingehen sollen. Als sich die Möglichkeit bot. Was habe ich mir nur gedacht? Selbst wenn er weiß wäre, wäre es kein großes Opfer gewesen, ihm den Gefallen zu tun, um sich mit ihm gutzustellen und ihn zu seinen Erfahrungen beim Dreh von *Enchantment* zu befragen. Manchmal weiß ich nicht, was ich denke oder warum oder auch nur wann. Meine Gedanken rasen mit tausend Stundenkilometern dahin, springen wild von einem Thema zum anderen. Ich muss daran arbeiten, diesen Affengeist, wie die Buddhisten einen Verstand wie den meinen nennen, zur Ruhe zu bringen, auch wenn dieses Affenartige ein Nebenprodukt meiner Intelligenz ist. Doch aufgrund dieses Intellekts bin ich ein Affe an der Leine, das Opfer eines fortwährenden kosmischen Witzes der Götter.

»Hau ab«, sagt er.

KAPITEL 6

ICH GEBE FÜRS Erste auf. Wieder in meiner Wohnung, kann ich mich nicht auf die Arbeit konzentrieren. Ich verfasse ein Gedicht für meinen Blog *Poems and Curios*:

Heimat.
Endlich Heimat.
Plötzlich Heimat.
Niemals Heimat.
Immer Heimat.
Ohne Heimat.
In die Heimat gehen.
Lebewohl, meine Heimat.
Zerstörte Heimat.
Die Heimat verlassen.
O home, o meine Heimat, wo bist du?
O Homo.
Oh.

Folgerung: »Heimat« ist ein Wort von großer Kraft.
Recherche: Ist das in anderen Sprachen auch so? Gibt es eine Sprache, in der es kein Wort für Heimat gibt? Wie könnte jemand aus einer solchen Kultur denken? Wie würde er sein Zuhause bezeichnen? Nochmals bei Whorf nachlesen!!! Das könnte wichtig sein!!!

Ich blicke stundenlang auf den Bildschirm, lade die Seite ständig neu, warte auf Kommentare. Es kommen keine.

Ich klopfe wieder bei ihm, um ihm meinen Standpunkt zu erläutern. Die Tür geht auf. Nun, da er keine Schminke trägt, sehe ich, dass er steinalt und Afroamerikaner ist. Ach, was ich alles von ihm lernen könnte, was wir gemeinsam alles erreichen könnten. Aber ohne das Make-up wirkt er sonder- und unnahbar, noch sonder- und unnahbarer als beim letzten Mal. Ach, was er als Afroamerikaner alles erlebt haben muss. Wo er in seinem langen und unerbittlich afroamerikanischen Leben überall gewesen sein muss. Er ist 1908 geboren. Vielleicht waren seine Eltern sogar Sklaven. Seine Großeltern ganz bestimmt. Er ist ein gebrechlicher, gebeugter Gigant. Er trägt diese neuen beigen orthopädischen Nikes, von denen alle reden. Air Garry Marshalls. Hier unten in Florida wurden wegen dieser Schuhe einige alte Leute von einigen anderen alten Leuten umgebracht.

»Ich will Ihnen nichts Böses«, erkläre ich.

Er sagt nichts. Vielleicht hat er mich nicht gehört.

»Ich will Ihnen nichts Böses«, sage ich noch einmal, diesmal lauter.

Er entblößt sein Zahnfleisch.

»Vielleicht könnte ich Sie auf einen Tee einladen«, sage ich.

Keine Antwort.

»Ich habe eine Monografie über William Greaves geschrieben. Den großen afroamerikanischen Avantgarde-Filmemacher.«

Ich versuche, mich über Wasser zu halten. Ich finde es ungerecht, dass er allen Weißen argwöhnisch begegnet. Ich verstehe, woher dieser Instinkt kommt, aber dennoch. Ich bin keiner von diesen Typen, wie die jungen Leute heutzutage sagen, und ich gebe mir wirklich Mühe, ihm das zu beweisen.

»Meine Freundin ist Afroamerikanerin«, erkläre ich, während sich die Tür schließt.

Ich verbringe Stunden an meinem Türspion. Es ist eine Obsession. Er verlässt nie die Wohnung. Ich entwerfe und verwerfe einen Plan nach dem anderen. Könnte ich mir vielleicht einige Backzutaten leihen? Ich ginge einkaufen; ob er etwas brauche? Ob er einen guten Friseur kenne? Wann würden noch gleich die Mülltonnen geleert? Riechen Sie das auch?

Dann öffnet sich seine Tür. Er späht in den Gang, blickt genau auf meine Tür. Will er mir aus dem Weg gehen? Das erscheint mir nach alldem geradezu grausam. Aber ich halte mich verborgen, beobachte. Ich will erst herauskommen, sobald er wirklich auf dem Flur steht, sobald er die Tür hinter sich geschlossen hat und sich nicht rechtzeitig in seine Wohnung flüchten kann, wenn ich unvermittelt erscheine. Er kommt heraus, schließt seine Tür hinter sich. Ich tue es ihm gleich.

»Ach, hallo«, sage ich. »Ich bin B. Wir sind uns schon einmal begegnet. Als Sie im Kostüm waren. Wir haben uns sogar kurz unterhalten.«

Er antwortet nicht.

»Ich bin der mit der afroamerikanischen Freundin. Vielleicht erinnern Sie sich.«

Er schlurft in seinen beigen, schiffartigen orthopädischen Turnschuhen langsam auf die Treppe zu.

»Jedenfalls dachte ich mir, als Nachbarn sollten wir vielleicht Schlüssel austauschen. Für den Notfall.«

Ich fürchte, ihn überrumpelt zu haben. Ich versuche, zurückzurudern.

»Oder einfach nur einen Tee. Ich meine nicht, dass wir Tee austauschen sollten, sondern vielleicht zusammen ein Tässchen trinken.«

Nichts.

Dann geschieht etwas Wunderliches. Er fällt die Treppe hinunter. Es ist ein heftiger Sturz, so als wäre er gestoßen worden, und ich fürchte, jemand könnte glauben, er wäre gestoßen worden, und dann denken, ich hätte ihn gestoßen. Was ich nicht getan habe und auch niemals tun würde. Niemals würde ich dergleichen tun. Ich haste zurück in meine Wohnung, schließe die Tür und warte darauf, dass irgendein anderer Mieter, aufgeschreckt durch das Gepolter und sein Gestöhne, dem alten Mann zu Hilfe eilen wird. Ich treffe als Zweiter ein. Das ist mein

Alibi. Dann wird mir bewusst, dass die anderen Mieter entweder taub oder blind oder irgendeine Kombination aus beidem sind. Zu meinem großen Glück betritt in diesem Augenblick der traurige Mann ohne Auto (taub) das Gebäude.

»Ich bringe ihn ins Krankenhaus!«, schreie ich von der Türschwelle aus. »Ich habe ein Auto!«

Natürlich hört er mich nicht, und er beginnt, Ingo fortzuschleifen, vermutlich zur nächsten Bushaltestelle. Ich laufe die Treppe hinunter, packe den Nachbarn, rüttle ihn am Arm, damit er mich bemerkt. Er schaut zu mir auf.

»Ich bringe ihn ins Krankenhaus. Ich habe ein Auto«, forme ich stumm mit den Lippen (wobei ich meine mittlerweile perfektionierte Nasenatmungstechnik anwende). Er nickt. Ich fürchte, dieser traurige autolose Mann wird mich in der Zukunft um Autogefälligkeiten ersuchen, nun, da er über meine Autoinhaberschaft im Bilde ist, doch dies ist meine einzige Gelegenheit, und ich muss sie am Schopf packen, wie Saul Bellow (Jude und großartig!) uns in seinem Buch *Das Geschäft meines Lebens* lehrt.

Auf dem Weg in die Notaufnahme versuche ich, noch einmal das Gespräch aufzunehmen.

»Ich bin B.«, sage ich. »Vielleicht erinnern Sie sich an unsere Unterhaltung.«

Ich erkläre, B. sei meine erste Initiale, die ich im Berufs- wie auch im Privatleben verwendete, um meine Schriften zum Film nicht mit irgendwelchen Annahmen bezüglich meines Geschlechts zu belasten, die meine beträchtliche Leserschaft oder die Menschen in meinem privaten Umfeld vielleicht hegten.

Er sagt nichts.

»Ich habe Sie nicht gestoßen«, sage ich, kreische es beinahe. Für den Fall, dass darüber Unklarheit herrscht.

Ich will, dass er das weiß.

»Meine Freundin ist Afroamerikanerin«, kreische ich nun vollends.

Ich will, dass er auch das weiß.

Er sieht mich kurz von der Seite an, dann richtet er den Blick wieder geradeaus und sagt:

»Und er ging hinauf gen Beth-El. Und als er auf dem Wege hinanging, kamen kleine Knaben zur Stadt heraus und spotteten sein und sprachen zu ihm: Kahlkopf, komm herauf! Kahlkopf, komm herauf! Und er wandte sich um; und da er sie sah, fluchte er ihnen im Namen des HERRN. Da kamen zwei Bären aus dem Walde und zerrissen der Kinder zweiundvierzig. 2. Könige 2,23–24.«

»Gott im Himmel. Das ist aus der Bibel?«, sage ich. »Gott im Himmel. Was zur Hölle?«

Ich frage mich, ob er über meine Kahlköpfigkeit spottet. Oder mir mit Bären droht.

AM EMPFANG SEHE ich zu, wie er die Formulare ausfüllt. Er ist 119 Jahre alt! Sollte er nicht erst 116 sein? In jedem Fall ist ein Sturz in einem solchen Alter nachvollziehbar und niemandem anzulasten, schon gar nicht mir. Ich habe ihn nicht gestoßen. Das eigentliche Wunder ist, dass er in seinem Alter überhaupt noch gehen kann. Das ist bemerkenswert, und er sollte mir dankbar sein, dass ich ihn gerettet habe, statt mich anzuprangern.

Während er nach seiner Versicherungskarte sucht, trage ich mich unbemerkt als Notfallkontakt ein. Die Empfangsperson fragt, ob ich sein Sohn sei. Ich bin begeistert. Ich fühle mich bestätigt. Wenn ich das meiner Freundin erzähle.

»Nein«, sage ich. »Nur ein Freund.«

Nicht, dass Freundschaft über ethnische Grenzen hinweg nicht etwas Beachtliches wäre.

Auf der Autofahrt nach Hause ist Ingo sonderbar gesprächig. Vielleicht sind es die Schmerzmittel. Vielleicht liegt es daran, dass ich ihm das Leben gerettet habe, aber in jedem Fall bin ich froh, endlich sein Freund zu sein. Als Westentaschen-Franz-Boas ist die kulturelle

Anthropologie seit Langem meine große Leidenschaft, und nun ist mir ein Füllhorn an Geschichte förmlich in den Schoß gefallen. Ich schalte (mit Ingos Erlaubnis) mein Bandaufnahmegerät ein, ein Nagra II aus dem Jahr 1953, selbst schon ein Stück Geschichte.

»4. November 2019. Ich bin in St. Augustine, Florida, und bei mir ist Ingo Cutbirth, ein afroamerikanischer Herr. In welchem Jahr wurden Sie geboren, Mr. Cutbirth?«

»Ich bin 1900 geboren.«

»Dann sind Sie 119 Jahre alt«, sage ich.

»Ja, Sir.«

»Sagten Sie nicht 1908?«

»Neunzehnhundert.«

»Gut. Könnten Sie uns einige ihrer ersten Erinnerungen schildern?«

»An die Vergangenheit oder an die Zukunft?«, fragt er.

»Was meinen Sie mit ›an die Zukunft‹?«

»Na ja, Erinnerungen gehn ja in beide Richtungen.«

»In beide Richtungen?«

»Ja. An die Zukunft wiedererinnern ist fast das Gleiche wie an die Vergangenheit wiedererinnern; die Erinnerungen werden verschwommen, je weiter du von der Zeit weggehst, wo du grad bist. In beide Richtungen.«

Ich stehe an einer Wegscheide. Soll ich dem Pfad des Wahnsinns dieses Mannes folgen oder ihn zu einer vernünftigeren Diskussion hinführen? Als strebsamer Fabulist muss ich sagen, dass ich mich zumindest im Augenblick von Ingos Zukunftserinnerungen angezogen fühle. Und natürlich bleibt mir auch nicht verborgen, dass sich seine Sprachmuster erneut verändert haben. Schließlich bin ich auch ein Adept der Sprachmuster, die ich bei Roger K. Moore von der Universität von Sheffield studiert habe, während ich an meiner Monografie *Muster des Sprechens. Vom Nölen zum Grölen, vom Gurren zum Murren, vom Zetern zu Pentametern* arbeitete.

Ach ja, und *Vom Brummeln zum Grummeln*.

»Könnten Sie mir ein Beispiel für etwas aus Ihrer Erinnerung nennen, was noch nicht eingetreten ist?«

»In der Zukunft reden sie alle von Brainio. Das wär so 'n Beispiel, wenn Sie denn eins haben müssen.«

»Brainio?«

»Ja.«

»Könnten Sie das präzisieren?«

»Kann ich das *pressi*-was?«

»Was ist Brainio?«

»Brainio, wohin du nur guckst. Brainio. Brainio.«

»Aber was ist es?«

»Brainio. Es ist wie ein Radio oder ein Fernsehapparat, nur dass es im Hirn von einem drin ist.«

»Ach, als würden einem die Fernsehshows direkt in den Kopf gesendet werden?«

»Alle reden sie über Brainio.«

»In der Zukunft.«

»Ja.«

»Haben Sie in der Zukunft auch Brainio im Kopf?«, frage ich.

»Nein. Ich bin tot, wenn's Brainio gibt.«

»Oh.«

»Ich bin jetzt hunnertzwanzich. Was zum Teufel glauben Sie denn?«

»Ja. Gewiss. Dann können Sie sich an Dinge erinnern, die nach Ihrem Tod geschehen?«

»Nur an ein paar und nicht so gut. Brainio nennen sie's. Alle reden sie drüber.«

»Ja. Woran erinnern Sie sich noch aus der Zukunft?«

»Zukunftsautos.«

»Wie sehen die aus?«

»Silber. Alle reden sie immerzu von den Silberautos. Silberautos hier, Silberautos da.«

»Was wird darüber gesagt?«

»Ich hab mir ’n Zukunftsauto gekauft, so was. Guck mal, es ist silber. Ist alles ein bisschen verschwommen. Weil’s in der Zukunft ist.«

»Haben diese Zukunftsautos irgendwelche besonderen Merkmale oder Fähigkeiten?«

»Fliegen. Und – Boot können sie auch, wenn man will.«

Mir schwant plötzlich, dass dieser Pfad der Befragung ins Nichts führt, also gehe ich ein Stück zurück.

»Wie wäre es, wenn wir jetzt ein wenig über Ihre Vergangenheit reden?«

»Kratzt mich nicht.«

»Also schön. Sind Sie noch berufstätig, Ingo?«

»Rentner.«

»Und was waren Sie von Beruf?«

»Hausmeister in der Schule für die Blinden, Tauben und Stummen hier in St. Augustine.«

»Wann haben Sie dort angefangen?«

»Sechs Uhr morgens. Bei jedem Wetter.«

»Nein, Entschuldigung, ich meinte, in welchem Jahr?«

»Ach so. Jessas. Neunzehnzwanzig, glaub ich. Um den Dreh.«

»Und Sie haben Ihr ganzes Leben lang dort gearbeitet?«

»Bis 1995.«

»Das sind fünfundsiebzig Jahre.«

»Hab sie nie gezählt.«

»Es ist so«, sage ich.

»Wenn Sie’s sagen.«

»Es ist so.«

»Ich glaub’s Ihnen.«

»Es ist so.«

»Na dann.«

»Soll ich es Ihnen auf einem Taschenrechner zeigen?«

»Hab meine Augenbobs unten an der Treppe liegen lassen.«

»Mochten Sie Ihre Arbeit?«

»Klar. Nette Leute. Haben mich gut behandelt.«

»Gut. Das ist gut.«

»Ich bin gern mit den Blinden und Tauben zusammen.«

»Warum das?«

»Schwer zu erklären«, sagt er.

»Könnten Sie es versuchen?«

»Ich mag die Tauben und Blinden, weil sie nicht die Augen und Ohren benutzen für einen zum Beurteilen.«

»Ich verstehe.«

»Wobei ich sagen muss, die Blinden beurteilen die Geräusche, wo einer macht, und die Tauben beurteilen sein Aussehn. Die Taubblinden sind die Besten, was das angeht, aber die Halbner sind immer noch besser wie alle, wo sehn *und* hörn können. Die Ganzner. Das sind die, wo ich mich am unwohlsten fühl.«

»Sie genieren sich also?«

»Was mach ich? *Sche*-was?«

»Sie fürchten, andere könnten über Sie urteilen?«

»Ich lass mich nicht gern beurteilen, wenn's nicht vom Herrgott selber ist.«

»Wer tut das schon?«

»Was?«

»Ich stimme Ihnen zu, dass es kein schönes Gefühl ist, beurteilt zu werden.«

»Verstehe.«

»Waren Sie je verheiratet? Haben Sie Kinder?«

»Nee. Hab immer viel zu tun gehabt. Und die Mädels haben sich scheint's nie viel aus mir gemacht. Ich sag nicht, dass ich's ihnen krummnehm. Lässt sich nicht erklären, wieso irgendwer irgendwen anders mag. Manche sagen, es sind Chemikalien, dass einer 'nen Geruch hat, wegen bestimmter Chemikalien. Aber ich weiß es nicht. Ich hab noch nie irgendwelche Chemikalien gerochen, und trotzdem hab ich manche Mädels gemocht. Also weiß ich's nicht.«

»Haben Sie je versucht, sich mit einer von ihnen zu verabreden?«

»Nein. Ich weiß, dass die das nicht wollen. Mit ihren Augen sagen sie: Bitte versuch mich nicht einzuladen. Die, wo nicht blind sind. Die Blinden sagen's mit den Ohren. Also geh ich einfach weiter, wenn ich diesen Blick oder diese Ohren seh. Aber das heißt nicht, dass ich sie nicht mag. Es ist bloß ein Geheimnis. Und im Kopf denk ich über sie nach. Denk mir Geschichten über sie aus.«

»Schreiben Sie auch Geschichten?«

»Nicht so richtig.«

»Was heißt ›nicht so richtig‹?«

»Na ja, ich denk mir Geschichten aus, aber die sind bloß für mich. Sie leisten mir Gesellschaft. Ich fühl mich oft einsam. Hab ich schon immer. Ich hab meinen Fernsehapparat und meine Fernsehzeitung, aber manchmal denk ich mir Geschichten aus, bloß für mich. Schade, dass es noch kein Brainio gibt. Ich werd tot sein, bevor's Brainio gibt. Wissen Sie, wie Brainio funktioniert?«

»Äh, nein. Ich habe vor ein paar Minuten zum ersten Mal davon gehört«, sage ich.

»Brainio kommt einem direkt ins Hirn, durch unsichtbare Strahlen und so.«

»Wie Radiowellen?«

»Kann gut sein, aber ich bin kein Wissenschaffer. Und diese unsichtbaren Strahlen, die erzählen dir 'ne Geschichte, die du im Hirn siehst. Aber es ist nicht wie im Fernsehapparat, wo's 'ne Geschichte gibt und alle gucken zu. Brainio vermischt sich mit deinen eigenen Ideen, und dann ist die Geschichte, die du guckst, so als würdest du sie dir mit Brainio zusammen ausdenken.«

»Eine maßgeschneiderte Geschichte.«

»Was bitte?«

»Als hätte man sie sich zusammen ausgedacht.«

»Hab ich doch gesagt. Und du kommst auch selbst drin vor. Hab ich das schon gesagt? Du kannst selbst in der Geschichte vorkommen. Wenn du willst.«

»Das klingt nach einer faszinierenden Erfindung. Und ziemlich beängstigend«, sage ich.

»Ja. Ich wünschte, ich könnte Brainio noch erleben.«

»Würden Sie in Ihren eigenen Brainio-Geschichten vorkommen?«

»Nein. Ich seh mich nicht gern selbst.«

»Nicht einmal in Brainio?«

»Nicht mal da, glaub ich.«

»Aber Sie könnten sich in Brainio doch jedes Aussehen verleihen.«

»Ja. Aber dann bin ich's nicht.«

»Das klingt schlüssig.«

»Ich wünschte, ich wär noch am Leben, wenn Brainio kommt. Es würde so viel schneller und einfacher gehn.«

»Schneller und einfacher als was?«

»Als die Geschichte, die ich mir grad ausdenke. Brainio macht die Geschichten schnell. Das ist eine von den Sachen, die in der Zukunft alle über Brainio sagen«, sagt Ingo.

»Können Sie mir die Geschichte erzählen, die Sie sich ausdenken?«

Er verstummt und starrt ins Leere wie am Vortag. Ich warte. Wägt er ab, ob er sie mir erzählen soll? Ich denke schon. Er fährt sich mit der Zunge über die Lippen, als wollte er etwas sagen, starrt aber weiter ins Leere.

»Ich kann's Ihnen nicht erzählen.«

Ich bin enttäuscht.

»Vielleicht kann ich's Ihnen zeigen«, sagt er.

»Malen Sie? Wollen Sie mir Bilder zeigen?«

»Ich male. Und baue. Und mach noch andere Basteleien und Handwerkskram. Nähen. Und was sonst noch so an Basteleien und Handwerkskram anfällt.«

»Spannend! Ich würde Ihre Arbeiten sehr gern sehen! Sind sie in einer Galerie ausgestellt oder –«

»In meiner Wohnung. Ich muss es für Sie an die Wand werfen.«

»Ist es ein Film?«

»Ja, ich mach einen Spielfilm.«

Das ist zu schön, um wahr zu sein: ein steinalter, zurückgezogen lebender, exzentrischer, vermutlich psychotischer afroamerikanischer

Filmemacher. Zweifellos Art brut. Ich bin auf etwas Großartiges gestoßen. Henry Darger spukt mir im Kopf herum. Und jetzt zur Vierundsechzigtausend-Dollar-Frage:

»Haben Ihren Film schon viele gesehen?«

»Wie?«

»Haben Sie Ihren Film schon vielen gezeigt?«

Bitte sag Nein.

»Er ist nicht für andere Leute. Er ist bloß für mich. Sonst hat ihn noch keiner gesehn«, sagt er.

Wie konnte ich auf so etwas stoßen? Ganz gleich, wie krude, wie amateurhaft, ganz gleich, was für eine Zumutung dieser Film ist, ich kann daraus anthropologisches Gold spinnen. Ich werde den Rest meines Lebens auswärts essen können. Endlich kann ich die Schenkel dieser prüden *Cahiers du Cinéma* auseinanderzwingen.

KAPITEL 7

ZU HAUSE ANGEKOMMEN, bringe ich Ingo in sein Apartment (Gott sei Dank nur eine Verstauchung!). Seine Wohnung, das Spiegelbild meiner eigenen, ist dunkel und muffig und bis zur Decke mit Pappkartons vollgestellt. Er ist ein Horter! Wie großartig! Die Kartons sind datiert und scheinen viele Jahrzehnte zurückzureichen, mit Beschriftungen wie *Gebäude*, *Alte Männer*, *Gewitterwolken* und *Die Ungesehenen*. Einfach spektakulär! Wer ist Ingo Cutbirth? Worauf bin ich hier gestoßen?

»Ganz schön viele Kartons«, sage ich in der Hoffnung, es würde ihn zu einer Erklärung anregen.

Tut es nicht. Ich versuche es noch einmal anders.

»Was ist eigentlich in den Kartons?«

Er bleibt hart. Ich unternehme noch einen Versuch.

»Dürfte ich mal in die Kartons hineinschauen?«

»Und nehmet die Lade des HERRN und legt sie auf den Wagen; und die goldenen Kleinode, die ihr ihm zum Schuldopfer gebet, tut in ein Kästlein neben ihre Seite. Und sendet sie hin und lasst sie gehen. Und sehet zu: Geht sie hin auf dem Weg ihrer Grenze gen Beth-Semes, so hat er uns all das große Übel getan; wo nicht, so werden wir wissen, dass seine Hand uns nicht gerührt hat, sondern es ist uns ungefähr widerfahren.

Die Leute taten also und nahmen zwei junge, säugende Kühe und spannten sie an den Wagen und behielten ihre Kälber daheim und legten die Lade des HERRN auf den Wagen und das Kästlein mit den goldenen Mäusen und mit den Bildern ihrer Beulen. Und die Kühe gingen geradewegs auf Beth-Semes zu auf einer Straße und gingen und blökten und wichen nicht weder zur Rechten noch zur Linken; und die Fürsten der Philister gingen ihnen nach bis an die Grenze von Beth-Semes.

Die Beth-Semiter aber schnitten eben in der Weizenernte im Grund, und hoben ihre Augen auf und sahen die Lade und freuten sich, sie zu sehen. Der Wagen aber kam auf den Acker Josuas, des Beth-Semiters, und stand daselbst still. Und war ein großer Stein daselbst. Und sie spalteten das Holz vom Wagen und opferten die Kühe dem HERRN zum Brandopfer. Die Leviten aber hoben die Lade des HERRN herab und das Kästlein, das obendran war, darin die goldenen Kleinode waren, und setzten sie auf den großen Stein. Aber die Leute zu Beth-Semes opferten dem HERRN desselben Tages Brandopfer und andere Opfer. 1. Samuel 6, 8–15.«

»Heißt das Ja?«

Er starrt mich aus uralten blutunterlaufenen Augen an.

»Gut. Dann vielleicht später. Ich bin nämlich einfach nur neugierig. Sie sind ein Mysterium, Ingo Cuthbert. Sie sind ein Mysterium.«

»Cutbirth.«

»Was habe ich denn gesagt?«

»Cuthbert.«

»Und wie heißt es richtig?«

»Cutbirth.«

»Verstanden. Wie *cut* und *birth*. Verstanden.«

Auf dem Weg zur Tür erspähe ich etwas in einem Nebenraum. Es ist eine ausnehmend schön gestaltete Miniaturszenerie: ein mit perfekten kleinen Figuren belebter städtischer Straßenzug. Mehr noch, ich erkenne darin meine Heimatgegend. Es ist die Ecke West 44th Street und 10th Avenue. Da ist Dunkin' Donuts. Dort H & R Block. Es ist unfassbar. Es verschlägt mir den Atem. Ingo hinkt zur Schlafzimmertür und schließt sie.

»Darf ich dort hineinschauen?«, frage ich.

Er starrt mich aus wässrigen alten blutunterlaufenen Augen an.

»Dann vielleicht später«, sage ich und gehe.

IN MEINER WOHNUNG sehe ich auf *Poems and Curios* nach. Keine Kommentare. Dann suche ich, um ihn überzeugen zu können, im Internet nach Bibelstellen, in denen ein Schwarzer einen Weißen eine Miniaturstadt ansehen lässt. Bei Lukas finde ich etwas darüber, dass man dem Bittenden geben solle, doch das ist nicht spezifisch genug (und außerdem aus dem Lukasevangelium, dem mimosenhaftesten von allen). Idealerweise müsste dort so etwas stehen wie: *So zeige denn dein Kunsthandwerk all jenen, die seiner Anschauung bedürfen, also spricht der Herr.* Doch da ist nichts, was dem auch nur entfernt nahekäme. Von wegen, man findet in der Bibel alle Antworten. Ich rufe meinen Freund Ocky Marrocco an, Bibelforscher in Stanford, doch er hebt nicht ab. Ich hinterlasse eine Nachricht, bin aber nicht sehr zuversichtlich, da ich mich mit Ocky vor Jahren überworfen habe, als ich ihm sagte, die Bibel sei ein Haufen Schwachsinn, magisches Denken primitiver Wüstenvölker. Als Atheist bin ich dazu verpflichtet.

Ich hämmere laut gegen Ingos Tür. Als er öffnet, biete ich ihm an, für ihn einkaufen zu gehen, nun, da es ihm Mühe bereiten wird. Er seufzt und nickt, und ich betrete die Wohnung. Die Schlafzimmertür ist noch immer geschlossen.

»Haben Sie über meine Bitte nachgedacht?«, frage ich.

Ingo antwortet nicht, sondern humpelt nur zu einem Notizblock auf dem vollgestellten Küchentisch und beginnt zu schreiben. Ich sehe mich im Zimmer um und hoffe auf Aufklärung. Kartons. Vielleicht Hunderte, vielleicht Tausende, möglicherweise Millionen – allesamt beschriftet: *Automobile, Feuerwehrmänner, Wetter, Eingeborene, Backwaren, Bäume (Palme, Fichte) …*

Ingo kehrt mit seinem Einkaufszettel zurück: *Vollmilch, Vollkorn-*

brot, Quark (Vollfettstufe), halbe Pfirsiche (in Sirup), Halwa, Kaffee Halb und Halb, Anne-Hathaway-Havoc-DVD, schwarzes Garn, schwarze Bohnen, Ketchup, Schleimstoff, Möhren, Erdnussbutter (ohne Stückchen), 150 Päckchen Ramen-Nudeln (gemischt), 50 Dosen Neelons Thunfisch (verbesserte Textur), 80 Dosen Nimbys Hühnersuppe mit Nudeln, 10 Pfund Boltons Eipulver, 5 Pfund Fripps Milchpulver, 1 Pfund Prochnows Puder (Talkum), eintausend Kartons (leer).

Ich nicke.

»Also, was würden Sie sagen, wozu diese New Yorker Straßenszene dient, angenommen, Sie würden überhaupt etwas dazu sagen? Angenommen, ich würde danach fragen?«, frage ich.

Er sagt nichts.

»Würde ich danach fragen«, sage ich, »dann aus dem Grund, dass sie mir so bekannt vorkam, was Sie vielleicht lustig fänden. Haha. Tatsächlich sah sie mir bei dem flüchtigen Blick, den ich darauf erhaschen konnte, ehe Sie die Tür auf so aggressive Weise zuschlugen, sehr stark nach genau dem Häuserblock aus, in dem ich augenblicklich wohne. Nun ja, nicht augenblicklich, denn jetzt wohne ich ja gerade nebenan, aber dort, wo sich meine Wohnung befindet, in der ich wohne, wenn ich nicht gerade hier wohne, also die meiste Zeit. Und darum frage ich. Daher also sozusagen gewissermaßen meine Neugier, wenn es Sie interessieren sollte. Zufall oder nicht, jedenfalls könnte ich Ihnen helfen zu überprüfen, ob alles wirklichkeitsgetreu ist. Und darüber hinaus bin ich vielleicht ein *klein wenig* neugierig, weshalb es sich um genau *dieses* Miniaturmodell handelt. Darum … frage ich … Sie … das … jetzt … gerade.«

Nach einem längeren Zeitraum, in dem etwas erklingt, was ich nur als laut pfeifende Nasenatmung beschreiben kann, sagt Ingo:

»Es ist aber nichts verborgen, das nicht offenbar werde, noch heimlich, das man nicht wissen werde. Darum, was ihr in der Finsternis saget, das wird man im Licht hören; was ihr redet ins Ohr in den Kammern, das wird man auf den Dächern predigen. Lukas 12, 2–3.«

Eigentlich ist das ziemlich genau die Art von Bibelstelle, die ich zuvor gesucht hatte. Und sie war die ganze Zeit vor meinen Augen, mitten in diesem mimosenhaften Lukasevangelium. Aber Ingo hat sie zuerst entdeckt und gegen mich eingesetzt. Zur Hölle mit ihm.

AUF DEM WEG zum Supermarkt vertreibe ich mir die Zeit, indem ich in Gedanken alle vorstellbaren narrativen Konflikte durchgehe, die filmischen Erzählern zur Verfügung stehen:

Mann gegen Mann (Frau, Nichtbinär, Kind)
Mann gegen sich selbst
Mann gegen Natur
Mann gegen Gesellschaft
Mann gegen Maschine
Mann gegen Übernatürliches
Mann gegen Gott/Göttin
Mann gegen zwei Männer *(et ketera)*
Mann gegen alles
Mann gegen nichts
Mann gegen einiges
Mann gegen Krankheit
Mann (krank) gegen gesunden Menschen beiderlei Geschlechts
Mann gegen Idiotie
Mann gegen Erinnerung (die Erinnerung ist eine Art Landkarte, aber handgezeichnet, unvollständig und voller Fehler. Sie kann dir sagen, dass ein Ort existiert, aber du kannst dich nicht darauf verlassen, dass sie dich auch dorthin führt. Dafür brauchst du einen Computer. Ein Computer ist präzise. Für einen Computer ist deine Mutter nicht bedeutsamer als ein Stuhl, ist die Masse, die nicht deine Mutter ist, nicht bedeutsamer als die Masse, die es ist, oder das Glas Wasser auf dem Tisch oder die durchs Fenster hereinströmende Sonne oder

die Samtvorhänge oder die Liebe deiner Mutter zu deinem Vater oder die Eingangstreppe oder die Risse in der Eingangstreppe. Darum muss Mann sie bekämpfen.)

Mann gegen Computer
Mann gegen Zeit
Mann gegen Schicksal
Mann gegen Marketing
Mann gegen Klon

Äh …

Mann gegen Geruch

Äh …

Mann gegen keinen Geruch

Äh …

Mann gegen leichten Geruch

Äh …

Es gibt gewiss noch weitere, aber ich bin abgelenkt. Der Winn-Dixie-Supermarkt ist so groß wie ein Footballfeld, und ich meine ein Kingsize-Footballfeld, kein Queensize-Footballfeld. Während ich in der Obst-und-Gemüse-Abteilung Möhren betrachte, denke ich noch einmal über die winzige Nachbildung meiner Straße nach. Ich bin niemand, der an Schicksalsfügung glaubt. Aber wie kann sich meine Welt in der Wohnung dieses älteren afroamerikanischen Herrn befinden? Ich wähle eine Packung Möhren aus. Es scheint, als wäre ich auf etwas Gefährliches gestoßen, vielleicht gar etwas, was nicht von dieser Welt ist. Ich, ein bekennender Atheist, der an Vernunft und Gesetz glaubt, bin niemand, der die Vorstellung von einem unsichtbaren Geisterreich unhinterfragt hinnimmt, doch irgendetwas stimmt hier nicht. Wer ist Ingo Cutbirth? Ich finde den Gang mit den Schleimstoffen. So viel Auswahl! Sollte ich Anstoß daran nehmen, dass Neelon auch Schleimstoff herstellt? Heißt er Cutbirth oder Cuthbert? So oder so ist er höchstwahrscheinlich ein riesenhafter älterer afroamerikanischer Herr. Es sei denn, auch das ist nur Maskerade. Shandys Öko-Schleimstoff macht einen guten Eindruck. Ach, was er höchstwahrscheinlich alles erlebt hat. Es würde mir gut anstehen, mich mit ihm zu befassen. Meine Privilegien sind ein Schutzraum, und Ingo ist die Axt, mit der ich auf den Schutzraum des Privilegierten einschlagen kann. Halwa ist schwer zu finden. Ich sollte meine Augen darauf abrichten, ihn mit der gleichen Ehrfurcht wie einen der von mir so verehrten alten weißen Männer zu betrachten. Halwa ist alphabetisch unter Chalwa einsortiert (ich musste einen Regalbestücker fragen). Ich werde mir vorstellen, er wäre Godard, der große französische Filmemacher und talentierte Antisemit, und ihn dann betrachten, als wäre er der Teil von Godard, der ein Genie ist und kein talentierter Antisemit. Ich glaube, so wird es gehen. So bin ich mit Godard selbst auch verfahren. Ohne Stückchen ist, wie sich zeigt, etwas anderes als *smooth*.

»So ist das hier im Süden«, erklärt ein zweiter Regalbestücker.

WÄHREND DER HEIMFAHRT denke ich zwanghaft über das folgende filmische Dilemma nach: Es ist nahezu unmöglich, den Zuschauern eines Spielfilms einen echten Eindruck von Gerüchen zu vermitteln. Und doch müsste ein Film für blinde und gehörlose Menschen ganz und gar aus Duft bestehen. Wie ließe sich das erreichen? Ich muss meinen Freund Romeo Quinoa fragen, der Duftkünstler ist.

Dann Folgendes: Ich frage mich, ob die Möglichkeit besteht, die Zukunft zu riechen. Der zweite Geruch, so würde ich es nennen, falls mich die Regierung mit der Namensfindung beauftragen sollte. Die

Gedanken schießen auf mich ein wie Blitze. Ein Zeichen, dass ich mich endlich einmal für etwas begeistere.

Während Ingo die Einkäufe auspackt, versuche ich, mich in sein Blickfeld zu manövrieren. Seine alten, wässrigen, blutunterlaufenen Augen werden glasig. Beginnt er zu weinen? Vielleicht ist er in seinem ganzen Leben nie von jemandem angesehen worden wie ein anti-antisemitischer Godard. Höchstwahrscheinlich nicht, zumal als Afroamerikaner. Das ist das Los der Afroamerikaner in Amerika. Ist er Schlafwagensteward gewesen? Farmpächter? Ach, Moment, er hat mir gesagt, was er von Beruf war, aber ich weiß es nicht mehr. Ich glaube, ich habe es auf Band. Wie dem auch sei – was könnte ich alles von Ingo lernen, könnte ich ihn nur dazu bringen, sich mir gegenüber zu öffnen. Aber er ist ein verschlossener Mann. Niemand kann wissen, was er durchgemacht hat, und ganz gewiss nicht ich mit meiner milchweißen Haut und meinem Harvard-Abschluss, denn dort habe ich studiert. Sicher, ich habe mich herumgetrieben, bin auf Züge aufgesprungen, habe in einem Obdachlosenlager gelebt, aber alles im Rahmen eines von Union Pacific gesponserten Sommerkurses an der New School for Social Research. Unsere Obdachlosenlager waren simuliert, die Obdachlosen nur Schauspieler des Improvisationstheaters Upright Citizen Brigade. Gewiss konnten wir auf diese Weise in das entwurzelte Leben hineinschmecken, aber es blieb doch ein gewisses Sicherheitsgefühl. Als Derek Wilson eines Tages während der Obdachlosenspeisung allergisch auf das Essen reagierte (die Bohnen kamen aus einer Fabrik, in der auch Nussprodukte verarbeitet wurden), stand eine (als Eisenbahnpolizist verkleidete) Krankenschwester mit einem Autoinjektor bereit. Man kann davon ausgehen, dass ein echter Obdachloser mit Nussallergie in einer solchen Notlage selbst für sein Überleben sorgen müsste. Oder ihr Überleben. Die Unterstellung, Obdachlose hätten männlich zu sein, hat die Träume von mehr weiblichen Obdachlosen zerstört, als ich als weißer Mann mir auch nur vorstellen kann. Vielleicht sollte man Obdachlose grundsätzlich mit xier bezeichnen.

»Nun denn«, sage ich überbetont. »Ich muss Ihnen Lebewohl sagen, denn ich habe zu arbeiten.«

Ich nicke ihm freundlich zu, wende mich zur Tür, und meine rechte Schulter bewegt sich leicht zurück, in Erwartung der sanften Berührung Ingos, der mich bitten möchte, nur noch ein Weilchen zu bleiben. »Gehen Sie nicht!«, würde er sagen. Doch es soll nicht sein, und ich muss weitergehen, den Flur durchqueren, nach meinem Schlüssel suchen, die Wohnung betreten und die Tür hinter mir schließen. Ich mache den Trick mit dem Antäuschen sich entfernender Schritte, bleibe jedoch an Ort und Stelle stehen und beobachte Ingo durch den Türspion. Ich weiß nicht genau, was ich mir davon erwarte, aber meine Recherchen zum unterschätzten und bahnbrechenden Schaffen des Filmemachers Allen Albert Funt haben mir gezeigt, dass sich jemand, xier sich unbeobachtet wähnt, anders verhält als jemand, xier sich beobachtet wähnt.

Ingo bleibt, wo er ist.

KAPITEL 8

ICH GEBE MICH geschlagen und nehme die Arbeit an dem *Enchantment*-Buch wieder auf, aber mit wenig Begeisterung. Sicherlich gibt es hier wichtige, wesentliche Arbeit zu verrichten. Ingos Film ist vermutlich Schrott, nicht, weil er Afroamerikaner ist, sondern eher, weil das allermeiste Schrott ist. Schrott ist die Regel, Genialität die Ausnahme, hat mein Vater immer gesagt. Dennoch hätte ich dadurch einen Einblick in Ingos Probleme als Afroamerikaner gewinnen können. Ich könnte mir vorstellen, dass sein kleiner Film das Thema Rassismus behandelt, wie Micheaux es in *Within Our Gates* getan hat, nur deutlich weniger gekonnt. Der Film wäre höchstwahrscheinlich irgendein Kuriosum (das ich vielleicht auf *Poems and Curios* posten könnte!). Man entdeckt nicht mir nichts, dir nichts ein verborgenes Genie. Wenn Ingo unbekannt ist, hat das gewiss einen sehr guten Grund. Es gibt Fälle, wie meinen eigenen, in denen die Gründe nichtig sind und es sich um schlichtes Pech und womöglich um Verschwörungen gegen mich handelt, weil ich immer unbequem gewesen bin und nie ein Blatt vor den Mund genommen habe und aufgrund der Kabale der jüdischen –

Mein Telefon klingelt. Es ist eine örtliche Nummer, die ich nicht kenne. Ich kenne niemanden in der Stadt außer der Kuratorin mit dem kleinen Kopf von der Filmgesellschaft, dem Gebäudewart und –

»Hier spricht Ingo Cutbirth.«

»Ingo!«

»Von gegenüber.«

»Ja!«

»Ich bin Ihr Nachbar.«

»Mhm«, sage ich.

»Ich habe Ihren Film gesehen«, sagt er.

Das verblüfft mich. Niemand hat meinen Film gesehen.

»*Gravity in Essence*?«, frage ich, um sicherzugehen.

»Ich halte die Einschätzung der Kritiker für falsch«, sagt er. »Der Film ist nicht, wie geschrieben wurde, dilettantisch, prätentiös, unnachvollziehbar, angeberisch, unerträglich, gekünstelt, völlig unnachvollziehbar –«

»Unnachvollziehbar sagten Sie bereits.«

»Beim ersten Mal sagte ich unnachvollziehbar, nicht *völlig* unnachvollziehbar. Das stammt aus unterschiedlichen Rezensionen. Und er ist keines von beidem. Ich war zutiefst bewegt von der Misere des Protagonisten B. Rosenstock Rosenzweig, der sich wie seine persönliche Heldin Bisadora Runcan um eine einzige authentische Geste müht, wenngleich nicht in der Welt des Tanzes, sondern im Reich der Vorstellung.«

»Die Kritiker waren ungnädig«, sage ich. »Danke.«

»Ich bin ebenfalls Filmemacher«, sagt er.

»Ja, ich weiß!«

»Und ich hatte gehofft«, fährt er fort, »Sie wären vielleicht bereit, sich meinen ersten Versuch einmal anzusehen. Es hat ihn noch niemand gesehen.«

»Danke! Ja!«

»Ich werde Ihnen meine Beweggründe nicht nennen, doch es gibt sie.«

»Das verstehe ich.«

»Vielleicht werden Sie diese Beweggründe zu irgendeinem Zeitpunkt in Ihrem Leben einmal nachvollziehen können.«

»Gut.«

»Die ich Ihnen nicht nennen kann und will«, sagt er.

»Die Zeit wird es zeigen«, pflichte ich ihm bei.

»Ich kann Ihnen so viel sagen: Niemand hat lediglich eine Seite. Nur ein Narr würde das glauben. Und auch ein Narr hat nicht nur eine Seite.«

»Das klingt sehr schlüss–«

»Denn manchmal kann ein Narr der Weiseste von allen sein. ›Wenn man jemand nicht versteht, so hält man ihn in der Regel für dumm.‹« Das ist von Carl Jung. In diesem Gedanken steckt viel Wahrheit. Und selbstredend hatte Jung einen großen Einfluss auf meine Arbeit, ja auf das gesamte zwanzigste Jahrhundert, indem er den Begriff des kollektiven Unterbewussten einführte.«

»Unbewussten«, sage ich.

»Was?«, sagt er.

»Des kollektiven Unbewussten«, sage ich.

»Das habe ich doch gesagt«, sagt er.

Hat er aber nicht.

Gleichwie. Dieser Ingo Cutbirth steckt voller Überraschungen. Jetzt klingt er beinahe wie ich. Wie oft habe ich Jung mit genau diesem Gedanken zitiert, der auf mein eigenes Leben zutrifft? Mein Freund Ocky kann mich auf schrecklich böse (aber spielerische!) Weise imitieren, wie ich genau diesen Satz (korrekt!) zitiere, und ich muss sagen, dass Ingo jetzt beinahe wie Ocky klingt. Imitiert Ingo mich? Oder ist er ein facettenreiches Individuum mit ähnlichen Interessen wie ich? Ich bin ein fürchterlicher Rassist! Egal! Ich werde diesen Film sehen!

ICH SITZE AUF einem Stuhl mit harter Rückenlehne in der verdunkelten Wohnung gegenüber der tragbaren Leinwand mit dem Dreifuß, während Ingo hinter mir den Film in den Projektor einfädelt. Das tröstliche, vertraute Schnattern der Schnittstelle zwischen Film und Maschine ertönt, und ohne Vorspann oder sonstiges Brimborium beginnt Ingos Film. Er ist schwarz-weiß (die Bedeutung dieses speziellen

Details hat sich mir noch nicht erschlossen!) und sehr alt, mit auf charmante Weise naiver Stop-Motion-Animation. An dieser Stelle ein Einschub, um die Geschichte dieser filmischen Form zu erläutern. Die Stop-Motion-Technik, zuweilen auch Stopptrick, Einzelbildtrick, Objekttrick, 3D-Trick, Puppentrick oder (umgangssprachlich und unrichtig!) Claymation genannt, ist beinahe so alt wie der Film selbst. Das früheste Beispiel: Heinrich Telemuchers Kurzfilm *Ich habe keine Augäpfel* von 1891, in dem einem Mann die Augen aus dem Gesicht fallen und eine ganze Zeit lang auf dem Boden umherkullern. Neben seiner Bedeutung für die Entwicklung des Trickfilms ist dieses Werk aus zwei Gründen wichtig. Zum einen ist es der erste Film, in dem jemandem die Augen aus dem Kopf fallen. Und zum anderen sollte diese Erzählkonvention sowohl aus dem rumänischen Stummfilm als auch dem frühen japanischen Tonfilm schon bald nicht mehr wegzudenken sein. Während sie im rumänischen Kino als Metapher für die Vereinigung Rumäniens mit Transsylvanien, Bukowina und Bessarabien im Jahr 1918 eingesetzt wurde, verwendeten sie die Japaner als bloßes Mittel zur Erzeugung von Komik und ließen die Figur ohne Augen häufig ausrufen: »Jetzt kann ich sehen, wie zwei Bälle auf dem Boden sehen!«, oder: »Von hier unten sehe ich viel größer aus!« Irgendwann war das im japanischen Film so verbreitet, dass ein japanischer Filmkritiker auf prägnante Weise spöttelte: »Bei all den herausfallenden Augäpfeln wünschte man, die eigenen Augäpfel würden herausfallen, sodass man nicht auch nur noch einen einzigen Film sehen müsste, in dem jemandem die Augäpfel herausfielen.« Zugegeben, prägnanter ist es im Japanischen, wo der gesamte Gedanke mit einem einzigen Kanji wiedergegeben wird.

Ein langer, gezackter Kratzer vor schwarzem Hintergrund im rechten Teil der Leinwand führt mich in Ingos Œuvre ein. Die Linie hüpft fröhlich hin und her, verschwindet und erscheint wieder. Sie verwandelt sich in eine Art Morsecode aus Punkten und Strichen, und dann verschwindet sie vollständig, und an ihre Stelle tritt das chinesische Mädchen.

Ach, das berühmte, wunderschöne chinesische Mädchen des Kinos, dessen lebhaftes Antlitz als Kalibrierung für alles Folgende dient – sie ist sowohl Beobachterin als auch Beobachtete, ist das Gesehene und das Ungesehene. Dieser beherrschten, friedlichen, monalisahaft lächelnden Schönheit entspringt Momos, der Spötter, der arglistige Gott der Komödie, der vorübergehend unschädlich gemachte Repräsentant der Demütigung, monströses Gelächter, das hinter der fünften Wand hervordringt, nicht zu sehen, aber durchgehend zu fühlen, Bruder von Oizys, Göttin des Elends, die darauf lauert, uns in ihrem seimigen Schmorgericht einzuhüllen, und daraus entwickelt sich der eigentliche Film: eine Geburt, stumm freilich, das einem Todesröcheln ähnliche Rattern von Zahnkränzen, der Verschluss, der wirbelt wie dieser Wahnsinnige vom Washington Square, der unvermeidliche, unablässige Hintergrundlärm dieses Uhrwerkuniversums, in das wir verbannt wurden, um nun den *Ursprung der Welt* zu betrachten, doch anders als in Courbets Fassung klafft unserer weit auf und enthüllt eine im Werden begriffene Welt, so wie ein Kopf bei einer Geburt zum Vorschein kommt, stößt, wie es scheint, ein neues Bewusstsein hervor, geschützt durch sein mit Haut überzogenes Gehäuse, doch zugleich anfällig für verderbliche Einflüsse von außen, die Fontanelle ungeschützt uns zugewandt – was könnte die Offenheit und damit völlige Verwundbarkeit der Jüngsten besser symbolisieren? Ist es ein metaphorisches Versehen, dass sich die Hirnschale in den Monaten darauf schließt und so die folgende Beschränktheit, die unausweichliche, tragische Trennung des Ich von der Welt demonstriert?

Natürlich gewinnt stets das Ego. Das tut es immer. Und zu welchem Preis?

Jetzt bewegt sich ein Mann oder, besser gesagt, ein von einer Puppe dargestellter Mann in Zylinder und Frack mühevoll von rechts nach links über die Leinwand. Stürmt es? Es scheint so, denn der Mann stemmt sich gegen den Wind, hält seinen Hut fest. Hinter ihm stellt eine krude, aber entzückend bemalte Kulisse eine städtische Straße dar.

Schnitt auf das Innere eines menschlichen Schädels.

Das Stop-Motion-Verfahren steckte freilich noch in den Kinderschuhen, als die Arbeit an diesem Film im Jahr 1916 begann (oder war das Ingos Geburtsjahr?), und die Technik ist in vielerlei Hinsicht primitiv, doch ist dies nicht die typische zur Schau gestellte, zaubertrickhafte Animation jener Zeit. Dies ist aufsehenerregend, revolutionär. Was, so scheint der Film zu fragen, wenn sich in unseren Köpfen personifizierte Emotionen befänden – Freude, Angst, Wut –, die im Grunde um die Herrschaft stritten? Gewiss, das war selbst 1916 keine neue Idee, und das diesem charmant naiven Gedanken innewohnende Problem ist jedem offensichtlich, der Danny Dennett oder irgendetwas über die Geschichte des Homunkulus-Fehlschlusses gelesen hat. Aber ach, was Ingo damit anstellt! Unter Verwendung der seinerzeit zur Verfügung stehenden äußerst begrenzten technischen Möglichkeiten, die einen weniger begabten Künstler vielleicht bei der Arbeit behindert hätten, bedient sich Ingo der resultierenden abgehackten Bewegungen, um ein gequanteltes inneres Universum zu erforschen, in dem das Erleben sich nicht flüssig vollzieht, in dem einzelne Brüche den Denkprozess fragmentieren, in dem die Grenzen der Vernunft wie Nervenenden freiliegen. Man muss bedenken, zu diesem Zeitpunkt war es gerade einmal drei Jahre her, dass Marcel Duchamps *Akt, eine Treppe herabsteigend Nr. 2* bei der New York Armory Show Furore gemacht hatte. War Ingo das Gemälde bekannt? War es schlicht der Zeitgeist gewesen? Die Futuristen hatten zu diesem Zeitpunkt freilich bereits ihr Manifest veröffentlicht. In jedem Fall sehen wir, wie die Homunkuli einander im Inneren eines fabrikähnlichen Gehirns bekämpfen. Es gibt zwei Fenster, die die Augen darstellen und den Blick auf die Außenwelt freigeben. Wer ist das Wesen, durch dessen Augen wir nun sehen? Das ist zu diesem Zeitpunkt noch ein Rätsel. Doch in jener Schlacht erkennen wir all die Emotionen, die hier im Spiel (oder im Krieg!) sind. Und dann sehen wir durch die Fenster ein Mädchen. Die kleinen Kreaturen hören auf zu kämpfen. Sie starren diese schöne junge Frau an, die sich in einem Spiegel betrachtet. Auch sie ist eine Puppe, aber eine Puppe, die Zugang zu einer Welt hat, welche die Kreaturen nur durch die Fenster ihres Gefängnisses erfassen können, in das die junge Frau nun hineinschaut. Sie können den Blick erst abwenden, als sie selbst es mit einem schüchternen Lächeln tut. Eine Einblendung auf der Leinwand stellt sie in redundanter Weise als *Die Geliebte* vor.

Und der innere Kampf brandet erneut auf.

Schnitt auf den gegen den Wind ankämpfenden Mann.

Nach fünf weiteren Sekunden des langsamen Vorankommens rutscht der Puppenmann auf eine Weise zurück, die an die Darbietung eines Pantomimenkünstlers erinnert oder an Mike Jackson, der seinen berühmten »Moonman Walk« vorführt, doch dieser Mann scheint sich tatsächlich an einem sturmgeplagten Ort zu befinden, denn Dinge werden an ihm vorbeigeweht: ein Kinderwagen, ein kleiner Junge auf Rollschuhen, eine Zeitung, die in vereinfachter Darstellung als ein steifes Brett vorbeiwirbelt, die Titelseite durchgehend dem Betrachter zugewandt. Ist sie lesbar? Ich versuche, meine Kopfbewegungen auf die Bewegung der taumelnden Zeitung abzustimmen. Ist sie! Zumindest teilweise! »Heftiger Sturm angekündigt«, lautet die Schlagzeile. Wie witzig!

Zurück zur Geburtsszene: Dem Zuschauer entgeht nicht, dass all dies, das Wunder und die Tragödie des Geborenwerdens, von unbelebten Objekten dargestellt wird, die biologischen Objekten gleichen sollen. Das Baby wird geboren, die Demütigung der mit gespreizten Gliedern daliegenden Mutter hat für den Augenblick ein Ende. Die Nabelschnur wird durchgeschnitten, eine weitere Metapher, und diese schreiende Fleischmasse dem Menschsein anheimgegeben. Er ist weiß; er ist männlich: Er ist privilegiert. Diese Geburt findet nächtens statt, eine seltsame, spezifische Entscheidung, da sich die meisten Geburten in den frühen Morgenstunden ereignen. Versucht uns Ingo etwas mitzuteilen? Ist die Mutter vielleicht Nyx, die Göttin der Nacht? Dann wären diese Zwillinge (denn ja, hier kommt schon ein weiteres Kind!) wie erwartet Momos und Oizys, die Götter des Spotts und des Elends. Was werden sie an diesem Vorabend des Ersten Weltkriegs heraufbeschwören? Verspottet das männliche Kind seine Schwester für ihr »fehlendes« Genital? Natürlich wissen wir, dass Freud irrte und frauenfeindlich war und tatsächlich an Gebärmutterneid und später auch an Kieferkrebs litt, aber könnte es nicht sein, dass Ingo seinerzeit, als Freuds Theorie noch als neu und aufregend galt, davon zumindest fasziniert war? Und die Göttin des Elends wendet, wie es ihre Art und (tragischerweise!) die so vieler weiblicher Wesen ist, ihren Zorn nach innen, wird tatsächlich von der Gesellschaft dazu getrieben. Das nagt an ihr, sickert aus ihren Poren und infiziert alle um sie herum, die ihrerseits alle um sie herum infizieren, und das ist der Gang der Welt. Die Babys werden geboren, und mit ihrer Geburt nehmen die erklärten Schrecken des zwanzigsten Jahrhunderts, des blutigsten Jahrhunderts der Menschheitsgeschichte, ihren Lauf.

KAPITEL 9

EIN SONDERBARES OBJEKT, groß und unförmig, fällt hinter dem Mann mit dem Zylinder vom Himmel. Es muss aus Lehm gemacht sein (wie es im Übrigen auch der Mensch in so vielen Schöpfungsmythen ist), denn es flacht beim Aufprall ab. Ein zweites folgt. Es scheint etwas aus ihnen hervorzusickern, was sich nur als eine schwärzliche Flüssigkeit beschreiben lässt. Die schreckenerregenden vom Himmel geschleuderten und entzweiten »blutenden Bälle« einmal ausgenommen, ist es ein charmant naives Unterfangen. Der Mann setzt seine Wanderung über die Leinwand fort, und seine Reise regt mich zum Nachdenken über meine eigene Liebe zum Wetter an. Seiner Komplexität, seiner Kraft, seiner Launenhaftigkeit. Das Wetter ist mit den größten Kunstwerken vergleichbar: Es bewegt sich in mehrere Richtungen zugleich. Betrachtet man einen Baum im Wind, so wird unmittelbar offensichtlich, dass nicht der Wind den ganzen Baum gleichförmig schüttelt, sondern vielmehr Mikroströmungen jedes Blatt, jeden Zweig separat bewegen. Der Baum, die Blätter und die Äste federn, schlingern und beschreiben Kreise, alles zugleich. Obschon sich Ingos Interesse auf das komische Potenzial des Wetters zu richten scheint und mein eigenes auf das Wetter als Metapher für ein Triebwerk des Schicksals, fühle ich eine gewisse Verbundenheit mit – Was ist das? Plötzlich wird der Mann mit dem Zylinder vom Wind hin und her geblasen. Seine Frackschöße flattern hinter ihm einher, und als er sich dieser Unanständigkeit zuwendet, purzelt sein Zylinder nach rechts aus dem Bild hinaus.

Ein Luftballon wird auf den Betrachter zugeweht, während ein zweiter Luftballon von uns davonstürmt. Der Mann dreht sich im Uhrzeigersinn auf der Stelle wie ein Spielzeugkreisel, während der Junge auf Rollschuhen wieder ins Bild geweht wird und den Mann entgegen dem Uhrzeigersinn umrundet. Der noch immer naiv realisierten Tricktechnik zum Trotz sind die in diesem Film erkundeten Konzepte ganz und gar profund. Und er ist so komisch! Ha! Ha! Vor allem, als der Mann auf den Hosenboden fällt und sich weiterdreht wie auf einer Stange, die mitten in seinem Rektum steckt. Ha!

Bald rotiert der kleine Junge so schnell, dass er vom Boden abhebt und am Firmament verschwindet. Nach einem perfekt abgemessenen Augenblick fällt dem Mann einer der Rollschuhe auf den Kopf und nach einem weiteren perfekt abgemessenen Augenblick der zweite. Benommen sieht er zu, wie sein verlorener Zylinder wieder ins Bild geweht wird und sich, von einem Windstoß erfasst, in die Luft erhebt. Wir folgen ihm auf seinem taumelnden Flug – vorbei an Gebäuden, hinauf in die Sturmwolken aus Stopfwatte, in den Himmelsraum. Zunächst ist die Kamera auf gleicher Höhe mit dem Hut, dann schwebt sie über ihm und blickt an ihm vorbei auf den Herrn hinab, der zusieht, wie seine Kopfbedeckung aufsteigt, dann unter dem Hut, in den stürmischen Himmel hinaufblickend. Nun ist die Kamera inmitten der Wolken, die in bemerkenswerten, sich stetig verändernden Konstellationen vorbeiziehen. Der Film hat sich in einem Wimpernschlag von einer simplen Komödie zu etwas Transzendentem und Atemraubendem gewandelt. Die schwarz-weißen Wolken werden von flackernden Blitzen erhellt, als der furchtlose Zylinderhut nun durch ein herzzerreißendes Nebelmeer schwebt. Das eben noch stürmische Wetter ist ins Ätherische umgeschlagen, und während der Hut seine Himmelfahrt fortsetzt, lichtet sich der Nebel. Bald findet sich unser Hutagonist über den Wolken wieder, auf die er hinabschaut. Tief unter ihm die verdunkelte, einsam daliegende Erde. Nun sehen wir selbst die Erde aus dem Blickwinkel (POV) des Huts! Wir taumeln träge durchs All, die Erde eine ferne stürmische Erinnerung, der Himmel schwarz, durchstoßen von strahlenden Lichtpunkten. Dass diese Reise vom Schaffen Georges Méliès' beeinflusst ist, liegt auf der Hand, doch die Tricktechnik ist allem anderen aus dieser Zeit so weit voraus. Um ganz ehrlich zu sein, ist sie allem, was ich bis heute gesehen habe, weit voraus, vielleicht mit Ausnahme von Wes Andersons *Der wunderbare Mr. Fox*, einem Füllhorn fantastischer Augenschmeichler in allen Ecken der Leinwand, das die Kinogänger*innen für mehrfaches Ansehen belohnt. Natürlich ist es außerordentlich ungerecht, Ingos Filmschaffen mit dem von Mr. Anderson zu vergleichen, ist Mr. Anderson doch ein hochgebildeter Ästhet und Ingo der Sohn eines Farmpächters (vermutlich), der als Eisenbahnsteward gearbeitet hat (vielleicht), aber ich glaube – wobei ich mich mit meinem Urteil zurückhalten muss, bis ich den gesamten Film gesehen habe –, im Pantheon dieser wunderlich idiosynkratischen und traurigerweise überholten Kunstform werden sie nahezu die gleiche Stellung einnehmen.

Der Hut kommt auf einer Art Himmelskörper zu liegen. Es ist eindeutig kein Planet unseres Sonnensystems, denn der Zylinder ruht in einem Feld aus weizenartigen Puppenarmen, die sich leicht in einer kosmischen Brise wiegen. Nun wird der Hut lebendig, ohne dass jedoch eine Erklärung dafür gegeben wird. Er streift durch die Weizenarme, ziellos, desillusioniert, während wir ihm von oben folgen. Der Hut ist selbstverständlich Harry Haller. Wie es Ingo gelingt, diese Verbindung herzustellen, ist ein Rätsel. Schließlich handelt es sich noch immer um einen Zylinderhut, doch ich habe keinen Zweifel daran, dass er zu Haller geworden ist. Es mag sein, dass Ingo, der Sohn eines Farmpächters, den *Steppenwolf* nie gelesen hat (wobei er mit Jung vertraut ist, insofern …), doch selbst in diesem unwahrscheinlichen Fall hat eine göttliche Kraft den Hut mit Hallers Eigenschaften ausgestattet, allen voran seiner panoptischen Verzweiflung. Während ich die Reise des Zylinders verfolge, stelle ich fest, dass ich mich mit ihm identifiziere. Auch ich bin Harry Haller, müssen Sie wissen. Auch ich verzweifle angesichts der Geistlosigkeit um mich herum. Und so vergieße ich, während ich diesem Harry-Haller-Hut auf seiner epischen Suche nach Sinnhaftigkeit in einer bourgeoisen Welt folge, eine Träne für uns alle. Unvermittelt verändert sich die Umgebung, und wir (Hut-Harry und ich) befinden uns am Fuß eines unglaublich hohen Berges, der an Daumals Roman *Der Berg Analog* erinnert, der freilich erst Jahrzehnte später geschrieben werden wird. Hut-Harry hat nun ein Ziel und macht sich an die Besteigung. Ich sehe von oben zu, wie er sich zu mir heraufmüht. Ich bin auf dem Gipfel. Hier werden wir aufeinandertreffen. Aber wer bin ich in diesem Szenario geworden? Er steigt immer höher, nähert sich Stück für Stück, bis er schließlich vor mir liegt und augenlos zu mir heraufblickt, und ich spüre, wie mich Liebe erfüllt. Mit Händen, die nun aus Licht bestehen, hebe ich ihn empor und setze ihn auf. Ich kann Hut-Harry nicht mehr sehen, weil er auf meinem Kopf sitzt (wenn ich hochschaue, kann ich ein kleines Stück der Krempe sehen). Dann nehme ich ihn wieder ab, und der Hut erstrahlt nun in seinem eigenen Glanz. Ich werfe ihn wie eine Frisbee-Scheibe und sehe zu, wie er durch schwarzes All auf die ferne Erde zukreiselt. Nun bin ich wieder bei ihm, als er in die Erdatmosphäre eintritt und in dem noch immer tosenden Sturm hin und her geworfen wird (ist auf dieser irdischen Ebene überhaupt Zeit vergangen?). Schließlich durchbrechen wir die Wolkendecke und sehen den zum Himmel emporstarrenden Herrn. Der leuchtende Hut landet auf seinem Kopf und erfüllt den Mann mit neugewonnener Gelassenheit. Heiter und beschwingt setzt er seinen Weg gegen den Wind fort. Augenblicklich reißt der Wind einen großen Ast von einem Baum und schleudert ihn dem Mann gegen den Kopf, der wie eine Traube zerquetscht wird und sein ölschwarzes Blut in alle Richtungen verspritzt. Der Mann stirbt.

* * *

UND KINDER WERDEN geboren – die Zwillinge, in denen wir Momos und Oizys erkennen, die Ingo jedoch (vermittels einer idiosynkratischen Zeichensprache nebst Erläuterung am rechten Bildrand) als Bud und Daisy identifiziert, beides botanische Namen, die suggerieren, dass sie »aus der Erde geboren« sind. Diese Lesart wird durch die Wahl des gemeinsamen Nachnamens Mudd zusätzlich untermauert. Bud und Daisy Mudd sind unzertrennlich, beim gemeinsamen Spiel schließen sie alle anderen aus. Sie brabbeln in einer erdachten Privatsprache (erläutert am linken Bildrand). Sie tragen identische Kinderkittel. Dieser im frühen zwanzigsten Jahrhundert übliche Brauch, sowohl kleine Jungen als auch kleine Mädchen wie kleine Mädchen zu kleiden, zieht eine unangenehme Parallele zwischen Kleinkindern und Frauen (die Frauen entwachsen diesen Kittelkleidern nie, wohingegen die Männer Schritt für Schritt, Hosenlänge um Hosenlänge zu Erwachsenen werden), doch er suggeriert auch, dass sich die Jungen ihre Männlichkeit »verdienen« müssen. Wie wir heute wissen, sind alle Embryos anfangs weiblich. Die »männlichen« Merkmale entwickeln sich erst später. Das männliche Wesen »verdient« sich seinen Penis. Zumindest haben uns das unsere Vorväter (ganz abgesehen von meinem eigenen Vater, Jeremy) geglaubt. Eine andere und vielleicht präzisere Betrachtungsweise dieses genetischen Spleens ist, dass das männliche Wesen über das Ziel weiblicher Perfektion hinausschießt, sich über das Ideal hinaus entwickelt; so wie der Riesenhirsch derart große und sperrige Geweihstangen ausbildete, dass sie letztlich zu seinem Aussterben führten, so entwickelt das männliche Wesen aufgrund eines Testosteronüberschusses einen Penis, dieses unerwünschteste und sperrigste aller Gehörne (nicht zu verwechseln mit dem sogenannten Gehänge der Frau, den Brüsten). Manche haben ihn scherzhaft als zweites Gehirn bezeichnet, doch in jedem Scherz steckt nicht nur abgrundtiefer Schrecken, sondern auch eine gewisse Wahrheit. Und wir müssen uns fragen, so wie Ingo es tut: Machen diese sperrigen Penis-»Gehörne« die Welt besser oder werden auch sie den Untergang einer Spezies herbeiführen?

Und dann, und dann, und dann: Bei einem fürchterlich eskalierten Fünfsteinspiel wird Daisy von Bud versehentlich, aber auf brutale Weise getötet. Das ist die metaphorische Amputation seines weiblichen Ich.

Wichtige Anmerkung:
Wolfgang Pauli?
Unus mundus?
Spin-Theorie?
Muss begreifen! Recherchieren!

Es war freilich ein Unfall, bei dem das Fünfsteinspiel und ein vom Vater der Zwillinge aus dem Krieg mitgebrachtes Bajonett eine Rolle spielten. Diese dilettantische Ich-Amputation wird Bud lange nachhängen und zu lebenslanger Trennungsangst führen; die Paarbildung mit seinem zukünftigen Partner, gefolgt von Trennung und neuerlicher Paarbildung (wie uns eine prophetische Titelkarte mitteilt) ein Versuch, seine durchtrennte Anima zu reparieren (re-*paar*-ieren!). Man fühlt sich an die ewige Entpaarung und Neupaarung von Wasserstoff- und Sauerstoffatomen erinnert, während sie Wasser zerlegen und neu bilden, und erkennt, dass dieser Vorgang der ewigen Trennung und neuerlichen Paarbildung von Mudd und Molloy (Mudds zukünftiger Partner, wie uns eine zweite Titelkarte mitteilt) im Kleinen (im Großen!) entspricht.

Anmerkung:
Zerlegtes Wasser? Recherchieren! Habe ich meinen Latschinow eingepackt? Bei nächster Gelegenheit im Kofferraum nachsehen!

Um die Analogie weiterzutreiben, ist selbst Mudd allein in Wahrheit zwei, insofern als Daisy für immer Teil seiner Psyche bleiben wird. Die Narben ihrer Abwesenheit in seinem Leben, die in Gestalt von Erinnerungen weiterexistieren, beeinflussen jede seiner Entscheidungen. Insofern ist Mudd der Wasserstoff (zwei Atome) und Molloy das einzelne Sauerstoffatom. Mudd ist explosiv und Molloy korrosiv. Doch zusammen erhalten sie das Leben. Das ist es doch gewiss, was Ingo uns mithilfe einer Titelkarte mitteilen will, die uns dies mitteilt.

Die Leinwand wird schwarz, ein schreckliches, finsteres Schwarz. Klack, klack, klack, klack …

KAPITEL 10

»DAS WAR DIE erste Rolle«, erklärt Ingo und setzt hinzu: »Es ist eine Komödie.«

»Das ist ganz außergewöhnlich«, sage ich. »Wie viel gibt es davon noch? Ich würde gern alles sehen, wenn ich darf.«

»Er dauert drei Monate.«

»Drei Monate wie in *Monate*?«

Er nickt und sieht mich aus müden, wässrigen, blutunterlaufenen, glasigen afroamerikanischen Augen an.

»Der Film dauert drei Monate?«, sage ich noch einmal. »Nur damit ich Sie richtig verstehe.«

»In etwa. Ich arbeite seit neunzig Jahren daran. In etwa.«

»Ihnen ist schon bewusst, dass das das Dreifache des aktuellen Rekords ist? Ich weiß das, weil ich eine übermäßig lange Monografie – eine Monografie von Rekordlänge, als Hommage – über lange Film geschrieben habe. Sie trägt den Titel *Shoah 'Nuff: Die Unterbewertung längerer Filme in unserer aktuellen Fast-Food-Filmkultur*. Vielleicht haben Sie sie gelesen?«

»Sie liegt auf meinem Nachttisch«, sagt er.

»Nun, wenn Sie einmal eine Minute Zeit haben sollten ... Nun ja, nicht eine Minute. Ein Jahr. Was ich sagen will, ist, dass die Länge Ihres Films an sich bereits ein riesigen Verdienst darstellt. Wie nennen Sie ihn?«

Er denkt nach.

»Ich glaube, ich würde ihn auch ein Verdienst nennen«, sagt er.

»Nein, ich meinte den Film selbst. Wie nennen Sie ihn?«

»Meinen Sie den Titel, oder wollen Sie wissen, ob ich einen Kosenamen für ihn habe?«

»Den Titel«, sage ich.

»Er hat keinen Titel. Aber ich nenne ihn meine Freundin.«

»Das ist ziemlich genial. *Er hat keinen Titel, aber ich nenne ihn meine Freundin*.«

»Nein. Er hat keinen Titel.«

»Sie meinen, er hat keinen Titel, und nicht, dass er *Er hat keinen Titel* heißt?«

»Jetzt habe ich das Gefühl, Sie stellen sich dumm.«

»Nun, ich –«

»Ein Filmtitel dient dazu, dass die Zuschauer irgendetwas sagen können, wenn sie eine Kinokarte kaufen oder mit Freunden darüber reden. Er dient als Aufhänger für die Vermarktung. Er dient dazu, den Film auf etwas in Häppchengröße zu reduzieren, etwas leicht Handhabbares, Begreifbares.«

»Nun, ich für meinen Teil mag Titel. Ich habe große Freude daran, mir clevere Titel auszudenken.«

»Da ich nicht beabsichtige, ihn mit der Öffentlichkeit zu teilen, habe ich keine Verwendung für einen Titel«, sagt er.

»Natürlich. So ist das wohl. Mal eine andere Frage: Warum klingen Sie jedes Mal anders, wenn ich mit Ihnen spreche?«

»Was wollen Sie evozieren?«

»Implizieren.«

»Dann eben implizieren.«

»Ich weiß es nicht. Auf der Heimfahrt vom Krankenhaus haben Sie auf eine eher volkstümliche Art gesprochen. Dann haben Sie eine Zeit lang nur in Bibelversen geantwortet.«

»Ich bin das Werk von jemandem oder etwas, und Sie sind es genauso. Und Gott schuf den Menschen ihm zum Bilde. 1. Genesis 1,27.«

»Sehen Sie? Es kommt mir vor, als hätten Sie dieses Zitat nur ergänzt, weil ich Sie daran erinnert habe, dass Sie in Bibelzitaten sprechen.«

»Sie werden der Einzige sein, der diesen Film sieht. Sobald Sie ihn vollständig gesehen haben, werde ich ihn zerstören. Sollte ich vorher sterben, werden Sie ihn für mich zerstören. Das sind die Regeln.«

Ich nicke, aber natürlich werde ich ihn nicht zerstören. Wenn Ingo Kafka ist, bin ich Max Brod. Selbst wenn dieser Film im Laufe der kommenden drei Monate zu unverständlichem Blödsinn verkommen sollte, muss er für die Nachwelt gerettet werden. Die Welt muss ihn sehen. Vor allen Dingen aber muss ich ihn sieben Mal sehen.

»Ich werde ihn zerstören, nachdem ich ihn sieben Mal gesehen habe. Mein Wahnsinn hat Methode, was das angeht – und was einige andere Dinge angeht. Haha! Wissen Sie, jeden Film von Substanz muss man sich sieben Mal ansehen, um ihn wirklich zu begreifen. Durch Jahre des Experimentierens mit kritischer Filmbetrachtung, zunächst als Nachwuchskritiker bei *The Harvard Crimson*, der Studentenzeitung der Universität von Harvard, die ich besucht habe, dann für verschiedene Publikationen, Zeitschriften, ›Fanzines‹ und im Rahmen eines zweimonatigen Versuchs als Filmkritiker des Hammacher-Schlemmer-Versandhauskatalogs habe ich meine Betrachtungstechnik verfeinern können. Es war ein harter Kampf um die Dominanz über die Form. Lassen Sie mich das erklären: Beim ersten Durchgang soll nur die rechte Gehirnhälfte, das sogenannte intuitive Gehirnzentrum, genutzt werden. Ich nehme meinen ›Kritikerhut‹ ab – mit Hüten kennen Sie sich ja bestens aus! – und sehe mir den Film an wie ein Laie, also ohne auf die riesige Bibliothek der Filmgeschichte mitten im Zentrum meines Gehirnzentrums zurückzugreifen, ohne nach den filmischen Referenzen oder ›Echos‹, wie manche sie vielleicht auch nennen, des Regisseurs Ausschau zu halten. Diese Art der Filmbetrachtung wird später folgen. Im Augenblick bin ich noch ein Jedermann oder eine Jederfrau oder ein Jederxier. Diesen Durchgang bezeichne ich als die Namenloser-Affe-Erfahrung, so benannt wegen des nichtvorhandenen Intellektualismus und Egos des Affen und xieser ungezügelten wilden Leidenschaft. Letztlich muss das ›Empfinden‹ des Films an erster Stelle stehen und ist vielleicht die maßgeblichste Art der Betrachtung. Schritt eins ist also: Ja, dieser Film bringt mich dazu, hemmungslos zu weinen oder hemmungslos zu lachen oder hemmungslos nachzudenken. Schritt zwei: Warum? Bei dieser zweiten Betrachtung nehme ich den ›Hut‹ des namenlosen Affen ab und setze meinen ›Psychologenhut‹ auf, der kein wirklicher Hut ist – daher die mit den Fingern in die Luft gemalten Anführungszeichen –, sondern vielmehr eine bestimmte Haltung oder eine Herangehensweise an den Film, wobei ich mir zugunsten der vollständigen Trennung zwischen den einzelnen Durchgängen vorstelle, im Verlauf dieses Prozesses verschiedene Hüte zu tragen. Den ›Psychologenhut‹ sehe ich dabei als eine Art modifizierten Trilby, da George du Mauriers Roman desselben Titels zumindest in Teilen von der Psychologie des Menschen handelt. Ich habe oft gesagt, ich sei sowohl Trilby als auch Svengali, und doch bin ich zugleich keine*r von beiden, sondern du Maurier selbst. Aha! Dieser ›Warum‹-Durchgang macht es notwendig, dass ich tief in meine eigene Psyche vorstoße und meine persönliche Verbindung zu dem Film erörtere. Inwiefern handelt dieser Film von mir?, muss ich mich fragen. Das ist vielleicht die maßgeblichste Art der Betrachtung. Wie Sie eventuell wissen, Ingo, ist mein inzwischen berühmter Essay zu *Die Royal Tenenbaums* mit dem Titel ›Fathers and AnderSons‹ – was wiederum eine Anspielung auf den Titel von Turgenjews Roman *Väter und Söhne* ist, bei der ich den Söhnen ein *Ander* als Präfix voranstelle, um sowohl auf Andersons Nachnamen als auch auf den spanischen Kanuten Ander Elosegi anzuspielen – ein Ergebnis der wichtigen persönlichen Arbeit, die ich in Schritt eins verrichte. Dass ich mich mit allen Söhnen und allen Vätern – sowie der Tochter Gwyneth Paltrow; oh, là, là – in Andersons Film identifiziere, ist kein Geheimnis. Dass ich das Durchqueren meiner Psyche mit Elosegis Fähigkeit, Stromschnellen zu durchqueren, vergleiche, mag laienhaften Leser*innen weniger bekannt sein. Schritt drei ist das Wie. Hierbei zapfe ich mein breites filmtheoretisches Wissen an, um zu erkunden, wie der/die Filmschaffende sein/ihr/xier Ergebnis erzielt hat. Was will dieser ›Schwenk‹ vermitteln? Inwieweit ist dieser ›Zoom‹ unentbehrlich? Warum an dieser Stelle ein ›24-Millimeter-Objektiv‹? Ich untersuche auch ›Komposition‹, ›Mise en Scène‹, ›Arrangement‹ und ›Tanzeinlagen‹, um zu ermitteln, wie diese und andere Filmtechniken mich während der eingangs erwähnten Namenloser-Affe-Betrachtung – die, Sie erinnern sich, der erste Schritt war – zum hemmungslosen Weinen, Lachen oder Nachdenken gebracht haben. Zusätzlich dazu verzeichne ich hier die Anspielungen des Regisseurs auf andere Filme. Im Falle eines Scorsese oder Tarrantinoo ist das ein gigantisches Unterfangen, so enzyklopädisch ist ihr Wissen über die Form. Ich bin zugegebenermaßen kein großer Bewunderer von Tarrantinoos Œuvre, da mich seine Vernarrtheit in eine unechte, stereotype afroamerikanische Kultur ebenso kaltlässt wie seine pubertäre Gewaltobsession. Nichtsdestoweniger ist er ein Experte im Ersinnen ungewöhnlicher ›Kameraperspektiven‹, allen voran der verblüffende ›*Trunk Shot*‹ oder ›Kofferraum-Shot‹, der in England als ›*boot shot*‹, in Frankreich als ›*coiffre de voiture shot*‹ und in Amerikanisch-Samoa als ›Stauraum-Shot‹ bekannt ist. Schritt vier: der Rückwärtsdurchgang. Dafür bestimmt, den Film als ein ›nicht-narratives avantgardistisches Experiment in einer fremden Sprache‹ wahrzunehmen. Mit anderen Worten erlaubt er mir, den Film als eine von Bedeutung unverstellte Bildfolge zu betrachten. Dies, mein lieber Ingo, ist meine Möglichkeit, den Film als eine rein ästhetische Konstruktion zu sehen. Die Frage nach dem Warum ist in die DNA des menschlichen Tieres einprogrammiert. Die Zuschreibung von Kausalzusammenhängen ist fest in unserem Gehirn verankert. Doch das ›Warum‹ ist zweifellos nur ein menschliches Konstrukt. Ich bin der festen Überzeugung, dass das Warum kein unabhängiger Bestandteil des Universums ist. Das Universum kennt keine Fragen. Das Universum fragt sich nicht, wie eine Mikrowelle funktioniert. Das Universum *ist* einfach nur. Durch Beseitigung des Narrativs wird somit das Konzept der Kausalität, das Warum beseitigt, die angenommene Ordnung wird beseitigt, und der Film kann – so hoffe ich zumindest – gesehen werden, wie ihn das Universum selbst sieht. Schritt fünf: verkehrt herum. Wir als Amerikaner, ich denke, da werden Sie mir zustimmen, nehmen die Schwerkraft für selbstverständlich. Vielleicht trifft das auch auf andere Kulturen zu; ich fühle mich nicht befähigt, das zu beantworten. Uns aber ist die Schwerkraft einerlei: Sachen fallen runter, so ist das eben. Indem wir ihre Wirkung auf uns und die gegenständliche Welt ignorieren, ignorieren wir auch ihre Wirkung auf unsere Psyche. Die umgekehrte Betrachtung erlaubt mir, mich auf diesen Aspekt eines Films zu konzentrieren. Manche Filmschaffenden schenken der Schwerkraft nicht mehr Aufmerksamkeit als Durchschnittsamerikaner, doch in einigen seltenen Fällen – Apatow! – werden wir Zeuge, wie sich Filmschaffende in jeder einzelnen Einstellung mit der Schwerkraft herumschlagen. Hätte ich *Immer Ärger mit 40* nicht verkehrt herum angesehen – im Übrigen ist es kein Zufall, dass es umgekehrt *Immer Ärger mit 04* heißt. Wenn Kinder Kinder kriegen ... habe ich recht? Die tiefere Bedeutung dahinter, dass Paul Rudd auf der Toilette sitzt, während er mit Leslie Mann spricht, hätte sich mir sonst nie entschlossen. Er verhindert buchstäblich, dass seine Scheiße durch den ganzen Raum fliegt. Man sieht, dass Apatow ihn angewiesen hat, so zu tun, als säße er ganz zwanglos auf der Toilette, und natürlich liegt eine gewisse oberflächliche Komik darin, dass ein Paar so lange verheiratet ist, dass die Beziehung jeder Art von Geheimnis entbehrt; sie unterhalten sich völlig unbefangen beim Kacken. Doch sieht man sich die Szene umgedreht an, müht sich Paul Rudd mit einem Mal mächtig, seine Fäkalien daran zu hindern, dass sie sich über sein ganzes Leben ergießen. Die Tarrantinis dieser Welt werden mit all ihrer technischen Brillanz die Schwerkraft nie auf die gleiche Weise ausloten wie ein Apatow-Streifen. Nach der umgekehrten Betrachtung schaue ich den Film in Schritt sechs noch einmal auf herkömmliche Weise, um meinen Eindruck zu verfestigen und zu bestimmen, wie sich der Film – wenn überhaupt – in meinen zahlreichen Listen einstufen lässt: die besten Filme des Jahres, die besten Filme des Jahrzehnts, die besten Filme aller Zeiten. Dann das Gleiche noch einmal für sämtliche Genres: Horrorfilme, Komödien, Western, Thriller,

Actionfilme, Dramen, Science-Fiction-Filme, Kriegsfilme, fremdsprachige Filme. Dann nach schauspielerischer Leistung: Hauptdarsteller, Hauptdarstellerin, Hauptxier, Nebendarsteller, Nebendarstellerin, Nebenxier, Ensemble, Xiersemble. Dann nach Regie, Kameraarbeit, Schnitt, Filmmusik, Drehbuch, Rollenbesetzung, bester LGBTQIA-Film: beste*r Hauptxier, beste*r Hauptxier, beste*r Nebenxier, beste*r Nebenxier. Es ist ein schrecklich zeitaufwändiges Unterfangen, aber es ist notwendig. Ohne diese Listen wirklich sachverständiger Kritiker wären Laien der Willkür von Hollywood-Marketingmenschen und Promispeichelleckern ausgesetzt. Der siebte Schritt besteht darin, den Film gar nicht anzusehen. Das ist die Sieben-Schritt-Methode zur scharfsichtigen Betrachtung eines jeden Films. Ach, und Ingo, es ist schon lustig, dass Ihr Film eine Komödie ist – oh, das ist lustig! Ich werde meinen Vortrag ›The Apatower of Song‹ damit eröffnen müssen, den ich nächsten Monat im Obergeschoss der McDonald's-Filiale in der West 4th Street vor dem Verband der Musikberater halte. Aber was ich sagen wollte, ist, dass eine Komödie nicht von Weisheit und Güte handelt. Sie handelt von Schwerkraft und Idiotie. Ein Mensch, der sein Umfeld im Griff hat, ist nicht lustig. Warum ist also jemand lustig, der stürzt? Warum ist jemand lustig, der sich dumm aufführt? Und ist es wirklich lustig? Ist es im wahren Leben lustig, wenn sich jemand verletzt? Ist es im wahren Leben lustig, wenn jemand überfordert und verwirrt ist? Die meisten von uns würden diese Fragen mit Nein beantworten. Warum regt es dann in einem Film zum Lachen an? Die Gründe dafür sind komplex. Zum Teil lässt es sich vielleicht darauf zurückführen, dass wir begreifen, dass in einem Film nur so getan wird als ob, dass niemand wirklich zu Schaden kommt. Es gibt freilich jene erhellenden Momente, in denen dieser oder jener komische Darsteller mitten in einer Aufführung auf der Bühne gestorben ist, und die Zuschauer, die es für einen Teil der Darbietung hielten, lachten und applaudierten. Harry Einstein und Dick Shawn sind zwei denkwürdige Beispiele dafür. Nehmen wir an, die in Bewegung gesetzte Maschinerie – Physik, Sehnsucht, Sterblichkeit, Vergeblichkeit –

wäre eine Art Rube-Goldberg-Maschine, entworfen ohne jegliche Leistungsfähigkeit und ohne einen anderen Zweck, als von irgendeinem, sagen wir einmal, lovecraftschen Wesen, zu dessen Zerstreuung betrachtet zu werden. Wir können über einen brutalen Sketch von Monty Python and His Flying Circuit lachen, bei dem jemandem die Glieder aus dem Leib gerissen werden, weil wir wissen, dass das nur gespielt ist, aber dieses Wesen kann darüber lachen, dass einem echten Menschen die Glieder aus dem Leib gerissen werden, weil die damit einhergehenden Qualen bedeutungslos sind. Ich schätze Ihren Film, zumindest so weit ich ihn gesehen habe, so ein, dass Sie mehr Apatow als Lovecraft sind, dass Sie echtes Mitgefühl für die von Ihnen geschaffenen Figuren haben. Stimmt das?«

Ich blicke auf, und Ingo wirkt abgelenkt. Er zählt seine Medikamente ab. (Sein Tablettenspender ist so groß wie ein Wandkalender und dient auch zugleich als Wandkalender. Er hängt an der Wand.) Hat er mir überhaupt zugehört? Ich fühle mich an meine undankbaren Schüler von der Zoowärterschule erinnert. Nicht, dass sie während meiner Vorträge ihre Medikamente abzählen würden (denn sie sind jung und putzmunter), aber sie schreiben Nachrichten und lesen Klatsch auf ihren Computern und verlassen oft den Klassenraum und erscheinen ebenso oft gar nicht erst. Ich bin kein Zuchtmeister. Ganz und gar nicht. Ich bin der festen Überzeugung, dass der Lehrer vor ihnen erscheint, wenn sie gerade keine Nachricht schreiben und nach vorn schauen. Ich bin nicht Sidney Poitier in *Junge Dornen*. Ich bin auch nicht Sandy Dennis in *Gegen den Strom die Treppe hinauf*. Ich bin nicht die Blütezeit der Miss Jean Brodie als *Die Blütezeit der Miss Jean Brodie*. Ich bin auch nicht Mr. Chip oder irgendeiner der sieben Robin-Williams-Filme, in denen er inspirierende Lehrer spielt (*Hilf mir, Lehrer!*, *Lehrer des Jahres II*, *Der Lehrer, dem die Schule alles bedeutete*, *Professor Schlomo Schluckstein und die schwermütigen Schüler der Schlossschule*, *Hilf mir noch mal, Lehrer!*, *Ich bin euer Lehrer, und ich liebe euch* und *Der Club der toten Dichter*). Ich bin ein Quell der Weisheit, wenn man so möchte. Ich bin eine Hilfsquelle. Ich bin da, wenn man mich braucht. In der

Zwischenzeit werde ich unterrichten, als hörte niemand zu. Ich werde schreiben, als läse es niemand. Ich werde lieben, als wäre niemand auf der Welt mehr am Leben.

Ingo ist mit dem Pillensortieren fertig. Er blickt auf.

»Oh, hallo. Also dann, wollen Sie den Rest des Films sehen?«

»Ja, ja, tausendmal Ja! Das heißt, im Prinzip siebenmal Ja. Nur sieben Mal. Aufgrund der erwähnten Technik und auch der offenbar beträchtlichen Länge des Films.«

»Also, wir machen das folgendermaßen«, sagt er. »Der Film dauert drei Monate inklusive vorher festgelegter Pausen für Toilettengänge, zum Essen und zum Schlafen. Ich gehe davon aus, dass der Film in seiner Unerbittlichkeit in Ihre Psyche eindringen und auf diese Weise Ihr Traumleben infizieren wird. Es ist eine Art filmisches Experiment, das eine gleichberechtigte Beziehung zwischen Künstler und Betrachter voraussetzt, insofern als sich der Betrachter, nachdem er den Film in dessen Gesamtheit angesehen hat, nicht sicher sein wird, wo der Film aufgehört hat und seine eigenen Träume begonnen haben. Oder ihre.«

»Oder xiese.«

»Zugegebenermaßen gibt es eine gewisse Absicht meinerseits, Ihre Träume in eine gewisse Richtung zu lenken, aber letzten Endes wird größtenteils Ihre eigene Psyche über Ihren Beitrag zu dem Film entscheiden.«

»Ein wenig wie Brainio.«

»Was?«

»Ein wenig wie Brainio«, sage ich noch einmal.

»Die erste Toilettenpause ist in fünf Stunden«, sagt er, ohne darauf einzugehen. »Sie werden Ihr eigenes Bad benutzen müssen. Mein Badezimmer ist tabu für jeden außer mir, der ich es benutzen darf und auch benutzen werde.«

»Jetzt klingen Sie wieder sehr stark nach mir.«

»Das wird Ihnen auch keinen Zugang zu meinem Bad verschaffen, Freundchen.«

»In Ordnung. Aber das tun Sie wirklich. Nach mir oder Ocky. Es ist unheimlich.«

»Ich weiß nicht, was Ocky bedeutet. Sind Sie bereit?«

»Geben Sie mir noch einen Augenblick, um mich bereitzumachen«, sage ich.

»Gut. Dann machen Sie sich bereit.«

»Gut, ich versuche es.«

»Gut.«

Ich aktiviere den Namenloser-Affe-Teil meiner Seele – wozu ich nach Jahren der Übung und des Studiums der einen oder anderen fernöstlich geprägten Religion in der Lage bin – durch rasches Luftholen.

»Los«, grunze ich affenartig.

Die folgenden sieben Tage vergehen in Form eines verschwommenen und doch strahlenden Fiebertraums aus unvorstellbarem kinematografischen Glanz, Ramen-Nudeln, nicht entgegengenommenen Anrufen bei meiner afroamerikanischen Freundin, Neelons Original Thunfisch, unruhigen Träumen, Toilettenpausen und kurzen enigmatischen Unterhaltungen mit Ingo über Schleimstoff. Ich weine. Ich lache. Ich winsele. Ich seufze. Ich schwitze. Ich stoße die Faust triumphal in die Luft. Ich werde in ein Land fremdartiger Gefühle befördert, ein Land, von dem ich mich vielleicht mein ganzes Leben lang bewusst ferngehalten habe. Es ist alles.

Frühmorgens am siebzehnten Tag, irgendwann zwischen 3.05 Uhr und 3.08 Uhr, stirbt Ingo. Als die Rolle nicht gleich gewechselt wird, drehe ich mich um und sehe, dass er, noch aufrecht stehend, auf seinen Krücken zusammengesackt ist. Ich versuche, ihn wiederzubeleben, wovon ich nichts verstehe, aber ich glaube, man muss auf irgendetwas einhämmern, und ich glaube, es ist die Brust. Es funktioniert nicht. Ich starre in seine blicklosen, glasigen afroamerikanischen Augen und weine.

IN MEINER TRAUER spult sich ein nächtliches Gespräch, das ich einige Tage zuvor mit Ingo geführt habe, geisterhaft in meinem Kopf ab:

»Es gibt eine Vielzahl von Ungesehenen«, sagte er.

»Ungesehenen?«

»Von jenen, die man nicht sieht.«

»Ich verstehe«, sagte ich.

»Im Film.«

»Sie sind im Film?«

»Sie sind im Film nicht zu sehen.«

»Dann sind sie nicht im Film?«

»Sie sind im Film. Aber die Kamera ist von ihnen abgewandt. Wie von den meisten von uns.«

»Dann ist es mehr oder weniger ein gedankliches Konzept.«

»Nein. Die Puppen wurden angefertigt. Mit der gleichen Sorgfalt wie die sichtbaren Puppen. Sie wurden Bild für Bild bewegt, genauso wie die sichtbaren Puppen. Sie haben ihr Leben gelebt. Aber sie wurden dabei nicht von der Kamera beobachtet. Nur von mir.«

»Sie haben sie animiert, aber nicht gefilmt.«

»Ich habe mein Arbeitspensum versechsfacht. Hätte ich das nicht getan, hätte ich den Film innerhalb von fünfzehn Jahren machen können. Es war ein notwendiges Opfer.«

»Aber weshalb?«

»Weil auch die Ungesehenen leben. Weil ich ihnen dabei zusehen musste, denn wer hätte es sonst getan?«

»Aber warum haben Sie sie nicht gefilmt und der Welt die Möglichkeit gegeben, sie zu sehen?«

»Weil man sie nicht sieht. Und würde man die Ungesehenen sehen, wären sie nicht länger die Ungesehenen.«

»Haben Sie es wenigstens niedergeschrieben? Ihre Namen? Ihre Lieben? Ihre Familien?«

»Ich habe es nur in meinem Gedächtnis verzeichnet. Und im Laufe der Jahre habe ich viele der Einzelheiten, viele der Namen vergessen. Sie verschwimmen zu einer einzigen Masse, einem einzigen Gedanken, zum mottenzerfressenen Stoff der Erinnerung. Wenn ich sterbe, wird das, was von ihnen übrig ist, mit mir sterben.«

»Das erscheint mir falsch und furchtbar traurig«, sagte ich.

»So ist die Welt.«

»Würden Sie mir diese Puppen zeigen?«

»Nein.«

»Können Sie mir von ihnen erzählen?«

»Nur in Form einer Zählung. Sie sind nur als Zahlen bekannt. Es gibt 1573 erwachsene schwarze Männer über zwanzig.«

»Sie haben 1573 schwarze, über zwanzig Jahre alte männliche Puppen angefertigt.«

»Und sie animiert.«

»Das ist ein außerordentlicher Arbeitsaufwand.«

»Nicht genug. Lange nicht genug. Es ist nie genug. Aber es war alles, was ich leisten konnte. Meine Zeit ist begrenzt. Es gibt 1612 schwarze Frauen über zwanzig.«

»Mein Gott«, sagte ich.

»Es gibt 1309 männliche Schwarze unter zwanzig; 1387 weibliche Schwarze unter zwanzig. Darunter die acht Adventure Girls.«

»Adventure Girls?«

»Die lagen mir besonders am Herzen«, sagte Ingo.

»Wer?«

»Die Adventure Girls. Ich war noch jung, als sie entstanden. Ich dachte, sie könnten den Durchbruch schaffen. Ich räumte ihnen alle Möglichkeiten ein. Ich machte sie zu Kriegerinnen. Ich machte sie genial. Ich ließ sie Verbrechen unter den Ungesehenen aufklären. Ich machte sie zu sexy Pferdediebinnen. Ich liebte sie. Ich bevorzugte sie. Ich stellte mir vor, ich wäre sie. Doch ich irrte mich.«

»Inwiefern irrten Sie sich?«

»Trotz aller Kontrolle über ihr Schicksal war ich noch immer selbst ein Ungesehener. Ein ungesehener Gott ungesehener Mädchen, und ich war machtlos. Und so kämpften sie. Und ich liebte sie. Am Ende aber versanken auch sie wieder im Meer der Unsichtbarkeit, verrichteten undankbare Arbeiten, verloren ihren Zauber, arbeiteten bei Slammy's. Emotionsarbeit, so nennt man das heutzutage. Es war unvermeidlich. Jetzt weiß ich das.«

»Kann ich sie sehen?«

»Nein. Nur einige wenige von ihnen sind noch am Leben. Sie sind alt und traurig. Es ist schwer, die Ungesehenen anzusehen, sogar wenn man selbst ein Ungesehener ist. Es ist besser, die Gesehenen anzusehen. Die Ungesehenen sind die Zuschauer der Gesehenen. Sie sind da, um zu betrachten, nicht, um betrachtet zu werden.«

KAPITEL 11

ES SIND KEINE Angehörigen von Ingo Cutbirth bekannt. Wie sich herausstellt, hat er beantragt, auf dem Friedhof St. Glinglin südlich des Twelve Mile Swamp, hinter dem Tastee Freez und vor dem Frosty Freez beigesetzt zu werden. Der Gebäudewart gibt mir einen Umschlag mit vierhundert Dollar darin. Seltsamerweise steht mein Name darauf. Ich habe überhaupt keine Ahnung, warum ich für das Begräbnis zuständig bin, aber tatsächlich ist die Verfügungsgewalt über Ingo, sein Erbe und sein Eigentum genau das, was ich will. Obwohl die vierhundert Dollar in zerknitterten Ein-Dollar-Scheinen nicht einmal annähernd reichen für den Sarg, den Grabstein, den Pfarrer, die Beisetzung und den Trauerempfang bei Tastee Freez (Notiz: prüfen, ob Frosty Freez ein besseres Angebot macht), werde ich die Differenz daher gern begleichen, mithilfe eines beträchtlichen Darlehens von meiner Schwester, die reich geheiratet hat. Ich weiß, dass Ingos Grab künftig zum Ziel zahlreicher Pilger werden wird. Ich will dafür sorgen, dass diese noch ungeborenen Jünger, die es zu Tausenden, vielleicht zu Millionen geben wird, dort zufriedengestellt sein werden. Ich brauche einen Grabspruch. Etwas Tiefgründiges. Etwas, was die kulturelle Bedeutung von Cutbirth zum Ausdruck bringt und mich zugleich untrennbar mit ihm, mit dem Cutbirth-Phänomen verknüpft. Mir kommt Popes Epitaph für Newton in den Sinn: *Natur und der Natur Gesetze lagen in dunkler Nacht; Gott sprach: Newton sei! Und sie strahlten voll Pracht. In Liebe, Pope*. Vielleicht könnte ich etwas Ähnliches formulieren. *Wie die*

Raumzeit unsichtbar und maßgeblich zugleich ist, so war es auch Cutbirth. In Liebe, B. Rosenberger Rosenberg. Oder *Der Unbesungene hat gesungen. In Liebe, B. Rosenberger Rosenberg.* Oder *Ein einsamer Mann, der Millionen bewegte. In Liebe, B. Rosenberger Rosenberg.* Oder *Am 32850. Tag ruhte Cutbirth. In Liebe, B. Rosenberger Rosenberg.* Oder *Die Welt war nie gemacht für einen, der so afroamerikanisch war wie du. In Liebe, B. Rosenberger Rosenberg.*

Ich entscheide mich für das mit dem *Unbesungenen*, füge aber noch hinzu: *Und so ward das Herz der Welt gebrochen. In Liebe, B. Rosenberger Rosenberg.* Ich bezahle einen Fotografen dafür, die Beerdigung zu dokumentieren. Ich weiß, ich werde mit dem bezahlten Baptistenpfarrer (Ingo muss Baptist gewesen sein!) allein sein, was mir später zugutekommen und unsere Verbindung im öffentlichen Bewusstsein verankern wird. Ich bin jetzt Brod. Ich bin Brod, und mein ganzes Leben ist von nun an vorbestimmt: Testamentsvollstrecker, Biograf, Analyst, Vertrauter, Notfallkontakt. Freund. Ich setze das Begräbnis für einen Tag an, für den heftige Wolkenbrüche vorausgesagt sind; die Regenschirme und der Matsch sind höchst filmisch, trauervoll, bringen tiefe Betrübnis, Mühsal und Einsamkeit zum Ausdruck. Darüber hinaus wird es mir nicht schwerfallen, am bewussten Tag leiderfüllt zu erscheinen, auch weil ich es tatsächlich sein werde, aber ich kann nicht immer weinen, obwohl ich mehrere »Schauspiel für Regisseure«-Kurse, zwei »Schauspiel für Kritiker«-Kurse und einen »Schauspiel für Zuschauer«-Kurs belegt habe. Durch den Regen wird mein Gesicht nass sein, und ich muss mir keine Gedanken über Wirklichkeitstreue machen. Bei einem örtlichen Filmausstatter leihe ich eine Regenmaschine, nur für den Fall.

ALS ICH VON Ingos Beerdigung und einem hervorragenden Frosty-Freez-Frappé zurückkehre, denke ich über Ingos bevorstehende Reise vom Ungesehenen ins Gesehene nach und über all die Ungesehenen, die er auf diese Reise mitnehmen wollte. Ich bin mir nach wie vor sicher, dass ich Ingos Wünschen zuwiderhandeln – so wie sich Max Brod über Kafkas Wünsche hinweggesetzt hat – und in Ingos Kartons nach den Ungesehenen suchen muss. Sie sind, so glaube ich, der Negativraum, der den Positivraum von Ingos Film definiert, und sie müssen jetzt und für alle Zeit anerkannt und für ihre Verdienste gefeiert werden. Vielleicht lässt sich mit ihnen ein zweiter Film realisieren. Vielleicht ist jetzt ihre Zeit gekommen. Denn wir leben jetzt in der Zukunft. Vielleicht hätte Ingo das gewollt. Ich könnte diesen Film drehen. Niemand, nicht einmal eine Puppe, hat es verdient, im Verborgenen zu leben und zu sterben, ein ungesehenes Leben zu leben. Ich denke an die kleine laminierte Karte, die ich zur Inspiration in meiner Brieftasche trage: *Die Kritik ist die Fenster und Kronleuchter der Kunst: Sie erhellt die umhüllende Finsternis, in der die Kunst anderenfalls nur vage erkennbar und womöglich gänzlich ungesehen ruhen würde – George Jean Nathan*. Als Kritiker sitze ich ungesehen in der Finsternis. Aber ich existiere (ich existiere!), und meine Zeit ist gekommen. Ich werde diese Unglücklichen mitnehmen. Indem ich den Film *ad infinitum* studiere, werde ich begreifen, wer diese Ungesehenen sind, wer jeder Einzelne von ihnen ist. Ich werde der Howard Zinn in Ingos Welt sein – nicht, dass ungesehene Afroamerikaner einen jüdischen Historiker brauchten, aber ich werde es dennoch sein. Auch wenn ich nun einmal kein Jude bin.

Auf der Heimfahrt von der Beerdigung kommt mir der Gedanke, dass Ingos Grab aufregender gestaltet werden müsste. Wenn die Pilger mit ihrer gewählten Urlaubspilgerreise zufrieden sein sollen, wenn die Yelp-Bewertungen die wahren Massen anziehen sollen, dann muss es einen gewissen Unterhaltungswert bieten. Wir sind schließlich Amerika. Machen wir uns nichts vor. Was mir vorschwebt, ist eine riesige Rutsche, sagen wir mindestens hundert Meter lang. Auf einer Seite wird eine Reihe von Steinplatten befestigt sein, in die Ingos Gesicht eingraviert ist, jeweils mit einem leicht veränderten Gesichtsausdruck. Während der Jünger hinunterrutscht, schaut er (sie, xier) zur Seite, und durch den Zauber des Granitkinos scheint sich Ingos Gesicht zu bewegen. Vielleicht lächelt Ingo. Ja, mir ist bewusst, dass Alfred Hitchcocks Ruhestätte über eine solche Attraktion verfügt, aber er zwinkert. Nun, da Vorwürfe sexueller Belästigung gegen ihn laut geworden sind, verlangen Demonstranten, sie abzubauen und durch eine von Frauen entworfene Rutsche zu Ehren der Frau zu ersetzen. Eine Würdigung jener Frauen, deren Karrieren und Leben von diesem monströsen Misogynen negativ beeinflusst wurden. (Vielleicht eine zwinkernde Tippi Hedren? Als Mann habe ich das nicht zu entscheiden.) Und ich sage, es ist höchste Zeit (wobei ich auch das nicht zu entscheiden habe). Stoßt Hitchcock vom Sockel. Seine Männlichkeit war toxisch. Mildert sein brutales Erbe nicht ab, indem ihr ihn von dem entzückenden, elfenhaften Toby Jones spielen lasst. Von jetzt an sollte Harvey Weinstein gezwungen werden, Hitchcock im Rahmen einer endlosen Reihe von Solodarbietungen zu spielen, so wie man James O'Neill gezwungen hat, sich in seinen späten Jahren der alleinigen Darstellung des Grafen von Monte Christo zu verschreiben, um für irgendetwas Buße zu leisten, was mit ungehärtetem Pflanzenfett zu tun hatte. Ich erledige einige Anrufe, nicht wegen der Weinstein-Sache (wenn auch vielleicht später). Ich rufe einen Steinmetz, einen Wasserrutschenmetz und die Baubehörde an. Ich rufe meine Schwester an, um mir noch deutlich mehr Geld zu leihen.

Ich schlendere in Ingos Wohnung, wo ich mich erstmals sonderbar frei fühle. Er schaut nicht zu. Niemand schaut zu. Ich durchstöbere Kartons. Es ist nicht richtig. Es ist, als würde ich die geistigen Untiefen eines Mannes durchsehen, eines äußerst verschlossenen Mannes. Doch ich bin jetzt Ingos Stimme in der Welt. Seine eigene wurde auf ewig zum Schweigen gebracht. Wenn ich die notwendige Arbeit des Kuratierens, des Beleuchtens seiner Psyche leisten soll, eine Arbeit, die notwendig ist, weil die Welt Ingo braucht, vielleicht mehr denn je, dann muss ich im Grunde zu Ingo werden. Es gibt keine andere Möglichkeit. Seine Kartons sind mit Körpern gefüllt, mit Hunderten, wahrscheinlich Tausenden von kleinen Körpern, vielleicht Millionen von Körpern, wunderschön gefertigt, mit einem beweglichen Knochengerüst, formbaren Gesichtern, bekleidet mit perfekt gestalteten winzigen Kostümen, bei denen Ingo kein Detail außer Acht gelassen hat: Polizisten, Bankiers, Chirurgen, Hausmütterchen, Soldaten, Matrosen, Mudd und Molloy in verschiedenen Altersstufen. Sie sind alle da, alle Figuren des Films, alle Statisten, jede einzelne Figur liebevoll in Seidenpapier gehüllt wie diese chinesischen Nashi-Birnen an Weihnachten (oder Xiernukkah). Auch hier finde ich die Miniaturstraßenlampen, nach Epoche geordnete Autos, Hunde und Katzen, winzige Trompe-l'œil-Zeitungen mit Drähten im Inneren, um sie so bewegen zu können, dass es aussieht, als würden sie an einem windigen Tag durch die Straßen der Stadt geweht, Bäume mit einzeln bewegbaren Ästen und Blättern, einen Leierkastenspieler, seinen Affen, Feuerhydranten, Telegrafenmasten, Bierflaschen, Besteck, Kartons mit Schuhen und Handtaschen, Stadtbusse und Straßenbahnen, Eisenbahnschienen, Tauben, Roboter, eine Harke, Richard Nixon, Buntglas, das Karussell aus dem Central Park, Atombomben, Zeitungskioske, Fingerhüte so klein wie Sandkörner, Barkeeper, alle weißen Darsteller des Musicals *Hamilton*, Fallschirmjäger, Umzugswagen der Macy's-Parade zu Thanksgiving. Ungefähr alles, was man sich vorstellen kann oder was es auf der Welt zu sehen gibt, ist in diesen Kartons zu finden. Ein besonders großer Karton enthält nur eine einzige Figur: einen hübschen jungen Mann, vielleicht fünfundzwanzig Jahre alt, markante Gesichtszüge, das filmstarhafte Aussehen eines Rock Hudson oder Troy Donahue. Diese Puppe ist mit Abstand die größte, die ich bislang gefunden habe. Vielleicht neun- oder zehnmal so groß wie alle anderen. Ist er in diesem Film ein Riese? Bis zu diesem Zeitpunkt, nach vielleicht einem Sechstel des gesamten Films, ist mir noch keine solche Figur begegnet. Ich wickle ihn behutsam wieder ein, lege ihn in seinen Pappsarg zurück und setze mich, überwältigt von der Kunstfertigkeit, der Sorgfalt, der Liebe, mit der diese Figuren von Ingo gefertigt und beschützt wurden, dem Respekt, den er ihnen entgegenbrachte. Ich bin froh, dass ich begonnen habe, Ingo ein anständiges Grabmal zu bauen. Ich bin froh, dass er zumindest von mir mit dem Respekt behandelt wird, den er seinen »Kindern« (oder, wie Ingo sie, abhängig von seiner jeweiligen Persönlichkeit, zuweilen nannte, seinen »Kinnern«) erwiesen hat.

Überrascht spüre ich, wie mir eine einzelne Träne über das Gesicht rinnt. Ich strecke die Zunge danach aus, schmecke das Salz meiner eigenen zarten Menschlichkeit. Es erinnert mich daran, dass wir alle im Meer begonnen haben. Es erinnert mich daran, dass wir auf diese Weise alle Brüder sind, dass wir irgendwann einmal alle Fischbrüder (Fischschwestern, Fischgeschwister) waren und nun alle Menschenbrüder sind. Oder Schwestern. Oder Geschwister, für die Nichtbinären und Genderneutralen unter uns, die, wie wir nicht vergessen dürfen, auch unsere Brüder sind, oder besser Geschwister, wie gesagt. Ich erspähe eine weitere große Kiste, die abseits der anderen steht, beinahe versteckt, wie es scheint, hinter einem alten, mit den Jahren grau gewordenen Sofa. Das ist etwas Wichtiges, entscheide ich. Wir verbergen immer das, was uns am wertvollsten ist, aus Angst, unsere tiefsten, innersten Gedanken zu enthüllen, jene Gedanken, die beschädigt, verseucht werden könnten durch Kontakt mit anderen, mit der Welt. Ich werde Ingos Geheimnis wertschätzen. Ich werde es behüten und beschützen. Natürlich werde ich es mit der Welt teilen, denn das ist die Arbeit, mit der ich beauftragt bin, doch ich werde dafür sorgen, dass dieses Geheimnis, worum auch immer es sich handelt, vollständig begriffen wird. Endlich wird Ingo das Verständnis zuteilwerden, nach dem er sich zweifellos immer gesehnt hat. Wie wir es alle tun. Ich wünschte nur, *ich* könnte jemanden wie mich haben, der mich beschützt und wertschätzt und mich nach meinem Tod voller Freude und Hingabe mit der Welt teilt, so wie ich Ingo teilen werde. Doch leider gibt es mich nur einmal.

Ich öffne den versteckten Karton. Er ist mit vergilbten Notizbüchern gefüllt. Volltreffer. Ingo in seinen eigenen Worten. Ich werde diese Bücher mit der größten Sorgfalt und Einfühlsamkeit lesen und dann seine Worte in meine Worte kleiden, damit sie von anderen besser verstanden werden können, und sie mit der Welt (mit anderen) teilen. Die Originale werden natürlich archiviert werden, sodass Generationen von Gelehrten sie studieren können, aber so wie jeder komplexe Text bedürfen gewiss auch die wenig eloquenten Ergüsse eines zum missverstandenen Filmgenie mutierten Idiot Savant der Interpretation, um von Laien wertgeschätzt zu werden. Ich nehme das zuoberst liegende Notizbuch vom Stapel, schlage es an einer beliebigen Stelle auf und lese laut:

»Wir sind versteckt. Nicht nur die Neger, sondern auch die Wahnsinnigen, die Gebrechlichen, die Mittellosen, die Abstoßenden, die Kriminellen. Wir sind in Slums untergebracht, in Gefängnissen, in Einrichtungen, in Obdachlosenlagern. Wir alle sind vor Blicken verborgen, sodass nur die Komödie der Weißen zu sehen ist. Ich habe mir zum Ziel gesetzt, der Gesellschaft einen Spiegel vorzuhalten, aber ein Spiegel kann nur sehen, was zu sehen ist. Meine Kamera ist ein solcher Spiegel, doch das bedeutet nicht, dass das Ungesehene zu existieren aufhört. Und so werde ich auch das Ungesehene animieren, all die Leben, die unbemerkt kommen und gehen. Ich werde sie animieren, sie in meiner Erinnerung bewahren, ohne sie jedoch aufzuzeichnen. Und insofern soll meine Kamera der wahrste Spiegel sein, und dieser Film soll die Welt widerspiegeln wie kein anderer. Es ist wie mit den blinden Kindern an meinem Arbeitsplatz. In einer Einrichtung versteckt, sehen sie nicht, und wir, die Sehenden, ertragen es nicht zu sehen, wie sie nicht sehen. Es ist unansehnlich. Sie erinnern uns an unsere eigene Verwundbarkeit. Wenn diese unglückseligen Menschen unter uns wandeln, können wir die menschliche Komödie nicht ungehindert fortsetzen, und das zu tun, hat absoluten Vorrang. Demzufolge müssen wir schauspielern, um zu unterhalten.«

Ich schließe das Notizbuch und sitze lange schweigend da. Diese zusammenhanglosen Ergüsse werden schwer zu entschlüsseln sein. Doch man kann nicht erwarten, dass eine solche Aufgabe leicht sein wird. Schließlich ist Ingo ein Vertreter der Art brut. Wahrscheinlich leidet er an den gleichen Kommunikationsproblemen wie alle Autodidakten. Aber vor mir liegt meine Lebensaufgabe. Ingo! Ich bin dir auf ewig dankbar, mein lieber idiotischer Ingo, der du mich vor diese herkulische Aufgabe gestellt hast, und ich weiß, wo auch immer du bist, wirst du auch mir dankbar sein.

Und was ist mit dem Riesen? Die Zeit wird es zweifellos zeigen.

Ich durchforste die Wohnung, kann die ungesehenen Puppen jedoch nicht finden. Ingo hat sich dem Konzept mit voller Hingabe gewidmet. Vielleicht ist ihre Existenz eine Fiktion? Tatsächlich kommt mir das ganze Unterfangen unwahrscheinlich vor. Aber nein. Ich bin stolz darauf, die menschliche Natur, die Körpersprache und selbst die vergleichsweise moderne Kunst der Handchoreografie zu erforschen (ich hatte das große Vergnügen, für meine Monografie *Die Hand als dramatisches Darstellungsmittel: Vom Schattenspiel zu Bresson und zurück* die wunderbare irische Handtänzerin und -choreografin Suzanne Cleary interviewen zu dürfen), und für mich ist offensichtlich, dass Ingo die Wahrheit gesagt hat. Ich setze meine Suche fort, halte Ausschau nach verborgenen Täfelungen, Falltüren, Wandattrappen, Zwischendecken. Ich bin gründlich, wie ich es in allem bin. Der einzige ansatzweise interessante Gegenstand, den ich entdecke, ist ein vergilbter handgezeichneter Plan des Grundstücks, auf dem dieses Haus gebaut wurde. Es ist ein *X* eingezeichnet. Kann das sein? Eine Karte, die zu einem anonymen Massengrab führt? Nun, was immer es auch ist, es lohnt einer näheren Untersuchung.

Ich besorge mir in einer Eisenwarenhandlung eine Spitzhacke und einen Spaten und beginne zu graben. Es ist ein schwüler Tag. Als aktiver Fechter und eingefleischter Schwertkämpfer bin ich hinsichtlich meiner körperlichen Fitness wahrscheinlich jedem anderen in meiner Altersklasse überlegen, aber selbst für mich ist es eine anstrengende Arbeit. Dass ich die Erlaubnis des Grundstücksverwalters weder erbeten noch erhalten habe, setzt mich noch zusätzlich unter Stress, was nicht gut fürs Herz sein kann. Dennoch bleibe ich beharrlich. Nach geschätzten fünfundvierzig, in Wahrheit aber vermutlich nur vierundvierzig Minuten Schaufelei stoße ich auf etwas Hartes. Es ist das Schädeldach eines Kopfes, eines winzigen Kopfes. Volltreffer. Für die Feinarbeit hole ich meine Ausgrabungswerkzeuge – Handschaufel, Zahnbürste mit weichen Borsten und professionelle zahnärztliche Instrumente (Sichelsonde, Parodontalsonde, Lippenhalter) – hervor, die ich stets bei mir trage, und mache mich ans Werk. Innerhalb von fünf Stunden habe ich schätzungsweise eintausend Puppen jeder erdenklichen ethnischen Abstammung und jedes Alters freigelegt, manche wie Hausdiener gekleidet, manche wie Bergleute, manche wie Fließbandarbeiter, Soldaten, Zeitungsmenschen, Prostituierte, Farmpächter, einen, den ich für einen Zoowärter halte, wobei ich mir jedoch nicht ganz sicher bin, denn seine Uniform ist von einem Pilz halb zerfressen worden. Und es ist kein Ende in Sicht. Die Ungesehenen sind nicht länger ungesehen. Bald werden wir gemeinsam aus der Finsternis hervortreten. Aus dem verdunkelten Kino. Hinein ins Licht. Wir werden gesehen werden. Ich werde ihr Führer sein, aber nicht, weil ich der weiße Retter bin, nein, das nicht, sondern weil ich der einzige von ihnen bin, der sich bewegen kann. Ich rufe meine Freundin an, um ihr davon zu erzählen. Wieder die Mailbox. Ich schlage gegen eine Wand und widme mich wieder dem Film, wobei ich mich strikt an Ingos vorgeschriebenen Zeitplan und seine Regeln halte (allerdings benutze ich seine Toilette, die absolut widerlich, aber nahe gelegen ist). Es ist misslich, dass ich die Filmrollen jetzt selbst wechseln muss. Ich habe überlegt, einen Schuljungen aus dem Ort dafür zu bezahlen (eine Art Schabbesgoi), aber ich fürchte, er könnte der Presse gegenüber etwas ausplaudern. Die folgenden zwei Monate und zwanzig Tage haben einen kumulativen Effekt auf meine Psyche. Sämtliche Grenzen zwischen dem Film und mir lösen sich auf. Ich hin sowohl unendlich viel stärker als auch unendlich viel schwächer als zu dem Zeitpunkt, zu dem ich mit diesem Film begonnen habe. So wie die Rossameise von dem Pilz *Ophiocordyceps unilateralis* versklavt wird, bin ich verpflichtet worden, mich auf monomanische Weise dem Willen von Ingos Film zu unterwerfen. Willensschwach und doch unbeirrt, werde ich sicherstellen, dass er auf anständige Weise verbreitet, wertgeschätzt, gefeiert wird. Er ist meine Lebensaufgabe geworden, so viel ist klar. Und auch wenn es wie bei der Ameise ganz gewiss damit enden wird, dass mir metaphorisch (hoffe ich!) der Kopf explodiert, ist es mir gleichgültig. Es ist mir gleichgültig. Ich staple die Filmrollen in meiner Wohnung. Ich nehme auch mit, was von seinen Kulissen und seinen Puppen übrig ist. Mein Hinterzimmer, das ich zuvor für Näharbeiten genutzt hatte, ist nun beinahe zur Gänze gefüllt. Während ich den Raum betrachte, schweifen meine Gedanken unwillkürlich zu der künftigen Bewunderung, die mir vielleicht zuteilwerden wird, zu den Vorträgen, dem Nobelpreis für Kritik, dem Pulitzer für Tiefe Einsichten. Ich spüre eine gänzlich neue, ungeahnte Energie. Ich kann es nicht verhehlen: All das hat auch eine sexuelle Komponente. Ich onaniere. Ich versuche nochmals meine Freundin zu erreichen. Ich schlage gegen die Wand.

KAPITEL 12

ICH BESCHLIESSE, MEINEN Redakteur vom Strand aus anzurufen. Ich entscheide mich für die Stelle, an der vor langer Zeit das Monster von St. Augustine ans Ufer gespült wurde. Sie erscheint mir symbolträchtig, da Ingos Film ein fremdartiger Koloss aus dem finsteren, tiefen Ozean seiner Psyche ist. Es erscheint mir notwendig, von dort aus anzurufen. Ich lese die Plakette am Sockel der von der North Florida Cryptozoological Society in Auftrag gegebenen Henry-Moore-Skulptur.

> An dieser Stelle wurde am 30. November 1896 ein nicht zu identifizierendes Lebewesen angespült, das Monster von St. Augustine und später auch Globster genannt wurde. Seither hat dieses gesichtslose, augenlose Geschöpf die Vorstellungskraft von Biologen, Ichthyologen und Kryptozoologen gleichermaßen angeregt. Worum handelt es sich bei dieser unförmigen, kreatürlichen Nichtkreatur, dieser übelriechenden, verwesenden Masse, dieser korpulenten, fett wirkenden Monstrosität, dass sie zu solch heftigen Spekulationen führt und Anlass zu solch aberwitzigen Prognosen bezüglich ihrer Identität, ihrer Bedeutung gibt? Könnte es sich lediglich um eine jenen Fettbergen ähnliche Substanz handeln, welche nach Einschätzung der modernen Wissenschaft in der nahen Zukunft die Kanalisationen unserer Großstädte verstopfen werden? Denn welches Wesen dieser Größe hat

kein Gehirn, keine Muskeln, kein Skelett, keinen Mund, keinen Anus? Unser Interesse an dieser gelatinösen Masse verrät mehr über uns selbst als über irgendein mythisches Seeungeheuer. Wir sind, so zeigt sich, eine absonderliche, wahnhafte Spezies, die vergebens nach einem Sinn sucht. Es muss festgehalten werden, dass keine andere Entität als das menschliche Wesen, das Universum eingeschlossen, fragt: »Warum?«

DR. EDWARD CUTCHEON-TARR

Bemerkenswert ist die von Fernando Botero (nicht von Henry Moore, wie weiter oben steht) gestaltete und von den Kunsthandwerkern der Kindereisenhütte von St. Augustine gegossene Skulptur sowohl für ihren naiven Überschwang als auch für den ausgeprägten Mangel an Geschicklichkeit der in der Gießerei beschäftigten Waisenkinder. Dennoch stellt sie mit ihrer Länge von einhundertachtzig Metern (der dreißigfachen geschätzten Länge des Originals) eine beachtliche Gussarbeit dar. Diesen kindlichen Eisengießern (und Eisengießerinnen und Eisengießxiers) gebührt Applaus, wenn nicht für ihr Geschick, dann für ihre Kühnheit und ihren Esprit.

Der uralte Globster lässt mich über das Verstreichen der Zeit nachdenken. An genau dieser Stelle hat vor über hundert Jahren ein bedeutsames Ereignis stattgefunden, und heute, einen kosmischen Wimpernschlag später, gibt es keine Spur mehr davon außer einem einhundertachtzig Meter langen Denkmal. Wir alle sind der Zeit unterworfen. Kalamität der Kausalität, denke ich, und schreibe es für später in mein Notizbuch. Es gibt niemanden, es gibt nichts, was von solcher Wichtigkeit wäre, dass es nicht innerhalb von Jahrzehnten in Vergessenheit geriete. Erinnert sich heute noch irgendjemand an Bertram Graelton, Davis Schimm, Magnus Pratt oder Clavia Stamm, die allesamt zu den meistgefeierten Personen ihrer jeweiligen Epoche gehörten? Die Antwort ist ein schallendes Nein. Dass zwei von ihnen heute noch leben, unterstreicht das nur, fristen sie doch beide ein sehr einsames Dasein in ihren jeweiligen Seniorenresidenzen. Wir leben in einer Zeit des steten Umbruchs. Ein im Jahr 2000 geborenes Kind wird seine Meinung in seinem Leben 507 000 Mal ändern, doppelt so häufig wie sein nur sechs Jahre zuvor geborenes Gegenstück. Wie kommt das? »Die Welt ist in stetem Fluss«, erklärt die große Ethnobotanikerin Clavia Stamm. »Die Wahrheit ist ein ewig blühender Blütenstrauch. Sobald wir eine Blüte zu Gesicht bekommen haben, erblüht eine andere, die zu ihr im Widerspruch steht. Welche Blüte ist wahr? Der zeitgenössischen Theorie zufolge ist die neuere Blüte die wahre. Obgleich auf diese Weise eine unendlich komplexe Welt entsteht, müssen wir daher immer auf dem neusten Stand bleiben. Wir können uns nicht auf unseren Lorbeerbäumen ausruhen, wie der alte Aphorismus aphorisiert. Wir müssen uns laufend mit der sich entwickelnden Wahrheit mitentwickeln. Bitte vergessen Sie mich nicht.«

Ich denke eine Zeit lang über mein eigenes Kryptiden-Drehbuch nach, mein allererstes Kryptiden-Drehbuch, das ich für den Kurs »Kryptiden im Kino« in der achten Klasse der Jungenschule St. Colman of Lindisfarne geschrieben habe (mein Lehrer, der junge William Dear, drehte später bekanntlich jene charmante Petitesse, die man als *Bigfoot und die Hendersons* auf der ganzen Welt kennt). Mein Drehbuch trug den Titel *Trunko* und handelte selbstverständlich von dem sogenannten Trunko, einem Globster, der im Jahr 1924 an einem südafrikanischen Strand angespült worden war. Ich stellte mir damals vor, Trunko wäre womöglich eine Art »Rattenkönig« aus den erstarrten Seelen der ertrunkenen ritterlichen Besatzung der 1852 vor der Küste von Kapstadt gesunkenen HMS *Birkenhead*. Es war nur eine fixe Idee, aber ich hatte das Gefühl, ich könnte sie wissenschaftlich unterfüttern und es könnte durchaus eine faszinierende neue Richtung im Tiefseehorror sein, einem Genre, von dem ich seit meiner frühesten Kindheit besessen war, nachdem ich erstmals Nunleys *Jolly Roger* (1952) gesehen hatte, der von dem gut dokumentierten »Gefecht vom 9. November 1822« handelt, nur dass die getöteten Piraten in Nunleys Version einen Globster bildeten, der an der *kubanischen* Küste angespült wurde und die indigenen Völker heimsuchte. Ich frage mich, wo mein Drehbuch heute ist.

Ich erwache aus meiner Träumerei und rufe meinen Redakteur Arvide Chim an, der für sich in Anspruch nehmen kann, als einziger Redakteur einer Filmzeitschrift in fünfzehn verschiedenen Gerichtsverhandlungen von fünfzehn brutalen Morden freigesprochen worden zu sein. Er ist ein Mann der leisen Töne.

»Wo zur Hölle bist du?«, flüstert er.

»Ich bin auf eines der vielleicht größten filmischen Meisterwerke aller Zeiten gestoßen. Die Zukunft eingeschlossen, da bin ich mir sicher. Und das mit der Zukunft ist nicht einfach nur Übertreibung. Es gibt einen Grund dafür, dass ich das sage.«

»Nicht schon wieder.«

»Mein Wahnsinn hat quasi Methode. Der Grund wird schon bald –«

»B., ich habe genau diese Rede schon einmal gehört –«

»Dieser Film ist anders. Er hat mich verschlungen, Arvide. Er hat mich geboren. Er hat mich geheiratet. Er hat mich getötet. Er hat mich gefressen. Er hat mich ausgeschissen. Er hat mich geheiratet und wieder ausgeschissen. Und auf diesem fruchtbaren Flecken erblühten ruhmreiche Blumen.«

»Okay, cool. Wie kommst du mit dem Gender-Text über *Enchantment* voran?«

»Hör zu, das ist Mist. Ich will stattdessen etwas über dieses Meisterwerk machen.«

»Ich habe gerade sehr viel um die Ohren, B. Heute gibt Wilk seinen Essay ›Abgehoben: Tippy Walker und das Liebesleben in *Henrys Liebesleben*‹ ab, und der Titel muss noch heftig redigiert werden. Du kannst dich nicht ständig umentscheiden.«

»Brauchen wir wirklich noch einen weiteren Text über *Henry*? Habe ich den mit meinem Artikel ›Weißgewaschen: Warum wurde Henry Orient nicht mit einem asiatischen Darsteller besetzt, und warum heißt er nicht Henry Asien?‹ nicht auf die Müllhalde der Geschichte verbannt?«

»Ich erinnere mich an den Essay. Du weißt schon, dass Henry Orient keine asiatische Figur ist, oder?«

»Ich biete dir Zugang zu dem vielleicht größten Meisterwerk der Filmkunst aller Zeiten, die Zukunft eingeschlossen. Ich lege es dir zu Füßen.«

»Ja, das erwähntest du bereits.«

»Nein, da sagte ich ›filmisches Meisterwerk‹.«

»Ich muss Schluss machen, B.«

»Hatte ich schon erwähnt, dass ihn außer mir und seinem mittlerweile verstorbenen Schöpfer niemand gesehen hat? Das wäre also eine exklusive Geschichte. Ein Scoop!«

»Jetzt hast du es erwähnt. Du hast den Kerl doch nicht umgebracht, oder? Du weißt ja, aufgrund meiner rechtlichen Situation muss ich mich von allen –«

»Ich glaube, wir können das zu Geld machen, Arvide. Denk dran, wie beliebt Darger ist.«

»Wilk ist schon auf dem Weg nach oben.«

»Dieser Mann war ein Genie, und nicht, weil er ein Mann war, was natürlich eine sexistische Aussage wäre. Wäre er eine Frau gewesen, würde ich das Gleiche sagen, nur dass ich ihn nicht als Mann bezeichnen würde. Und Afroamerikaner war er auch noch. Heutzutage lautet das Motto ›Oscars So Black‹, Davis. Denk darüber nach. Wir könnten im Ruhm baden –«

»Warum nennst du mich Davis?«

»Es ist ein drei Monate langes Meisterwerk. Er hat neunzig Jahre daran gearbeitet. Begreifst du –«

»Drei Monate? Also, es dauert drei Monate, ihn anzusehen?«

»Ungefähr. Es gibt Toilettenpausen. Die Zeit vergeht wirklich wie im Flug.«

»Okay, du hast mein Interesse geweckt. Wovon handelt er?«

»Gott im Himmel, er handelt von allem. Es ist eine Komödie über den Albtraum der Komik – eine Kritik der Komödie, wenn man so will. Er postuliert das bevorstehende Ende der Komödie, die Notwendigkeit ihrer Abschaffung, die Notwendigkeit, einfühlsam zu werden, nicht über andere zu lachen. Nie wieder zu lachen. Es ist ein Film über

Rassismus, gedreht von einem Afroamerikaner – hatte ich das bereits erwähnt? –, in dem nahezu kein Afroamerikaner vorkommt. Und warte, bis ich dir den Grund nenne! Es ist ein Film über die Zeit, die Zeit als Pfeil wie als Bumerang. Er handelt von Irreführung und Fiktion und dem Mangel an Wahrheit in unserer Gesellschaft. Er handelt von Niederträchtigkeit, Arvide. Er handelt von der Theorie des Blockuniversums. Er handelt von der Zukunft und der Vergangenheit, der Geschichte und der Zukunft des Kinos. Er handelt von dir, Davis. Er handelt von mir. Ich meine das ganz wörtlich. Er handelt von mir und von dir. Aber eher von mir.«

»Also, dann bring ihn in die Stadt, damit wir ihn uns ansehen können, B. Wenn er wirklich hält, was du ver–«

»Das tut er.«

»Wenn er wirklich hält, was du ver–«

»Das tut er!«

»Lass mich meinen verdammten Satz zu Ende bringen!«, flüstert er. »Wenn er wirklich hält, was du ver–«

Arvide verstummt kurz, aber ich beiße mir auf die Zunge.

»–sprichst, dann kannst du darüber schreiben. In der Zwischenzeit ist *Enchantment* für das Oktober-Heft eingeplant, also muss jemand daran weiterarbeiten. Schick Dinsmore eine E-Mail mit deinen Notizen. Ich gebe ihnen den Auftrag. Das ist ohnehin ihr Fachgebiet. Sie werden den Text fertigschreiben.«

»Xier.«

»Bitte?«

»Ich gebe xiem den Auftrag. Das ist ohnehin xies Fachgebiet. Xier wird den Text fertigschreiben.«

»Ich habe keine Ahnung, was du da redest. Ich habe wirklich viel um die Ohren. Wie gesagt, Wilk ist fast –«

»Die dritte Person Plural ist in grammatikalischer und vor allem ästhetischer Hinsicht inakzeptabel. Xier ist die überlegene Lösung des Problems nichtgegenderter Pronomen, dem wir uns als ein Volk des erweiterten Gender-Spektrums heutzutage gegenübersehen.«

»Dinsmore haben sich für den Plural entschieden. Es ist Dinsmores Entscheidung, wie sie gegendert werden möchten.«

»Ich werde mit xiem darüber reden, wenn ich zurück bin. Ich glaube, xier wird es so sehen wie ich. Xier ist ein vernünftiges … *Menschenwesen* von nicht angegebenem Geschlecht.«

»In der Zwischenzeit kannst du ihnen deine Notizen mailen.«

»Xiem.«

»Auf Wiederhören, B.«

Arvide legt auf.

Ich schicke Dinsmore meine Dateien, begleitet von einer beißenden Bemerkung, die zu subtil ist, als dass xier sie verstehen könnte (xier ist ein Rindvieh, ungeachtet xieses geschützten Status). Bestimmt wird xies Essay allseits gepriesen werden, ganz unabhängig davon, was xier schreibt. Schließlich ist xier ein vollwertiges Mitglied der nichtbinären Community. Xiese Einschätzung ist vorbestimmt, vorgefeiert. Xier ist schließlich ein Quell hart erarbeiteter Weisheit. Meine Version des Essays war immer gegen diese Art des Denkens gerichtet. Wer bin ich denn schon, dass ich als privilegierter weißer *et ketera*, *et ketera* ein Werk bewerten sollte, dessen Bewertung von Rechts wegen der Genderqueer-Community vorbehalten ist. Und offen gestanden bin ich froh, mich von dieser Aufgabe befreit zu haben. Nicht, dass es nicht einen ähnlichen Aufschrei geben wird, wenn ich den Film des Afroamerikaners Ingo veröffentliche. Doch da ich Ingo dem Vergessen entreiße, sollte ich eigentlich von dieser ansonsten berechtigten Entrüstung ausgenommen werden.

Beim Packen denke ich über die klugen Worte des brillanten Filmkritikers Richard Brody vom *New Yorker* nach: »Es genügt nicht, einen Film zu lieben – wichtig ist, ihn aus den richtigen Gründen zu lieben.« Dieser Satz sagt *alles*. Das ist der Grund dafür, dass ich Filmkritiken schreibe: damit das Publikum begreifen kann, *warum* ein Film gut ist. Und natürlich verbindet Brody und mich die Liebe zu Andersons Gesamtwerk, und wir wissen beide, warum es so gut ist. Viele Abende haben wir gemeinsam im örtlichen Gastropub gesessen und diskutiert,

diskutiert, diskutiert über Anderson oder Wanderson, wie wir ihn nennen, um ihn von dem Stümper Panderson alias Paul Thomas Anderson abzugrenzen.

Ach, die junge Liebe. *Moonrise Kingdom* fängt sie genau so ein, wie wir sie wirklich empfinden, als vielleicht einziger Film der Geschichte, dem das wirklich gelingt. Gewiss, er enthält all die köstlichen Exzentrizitäten, die Wanderson ausmachen – welcher kleine Junge raucht denn in Wahrheit schon Pfeife? Haha. Aber welcher Junge stellt sich nicht im Grunde seines Herzens vor, Pfeife zu rauchen? Gar keiner, lautet die Antwort! Und so lässt Anderson die Filmemacher seiner Generation auf dem Aschehaufen der Geschichte zurück. Er begreift, dass der Film die Möglichkeit (die Verpflichtung?) mit sich bringt, das Innere zu externalisieren. Und er widmet sich dieser Aufgabe mit der Präzision des Zirkusscharfschützen Adolph Topperwein, der seiner geliebten Plinky eine Zigarette zwischen den Lippen herausschießt. In dieser Analogie sind wir, die Zuschauer, Plinky. Wissen Sie, in Wanderson-Filmen existieren keine Fehler. Ich war dieser rauchende Junge (wie, ach wie konnte er das nur wissen?). Und Sie waren es auch. Vielleicht werden Sie sich in ihrem gegenwärtigen abgestumpften, zynischen Seinszustand weigern, diese Wahrheit anzuerkennen, aber die Wahrheit ist es nichtsdestoweniger. Es sei denn, Sie sind weiblich; in dem Fall haben Sie sich als Vogel verkleidet. Streiten Sie das nicht ab. Wanderson ist der Chronist unseres zarten Herzens und verdient als solcher unsere Bewunderung – Ihre und meine. Ich erinnere mich, bei einem Empfang anlässlich *Der wunderbare Mr. Fox* (ein fantastischer Film!) seine entzückende Freundin kennengelernt zu haben und von ihr bezaubert gewesen zu sein, und ich war seinerzeit überzeugt und bin es bis heute, dass Wanderson die reine Liebe auf eine reinere Weise versteht, als Sie oder ich es je könnten. Wobei ich einem solchen Verstehen vielleicht näher komme als Sie, da die libanesischen Wurzeln seiner Freundin den afroamerikanischen Wurzeln meiner Freundin ähnlich sind, weniger in geografischer Hinsicht als vielmehr, was die ethnischen Differenzen zwischen den beiden Frauen und uns beiden angeht. Diese Art von Nähe.

KAPITEL 13

BEIM BELADEN DES riesigen Lastwagens stelle ich mir die Präsentation vor, die bald im Büro meines Verlags mitten im berühmten Filmkritikbezirk (7th Street zwischen 25th Street und der Mitte des Blocks, auf der östlichen Seite der Straße mit Blick auf Uptown) von New York stattfinden wird. Es ist nicht ungewöhnlich, dort Davin Plum oder Amodell Kingsley die Straße entlanggehen zu sehen, einen Stift in der Hand, in hochfliegenden Gedanken verloren. Bald werde auch ich so die Straße entlanggehen, ohne mir bewusst zu sein, dass ich von irgendeinem strebsamen, unbekannten Emporkömmling angegafft werde. Plum, Kingsley, Rosenberg. Ein respektvolles Nicken, wenn wir uns in dieser belebten Durchgangsstraße begegnen.

Die Fahrt nach New York unterscheidet sich von der Fahrt hierher. Am Steuer dieses gewaltigen Möbelwagens, gefüllt mit Ingos Meisterwerk und sämtlichen erhaltenen Requisiten und Kulissen inklusive der geborgenen Ungesehenen, denke ich an nichts als den Film. Auf eine sehr reale Weise bin ich nun ein anderer Mensch, und ich entwickle mich weiter, während der Film in meinem Kopf tanzt. Die Slammy's-Kassiererin beschäftigt mich nicht mehr. Soll sie doch denken, dass ich Jude oder alt oder alle möglichen anderen fürchterlichen Dinge bin. Ich habe jetzt eine Aufgabe. Ich bin immun. Ingos Film ist meine Schutzimpfung. Er ist mein himmlisches Manna. Ich zehre davon, und mein Verstand ist ein Flipperautomat: Halt, was war mit dieser Szene? Was war mit diesem Moment? Wer war diese Figur? Ein zweiter Durchgang ist notwendig. Ein dritter. Auch rückwärts und umgekehrt. Es wird ein Jahr dauern, vielleicht länger (Zeit spielt keine Rolle, denn sie existiert nicht in der Weise, wie der alte B. glaubte). Ich werde diesen Film genau kennen. Ich werde zu seinem Verfechter werden, seinem Anhänger, seinem Hohepriester. Diejenigen, die sich ihm ergeben wollen – und ihre Zahl wird Legion sein –, werden sich meiner Interpretation ergeben. Es wird Heuchler geben, die nach meinem Thron streben, doch sie sollen es gern versuchen. Nur zu, Freunde. Ich werde immer gewinnen. Ich bin der Einzige, der Ingo kannte. Bei Licht besehen, war ich sein bester Freund. Ich habe ihn ins Krankenhaus gebracht. Ich war sein medizinischer Notfallkontakt. Ich bin derjenige, der bei seiner Beerdigung war. Ich allein habe seine Grabinschrift verfasst. Ich habe das Buch geschrieben. So ist es. Buchstäblich. Ich habe das Buch über Ingo geschrieben. Also, sollen sie nur kommen.

Als ich mich dem Slammy's nähere, muss ich an die Insekten denken, die an meiner Windschutzscheibe zerplatzt waren. Seltsamerweise, ja beunruhigenderweise fehlt nun jede Spur von Insekten. Hat sich die Welt so sehr verändert in den Monaten, die ich in Florida verbracht habe? Dass wir uns mitten in einer Umweltkrise befinden, in einem Massensterben, wird keinen halbwegs vernünftigen Menschen überraschen, doch erst in diesem Augenblick wird mir auf einen Schlag bewusst, dass auch ein kulturelles Massensterben im Gange ist. Die Pestizide sind in diesem Fall Egoismus, Ehrgeiz und Gier. Wir alle wollen, dass unser eigener Samen auf Kosten der anderen gedeiht, und so zerstören wir das Ökosystem der Ideen. Auch wenn wir alle ungehindert durch unsere Windschutzscheibe sehen wollen – wenn die Insekten einmal fort sind, bricht das gesamte Ökosystem zusammen. Und genauso ist es im Reich der Ideen, in dem ich mich bewege. Ich bin mir noch nicht ganz sicher, wohin der Gedankengang führt, doch er erscheint mir tiefgründig. Vielleicht verhält es sich so, dass ich von Ingos starker Verschlossenheit beeinflusst bin, von seinem Widerstand gegen die Verlockungen des Ruhms. Ich denke über meine eigene Doppelnatur nach. Natürlich ist mir die Kunst von größter Wichtigkeit, aber vielleicht sehne ich mich in einer gewissen Weise auch nach Prominenz. Offensichtlich ist das kein Hauptantrieb in meiner Psyche, aber ich vermute, dass es da ist, im Verborgenen lauert. Der Film hat diese Bedürfnisse und den Schaden, den sie anrichten könnten, offengelegt. Will ich diesen Film wirklich gegen den Willen seines Schöpfers bekanntmachen? Diene ich einem groben Gott (Göttin, Göttx)? Die Windschutzscheibe ist sauber, weil die Insekten zugunsten unserer Bequemlichkeit, unserer Profitspannen getötet wurden. Nein. Wenn ich diesen Film mit der Welt teilen soll, dann darf es erst geschehen, wenn ich mir über meine eigenen Motive im Klaren bin. Solange ich nicht sicher weiß, dass ich nicht aus Gründen der Selbstverherrlichung handle, muss ich die Welt vor meinem Eigeninteresse schützen.

Ich denke über Folgendes nach:

> Seien wir ehrlich, Tiere erzeugen Lärm. Sie fordern Aufmerksamkeit ein. Sie erzeugen mehr Lärm als Gemüse, das wiederum mehr Lärm erzeugt als Mineralien. Die Tiere, vor allem die Menschen, sind also von Natur aus dramatisch. Sie sind nicht wichtiger, glauben es aber zu sein. Das ist etwas, was einem augenblicklich bewusst wird, wenn man Carl von Linné liest. Klassifizierung ist genau das. Es gibt keine Hierarchie. Alle Elemente werden gleich gewichtet, ganz genau gleich. Eine einfache Analogie wäre der Versuch, herauszufinden, welcher Teil von einem Ball der wichtigste ist. Es gibt keine Antwort, weil die Frage keinen Sinn ergibt. Man könnte es für ungerecht halten, dass dem Menschen die größte Aufmerksamkeit zuteilwird, dass die Schreihälse begünstigt werden, das quietschende Rad geölt wird, aber dann muss man fragen, wem gegenüber es ungerecht ist. Der Mensch ist der Teil des Balls, der die Aufmerksamkeit bekommt: Der Mensch ist der Teil des Balls, der den Boden bei einem Aufprall zuerst berührt, aber es ist der ganze Ball, der sich verformt.
>
> DEBECCA DEMARCUS, *Nach x auflösen*

Und mir nichts, dir nichts wird mir eine Last von der Seele genommen. Gott schütze Debecca. Ich bin heiter. Ich bin glücklich. Ich rufe meine Freundin an, um ihr von meinen Gedanken zu berichten. Sie hebt nicht ab. Ich schlage auf die Hupe des Lasters ein.

BEI TAG IST Slammy's etwas völlig anderes: ein helles, fröhliches Leuchtfeuer am Straßenrand. Die Werbefigur, ein lächelnder und stolzer zweiköpfiger Hammer in rotem Superheldencape und blauem Ganzkörpertrikot, auf dessen Brust ein großes »Slammy's« prangt und der einen Hamburger und einen Pfannenwender in den Händen hält, während er von einem ungesehenen Angreifer verfolgt zu werden scheint, taucht einladend über den Leuchtschildern des Restaurants auf. Ich sollte anhalten, vielleicht einen Becher der berühmten Slammy's Boardwalk Cola bestellen, in Biggy-Größe, als Gaumenfreude, als Zehrung, als ein wertschätzender Abschiedsgruß an die Region.

(Vielleicht arbeitet sie heute.)

(Aber es ist mir egal.)

(Aber vielleicht.)

Schließlich ist nördlich von Dock Junction nicht ein einziger Slammy's zu finden. Vielleicht kann ich irgendwann mit meinem neugewonnenen Ruhm und Vermögen Slammy's in der Tristate-Gegend einführen. Wobei ich besagten Ruhm und besagtes Vermögen erst anstreben werde, wenn ich mir ganz sicher bin, dass ich beides in keiner Weise will. Dann erst werde ich es anstreben.

Und wenn es je dazu kommt, könnte es sie beeindrucken. Vielleicht könnte ich sie sogar als Regionalleiterin in den Norden holen. Ich könnte sie mit meiner afroamerikanischen Freundin bekanntmachen, und wir könnten die Wochenenden zu dritt verbringen.

Ich manövriere den gemieteten Laster auf den Parkplatz und stelle ihn abseits am hintersten Ende ab, da er nicht zwischen die aufgemalten Linien der Parkbuchten passt und ich kein unhöflicher Mensch bin. Ich bin ein guter Mensch. Ich bin gut.

Vielleicht schaut sie aus dem Fenster und sieht, dass ich gut bin.

Der Fußmarsch vom hintersten Ende des Parkplatzes zum Restaurant ist grausam. Meine Schuhe kleben auf dem geschmolzenen Teer. Draußen müssen es über 37 Grad sein, und als ich an der Tür angelangt bin, rinnt mir der Schweiß hinunter. Nicht die besten Bedingungen für einen zweiten Eindruck.

Sie ist da, steht hinter dem Tresen, das gleiche Outfit, die gleiche Miene. Aber ich bin jetzt anders, und ich glaube, sie merkt es. Mit federnden Schritten und einem verspielten Glitzern in den Augen gehe ich auf sie zu.

»Hallo!«, sage ich.

»Willkommen bei Slammy's. Was kann ich für Sie tun?«

»Schön, Sie wiederzusehen!«, sage ich.

Das Restaurant ist immer noch oder wieder leer (vielleicht hatte es zwischen meinen beiden Besuchen viele, viele Gäste). Derselbe junge Mann streckt den Kopf aus dem Hinterraum, sieht mich mit dem gleichen argwöhnischen Ausdruck an und verschwindet dann auf ähnliche Weise.

»Was kann ich für Sie tun?«, sagt sie.

»Erinnern Sie sich an mich? Ich bin der, der vor drei oder vier Monaten Wasser und Papiertücher brauchte.«

»Darf ich Ihre Bestellung aufnehmen?«

»Der, der die Insekten von seiner Windschutzscheibe wischen musste.«

»Was kann ich für Sie tun?«

»Also gut«, sage ich und suche auf der Tafel hinter ihr nach neuen Einträgen, Tagesangeboten, einer *Soup du jour*. Es gibt heute keine. »Ich nehme eine Slammy's Original Boardwalk Cola –«

»Welche Grö–«

»Biggy. Und einen … Wie ist der Slammy's Double El Mexicano Taco Burger?«

Sie drückt einige Knöpfe auf ihrer Kasse.

»Sonst noch was?«

»Entschuldigung. Ich wollte Sie nur nach Ihrer Meinung zu dem Burger fragen. Ich wollte ihn noch nicht best–«

»Sie wollen also keinen El Mex?«

»Ich weiß es nicht. Ich wollte nur … Sagen Sie, mögen Sie Filme?«

»Ich geh nicht mit Ihnen ins Kino, Sir.«

»Nein, ich wollte nur … Das ist mein Laster da draußen – na ja, es ist ein Mietwagen –, und er ist voll beladen mit einem Film, den ich entdeckt habe. Gedreht von einem afroamerikanischen Herrn aus St. Augustine. Vielleicht kannten Sie ihn. Der Film ist animiert.«

Leerer Blick.

»Wie Zeichentrickfilme?«, sage ich.

»Ich weiß, was ›animiert‹ heißt.«

»Natürlich. Ich wollte nicht andeuten … Jedenfalls ist der Mann gestorben, und ich nehme den Film mit hinauf nach New York, um ihn weiter zu studieren. Seine sämtlichen Puppen und Requisiten und Kulissen sind auch in dem Lastwagen. Er ist bis obenhin vollgepackt, aber ich kann einige Sachen herausholen, wenn Sie etwas sehen wollen. Es ist alles außerordentlich kunstfertig. Er war Afroamerikaner. So wie meine Freundin. So wie Sie.«

»Geht's in dem Film um Feuer?«

Sie ist interessiert!

»Ja, schon. Lustig, dass Sie das fragen. Am Ende gibt es eine große Feuersbrunst. Sie mögen Filme über Feuer?«

»Nicht besonders.«

»Oh. Warum haben Sie dann gefragt?«

Ich bin mit einem Mal etwas gereizt.

»Nur wegen dem Rauch. Ich dachte, vielleicht fahren Sie das Filmfeuer durch die Gegend oder so.«

»Entschuldigung, von welchem –«

Ich drehe mich um und sehe Rauch aus dem Laster quellen.

»O Gott!«

Ich laufe zur Tür.

»Ich dachte, es wäre vielleicht so wie bei Cocteau«, sagt sie. »Der wurde mal gefragt, was er aus einem brennenden Haus mitnehmen würde –«

»Ich kenne das Zitat!«

»Er hat gesagt, er würde das Feuer mitnehmen. Darum dachte ich, Sie hätten vielleicht das Feuer mitgenommen. Wie Cocteau.«

Ich liebe sie, aber dafür ist jetzt keine Zeit.

Ich versuche, über den Parkplatz zu rennen, wobei ich meine Füße mit jedem Schritt vom Asphalt losreißen muss, und die Tür des Laderaums zu öffnen, doch der Griff ist außerordentlich heiß, und ich muss die Hand zurückziehen. Ich reiße mir das Hemd herunter, wickle meine Hand darin ein und versuche es noch einmal. Es gelingt mir, sie zu öffnen, doch die einströmende Luft verursacht einen Backdraft (übrigens auch ein miserabler Film, gedreht von Ronson Howard, dem es irgendwie gelingt, die Brandbekämpfung zugleich langweilig und unerklärlich farblos erscheinen zu lassen), und ich werde heftig gegen die Windschutzscheibe meines angekuppelten Wagens geschleudert. Ich schlage mit dem Kopf dagegen und muss wieder an die zerplatzten Insekten denken. Ich drehe mich um und sehe einen Blutfleck, wo mein Kopf im selben nordwestlichen Quadranten aufgeschlagen ist, an dem das mysteriöse Drohneninsekt aufgeprallt war. Auch ich habe meine Essenz auf der Windschutzscheibe hinterlassen. Aber mir bleibt jetzt wenig bis gar keine Zeit, um philosophischen Gedanken nachzuhängen.

Ich zwinge mich, in den giftig hervorquellenden Rauch hineinzugehen, um von Ingos Film zu retten, was noch zu retten ist. Er strömt mir in die Augen, in den Mund, in die Lunge. Ich kann nichts sehen. Ich kann nicht denken. Während es mir die restlichen Kleider vom Leib brennt, muss ich an die Filmfassung von Dantes *L'Inferno* von Bertolini, Padovan und de Liguoro aus dem Jahr 1911 denken, vor allem wegen der nackten, sich windenden Figuren, die dem ähneln, wozu ich jetzt geworden bin, aber auch wegen des Höllenfeuers. Es war ein für seine Zeit herausragender Film und der erste abendfüllende Spielfilm aus Italien. Mein Bart ist angesengt. Ich sehe nichts als Rauch. Ich muss auch an die Wahrsager in Dantes Hölle denken, die als Bestrafung für ihre Weissagungen in der Welt der Lebenden mit rückwärts gedrehtem Kopf voranschreiten müssen. Tatsächlich erinnert mich der gesamte Prozess an die Hölle. Ich fürchte zu sterben, und während mir die sengende Hitze und der Sauerstoffmangel die Sinne schwinden lassen, geschieht etwas Sonderbares. Etwas läuft vor meinen Augen ab, aber nein, es ist nicht mein Leben. Es ist Ingos Film. Ich sehe ihn noch einmal, erinnere mich exakt an jede Einzelheit, jede Kameraeinstellung, jedes Zucken in einem Gesicht, jede Dialogzeile, jede musikalische Einspielung, jede ausführlichere Tanzeinlage. Es ist beinahe, als würde mir vor Augen geführt, dass dieser Film mein wahres Leben ist und dass dieses Leben nun vorbei ist. Und dennoch schreite ich wundersamerweise voran, in einer Art und Weise mutig, wie ich es mir nie zuvor erträumt hatte (ich habe mir schon erträumt, auf gewisse Weisen mutig zu sein, vor allem im Hinblick darauf, kein Blatt vor den Mund zu nehmen, und bei bestimmten Fahrgeschäften). Denn Ingos Film ist jetzt mein Baby, und als seine Mutter muss ich das Unmögliche möglich machen, um ihn zu retten. Mit übermenschlicher Stärke muss ich diesen metaphorischen Lastwagen anheben, unter dem mein metaphorisches Baby gefangen ist, auch wenn der Lastwagen in diesem Fall in Flammen steht und das Baby darin ist, es ist also keine ganz perfekte Analogie. Mein Baby, mein Baby, mein Baby, tönt es in meinem Kopf, während ich mich in den brennenden Wagen wage. Dann nichts. Es ist eine unbeschreibliche Nichtshaftigkeit, die sich vielleicht am besten als Nichts beschreiben lässt. So wie das Konzept der Null in der Geschichte der Mathematik revolutionär war, muss das Konzept des Nichts irgendwann in der Zukunft von zukünftigen Menschen durchdrungen werden. Ich erlebe *nichts*, was an der Oberfläche widersprüchlich erscheinen mag: die Vorstellung, die Negation des Erlebens zu erleben. Doch so ist es tatsächlich, und ich will versuchen, es zu beschreiben. Stellen Sie sich einen großen Raum mit nichts darin vor.

Nur zu. Nun subtrahieren Sie den Raum. Nun subtrahieren Sie Ihre eigene Vorstellung von dem Raum. Nun entnehmen Sie die Vorstellung, dass Sie Ihre eigene Vorstellung entnommen haben. Nun wiederholen Sie diesen Vorgang wieder und wieder und wieder. Nun entnehmen Sie das Konzept der Zeit, das den Gedanken »wieder und wieder und wieder« möglich macht. Das ist das Nichts.

KAPITEL 14

MEINE AUGEN ÖFFNEN sich und blinzeln in ein strahlendes, verschwommenes Weiß. In weiter Ferne ertönt ein Läuten unter Wasser. Bin ich unter Wasser? Wo bin ich? Ein verschwommenes Gesicht treibt in mein Sichtfeld herein und sieht mich an. Stehe ich? Wenn ja, warum erscheint dieses Gesicht seitwärts?

»Hallo, Sie Schlafmütze«, sagt es.

Es ist eine Frau (ich bitte die Unterstellung zu entschuldigen, aber ich bin benommen und habe nicht die Energie für Nichtbinarität), und ich begreife, dass ich auf dem Rücken liege. Ich weiß noch immer nicht, wo ich bin.

»Wo bin ich?«, frage ich, um es herauszufinden.

»Sie sind in der Verbrennungsstation des Burns and Schreiber Burn Hospital in Burnsville, North Carolina.«

Ich überdenke das lange.

»Dann habe ich Verbrennungen?«

»Ja.«

»Wie lange bin ich schon hier?«

»Seit drei Monaten. Sie waren in einem künstlich induzierten Koma, was gut ist, denn den Großteil der schmerzhaften Behandlungen haben Sie schon hinter sich.«

»Heiße ich … Molloy?«

»Nein, Herzchen. Ach je. Wissen Sie nicht mehr, wer Sie sind?«

»Ich dachte, ich wäre vielleicht ein Komiker namens Molloy.«

»Nein. Sie heißen Balaam Rosenberg.«

»Ach. Stimmt. Nur dass ich mich B. nenne, um meine Männlichkeit nicht wie eine Waffe vor mir herzutragen.«

Das spule ich ab, ohne darüber nachzudenken. Es ist eine vage Aussage ohne Gewicht oder Bedeutung.

»Ich verstehe«, sagt sie.

Ich glaube nicht, dass sie das tut. Und ehrlich gesagt, tue ich es im Moment auch nicht. Sie misst meinen Puls.

»Bin ich entstellt?«, frage ich, mit einem Mal in Schrecken versetzt.

»Wir wissen nicht, wie Sie aussahen, bevor Sie zu uns kamen, daher ist das schwer zu sagen. Im Internet gibt es keine Fotos von Ihnen, nur eine auf dem Kopf stehende Karikatur auf dem Umschlag eines obskuren Buchs, das wir für sechs Cent bei Alibris bestellen konnten. Wir haben uns Ihr Führerscheinfoto genau angesehen, aber es ist sehr klein. Aus irgendeinem Grund ist es kleiner als üblich. Wir wollten Ihr Gesicht nicht so wiederherstellen, dass es sehr klein ist. Also haben wir unser Bestes gegeben und den Maßstab mithilfe eines Stücks Millimeterpapier vergrößert. Hier, schauen Sie.«

Sie hält mir einen Spiegel vors Gesicht. Ich habe Angst, zwinge mich aber, hinzusehen. Ich bin angenehm überrascht. Der Bart ist verschwunden, aber der Portweinfleck ebenso. Es ist nicht sehr schlimm. Ich glaube nicht, dass man mir ansehen würde, dass ich in ein Feuer geraten bin. Meine Nase sieht größer aus.

»Meine Nase sieht größer aus«, sage ich.

»Wirklich? Wir mussten Ihre Nase rekonstruieren. Wir konnten das Führerscheinfoto nicht dafür hernehmen, das natürlich keine Profilaufnahme war. Wir haben aufgrund Ihres religiösen Erbes einfach geschätzt, dass sie so aussehen müsste.«

»Das heißt?«

»Das heißt?«

»Das heißt was?«, frage ich.

»Ach, nun ja, Rosenberger Rosenberg – da dachten wir einfach –«

»Ich bin kein Jude, falls es das ist, was Sie *einfach* dachten.«

Dann zögere ich. Ich glaube, ich bin kein Jude. Ich bin mir recht sicher, keiner zu sein. Meine Erinnerung ist ein wenig verschwommen, aber in dem Punkt bin ich mir wirklich ziemlich sicher.

»Es tut mir leid, Sir. Das war unser Fehler. Wir haben uns auch die Freiheit genommen, Sie zu beschneiden. Wir dachten, es wäre vielleicht ein Versehen Ihrer Eltern und Ihres Mohels gewesen, keine Brit Mila vorgenommen zu haben, und außerdem brauchten wir die Haut für Ihre Nase.«

»Augenblick mal, was?«

»Es tut mir leid, Sir. Ich hole Ihnen den Arzt. Er kann es besser erklären.«

»Meine Nase besteht also aus Penisvorhaut?«

»Nur zum Teil. Weil die Nase etwas größer ausgefallen ist, genügte Ihre Vorhaut nicht, da Ihr Penis zwar streng genommen kein Mikropenis, aber etwas klein ausgefallen ist. Ich hole den Arzt. Er kann Ihnen den ganzen Eingriff erklären.«

Sie eilt aus dem Zimmer. Ich studiere mein neues Gesicht in dem Handspiegel. Sie haben bei der Verpflanzung hervorragende Arbeit geleistet. Ich sehe nicht wie ein Brandopfer aus. Und das Brandmal ist verschwunden. Womöglich sehe ich sogar etwas jünger aus. Ich will den Handspiegel gerade auf meinen Penis richten, als der Arzt sehr entschlossen den Raum betritt.

»Mr. Rosenberg. Hallo. Ich bin Doktor Edison-Hedison.«

Er schüttelt mir die Hand, spritzt sich etwas antibakterielles Gel aus dem Wandspender in die Hände und reibt sie aneinander, ebenfalls sehr entschlossen.

»Wie fühlen wir uns denn heute?«

»Ganz okay. Ich kann mich kaum an etwas erinnern.«

»Nun, Sie waren drei Monate in einem künstlichen Koma. Ihr Gedächtnis wird zu irgendeinem oder auch zu keinem Zeitpunkt zurückkehren oder auch nicht.«

Er leuchtet mir mit einem hellen Licht in die Augen.

»Mm-hm«, sagt er.

»Sagten Sie, mein Gedächtnis wird irgendwann nicht zurückkehren?«

»Es ist schon nicht vorgekommen. Studien haben gezeigt, dass ein künstliches Koma zu bleibenden Gehirnschäden führen kann. Nun ja, im Grunde jede Art von Koma. Aber wir hoffen es nicht. Wir hoffen es ganz gewiss nicht.«

»Ich weiß nicht einmal mehr, wie ich verbrannt wurde«, sage ich.

»Ähm, ich glaube, ein brennender Lkw?«, sagt er vage, dann ruft er: »Bernice?«

Die Schwester kommt herein.

»Wie hat Mr. Rosenstein seine Verbrennungen erlitten?«

»Berger«, sagt sie.

»Burger«, wiederholt er, zu mir gewandt. »Ein Fettfeuer beim Grillen, vermute ich.«

»Nein«, korrigiert ihn die Schwester. »Er heißt Rosenberger. Die Verbrennungen hat er in einem brennenden Lkw erlitten.«

»Rosenberg, glaube ich«, sage ich.

»Ich *wusste* doch, dass es ein brennender Lkw war«, sagt der Arzt selbstzufrieden. »Das *sagte* ich doch!«

»Ich glaube nicht, dass ich einen Lkw besitze«, sage ich.

»Es war ein Mietwagen«, sagt die Krankenschwester. »Die Kassiererin bei Slammy's –«

»Ah, ich liebe Slammy's«, sagt der Arzt.

»Die Kassiererin«, wiederholt die Schwester und schaut in ihre Aufzeichnungen, »Radeeka Howard sagte der Feuerwehr, Sie hätten ihr gesagt, in dem Lastwagen sei ein Film. Sie nannte Sie einen ›verrückten Juden, der mich nicht in Ruhe lassen wollte‹. Das tut jetzt nichts zur Sache, aber es steht im Bericht, darum dachte ich, Sie sollten es wissen.«

Ich denke angestrengt nach. Ich erinnere mich an irgendetwas mit einem Film. Ich fuhr damit nach New York, aber an mehr kann ich mich nicht erinnern.

»Wurde irgendetwas vor den Flammen gerettet?«

Die Schwester schließt einen Schrank auf, nimmt eine kleine Plastiktüte heraus und gibt sie mir. Darin liegt eine versengte Puppe. Ein Esel, glaube ich. Oder ein Halbesel? Ich weiß nicht mehr, was der Unterschied ist. Oder ein Maulesel? Es hat Hinterbeine, einen Schwanz und einen Kopf. Ein Muli? Ich studiere es, versuche, mich an etwas, an irgendetwas zu erinnern. Nichts. In der Tüte ist noch etwas: ein Einzelbild aus einem Film. Ich halte es ans Licht. Es zeigt einen dicken Mann in einem karierten Anzug und mit einer Melone auf dem Kopf. Er lächelt verschämt, kindlich, grotesk in die Kamera. Unmittelbar über seinem Kopf scheint sich eine Eisenstange zu befinden. Die Bewegungsunschärfe legt nahe, dass sie sich mit beträchtlicher Geschwindigkeit auf ihn zubewegt. Ist jemand im Begriff, ihm eine Eisenstange auf den Schädel zu schlagen? Falls ja, ahnt er in diesem Augenblick nichts von dem drohenden Unheil. So wie wir alle im täglichen Leben, überlege ich. Ein Wort schießt mir in den Kopf wie aus dem Nichts, wie von einem tiefen, verborgenen Ort. Ich spreche es laut aus:

»Molloy.«

Was bedeutet es? Woher kommt es, dass es ungebeten in mein Bewusstsein stürzt wie eine Metallstange mit hoher Geschwindigkeit? Ich erinnere mich, dass Molloy eine Figur aus dem gleichnamigen Roman *Molloy* von S. Barclay Beckett ist. Ich habe dieses Buch nie gelesen, auch wenn ich dreiundsechzig Mal davon gehört habe, glaube ich, und oft vorgegeben habe, ich hätte es gelesen. Könnte das der Molloy sein, an den ich denke? Es ist ein Mysterium. Vielleicht werde ich meine Antworten dort finden. Dann fällt mir ein, dass ich nach dem Erwachen aus dem Koma gefragt habe, ob ich Molloy hieße. Molloy scheint eine Art Schlüssel zu alldem zu sein.

»Haben Sie zufällig eine Ausgabe des Romans *Molloy* in der Bibliothek der Verbrennungsstation?«, frage ich.

»Haben wir nicht«, sagt die Schwester. »Weil wir hier in einem Krankenhaus sind, gibt es in unserer Patientenbibliothek nur Bücher, die in Krankenhäusern spielen. Wir haben also den Roman *Malone stirbt* vom selben Autor, falls der Sie interessiert.«

»Tut er nicht. Aber ist *Molloy* nicht in einem Band mit *Malone stirbt* und *Der Namenlose* erschienen?«

»Ja. Aber die beiden haben wir aus dem Buch herausgeschnitten, weil sie keine Verbindung zu Krankenhäusern haben. In unserer Bibliothek gibt es nur Bücher, die eine Verbindung zu Krankenhäusern haben. Wir könnten es Ihnen bei Amazon bestellen, wenn Sie möchten. Hoffentlich kommt es vor Ihrer Entlassung in fünf Tagen. Wir haben kein Prime.«

»Ja, bitte«, sage ich.

WÄHREND ICH DIE nächsten fünf Tage lang daliege und auf meine Entlassung warte, denke ich nach. Wenn ich mich nicht gerade darauf konzentriere, wie viel mehr zwischen meinen Augen von meiner Nase zu sehen ist, befühle ich die nunmehr leere Stelle in meinem Gehirn, als wäre sie die Lücke, die ein gezogener Zahn hinterlassen hat, und das, womit ich sie befühle, wäre meine Zunge. Meine geistige Zunge. Ich stupse und stochere mit meiner Hirnzunge daran herum. Diese Lücke, diese *leerstelle* ist alles, was übrig ist von meiner Leidenschaft, die Ingos Film war.

Einzelne Erinnerungen kehren zurück, nicht an den Film selbst, aber an das ganze Drumherum. Ingo war ein großer, stumpfsinniger Schwede, pummelig, unförmig, gebeugt. Seltsamerweise hatte er volles Haupthaar: weiß, sauber geschnitten, konservativ. Aber von den Haaren abgesehen, war er ein Golem mit einer stumpfen Nase und gummiartigen Lippen. Schwer vorstellbar, dass er irgendwann einmal gut aussehend oder auch nur vorzeigbar gewesen war. Die Wissenschaft des Begehrens lehrt uns, dass symmetrische Gesichtszüge am attraktivsten sind. Ingo war nicht symmetrisch. Seine stumpfe Nase war ein unansehnlicher, nach rechts gerichteter Klumpen. Seine wässrigen Augen waren von unterschiedlicher Kleinheit. Seine bleichen Lippen schienen nach links ausbrechen zu wollen. Und doch war sein Gesicht trotz alldem nicht einmal interessant. Schaute ich kurz weg, fiel es mir schwer, mich daran zu erinnern. Ingo musste einsam aufgewachsen sein. Frauen misstrauen hübschen und sogar schönen Männern, aber sie begehren sie dennoch. Und ein nicht einprägsames Gesicht deutet auf ein Charakterdefizit hin. Es mangelt ihm an Ambition. Es riecht nach Konformität. Auch wenn ich nie als auf herkömmliche Weise gutaussehender Mann betrachtet wurde (außer von meiner Mutter, haha!), hat man mich doch als denkwürdig angesehen, und darum übe ich einen gewissen Reiz auf die Damen aus. Vielleicht sehen sie die Intelligenz in meinen Augen oder den mitfühlenden Zug um meinen Mund. Ich halte große Stücke auf meine Bescheidenheit, daher empfinde ich eine gewisse Scham dabei, auch nur über derlei nachzudenken. Vielleicht ist es meine gedankenvolle Stirnfalte. Ich vermag es nicht zu sagen. Meine eindrückliche Stirn? Bei Ingo aber gab es solche Anzeichen von Charakter nicht; es gab nur eine Leere, eine Abwesenheit. Ich will nicht andeuten, er habe wie ein Automat gewirkt, denn ein Automat kann mit einem Anschein von Persönlichkeit ausgestattet werden. Ingo aber war eine Skulptur, die mitten im Schaffensprozess aufgegeben worden war. Und nun war es zu spät. Die Skulptur war alt und bröckelte. Sie zerfiel zu Staub. Was hinterließ er? Was hatte ihm seine lange Zeit auf diesem Planeten eingetragen? Die Antwort lautet: nichts. Es wäre traurig gewesen, hätte man nur irgendetwas für diese Kreatur empfinden können, aber ihr Antlitz ließ das nicht zu. Und aus diesem Grund empfinden wir nur Wut. Ingo selbst war zu gleichgültig, um uns zu erlauben, uns ganz und gar menschlich zu fühlen, indem wir Mitleid mit ihm empfanden. Seine kleinen, langweiligen Augen flehten »liebt mich«, boten uns aber im Gegenzug nichts, was wir hätten lieben können. Es war knauserig, und es ließ mein Blut schäumen. Ich verspürte den Drang, auszuholen und ihn zu schlagen. Als ein Adept der Kunst des Boxens habe ich natürlich einen zünftigen Schlag am Leib. Obgleich er mich an Größe überragte, wusste ich daher, dass ich ihn hätte von den Beinen holen können. Aber ich schlug Ingo nicht, und damit war ich der größere Mann.

Ich erhob mich über seine Arroganz. Ich spielte sein Spiel nicht mit. Er sagte mir, er sei eine Art Filmemacher. Ich musste mich zusammenreißen, um ihm nicht in sein ungestaltes Gesicht zu lachen. Ich will nicht prahlen, aber ich erkenne einen Künstler auf den ersten Blick. Es ist meine Art von Schwulenradar (über den ich auch verfüge). Kunstradar. Das beruht nicht auf der körperlichen Erscheinung. Ein Sam Shepard und ein Charles Bukowski sind für mich gleichermaßen unübersehbar. Es sind die Augen oder, in den seltenen Fällen, in denen sie keine Augen haben, die Fingerspitzen. So ist es bei dem blinden Filmemacher Kertes Onegin, der erstaunlicherweise als seine eigene Kameraperson fungiert (er beschäftigt eine Kameraassistentin, die allerdings ebenfalls blind ist). Seine Technik, während des Spiels der Darsteller »die Szene zu erspüren« (seine Filme bestehen durchweg aus Makroaufnahmen, und in jeder Einstellung ist seine Hand zu sehen), schafft eine Intimität, wie ich sie noch in keinem anderen Film gesehen habe, und sie hat ihn zur Zielscheibe der #MeToo-Bewegung *(blind edition)* gemacht. Onegins Film *Снова нашел (Wiedergefunden)*, der eine neu entfachte Romanze zwischen zwei Rentnern beleuchtet, die vierzig Jahre lang getrennt waren, ist der wohl erotischste Film aller Zeiten. Dass die sich liebenden Körper alt sind und dass es eine fünfte Hand gibt, die die Umrisse dieser Körper behutsam nachzeichnet, bereichert die Erfahrung des Zuschauers in exponentieller Weise. Für meine Monografie *Onegins Fühlfilme* habe ich ihn ausführlich interviewt. Er bestand darauf, dass wir während unserer Gespräche mit höchstens einer Armlänge Abstand zueinander dasaßen, streichelte mir pausenlos über das Gesicht und steckte mir hin und wieder die Finger in den Mund, um zu »sehen, wie feucht ist«. Ich weiß noch, wie ich dachte, es sei das wahrhaftigste Gespräch, das ich je geführt hätte, und zugleich das am wenigsten wahrhaftige, aber auch wiederum das wahrhaftigste. Ich gestehe, dass auch eine erotische Komponente im Spiel war, und wenngleich ich nicht von Natur aus homosexuell bin, gab ich mich diesem blicklosen Genie, diesem amaurotischen Rembrandt eines späten Abends nach zu viel Retsina hin. Ich bereue das nicht, denn wie kann man wahre Gemeinschaft bereuen? Ingo verfügte über nichts dergleichen. Nicht in seinen weichen, feuchten Augen, die wie alte Trauben waren, nicht in seinen zwetschgenartigen, würstchenförmigen Fingern, die wie alte Pflaumen waren. Du bist kein Onegin!, schrie ich in meinem Kopf. Du bist nicht mein lieber, lieber Kertes!, während ich auf jene unvermeidliche Frage wartete:

»Würden Sie sich meinen Film ansehen?«

Lassen Sie mich in aller Offenheit sagen, dass ich kein Bewunderer des Trickfilms in seinen mannigfaltigen Erscheinungsformen bin. Ich finde ihn widerwärtig süßlich und gefühlsduselig. Im Grunde seines Wesens ist er gar kein Film, denn Film bedeutet für mich das Einfangen eines Augenblicks. Animation ist das künstliche Herstellen eines Augenblicks, und obgleich man die Fähigkeiten der Illustratoren oder Computermenschen oder Lehmformer bewundern kann, bleibt man immer etwas unbeteiligt. Die Animation hält einen stets auf Armeslänge. Von der allerersten Aufzeichnung eines Films an lag die Magie in der Auslieferung an die Kraft des Vergänglichen. Nie zuvor in der Menschheitsgeschichte war dies möglich gewesen. Gewiss, die Standfotografie existierte schon seit einiger Zeit, und das war an sich bereits ein Wunder, doch während ein Standfoto die Zeit anhält, sie tötet, fängt das Bewegtbild sie lebendig ein. Ein Schmetterling in einem eingehegten Lebensraum, nicht genadelt und auf ein Spannbrett gesteckt. Freilich hat es von Beginn an die Trickser gegeben, die Illusionisten (zu denen ich die Animatoren mit großem Bedauern zählen muss). Und gewiss haben Innovatoren wie Méliès ihre Gefolgschaft, aber ich fand ihn nie ausreichend genial. Man muss sich vor Augen halten, dass Méliès Bühnenzauberer war und kein Interesse daran hatte, das Leben unverhüllt zu zeigen, sondern diese neue Form vielmehr einsetzen wollte, um sein Täuschungsrepertoire zu erweitern. Sein Werk verhält sich demzufolge antithetisch zur Ehrlichkeit, zu der unverstellten Verwundbarkeit, nach der es mir beim Kinobesuch am meisten verlangt.

Es war daher eine große Überraschung, dass meine Einstellung durch Ingos Film verändert wurde. Es ist eine Art von Animation, wie ich sie noch nie erlebt habe. Seelenvoll, herzzerreißend, tiefempfunden. Dass sie in einer solchen Weise umgesetzt ist, hat mich nicht nur von Neuem über die Art und Weise, wie wir unser Leben leben, und über die Physik der Zeit nachdenken lassen, sondern auch in metaphysischer Weise über unser Sein und die Existenz Gottes. Dass Ingo etwas so Wahrhaftiges erreicht hat, nicht nur vermittels der illusorischen Stop-Motion-Technik, sondern auch des sehr artifiziellen Themas »Film«, ließ mich innehalten, und es war zweifellos das längste Innehalten meines Lebens. Ich wünschte nur, ich könnte mich daran erinnern.

»Ich schaue mir drei Minuten an«, höre ich mich noch sagen. »Wenn die mich überzeugen, schaue ich weiter.«

»In jedem Fall hat er mir die Zeit vertrieben«, sagte er, während er mich zu einem Stuhl vor der kleinen Filmleinwand führte.

»Ich setze mich nach drei Minuten«, erklärte ich. »Sollte ich weiterschauen wollen.«

Ingo ragte über mir auf, während der Film begann.

An einiges kann ich mich jetzt vage wieder erinnern.

Natürlich ist es ein Stummfilm, da er 1916 mit der Arbeit daran begonnen hat. Ich kann mir vorstellen, dass irgendwann einmal Ton ins Spiel kommt und die nachfolgenden Veränderungen in Film und Technologie widerspiegelt. Dadurch könnte er zumindest zu einem interessanten Kuriosum werden. Aber ich fürchte, ich werde es nie erfahren, weil er natürlich furchtbar sein wi– Moment! Die erste Einstellung überrascht mich. Sie ist nicht furchtbar, und ich muss gestehen, dass ich ein klein wenig enttäuscht bin. Vor allem, weil ich nicht guten Gewissens nach drei Minuten abbrechen kann, aber wenn ich ganz ehrlich bin, will ich auch nicht falschgelegen haben. Ich will nicht, dass er gut ist. Doch die erste Einstellung ist gut oder zumindest nicht schlecht. Ja, die Tricktechnik ist krude, wie es in den Anfangstagen jede Art von Stop-Motion-Technik war, aber es liegt etwas Erstaunliches in der Unmittelbarkeit der Bildsprache, in ihrer Verwundbarkeit, in der

Mise en Scène. Ich muss an Hegel denken, den Philosophen, nicht die Zeichentrickkrähe. Dieser verdorrte, fahle Fleischberg hat doch gewiss nicht die Philosophen gelesen, und dennoch …

Drei Minuten sind verstrichen. Ich kann den Blick nicht abwenden. Ich werde Zeuge von etwas, dem ersten Menschen, der sich aus der Ursuppe des tierischen Bewusstseins schleppt, um die Schönheit eines Sonnenaufgangs zu bestaunen. Und Ingo wird Zeuge, wie ich Zeuge werde. Ich bin misstrauisch. Gibt es einen längst verstorbenen Trickfilmer, dessen Lebenswerk Ingo gestohlen hat, um es als sein eigenes auszugeben? Hat Ingo ihn (sie, xien) ermordet? Soll ich sein nächstes Opfer werden? Wird meine noch unveröffentlichte Monografie bald seinen Autorennamen tragen? Aber ich kann mich nicht abwenden. Ich kann nicht davonlaufen. Die ersten neunzehn Stunden vergehen wie im Flug. Ingo schaltet das Licht ein.

»Gehen Sie jetzt schlafen«, sagt er. »In fünf Stunden wecke ich Sie, und wir machen weiter.«

Meine Welt steht nun kopf, und ich tue wie geheißen. Wie von Ingo prophezeit, ist meine Nacht unruhig, die Figuren des Films brechen in meine Träume ein, verseuchen sie mit ihren Scherzen und Pointen. Wo hört der Film auf, wo beginnt mein Verstand? Ich weiß es nicht mehr. Und ich lache und lache in meinen Träumen, bis Blut aus meiner aufgerissenen Kehle strömt wie Regenwasser aus einer Dachrinne in einer Sturmnacht. Am Morgen geht der Film nicht dort weiter, wo er geendet hat, sondern dort, wo mein Traum geendet hat. So kommt es mir zumindest vor. Doch wie kann das sein? Vielleicht ist es ein psychologischer Trick. Vielleicht hat Ingo begriffen, dass das menschliche Gehirn die Leerstellen immer ausfüllen, disparate Teile immer zu einem kohärenten Ganzen verweben will. Könnte Ingo Pudowkins Werk studiert haben? Ich weigere mich zu glauben, dass er in der Montagetheorie des Sowjetkinos versiert war. Doch der nahtlose Übergang zwischen Ingos Film und meinem Leben scheint meiner Überzeugung zu widersprechen. Es ist, als hätte mich die Verschmelzung von Filmkunst und Traum in eine weitere Figur aus Ingos Film verwandelt. Ich bin der, der zusieht, und so spiele ich pflichtschuldig meine Rolle und sehe den Film weiter an.

Die Wochen vergehen. Ich vernachlässige meine Monografie. Ich vernachlässige meine Beziehung. Ingo ragt über mir auf.

Sosehr ich auch der Meinung bin, ich sollte mich dieser Erfahrung nicht entziehen, so gibt es doch Dinge in meinem Leben, die erledigt werden müssen. Vielleicht fünf Stunden Schlaf plus zwei Stunden, um zu essen, zu baden und mich um persönliche und berufliche Angelegenheiten zu kümmern. Die übrigen siebzehn Stunden eines Tages würden diesem namenlosen Film gehören.

»Das Ganze ist nicht ideal«, erklärt Ingo.

Es ist ein gänzlich anderer Ingo als der Ingo von vor ein paar Wochen: selbstbewusst jetzt, fordernd, ein Künstler mit hohen Ansprüchen, der genau weiß, wie sein Film erlebt werden soll, seltsam gutaussehend jetzt, seine stumpfe Nase auf eine kecke und schneidige Weise geneigt wie eine Kapitänsmütze. Ich muss diesen neuen und ermutigten Ingo einfach bewundern. Fühle ich mich nun vielleicht auch ein klein wenig sexuell von ihm angezogen? Ich muss zugeben, dass ich ihn sehr gern zufriedenstellen möchte. Aber nein, ich werde mir meine beiden zusätzlichen Stunden am Tag gönnen. Ich muss mich durchsetzen. Würde Ingo mich nicht stärker respektieren, wenn ich mich nicht als Fußabtreter benutzen ließe? Ich sage ihm, es müsse sein. Er nickt, aber ich habe ihn enttäuscht.

»Ihr Film ist umwerfend«, sage ich: ein Ölzweig.

Ich ertrage es nicht, den Blick in seinen Augen zu sehen, Augen, die bis auf den Grund meiner Seele schauen. Es tut mir leid, Daddy, schießt es durch mein unter dem Schlafentzug leidendes Gehirn. Geschieht das wirklich? Ist es Teil des Films? Ich weiß es nicht mehr. Ich beschließe, dass ich Ingo nicht enttäuschen darf. Ich werde die von ihm vorgeschriebene Routine fortsetzen. Und dann geschieht etwas Sonderbares: Ingo stirbt. Ich versuche, ihn wiederzubeleben, indem ich immer wieder seinen Namen rufe, doch es ist vergebens. Ich verständige die Polizei.

KAPITEL 15

ODER MOMENT, STIMMT das überhaupt? Oder war er ein afroamerikanischer Art-brut-Filmemacher, den ich entdeckt und vielleicht unter meine Fittiche genommen habe? Die Einzelheiten sind noch ein wenig verschwommen. Ich erinnere mich an beide Versionen von Ingo. Ich spüre sehr deutlich die Abwesenheit seines Films, das Loch, das er in meinem Gehirn hinterlassen hat. Ich weiß, dass er mir einen Sinn gegeben hatte. Ich weiß, dass es wie Verliebtheit war, wie dieses Gefühl von etwas Neuem, diese Erkenntnis: Ah, auch *das* gibt es auf der Welt. Die Welt bietet *das*. Die Welt bietet die Möglichkeit, *das* zu empfinden. Und jetzt ist es verschwunden, und ich weiß, ich kann es nicht länger empfinden oder mir sicher sein, dass etwas Derartiges auf der Welt existiert. Meine Inbrunst, mein Geist ist verschwunden, aber sein gewaltiger Abdruck auf meiner Seele ist noch immer vorhanden, so wie ein tiefer Krater zurückbleibt, wenn ein Meteorit mit der Erde kollidiert, auch wenn der Meteorit selbst beim Aufschlag pulverisiert wird. Die Zerstörung ist alles, was von Ingos Meteorit zurückbleibt, das Loch, die Leere, das allgegenwärtige Nichtvorhandensein, dessen Gegenwart seine Abwesenheit ist, dessen Bedeutung sein Verlust ist, dessen Wert ein tiefes Mysterium ist, dem sich nur mit Vermutungen begegnen lässt. Während ich den Negativraum von Ingos Film umrunde, kommt mir etwas in den Sinn, etwas, was ich vor langer Zeit gelesen habe, vielleicht in Harvard, wo ich studiert zu haben glaube.

> Alles, was nicht der Mensch ist, beschreibt den Menschen, so wie uns der Negativraum in einem Schattenriss ebenso viel über den Porträtierten verrät wie der Positivraum.
>
> DEBECCA DEMARCUS, *Nach x auflösen*

DeMarcus, eine Poetin aus den Appalachen, Bildschnitzerin und Professorin der Optometrie am West Virginia Wesleyan College, hat mir als meine erste Führerin durch die labyrinthische Welt des *ma* gedient, jenes japanischen Konzepts des »Zwischenraums«, der Interaktion zwischen Verstand und Gegenstand. Nun sehe ich mich endlich mit *ma* konfrontiert, nicht als eine poetische Abstraktion, sondern als die schreckliche Realität in meinem Wesenskern. Der Film existiert nicht mehr, und darum existiert auch jener Teil von mir, der mit ihm verschmolzen war, der sich mit ihm verändert hat, der das Universum dank seiner auf eine ganz neue Weise gesehen hat, nicht mehr.

Ich starre aus dem Fenster auf die Reifenfabrik auf der gegenüberliegenden Straßenseite. Ich denke über Reifen nach, darüber, dass sie rund sind und ein Loch in der Mitte haben. Es ist eine Analogie zu dem verschwundenen Film. Doch die leere Stelle in einem Reifen ist nützlich; sie ermöglicht es dem Reifen, sich mit dem Rad zu verbinden, was ihm ermöglicht, sich auf der Achse zu drehen, was dem Auto das Vorankommen ermöglicht. Das gibt mir etwas Hoffnung. Vielleicht wird mir dieser verschwundene Film das Vorankommen ermöglichen. Vielleicht ist der verschwundene Film das Loch im Reifen meines Gehirns.

Wir müssen den Verlust in all seinen Erscheinungsformen betrachten, nicht wahr? Verlust einer Beziehung, Verlust einer Liebe, Machtverlust, Gedächtnisverlust, Statusverlust und die Panik, die daraus folgt. Wir müssen akzeptieren, dass Verlust ein wesentliches Element der Existenz ist. Das Element der Abwesenheit. Alles wird verloren sein. »All diese Momente werden verloren sein in der Zeit, so wie Tränen im Regen«, sagt der Replikant Batty in *Blade Runner*, ein seltener Augenblick der Poesie und der Stimmigkeit in diesem stümperhaften, undurchdachten Film eines Regisseurs, der seine ersten Erfahrungen in der Fernsehwerbung gemacht hat und nicht erkennen will oder kann, dass der Zweck des Kinos dem Verkaufen von Toilettenpapier zuwiderläuft. Wie dem auch sei, in jedem Fall ist das ein tiefgründiger Satz, der nur existiert, weil ihn der geniale holländische *acteur* Rutger Hauer improvisiert hat. Dafür bin ich ihm und seinem *gevoelige geest* auf ewig dankbar.

Mir spukt noch etwas anderes im Kopf herum. Mir spukt nun so vieles im Kopf herum, dass es schwierig geworden ist, die einzelnen Zitate voneinander zu trennen. Mit etwas Anstrengung kann ich so viel ausmachen: »Jeder Tod eines Insekts ist ein Verlust, von dem wir uns niemals erholen können. Die Welt muss jedes Mal neu erfunden werden.« Natürlich! Der große Hindu-Heilige Jiva Goswami. Es gab eine Zeit – es ist noch nicht allzu lange her –, da habe ich tote Insekten auf meiner Windschutzscheibe achtlos und selbstsüchtig als eine Lästigkeit betrachtet statt als tausend, nein eine Million Tragödien. Doch diese Insekten und die Hunderte Millionen ihrer zerplatzten Artgenossen müssen gewürdigt werden. Sie haben gelebt. Ihre Anwesenheit hat die Welt verändert. Nicht alle von ihnen habe ich sehr gut kennenlernen können. Ich habe sie nie als Individuen kennenlernen können, und nun werde ich es auch nie, weil sie für immer fort sind, von meiner Windschutzscheibe geschrubbt mit meinem Hemd, das seinerseits aus den toten Körpern vieler Baumwollpflanzen besteht, die ich nie kennenlernen werde. Habe ich Ingo mit der gleichen Geringschätzung behandelt? Konnte ich ihn je als ein unentbehrliches, unersetzliches Wesen betrachten? Oder war Ingo für mich ein Mittel zum Zweck? Ich muss an das Jain Insect Hospital in Delhi denken. Der Jainismus ist bekanntlich eine althergebrachte und tiefgründige Philosophie, die neben vielen anderen wunderbaren Konzepten die Heiligkeit allen Lebens lehrt. Daher gibt es ein Vogelkrankenhaus, ein Kuhkrankenhaus, ein Garnelenkrankenhaus und das erwähnte Insektenkrankenhaus. Es sind noch weitere Krankenhäuser für weitere Tiere in Arbeit, aber die Menschheit zum Besseren zu verändern, kostet Zeit und Geld.

Im Jahr 2006 habe ich das Insektenkrankenhaus während der Arbeit an einem Text über den Film *Lucas, der Ameisenschreck* besucht, in dem ich diesen für die unrealistische Darstellung von Ameisenkrankenhäusern tadeln wollte. Ich hielt diesen Schritt für geboten, doch um Beweise zu sammeln, musste ich bis nach Indien reisen. Schlussendlich wurde der Artikel gestrichen und stattdessen irgendein Blödsinn von Dinsmore über das falsche Bild von Insektenzirkussen in *Das große Krabbeln* veröffentlicht. Aber im Zuge dessen lernte ich die Jains kennen und verliebte mich.

IM KRANKENHAUS FÜR Verbrennungsopfer gibt es heute wieder paniertes Rindersteak und dazu Götterspeise.

»Es ist etwas verlorengegangen«, sage ich zwischen zwei Happen Orangengötterspeise zu Edison-Hedison.

Edison-Hedison nickt, den eigenen Mund voller Kirschgötterspeise.

»In mir«, erläutere ich. »Seit ich aus dem Koma erwacht bin. Ich habe ein Loch in mir; es ist leer und hungert danach, gefüllt zu werden.«

»Nun, ich bin weder Psychologe noch Psychiater, noch sonst irgendein Psycho. Tatsächlich hat man mir mehr als einmal gesagt, ich ginge nicht gut mit den Kranken um, ich sei nicht mitfühlend, geistesabwesend, schroff und herablassend. Behalten Sie das also bei dem, was ich jetzt sage, im Hinterkopf und nehmen Sie meinen Rat mit Vorbehalt – ich sollte außerdem erwähnen, dass ich auch kein Sozialarbeiter bin, weder staatlich geprüft noch sonst wie –, aber meiner eingeschränkten und anekdotischen Forschung nach empfindet das, was Sie beschreiben, jeder – jeder und immer. Lassen Sie sich also raten: Vergessen Sie es. Dieses Loch lässt sich nicht füllen. Nehmen Sie Ihr Leben wieder auf. Fangen Sie wieder an zu arbeiten. Suchen Sie sich ein Hobby. Suchen Sie sich eine nette Frau im Rahmen Ihrer Möglichkeiten und werden Sie sesshaft.«

»Ich habe schon eine Freundin. Afroamerikanerin, glaube ich. Sie kennen sie sicherlich. Mir scheint, sie ist berühmt. Ich glaube, sie war der Star einer beliebten Sitcom in den Neunzigern.«

»Oh! Wie heißt sie denn?«

»Ich weiß es nicht mehr. Aber Sie würden sie kennen. Dann könnten Sie mir vielleicht ihren Namen verraten.«

Es folgt eine lange und fürchterliche Stille.

»Ich bin verängstigt und verwirrt«, füge ich hinzu.

»Nun, wie bereits erklärt, bin ich in keiner der psychomäßigen Künste ausgebildet. Aber ich kann Ihnen einen Beistand hereinschicken.«

»Ich spüre, wie die Dinge ins Gleiten geraten; sie sind nicht stabil.«

»So viel kann ich Ihnen sagen: Das sind sie wirklich nicht. *Time keeps on slipping, slipping into the future*, eine sehr gescheite Zeile, die Steve Miller in einem ansonsten widersinnigen Lied singt. Fliegen Adler zum Meer? Warum sollten sie? Ich weiß nicht, ich bin kein Ornithologe, aber ich glaube es nicht. Aber das mit dem Gleiten, das stimmt auf jeden Fall.«

»Ich glaube, sie jagen dort nach Fischen.«

»Ornithologen?«

»Adler. Am Meer«, sage ich.

»Mag sein. Ich bin kein Ornithologe und im Übrigen auch kein Ichthyologe.«

»Ich auch nicht.«

»Tja, dann wissen wir wohl beide nicht, wovon wir reden, *n'est-ce pas?*«

»Es ist nicht das Davongleiten der Zeit in die Zukunft, das mir Sorgen bereitet; damit habe ich mich abgefunden. Es ist das Davongleiten meiner Gedanken, meiner Definitionen, meiner geistigen Landschaft, das mir Angst macht.«

»Ich rufe Ihnen den Beistand. Leider werden Sie sich mit unserem Trauerbegleiter begnügen müssen. Sonst haben wir niemanden. Hier wird viel gestorben. Schließlich ist es ein Krankenhaus.«

* * *

»ICH TRAUERE EIGENTLICH gar nicht«, sage ich zu dem Trauerbegleiter, einem dicken Mann in einer Art Gewand.

»Nicht einmal um die verlorene Zeit?«

»Vielleicht.«

»Um verlorene Erinnerungen?«

»Vielleicht.«

»Um den Film, den Sie verloren haben wollen und der meiner Vermutung nach nur ein Symbol für verlorene Erinnerungen und verlorene Zeit ist. Ich vermute, der Film hat nie existiert.«

Ich zeige ihm das einzige verbliebene Standbild. Er hält es ins Licht.

»Das ist kein Film«, sagt er. »Denn es bewegt sich nicht.«

»Es ist ein Einzelbild aus dem Film.«

»Das ist kein Bewegtbild, sondern ein Unbewegtbild«, sagt er. »Mir können Sie nichts vormachen.«

Ich massiere meine Schläfen.

»Ich finde es vielsagend, dass Ihr ›verlorener Film‹ und Ihr Koma beide drei Monate dauerten«, sagt er.

»Ich glaube, das ist Zufall.«

Wenn sie uns beim Trauerbegleitertraining eins lehren, dann, dass es so etwas wie Zufall nicht gibt.«

»Woher wollen die das wissen? Und warum sollte das Teil der Trauerbegleiterausbildung sein?«

»Nun stellen Sie sich mal nicht so an.«

Und mit dieser Ermahnung werde ich in die Freiheit entlassen, zusammen mit einem braunen Secondhand-Polyesteranzug, Plastikschuhen, einem Pappgürtel und einer Papiertüte mit meiner Brieftasche, meinem Standbild und meinem Esel. Ich kehre in eine Welt zurück, die zugleich auf seltsame Weise vertraut und auf vertraute Weise seltsam ist.

Man erklärt mir den Weg zum Busbahnhof, und ich gehe los, vorbei an einer Mutter, die vor ihrer kleinen Tochter kniet und leise mit ihr spricht, vermutlich, um sie zu beruhigen. Mit tränenüberströmtem Gesicht blickt das Kind seiner Mutter in die Augen. Als ich einen halben Block entfernt bin, höre ich das Kind schreien: »Das macht keinen Spaß!« Aber was *macht* Spaß?, frage ich mich. Was bedeutet Spaß für ein Kind? Woher kommt die Erwartung, Spaß zu haben? Ich rauche die Zigarette, die ich in meiner Hand entdecke.

Beim Warten auf den Bus mühe ich mich, den Nebel in meinem Kopf zu lichten. Der Rauch des Films durchdringt meine Erinnerungen, aber ich kann ihn nicht mehr erkennen, während er sich um den Glibber und die Tricks und die Albernheiten kringelt, die dort schon sind. Ich denke dumme Gedanken. Dann denke ich sie noch einmal. Ich bin eine auf automatischen Betrieb gestellte Witzmaschine, die Lächerlichkeit generiert. Wenn ich wüsste, wie, würde ich den Fluss eindämmen; ich würde einen Raum schaffen, in dem eine würdige Existenz möglich wäre, in dem ich atmen könnte. Doch es scheint nicht möglich zu sein; ich existiere nicht. Ich bin eine Ablenkung. Ich studiere heimlich die anderen hier, dieses Figurenarsenal, meine Artgenossen in diesem Augenblick, in diesem schlecht belüfteten Raum, in dem der Gestank der Menschheit übermächtig ist. Es gibt zu viele Menschen auf der Welt, und die meisten von ihnen befinden sich, so scheint es, in diesem Raum und verteilen ein breites Spektrum an Körpergerüchen, diabetischem Urin, Fäkalien und Erbrochenem. Abgestandener Zigarettenrauch hängt in ihrer und meiner Kleidung. Ich schaue auf und sehe, dass mich ein Mann anstarrt. Unsere Blicke begegnen sich, und er sieht nicht weg. Es ist ein Wettkampf, ein Kräftemessen, und ich werde verlieren. Seine Augen sind kalt und böse, und ich sehe mich durch sie hindurch oder stelle mir vor, es zu tun: ein verweichlichter Städter, ein Homosexueller, ein Jude. Seine Verachtung bohrt sich in mich hinein. Ich schäme mich dieser Version von mir, und ich schäme mich, dass es mir nicht gleichgültig ist. Ich hebe wieder den Blick und hoffe zu sehen, dass er weitergegangen ist, doch das ist er nicht. Sein auf mir lastender Blick erschwert das Nachdenken zusätzlich. Mir kommt in den Sinn, dass er womöglich geisteskrank ist, womöglich psychotisch, dass ich, wenn ich ihn nicht im Auge behalte, womöglich zu spät merken werde, wie er sich auf mich stürzt, um mich totzuschlagen. So fokussiert ist seine Wut. Was habe ich getan, dass mich dieser Mann so hasst? Die Antwort ist: nichts. Ich habe nichts getan. Ich habe mein Leben auf ethische Weise gelebt, und dennoch bin ich gebrochen, ruiniert von Verlust und Feuer, von kleinstädtischen Antisemiten zu einer Parodie rekonstruiert. Mein einziger Glücksgriff, die Entdeckung eines ungesehenen Films von monumentaler historischer und künstlerischer Bedeutung, vielleicht von einem Afroamerikaner, vielleicht von einem Schweden, ist durch eine schwindelerregende Kombination aus mentalem Trauma und Gehirnschaden meinem Gedächtnis entrissen worden. Warum bringt man mir kein Mitgefühl entgegen? Ich habe nie jemandem bewusst geschadet. Ich habe mir stets alle Mühe gegeben, mich anständig zu verhalten. Ich bin gewiss nicht perfekt, aber es gibt so viele, die deutlich schlimmer sind und nie zur Rechenschaft gezogen werden. Würde dieser Mann sie anstarren? Ich glaube es nicht. Er würde sie als Männer betrachten, die männlich sind, die sich um ihre Bedürfnisse kümmern, die sich nehmen, was sie wollen. Die Welt ist nicht gerecht. Ich kann mich nicht erinnern. Wer sich seiner Vergangenheit nicht erinnert, ist dazu verdammt, sie zu wiederholen. Ich glaube, das habe ich irgendwo gelesen, aber ich kann mich nicht erinnern. Als sich der Busbahnhof mit immer mehr Fahrgästen füllt, verliere ich den starrenden Mann aus den Augen. Aber ich spüre seinen Blick noch immer. Es überrascht mich, dass so viele Leute verreisen wollen. Soweit ich weiß, ist kein Feiertag. Ich kann mich nicht an alle Feiertage erinnern, aber ich weiß, es ist nicht dieser Thanks-Tag, der ziemlich sicher irgendwann im Herbst stattfindet, und heute ist es sehr heiß. Es ist ein Sommermonat. Die Leute hier tragen fast alle Overalls ohne T-Shirts. Manche tragen Overall-Shorts ohne T-Shirts. Manche tragen etwas, was man Shirtveralls nennt. Irgendwoher weiß ich, dass man es Shirtveralls nennt. Woher weiß ich das? Alles ist jetzt rätselhaft.

KAPITEL 16

DER BUS IST überfüllt. Die Firma Greyhound bietet allen Fahrgästen, die bereit sind, den nächsten Bus zu nehmen, der nächsten Donnerstag oder Freitag – das ist nicht ganz sicher – um 17.30 Uhr kommen wird, vier Dollar Ermäßigung auf jede Inlandsfahrt. Da sich niemand meldet, tritt der »Notfallschoßplan« in Kraft. Alle Passagiere werden gewogen und bekommen einen Schoßpartner zugeteilt. Da ich im Krankenhaus 21 Kilo abgenommen habe und selbst triefend nass nur 43 Kilo wiege (man hat uns nicht erklärt, warum wir mit dem Schlauch nassgespritzt werden mussten), werde ich mit einem Mann im Trainingsanzug namens Levy verpartnert, der 152 Kilo auf die Waage bringt. Er schüttelt mir die Hand und sagt, ich solle ihn Grapschi nennen, alle würden ihn Grapschi nennen.

»Wie kommst du denn zu so einem Spitznamen«, frage ich betont beiläufig.

Er zögert einen Augenblick lang, dann sagt er, als kleiner Junge habe er sich immer einen Keks mehr als die anderen aus der Keksdose gegrapscht. Ich ziehe diese Erklärung zunächst in Zweifel, aber ich werde nicht bis kommenden Donnerstag oder Freitag am Busbahnhof bleiben.

Tatsächlich ist es nicht allzu schlimm. Levy hat einen weichen, warmen, gemütlichen Schoß und behält seine Finger die meiste Zeit bei sich. Wir führen ein kurzes, befangenes Gespräch, bei dem wir nach Gemeinsamkeiten suchen:

»Guckst du gern Sport?«

»Nein. Liest du?«

»Nein. Magst du Autos?«

»Nicht besonders. Magst du Filme?«

»DC schon, Marvel nicht. Marvel ist kacke.«

»Wie steht's mit Reisen?«

»Ich war mal in Branson. Gehst du jagen?«

»Ich bin Antiquitätenjäger!«

»Du meinst, du schießt so richtig alte Tiere?«

Nach einer perfekt abgemessenen Pause sage ich: »Ja, genau das meinte ich.«

Damit begeben wir uns wieder in unsere eigenen Welten – Levy spielt ein Videospiel auf einem Gerät, das er sein Sega Pocket Gear nennt; die Arme um mich gelegt, blickt er über meine Schulter hinweg auf den bunten kleinen Bildschirm, während ich *Molloy* zu lesen versuche. Ich komme nur langsam voran. Selbst unter idealen Bedingungen fällt es mir heutzutage schwer, mich zu konzentrieren. Levy hat möglicherweise eine Erektion. Ich lese wieder und wieder den Satz »Wie ich hierhergekommen bin, weiß ich nicht.« Ich scheine ihn nicht verstehen zu können. Oberflächlich betrachtet, wirkt er wie der einfachste Satz der Welt, aber was bedeutet er? Ich vermute, dass ich Verständnislücken habe. Waren die Lücken schon immer dort? Ich weiß es nicht mehr. So ist das nun einmal mit Lücken. Werde ich je wieder in den Normalzustand zurückkehren, falls dies nicht der Normalzustand ist? Die Ärzte konnten (oder wollten) es mir nicht sagen. Es ist erschreckend, Dinge zu verlieren. Ich habe Zeit verloren. Ich habe den Großteil meiner Erinnerungen an Ingos Film verloren.

»Scheiße, ich hab verloren«, sagt Levy.

Er legt eine Pause ein, um genau drei Sekunden lang nachdenklich aus dem Fenster zu sehen, dann beginnt er ein neues Spiel.

Man muss lernen, loszulassen, sich zu sammeln, neu anzufangen. Mein Schoßpartner verdeutlicht mir eine wichtige Lektion. Es wird andere Ingos geben. Ich werde in meinem Leben noch viele weitere nie zuvor gesehene Meisterwerke entdecken, vielleicht Tausende. Wenn ich nur die Augen offenhalte. Und ich werde sie offenhalten!

Ich nicke kurz ein.

Wenn ich ein gewisses Maß an Gedächtnisverlust oder Gehirnschädigung davontrage, dann werde ich eben das trainieren, was von meinem Verstand übrig ist. So wie ein großer Sportler, der seine Beine verliert – mit Durchhaltewillen, Zielstrebigkeit und irgendetwas Drittem … Tatkraft? –, wieder zu einem großen Sportler werden kann, indem er diese Hüpfbeindinger benutzt, so kann auch ich meinen Biss zurückgewinnen, wieder in meinen *Groove* kommen, so wie Sheila … Hieß sie Sheila?

»War der Titel *Sheilas Groove – Männer sind das halbe Leben?*«, frage ich Levy.

»*Stellas Groove – Männer sind die halbe Miete*«, sagt er, ohne den Blick von seinem Spielzeug zu heben.

»Ach.«

»Ganz guter Streifen«, sagt er.

»Ich meinte das Buch«, sage ich. »Solche Filme sehe ich mir nicht an.«

»Ich weiß nicht, wie das Buch hieß.«

»Ich glaube, es hieß *Sheilas Groove – Männer sind das halbe Leben*«, sage ich. »Für den Film wird der Titel oft geändert.«

»Ach«, sagt er.

»*Die drei Tage des Condor* hieß ursprünglich *Die sechs Tage des Condor*«, rufe ich ihm in Erinnerung. »Also –«

»Mhm«, macht Levy.

Wir driften wieder in unsere eigenen Welten zurück, er zu einem grünen Marsianer (?), der durch eine Reihe sich überkreuzender marsianischer Wasserstraßen (?) zu navigieren versucht, während ich die vorüberziehende dämmrige Landschaft betrachte. Der durch North Carolina führende Highway ist von armseligen Hütten gesäumt. Barfüßige Kinder starren unseren Bus mit klaffenden Mündern an. Haben sie noch nie einen Bus gesehen? Dies muss doch die Busstrecke sein.

Klaffen ihre Münder aufgrund von Mangelernährung? Wie haben wir als Nation diese engelhaften kleinen Mundatmer im Stich gelassen? Ich verspüre den plötzlichen Drang, sie alle in die Arme zu schließen. Vielleicht ist das etwas, was ich tun könnte, nun, da das Leben, das mir Ingos Film hätte ermöglichen können, nicht mehr ist. Vielleicht könnte ich hier herunterkommen und als Lehrer arbeiten. Selbst mit dem Ausmaß an Gehirnschaden, das ich bislang wohl schon erlitten habe, könnte ich an einem gottverlassenen Ort wie diesem noch hilfreich sein. Wie sehr würde mir mein Unvermögen, mich nur an die Hälfte der *Ilias* zu erinnern, schon beim Unterrichten von Kindern im Wege stehen, die nicht einmal den Mund schließen können? Ich stelle mir vor, wie ich in einem Schulgebäude mit einem einzigen Klassenraum stehe, die Anwesenheit kontrolliere, kleine Wehwehchen verarzte, mit der Schulbehörde darum ringe, den Columbus Day zum Tag der indigenen Völker zu erklären. Kurz, wie ich einen gigantischen Unterschied mache. Vielleicht hat mich mein ganzes bisheriges Leben zu diesem Augenblick geführt. Ich müsste wohl irgendeine Art von Lehrerlaubnis erwerben. Wie schwierig kann das schon sein? An einem Ort wie diesem gewiss kinderleicht. Ich schmunzle über den unbeabsichtigten Karlauer. Heißt es Karlauer oder Kalauer? Egal. Ich entscheide mich für *Karlauer*.

»Können Sie Bücher lesen und so was, Mr. Rosenberg?«

»Ja.«

»Können Sie Plus machen und wegnehmen, Mr. Rosenberg?«

»Gewiss.«

»Dann haben Sie die Lehrerlaubnis! Und 'nen Angelschein gibt's noch obendrauf! Yippie-yay!«

»Ich danke Ihnen, mein Herr.«

Bald ist Levy eingenickt, und ich male mir während der übrigen langen Heimreise mein neues und einfacheres Leben aus. Ich könnte mir sogar vorstellen, dass es irgendwann ein Biopic über mich gibt. Es kommt mir wirklich vor, als hätte ich endlich meine wahre Bestimmung gefunden.

Als wir New York erreichen, bin ich darüber hinweg. Ich habe ausgiebig nachgedacht und beschließe, dass ich die Schweine nicht gewinnen lassen darf. Ich kann mich nicht kampflos geschlagen geben. Ich kann meine Träume nicht aufgeben. Ich werde ein anderes unbekanntes Meisterwerk finden (es müssen Millionen davon existieren!), das ich diesmal anständig schützen werde. Ich werde es umgehend digitalisieren. Ich werde Kopien anfertigen. Ich werde ein Bankschließfach (oder heißt es Tresorfach?) mieten. Ich werde mir einen Anwalt nehmen und ihm (ihr, xiem) eine Kopie schicken. Ich habe eine wertvolle Lektion gelernt.

Ich kämpfe mich durch das übliche Arsenal an Prostituierten, Drogenopfern und traurigen Pendlergestalten am Busbahnhof Port Authority. Irgendwann sollte einmal jemand einen Film über New York machen. Ich meine einen richtigen Film. Das ist noch niemandem ansatzweise gelungen. Ich wüsste, wie es geht, und würde es sofort machen. Ich kenne diese Stadt. Ich kenne ihren schrecklichen Schmerz und ihre kläglichen Triumphe. Ich könnte es tun. Ich sollte es tun. Ich werde es tun. Auch wenn mein bisher einziger Vorstoß in die Welt des Filmemachens auf geradezu gewalttätige Gleichgültigkeit stieß, die, um ehrlich zu sein, schon an eine Verschwörung grenzte, eine Verschwörung mit dem Ziel, mich zum Schweigen zu bringen. Aber ich fühle mich bereit, das Amt wieder anzutreten. Meine Wunden sind ausreichend geleckt worden, und nicht nur von Levy. Ich habe der Intelligenzija meine Gunst lange genug vorenthalten. Ich habe mich durch das Bergmassiv der Kritik gekämpft. Ich sehe einen Breitbandfilm vor mir, der sich über ganz Manhattan erstreckt, von Marble Hill bis zum Battery Park, und über Generationen hinweg, von den ersten holländischen Siedlern über die chinesischen und saudischen Milliardäre von heute bis hin zu den tschechischen Mindlords der Zukunft. Und sie leben dort alle zusammen, Jahrhunderte an Menschen auf siebenunddreißig Kilometern zusammengepfercht. Wobei, ein neuer Einfall: Die eingeborenen Lenape, die hier gelebt haben, wären auch noch dabei. Wir sind alle da, so dicht zusammengepfercht, dass wir uns nicht rühren können. Und innerhalb dieser verdrehten Realität fokussieren wir uns auf eine Liebesgeschichte. Zwischen zwei Frauen, die das Glück nebeneinander zusammengepfercht hat. In diesem Sinne handelt der Film also vom Schicksal, aber auch vom Schmelztiegel New York, vor allem aber von der Salatschüssel New York, denn eine der Frauen ist eine Afroamerikanerin aus den 1920ern und die andere eine Palästinoamerikanerin aus der Gegenwart. Das ist der Film, den ich drehen würde. Und es gibt Möglichkeiten, an den Produktionskosten zu sparen. Er bestünde hauptsächlich aus Nahaufnahmen dieser beiden Frauen, und sie könnten beide klein sein (nicht zwangsläufig kleinwüchsig im engeren Sinne, aber es wäre eine Möglichkeit, die das Ganze um eine Dimension des sozialen Engagements und der Diversität erweitern würde), sodass die Kamera, die sich auf ihrer Augenhöhe befinden würde, nicht über sie hinaus auf die riesige Menschenmenge blicken könnte. Eröffnungs- und Endsequenz, die das Menschenmeer zeigen müssten, könnten mit CGI gedreht werden, was für Computergeneriertes Irgendwas steht. Meine Freundin wird die afroamerikanische Frau spielen. Sie ist nicht klein, aber auch da könnte CGI helfen und sie mithilfe von Computern und so weiter ordentlich schrumpfen.

AUF DEM WEG zur 10th Street lasse ich die Zerstörung des Ingo-Films immer wieder in meinem Kopf ablaufen. Ich denke darüber nach, was geschehen ist. Mein Lebenswerk. Meine Gedanken. Meine drei Monate. Ingos Leben. Lässt es sich zurückgewinnen? Nein. Es ist Asche. Humpty Dumpty, eine Parabel, in der ich nie mehr als einen Eierreim für Kinder gesehen hatte, hat sich meines Gehirns bemächtigt. Da ist nichts weiter mehr als Panik. Nichts. Mein Leben ist zu nichts verbrannt. Ich habe einen winzigen Hauch von Bedeutsamkeit spüren dürfen, der ihre Abwesenheit nur umso niederschmetternder macht. Ich versuche, mich einmal mehr an Ingos Film zurückzuerinnern. Wie achtsam war ich als Zuschauer? Nicht sehr achtsam, wie sich zeigt.

Nicht aufmerksam. War ich in Gedanken abgeschweift? Hatte ich von dem Ruhm geträumt, den mir meine Entdeckung eintragen würde? Ja. Ist das Teil von Ingos Film? Ich fürchte nicht. Es ist mein eigener armseliger »Film«. Mein eigener wertloser Beitrag zum eitlen Geplapper einer Billion Egos, die gierig nach den Brosamen der Unsterblichkeit greifen. Jetzt begreife ich das. Ich war ein unvollkommener Zuschauer. Ich habe mich dem Film nicht vollständig gewidmet.

Ach, Ingo. Tot. Für immer verschwunden. Ausgelöscht. Ich habe mir dein Vertrauen erschlichen. Ich war dein einziger Zuschauer, und das brachte eine immense Verantwortung dir gegenüber, deiner Arbeit gegenüber mit sich. Ich kann dich nicht zurückholen. Ich kann dein Lebenswerk nicht zurückholen. Und doch kann ich nicht leben, wenn ich es nicht tue. Ich versuche, mich zu erinnern. Ich zermartere mir das Gehirn. Ich denke zurück an jenen ersten Tag, den Stuhl mit der harten Lehne, das erste Bild, die erste Bewegung, die Kratzer auf dem Filmmaterial, die Flecken, die Überbelichtung, die Unterbelichtung, die richtige Belichtung. Die versehentlichen Artefakte sind ebenso wesentliche Bestandteile des Films wie die bewussten Entscheidungen des Künstlers. Die Welt trägt das Ihrige zu dem Kunstwerk bei. Die Welt lässt sich nicht abweisen.

Und so, denke ich, hat die Welt vielleicht das Ihrige getan. Der Film ist ausgelöscht, fortgewischt wie die heiligen Sand-Mandalas buddhistischer Mönche. Er kehrt in seinen ungeordneten Zustand der Asche zurück. Asche zu Asche. Für mich ist das trostreich, denn ich habe den Buddhismus lange als das philosophische System betrachtet, das mir persönlich am nächsten ist. Dem Vorgang des Filmens wohnt eine menschliche Verzweiflung inne, ein menschliches Bedürfnis, zu kontrollieren, zu besitzen, gegen die Vergänglichkeit der Welt anzukämpfen. Selbst die Terminologie der Fotografie ist vom Bedürfnis des Menschen durchdrungen, zu kontrollieren, zu bändigen. Es heißt, der Fotograf habe einen Moment »eingefangen«. Man kann einen Moment ebenso wenig einfangen, wie man den Fluss der Zeit anhalten kann. So funktioniert die Welt nicht, und doch machen wir uns vermittels unserer immer fortschrittlicheren Technologie vor, dass sie es tut. Doch der Tod kommt immer. Es mag ein Denkmal in Gestalt eines Kunstwerks oder eines Grabsteins geben, das an uns erinnert, aber das ändert nichts an der Tatsache. Wir befinden uns in einem Zustand ständiger Anpassung. Wir passen uns an. Wir passen uns an. Dies und jenes ist geschehen, wie geht es jetzt weiter? Das ist die Frage, die uns als Menschen beschäftigt, und das ist der Lauf der Dinge. Mit diesem Balsam auf meinem psychischen Trauma mache ich weiter. Ich werde mich erinnern. Und mein Erinnern wird meine Zusammenarbeit mit Ingo sein. Die Zusammenarbeit eines afroamerikanischen Mannes, dessen Leben das zwanzigste Jahrhundert umspannt hat, und eines weißen Intellektuellen, dessen Leben in der Mitte des zwanzigsten Jahrhunderts begonnen hat und wahrscheinlich irgendwann Anfang des zweiundzwanzigsten Jahrhunderts enden wird. Gewiss wird es einen Aufschrei geben. Kulturelle Aneignung, wird es heißen. Wieder einmal profitiert der weiße Mann von den Errungenschaften des schwarzen Mannes. Diesen Leuten habe ich zweierlei zu sagen: 1) Ist Ingos Film denn keine Aneignung? Macht er nicht Gebrauch von einer Technologie, die von weißen Männern erfunden wurde? Und soweit ich mich an Ingos Geschichte erinnere, ist sie komplett in der Welt der Weißen angesiedelt, insbesondere in der Welt der weißen Filmkomödie. Gehören die »Gags«, die in Ingos Werk Eingang finden, den Weißen? Vielleicht. Aber ich verübele ihm das nicht. Ich bin geschmeichelt, dass er von unserer Arbeit Gebrauch macht. Und 2) Es gibt sonst niemanden, der es tun könnte. Ich bin wohl oder übel der einzige Vollstrecker seines Willens. Mir ist bewusst, dass ein Vollstrecker auch ein Henker sein kann, doch das ist eine sprachliche Eigenart, und dagegen lässt sich nichts tun. 3) Möglicherweise war Ingo ein weißer Schwede.

Nun, da ich mir über meine Aufgabe im Klaren bin, suche ich mir am Busbahnhof Port Authority (warum bin ich überhaupt wieder hier?) eine Bank und setze mich, einen Notizblock vor mir – ich schreibe ausschließlich mit der Hand. In Notizblöcke. Man mag mich einen Dinosaurier nennen, aber ich setze kein großes Vertrauen in

Textverarbeitungsgeräte. Für mich muss das Schreiben eine körperliche Erfahrung sein. Es muss Tintenkleckse geben. Es muss ausgestrichene Passagen geben; die Gewaltsamkeit des Strichs erinnert mich an meine Leidenschaftlichkeit im Augenblick der Selbstgeißelung. War ich müde oder traurig, als ich dies oder jenes geschrieben habe? Der Neigungswinkel meiner Handschrift verrät es mir. Den forensischen Mitteln eines Grafologen sind keine Grenzen gesetzt. Ich beginne.

Ein Mann fährt auf Rollschuhen. Nein, ein Mann geht durch einen Sturm. Er bewegt sich vom linken zum rechten Bildrand. Einige Gegenstände werden vom Wind vorbeigeweht. Er verliert seinen Hut. Vielleicht kommt ein Kind vor. Vielleicht fällt irgendein Klumpen vom Himmel …

Es funktioniert nicht. Vier mühevolle Stunden haben nur magere Ergebnisse gezeitigt. Ich kann mich nicht erinnern. Meine begrenzte menschliche Verschaltung, die vorrangig für die Kampf-oder-Flucht-Reaktion geschaffen ist, für die Erinnerung daran, welche Beeren essbar sind, für das Bezwingen meiner Feinde, lässt es nicht zu.

Augenblick mal. Plötzlich fällt mir ein, dass der Film in einem Tsunami verlorengegangen ist. Ich war ihm hinterhergesprungen, obwohl ich nicht gern schwimme, und wurde von den Wellen hin und her geschleudert wie die Schauspielende Naomi Watts, bis mich die Küstenwache rettete und ins Morton Downey Drowning Hospital in Doctor Phillips, Florida, brachte, wo mich Dr. Flip Phipps ins Koma versetzte und meine Nase rekonstruierte, beides aus ungeklärten Gründen. Was war mit dem Brand? Hatte es nicht gebrannt? Doch, es hatte gebrannt. Wie können beide Versionen der Zerstörung des Films zutreffen? Ich weiß es nicht, doch da bin ich, fahre von Doctor Phillips über leere Straßen in Richtung Norden. Ganze Städte sind geräumt worden, weil der Hurrikan Button (benannt nach Button Gwinnett, einem der Unterzeichnenden der Unabhängigkeitserklärung?) bald das Festland erreichen soll. Ich fahre daher schnell, um ihm zu entgehen. Auf der Saffir-Simpson-Skala ist Button momentan als Tropensturm eingestuft, was bedeutet, dass er sich mit höchstens hundertsiebzehn Stundenkilometern bewegt. Ich fahre hundertachtzehn, um vor ihm zu bleiben. Mein Radio ist auf den Wetterkanal eingestellt. Sollte der Sturm hochgestuft werden, werde ich schneller fahren. Ich hätte schon gestern losfahren sollen, aber ich war niedergeschlagen und nicht in der Lage, das Krankenhaus zu verlassen.

Heute ist es anders. Heute brennt ein Feuer unter mir. Ich muss zurück nach New York. Nun, da all meine in das Ingo-Projekt gesetzten Hoffnungen zerschlagen sind, muss ich mich wieder ins Leben in New York City stürzen. Es gilt Filme zu sehen, Kunstvernissagen zu besuchen, preiswerte ethnische Restaurants zu besuchen. Vor allem aber ist meine afroamerikanische Freundin jetzt zurück. Wir haben seit Monaten nur noch wenig Kontakt, sind beide ganz auf die Arbeit konzentriert. Die Risiken der Fernbeziehung! Aber wenn ich ohne Halt durchfahre, kann ich bis um 10.00 Uhr zu Hause sein. Der Gedanke an ihre einladenden Arme sowie, wenn ich das sagen darf, Vagina hält mich wach. Das und Button, der, wie mir das Radio mitteilt, das Festland nun südlich von Myrtle Beach erreichen soll. Die Mautstellen verlangsamen meine Fahrt. Im Rückspiegel sieht der Himmel nicht gut aus. Ich spiele ein Spiel, um mir die Zeit zu vertreiben, versuche, die Staaten entlang der Küste zwischen Florida und New York zu benennen. Als Nächstes kommt Georgia, dann South Carolina, North Carolina, dann South Virginia, West Virginia, North Virginia ... Napierville. Delaware. Vagina. Mary. Bleistift. New Jersey. New York. Das Spiel dauert nicht lange genug. Ich bin noch immer in Florida. Ich zerstreue mich, indem ich mir die Wiedervereinigung mit meiner Freundin ausmale, die Vermischung unserer Körper, ihre sattbraune Haut, beinahe schokoladenbraun auf meinem rosig weißen Hautton, fast wie türkischer Honig, beide glänzend vor Schweiß. Ich bin von Natur aus recht fleischlich veranlagt, was meinen intellektuellen Tendenzen nicht im Mindesten entgegensteht. Die Populärkultur will uns glauben machen, die »Nerds« und »Geeks« und »Streber« und »Spinner« und »Eierköpfe« seien hoffnungslose Fälle, wenn es um Angelegenheiten des Herzens und des Körpers geht, aber wie ein geschulterer Gaumen die feinen Unterschiede zwischen verschiedenen sortenreinen Weinen besser zu würdigen vermag, kann und wird sich jemand, der in der Kunst der Verführung und der körperlichen Liebe geschult ist, als überlegener Liebhaber erweisen. So habe ich beispielsweise, da ich meine Partnerin in der Kunst des Griffs der Kleopatra und der Kabazzah unterweisen kann, eine größere Chance auf eine beiderseitig befriedigende und oft explosive sexuelle Begegnung als irgendein dahergelaufener Schürzenjäger. Für die Frau haben diese Techniken den zusätzlichen Gewinn, dass sie den Mann in eine gänzlich passive Position versetzen und ihr so die Macht verleihen. Natürlich ist es für die Frau oft sexuell befreiend, die Macht zu haben, aber ich liebe es auch, von einer starken Frau dominiert zu werden. Sollte diese starke Frau zufällig auch noch Afroamerikanerin sein, nun, dann bin ich im Himmel.

Ich stelle mir also vor, wie meine Freundin auf mir liegt, meine Yoni, ich wollte sagen, mein Lingam, ganz in ihren Händen, metaphorisch gesprochen, denn bei der Kabazzah ist mein Lingam ganz in ihrer Yoni, und sie spannt die Innenwände ihrer Vagina an und zieht ihren Unterleib in langsamen, kräftigen Wellenbewegungen ein. Sie ist eine Bauchtänzerin, die rittlings auf meinem Glied sitzt. Schon dieses Bild genügt, um eine Erektion hervorzurufen, und ich muss mich auf etwas anderes konzentrieren, um nicht Gefahr zu laufen, während eines Hurrikans zu ejakulieren, wovon der Nationale Wetterdienst stark abrät.

Endlich sicher in New Jersey angekommen, stelle ich das Auto auf meinem Parkplatz in Harrison ab und fahre mit der Port Authority Trans-Hudson nach Hause. Ich kämpfe mich durch das übliche Arsenal an Prostituierten, Drogenopfern und traurigen Pendlergestalten. Irgendwann sollte einmal jemand einen Film über New York machen. Ich meine einen richtigen Film. Das ist noch niemandem ansatzweise gelungen. Ich setze mich mit meinem Block hin und versuche ihn jetzt und hier zu schreiben. Ich kann es nicht.

KAPITEL 17

ICH KOMME VOR meinem Haus an, wo meine afroamerikanische Freundin schon auf der Eingangstreppe auf mich wartet.

Woher kannte sie meine Ankunftszeit?

Der Ausdruck auf ihrem Gesicht. Irgendwie weiß ich, dass es vorbei ist.

»Wir müssen reden.«

»Was?«

»Es tut mir leid, B.«

»Was?«

Sie umarmt mich.

Ich weiche zurück.

»Ich lasse mich nicht von dir umarmen, solange du diesen Blick aufgesetzt hast!«, schreie ich.

Sie sieht mich nur stumm an wie eine Katze, wie eine Katze, die im Begriff ist, mit einem Mann Schluss zu machen.

»Wieso?«, frage ich.

»Ich … ich habe einfach das Gefühl, wir haben uns in der ganzen Zeit, die wir getrennt waren, auseinandergelebt, und ich weiß nicht, wie wir wieder zueinanderfinden sollen.«

»Ich war im künstlichen Koma! Wegen … irgendwas!« Ich weiß es plötzlich nicht mehr so genau. »War ich doch, oder?«, wimmere ich. »War es nicht so?«

»Angeblich schon. Aber das ändert nichts daran.«

»Wir können es doch zumindest versuchen. Das sind wir uns doch schuldig. Ich habe in meinem Film eine Rolle für dich.«

»Es wird nicht funktionieren.«

»Warum nicht? Weil sie mir den Bart abrasiert haben, um mich leichter ins Koma versetzen zu können? Den kann ich mir doch wieder wachsen lassen!«

»Weil ich jemanden kennengelernt habe.«

Mein Herz bricht. Es ist ein Klischee, aber ich fühle mein Herz brechen. Man hört sogar eine Art Knacken.

»Ein Schauspieler?«

»Ein Regisseur.«

»Er?«

»Ja. Es tut mir leid.«

»Aber –«

»Ich muss mit jemand Schwarzem zusammen sein, B. Vielleicht ist das ein Defizit von mir, aber –«

»Und da ist dir jeder Afroamerikaner gut genug?«

»Natürlich nicht. Sei nicht bösartig.« Sie verstummt, dann: »Wir verstehen uns blind. Du und ich nicht. Ja, ich weiß, die Juden haben auch viel erlitten, aber –«

»Ich bin kein Jude.«

»Okay, B. Es tut mir leid. Tut es wirklich.«

»Ich weiß nicht, wieso du immer wieder behauptest, ich wäre Jude.«

»Ich weiß es nicht. Du … wirkst einfach jüdisch. Ich vergesse immer wieder, dass du es nicht bist. Und jetzt umso mehr. Aus irgendeinem Grund, den ich nicht benennen kann.«

»Macht ihr beiden euch lustig darüber, dass ich wie ein Jude wirke?«

»Nein!«

»Ich glaube schon.«

»Wir machen uns nicht über dich lustig. Wir reden gar nicht über dich.«

»Oh. Verstehe. Gut, dann ist ja alles klar.«

»So habe ich es nicht gemeint.«

»Ja dann. Willst du denn das Geschenk, das ich dir mitgebracht habe?«

»Ich weiß nicht, B. Das ist sehr nett von dir. Aber ich glaube nicht, dass ich es annehmen sollte.«

»Ja dann.«

Ich nehme die in Geschenkpapier gehüllte Schachtel aus meiner Tasche und werfe sie in einen öffentlichen Mülleimer. Es fühlt sich augenblicklich falsch an, theatralisch, auf ungewollte Weise wie ein schmollendes Kind. Aber tatsächlich habe ich keine Verwendung für das Paar Damenschuhe, das ich im Geschenkladen des Krankenhauses gekauft habe. Nicht gar keine Verwendung, aber nur sehr wenig.

Ich streife durch die Straßen, die kleine Krankenhaustasche an mich gedrückt. Ich bin noch nicht bereit, meine Wohnung zu betreten. Alles ist fort. Ingo ist fort. Kellita Smith aus *The Bernie Mac Show*, meine afroamerikanische Freundin, ist fort. Ohne Kellita sind meine Chancen, den New-York-Film finanziert zu bekommen, gleich null. Meine Florida-Transgender-Monografie wurde einer/einem Schmierfink*in gegeben, der (die, xier) halb so alt ist wie ich und doppelt so viele Geschlechter hat. Ich habe *Enchantment* entdeckt; er gehört von Rechts wegen mir. Nichts ist mehr da. New York ist zu einer teuren Kloake geworden. Ich habe keinerlei Interesse mehr daran, und das ist auch besser so, denn wenn ich nicht bald eine lukrative Tätigkeit finde, wird man mich aus meiner Wohnung hinauswerfen. Ich richte den Blick nach außen, im Versuch, die Magie New Yorks in mir aufzunehmen, im Versuch, mich von der Stadt heilen zu lassen.

Während ich auf den Times Square zugehe, versuche ich, mich an Ingos Film zu erinnern. Ich bin mir ziemlich sicher, dass diese Straße im Film vorkam, vielleicht sogar genau diese Menschen. Vielleicht sogar ich. Obgleich ich mich nur an sehr wenig erinnern kann, hat er einen emotionalen Abdruck auf meinem Gehirn hinterlassen. Ich vermute, dass er meine Perspektive dauerhaft verändert hat. Ist das gut? Ich glaube es nicht. Aber es lässt sich nichts dagegen tun. Bei all seiner Faszination für Bewegung und Komödie und menschliche Psychologie war Ingo im Grunde seines Herzens Nihilist, vermute ich. Vor Ingo hätte ich mich am ehesten als einen teleologischen Optimisten beschrieben. Leibniz' *Theodizee* war zweifellos das Buch mit den meisten Eselsohren in meinem Kinderzimmer. Gott hat, weil er/sie/xier Gott ist, die per Definition zwangsläufig beste aller möglichen Welten möglich gemacht. Doch Ingo hat mich auf die »dunkle« Seite der Sinnlosigkeit gezogen. Ich bin sinnentleert. Aber ohne den Trost, mich an den Grund zu erinnern.

Plötzlich, juhu! Ein Aufflackern der Erinnerung, der Anfang von Ingos Film:

Eine grob geschnitzte Holzpuppe, Gelenke und Kiefer mit Scharnieren versehen, steht da und sieht mich an. Alles ist still. Die Belichtung ist wechselhaft, das Bild schwarz-weiß. Die Figur bewegt Arme und Beine, als probierte sie sie zum ersten Mal aus. Ihre geöffneten, blinden Augen bleiben unbewegt. Sie hebt den linken Arm, winkt mir zu. Ihr klappbarer Kiefer öffnet sich zweimal, gefolgt von einem handgeschriebenen Zwischentitel mit den Worten *»Hallo, Mister!«*. Die Tafel bleibt so lange stehen, dass ich sie hundertmal lesen kann. Dann wieder die Puppe. Sie steht reglos da, blickt eindringlich, aber blind in die Kamera. Schließlich nickt sie, und ihr Kiefer öffnet und schließt sich zehnmal klackernd auf eine irgendwie unmenschliche, furchterregende Weise. *»Nun gut, dann eben Hallo, B., wenn Sie darauf bestehen.«* Diese Tafel wird noch länger eingeblendet. Antwortet sie auf den Satz, mit dem ich den Gruß hätte erwidern sollen? Spielen wir Film-Karaoke? Hätte ich sagen sollen: »Nenn mich B.?« Schnitt auf die Puppe, die wieder mit dem Kiefer klappert, dann eine weitere Titelkarte: *»Ich freue mich, Sie kennenzulernen, B.«* Wieder die Puppe. Eine lange Pause, gefolgt von einem Nicken und Kieferbewegungen. Titelkarte: *»Danke. Sie dürfen mich sehr gern William nennen.«* Habe ich ihm einen Namen gegeben? Wieder die Puppe. Sie winkt. Schwarzblende, dann wird wieder aufgezogen. Die Puppe ist äußerlich verändert. Sie ist jetzt eindeutig männlich, hat sogar einen klappbaren Penis, der sich hebt und senkt, während William direkt in die Kamera starrt. Sein Kiefer bewegt sich, gefolgt von einem Zwischentitel mit den Worten: »*Ich schäme mich.*«

All das erinnere ich recht deutlich, und doch erscheint es mir auf eine Weise ganz und gar unzutreffend.

ALS ICH ENDLICH in meine Wohnung zurückkehre, stinkt es dort fürchterlich. Mein Gott, ich habe vergessen, irgendjemanden zu bitten, sich um meinen Hund *Zum Beispiel Balthasar* zu kümmern! Der Boden ist mit seinen Fäkalien bedeckt, die Teppiche dunkel gefärbt von seinem Urin. Ich finde ihn stark abgemagert, aber wie durch ein Wunder noch lebendig im Badezimmer. Er zittert und wedelt schwächlich mit dem Schwanz. So sieht eine Begrüßung ohne versteckte Feindseligkeit aus. Hier gibt es keine toten Augen. Das ist Liebe. Er gibt mir nicht die Schuld an seiner Misere, was er eingestandenermaßen tun könnte. Die menschliche Rasse könnte sich an *Zum Beispiel Balthasar* ein Beispiel nehmen. Ich streichle ihn sanft, flüstere ihm tröstende Worte zu, preise ihn für seine Stärke. Er scheint für die Aufmerksamkeit dankbar zu sein, aber sein Blick ist auf die angenagten, ungeöffneten Dosen mit Hundefutter geheftet, die überall im Raum verstreut sind.

»Na komm, mein Junge«, sage ich. »Dann wollen wir dich mal füttern.«

Ich habe wirklich ein schlechtes Gewissen, weil ich ihn so lange vergessen hatte. Ich bin bloß froh, dass er überlebt hat. Es erscheint mir unwahrscheinlich. Offenbar kommt man ziemlich lange ohne Nahrung aus. Das Wasser ist entscheidend, sagen die Wissenschaftler. Vermutlich hat er aus der Toilette getrunken. Eine andere Erklärung gibt es nicht. So hätte ich es gemacht, wenn ich nur Pfoten hätte und nichts von Wasserhähnen verstünde. Ich stelle ihm den Fressnapf auf den Boden. Er versucht, das Futter hinunterzubekommen, aber es scheint ihm Mühe zu bereiten.

»Mach langsam, mein Lieber«, rate ich ihm.

Er blickt zu mir auf und scheint zu lächeln. Seine Zähne sind verschwunden. Wenn ich ihm das Futter vielleicht püriere? Es ist schon weich, aber aufgrund seiner allgemeinen Schwachheit und Zahnlosigkeit braucht er vielleicht etwas zusätzliche Hilfe. Ich greife nach dem Fressnapf, und er knurrt mich an. Das ist merkwürdig. Es sieht ihm gar nicht ähnlich. Er war immer so ein friedlicher Zeitgenosse. Ich weiß nicht, was ich tun soll. Es heißt, man dürfe nicht zulassen, dass ein Hund dominantes Verhalten zeigt. Ein Hund muss immer das Alpha-Männchen respektieren, mithin seinen Besitzer, mithin mich. Aber niemand lässt sich gern beißen. Wobei er in seinem zahnlosen Zustand wohl nicht allzu viel Schaden anrichten könnte. Ich nehme den Fressnapf. Er schnappt nach meiner Hand, bekommt sie auch zu fassen, doch sie entschlüpft dem laschen Griff seines Zahnfleischs mühelos. Er fällt um und scheint eine Art Krampfanfall zu haben. Es ist erbärmlich anzusehen. Ich streiche ihm über den Kopf und mache »Schhh. Schhh«. Sein Körper kommt zur Ruhe, und dann ist er unversehens tot. Die Welt ist grausam. Ich weine um meinen besten Freund, denn das ist er wahrhaftig gewesen. Er war immer für mich da, immer froh, mich zu sehen. Ihm war es gleichgültig, ob ich erfolgreich war oder nicht, ob ich ein Genie war oder nicht, ob ich Afroamerikaner war oder nicht. Wahrscheinlich habe ich ihn im Stich gelassen. Er war in vielerlei Hinsicht ein besserer Mensch als ich, und ich hoffe, seinem Beispiel eines Tages folgen zu können. Abgesehen von diesem einen Knurren, das offen gestanden meine Gefühle verletzt hat, obgleich ich verstehe, dass wahrscheinlich mildernde Umstände vorlagen und dass es letztlich nicht gegen mich persönlich gerichtet war. Der Hunger ist ein grausamer Gebieter. Ich denke einen Augenblick lang über seine Urne nach. Ich habe eine ganze Sammlung (die mehrere Familienmitglieder und Haustiere sowie drei nicht abgeholte Leichen aus dem städtischen Leichenschauhaus umfasst) in meinem Bücherregal. Ich stamme aus einer Familie, die die Einäscherung dem Begräbnis, der Seebestattung oder dem Abschuss ins All vorzieht. Ich bin in meiner

Sippschaft immer derjenige mit dem künstlerischen Gemüt gewesen, sodass die Auswahl der Urnen mir zufällt, da ich darauf bestehe.

Ich bitte meinen Urnengestalter Olivier zu einem Beratungsgespräch.

»Was kannst du mir über deinen Esel sagen?«

»Er war ein Hund.«

»In welcher Hinsicht?«, sagt er und macht sich Notizen.

»In hündischer Hinsicht. In der Hinsicht, dass er ein Hund war.«

»Und trotzdem benennst du ihn nach dem berühmtesten Esel von ganz Frankreich? *Pourquoi*?«

»Es ist der drittbeste Film aller Zeiten, der beste französische Film, der beste Tierfilm aller Zeiten, der sechstbeste Film über die sieben Todsünden, der viertbeste Film der Sechzigerjahre –«

»Wie kann es der drittbeste Film aller Zeiten und zugleich der viertbeste Film der Sechziger sein?«

»Ich sage dir auch nicht, wie du deine Urnen zu gestalten hast, Olivier.«

»Nun, ich fand ihn *très fastidieux*.«

»Deine Einschätzungen zum Kino interessieren mich nicht besonders. Ich würde es vorziehen, über die Urne meines Hundes zu sprechen.«

»Dann überlegen wir mal … Wie erweist man einem Esel, der ein Hund ist, die letzte Ehre?«

Mir ist bewusst, dass Olivier sich über mich lustig macht, aber ich lasse den Blick über die Urnen hinter ihm schweifen, und sie sind vorzüglich: ein zinnener Wunschbrunnen; ein bronzener Adonis; eine geflieste Herrentoilette mit Urinalen; die Keksdosenurne; ein prächtiger kristallener Schneesturm, der meinen Onkel, den Meteorologen, beherbergt; den *Objet-trouvé*-Pterodactylus, der zugleich ein funktionierender Brunnen ist; sie alle spiegeln mit Präzision und Anmut die Persönlichkeiten ihrer Insassen wider. Mein Blick landet auf der versengten Eselspuppe aus Ingos Film, und mir kommt ein Einfall. Warum nicht *Balthasar und* den Figuren aus Ingos Film eine Ehre erweisen – beide von unbeugsamem Geist, beide (so könnten manche behaupten) von meiner Hand zerstört. Meine tägliche Erinnerung wird meine Buße sein. Ich schlage Olivier vor, die Eselspuppe in die Urne einzuarbeiten. Er mustert den Esel, spielt mit ihm herum, bewegt seine mit Gelenken versehenen Glieder.

»Ich dachte, du wolltest mir nicht sagen, wie ich meine Urnen zu gestalten habe«, sagt er schließlich.

»Olivier, mach es mir bitte nicht so schwer. Ich trauere. Siehst du das denn nicht?«

Er schweigt lange, dann:

»Mit einem kleinen Motor im Sockel der Urne kann ich deinen Spielzeugesel in Bewegung versetzen.«

»Was könnte er denn tun?«, frage ich.

»Tanzen vielleicht. Defilieren. Traurig den Kopf hängen lassen. Demütig beten.«

»Kann er alles davon tun?«

»Das wird nicht billig.«

»Geld spielt keine Rolle«, sage ich und rufe meine Schwester an.

ICH BESUCHE MEINEN Redakteur Arvide in seinem Büro.

»Ich glaube, ich könnte den Text immer noch schreiben«, sage ich zu ihm.

»Über einen Film, den niemals jemand sehen wird«, sagt er.

»Ja. Aber ich kann ihn nacherzählen.«

»Als Romanfassung?«

»Nein. Das finde ich beleidigend. So würde ich es nicht nennen.«

»Ich schon.«

»Na schön. Ich bin mir sicher, ich könnte es, Arvide, so unvergesslich war das Erlebnis. Wenn ich es schaffe, mich daran zu erinnern.«

»Ich will ehrlich zu dir sein, B. –«

»Sei nicht ehrlich.«

»Ich glaube nicht, dass es diesen Film je gegeben hat.«

»Doch, hat es. Und es war der mit Abstand wichtigste Film in der Geschichte des Kinos.«

»Siehst du, das ist der Punkt, an dem mir Zweifel –«

»Sieh dir das an«, sage ich und halte das verbliebene Standbild hoch.

»Was ist das?«

»Ein verbliebenes Standbild.«

Arvide nimmt es mir aus der Hand.

»Vorsichtig«, sage ich.

Er mustert es eine Zeit lang, dann:

»Ich weiß nicht, was das darstellen soll.«

»Einen Schlüsselmoment des Films. Ich glaube, es ist die Stelle, an der das Beleuchtungsgitter herunterfällt und Molloy den Schädel zertrümmert, wodurch er in ein lebenslanges Koma fällt. An den Teil kann ich mich immer noch nicht erinnern.«

»Das ergibt keinen Sinn. Und außerdem kann ich hier nichts dergleichen erkennen.«

»Nun ja, es ist durch die Rauchwolke der Zigarette des Beleuchters verdeckt, aus dessen Blickwinkel (POV) die Einstellung gedreht ist.«

»Also habe ich hier Zigarettenrauch vor mir.«

»Nein! Das ist es ja! Erstaunlicherweise handelt es sich um Watte. Der Effekt wurde mit ganz gewöhnlicher Watte erzielt. Der Art von Watte, die man ohne Weiteres in der Drogerie oder im Watteladen an der Ecke kaufen kann.«

»Ich will darauf hinaus, dass das Geschehen verdeckt ist.«

»Bewusst verdeckt. Was man in einem Film nicht sieht, ist ebenso wichtig wie das, was man sieht. Das kann dir jeder bestätigen.«

»Halt mir keinen Vortrag. Du tust dir damit selbst keinen Gefallen.«

»Sieh dir das an«, sage ich und ziehe die Eselsurne aus meiner Herrenhandtasche.

»Eine Pferdepuppe auf einer Schachtel«, sagt er.

»Es ist eine Eselspuppe. Aus dem Film. Er lebte mit dem Riesen im

Riesenhaus, glaube ich. Ich glaube, es gab einen Riesen. Kann sein, dass ich es mit *Shrek* verwechsle. Gab es in *Shrek* einen Riesen?«

»Wo ist sein Schwanz?«

»Was? Das spielt doch keine Rolle. Sieh dir an, wie kunstvoll er gefertigt ist. Der Schwanz ist verbrannt. In Ordnung?«

»Es ist eine schöne Puppe, aber die hilft dir auch nicht.«

»Dann gib mir *Enchantment* zurück.«

»Das wäre Dinsmore gegenüber nicht fair.«

»Er nutzt meine Recherche.«

»Du hast ihnen angeboten, deine Recherche zu nutzen.«

»Xiem.«

»In jedem Fall –«

»Wenn ich *Enchantment* nicht wiederbekomme, wie ich es verdiene, dann lass mich über Ingo schreiben. Eine Romanfassung, wie du gesagt hast! Ich habe alles im Kopf«, sage ich und tippe mir gegen die Stirn. »Es wird eine Romanfassung!«

»Ich weiß nicht, wer sich für die Schilderung eines nichtvorhandenen Films interessieren sollte.«

»Keine bloße Schilderung. Eine Kritik. Eine Erklärung. Und er ist nicht nichtvorhanden. Er ist zerstört.«

»Wer sollte das lesen wollen? Es ist ja nicht so, als hättest du als Einziger einen verlorenen Hitchcock-Film gesehen.«

»Hitchcock ist nicht einmal würdig, Ingo den Schwanz zu lutschen.«

»Was soll das überhaupt bedeuten?«

»Ich weiß es nicht. Ich bin einfach … frustriert. Komm schon, Arvide, weißt du nicht mehr, Harvard? Freunde für alle Zeiten?«

»Das gilt hier nicht.«

»Du bist mir etwas schuldig!«

»Ich bin dir etwas schuldig?«

»Ich habe dir so oft den Arsch gerettet! Weißt du, wie du für dein Heft über das baltische Kino jemanden brauchtest, der den Artikel ›Nenn if Finnen‹ über die skandinavischen Palindromiker schreibt, und in der ganzen Stadt keinen finden konntest, der je von ihnen gehört hatte?«

»*Du* hast *mich* doch gefragt, ob im Heft Platz für den Text wäre.«

»Wie könnte man auch nur eine Ausgabe über das skandinavische Kino in Erwägung ziehen und die Palindromiker außer Acht lassen?«

»B., ich kann dich nicht für die Analyse eines Films bezahlen, den nie irgendjemand zu Gesicht bekommen wird.«

»Ich möchte es wirklich niemand anderem anbieten, Arvide, aber ich werde es tun.«

»Das ist in Ordnung. Ich nehme es dir nicht übel.«

»Ich tue es, das schwöre ich dir.«

»Verstanden. Viel Glück!«

»Was ist mit dem College? Freunde? Weißt du nicht mehr, wie wir gesagt haben, dass wir für alle Zeiten Brüder sind?«

»Das hat niemand gesagt.«

»Ich habe es gesagt. Und du hast genickt.«

»Ich kann mich wirklich nicht erinnern, genickt zu haben.«

»Ich habe es aufgeschrieben.«

Ich durchwühle hektisch meine Herrenhandtasche nach dem Stück Papier.

»Das ist auch kein Beweis.«

»Es wird dir leidtun, wenn es erscheint und die Art und Weise, wie wir Filme sehen, für immer verändert.«

»Ich werde mich für dich freuen.«

»Du bist so ein Arschloch.«

KAPITEL 18

MIT WENIG BEGEISTERUNG nehme ich meine Lehrtätigkeit wieder auf (die Schule hatte während meiner Abwesenheit den pathologisch querköpfigen Filmkritiker David Manning für mich einspringen lassen). Die Schüler sind desinteressiert wie immer. Filmstudien gelten in der Zoowärterschule als »Kuschelfach«. Da kann man einfach Filme gucken, denken sie sich. Ich versuche, sie von diesem Irrtum zu befreien. Ich zeige Filme ohne jeden Unterhaltungswert. Ich zeige *Synecdoche, New York*, aus dem einfachen Grund, dass es ein heilloser, quälend langweiliger Eiertanz ist. Aber es wäre nachlässig von mir, nicht auch anspruchsvolle Filme zu zeigen, die langatmig, aber wichtig sind. Will man irgendeine Chance haben, der Handlung eines Meisterwerks wie Toblegs *Thyestes/Vergessen* zu folgen, des Films, den ich heute zeige, dann muss man sehr genau aufpassen. Sechs von fünfzehn Schülern sind gekommen. Ich lasse in der nächsten Stunde einen Test schreiben, als Strafe für die Schwänzer. Schwere Kost ist *T/V* nicht nur wegen der drastischen und schonungslosen Darstellung des Kannibalismus inklusive einer detaillierten (und lehrreichen!) Anleitung zum Ausweiden eines menschlichen Körpers und mehrerer verführerischer Rezepte, sondern auch durch Toblegs Einsatz des horizontalen Raumes auf der vertikalen Ebene. Das bedeutet, dass der Film vollständig unter Räumen mit Glasböden hervor gefilmt ist. Diese listige Methode, das Publikum zu frustrieren, wirkt auf manche der weniger abenteuerlichen Zuschauer unter uns abschreckend, doch tatsächlich stellt sich, wenn man sich darauf einlässt (und das muss man!), ein seltsames, mit keinem anderen Kunstgenuss vergleichbares Hochgefühl ein. Auch die Einschränkungen konventioneller Blickwinkel werden so thematisiert. Das Geschehen ist aus Sicht der Schuhsohlen der Figuren gefilmt, was sich als unglaublich gefühlsintensiv erweist. Tony Scott von der *New York Times* hat eine leicht spöttische Rezension (warum bespricht die betont anti-intellektuelle *Times* überhaupt einen Film von Tobleg?) mit der ätzenden Überschrift »Zäh wie eine Schuhsohle« verfasst. Ich halte Tony für einen durchaus netten Kerl, und er ist gewiss auch recht klug für einen Schmierfink, aber solche Witzeleien hat Tobleg nicht verdient. In Wahrheit ist das Schauspiel von unten herauf (die Schuhdarsteller wurden vor Beginn der Dreharbeiten monatelang in der Technik geschult) erstaunlich ergreifend. Mir sind bislang bei jeder Vorführung des Films die Tränen gekommen. Und immer sehe ich irgendetwas Neues, eine neue Show, eine neue Schuh-Show. Doch meine Schüler, dieser Haufen Zoowärter-Tony-Scotts, wollen davon natürlich nichts wissen. Und in Wahrheit hängt mein Herz auch nicht mehr an dieser Art von Unterricht. Mein neues Ich will entweder barfüßige Landeierkinder aus dem Süden oder die ganze Welt als Schüler. Darum grase ich in meiner Freizeit Ramschläden, Flohmarktkisten und Mülltonnen nach den Filmen des nächsten Ingo Cutbirth ab. Es ist kein wissenschaftliches Vorgehen, aber ich bewege mich auch nicht auf einem wissenschaftlichen Feld. Von Joyce hätte man auch nicht erwartet, dass er beim Schreiben statistische Methoden anwendet.

Im Laufe der Zeit häufe ich tatsächlich kistenweise Filme an: 8 mm, Super 8, 16 mm, Super 16 und eine Rolle Super 37, für das nur ein einziger Projektor in Qaanaaq existiert. Es dauert drei Monate, sie alle zu projizieren (bis auf den Super-37-Film, den ich abrolle und mit Reißzwecken an der Wand der Sylvia-Plath-Memorial-Laufbahn im dritten Untergeschoss von New Yorks berühmtem Barbizon Hotel for Women befestige, um siebenmal mit einem Vergrößerungsglas daran vorbeizurennen). Letztlich ist leider nichts Bemerkenswertes dabei. Viele, viele

Geburtstagspartys und Urlaubsfilme. Die Kameraführung ist nicht sonderlich beachtenswert. Die schauspielerische Darstellung, soweit man überhaupt davon sprechen kann, ist miserabel und hölzern. Bei einem offenbar von ein paar Schuljungen gedrehten Kurzfilm scheint es sich um eine Art Amateur-Vampirfilm zu handeln. Er ist epigonenhaft, und um ehrlich zu sein, war der Junge, der den Vampirologen der Universität spielte, nicht im Mindesten überzeugend, weder in Bezug auf seinen osteuropäischen Akzent noch auf die Nachahmung greisenhaft zitternder Hände. Beim letzten Film, *Bobbys 10. Geburtstag*, angekommen, bin ich deprimiert; Bobby ist keine interessante Figur.

Vielleicht zum ersten Mal wird mir bewusst, wie immens der Verlust von Ingos Film ist.

Die Welt strotzt nicht vor verlorenen Meisterwerken, wie ich in meiner Naivität glaubte. Ich setze mich auf den Boden und sehe *Balthasars* Urne zu, die tanzt, dann defiliert, dann den Kopf hängen lässt und dann demütig betet. Olivier hat den Esel so programmiert, dass er einen schwermütigen und geschmackvollen Tanz tanzt. Ich glaube, er sagte, es handle sich um einen Trauertanz aus Ghana. Zu dem langsamen und wehmütigen Defilee ertönt der »Trauermarsch für eine Marionette« des genialen und viel zu wenig bekannten Charles Gounod (ich fühle mit dir, Charles!). Das Hängenlassen des Kopfes wird von »Tom Dooley« in der Version des Kingston Trios untermalt und ist zutiefst bewegend. Ich würde weinen, wenn ich noch Tränen hätte, doch leider Gottes … Das demütige Gebet wird aus Gründen, die sich mir nicht erschließen, von »Camptown Races« begleitet.

ICH STREIFE DURCH den Filmkritikbezirk, formuliere Theorien, wetze in Gedanken Messer; in diesen Zeiten des Irrsinns hält es mich bei Verstand, zu meinen Wurzeln zurückzukehren, jene Filme und Filmemacher zu preisen, die die Aufmerksamkeit des Publikums verdienen, und jene Filmemacher zu zerstören, die selbstzufriedenen Dreck auf die Welt loslassen. Man denke nur an *Schräger als Fiktion*, sage ich zu meinem imaginären Hörsaal voller Cineasten: ein herrlich schrulliger Film mit William Ferrell und dem Außenseiterschwarm mit Außenseitercharme Zooey Deschanel in den Hauptrollen. Regisseur Marc Forster (der auch bei dem leider fehlgeleiteten, misogynen und tendenziell rassistischen *Monster's Ball* im Regiestuhl saß) und Drehbuchautor Zachary H. Elms haben hier insofern überragende Arbeit geleistet, als sämtliche metafilmischen Techniken funktionieren, sodass der Film abläuft wie ein Schweizer Uhrwerk (es ist kein Zufall, dass eine Armbanduhr darin eine so bedeutende Rolle spielt!). Man vergleiche das mit dem verworrenen Zeug aus der Feder von Charlie Kaufman. *Schräger als Fiktion* ist der Film, den Kaufman geschrieben hätte, wäre er imstande, seine Arbeit zu planen und zu strukturieren, statt schlicht aufzuschreiben, was ihm gerade durch die Rübe rauscht, willkürlich halbgare Konzepte zusammenzuwerfen, nach keinem anderen Maßstab als einem hippiemäßigen »Cool, Mann«. Ein solches Kriterium mag funktionieren, wenn derjenige, der diese Einschätzung vornimmt, auch nur einen Funken Humanismus in der Seele trägt. Kaufman tut das nicht, also schickt er seine Figuren durch höllische Landschaften, ohne dass es für sie Hoffnung auf ein Begreifen oder auf Erlösung gäbe. Will Ferrell lernt im Verlauf von *Schräger als Fiktion*, das Leben voll auszuschöpfen. Dame Emily Thomson, die seine »Autorin« spielt, lernt ihre eigenen Lektionen über Mitgefühl sowie den Wert und die Funktion von Kunst. Hätte Kaufman diesen Film geschrieben, wäre er ein Sammelsurium »cleverer«, in unverdienter emotionaler Brutalität und einer Kettenreaktion aus rekursiver Aktivität gipfelnder Einfälle, in dessen Verlauf enthüllt wird, dass der Autor einen Autor hat, der einen Autor hat, der einen Autor hat, der einen Autor hat *et ketera*, sodass die Zuschauer erschöpft, deprimiert und, das ist das Ungeheuerlichste, betrogen zurückbleiben. Was Kaufman nicht begreift, ist, dass solche eingängigen fantastischen Szenarien kein Selbstzweck sind, sondern eine Gelegenheit, echte menschliche Alltagsprobleme zu erörtern. Kaufman ist schlicht und einfach ein Monster, aber ein Monster, das sich seiner eigenen erschütternden Unfähigkeit nicht bewusst ist (Dunning und Kruger könnten ein Buch über ihn schreiben!). Kaufman ist Godzilla mit Zahnersatz, Mike Myers aus *Halloween* mit einem Gummimesser, der Clown Pennywise mit Kontaktekzem vom Leben in der Kanalisation. Er ist ein erbärmlicher –

Etwas Nasses und Klebriges klatscht mir auf die Stirn. Ich wische es ab und stelle fest, dass meine Hand mit Vogelschiss beschmiert ist. Ich muss leider sagen, dass das in dieser Stadt keine Seltenheit mehr ist. Die Tauben – fliegende Ratten, wie ich sie humorvoll nenne – haben das Kommando übernommen, und wir Menschen sind ihnen hilflos ausgeliefert. Wir sind ihre Toiletten. Das Zeug rinnt an meinem Gesicht herab und in meinen Mund. Meine städtischen Mitbürger lachen grausam. Ich husche in eine Drogerie und kaufe eine kleine Packung Babypflegetücher. Die Kassiererin sieht mich nicht an, lässt sich das Geld nicht in die Hand geben, legt das Wechselgeld auf den Ladentisch. Ich brauche die gesamte Packung Pflegetücher, um mir das Gesicht zu säubern, und noch eine Packung Johnson-&-Johnson-Mundtücher, um meine Mundhöhle zu reinigen. Ich habe den Faden verloren. Ich glaube, ich war dabei, meine Bestenliste für 2016 zusammenzustellen. Ich mache weiter:

10 – *La ciénaga: Entre el mar y la tierra* (Castillo y Cruz)
9 – *Hele Sa Hiwagang Hapis* (Diaz)
8 – *Hymyilevä mies* (Kuosmanen)
7 – *Smrt u Sarajevu* (Tanović)
6 – *Fuchi ni tatsu* (Fukada)
5 – *Kollektivet* (Vinterberg)
4 – *It's Tough Being a Teen Comedian in the Eighties!* (Apatow)
3 – *En man som heter Ove* (Holm)
2 – *Kimi no Na wa* (Shinkai)
1 – *Under sandet* (Zandvliet)

Es ist eine Liste, auf die ich stolz bin. Es ist eine Liste, die unter normalen Umständen die Filmwelt in Aufruhr versetzen würde. Doch heute ist die Filmwelt mit anderen Nachrichten beschäftigt. H. Hackstrom Babor, *profesor adjunto* am Institut für Filmstudien des Mr. Jam Centro Moderno de Música in Bilbao, Spanien, ist in einer Kellerecke eines leerstehenden Bordells im Baskenland auf einen bislang unentdeckten Film gestoßen. Dieser sogenannte »Waisenfilm« eines unbekannten Art-brut-Künstlers wurde von einigen »Experten« als das schöpferische Bindeglied zwischen den spanischen Rektangulisten der Sechziger und den barcelonischen Rapturisten *(Los Realizadores del Rapto de Barcelona)* der frühen bis mittleren Siebziger bezeichnet. Schweig still, mein Herz. Nicht nur, dass die Rapturisten in allen außer den naivsten akademischen Kreisen als ein *movimiento falso* gelten, es sind sich auch wirklich ALLE darin einig, dass *Soy un Chimpancé* der Film ist, der den Rektangulismus in die Ära der Postmoderne überführt hat. Es liegt mir fern, Babor sein schmutziges, verachtenswertes Spiel zu verderben. Aber ärgerlich ist es schon, mit aufeinandergebissenen Zähnen diesen kollektiven Orgasmus erdulden zu müssen und dabei auf der Asche der wahrhaft monumentalen filmischen Entdeckung unserer Zeit zu kauern. Heute Abend werde ich zu einer Vorführung dieses Films im Mithörsaal des jüdischen Studentenheims in der 92nd Street an der Kreuzung zwischen Gregory Hines Boulevard und Maurice Hines Boulevard in Harlem gehen und mir anschließend Babors Vortrag darüber anhören. Babor und der Film werden über die interne Fernsehanlage des Studentenheims übertragen. Über eine Reihe von Verschaltungen kann man aus dem Mithörsaal Fragen an Babor richten, indem man sie in eine von drei Tastaturen auf einem Schreibtisch in der Ecke eingibt, und ich beabsichtige, viele Fragen zu stellen. Nun jedoch muss ich mich den Vorbereitungen widmen.

ICH WARTE UNGEDULDIG, bis ich an der Reihe bin, bedränge herrisch den speichelleckerischen Schwachkopf vor mir an der Tastatur. *Ich bin ein langjähriger Bewunderer Ihrer Arbeit …*, tippt er nach dem Ein-Finger-Suchsystem in der rasenden Geschwindigkeit von einem Wort in der Minute.

»Mach schon, mach schon, mach schon, mach schon, mach schon, mach schon«, skandiere ich stumm in seinen Hinterkopf hinein.

… und mich würde Ihre Einschätzung zu den Filmen von Fra–

»Gut, das reicht«, sage ich und schiebe ihn beiseite. Seine Arschkriecherei bereichert die Diskussion in keiner Weise.

Tja, Babor, beginne ich, *so begegnen wir uns wieder. Wie man so sagt. Ich hoffe, Bilbaos bestes Gitarrengeschäft/Nachmittagsschulungszentrum behandelt Ihre Filmforschungen mit der Ernsthaftigkeit, die sie verdienen. Ich habe heute Abend folgende Frage an Sie: Denken Sie nicht auch, dass es der Suche nach der Quadratur des Kreises (kein Wortspiel beabsichtigt!) gleichkäme, Ihre beklagenswerte Verkennung des Werks der Rektangulisten mit Ihren arroganten Proklamationen der filmischen Verdienste dieses neuentdeckten »Werks« übereinbringen zu wollen, und ich setze »Werk« hier in Anführungszeichen, denn derlei als ein Werk im Sinne von Kunstwerk zu bezeichnen, würdigt sowohl das Konzept des Werks als auch das Konzept der Kunst herab. Dieser »Film«, und ich setze auch »Film« in Anführungszeichen, denn es so zu bezeichnen, würdigt das Konzept des Films herab, ist bestenfalls eine Farce und verdient keinen Platz im Kanon der essenziellen spanischen Filme des mittleren zwanzigsten Jahrhunderts.* Yo Soy Chimpancé, *ein Film, den Sie in Ihrem rücksichtslosen Streben nach Selbsterhöhung in schamloser Weise auf den Aschehaufen der Filmgeschichte zu verbannen trachten, ist unbestrittenermaßen das Bindeglied zwischen den Rektangulisten und allem irgendwie Bedeutsamen, das danach kam. Das hat Gomes selbst gesagt. Sind Sie wirklich bereit, diesen Streit mit mir auszufechten? Mit Gomes? Denken Sie daran (sollten Sie den Film überhaupt gesehen haben), dass die Schlusssequenz von* Chimpancé *Manuel aus jeder erdenklichen Perspektive sowohl innerhalb als auch außerhalb seines Körpers zeigt. Als Filmexperte ist Ihnen gewiss bewusst, dass die Rektangulisten für das*

Kino geleistet haben, was die Kubisten für die Malerei geleistet haben, nämlich vermittels eines einzelnen Bezugssystems eine Vielzahl von Bezugssystemen auszuloten. Denken Sie daran, dass der Produzent von Chimpancé, *Guillermo Castillo, so große Bedenken hatte, seine Zuschauer in geistige Qualen zu stürzen, dass er Schauspielerinnen dafür bezahlte, als Krankenschwestern verkleidet in den Ecken der Kinos zu stehen, die den Film zeigten, um jenen beizuspringen, die einen Herzinfarkt erlitten. Die brillante Präsentation von Kameraführung und Schnitt illustriert die Wirkmächtigkeit, letztlich aber auch die Grenzen des rektangulistischen Manifests mit dem Titel* Frame/Reframe *(siehe dazu meine Fußnote am Ende dieser Frage). Meine Antwort nehme ich gern über den Sender entgegen.*

Dann sitze ich das endlose allgemeine Händeschütteln und die Selbstgefälligkeiten aus, die heutzutage als Konversation durchgehen, doch der Moderator stellt Babor meine Frage nicht. *Quelle surprise*. Sie war ein Pulverfass. Ich nehme meine Geschenktüte und gehe.

Blind vor Wut und Enttäuschung taumle ich durch die Straßen und stoße auf ein unangekündigtes Waisenfilmfestival im Borkheim Palace in der 65th Street. Vielleicht ist das genau die Medizin, mit der sich meine gegenwärtige gewaltsame Melancholie kurieren lässt. Ich zeige der Kassiererin meinen Presseausweis.

»Fünfzehn Dollar«, sagt sie.

Die Welt, die ich drinnen sehe, ist von einem Rechteck gerahmt. Ich sehe nur die Ränder dieses Rahmens; dahinter liegt Finsternis. Es existiert nur in Gestalt von Licht, Abwesenheit von Licht und verschiedenen Kombinationen daraus. Die unterschiedlichen darin zu findenden Bedeutungen sind nichts weiter als Finten des Gehirns. Dieses Spiel von Licht und Schatten ist vorgegeben und somit unveränderlich. Es läuft einfach ab. Dann läuft es wieder ab. Es kann betrachtet werden. Es kann aufgearbeitet, beurteilt werden. Es kann bei einem Betrachter Gefühlsreaktionen hervorrufen. Es kann kritisiert, doch nicht verletzt werden. Denn es hat keinerlei Bedürfnisse oder Begehrlichkeiten. Man kann diese Welt buchstäblich anhalten und zum Schmelzen bringen, doch es schert sie nicht. Nur man selbst schert sich darum.

Die Welt draußen, entscheide ich, ist auch ein Rechteck aus Licht, umgeben von Dunkelheit. Sie hat keine Masse. Sie existiert außerhalb von mir, aber nicht wirklich so, wie ich sie sehe, nicht so, wie ich sie verstehe.

Der anonym gedrehte, titellose Film beginnt: Das Licht ist aus. In dem Zimmer auf der Leinwand sind die schweren Vorhänge zugezogen. Er weiß, dass sie zugezogen sind, dieser Mann im Zimmer, aber er kann nicht sehen, dass sie zugezogen sind, denn in dem Zimmer ist überhaupt kein Licht. Aber er weiß, dass sie zugezogen wurden, denn er hat es selbst vor wenigen Minuten getan. In ähnlicher Weise kennt er die Positionen der Möbel im Zimmer sehr gut; er weiß, wo der Schreibtisch steht, das Bücherregal, das Bett, in dem er jetzt liegt. Es muss so dunkel wie möglich sein, wenn er jemals einschlafen will. So viel weiß er nach einem von Schlafproblemen gezeichneten Leben. Im Laufe der Jahre hat er jedes Mittel ausprobiert: warme Milch trinken, Whiskey trinken, Schäfchen zählen, Bücher lesen, dieses sehr dunkle Zimmer.

Und wie in einem Traum finde auch ich mich in dem Zimmer wieder. Wann ist das geschehen? Ich kann es nicht sagen, so sanft und gleichmäßig hat sich mein Bewusstsein von dem ununterbrochenen Geplapper in meinem Kopf zu dem stummen schwarzen Rechteck vor mir verlagert. Ich weiß, dass dieses Rechteck ein Zimmer in völliger Finsternis zeigt, und ich kenne die Gegenstände in dem Zimmer so gut, wie der Mann, von dem ich weiß, dass er in dem Bett in diesem Zimmer liegt, diese Dinge kennt. Ich weiß, dass die Kommode dort zur Rechten steht, dass sie niedrig und breit und aus hochglanzpoliertem Holz ist. Der Schreibtisch aus Kirschholz steht am Fenster. Ich kenne die lustige Geschichte von seinem Kauf vor fast fünf Jahren. Ich weiß, wie sich die Geschichte leicht verändert hat, während sie im Laufe der Jahre immer wieder erzählt wurde. Ich weiß, dass seine Kleider auf dem grauen Läufer am Fußende des Bettes aufgestapelt sind: schwarze Hose, weißes Anzughemd, weiße Boxershorts, zwei schwarze Socken. Ich weiß, dass er seine Kleidung jeden Abend dort liegen lässt. Ich weiß, dass er sich dafür schämt, nicht ordentlicher zu sein. Und so wie der Mann weiß, was sich auf der anderen Seite der Schlafzimmertür befindet, ohne nachzusehen, weiß auch ich es: der kastenförmige Flur des ersten Stockwerks, schwach erleuchtet von einem Nachtlicht in der Form von Popeyes Gesicht, vier geschlossene Türen, darunter seine eigene. Die Frau hinter einer, der Sohn hinter einer anderen, das Badezimmer hinter der dritten. Die Badezimmertür ist geschlossen, denn der Wasserhahn tropft, was den Sohn am Einschlafen hindert. Ich kenne den Ort, in dem der Mann wohnt, ich weiß, welche Straßen zum Supermarkt führen, ich kenne das Haus zwei Türen weiter mit dem kleinen Hund, der pausenlos bellt. Und ich weiß auch, was in dem Mann im Bett ist, ich kenne seine Gefühle, das ständige leichte Fiepen in seinem linken Ohr, ich weiß, dass es so dunkel sein muss, wenn er jemals einschlafen will. Und ich weiß, dass er jetzt nicht schläft; die Ordnung seiner Gedanken verrät es mir. Geordnet, aber flüchtig. Ideen kommen und gehen, Gesprächsfetzen ohne Ton, Bilder, die gar keine Bilder sind, sondern Vorstellungen von Bildern. Es ist umwerfend, denke ich, während meine unerschöpfliche Eifersucht auf alles, was ich bewundere, aufkeimt. Wie ist das möglich? Wie ist es filmisch umgesetzt? Welcher technische Trick steckt dahinter? Gewiss gibt es einen Trick. Dieses dunkle und stumme Rechteck, das so viel über das Zimmer verrät, das es darstellt, über seinen Bewohner, über dessen Leben. Wer hat den Film gemacht?, frage ich mich. Warum gibt es keinen Vor- und Nachspann, keinen Titel? Und ich entscheide, dass es gerade das Fehlen dieser Information ist, das den Film so tief in meinem Gehirn verankert, dem Teil meines Gehirns, der für Träume und flüchtige Gedanken zuständig ist. Es ist nicht aus Zufall, sondern ganz bewusst ein Waisenfilm. Die Anonymität des Films bereitet mir Sorge. Sie macht diesen Film irgendwie gefährlich. Noch während ich ihn ansehe, verschmilzt er mit mir und verschwindet, ein Glas Wasser, das jemand in mein eigenes nur halb gefülltes Wasserglas gießt. Dies ist kein Film, an den ich mich richtig erinnern werde. Er lebt nur im Irrationalen, so wie ein Traum. Mein rationaler Verstand, dieser Tyrann, wird ihn gewaltsam vertreiben und die Lücken füllen, Erklärungen hinzufügen, weil er es nicht sein lassen kann. Dieser Tyrann verseucht den Traum, macht ihn zu etwas Kleinerem, Handhabbarem, Erzählbarem. Der Traum in seiner ursprünglichen Form kann nicht erzählt werden. So verhält es sich auch mit diesem Film. In der Erinnerung oder Erzählung wird er zu etwas anderem, und so wird seine Wahrheit zerstört. Und ich widme mich wieder meinem Leben mit meinen kraftlosen Versuchen, die Welt in ihrer ganzen Fülle zu beschreiben.

All das denke ich, während ich in die Gedanken des ungesehenen Mannes im Bett hinein- und wieder herausdrifte. Anders als ich ist er alt. Genau wie ich hat er mit Schlaflosigkeit zu kämpfen. Er ist gebeutelt von einem ganzen Leben solcher schlaflosen Nächte, von Jahren, die er mit Zaudern, mit Versuchen, mit Scheitern vergeudet hat. Schweißtropfen bilden sich entlang seines Haaransatzes, hoch oben auf seiner Stirn, während er in Gedanken immer wieder seine Karrierepatzer durchgeht, seine schwindende Kreativität, seine Misserfolge, seine Demütigungen, die Deadline, die bedrohlich näher rückt, sowohl im übertragenen als auch im buchstäblichen Sinn. Er giert nach Inspiration, wie er früher nach Frauen gegiert hat, auf der Suche nach einem gewissen Funken. Es ist das Jahr 2015, die Zukunft, die ferne Zukunft. Es ist nicht, wie er es erwartet hat, als er jünger war, als er in meinem Alter war. Jetzt gibt es Computer in jedem Haus. Es herrscht Weltfrieden. Es gibt tragbare Telefone, die man in transportablen kleinen Holzkisten überallhin mitnehmen kann. Es gibt schrecklich viel durchscheinende Kleidung, und dennoch ist es – *es gibt köstliches Essen in Tablettenform* – und dennoch ist da … ach! – *allgemeine menschliche Erfüllung* – und *dennoch* ist da etwas faul. Er ist nicht erfüllt. Tag für Tag verkünden die Homöozeitungen die guten Nachrichten, doch all das Glück scheint ihm nicht zu genügen; in seiner Psyche herrscht noch immer ein starrköpfiges Konkurrenzdenken vor. Er sehnt sich nach Bewunderung, obwohl er in einer Zeit lebt, in der jeder jeden bewundert. Es ist nicht nur gesetzlich vorgeschrieben, sondern auch von Medizinern als therapeutisch anerkannt. Tatsächlich wurde dieser geschichtliche Zeitpunkt leicht spöttisch (aber nicht auf bösartige Weise) die »Gesellschaft der gegenseitigen Bewunderung« getauft. Er folgt unmittelbar auf die »Gesellschaft der mutwilligen gegenseitigen Zerstörung«, die auf einen Abschnitt folgte, an den sich kein lebender Mensch erinnert, vielleicht irgendetwas mit Backfischen.

Die schlaflosen Gedanken dieses Mannes plagen mich, während er sich durch die Nacht müht. Immer wieder sieht er auf den Wecker mit der beleuchteten Anzeige, dazwischen dreht und wälzt und flucht er und boxt ins Kissen. Ich spüre sowohl, wie langsam die Zeit vergeht, als auch das unerbittliche Näherrücken des Morgenlichts. Wie ist das möglich? Vielleicht reagiere ich auf vieldeutige unterschwellige Signale, die in einzelnen Filmbildern verborgen sind. Vielleicht projiziere ich all das auf die Szene, und nichts davon ist da. Ich muss an Dyrgenews Experimente denken. Er hat Schwarz, Grau und Weiß auf eine Leinwand projiziert. Die Zuschauer sahen Schneestürme in dem weißen Bild. Ein Mann sah einen Schneesturm in einer mondlosen Nacht auf der schwarzen Leinwand. Als ich gerade zu dem Entschluss gelangt bin, dass auf dieser Leinwand meine eigene Psyche zu sehen ist, fällt dämmriges Morgenlicht durch einen schmalen Vorhangspalt, und das Zimmer liegt vor mir, genau so, wie ich es mir ausgemalt hatte: die Kommode, der Schreibtisch, der Kleiderstapel am Fußende des Bettes. Der profane Schrecken einer durchwachten Nacht ist vollständig durchlebt worden, so wie die Hoffnungslosigkeit, die die Erkenntnis begleitet, dass dies ein nächtlicher Kampf ist, der seit früher Jugend geführt wird. Der alte Mann ist erschöpft. Ich bin erschöpft. Ich denke: Er könnte ich sein, wenn ich ein alter Mann wäre, und ich verspüre Erleichterung, dass ich es nicht bin, dass mir noch Zeit bleibt, damit zurande zu kommen, mich nicht einer lebenslangen Schlaflosigkeit geschlagen geben zu müssen.

Der alte Mann denkt: »Zeit zum Aufstehen«, und tut es auch, wirft das Knäuel aus Decken beiseite. Er bekommt keine richtigen Erektionen mehr, aber eine gewisse Versteifung ist da. Ich fühle seine Gedanken, die routinierte Zurkenntnisnahme des halberigierten Penis, den

Harndrang. Ich vergleiche es mit meiner eigenen morgendlichen Erfahrung. Ich werde mir meines eigenen Harndrangs bewusst. Während er ins Badezimmer geht, überlege ich, ob ich noch warten kann oder ob ich selbst hinauslaufen sollte. Ich denke, es wäre sicherer, jetzt rasch zu gehen. Ich entscheide, dass in den nächsten zwei Minuten nicht viel passieren wird. Aber ich will es nicht riskieren. Der Film ist langweilig, aber auch anders als alles, was ich je gesehen habe, und ich kann nicht mit Sicherheit vorhersagen, was als Nächstes passieren wird. Ich schaue auf meine Armbanduhr, und obwohl ich gerade sechs Stunden lang zugesehen habe, wie er sich im Bett herumwälzt, stelle ich fest, dass nur drei Minuten vergangen sind. Vielleicht muss ich gar nicht urinieren. Der alte Mann betätigt die Spülung und verlässt das Badezimmer. Seltsamerweise ist mein Harndrang verflogen. Im oberen Flur geht er an der Zimmertür seiner Frau vorbei. Sie schnarcht dahinter. Ich weiß, dass sie deswegen in getrennten Zimmern schlafen. Ich blicke abschätzig auf ihre Ehe. Eine Ehe sollte nicht so sein. So alt werde ich niemals werden. Selbst wenn ich so lange lebe, werde ich so alt nicht werden. Es ist eine bewusste Entscheidung, so alt zu werden. Man kann im Herzen jung bleiben. Der Film endet, kein Abspann, keine Blende; er hört einfach auf. Ich gehe.

KAPITEL 19

IN DEN NÄCHSTEN drei Monaten stelle ich eine Veränderung an mir fest. Ich bin nicht mehr der glückliche und sorglose Mann, der ich immer war. Ich bin zu einem beängstigend anderen Menschen geworden, einem wütenden Menschen, wütend über die Geringschätzung, über die Ungerechtigkeit, wütend auf das System, auf die Kultur, auf den Autofahrer, der mich schneidet, als ich die Straße überqueren will, auf meinen ehemaligen besten Freund Elkin (ehemals Ocky, aber jetzt ist er so affektiert), der mich mit seiner übertriebenen Zuwendung anderen gegenüber und seinen frisch gebügelten Hemden verhöhnt. Affektiert! Doch wenn all das, was mich zornig macht, geschehen muss, zu geschehen bestimmt ist, warum bin ich dann zornig? Und ich habe mich damit abgefunden, dass alles, was geschieht, geschehen muss. Was ist Wut, wenn alles Teil einer unumgänglichen Maschine ist? Nur ein weiterer Aspekt der Maschine. Nichts weiter als meine tanzende Eselsurne. Und dennoch bin ich in letzter Zeit wütend. Ich bin deprimiert. Ich bin verletzt. Ich habe meine Karriere stagnieren sehen, während die Karrieren anderer um mich herum floriert haben. Ich habe ihre Monografien gelesen, wenn ich es über mich brachte. Ich habe gegen sie gewütet, in Gedanken, im Kreis meiner Facebook-Freunde, in anonymen Briefen, die nie an Filmzeitschriften, an die *New York Times* oder *Argosy All-Story Weekly* abgeschickt wurden. Ich habe vertraulich über die Gier und Oberflächlichkeit und Dummheit Hollywoods gesprochen, über den Mangel an Ideen und an Mut, über die eigennützigen, selbstherrlichen, gefeierten Narzissten und Opportunisten in Machtpositionen. Ich habe mein Selbstvertrauen schwinden sehen, während meine Exposés eines nach dem anderen abgelehnt wurden. Ich habe zugesehen, wie meine Ideen vertrockneten. Ich habe miterlebt, wie man mich in der Vergangenheitsform erwähnte, wenn überhaupt. Mir wurde das falsche Geschlecht zugeschrieben. Die Howie Sherman Zookeeper School hat mich sang- und klanglos entlassen. Finstere Verzweiflung überkommt mich, während ich zusehe, wie ich altere, wie Menschen auf Facebook, die mir etwas bedeuten, körperlich und geistig erkranken, während ich zusehe, wie der *aufrichtige* Optimismus unserer Jungen schwindet und ihrem *unausgegorenen und mitleiderregenden* Optimismus weicht. Es ist ihnen nicht bewusst, aber uns schon. Es wird ihnen bewusst werden. Und vielleicht werden wir zuletzt lachen, wenn wir lange genug leben, um zu sehen, wie ihnen bewusst wird, was wir bereits wissen. Die Hoffnung stirbt zuletzt.

Meine Anstellung an der Zoowärterschule wurde aufgrund einer Auseinandersetzung mit einem Schüler gekündigt. Diese Generation hat so eine gewisse Art an sich. Als ich in diesem Alter war, es war während der Punischen Kriege (ich mache diese Anspielung auf das in verblüffendem Maße überschätzte Theaterstück von Edward Albee [wie der Titel des *Schottischen Stücks* wird mir auch dieser nie über die Lippen kommen] mit einem mokanten Seitenblick in eine imaginäre Kamera), begegneten die Schüler ihren Lehrern gewiss nicht mit einer so respektlosen Arroganz. Sicherlich ist es eine fragwürdige pädagogische Strategie, in einem Unterrichtsraum voller angehender Zoowärter Descartes zu rühmen, aber wie soll man sich ernsthaft mit dem Thema Film und Epistemologie auseinandersetzen, ohne sich dabei auch eingehend mit seinen *Meditationes de prima philosophia* zu befassen? Und da mir die Frage »Ist dies ein Traum?« derzeit schwer auf der Seele lastet, fand ich es unerlässlich, meinen Schülern den Mann näherzubringen, der mir seinerseits diese Frage nähergebracht hat. Dass ein junger weißer Mann dann versuchen würde, mich zum Schweigen zu bringen, indem er mich einen alten weißen Mann nennt, hätte ich, nun ja, nicht im Traum erwartet, als ich mich dem naiven Vorhaben widmete, mit den zukünftigen Zoowärtern Amerikas eine zivilisierte Diskussion zu führen. Ich nannte ihn einen Einfaltspinsel, und er sagte zu mir: Setzen Sie sich hin, Sie alter Mann, und hören Sie zur Abwechslung mal zu. Aber ich bin der Lehrer, sagte ich. Sie sind alt und weiß und ein Mann, wiederholte er. Dann fügte er hinzu: Und in Israel herrscht Apartheid. Ah, nun war die Katze aus dem Sack. Warum haben Sie so lange gebraucht, um zu Ihrem eigentlichen Argument gegen mich vorzudringen?, fragte ich ihn. Die Juden glauben, Tiere hätten keine Seele und kämen nicht in den Himmel, schrie er mich geradezu an. Zunächst einmal, begann ich, bin ich kein Jude.

»Sie sehen aber aus wie ein Jude«, spie er.

»Und Sie sehen aus wie durch Inzucht gezeugter pädophiler weißer Abschaum, aber das heißt nicht unbedingt, dass Sie es auch sind.«

Er war zu weit gegangen, und ich verlor meinen kühlen Kopf. An jenem Abend wurde ich gefeuert.

Ich diskutierte mit dem Schuldirektor.

»Ich sagte ausdrücklich, das heiße *nicht* unbedingt, dass er es auch sei.«

»Durch die Aussage, es heiße nicht unbedingt, dass er es auch sei, haben Sie evoziert, es heiße auch nicht unbedingt, dass er es *nicht* sei.«

»Impliziert«, verbesserte ich.

Ich finde mich in der Subway wieder, auf meinem Schoß ein Pappkarton mit einer Metzgerpalme (die ich spaßeshalber Klytaimnestra getauft habe); einem Tacker; Stiften; Büchern über Godard, die spanischen Rektangulisten und die Anfänge des albanischen Kinos sowie Judd Apatows *Du hältst dich wohl für komisch?* (sträflich unterschätzt!).

Was soll ich machen, nun, da ich arbeitslos bin? Die Miete konnte ich mir zuvor schon kaum leisten. Vielleicht kann ich im Austausch gegen kleinere Besorgungen oder etwas in der Art bei meiner ältlichen Tante in Elmhurst nächtigen. Es ist demoralisierend, aber ich muss meinen Weg weitergehen. Ich bin mir sicher, dass am Ende eine Truhe voller goldener Ingos wartet.

Während ich von der Bahnstation nach Hause gehe, übe ich meinen Vortrag über Preston Sturges ein:

> Die Lektion, die Sullivan am Ende von *Sullivans Reisen* lernt, verhält sich antithetisch zu der ursprünglich intendierten. Die Welt ist ein erbarmungslos grausamer Ort. Die Unterwerfung unter die infantilisierende Unterhaltung von Walt Disney bedeutet den Ruin der Kultur, nicht ihre Errettung. Sullivan hätte weiter an *O Brother, Where Art Thou?* arbeiten sollen. Diese zahnlosen Kettensträflinge hätten nicht der Besänftigung mit Kinderzeichnungen bedurft. Sie hätten der Befreiung von ihren erdrückenden Fesseln bedurft, sowohl im übertragenen als auch im buchstäblichen Sinne. Ist es ein Zufall, dass das Gelächter dieser Unglücklichen in keinem Verhältnis zur Komik des vorgeführten Zeichentrickfilms steht? Es ist das Lachen der Wahnsinnigen, der Gebrochenen, der Hoffnungslosen. Es hat immer nur eine Art von Animation gegeben, die die Menschheit retten könnte.

Vielleicht aus Zufall beginne ich Ingos gebeugte Gestalt auf der Straße zu sehen, mal in seinem weißen Make-up, mal nicht – *war* es überhaupt Make-up? Meine Erinnerung ist diesbezüglich unklar –, aber immer in der Ferne: einen Block entfernt, um eine Ecke biegend, beim Betreten eines Gebäudes. Es ist wie eine Heimsuchung, aber eine sonderbare, so als wäre ich nicht derjenige, der heimgesucht wird. Als würde ich Zeuge der Heimsuchung eines anderen. Als sähe ich einen Film über eine Heimsuchung. Vielleicht liegt es nur daran, dass Ingo mir im Kopf herumspukt. Ich hatte einmal eine Freundin, die mich für einen auf herkömmlichere Weise erfolgreichen und auf herkömmlichere Weise gut aussehenden und auf herkömmlichere Weise anständigen Kerl verließ, und hinterher sah ich ihr Auto überall. Es handelte sich freilich um ein recht verbreitetes Modell in einer recht verbreiteten Farbe, und heutzutage sehen ohnehin alle Autos gleich aus (vgl. meinen hochgelobten Essay zu ebendiesem Thema, »Der Volks-Wagen«, in der Zeitschrift *Was stimmt bloß nicht mit den Autos heutzutage?*), sodass sie es wahrscheinlich nur selten, wenn überhaupt jemals war. Ich vermute, dies ist ein ähnliches Phänomen. Wobei Ingo, wenn ich mich recht erinnere, zwei eher ungewöhnlich aussehende Männer war. Aber es ist immer in der Ferne, und ich sehe ihn meist am frühen Abend, wenn einem die Augen wie das Herz bekanntlich gern einmal einen Streich spielen. Bald aber kommt die Erscheinung näher, und ich bin mir sicher, dass diese Gestalt zumindest eine frappierende Ähnlichkeit mit einem der Ingos hat. Dies ist keine Toyota/Honda-Verwechslung. Im schlimmsten Fall ist es Alec Baldwin/Billy Baldwin. Ich bin noch immer nicht nah genug, um ihn zu fassen zu bekommen, aber sein regelmäßiges Erscheinen lastet schwer auf meiner Psyche. Schließlich empfinde ich noch immer eine gewisse Schuld angesichts meiner völligen Zerstörung von Ingos Lebenswerk. Dass er selbst darum gebeten hatte, sein Werk zu zerstören, erleichtert meine Bürde nicht. Der monumentale Verlust, den die Zivilisation erlitten hätte, wären die Anweisungen gewisser Künstler, ihre Werke zu zerstören, tatsächlich befolgt worden, wäre unschätzbar. Natürlich kommt einem vor allem Franz Kafka in den Sinn, dessen posthumer Wunsch von seinem Freund Max Brod glücklicherweise nicht befolgt wurde. Aubrey Beardsley richtete den gleichen Wunsch an seinen Verleger, und auch dieser wurde verweigert. Diese Geschichten gingen gut aus. Doch es gibt Hunderte verlorener Manuskripte und Kunstwerke von Meistern aus der gesamten Historie. Wir werden nie wissen, wie sehr die verlorenen Bücher Gogols die Welt zum Besseren verändert hätten, aber getan hätten sie es zweifellos. Und noch unvorstellbarer sind die verschwundenen Werke völlig unbekannter Künstler, die vielleicht, vielleicht aber auch nicht existiert haben mögen. Vielleicht hat jemand namens Loren Thelms einen Roman geschrieben, der die Kultur in unvorstellbarer Weise verändert hätte. Vielleicht hätten die Gemälde einer Künstlerin, die zum Beispiel Janis Menschel geheißen hätte, eine ganze Generation bildender Künstler in gar nicht vorstellbarer Weise berührt. Vielleicht hätte eine Symphonie von beispielsweise jemandem namens Enright Wong die Musik auf eine Weise verändert, die wir uns heute nicht einmal vorstellen können. Denkt man an die Vielzahl unbesungener Künstler sämtlicher Hautfarben, Ethnien und Geschlechter, die sich vielleicht im Verborgenen gemüht haben, nur damit ihre Werke nach ihrem Tod von banausenhaften Verwandten und vulgären Vermietern fortgeworfen wurden, könnte man weinen.

Und man tut es auch.

Eines dieser Werke hätte vielleicht die Armut beenden, den Krebs besiegen oder zumindest einem kleinen Jungen, der gerade seine Mutter an Armut oder Krebs verloren hat, ein flüchtiges Lächeln auf das Gesicht zaubern können. Die Liste dieser imaginären Künstler ist, wie man sich leicht vorstellen kann, endlos: Maria Reggio, Bob Thomas Cork, Sylvio Moretti, Asha Okeke, Hiroshi Bittner, Bev Wickner, Ah-Renj Julius, Harper Mead, Janet Tanaka, Harry Prachnau, Shana De-Vries und so weiter und so fort. Jetzt sagt mir einer von ihnen, nämlich der Geist Ingos, der mich zu Lebzeiten angewiesen hatte, seinen Film zu zerstören, durch seine geisterhafte tote Präsenz, ich solle den Film in Erinnerung behalten, so glaube ich zumindest. Das glaube ich, denn was ist ein Geist, wenn nicht ein Flehen nach Erinnerung? Und mein nichtvorhandenes Erinnerungsvermögen sucht mich ebenso heim, wie *er* mich heimsucht. Es ist meine Verantwortung der Welt gegenüber. Ich muss den Film Bild für Bild aus der Tiefe meines Bewusstseins ziehen, und auch wenn mir wahrscheinlich keine neunzig Jahre mehr bleiben, um ihn Bild für Bild nachzubilden (sag niemals nie!), könnte ich mit dem entsprechenden Budget vielleicht eine Armada von Animateuren beaufsichtigen, und wir könnten das Ganze in zehn Jahren schaffen. Vielleicht bin ich genau der Held, den die Welt jetzt braucht.

In meiner Wohnung starre ich durch eine professionelle Juwelierlupe auf das einzige verbliebene Bild aus Ingos Film. Ich glaube, mir ist eine geniale und anwendbare Restaurierungstechnik eingefallen. Unter Rückgriff auf eine von mir selbst erdachte Methode, basierend auf meinem Verständnis der Blockuniversum-Theorie und meinem enormen Wissen über die Filmgeschichte, sollte ich dieses Bild studieren und mit hoher Präzision das darauffolgende wie auch das vorhergegangene Bild prognostizieren können. Wenn ich diesen Vorgang schlicht 186 624 999 Mal wiederhole, sollte ich den Film vollständig rekonstruieren können. Natürlich wird es mühsam werden. Wahrscheinlich wird es mich umbringen, aber es ist notwendig.

Das Bild: ein dicker Mann in einem karierten Anzug und mit einer Melone auf dem Kopf. Er lächelt verschämt, kindlich, grotesk in die Kamera. Direkt über seinem Kopf scheint sich eine Eisenstange zu befinden. Die Bewegungsunschärfe legt nahe, dass sie sich mit beträchtlicher Geschwindigkeit auf ihn zubewegt. Ist jemand im Begriff, ihm auf den Schädel zu schlagen? Falls ja, ahnt er in diesem Augenblick nichts von dem drohenden Unheil. Wird ihn das nächste Bild dem Unheil um eine Vierundzwanzigstelsekunde näher bringen? Ist es der erste Moment des Begreifens, der in einer angstvollen Miene münden wird? Oder kommt das später? Oder kommt es niemals, und ihm wird völlig unerwartet der Schädel eingeschlagen? Oder vielleicht verfehlt ihn die Eisenstange auch. Vielleicht zuckt er im letzten Augenblick zur Seite. Vielleicht ist die Stange gar nicht aus Metall. Vielleicht ist sie aus Schokolade. Vielleicht fliegt die Stange von ihm fort statt auf ihn zu; bei all dem Rauch ist das schwer zu sagen. Vielleicht ist dies der letzte Augenblick der Einstellung, und es erfolgt ein Schnitt, ehe die Stange auftrifft. Was könnte in diesem Fall als Nächstes kommen? Die Möglichkeiten erscheinen jetzt, wenn nicht unbegrenzt, dann doch gänzlich unüberschaubar. Die Welt ist unfassbar komplex, und selbst etwas viel Simpleres als die Welt in ihrer Gesamtheit wie beispielsweise ein Film erweist sich, in seine einzelnen Quanten zerlegt, als unvorhersehbar. Natürlich gibt es gewisse unwahrscheinliche Optionen für das nächste Bild: eine Nahaufnahme eines *Labium majus*; eine Flotte Tausender außerirdischer Raumschiffe, die den Himmel über Krong

Chaktomuk bevölkern; ein jugendlicher Leprechaun, der mit verschränkten Armen auf einem grünen Feld steht; eine sterbende Hummel, die auf der Krone eines Marshmallows ruht; David Susskind, der im Begriff ist zu husten; vierzehn ruhende Pfauen. Die Liste ließe sich fortsetzen, aber ich bin mir nicht sicher, wie hilfreich sie ist, denn so unwahrscheinlich diese nächsten Einstellungen auch wären, sind sie doch allesamt möglich. Und zu diesem Zeitpunkt, mit so wenig Erinnerung an den Film, bin ich nicht in der Lage, eine wohlbegründete Vermutung anzustellen. Ich hatte wirklich geglaubt, zu dieser Art filmischer Deduktion fähig zu sein. Ich, mit meiner ganzen filmischen Meisterschaft. Aber ich sehe mich zutiefst enttäuscht.

Eine Stimme in meinem Kopf nennt mich einmal mehr einen Versager. Ist es meine eigene Stimme? Sie ist zu fern, um das sagen zu können. Ich stecke das Einzelbild wieder in seinen Umschlag. Ich fließe über vor Selbstverachtung. Meine Unfähigkeit, die Bilder zu beiden Seiten, die anderen Momente, die gequantelte Darstellung von Ingos Welt zu prognostizieren, hat mich zu dem unbestreitbaren Schluss gebracht, dass der einzig existierende Augenblick der ist, in dem wir leben. Alles Übrige sind Gerüchte und Klatsch. Alles Übrige sind Lügen.

Ich gehe auf und ab.

Natürlich ist auch Komik eine Lüge. Sie ist eine Verteidigung, eine Aggression. Sie ist geschaffen, um zu spalten, um zu sagen: »So bin ich nicht.« Sie ist gottgleich in ihrem Urteil und *per definitionem* die Antithese des Mitgefühls. Die Komik sitzt auf ihrem Thron und erklärt: Du bist lächerlich. Du bist erbärmlich. Du bist dumm. Dein Leid amüsiert mich. Vor allem aber bin ich nicht du. Selbst die auf das eigene Ich bezogene Komik der Stand-up-Comedians, der Woody Allens dieser Welt, wird als ein Akt der Verteidigung ausgeübt: *Ich verstehe den Witz, der ich bin, darum bin ich nicht der Witz.*

Ich gehe auf und ab.

Was *ich* tue, was ich der Welt gebe, ist, dass ich zuschaue. Ich beobachte. Ich nehme wahr. Ich nehme auf. In dieser Weise verkörpere ich das Universelle Weibliche. Ich schäme mich nicht dafür, ein femininer

Mann zu sein. Ich nehme kreative Arbeit in mir auf wie Samen. Ich erlaube ihm, meinen eiähnlichen Geist zu befruchten, in mir zu reifen. Und was geboren wird, ist die Verschlingung dieser beiden Bewusstseinszustände. Ohne Sperma gibt es keine Befruchtung, aber ohne das Ei ist das Sperma nutzlos, vertrocknet in einer alten Socke. Ich bin wahrer Kunst, wahrer Kreativität gegenüber aufnahmebereit, doch ich werde nicht zulassen, dass Menschen wie Charlie Kaufman in mich eindringen, um meinen Geist zu vergewaltigen. Ich werde mich mit Händen und Füßen wehren. Ich werde Namen nennen. #MeToo, Charlie Kaufman, #MeToo.

Ich mache kurz halt, um die Batterien aus meinen Rauchmeldern zu nehmen, die alle gleichzeitig jäh zu schrillen begonnen haben.

Ich gehe weiter auf und ab.

Ich werde andere warnen, damit sie nicht die Entwürdigung erleiden müssen, die ich erleiden musste, damit sie nicht nachts in kaltem Schweiß gebadet aufwachen und nach Ausflüchten für ihren Angreifer suchen. »Vielleicht habe ich es darauf angelegt. Vielleicht habe ich mich nicht klar genug ausgedrückt.« Welche Abscheulichkeit würde aus dieser monströsen Verbindung erwachsen? Gäbe es doch nur die Pille danach gegen Angriffe minderer, untalentierter Filmemacher.

Die Rauchmelder schrillen nun auch ohne Batterien. Ich reiße sie von der Decke und trampele darauf herum.

Ich gehe auf und ab.

Im Radio wird ein erneuter Streik in Paris gemeldet. Diesmal sind es die *fabricants de sacs à baguette*. Die Stadt ist abgeriegelt. Es kommt zu Ausschreitungen.

Ich gehe auf und ab.

KAPITEL 20

FÜNF JAHRE VERGEHEN auf diese Weise, voller Grübeleien, internationaler und persönlicher Katastrophen, aufgewärmter Vorträge, in einem Nebel aus Depression, Defätismus und einem dritten *D* – vielleicht Düsternis, aber das scheint mir nicht ganz in die Reihe zu passen; Dyskolie vielleicht? –, während ich Ingos Film in seinen eigenen Nebel zurückweichen sehe, den Nebel des Vergessens. Mit zunehmendem Alter lässt mein Gedächtnis nach. Konnte ich früher sämtliche Darsteller aus Cowlicks *Du darfst ihn nicht schlagen* herunterbeten, bin ich heute froh, wenn mir einfällt, wer Grübchen-Griffin gespielt hat, ohne es nachzuschlagen. Und je weiter mich die Zeit von Ingos Film davonträgt, desto weniger erinnere ich mich an ihn. Ich habe versucht, mir Notizen zu machen, aber mit sehr wenig Erfolg und natürlich ohne die Möglichkeit, sie mit irgendetwas abzugleichen. Dieser Verlust hat mich in die tiefsten Tiefen eines anderen *D* gestürzt: Drangsal? Dolorosität? Verbunden mit der Einsicht, dass ich durch meine ikarushafte Hybris die Welt des wohl unstrittig (ach, gäbe es nur jemanden, mit dem ich darüber streiten könnte!) größten Kunstwerks beraubt habe, das je geschaffen wurde. Es ist eine Bürde, die ich nicht tragen kann. Und die nun einsetzende Erkenntnis, dass selbst ich, das einzige Behältnis für dieses Meisterwerk, scheitere, genügt, um mich zu brechen.

Ich kann nachts nicht schlafen. Ich kann nichts essen. Ich bin ausgezehrt. Die schütteren Haare auf meinem Kopf fallen aus oder nehmen sonderbare, unirdische Farben an. Mein wieder gesprossener und auch bemerkenswert voller Bart wirkt nichtsdestoweniger stumpf. Hätte ich doch nur ein fotografisches Gedächtnis. Doch das habe ich natürlich nicht, denn es ist ein Mythos. Leider, denn ich bin mir sicher, wenn es so etwas wie ein fotografisches Gedächtnis gäbe, dann hätte ich es. Ich bin wie dafür gemacht. Dass ich es nicht habe, ist der Beweis, dass es nicht existiert. Und die Schlaflosigkeit macht mein Gedächtnis nicht eben besser. Ich verbringe die Nächte jetzt vor alten Fernsehsendungen. Ich habe nicht mehr die notwendige Konzentration, um zu lesen oder mir auch nur meine geliebten Spielfilme anzusehen. Mein einziger Trost liegt in der Vertrautheit der Serie *Friends*. Ich habe wahrscheinlich jede Folge fünfmal gesehen. Meine Lieblingsfolge ist die, in der Freddy im Schlaf umgebracht wird. Das erzähle ich meinem eigenen »Freund« Ocky, und er sagt, eine solche Folge gebe es nicht und einen Freddy auch nicht.

»Freddy ist der Dicke«, sage ich.

»Es gibt keinen Dicken.«

»Freddy«, wiederhole ich zur Verdeutlichung.

»Es gibt keinen Freddy. Es gibt nur Ross, Rachel, Joey, Phoebe und Monica.«

»Diese Namen habe ich noch nie gehört«, sage ich. »Bist du sicher? Was habe ich denn dann geschaut?«

»Ich weiß es nicht.«

»Es wurde als *Friends* angekündigt.«

»Ich weiß es nicht. Chandler gibt es auch noch.«

»Sie arbeiten alle bei einem Herrenausstatter.«

»Nein.«

»Was schaue ich denn dann?«

»Auf jeden Fall nicht *Friends*. Darüber hinaus finde ich es verstörend, dass in deiner Lieblingsfolge der Serie, die du da Nacht für Nacht schaust, worum auch immer es sich handeln mag, irgendein Kerl im Schlaf umgebracht wird.«

»Freddy ist ein Mädchen.«

»Das macht es auch nicht besser.«

»Das behaupte ich auch gar nicht. Ich will es nur klarstellen. Es ist eine gute Folge. Und ehrlich gesagt, hatte Freddy es verdient. Sie war gerade dabei, Jeremy im Schlaf zu erstechen.«

»Also war es gar kein Mord? Eher Selbstverteidigung?«

»Eigentlich nicht. Sie wird von einem Einbrecher getötet, während sie Jeremy im Schlaf ersticht. Von jemand ganz anderem.«

»Und das ist eine Comedy-Serie?«

»Schon, ja.«

»Ich fürchte fast, dass diese Serie gar nicht existiert, dass dir dein Verstand aufgrund des Schlafdefizits einen Streich spielt.«

»Defizit«, rufe ich aus und setze es erfreut auf meine D-Liste.

»Und im Übrigen, mein Freund, hast du gesagt, Freddy sei *der* Dicke.«

»Es ist eine gute Serie«, beharre ich.

Aber insgeheim fürchte ich um meinen Verstand. Am Abend warte ich darauf, dass der *Friends*-Marathon beginnt. Ich habe den digitalen Videorekorder auf Aufnahme gestellt, um Ocky und mir selbst beweisen zu können, dass ich mir das Ganze nicht ausgedacht habe. Die Titelmusik ertönt, und der Titel der Serie wird eingeblendet. Ich sehe, dass sie *Krabbencocktail für zwei* und nicht *Friends* heißt. Ich mag die Serie noch immer, auch wenn es nicht das vielbejubelte *Friends* ist, sondern ein brutaler, schlecht gemachter Fiebertraum, der wenig bis gar keinen Sinn ergibt. Ich mag sie noch immer. Die drastische, zusammenhanglose Bildsprache spricht mich in meinem gegenwärtigen Zustand sehr an. Die erste Folge des heutigen Abends: »Die, in der Alistair ein Massengrab unter seinem Bett entdeckt«. Log Line: Es wird vermutet, dass in Alistairs Wäschekorb ein Serienmörder lebt, der nur nachts herauskommt, um zu morden und sich fortzupflanzen. Alistairs Wäschekorb ist sehr, sehr groß und kam schon in der Folge vor, in der Starbucks einen Starbucks darin eröffnet.

Am nächsten Morgen spiele ich Ocky die Aufnahme vor. Es ist eine ganz normale *Friends*-Folge. Monica backt Kuchen.

IM VERSUCH, MEINEN Geisteszustand zu verbessern, durchstreife ich einsam und verlassen wirkend die Straßen New Yorks, wie ich es häufig tue, um Frauen anzulocken, die mich für besonders tiefgründig oder der Rettung bedürftig halten könnten, eine Technik, die bislang noch keine Früchte getragen hat, es aber gewiss irgendwann tun wird. Man sollte meinen, ich hätte sie inzwischen aufgegeben, aber es ist die einzige Technik in meinem Arsenal. Ich habe sie mit fünfzehn Jahren auf einer Teenagerparty erdacht, als ich in der Ecke saß und in ein kleines Notizbuch schrieb. *Was schreibst du denn da auf?*, fragt das traurige und schöne Mädchen in meiner Vorstellung. *Ach, nur ein paar Gedanken*, sage ich im gleichen traurigen Tonfall wie sie. *Hasst du Partys genauso wie ich?*, fährt sie fort. *Allerdings*, sage ich. Ich dachte, es müsste funktionieren. Doch das tat es nie. Jedenfalls nicht bei den hübschen traurigen Mädchen.

Es gab da einmal ein unscheinbares Mädchen, das traurig war (vermutlich wegen seiner Unscheinbarkeit) und sich an mich hängte. Sie wollte unbedingt meine Freundin sein. Sie war lästig. Sie war eine Plage. Und sie machte mir ein schlechtes Gewissen. Sie gab mir das Gefühl, oberflächlich zu sein, weil ich mich nicht für sie interessierte, was nicht besonders nett von ihr war, wenn man es sich einmal überlegt. Es ist nicht nett, jemandem, den man mag, ein schlechtes Gewissen zu machen. Liebst du etwas, schenke ihm Freiheit. Ich denke nun beim Gehen an sie und frage mich, was aus ihr geworden ist. Ich nehme mein Telefon und suche im Internet nach ihr. Jessica Capromenschen. Ein ungewöhnlicher Name. Sie sollte sich leicht ausfindig machen lassen. Ich hoffe, herauszufinden, dass es ihr gutgeht, dass sie sich in einen unscheinbaren, öden Mann verliebt hat, irgendeine unbestimmte Karriere absolviert hat, dass ich nicht ihr Leben zerstört habe, indem ich ihr meine Zuneigung verwehrte. Was ich tatsächlich herausfinde, ist, dass es im Internet keinen Eintrag zu ihr gibt. Keinen einzigen. Mehr noch, es gibt überhaupt keinen Eintrag zu diesem Nachnamen. Wie kann das sein? Ist Jessica Capromenschen vom Erdboden verschluckt worden? Hat sie jemals existiert? Habe ich ihren Namen richtig in Erinnerung? Sicherlich nicht. Ich probiere alle erdenklichen Schreibweisen ihres Namens durch, wofür ich fünf Stunden brauche, an der Ecke 53rd Street und 11th Avenue mit meinem magnetischen Reise-Scrabblespiel. Noch immer nichts. Das ist unmöglich. Sie ist in meinem Gehirn, ihr trauriges unscheinbares Gesicht, ihre Bedürftigkeit, ihre Beharrlichkeit. Und doch scheint Jessica Capromenschen nie auf dieser Welt existiert zu haben und tut es auch weiterhin nicht, wenn man dem Internet Glauben schenken darf. Gewiss ist es möglich, nicht im Internet aufzutauchen, aber dass sonst niemand ihren Nachnamen trägt, legt nahe, dass sie aus dem Nichts aufgetaucht ist und sich nach ihrer verbissenen Verfolgungsjagd auf mich auch wieder dorthin zurückgezogen hat. Ich mache unser Highschool-Jahrbuch auf piningforlostyouth.com ausfindig. Sie ist nicht darin. Sie ist nirgends. Bin ich dafür verantwortlich? Hat meine Ablehnung, so freundschaftlich und fürsorglich sie auch gewesen ist, verursacht, dass sie sich ganz aus dem Gefüge der Realität gelöst hat? Besaß ich (besitze ich?) diese Macht? Das ist vielleicht magisches Denken, doch welche Erklärung kann es sonst geben? Ich hoffe, dass mein Gesicht nun meine ratlose Traurigkeit über das Nichtsein dieses Mädchens widerspiegelt und eine ratlose, traurige, schöne Frau anlockt. Jung muss sie freilich nicht sein – tatsächlich ist Gleichaltrigkeit im gegenwärtigen gesellschaftlichen Klima vorzuziehen –, aber sie muss schön sein, ihr Alter muss sich in einer traurigen Gefühlstiefe niederschlagen, vielleicht könnte sie vom Typ Anne Sexton sein.

Ich erwäge, Jessica von einem Privatdetektiv ausfindig machen zu lassen. Ich mag es nicht, sie in meinem Gehirn zu haben, wenn sie sonst nirgendwo auf dem Planeten ist. Ich fürchte um meinen Verstand. Ich hoffe, dass mein Gesicht nun die Sorge um meinen Verstand widerspiegelt und mich vielleicht für die vorbeigehenden älteren, schönen, traurigen Frauen auf der Straße attraktiv macht. Möglicherweise wird Amanda Filipacchi vorbeikommen. Sie würde mich anhalten und fragen, ob ich mit ihr über Schönheit diskutieren wolle. Dann kommt Zadie Smith des Weges und hört uns. Sie gesellt sich dazu, und wir gehen zusammen in eine Kneipe im Viertel, irgendein kleines Rattenloch, wo wir die Probleme besprechen. Ich hüte mich vor Mansplaining oder Manspreading, klemme mir eine Aspirintablette zwischen die zusammengepressten Knie. Ich bin hier, um zu lernen, erkläre ich. Die Bürde der Schönheit lastet stärker auf den Frauen, sage ich demütig zu Amanda, daher möchte ich hören, was Zadie und Sie zu sagen haben. Zu Zadie sage ich genau das Gleiche, tausche aber »Zadie« gegen »Amanda« aus. Dann füge ich, abwechselnd die eine und die andere ansehend, hinzu: Der Feminismus ist ein Schirm, unter dem sämtliche Rassen und Ethnien koexistieren und ihre eigenen spezifischen Erfahrungen machen. Alle sollen in gleicher Weise gewürdigt werden, wobei jene Frauen, die in der Geschichte ungesehen oder ungehört geblieben sind, Vorrang haben, insbesondere Women of Color. WOC. Nichts für ungut, Amanda, aber ich denke, Sie werden mir zustimmen, dass Zadies Erfahrungen und die Erfahrungen von Frauen wie ihr in den Vordergrund rücken sollten. Schließlich stammen Sie bei all den Härten, die das Frausein mit sich bringt, aus wohlhabenden und privilegierten Verhältnissen. Nachdem Amanda mir voll und ganz zustimmt (und ich ihr eine gewisse Bewunderung für mich und meine Empfindsamkeit anmerke), wenden wir uns beide Zadie zu und warten darauf, dass sie zu sprechen beginnt, was sie auch voller Dankbarkeit tut, und sie sagt etwas Tiefgründiges über Women of Color und die weibliche Erfahrung in der Welt von heute. Ich nicke aufmunternd und auch, um zu unterstreichen, wie viel ich lerne, was, wie ich glaube, ansprechend ist und sich stark von der Reaktion unterscheidet, die die meisten Frauen von den meisten Männern bekommen. Sicherlich, Amanda ist meinem Alter angemessener, also konzentriere ich meine Bemühungen auf sie, aber ich glaube, diese Zustimmung von Zadies Seite ist genau das, was mich für Amanda attraktiver machen wird. Zadie ist mein Flügelmann. Ich bin kein Snob, sage ich zu den Damen. In keiner Richtung. Ich bin weder Bildungsbürger noch Banause. Ich bin einfach nur B. Man kann aus allen Erfahrungen Vergnügen ziehen, vom Hochexklusiven bis zum Vulgären, vom Fleischlichen bis zum Geistigen. Sie wirken beeindruckt.

Ich reiße mich aus meinem Traum und stelle fest, dass ich noch immer allein auf den hässlichen, gewalttätigen, widerwärtigen Straßen meines Viertels bin. Ich fühle mich hässlich, gewalttätig und angewidert. Ich sorge mich um Jessica. Was, wenn sie sich wegen mir umgebracht hat? Nachdem sie jeden Hinweis auf sich aus dem Internet getilgt hat. (Das erinnert mich an eine Filmidee, die ich einmal hatte. Sehr vorausblickend!) Wie soll ich weitermachen, wenn ich es nicht weiß? Ich muss einen Privatdetektiv anheuern. Ich blicke lange genug auf, um zu sehen, dass mich niemand ansieht. Ich bleibe vor dem Actors' Temple stehen, einer traurigen kleinen Synagoge in der West 47th Street. Vielleicht werde ich ein Theaterstück schreiben. Das Gebäude wird für Theaterstücke vermietet, und ich denke, ich könnte es mir leisten. Es ist klein und traurig. Ich könnte ein kleines, trauriges Stück über meinen Daseinskampf schreiben. Möglicherweise würde ich es *Jessica Capromenschen* nennen. Wenn es die Aufmerksamkeit bekäme, die es verdient, dann würde Jessica, die vielleicht tot in einem namenlosen Grab liegt oder eine namenlose Drogenabhängige ist, endlich auf die Art und Weise gefeiert werden, die sie so verdient hat. Vielleicht würden Anne und Zadie kommen und dann in dem Schreibzirkel davon schwärmen, dem sie beide angehören und in den sie mich einladen werden – als einzigen Mann, der teilnehmen darf.

Zu Hause starre ich aus dem Fenster.

Ich bin in meinem Leben mit sieben Frauen intim gewesen. Mir ist bewusst, dass das keine hohe Zahl ist, aber ich bin ein Mann, dem vor langer Zeit klar geworden ist, dass eine Kerbe im Bettpfosten der Gipfel der Vergegenständlichung der Frau ist. Daran werde ich mich nicht beteiligen. Sicherlich hatte ich viele Gelegenheiten, die ich nicht ausgenutzt habe. Es hat siebenunddreißig weitere Frauen gegeben, alle sehr schön, die sich mit mir *in flagrante delicto* begeben wollten, aber ich habe ihre Offerten – mit sanfter Freundlichkeit, um nicht eine einzige von ihnen zu demütigen – zurückgewiesen. Drei Latinxs, zwei Rumäninnen, sieben WASPs, eine Afroamerikanerin, fünf Asioamerikanerinnen (zwei Chinoamerikanerinnen und drei Koreoamerikanerinnen), eine indigene Australierin, fünf indigene Amerikanerinnen, zwei Jüdinnen, eine Kukukuku aus Papua-Neuguinea, drei schwarze Irinnen, vier Italoamerikanerinnen und eine Grekoamerikanerin. Ich bin stolz, sagen zu können, dass ich all diese Frauen so elegant zurückgewiesen habe, dass es kein böses Blut gab, und tatsächlich konnte ich sie in allen Fällen davon überzeugen, dass sie es waren, die mich zurückwiesen. In dieser und in vielerlei weiterer Hinsicht bin ich emanzipiert, »*woke*«, wie die Kinder heute sagen, und war es lange bevor es in Mode kam. Frauen sind Menschen. Viele meiner Geschlechtsgenossen erkennen diese schlichte Tatsache nicht an und sind daher mehr als willens, Frauen als Objekte oder Statussymbole zu behandeln. Man muss ein starker Mann, ein wahrer Mann sein, um sich in dieser Kultur so zu verhalten.

Ich aale mich in der Badewanne.

Jahrzehnte des genauen Augenmerks auf Details, sowohl beim Studium von Filmen als auch beim Studium des Lebens selbst, haben mir ein nahezu fotografisches Gedächtnis beschert (die Behauptungen bezüglich eines angeblich perfekten fotografischen Gedächtnisses wurden in allen Fällen widerlegt). Ich hatte schon immer ein überragendes Gedächtnis. Tatsächlich wurde ich bei der Highschool-Aufführung von Neil Orams *The Warp* (mit über zweiundzwanzig Stunden Länge der illustren Guinness-Organisation zufolge das längste Theaterstück der Welt) in der Rolle des britischen Dichters Philip Bourke Marston besetzt und war während des beinahe gesamten Tages, den die Aufführung dieses herrlich schwungvollen Schwanks dauerte, die ganze Zeit über auf der Bühne. Dafür hatte ich nicht nur sämtliche fünfundzwanzigtausend Sätze von Bourke memoriert, sondern auch jene meiner jugendlichen Mitspieler. Es tut zwar nichts zur Sache, aber die Lokalzeitung rühmte sowohl meine gespielte Blindheit (ich hatte zu Recherchezwecken drei Wochen als »Blinder« gelebt) als auch meine »britische Standardaussprache«. Die Zuschauer blieben während der gesamten Aufführung auf ihren Stehplätzen (der Raum war unbestuhlt), und ich, der ich noch nie zuvor auf einer Bühne gestanden hatte, gewann einen Schüler-Tony.

Ich erwähne das nur, um darauf hinzuweisen, dass ich auf diesem Gebiet über gewisse enorme Fähigkeiten verfüge, und so sitze ich nur leicht verzagt in dieser Wanne, den Stift in der Hand, über das Blatt auf dem tragbaren, aufblasbaren Schreibtisch gebeugt, die sprichwörtliche Denkkappe auf dem Kopf, funkelndes Auge, wippender Gang, den Stift im Mund jetzt, knabbernd, konzentrierte Falte zwischen den Augen, schimmernde Schweißperlen auf der Stirn, den Blick (ohne zu sehen) aufwärts und nach rechts gerichtet … und ich kann nicht. Ich kann einfach nicht. Ich kann mich nicht an einen einzigen Moment aus Ingos Film erinnern. Ich meine, ich erinnere mich an die allgemeine Geschichte, in Teilen zumindest, an sehr wenig, offen gestanden. Ich meine, natürlich erinnere ich mich an Mudd und Molloy. Ich bin kein Idiot. Aber das ist besorgniserregend. Gewiss, ich bin kein Highschool-Schüler mehr. Diese Zeiten sind vorbei. Das muss man akzeptieren. Mit zunehmendem Alter stellen sich Gedächtnislücken ein. Damit ist zu rechnen. Würde ich mich jetzt an alle fünfundzwanzigtausend Sätze aus *The Warp* erinnern? In diesem Augenblick müsste ich schließen, dass die Antwort ein schallendes Nein ist. Vom Text meiner Mitspieler ganz zu schweigen. Ich war derjenige, der ihnen beisprang, wenn sie »hingen«, was »Bühnenjargon« für das Vergessen des Textes ist (*Jargon* ist die Sprechweise einer bestimmten Gruppe). Doch als ich nun zum ersten Mal seit *The Warp* mein Gedächtnis einem solchen Test unterziehe, stoße ich auf eine große und schreckliche Überraschung. In Anbetracht meines Erinnerungsvermögens könnte ich ebenso gut Alzheimer haben. Sicher, ich erinnere mich an die grundsätzlichen Dinge. Ich erinnere mich an Mudd und Molloy, wie gesagt. Ich erinnere mich, dass ein Riese vorkam. Es gab vielleicht tiefgehende religiöse Zwischentöne. Das war etwas, für das ich mir einen sprichwörtlichen Knoten ins Taschentuch gemacht hatte, um es später während der unvermeidlichen vielen Durchgänge in vielen verschiedenen Richtungen, aus vielen verschiedenen Blickwinkeln, stumpf und weniger stumpf, in Ruhe zu untersuchen. Der Film sollte die Zeit bekommen, die er verdiente.

Und vielleicht ist es gar nicht physiologisch. Es gibt ein Übergewicht an psychologischen Problemen, mit denen ich gerade konfrontiert bin. Da sind das Beschäftigungsproblem, das Liebesproblem, meine Tochter. Diese Dinge können und werden ihren Tribut fordern. Das wird einem jeder »Seelenklempner« sagen, der sein oder ihr oder xier Geld wert ist. Aber zur Zeit von *The Warp* hatte ich auch meine Schwierigkeiten. Natürlich hatte ich die. Ich war ein männlicher Teenager. Es gab Familienkonflikte, die übliche körperliche Dysmorphie, das Capromenschen-Fiasko. Und dennoch: fünfundzwanzigtausend Sätze und die der anderen dazu. Zugegeben, trotz seiner überwältigenden Länge war *The Warp* nicht einmal annähernd so lang wie Ingos Epos. Doch in diesem Augenblick wäre ich froh, wenn ich mich an zweiundzwanzig Stunden von Ingos Film wortgetreu erinnern könnte. Es wäre zumindest ein Anfang. Und selbst mit nur zweiundzwanzig Stunden wäre Ingos Film noch einer der längsten Filme in der Geschichte, wenn nicht gar der längste. Ich bin mir nicht mehr sicher; ich muss das recherchieren. Es recherchieren. Ha. Vielleicht ist das die Ursache der Atrophie. Das Internet. Alles, was man braucht, in ständiger Reichweite. Zweifellos gibt es Studien, die belegen, dass das Gedächtnis dadurch negativ beeinflusst wird. Das muss ich einmal im Netz nachlesen. Aber nicht jetzt. Jetzt muss ich mich der einen Sache zuwenden, die ich nicht nachschauen kann, weil sie allein in den Tiefen meines Gehirns verborgen ist. Ich gebe dem Internet die Schuld. Allerdings muss ich einräumen, auch etwas besorgt zu sein, dass es ein Symptom einer frühen Erkrankung an Alzheimer sein könnte. Nun, so früh auch wieder nicht, wenn ich ehrlich bin. Wann bin ich eigentlich so alt geworden? Es geschah nach und nach. Und doch innerhalb eines Augenblicks. Hier bin ich also, ein verschrumpelter (und nicht nur wegen der Badewanne!), mehr oder weniger impotenter alter Mann. Ich bin ein unsichtbarer Mann, in Anlehnung an Ralph Ellison, nicht an H. G. Wells, den alten Rassisten! Mit Blick auf das Leben von Ellisons unsichtbarem Mann weiß ich, dass ich keinen Grund zur Klage habe. Und ich werde meine trivialen Beschwerden für mich behalten, um nicht die Hierarchie des Leidens umzustoßen, in der ich, wie mir bewusst ist, ganz unten stehe, unmittelbar neben all den anderen alten weißen Männern, aber (glücklicherweise!) über weißen Männern, die Serienmörder und/oder Kriegsverbrecher sind. Doch auch ich leide! Natürlich würde ich das nie jemandem sagen, mit Ausnahme eines weißen Kriegsverbrechers, sollte ich je einem begegnen. Jeder braucht irgendjemanden, auf den er herabschauen kann.

Ich sollte einen »Seelenklempner« aufsuchen. Ich habe nie viel auf die Gesprächstherapie gegeben, aber ich nehme an, dort dürfen sie einem von Gesetz wegen nicht sagen, man solle sich hinsetzen und zur Abwechslung einmal zuhören.

KAPITEL 21

ICH RUFE MEINEN Freund Ocky an, der zufällig in Behandlung ist, seit wir uns angefreundet haben.

»Hallo?«

»Ich bin's, Ocky«, sage ich.

»Hallo.«

»Ich habe überlegt, zu einem ›Seelenklempner‹ zu gehen.«

»Gut.«

»Ich hätte gern die Nummer von deinem ›Seelenklempner‹.«

»Tut mir leid.«

»Was tut dir leid?«

»Du kannst nicht dorthin gehen, wohin ich gehe, B.«

»Wieso nicht?«

»Wir sprechen dort über dich. Es wäre für xien ein Interessenkonflikt.«

»Dein*e Therapeut*in ist ein Xier?«

»Nein. Aber ich ziehe es vor, xien Geschlecht offenzulassen.«

»Warum?«

»Ich fürchte, es könnte dir helfen, xien ausfindig zu machen und hinter meinem Rücken zu xiem zu gehen.«

»Allein aufgrund xieses Geschlechts?«

»Xien Geschlecht ist so spezifisch, dass es nahezu einzigartig ist.«

»Na schön. Kennst du denn irgendwelche anderen guten ›Seelenklempner‹?«

»Dr. Bismo in Harlem soll gut sein.«

»B-i-s-m-o?«, buchstabiere ich.

»H-a-r-l-e-m.«

»Nein, der Name des Therapeuten.«

»Ach so. In dem Fall ja.«

»Kennst du seinen Vornamen?«

»Interessant, dass du davon ausgehst, dass es ein *Er* ist. Leicht sexistisch von dir, oder?«

»Dann ihren Vornamen?«

»Es ist ein Mann.«

»Wieso hast du dann –«

»Ich fand es nur aufschlussreich, dass du das voraussetzt.«

»Wie heißt er mit Vornamen?«

»Frederick G.«

»Danke«, sage ich.

»Ich hoffe, es hilft dir. Ich halte das für längst überfällig.«

»Danke, Ocky.«

Ich lege auf. Ocky, mein ältester und treuster Freund, ist ein schrecklicher Mensch. In Wahrheit ist er noch mehr cisgender als ich. Seine Hochnäsigkeit ist ein Abwehrmechanismus. Ich würde ihn bemitleiden, wenn ich ihn nicht verabscheute. Ich hoffe, Dr. Frederick G. Bismo ist Afroamerikaner. Die Chancen stehen gut, da sich seine Praxis in Harlem befindet, wobei man es in Anbetracht der gegenwärtigen Gentrifizierung (der Harlem-Renaissschande, wie ich es nenne) dieser Gegend nicht wissen kann. Aber ich würde gern mit einem Afroamerikaner über dieses Problem reden. Er würde zweifellos bemerken, wie ernst ich die künstlerischen Fähigkeiten der übrigen Afroamerikaner nehme, und das würde uns zusammenschweißen, da er in mir einen Verbündeten erkennen würde.

FREDERICK G. BISMO ist weiß. Womöglich Skandinavier, so weiß ist er. Groß, blond und ernst. Er scheint mich zu verabscheuen. Vielleicht ist er nicht der Richtige für mich. Oder vielleicht ist es genau das, was ich brauche – eine Art liebevoller Strenge. Oder hasserfüllter Strenge. Vielleicht sollte ich ihm eine Chance geben.

»Wie kann ich Ihnen helfen?«, fragt er mich.

Sag du's mir, denke ich. Du bist doch der gottverdammte »Seelenklempner«.

»Ich habe Probleme«, sage ich.

»Ich verstehe«, sagt er.

Was verstehst du?, denke ich. Ich habe doch noch gar nichts gesagt. Wieso fragst du mich nicht, was für Probleme? Muss ich hier beide Seiten sprechen? Muss ich denn immer –«

»Probleme welcher Art?«, fragt er.

Na endlich.

»Danke, dass Sie fragen. Zunächst einmal habe ich Erinnerungsschwierigkeiten.«

Ich hoffe, er wird sagen: *Ach, das ist in Ihrem Alter ganz normal. Kein Grund zur Besorgnis.*

»Das ist besorgniserregend«, sagt er.

»Wirklich?«

»Verlaufen Sie sich manchmal auf dem Heimweg?«

»Nein! Um Himmels willen! Nein! Also wirklich!«

»Nun, welcher Art sind Ihre Probleme dann?«

Der Mann ist ein Scherz.

»Ich kann mich nicht an die Einzelheiten eines Films erinnern, den ich gesehen habe.«

»Ach«, sagt er. »Das macht nichts. Spielfilme sind Dutzendware.«

Ich hasse den Mann.

»Ich bin Filmkritiker aus Berufung und aus Leidenschaft«, sage ich.

»Ich verstehe. Nun, warum sehen Sie ihn sich nicht einfach noch einmal an und machen sich dabei Notizen?«

»Das einzige Exemplar des Films wurde zerstört.«

»Zerstört?«

»Ja, in einem fürchterlichen Feuer oder auch Tsunami.«

»Das sind sehr ungewöhnliche Umstände.«

»Schon möglich«, sage ich.

Ich will mit diesem Mann nicht auf Kuschelkurs gehen. Ich habe nicht vor, Smalltalk zu betreiben.

»Was soll ich machen?«

»Warum sprechen Sie nicht mit dem Filmemacher? Vielleicht erinnert er sich?«

»Er?«

»Sie?«

»Sie?«

»Nichtbinär?«

»Er«, sage ich. »Ich fand es nur interessant, dass Sie das voraussetzen.«

Der Mann ist ein Dinosaurier.

»Nun, dann er. In diesem bestimmten Fall.«

»Er ist tot.«

»In dem Feuer umgekommen?«

»Nein«, sage ich.

»Haben Sie ihn ermordet?«

»Warum denken Sie das?«

»Das tue ich nicht. Nicht zwangsläufig. Ich bin nur von Rechts wegen verpflichtet, nachzufragen.«

»Nein, ich habe ihn nicht ermordet. Er ist an Altersschwäche gestorben.«

»Ich verstehe. Nun, da sitzen Sie ganz schön in der Klemme.«

»Glauben Sie, es könnte eine frühe Alzheimer-Erkrankung sein?«

»Dafür sehe ich keine Anzeichen. Aber im Augenblick kann ich es noch nicht mit Sicherheit sagen. Wenn Sie möchten, können wir einen Gedächtnistest durchführen.«

»Gut.«

»Das kostet extra.«

»Wie viel?«

»Fünfundsiebzig.«

»Einverstanden.«

Bismo wühlt lange in seinen Schubladen.

»Ihr Wühlen sollten Sie aber bitte nicht mitberechnen«, sage ich.

Er zieht ein Heft heraus.

»Da ist es«, sagt er. »Zu Anfang werde ich eine Liste von zehn Dingen vorlesen. Dann wiederholen Sie sie.«

»Gut«, sage ich.

Ich bin aufgeregt. Was werde ich über mich herausfinden?

»Orange, Fliegenfänger, Bleistift, Frauenschwarm, Schokorosinen, Purim, Bettelarmband, Zickzackschere, Blutplättchen, Bommelmütze.«

»Orange, Fliegenfänger, Bleistift, Frauenschwarm, Schokorosinen, Purim, Bettelarmband, Zickzackschere, Blutplättchen, Bommelmütze.«

»Perfekt.«

»Ich finde, einige davon kann man nicht als ›Dinge‹ bezeichnen. Frauenschwarm, Purim und Blutplättchen sind keine Dinge«, sage ich.

»Was sind sie dann?«

»Purim ist ein jüdischer Feiertag.«

»Es ist ein Substantiv oder etwa nicht?«

»Ja, aber kein Ding«, sage ich. »Und ein Frauenschwarm ist ein Mensch.«

»Gut.«

»Blutplättchen sind Zellen.«

»Ihre Definitionen sitzen jedenfalls.«

»Sagen Sie beim nächsten Mal vielleicht einfach ›eine Liste mit zehn Punkten‹.«

»Ich folge einfach nur den Anweisungen.«

»Das haben die Nazis auch gesagt.«

»Ich bin kein Nazi. Was wollen Sie andeuten?«

»Ich wollte nur auf etwas hinweisen«, sage ich.

»Worauf?«

»Darauf, dass man Befehlen nicht blind Folge leisten sollte.«

»Jetzt sind Anweisungen also schon Befehle?«

»Ich wollte nur sagen –«

»Ich weiß, was Sie sagen wollen. Ihr Juden wollt immer –«

»Ha! Ich bin gar kein Jude. Interessant«, sage ich.

»Das scheint mir schwer zu glauben. Rosenberg?«

»Die Welt ist voller nichtjüdischer Rosenbergs. Würden Sie auch nur über das kleinste bisschen Bildung verfügen, wüssten Sie das.«

»Ich weiß es. Und im Übrigen wird die jüdische Identität über die mütterliche Seite … übertragen.«

»Übertragen? Wie ein ansteckendes Virus?«

»Ich habe nach dem richtigen Begriff gesucht. Das war ein Platzhalter.«

»Interessant«, sage ich.

»Worauf ich hinauswill, ist, dass Ihre Mutter Jüdin gewesen sein könnte, selbst wenn Ihr Vater zu den christlichen Rosenbergs gehört hätte.«

»Der Mädchenname meiner Mutter ist Rosenberger. Das ist mein Zweitname.«

»Hmm. Interessant.«

»Rosenberger ist auch nicht zwingend ein jüdischer Name.«

»Nein?«

»*Sie* muss ich doch gewiss nicht daran erinnern, dass Alfred Rosenberg im Dritten Reich ein ranghoher Nazi war.«

»Es gab Stimmen, die behaupteten, dass Rosenberg jüdische Vorfahren hatte.«

»Rosenbergs Hass auf die Juden war beispiellos.«

»Die Juden sind ein Volk voller Selbsthass.«

»Eine interessante Position für einen vermeintlich neutralen Psychologen«, sage ich.

»Ich habe einen Master in Sozialarbeit und bin staatlich geprüfter Paar- und Familientherapeut. Davon abgesehen, gibt es viele von Experten begutachtete Studien, die auf den Selbsthass jüdischer Menschen hinweisen. Und Sie haben mir ein Beispiel für einen nichtjüdischen Rosenberg genannt, aber nicht für einen nichtjüdischen Rosenberger. Eigentümlich.«

»Na endlich; man sagt ›jüdische Menschen‹, nicht ›Juden‹«, sage ich.

»›Jude‹ muss kein abwertender Begriff sein. Bezeichnen Sie sich selbst nicht als Juden?«

»Wäre ich Jude, was ich nicht bin, dürfte ich mich so bezeichnen. Sie als Nichtjude dürften es nicht.«

»Eigentümlich.«

»Ich fürchte, das hier kann und wird nicht funktionieren«, sage ich.

»Lassen Sie uns untersuchen, warum Sie das glauben.«

»Ich will nichts untersuchen. Ich sollte jetzt gehen.«

»Unsere Sitzung, die Ihnen berechnet wird, ist noch lange nicht zu Ende. Wir sollten die Zeit nutzen und diese Hürde vielleicht überwinden, indem wir über Ihre Probleme sprechen.«

»Auf Wiedersehen.«

»Ich erkenne es an, Sie sind kein Jude. Jüdisch. Judentum. Bitte bleiben Sie.«

»Ich fürchte, das genügt nicht, und es kommt auch zu spät«, sage ich.

»Ich glaube, ich kann Ihnen helfen, sich zu erinnern. Es gibt da gewisse Kniffe, um verlorene Erinnerungen zurückzugewinnen.«

»Die Hilfe hole ich mir anderswo.«

»Sie werden niemanden finden, der Ihnen so helfen kann wie ich.«

»Ich lasse es darauf ankommen.«

Ich gehe. Als ich die Tür schließe, bin ich mir sicher, ihn leise »Jude« murmeln zu hören.

»Ich bin kein Jude«, murmle ich zurück.

KAPITEL 22

ICH SITZE IN einem weiteren Wartezimmer in Harlem, und diese*r Terrapin … ich meine, Therapeut*in – *Malaclemys terrapin* ist der lateinische Name der Diamantschildkröte. Ich muss diese*n Therapeut*in, eine*n gewissen Dr. Malgodown, danach fragen. Vielleicht ist es eine Freudsche Fehlleistung? Das wird einen guten Gesprächseinstieg abgeben. Vielleicht habe ich das Gefühl, dass sich Therapeut*innen generell in ihren Panzer zurückziehen? Interessant. Vielleicht stelle ich infrage, dass stets der Patient der Verwundbare sein muss? Vielleicht stelle ich dieses Therapiemodell infrage? Ich werde Dr. Malgodown fragen. Ich kenne xies Geschlecht noch immer nicht. Ich kann es nicht einmal mutmaßen, da xies Vorname Evelyn ist, was sowohl ein männlicher als auch ein weiblicher Vorname sein kann. Dr. Malgodown streckt den Kopf aus ihrem Büro. Sie ist eine weiße Frau. Das mit der Frau ist eine Annahme, aber eine ziemlich gesicherte, würde ich sagen, denn sie verkörpert eine typische Frau: Faltenrock, rote Bluse, schwere Holzperlen um den Hals, die mir malawischen Ursprungs zu sein scheinen.

»Mr. Rosenberg?«, sagt sie.

Sie ist eine trans* Frau. Auch das ist nur eine Annahme, die ihre Stimmlage jedoch nahelegt.

»Ja«, sage ich.

»Bitte. Treten Sie ein.«

Das tue ich.

»Mein bevorzugtes Personalpronomen ist ›xier‹«, sage ich zu ihr, in der Hoffnung, sie werde mir ihres nennen.

»Danke«, sagt sie, »aber ich denke, es wird nicht notwendig sein, dass ich Sie während unserer Sitzungen in der dritten Person anspreche.«

Sie lächelt; diese Runde geht an sie.

»Touché«, sage ich.

»Also, was bringt Sie zu mir?«, fragt sie.

»Ich habe Probleme mit dem Gedächtnis.«

»Das kommt mit zunehmendem Alter häufiger vor«, sagt sie.

»Ja, da haben Sie gewiss recht. Dennoch hatte ich in meinem bestimmten Fall – da ich zuvor ein beinahe fotografisches Gedächtnis besaß – auf etwas Gewissheit und vielleicht einige praktische Hilfsmittel gehofft.«

»Verlaufen Sie sich manchmal auf dem Heimweg?«

»Nein. Das Problem habe ich nicht.«

»Das ist ein gutes Zeichen. Wenn es Ihnen recht ist, würde ich einen Gedächtnistest durchführen.«

»Gerne.«

»Ich werde Ihnen eine Liste mit zehn ... *Elementen* vorlesen – wir haben sie immer ›Dinge‹ genannt, aber es kursiert eine E-Mail, der zufolge ›Elemente‹ der therapeutisch sinnvollere Begriff ist –, und im Anschluss werde ich Sie bitten, sie zu wiederholen.«

»Gut.«

»Orange, Fliegenfänger, Bleistift, Frauenschwarm, Schokorosinen, Purim, Bettelarmband. Zickzackschere, Blutplättchen, Bommelmütze.«

»Orange, Fliegenfänger, Bleistift, Frauenschwarm, Schokorosinen, Purim, Bettelarmband. Zickzackschere, Blutplättchen, Bommelmütze.«

»Nein.«

»Nein?«

»Nummer sieben lautet ›Bettelarmband‹, nicht ›bettelarm‹.«

»Ich sagte doch ›Bettelarmband‹.«

»Tatsächlich?«

»Ja.«

»Gut. ›Bettelarm‹ hätte auch weniger auf ein Problem mit Ihrem Gedächtnis als vielmehr auf ein Problem mit ihrem Gehör hingewiesen. Also … Gedächtnis gut. Gehör … nicht ganz sicher. Sie sind größtenteils gesund.«

»Und trotzdem kann ich mich nicht an diesen bestimmten Film erinnern, aber ich muss es unbedingt. Kennen Sie vielleicht irgendwelche Techniken, die mir helfen könnten, verborgene Erinnerungen aufzuspüren?«

»Wir könnten vielleicht herauszufinden versuchen, warum diese bestimmte Erinnerung verdrängt wird.«

»Sie glauben, es könnte sich um Verdrängung handeln?«

»Ja. So etwas gibt es durchaus. War dieser Film für Sie traumatisch?«

»Er war eine Enthüllung.«

»Enthüllungen können traumatisch sein.«

»Ich glaube nicht, dass es traumatisch war. Es waren die inspirierendsten drei Monate meines Lebens.«

»Drei Monate?«

»Der Film dauerte drei Monate.«

»Sie nehmen mich auf den Arm.«

»Ich nehme Sie nicht auf den Arm. Das wäre unethisch.«

»Wie sollten Sie sich an einen drei Monate langen Film erinnern können? Ich kann mich nicht einmal erinnern, was ich gestern zum Frühstück hatte.«

»Ich bin aber nicht Sie. Ich habe ein fotografisches Gedächtnis. Sie hatten Rührei zum Frühstück.«

»Woher sollten Sie das –«

»Ich sehe Spuren davon auf Ihrer Bluse.«

»Aber die könnten auch von heute Morgen sein.«

»Über der Brusttasche Ihrer Bluse ist das Wort *Mittwoch* eingestickt. Mittwoch war gestern. Das Ausmaß des Geruchs hat mir verraten, dass Sie die Bluse gestern Morgen erstmals angezogen haben, und an dem kleinen karmesinroten Fleck in Ihrer *Fossa cubitalis* oder Armbeuge, wie Sie es nennen, habe ich erkannt, dass man Ihnen heute Morgen Blut abgenommen hat – ich hoffe, dass alles in Ordnung ist –, was bedeutet, dass Sie seit gestern Abend nüchtern geblieben sind und daher nicht gefrühstückt haben.«

»Chapeau. Also gut. Was haben Sie vor fünf Tagen gefrühstückt?«

»Knuspermüsli mit Kirschen, Naturjoghurt – den ich *Jo-urt* ausspreche –, Kaffee mit Halb und Halb.«

»Woher weiß ich, dass Sie nicht lügen?«

»Warum sollte ich lügen?«

»Um mich zu beeindrucken«, sagt sie.

»Ich habe nicht das Bedürfnis, irgendjemanden zu beeindrucken.«

»Der getroffene Hund bellt.«

Das lässt mich in Tränen ausbrechen. Dr. Malgodown besitzt die geradezu unheimliche Fähigkeit, in meine Seele einzudringen, mich zu demaskieren, mir das noch schlagende Herz aus der Brust zu reißen und es mir hinzuhalten. Vielleicht ist es das Ergebnis ihres Ringens um Akzeptanz als trans* Frau, oder vielleicht ist ihr Leben als trans* Frau das Ergebnis ihres Ringens mit dieser tiefgehenden Intuition, die im Leben eines Mannes in dieser Kultur keinen Platz hat. Verschwinde, sagt ihr unsere Gesellschaft. Männer sind rational. Männer sind wissenschaftsgläubig. Überlass dieses Hexenwerk dem Weibsvolk. Und so begann Dr. Malgodown, das zu glauben. Ich bin freilich selbst nur ein Küchenpsychologe (der in Harvard Kochen und Sozialarbeit im Nebenfach studiert hat), sodass ich nicht wissen kann, ob meine Theorie wasserdicht ist. Und meine Beziehung zu der Ärztin ist noch zu frisch, um es ihr gegenüber zu erwähnen, also halte ich den Mund. Am besten, ich warte in Ruhe weiter ab, worauf die Sache hinausläuft. Außerdem stehe ich ohnehin neben mir, da sie irgendeinen Nerv getroffen hat. Am besten, ich lasse *sie* jetzt erst einmal die Einblicke gewinnen. Ich werde später noch genug Zeit haben, ihr zu helfen.

»Warum weinen Sie?«, fragt sie.

»Ich weiß es nicht. Weil Ihre Intuition Ihnen nicht erlaubt, im Körper eines Mannes zu leben?«

»Was?«

»Nichts. Ich weiß es nicht. Ich bin traurig.«

»Warum sind Sie traurig?«

»Weil der getroffene Hund bellt?«

»Ah. Ja«, sagt sie. »Genau.«

Ich weine erneut.

»Es kam allerdings etwas plötzlich. Als hätte man einen Schalter umgelegt. Das kann ein Symptom sein. Ich würde im Moment noch nicht sagen, dass Sie Grund zur Sorge haben. Aber es könnte angezeigt sein, einige Tests durchzuführen.«

»Ein Symptom wofür?«

»Plötzliche Stimmungsschwankungen. Das kann ein Anzeichen sein.«

»Wofür?«

»Nun ja, es ist noch zu früh, um das zu sagen. Demenz. Aber beim Gedächtnistest haben Sie sehr gut abgeschnitten. Fast perfekt.«

»Ich habe perfekt abgeschnitten.«

»Lassen Sie uns nicht streiten.«

»Und was schlagen Sie nun vor?«

»Ein Scan könnte hilfreich sein.«

»Ein Gehirnscan?«

»Um nach Anzeichen für organische Schäden zu suchen. Ich sage nicht, dass es solche Anzeichen gibt, aber ich springe immer gern direkt zum schlimmstmöglichen Szenario, einfach um es auszuschließen.«

»Das scheint mir ein ziemlich hysterischer Ansatz zu sein.«

»Benutzen Sie absichtlich das Wort *hysterisch*, um sich über mich lustig zu machen?«

»Mich über Sie lustig zu machen?«

»Das Wort *hysterisch*«, sagt sie.

»Ich verstehe schon, aber inwiefern lustig machen?«

»Ich nehme an, Sie kennen den Wortstamm. Sie scheinen mir ein einigermaßen gebildeter Mann zu sein.«

»Es kommt von *hystéra*, Gebärmutter«, sage ich.

»Und machen Sie sich über mich lustig?«

»Nein.«

»Es gibt verschiedene Arten von Weiblichkeit. Nicht bei allen ist man auf die erprobten Körperteile angewiesen.«

»Das sage ich ja auch gar –«

»Ich möchte Sie Folgendes fragen: Würden Sie gegenüber einer biologischen Frau, der aus medizinischer Notwendigkeit die Gebärmutter vollständig entfernt werden musste, je andeuten, sie sei keine Frau mehr?«

»Das wäre grausam.«

»Aber wäre es zutreffend?«

»Nein. Natürlich nicht.«

»Dann erkennen Sie an, dass man keinen Uterus braucht, um eine Frau zu sein?«

»Ja.«

»Dem ist nichts hinzuzufügen.«

»Ich bin mir nicht sicher, was gerade passiert ist«, sage ich.

»Ich glaube, es ist das Beste, wenn wir unsere Sitzungen beenden. Mit sofortiger Wirkung.«

»Aber ich bin doch erst zehn Minuten hier.«

»Sie können die restlichen vierzig Minuten hierbleiben, aber ich werde nicht mit Ihnen sprechen. Es ist nicht meine Aufgabe, Ihre Arbeit für Sie zu erledigen. Es ist nicht meine Aufgabe, Sie *woke* zu machen. Das müssen Sie schon selbst übernehmen.«

»Aber ist es wirklich nicht Ihre Aufgabe? Ist nicht genau das Ihre Aufgabe?«

»If it ain't woke, don't fix it«, sagt sie.

Ich beschließe, die restlichen vierzig Minuten schweigend zu warten. Therapie ist nichts für mich, aber ich werde Dr. Malgodown nicht gewinnen lassen.

KAPITEL 23

ICH ZIEHE DURCH die Straßen von New York und erkenne diesen Ort, den ich schon so lange mein Zuhause nenne, kaum wieder. Diese einst so lebendige, chaotische, kaputte, kranke, kreative Metropole, die vor Träumern und Gaunern, Junkies und Huren wimmelte, wurde in einen Touristenpark verwandelt, ein unerschwingliches, habgieriges Mekka für Wohlhabende und Bauerntölpel. Das bedeutendste Theater der Stadt bis zur Unkenntlichkeit entstellt, eine aufgedunsene, stinkende, mit Flitter geschmückte Leiche, die nur noch als gefällige Geldmaschine dient. Lasst uns tanzen für die Landeier aus Kansas! Lasst uns so tun, als wäre da noch so etwas wie eine Seele. Lasst uns so tun, als wären wir nicht Tote, die Tote unterhalten.

Alles dreht sich nun ums Geld. Es ist das Einzige, was wir verstehen. Noch der letzte Hinterwäldler studiert die Zuschauerzahlen. In meiner Jugend konnte ein Theaterstück oder ein Buch oder – mein Gott, *ist das lange her* – ein Gemälde die Welt verändern. Buchstäblich. Die gottverdammte Welt verändern. Das ist vorbei. Jetzt führen wir einen Eiertanz auf. Schauspieler ziehen sich lange Unterhosen über und tun so, als könnten sie fliegen, um die geistig minderbemittelten Massen zu unterhalten. Präsentiert man uns einen »künstlerischen« Film, dann im Gewand eines unaufrichtigen »kompromisslosen« Pseudonaturalismus, gedreht von irgendeinem fünfundzwanzigjährigen Lümmel, der im Hauptberuf Sohn ist, oder irgendeines exzentrischen, surrealen Nonsens, inspiriert von den infantilen Fantasy-Filmen eines Charlie Kaufman –

Ein Fahrradkurier rast so in mich hinein, dass ich gegen einen Falafelwagen fliege, nennt mich Arschloch und fährt davon. Ich stehe auf und klopfe mich ab.

– oder dieses Kerls, der den Film mit Jake Gillibrand und dem ach so bedrohlichen Mann im Hasenkostüm gedreht hat.

Ach, wo sind die Ingos der heutigen Zeit? Wo ist Ingo, wenn wir ihn so dringend brauchten, um uns vor uns selbst zu retten? Ingo, der die Zukunft vorausgesehen hatte, der auf irgendeine intuitive Weise verstanden hatte, dass sich das Artifizielle in unser Leben schleichen und Augenblick für Augenblick, Schritt für Schritt unmerklich das Authentische ersetzen würde. Dieses Artifizielle würde kommen, um uns zu zerstören. Er wusste, dass wir uns zu einer Welt entwickelten, in der die Erkundung menschlicher Gefühle, diese unverzichtbare, notwendige Funktion der Kunst, von Unternehmen, von der Regierung, von Opportunisten in Besitz genommen werden würde, um den menschlichen Geist zu kontrollieren, zu beschränken, zu verleumden. Nun habe ich durch meine eigene Achtlosigkeit und vielleicht meinen eigenen Ehrgeiz diese letzte große Hoffnung der Zivilisation zerstört – das einzigartige Werk eines Mannes, der sowohl vollständig außerhalb als auch vollständig innerhalb jener Travestie stand, die wir als Populärkultur bezeichnen, eines Mannes, der aufgrund seines eigenen Daseinskampfes, seiner eigenen Entfremdung, vielleicht seiner Hautfarbe imstande war, uns einen Blick auf uns selbst von außen zu eröffnen: der de Tocqueville unseres kollektiven Unbewussten. Das, worüber Jung geschrieben hat, wurde von Konzernen in Beschlag genommen. Ja, wir haben jetzt alle die gleichen Träume, aber das liegt daran, dass wir alle *Grey's Anatomy* schauen. Wir leben alle in Shondaland, Gott helfe uns. Nun träumen wir von Tide und Buick. Wir sehnen uns danach, Brad Pitt oder Angelina Jolie zu sein. Unser Schatten-Ich ist Scar aus *Der König der Löwen*, und statt uns die Mühe zu machen, auch nur diese blutleere kleine Zeichentrickdüsternis in unser Leben zu lassen, versuchen wir, sie auszulöschen, weil Disney uns gelehrt hat, dass Scar böse ist und zerstört werden muss. Aber in dieser Wüste, die wir durchwandern, in der unser Glaube laufend auf die Probe gestellt wird, in der das himmlische Manna als Absurdität erscheint, in der die vorgeschriebene Existenz der Kampf um die besten Plätze ist, in der die einzige Hoffnung auf Ruhm für die meisten von uns darin besteht, sich der Welt als Opfer zu präsentieren, bin ich dennoch voller Hoffnung. Wenn wir nur Nein sagen, Nein zu den Spielen, in die wir hineingezwungen werden, Nein zu den Sehnsüchten, die wir haben sollen, Nein zu den Träumen, die wir träumen sollen, dann können wir vielleicht in Schlichtheit und Wahrheit zueinanderfinden, ehe es zu spät ist!

ES IST ZU spät.

In jedem Augenblick meines Lebens liegt nun etwas im Argen. Jeder Augenblick ist eine Wiedergeburt in die Schrecklichkeit hinein. Jeder Augenblick ist sein eigenes Ding, seine eigene Welt, seine eigene Lebenszeit, und was kommen wird, ist verborgen, und was zuvor kam, ist vergangen. In diesem Augenblick ist ein neuer Schmerz in meinem Körper oder ein neuer Riss in der Wand des Wohnzimmers, oder jenes Zimmer muss wieder gestrichen werden, oder mir fällt nichts ein, oder ich weiß nicht einmal annähernd genug, um irgendeinen wertvollen Beitrag zu leisten. Da ist eine Hungersnot irgendwo oder eine ethnische Säuberung mit Millionen Ermordeten oder eine Feuersbrunst in den Bergen oder meine nagende, ätzende Wut oder die Dummheit und Gier der Menschen oder ein furchtbar krankes Kind oder der Fuß eines Obdachlosen, angeschwollen zu einem brandigen schwarzen Ballon. Wo ist meine Zeit hin? Das frage ich mich. Das frage ich mich inmitten all dieser Schrecken. Wo ist *meine* ganze Zeit hin? Und dann schäme ich mich noch mehr für meine Obsession mit meinen winzigen Problemen. Für meine psychotische Depression.

Dann ertönen wie aufs Stichwort die Stimmen.

Gedämpft und fern reden sie von Slammy's. Sie sagen mir, wie gut es dort schmeckt. Sie beschwören mich, zum Essen dorthin zu gehen. Ich fürchte, verrückt zu werden. Ich bekomme Angst, die Wohnung zu verlassen. Als die Glühlampen eine nach der anderen durchbrennen, tausche ich, statt neue zu kaufen, die kaputten so aus, dass immer eine funktionierende über meinem Bett hängt, wo ich nun meine sämtliche Zeit verbringe, so wie Proust. Als auch die letzte Glühlampe den Geist aufgibt, ziehe ich auf meine winzige hintere Terrasse um, die an das Mietshaus nebenan stößt. Nur das Licht aus der Nachbarwohnung ist noch hell genug zum Lesen. Die Slammy's-Stimme schwillt an:

Wie kann etwas einhundert Prozent Rindfleisch und einhundert Prozent Liebe sein? Slammy's. Diese Rechnung geht auf.

Ich bin besorgt. Etwas Schreckliches ist im Gange, irgendeine Geisteskrankheit oder Nervenstörung. Die Stimme ist weiblich. Können Stimmen im Kopf ein anderes Geschlecht haben als man selbst? Ich sollte meinen schizophrenen Freund Mindy Milkman anrufen. Er würde es wissen. Vielleicht definiert sich die Stimme auch selbst als männlich, obwohl sie mir weiblich erscheint. Es steht mir nicht an, die Stimmen in meinem Kopf zu gendern. Ich sollte mich hinsetzen und zur Abwechslung einmal zuhören.

Bei Slammy's ist nicht das Essen happy, sondern du.

Ich glaube, das ist eine geschickte Anspielung auf das Happy Meal, das es bei McDonald's gibt. Ich bin mir allerdings nicht ganz sicher.

Mein Vermieter Sid Fields hämmert an die Tür; er will die Miete. Die ich nicht habe. Ich tue so, als wäre ich nicht zu Hause, aber damit werde ich nicht ewig durchkommen.

Das angrenzende Gebäude ist so nah, dass ich mit der Faust das Fenster der dort lebenden Frau einschlagen könnte, wenn mir danach wäre. Ich denke oft, ich sollte es tun, auch wenn ich nicht weiß, warum. Stattdessen spähe ich von der Terrasse aus in ihre Wohnung. Ich tue das nicht bewusst, aber sie ist nun einmal genau vor meiner Nase, und manchmal hat sie nicht viel an. Ich weiß, dass heimliches (oder auch sonstiges) Beobachten von Frauen inakzeptabel ist, und ich tue es nicht gewohnheitsmäßig, aber manchmal geschieht es eben aufgrund der Nähe.

Slammy's. Wir lieben und leben New York.

Das höre ich immer und immer wieder in derselben weiblichen Stimme, mit leichten Variationen in Tonlage und Betonung. Ich fürchte um meinen Verstand.

Wir kennen den Geschmack des Big Apple. Slammy's. Komm und beiß rein.

Wir kennen den Geschmack des Big Apple. Slammy's. Komm und beiß rein.

Wir kennen den Geschmack des Big Apple. Slammy's. Komm und beiß rein.

Wir kennen den Geschmack –

Dankenswerterweise verstummt die Stimme plötzlich. Ich kann wieder atmen. Dann erscheint die Frau von nebenan am Fenster und schaut heraus. Ich hechte hinter meinen Sessel und beobachte sie von dort aus. Sie trägt nur T-Shirt und Höschen. Auf dem T-Shirt ist ein vermenschlichter Hammer abgebildet. Er kommt mir so bekannt vor, dieser lächelnde Hammer. Warum? Warum sieht er so –

O Gott, es ist die Slammy's-Werbefigur. Sie trägt die Slammy's-Werbefigur auf ihrem T-Shirt. Was zum Teufel ist hier los? Sie hört mich erschrocken nach Luft schnappen, sieht mich und öffnet das Fenster.

»Du da im Dunkeln!«, sagt sie fröhlich.

»Ja?«, sage ich hinter dem Sessel hervor.

»Beobachtest du mich?«

»Ich … putze.«

»Ohne Licht.«

»Ja.«

»Komm raus, damit ich dich besser sehen kann, ja?«

Ich tue es. Aus irgendeinem Grund finde ich es erregend, mich von dieser höschentragenden Schönheit herumkommandieren zu lassen.

»Wie heißt du?«

Ihre Stimme klingt so vertraut. Eine Verflossene? Die Kassiererin meiner Lieblingsdrogerie?

»Ich nenne mich B. Ich tue das, um meine Männlichkeit ni–«

»Hör zu, B. Ich bin Marjorie, Marjorie Morningstar.«

»Wie der Film mit –«

»Hab ich nie gesehen. Sag mal, B., wohnst du gern in diesem schicken Haus?«

Es gefällt mir, dass sie mich nicht ausreden lä–

»Ich habe kürzlich einen guten Auftrag an Land gezogen«, sagt sie. »Ich habe Werbetext für eine kleine regionale Fastfood-Kette eingesprochen, die von einem internationalen Konzern aufgekauft wurde und bald landesweit Filialen eröffnen und entsprechend im Rampenlicht stehen wird.«

»Augenblick mal, doch nicht etwa Slammy's, oder?«

»Du kennst unser kleines Unternehmen, B.?«

»Ja!«

Ich bin nicht verrückt! Sie ist es! Es ist ihre Stimme!

»Jedenfalls habe ich mit dem Gedanken an einen Umzug gespielt und dabei auch an dieses Haus gedacht.«

»Es ist kostspielig. Ich kann mir die Miete eigentlich gar nicht mehr leisten.«

Sie wendet den Blick ab, nickt ein wenig, scheint in Gedanken vertieft zu sein. Ich werfe einen verstohlenen Blick auf ihren Schritt in dem Höschen. Ich will ihn so sehr. Warum ist der weibliche Schritt in seiner höschenbedeckten Form so glorreich?

»Sag mal, B., das klingt vielleicht albern, aber wollen wir nicht tauschen?«

»Ich weiß ni–«

»Wie der Prinz und der Bettelknabe oder so, nur mit Wohnungen. Die Müllgrube und die gute Stube? Verstehst du? Wobei meine Wohnung die Müllgrube wäre und deine die gute Stube.«

»Das klingt gut«, gebe ich zu.

Ich glaube, ich liebe sie.

»Wenn wir die Wohnungen auf offiziellem Weg tauschen, schießen beide Mieten exponentiell in die Höhe«, sagt sie.

Ich will ihr sagen, dass exponentiell nicht ganz der richtige Ausdruck ist, aber … ich liebe sie.

»*Aber* … hör mir gut zu, wenn wir heimlich tauschen, die Möbel einfach durch genau dieses Fenster schieben und unsere ursprünglichen Namen im Mietvertrag stehen lassen, dann bleibt die Miete, wie sie ist.«

»Ich weiß nicht«, sage ich.

»Ich zahle achthundertfünfzig Dollar, B.«

»Wow.«

»Genau.«

»Ähm –«

»Und diesen Monat habe ich schon gezahlt.«

»Ähm.«

»Du musst es mir nicht zurückzahlen. Mein Geschenk an dich.«

»Ähm.«

»Es ist mir egal, dass du noch nicht gezahlt hast. Ich bin flüssig. Dank Slammy's schwimme ich bald im Geld.«

»Hast du funktionierende Glühlampen in deiner Wohnung? Ich frage nur, weil –«

»Ich habe fünf. Fünf Fassungen, fünf funktionierende Glühlampen. Und noch drei auf Vorrat im Küchenschrank, wenn du sie brauchst«, sagt sie.

»Kann ich mir die Wohnung einmal ansehen?«

»Klar.«

Sie tritt zur Seite, und ich steige durchs Fenster. Die Wohnung riecht dumpf und weiblich, und sie gefällt mir sehr gut. Sie ist klein. Aber ich bin schließlich nur eine Person, wenn überhaupt. Wie viel Platz braucht eine Person denn schon? John Fante hat sieben Jahre lang in einer Telefonzelle im Bezirk Bunker Hill in Los Angeles gelebt, worüber er so bewegend in seiner Erzählung »Bitte wirf fünf Cent nach, um weiter hier wohnen zu können, Bandini« geschrieben hat. Ich bin kein Fante, nicht einmal annähernd. Ich bin auch kein Dante und kein Jaime Escalante. Ich bin nur ein kleiner Mann mit wenigen Errungenschaften, vielleicht ein Tom Conti. Ich sehe mich um: ein Zimmer und ein kleines Bad, das durch zehn Zentimeter starkes schalldichtes Dämmmaterial an Wänden und Decke noch zusätzlich verkleinert wird. Selbst der Spiegel ist damit bedeckt, was mir zusagt.

»Hier drin mache ich meine Aufnahmen«, sagt sie.

»Kann die Schalldämmung drinbleiben?«

»Klar.«

Ich begründe die Frage nicht, aber die Wahrheit ist, dass ich oft an beschämenden Magen-Darm-Problemen leide.

Ich glaube, ich könnte hier leben. Und um ehrlich zu sein, hat es etwas Erotisches, mein Leben mit dieser liebreizenden professionellen Sprecherin zu tauschen. Vielleicht wird diese Herabstufung irgendwann in der Zukunft zu einem Stelldichein mit ihr führen. Ich bin mir nicht ganz sicher, ob sie gegenwärtig mit mir flirtet, aber ich vermute es, und normalerweise bin ich der Letzte, dem so etwas auffällt, also ... Wie oft schon habe ich Jahre später herausgefunden, dass irgendeine Frau mich verzweifelt ins Bett zu bekommen versucht hatte, während ich völlig *»lost«* war, wie die Jugend von heute sagt.

»Ich nehme sie«, sage ich.

Vielleicht zwinkert sie mir zu. Es passiert sehr schnell, und ich bin mir nicht ganz sicher. Ich zwinkere (zurück?). Sie sieht mich mit argwöhnisch zusammengekniffenen Augen an wie Spanky in der Serie *Die kleinen Strolche*, was bei ihr sehr sexy wirkt.

Den nächsten Tag verbringen wir damit, durch das Fenster hin- und herzuklettern und unsere Besitztümer auszutauschen. Ich bin gezwungen, viele von meinen Sachen in der Wohnung zurückzulassen, die jetzt ihre ist, da in ihrer Wohnung, die jetzt meine ist, der Platz dafür fehlt. Aber ich nehme meine fünftausend Bücher umfassende Bibliothek mit, ohne die ich nicht sein kann. Und meine Urnen. Mein Bett, ein Western-King-Doppelbett, passt dementsprechend nicht mehr hinein. Stattdessen entwerfe ich einen »Schlafsessel« mit einem System aus Ledergürteln und Gummiseilen, die mich nachts an Ort und Stelle halten. Das ist alles nur vorübergehend, sage ich mir, nur, bis ich wieder festen Boden unter den Füßen und ein Bett unter dem Rücken habe.

Aber ich bekomme einfach keinen festen Boden unter die Füße. Und die Glühlampen in meiner neuen Wohnung brennen eine nach der anderen durch. Und dann auch noch die drei Reservelampen. Die Dunkelheit obsiegt.

KAPITEL 24

NACHDEM ICH ALSO drei Monate lang in meiner winzigen, stockfinsteren Wohnung auf und ab gegangen bin, kommt mir der Verdacht, dass ich halluziniere. Die Wohnung sieht aus, als wäre sie bis unter die Decke mit schwarzer Wolle vollgestopft. Ich kauere mich in Ecken, um den in der Wolle versteckten Nadeln und Affen zu entgehen. Ich beschließe, dass es reicht. Ich zwinge mich, die Wohnung zu verlassen. Der Korridor ist mit schwarzer Wolle gefüllt. Ich trete aus dem Gebäude, halte ein mit schwarzer Wolle gefülltes Taxi an und fahre durch ein New York aus schwarzer Wolle zu einer neuen Therapeutin, die im Abspann von *A Beautiful Mind – Genie und Wahnsinn* als technische Beraterin geführt ist, einem Film von Ronson Howard, dessen Genialität mir erst kürzlich bewusst geworden ist (in diesem Fall war ich ein Spätzünder). Er handelt von einem Mann, der »durchknallt«, dann zu lieben lernt und einen großen Preis gewinnt (ich weiß nicht genau, welchen, einen Oscar vielleicht?) und eine Rede vor einer Zuhörerschaft hält, zu der aus irgendeinem Grund eine auf alt geschminkte Jennifer Connelly gehört. Diesen Teil habe ich nicht richtig verstanden, aber das liegt wahrscheinlich daran, dass ich auf Toilette war. Ich habe es mir zusammenzureimen versucht und bin zu dem Schluss gekommen, dass sie auf dem Weg zu einem Auftritt im örtlichen Theater war, die Rede aber nicht verpassen wollte und sich deswegen schon vorher geschminkt hatte. Die technische Beraterin/Therapeutin (sie ist diejenige, die zu Russ Crow die berühmten Worte »mehr verrücktes

Zwinkern« sagte) hört sich meine Geschichte an und schlägt sofort eine Ketamin-Therapie vor. Dazu empfiehlt sie eine begleitende Ayahuasca-Therapie und dazu eine begleitende Hypno-Therapie. Diese Kombination, sagt sie, könnte nicht nur meine Depression lindern, sondern mir auch helfen, mich an Ingos Film zu erinnern, der ihrer Ansicht nach der Ursprung meines Leidens sein könnte. Das erscheint mir alles vernünftig, vielleicht, weil ich eine Abhängigkeit von Percocet entwickelt habe (das ich im Medizinschränkchen der Sprecherin entdeckt hatte) und aus verschiedenen persönlichen Gründen auch selbst gerade ein bisschen »durchgeknallt« bin. Im Rückblick könnte es sein, dass sie mich *»geprankt«* hat, wie die Jugend von heute sagt. Ich finde es höchst unprofessionell von einer Therapeutin, einen depressiven Percocet-Abhängigen zu *pranken*, unterschreibe aber dennoch die Einverständniserklärung für ihre Fernsehshow *Die Irre(n)ärztin*, weil ich weiß, dass wir alle von irgendetwas leben müssen. In jedem Fall vereinbare ich Termine bei einem Psychiater, einem Hypnotherapeuten und einem Schamanen. Zufällig haben sie alle am selben Tag einen Termin für mich, sodass es sich gut fügt, dass ihre Praxen alle im selben Ärztehaus in Midtown sind.

Der Psychiater, Dr. Muddy Kabir, hat mich für 11.00 Uhr bestellt. Nachdem er mich gefragt hat, wie viel Ketamin ich gern hätte (ich sage, anfangs würde vielleicht ein Glas reichen), löchert er mich sofort mit bohrenden Fragen wie »Was machen Sie hinterher?«, »Gehen Sie gern einkaufen?« und »Wollen wir mal was zusammen starten?«. Das Ketamin hat innerhalb von Sekunden einen Durchbruch ermöglicht. Wie sich zeigt, lässt sich die Depression auf mein Scheitern bei meinem letzten Filmprojekt zurückführen. Ich kann mich nicht einmal mehr an das Projekt erinnern, ehe die Wirkung des Ketamins einsetzt, doch dann wird der Film in Technicolor in meinen Kopf projiziert, als wäre er tatsächlich zustande gekommen. Es ist die Geschichte eines Mannes, der eines Morgens aufwacht und feststellt, dass es keinen einzigen Beleg für seine Existenz gibt. Es ist eine Art düstere Fantasie, was ich ziemlich cool finde. Irgendwie dystopisch, aber mit einem richtigen coolen Dreh. Er hat also kein Geld und bekommt ohne Sozialversicherungsnummer auch keine Arbeit, sodass er stehlen muss, um zu überleben. Eines Tages stiehlt er eine alte Frau und tötet sie versehentlich, indem er immer wieder mit einem Messer auf sie einsticht, bis sie tot ist. Aber er ist ein guter Mann, und es war nur die Verzweiflung, die ihn zu dieser brutalen, sinnlosen Tat getrieben hat. Er fühlt sich also sehr schuldig und beschließt, sich der Polizei zu stellen, aber er kann nicht verhaftet werden, weil es das Gesetz nicht erlaubt, jemanden zu verhaften, der offiziell nicht existiert, also bringt er seinen Fall vor den Obersten Gerichtshof, und der Film endet damit, dass er vor den zu Tränen gerührten Geschworenen eine leidenschaftliche Rede darüber hält, dass niemand ein Niemand sei und dass es unrecht wäre, wenn er nicht für seine Verbrechen büßen könne, denn jeder müsse Buße tun können, wenn er eine alte Dame umgebracht habe oder auch sonst. Der Film heißt *Der namenlose Schrecken* und ist im Grunde eine Metapher für die moderne Welt, in der wir leben, die Art und Weise, wie uns die Technologie voneinander isoliert, und dafür, dass wir alle nur Zahnräder in jener grausamen Maschine sind, die wir Zivilisation nennen, ohne dabei Anführungszeichen in die Luft zu malen, obwohl wir es eigentlich tun sollten. Und für das Big Business. Zu behaupten, er sei ein Pulverfass, wäre eine Untertreibung. Ein leitender Angestellter hat mir gegenüber sogar zugegeben, dass es ihn auf jeden Fall seinen Posten kosten würde, diesen Film zu finanzieren. Da kann man wohl von Pulverfass sprechen, würde ich sagen.

Vom Psychiater um drei gehe ich direkt in die Praxis des Schamanen, der mich um fünf erwartet. Ich merke noch immer die Wirkung des Ketamins, vor allem daran, dass meine Hände zu viele Finger haben, aber auch daran, dass meine Finger zu viele Finger haben. Außerdem empfinde ich eine tiefe Liebe zu Dr. Kabir, dem Psychiater, was ziemlich sicher nur ein Resultat dessen ist, was man in der Psychoanalyse Übertragung nennt, aber er gibt mir trotzdem ein kleines Medaillon mit seinem Foto darin. Ich will da nicht zu viel hineininterpretieren, doch es hat den Anschein, als würde er mich vielleicht auch mögen.

Ich bin mir sicher, dass wir irgendwann während der Sitzung gemeinsam Ketamin getrunken und gekichert haben. Ich muss mir später über meine Gefühle klar werden.

Die Sprechstundenhilfe des Schamanen trägt einen Schwesternkittel mit niedlichen kleinen gezeichneten Halluzinationen in beruhigenden Pastelltönen. Es erscheint mir herablassend. Wir sind doch hier keine Kinder, denke ich. Es geht doch um eine ernsthafte erwachsene Erforschung der Psyche. Dann sehe ich, dass tatsächlich mehrere Kinder im Wartezimmer sitzen. Aber vielleicht ist es auch das Ketamin, denn sie sind so groß wie Erwachsene, und drei von ihnen tragen Zylinder und Monokel.

Zusammen mit einigen der Riesenkinder werde ich in Schwitzhütte A geschickt. Der Schamane Dr. Aclarado begrüßt uns, lässt uns Platz nehmen und geht dann von einem zum anderen, um uns zu fragen, was wir uns von diesem Tag erhoffen. Zuerst ist eines der Kinder dran, das sagt: »Ich hoffe, mein wahres Wesen kennenzulernen.« Alcarado zuckt unbeeindruckt mit den Schultern. Das zweite große Kind wirkt panisch. Man merkt, dass es das Gleiche antworten wollte und sich nun rasch etwas Besseres überlegen muss. »Der neben mir ist doof«, setzt es an. »Ich hoffe einfach nur zu lernen, wie ich bewusst leben kann.« Acaraldo sagt: »Gähn.« Ich bin an der Reihe. Das Ketamin lässt meine Brustwarzen zur Mitte der Brust wandern, was weniger unangenehm ist, als es klingt. Ich starre in seine beiden Monokel (wann hat er die den Kindern weggenommen?) und sage: »Hör zu, Acalrado, da es dich ohnehin nicht gibt, verpiss dich!« Es ist ein Bluff, aber es muss funktioniert haben, da eine »Guantanamera« spielende Blaskapelle hereinmarschiert kommt, Konfetti von der Decke rieselt und Acaradlo mit einem breiten Lächeln seine kräftigen braunen Zähne entblößt. Plötzlich verschwimmt mir alles vor den Augen, und mir wird klar, dass ich jetzt die Monokel trage, die nicht meine Sehstärke haben. Aclarado lässt ungeniert Tränen aus seinen frisch befreiten Augen rinnen und nennt mich *hijo*, was meines Wissens »Pferd« bedeutet. Dann drückt er allen, einschließlich der Musiker, Gläser mit Ayahuasca in die Hand und dreht die tragbaren Heizlampen voll auf. Bald beginne ich zu schwitzen. Acarlado stimmt einen Singsang an, der klingt, als trampelte ein Mann mit schweren Stiefeln auf Plexiglas herum, aber mit einem spanischen Akzent. Der Raum draht sich, oder wie auch immer der Plural von »drehen« lautet. Ich sehe, wie Dr. Kabir in Unterwäsche von dem Sommerhaus in Maine erzählt, das er eines Tages mit mir zu teilen hofft. Ich begreife, dass wir alle eins sind, ein aufwändig verwobener Bildteppich, dass alles Vergangene, Gegenwärtige und Zukünftige koexistiert, dass alles in Ordnung ist, dass man sein Portemonnaie in die Vordertasche stecken soll, um Taschendieben einen Strich durch die Rechnung zu machen, dass es aber keine große Rolle spielt, weil wir alle eins sind, und wenn dir ein Taschendieb das Portemonnaie klaut, hast du es trotzdem noch, weil DU der Taschendieb bist.

Acaradol geht von einem zum anderen und fragt: »Warum bist du so traurig?« Ich sage: »Ich fühle mich wie ein Taschendieb. Aber auch wie eine Ziege und eine Flöte und eine Wolke und ein Bein und das Innere einer Müslipackung und ein Regentropfen und ein Benzolmolekül und die Zahl 43 und –«

»Ja, ja«, unterbricht La Carado und sieht auf die Uhr, als die ich mich ebenfalls empfinde, was ich ihm auch sage. »In einer Stunde habe ich die nächste Sitzung.« Auch so fühle ich mich, aber ich behalte für mich, dass ich mich wie seine nächste Sitzung in einer Stunde fühle, weil er wütend aussieht. Eines der Riesenkinder, das nun ein Farmer ist, sagt, ihm sei bewusst, dass die Illusion eine Illusion sei, was mich wahnsinnig macht, da es eindeutig versucht, mich zu übertrumpfen. Also sage ich: »Ich weiß nicht mal, was das heißen soll.« Worauf es erwidert: »Das heißt einfach so viel, alter Mann: Wenn man die Erkenntnis hinter sich lässt, dass die gegenständliche Welt eine Illusion ist, erkennt man die Wahrheit, dass alles schlicht *ist*, dass nichts ein Symbol für irgendetwas anderes ist, dass Gedanken Gedanken sind und Berge Berge. Doch ich erwarte nicht, dass Sie als einfacher Farmer das verstehen.« Ich sage ihm, er sei der Farmer, nicht ich, er solle bloß einmal in den Spiegel sehen. Dann kämpfen wir etwa eine halbe Stunde lang in Zeitlupe miteinander, bis Aclaraldo uns mit einem Feuerlöscher vollsprüht. Mein Overall und mein Strohhut sind durchnässt, und mir liegt eine Offenbarung auf der Zunge, als Alclaraldo sagt: »Tut mir leid, unsere Zeit ist um.« Hastig scheucht er uns aus Schwitzhütte A. Als Nächstes finde ich mich durchnässt auf dem Flur des Ärztehauses wieder und frage mich, ob die siebte Etage ober- oder unterhalb der vierten ist. Nachdem ich kurz die App Google Vertical Maps auf meinem Telefon konsultiert habe, finde ich den Hypnotherapeuten M. Barassini.

Es ist eine kleine, feuchtkalte Praxis, die wie ein Schwarzes Theater hergerichtet ist. An der rückwärtigen Wand hängt ein riesenhafter Pappmaché-Augapfel. Ich finde im Zuschauerraum einen freien Platz neben einer Asiatin (Asioamerikanerin?). Es ist ziemlich voll, sodass meine Platzwahl nicht den Eindruck erweckt, ich wolle mich an sie heranmachen. Doch ich spiele mit dem Gedanken. Sie ist sehr attraktiv. Ihr Pixie-Cut mit dem Anna-May-Wong-Pony verleiht ihr ein dominantes Äußeres, und ich stelle mir vor, mich ihr sexuell zu unterwerfen. Ich habe mich in der Vergangenheit nie als devot betrachtet, abgesehen von den drei kurzen Jahren, in denen ich sexuelle Befriedigung daraus zog, mich als Sugardaddy von Madam Ka-Tsching ausnehmen zu lassen, aber durch meine Begegnung mit Marjorie Morningstar, der Sprecherin, ist irgendein Schalter in meinem Gehirn umgelegt worden, und ich male mir aus, wie mich diese liebreizende asiatische Sexgöttin nach der Vorführung mit einem schlichten »Komm mit« zu sich befehligt. Ich werde mich in ihrem Loft wiederfinden – ein geschmackvoller offener Wohnbereich, Arbeitsplatten aus rostfreiem Edelstahl in der weißgefliesten Kücheninsel. Streng, maskulin und doch zutiefst feminin in seiner Maskulinität. Sie lässt mich niederknien und kümmert sich dann um ihre Angelegenheiten, als wäre sie allein, gießt sich einen Wodka ein, drückt ein Stück Limette darüber aus. Sie schlüpft aus ihren Kleidern, während sie in der Wohnung herumgeht, Dinge erledigt, an ihrem Glas nippt. Es fühlt sich nicht an, als ignorierte sie mich; es fühlt sich an, als wäre ich nicht da. Es ist ein heftiger Kitzel damit verbunden, sie allein zu beobachten und zu wissen, dass ich es nicht einmal wert bin, sich von mir beobachtet zu fühlen. Sie kratzt sich an der Schenkelinnenseite, während sie an mir vorbeigeht, nicht auf provokante Weise, sondern weil es sie dort juckt. Das hindert mich nicht daran, mir vorzustellen, ich wäre ihre Hand. Ach, könnte ich doch ihre Hand sein. Oder ihr Oberschenkel. Ich stelle mir vor, wie sie mich irgendwann zu sich rufen wird, während sie im Manspread in dem ledernen Ohrensessel in der Ecke sitzt. *Auf allen vieren*, wird sie gelangweilt sagen, wenn ich aufstehe, um zu ihr hinüberzugehen. Ich werde mich auf alle viere niederlassen und auf sie zukriechen. Sie –

Das Licht geht aus. Unheimliche Musik kommt vom Band: Mussorgskys »Gnomus«, gespielt auf der Glasharmonika, wenn ich mich nicht irre. Die Bühnenbeleuchtung schaltet sich ein, und Barassini steht in einer Rauchwolke da, weißer Turban, Frack und eine Medaille des Order of Military Medical Merit. Nachdem er einige Minuten lang eine Art Solo-Hoftanz aufgeführt hat, hält er inne und wendet sich uns zu.

»Guten Abend«, sagt er mit einem unerfindlichen Akzent. Vielleicht eine Mischung aus Italienisch und dieser nordtürkischen Pfeifsprache.

Ich schaue diskret zu meiner zukünftigen asiatischen (asioamerikanischen?) Herrin hinüber. Sie erwidert meinen Blick nicht.

»Ich bin Monsieur Barassini. In der Tradition des großen Franz Polgar werde ich heute versuchen, für Sie einige erbauliche mentalistische, hypnotistische und muskelleserische Kunststücke darzubieten. Wie viele von Ihnen wissen, ist der Verstand ein außergewöhnlich mächtiges und leider viel zu wenig genutztes Organ. Haben Sie Zweifel an seiner unzureichenden Nutzung, fragen Sie einfach Ihre Teenager zu Hause, wer Dwight David Eisenhower war.«

Das Publikum lacht. Ich nicht. Meine Herrin auch nicht. Das freut mich. Natürlich ist sie über diesen flachen Witz erhaben. Ich nehme an, dass sie über wirklich witzige Dinge schallend lachen kann: Ionesco, W.C. Fields, Buñuel-Filme – Werke, die den wahren Schrecken und die wahre Hoffnungslosigkeit unseres Daseins enthüllen. Oh, sie würde bei Fields' *Das ist geschenkt* oder Buñuels *Der Würgeengel* den Kopf in den Nacken werfen, den Mund mit den makellosen Zähnen, den makellos spitzen Eckzähnen, dem rosigen, rosigen, rosigen Fleisch ihrer Mundhöhle weit aufgerissen, und lachen und –

Meine Herrin hebt die Hand.

»Madame, bitte sehr«, sagt Barassini.

Barassini bedeutet ihr, zu ihm auf die Bühne zu kommen. Offenbar hat er nach Freiwilligen gefragt, während ich mich im lachenden Rachen meiner Herrin verloren habe. Sie schwebt förmlich zur Bühne. Ich muss sagen, dass ich ihren Gang in meiner Fantasie präzise vorausgeahnt habe. Allerdings ist sie größer als erwartet. So viel größer. So gottverdammt viel größer. Umso besser. Barassini greift nach ihrer Hand. Mit einem Mal will ich ihn tot sehen. Mit Mühe und Not kann ich mich auf dem Sitz halten, statt zur Bühne zu rennen und ihm meinen rostroten Parker-Duofold-Füllfederhalter ins Auge zu rammen, und ich meine *sein* Auge, nicht dieses absurde Pappmaché-Ding, das über ihm hängt. Freilich würde ich damit meine wertvolle rhodinierte Goldfeder zerstören, und ich würde es in Kauf nehmen. Er spricht und reißt mich aus meinen Gedanken.

»*Enchanté*«, sagt er. »Dürfte ich um Ihren Namen bitten?«

»Tsai«, sagt sie.

Bilder der hinreißenden jungen Tsai Chin, die in Netzstrümpfen und Body für den großen verstorbenen Michael Ward posiert, der sie in spektakulärem Schwarz-Weiß ablichtet. Ihr Haar ein zerzaustes –

»Was für ein schöner Name«, sagt Barassini.

Was für eine linkische, uninteressante Äußerung, Barassini, du erbärmlich lüsterner türkisch pfeifender Trottel.

Dann kommt mir ein plötzlicher Gedanke: Könnte Barassini vielleicht homosexuell sein? Denn er ist nicht angemessen überwältigt von Herrin Tsais tiefgreifender femininer Männlichkeit. Sie entzieht sich der Binarität. Sie spuckt Gender ins Gesicht. Und Gender sagt: »Danke, Herrin, dürfte ich noch einmal kosten?«

»Ich will versuchen, Ihre Gedanken zu lesen«, erklärt er.

»Wieso nicht«, sagt sie.

Wieso nicht. Was für eine schöne, lässige Erwiderung. Nur zu, Mr. Magier. Ich bin bereit. Sie haben keine Chance.

»Wir sind uns nie begegnet. Ist das richtig?«

»Ja.«

Barassini mustert sie. Er bitte sie, ihm in die Augen zu schauen. Sie tut es ohne Zögern und ohne Verlegenheit.

»Sie haben kürzlich einen Verlust erlitten?«

Sie nickt, nicht beeindruckt, nicht unbeeindruckt, nicht ununbeeindruckt. Ich könnte ewig so weitermachen. Sie gibt ihm nichts. Er fischt im Trüben. Wer hat nicht kürzlich einen Verlust erlitten? Ich schon. Ich habe den Verlust meines Lebenswerks erlitten, meiner Würde, meiner Wohnung, meiner Freundin, meiner Arbeitsstelle, meines Hundes, meiner Nase, meines *Existenzgrunds*.

»Ich sehe den Buchstaben *M*. Hat er irgendeine Bedeutung für Sie?«

Wieder nickt sie. Wieder fischt er im Trüben. Jeder kennt irgendetwas, was mit *M* beginnt. Ich habe ein Meisterwerk verloren. Da haben wir das *M*, das ich verloren habe, du Komiker.

»Michael?«, fragt er.

Sie nickt. Okay, das war gut. Aber trotzdem, jeder kennt irgendeinen Michael. Ich kenne siebzehn Michaels, von denen vier kürzlich gestorben sind, zwei beim Camping verschollen und einer untergetaucht. Hätte er »Melchior« gesagt und richtiggelegen, wäre ich vielleicht beeindruckt gewesen. Vielleicht. Aber ich kenne sechs Melchiors, von denen drei noch nicht allzu lange tot sind, also selbst in diesem Fall …

»Haben Sie jemanden namens Michael verloren?«

»Ja«, sagt sie, zeigt aber keine äußerliche Reaktion.

Gott, sie ist schön. Ich würde mit Freuden ihr Scheidenzäpfchen sein.

»Er war kein Verwandter. Er war … *jung*. Ein Kind?«

»Ja.«

»Sie waren seine Erzieherin, nicht wahr?«

»Ja.«

»Es tut mir so leid, dass er gestorben ist. So jung. So jung.«

»Er war fünf. Ein Autounfall. Schwierig für die Eltern natürlich.«

All das sagt sie sachlich, nüchtern. Die Zuschauer wissen nicht, wie sie reagieren sollen. Sie wollen Barassinis offenkundigem Können Beifall spenden, nicht aber dem Tod des jungen Michael; es ist ein Dilemma. Es herrscht eine schreckliche, zutiefst unangenehme Stille. Ich für meinen Teil habe meine Zweifel an dem ganzen Budenzauber. Sie muss mit ihm unter einer Decke stecken. Was ich gerade mitangesehen habe, wäre sonst unmöglich.

»Ich danke Ihnen, Tsai«, pfeift er. »Herzlichen Dank.«

Sie kehrt zu ihrem Platz zurück, und nun endlich applaudiert das Publikum, aber respektvoll und gedämpft. Ich beobachte sie, suche nach verräterischen Signalen. Sie kommt durch die Sitzreihe auf mich zu, weicht behutsam Beinen und Füßen aus. Sie geht an mir vorüber, und einen Augenblick lang ist ihr prachtvolles Hinterteil so dicht vor meinem Gesicht, dass ich an nichts anderes denken kann. Ach, könnte ich mich doch nur dagegen pressen. Dann ist sie vorbei und gibt den Blick frei auf die Bühne, auf der nun ein älterer Mann auf recht theatralische Weise mithilfe einer Taschenuhr oder eines Pendels hypnotisiert wird. Ich bin mir nicht ganz sicher. Die Wahrheit ist, dass ich die Bühne kaum sehen kann, so sehr ist meine Aufmerksamkeit auf Tsai gerichtet. Tsai. Mir fällt auf, dass ihr Name wie ein Seufzer klingt. Ich habe meinen Atem so mit ihrem koordiniert, dass ich einatme, wenn sie ausatmet. Mein Ziel ist, ihren Atem in mich aufzunehmen, mir Tsai einzuverleiben, Tsai-Moleküle mit meinen Zellen zu absorbieren, von ihnen transformiert zu werden, von ihnen in Besitz genommen zu werden. Es ist eine andere, aber nicht weniger erotische Art von Atemspiel, als ich es in Harvard, wo ich studiert habe, mit meiner Geliebten Esther Mercenaire betrieben habe. Den Rest von Barassinis Darbietung verbringe ich tief in meiner Tsai-Fantasie versunken: Ich bediene sie, werde von ihr ignoriert, werde von ihr gedemütigt. Ich entwickle eine Storyline. Sie erscheint mir als eine fantastische Lösung für das Problem, dass ich keinerlei Möglichkeit habe, mich in Tsais Leben einzuschleichen: Ich stoße in einem Antiquitätenladen zufällig auf eine übernatürliche Kuriosität. Vielleicht eine Spieluhr oder einen antiken Parfumzerstäuber. Ich ersuche den magischen Gegenstand um Hilfe. Ich möchte nicht oder erwarte zumindest nicht, dass Tsai mich liebt. Tatsächlich würde sie, wenn sie es täte, so schrecklich in meiner Achtung sinken, dass ich sie nicht mehr respektieren könnte. Ich will ihr nur dienen. Das Zauberding spielt ein Lied oder besprüht mich mit einem Nebel (je nachdem, ob es eine Spieluhr oder ein Parfumzerstäuber ist), und ich sehe mich Tsai von Angesicht zu Angesicht gegenüber. Es scheint, als wäre ich nun ein Verkäufer in einem Kaufhaus und würde sie abkassieren. Ich kann mich lediglich wie ein Verkäufer verhalten, auch wenn ich mir bewusst bin, dass ich es bin, der in diesem neuen Körper steckt. Tsai geht, und ich bleibe so lange dieser Verkäufer, bis Tsai von jemand anderem bedient wird: einer Kellnerin, einem Mitarbeiter der Kfz-Zulassungsstelle, einem Klempner, einer Schuhverkäuferin, einem Postangestellten. Bei jeder ihrer Begegnungen mit irgendeinem Dienstleister werde ich zu ebendieser Person. Ich springe von Körper zu Körper, von Leben zu Leben, alles, um Tsai zu dienen. Mal schreit sie mich an, mal ist sie freundlich, fragt mich, wie es mir geht, mal ignoriert sie mich, aber all diese Begegnungen laufen unpersönlich ab. Ich werde sehr steif, während ich mir das ausmale. Sehr steif. Ich versuche, diese Fantasie zu analysieren – was bedeutet sie? –, und mache sie mir dadurch kaputt.

In Wahrheit weiß ich, dass ich niemals von irgendeinem Interesse für sie oder vermutlich auch sonst irgendjemanden sein könnte, für den ich mich womöglich interessiere. Ich bin eine Ameise. Selbst mit einem Parfumflaschengeist an meiner Seite bin ich nicht in der Lage, mich in meiner Vorstellung jünger oder attraktiver oder klüger oder reicher zu machen. Und doch kann ich mich problemlos in ein noch unmöglicheres Szenario, einen Körperwechselalbtraum hineinfantasieren. Ich glaube, in Wahrheit sehne ich mich nach Demütigung. Das Ironische oder zumindest Merkwürdige daran ist, dass Demütigung in meinem wahren Leben das ist, was ich am meisten fürchte und am häufigsten erlebe. Und doch bin ich nicht glücklich. Warum nicht?

KAPITEL 25

NACH DER VORFÜHRUNG begebe ich mich für meine Sitzung in die Praxis von M. Barassini, staatlich geprüfter Hypnotiseur und Hypnotherapeut. Die Wände des Vorzimmers sind mit gerahmten pathetischen Illustrationen im Stil des neunzehnten Jahrhunderts geschmückt, auf denen ein Mann mit einem purpurnen Turban, vermutlich der große Mentalist/Hypnotiseur/Muskelleser M. Barassini, dem Betrachter tief in die Augen starrt. Diese Plakate sind wenig vertrauenerweckend, und da ich mich noch immer fest im Griff eines zünftigen Ayahuasca-Rauschs befinde, erscheinen sie mir ziemlich furchterregend. Allerdings sind da auch mehrere gerahmte Diplome, eines vom Harverd College of Hypnotism, das eine ausgezeichnete Schule sein soll, wenngleich in keiner Weise mit Harvard verbunden. Wobei es sein kann, dass Barassini als Sohn eines Ehemaligen bei der Aufnahme bevorzugt behandelt wurde. In dem Fall müsste ich mein Urteil revidieren. Die Tür zum Sprechzimmer öffnet sich, und Barassini streckt den Kopf heraus. Ohne den Turban wirkt er professoral, onkelhaft, blutarm, etwas bieder, partiell gelähmt und attraktiv, mit einem leichten Funkeln im Auge, dem rechten, womöglich aufgrund einer Katarakt-Operation.

»Mr. Rosenberg«, sagt er.

»Ja. Wobei ich das geschlechtsneutrale Mx. bevorzuge.«

»Wie Sie möchten«, sagt er. »Möchten Sie nicht hereinkommen, Mx. Rosenberg?«

Ich betrete das Sprechzimmer. Wurde ich durch irgendeine Art von hypnotischer Kontrolle gezwungen, das Sprechzimmer zu betreten? Oder bin ich eingetreten, weil er mich dazu aufgefordert hat und man das eben so macht? In jedem Fall verspüre ich in diesem Augenblick eine merkliche Einschränkung meines persönlichen Handlungsvermögens. Sollte ich mir deswegen Sorgen machen, oder ist es vielmehr ermutigend, dass er seine Kunst womöglich so gut beherrscht, dass ich nicht einmal weiß, ob er sie gerade ausübt?

Ich setze mich auf das Sofa.

»Das ist mein Platz«, sagt er.

»Oh«, sage ich. »Das tut mir leid.«

Ich stehe auf, sehe mich im Büro um. Der einzige noch freie Platz ist hinter seinem Schreibtisch.

»Soll ich mich hinter Ihren Schreibtisch setzen?«

»Nein. Das ist auch mein Platz, selbst wenn ich im Moment nicht dort sitze.«

»Wohin soll ich mich dann setzen?«

Er deutet auf einen Klappstuhl an der Wand.

»Ah«, sage ich.

»Für unsere gemeinsame Arbeit ist es am besten, wenn der Patient es nicht so bequem hat, dass er schläfrig wird.«

»Verstehe«, sage ich.

Ich klappe den Stuhl auf und setze mich.

»Willkommen in meiner Praxissuite«, sagt er. »Was ich hier praktiziere, unterscheidet sich von Hypnose. Ich nenne es Hypgnose.«

»Hypnose?«

»Nein. Hypgnose.«

»Ich höre keinen Unterschied«, sage ich.

»Es ist ein Buchstabe mehr, aber man hört ihn nicht sehr deutlich.«

»Was für ein Buchstabe?«

»Das g.«

»Ah«, sage ich.

»Nein. *G*«, korrigiert er.

»Gut. Und an welcher Stelle?«

»Ah. Es steht zwischen dem *p* und dem *n*.«

»Ah. Ich verstehe. Wie in Gnosis«, sage ich.

»Sagen Sie ›Gnosis‹ oder ›Nosis‹?«

»›Gnosis‹. ›Nosis‹ gibt es nicht.«

»In dem Fall ja. Wissen Sie, was ›Gnosis‹ bedeutet?«

»Ja.«

»Was denn?«

»Fragen Sie mich ab? Erkenntnis. Vor allem im spirituellen Sinn. Erkenntnis Gottes und Selbsterkenntnis«, sage ich.

»Perfekt«, sagt er. »Und nun sagen Sie mir, was Sie zu mir führt.«

Und schon fühle ich mich unwillkürlich veranlasst, es ihm zu sagen. Was ist das für eine seltsame Macht, über die er verfügt? Wenn ich ganz ehrlich sein soll, verschafft es mir einen leichten Kitzel in der Lendengegend, die Befehlsgewalt an ihn abzugeben.

»Ich muss mich so detailliert wie möglich an einen Film erinnern, den ich gesehen habe.«

»Interessant«, sagt er. »Dabei kann ich Ihnen in der Tat helfen. Ich arbeite regelmäßig mit Patienten, die sich an Missbrauch, verlorene Zeit oder frühere Leben zurückerinnern möchten.«

Vergangene Leben?, denke ich. Ist der Mann verrückt?

»Ich weiß, was Sie denken«, sagt er. »Schließlich bin ich auch Mentalist oder, wie Sie uns nennen, Gedankenleser.«

Er hat recht; ich nenne sie Gedankenleser. Ich nenne sie außerdem Scharlatane.

»Oder Scharlatane«, sagt er schmunzelnd. »Wie Sie uns außerdem nennen. Das ist mir alles nicht neu, Mx. Rosenberg.«

Was immer er auch ist, er ist gut darin.

»Hören Sie«, sagt er. »Ich kann Ihnen helfen. Indem ich Sie in einen Zustand tiefer hypgnotischer Entspannung versetze, kann ich Ihnen Zugang zu Erinnerungen verschaffen, die Sie für immer verloren glaubten. Sie müssen wissen, dass ich neben meiner Arbeit mit Opfern außerirdischer Entführungen und Wiedergeborenen – ich glaube im Übrigen an beides – auch mit der New Yorker Polizei und mehreren anderen großen Polizeibehörden zusammenarbeite.«

»Oh«, sage ich beeindruckt. »Wie ist Ihre Erfolgsrate?«

»Ich hefte für sie Akten ab, und ich bin verdammt genau. Worauf ich hinauswill«, sagt Barassini, »ist, dass Sie mir vollends vertrauen müssen, wenn wir hier etwas erreichen wollen. Haben Sie im Augenblick irgendwelche Bedenken mir oder meiner Arbeitsweise gegenüber, die ich Ihnen vielleicht nehmen kann?«

»Ich glaube, ich habe die Befürchtung, Sie könnten mir vielleicht gefälschte Erinnerungen einpflanzen, während ich unter Hypnose bin.«

»Und warum sollte ich das tun?«, fragt er.

»Ich behaupte ja nicht, dass Sie es tun würden. Ich beantworte nur Ihre Frage nach meinen Bedenken. Mir kam einfach der Gedanke. Ich muss mich ganz genau an diesen Film erinnern.«

»Hören Sie«, sagt er. »Ich bin ein Fachmann mit mehreren Hochschulabschlüssen. Ich weise Ihre Vorwürfe zurück.«

»Es gibt keine Vorwürfe. Ich werfe Ihnen nichts vor. Ich hatte nur gehofft, Sie könnten mich in dieser Hinsicht beruhigen.«

»Wissen Sie, ich glaube, so wird das nichts«, sagt er. »Sie sollten besser gehen.«

»Ich will nicht gehen!«, sage ich.

»Dann nehmen Sie es zurück.«

»Was soll ich zurücknehmen?«

»Nehmen Sie zurück, dass Sie befürchten, ich könnte Ihnen gefälschte Erinnerungen einpflanzen.«

»Ich nehme es zurück.«

»Sie glauben also nicht, dass ich so etwas je tun würde?«

»Vermutlich nicht.«

»Gut. Ich hoffe, es geht Ihnen jetzt besser.«

Er lächelt mich an. Und seltsamerweise geht es mir tatsächlich besser. Ich lasse das Gespräch Revue passieren. Alle möglichen Alarmglocken schrillen. Und doch fühle ich mich ruhig, offen ihm gegenüber, bereit.

»Wollen wir dann beginnen?«, fragt er.

»Ja.«

»Gut. Na schön. Der Film, an den Sie sich erinnern möchten – wie heißt er?«

»Er hat eigentlich keinen Titel. Ein Titel würde ihm nicht gerecht werden.«

»Wie sollten wir ihn denn im Rahmen unserer ›Unterhaltungen‹ nennen?«

»*Komisches Wetter*«, sage ich, ohne genau zu wissen, warum.

»Gut. *Komisches Wetter*. *Komisches Wetter* existiert nun in Ihrem Gehirn. Vollständig. Makellos. Unverfälscht. Er kann von Anfang bis Ende abgespielt werden, so als würden Sie den Film noch einmal ansehen.«

»Ist das denn wirklich so? Ich habe nämlich gelesen, dass das Gehirn gar nicht wie eine Aufnahme funktioniert, sondern vielmehr –«

»Ich möchte, dass Sie meine Praxis verlassen.«

»Das will ich nicht.«

»Dann sagen Sie, dass es so ist.«

»Es ist so.«

Und jetzt denke ich wirklich, dass es so ist. Wie merkwürdig. Ich bin durch und durch Nonkonformist. Als zum Filmkritiker mutierter Filmtheoretiker ist es meine Aufgabe, alles zu hinterfragen, Normen infrage zu stellen, filmische Klischees zu zerpflücken, wo immer ich sie finde. Doch wenn Barassini mich drangsaliert, bis ich Gedanken zustimme, die ich, offen gestanden, als Fiktionen enttarnt habe, glaube ich ihm plötzlich. Mehr noch, ich ziehe bedeutenden Trost daraus, ihm zu glauben. Vielleicht ist Barassini der Vater, den ich nie hatte, auch wenn ich einen Vater hatte, der Barassini sogar sehr glich. Vielleicht ist Barassini der Vater, den ich immer hatte. Ach, Papa.

»Wunderbar«, sagt er. »Nun möchte ich, dass Sie mir tief in die Augen schauen und genau zuhören, was ich sage. Öffnen Sie sich meinen Worten. Spüren Sie sie tief in sich eindringen und Teile Ihres Geistes berühren, die nie zuvor berührt wurden. Sie sind dankbar für meine Worte, für das Vertrauen, das sie Ihnen geben. Sie finden es tröstlich, auf diese Weise kontrolliert zu werden. Meine Worte umarmen Sie. Sie beherrschen Sie. Spüren Sie es?«

»Ja.«

»Gut. Sie möchten meine Worte doch zufriedenstellen, nicht wahr?«

»Ja.«

»Sagen Sie es.«

»Ich möchte Ihre Worte zufriedenstellen.«

»Und das werden Sie auch. Indem Sie tief in Ihr Inneres vordringen. Tiefer, als sie es je getan haben. Werden Sie das tun?«

»Ja.«

»Gut. Sagen Sie mir, was Sie sehen.«

»Den Magellan-Pinguin. Beheimatet auf den Falkland–«

»Tiefer.«

»*Election*, einen Film von Alexander Payne aus dem Jahr 1999. Er –«

»Tiefer.«

»Meine Mutter hat mich geschlagen, weil ich gequengelt habe. Immerzu gequengelt.«

»Darauf kommen wir zurück. Tiefer.«

»Ein schwarz-weißes Bild auf einer Leinwand.«

»Beschreiben Sie es.«

»Ich weiß es nicht. Es fühlt sich weit an. Dunkel. Es ist unendlich groß. Schnee auf einem Fernsehbildschirm. Rauschen.«

»Dieser Film ist nun Teil von Ihnen. Ist die Milch einmal in den Kaffee gerührt, lässt sich beides nicht mehr trennen.«

»Ich verstehe nicht«, sage ich.

»Der Film kann nur so erinnert werden, wie er in Ihren Verstand eingebettet ist. Das ist das Gesetz der Entropie.«

»Ich wollte bloß diese Geschichte, wie wenn man einem Augenzeugen hilft, sich an ein Nummernschild zu erinnern.«

»Wenn das alles ist, was Sie wollen, gehen Sie die Straße runter zu Hypno Joe. Der wird Ihnen helfen.«

»Gut.«

Ich stehe auf und gehe zur Tür.

»Aber ich glaube, Sie wollen mehr als das.«

»Nein, tue ich nicht.«

»Sie wollen die Wahrheit.«

»Natürlich, aber –«

»Na schön. Ich habe mich wohl in Ihnen getäuscht. Hypno Joe wird schon der Richtige für Sie sein.«

»Gut«, sage ich und greife nach dem Türknauf. »Haben Sie seine Adresse, oder ist es in einer Ladenzeile oder so?«

»Aber ich will Ihnen eins mit auf den Weg geben: Kunst zieht uns an, weil sie unser verborgenstes Selbst offenbart.«

»Das ist –«

»Godard, ja. Ihr Held, oder nicht?«

»Aber wie konnten Sie das wissen?«

»Erkenntnis. Gnosis. Dieser Film existiert nur, weil *Sie* ihn angeschaut haben und weil er etwas über *Sie* offenbart hat. Wollen Sie ihn in seiner ganzen Komplexität an die Oberfläche bringen, müssen Sie in Ihrer Psyche danach schürfen. Aber das wollen Sie ja nicht. Hypno Joe wird schon der Richtige für Sie sein. Ich glaube, David Manning von der *Ridgefield Press* nimmt seine Dienste in Anspruch.«

»Aber David Manning ist ein fiktiver Kritiker, den die Marketingabteilung von Sony erfunden hat, um glänzende Besprechungen ihrer schlecht besprochenen Filme verfassen zu können.«

»Ach, tatsächlich? Das war mir nicht bewusst.«

»Wie könnte er dann –«

»Ich weiß es nicht. Ich sage nur, dass ich an Ihrer Stelle aufpassen würde, wen ich in mein Gehirn hereinlasse. *Ich* würde nicht als fiktionaler, robotisierter Zombie im Dienst eines seelenlosen Konzerns enden wollen.«

»Vielleicht sollte ich besser mit Ihnen arbeiten«, sage ich.

»Nur wenn Sie das wirklich wollen.«

»Ich glaube, das tue ich.«

»Sie werden schläfrig.«

»Was? Jetzt auf der Stelle?«

»Wir sollten keine Zeit verlieren. Es ist ein langer Prozess.«

»Wie lang?«

»Ingo hat für den Film neunzig Jahre gebraucht. Sollten Sie wirklich weniger Zeit dafür aufbringen, sich an ihn zu erinnern?«

»Ich habe keine neunzig Jahre! Woher wissen Sie, dass Ingo neunzig Jahre gebraucht hat? Ich habe es Ihnen nicht gesagt. Ich glaube, ich habe Ihnen nicht einmal Ingos Namen genannt.«

»Ich schreibe Ihnen Hypno Joes Adresse auf.«

»Nein. Ich bin bereit.«

»Sie werden schläfrig.«

Und das tue ich wirklich. Die bloße Aufforderung dieses Meisters der Hypnose –

»Hypgnose«, korrigiert er.

– der Hypgnose lässt mich träge um den Abfluss der Benommenheit strudeln.

KAPITEL 26

»SIE SIND IN Ingos Wohnung. Beschreiben Sie mir Ihre Gefühle«, sagt Barassini.

»Der Stuhl, auf dem ich sitze, ist hart. Ich spüre den Druck an meinen Gesäßknochen. Der Raum ist dunkel, muffig. Ich verspüre eine nervöse Unruhe. Ich will, dass dieser Film großartig ist. Ich will, dass er mein Leben verändert, sowohl beim Anschauen als auch später, wenn ich der Welt davon erzähle. Wenn er fürchterlich ist, habe ich nichts gewonnen. Ich bin wieder am Anfang. Und sogar noch schlechter dran, weil Zeit vergangen ist und ich dem Grab um einiges näher gekommen bin. Und ich werde Ingo sagen müssen, dass ich seinen Film geliebt habe, obwohl das ganz offenkundig nicht der Fall ist. Ich bin kein guter Schauspieler, insofern als ich nicht unehrlich sein kann. Es ist mein Fluch, dass andere immer genau wissen, was ich empfinde. In gewisser Weise könnte mich das wahrscheinlich zu einem brillanten Schauspieler machen, aber nur, wenn ich eine Figur spiele, die sich laut Drehbuch genau so fühlt, wie ich mich in jedem Augenblick der Filmaufnahmen fühle. Vielleicht wäre ich dann der beste Schauspieler der Welt. Das wäre ich ganz sicher. Für diese Rolle sollte ich vorsprechen. Ich werde später einmal im *Backstage Magazine* nachsehen. Der Projektor läuft an. Er surrt und stottert, während ein Rechteck aus Licht auf der Leinwand vor mir erscheint, gefolgt von dem verkratzten schwarzen Startband, gefolgt von dem chinesischen Mädchen. Augenblick mal, war das Tsai? Zurück!«

Doch der Film läuft weiter, läuft unaufhaltsam in die Zukunft hinein, und das chinesische Mädchen wird mit jedem Vierundzwanzigstel einer Sekunde durch ein neues Bild ersetzt, während eine Prozession von Vierundzwanzigstelsekunden vor meinen Augen in die Geschichte hineinfließt. Ich muss das vollständig aufnehmen. Barassini hat recht. Jeder Film wird von jedem Menschen anders erlebt, und von Rechts wegen sollte jeder Mensch sein oder ihr oder xier eigenes Filmerlebnis haben. Ein Film wird von jedem Individuum anders gesehen, aber ein Film, der von niemandem gesehen wurde, existiert nicht. Er ist wie die Gedanken eines Toten. Sie sind unerreichbar, also existieren sie nicht. Wenn Ingos Film existieren soll, muss ich ihn daher erzählen, und um ihn erzählen zu können, muss ich ihn durch den Filter meiner Psyche erzählen.

Dies wird also keine Romanfassung. Eine Romanfassung ist etwas Minderwertigeres. So wie die Buchvorlage immer besser ist als der Film (mit Ausnahme von Truffauts einzigem guten Film, *Tirez sur le pianiste* [1960]), ist der Film immer besser als das Buch zum Film. Es muss einen Begriff geben für das, was ich vorhabe. Wie nennt man etwas, bei dem es sich um eine Interpretation, eine Kritik, eine Ausschmückung, eine Vertiefung handelt? Etwas, was dem Erlebnis des Kinogängers überlegen ist? Schließlich bin ich ein Kritiker, der einen Film nur einmal ansieht, und das nach Möglichkeit in einer öffentlichen Vorstellung mit zahlendem Publikum. Ich bestehe darauf, den gebräuchlichen Marktpreis zu zahlen. Das ist das wahre Kinoerlebnis. Ein Film ist nicht nur das Bild auf der Leinwand, der Ton aus den Lautsprechern. Er ist die Übersetzung all dessen durch das Gehirn. Er ist das soziale Umfeld. Er ist das Jahr, in dem du ihn siehst, er ist dein Alter, der Zustand deiner Ehe. Er ist das, was auf dem Weg zum Kino passiert, das, was hinterher vermutlich passieren wird, er ist diejenigen, die links und rechts von dir sitzen. Er ist, wie sie riechen. Er ist, wer vor dir sitzt. Wer von hinten gegen deinen Sitz tritt oder auch nicht. Er ist deine Sorge über den Anruf des Arztes. Er ist, dass du mit jemandem im Bett warst. Oder auch nicht. Oder dass du gerade kurz davor bist. Oder weißt, dass du es nie wieder tun wirst. Er ist dein Neid: gegenüber dem Filmemacher oder dem Paar, das vor dir knutscht. Er ist das Popcorn. Er ist die Schokoerdnüsse. Dass du auf Toilette musst. Dass jemand ein stinkendes Thunfischsandwich isst. Hat er (sie, xier) es hineingeschmuggelt? Es scheint nicht fair, dass die Betrüger die Sandwiches kriegen und wir anderen den Kürzeren ziehen. Er ist die willentliche Aussetzung der Ungläubigkeit. Die Szene, die dich die Augen verdrehen lässt. Er ist deine Kritik an der schauspielerischen Darstellung. Er ist, dass du dich zu erinnern versuchst, wo du den Schauspieler schon einmal gesehen hast. Er ist deine Erwartung, was im Film als Nächstes passieren wird. Er ist dein Stolz, wenn du richtiglagst. Er ist deine Überraschung, wenn der Filmemacher deine Erwartungen unterläuft. Er ist das Leben, das du nur einmal leben kannst. Du bereitest dich auf ihn vor, aber er wird dich dennoch überraschen. Der Film ist vorherbestimmt, wird dir aber erst im Laufe der Zeit enthüllt, Stück für Stück. Das erzeugt den Eindruck, dass er etwas Lebendiges ist, etwas, dessen Ausgang du beeinflussen kannst. Du rufst den Schauspielern auf der Leinwand etwas zu. Du beißt die Zähne aufeinander, als würde das helfen. Und wenngleich der Film vorherbestimmt ist, ist die Welt es nicht. Also kann der Film auch auf diese Weise verändert werden. Der Projektor könnte kaputtgehen. Vielleicht sitzt bei dieser Vorführung jemand im Publikum, der besonders laut lacht. Vielleicht wird jemand um sich schießen. Diese Elemente des Zufalls sind auf den zufallslosen Film geschichtet. Ein Text, der diese gesamte äußere und innere Erfahrung abdeckt, ist also kein Buch zum Film. Er ist so viel mehr. Er ist ein Zeugnis, und als solches sollte er auch bezeichnet werden, ein Bezeugen der menschlichen Erfahrung – dieses Plastik, dieses Licht, diese klackernde Vierundzwanzigstelsekunde in der Zeit, die der Film und ich gemeinsam und doch getrennt voneinander bereisen, als zwei benachbarte Einsamkeiten. Die ursprüngliche Bedeutung des Wortes »Märtyrer« ist »Zeuge«, und das erscheint mir angemessen. Ein Zuschauer ist ein Zeuge; ein Zeuge ist jemand, der Zeugnis ablegt. Dies wird eine Zeugenschaft sein. Oder Moment, sehe ich mir Filme nicht siebenmal an?

Allein? In meinem Wohnzimmer? Stelle ich den Fernseher nicht auf den Kopf? Plötzlich bin ich verwirrt. Ich weiß nicht –

»Sie sagen gar nichts«, sagt Barassini.

»Nein?«

»Sie sitzen einfach nur da, und Ihr Gesichtsausdruck wechselt. Einmal sahen Sie aus, als röchen Sie vielleicht an einem Thunfischsandwich.«

»Ja. Stimmt. Ja. Das haben Sie gemerkt, wie?«

»Sie sind ein guter Schauspieler.«

»Es kommt darauf an, ganz im Moment zu sein.«

»Hören Sie«, fährt er fort, »ich kann Ihnen helfen. Aber Sie müssen reden, während Sie in diesem Zustand sind. Nur auf diese Weise können wir das, was Sie finden, für Sie zugänglich machen, wenn Sie wach sind. Ich werde alles aufzeichnen, was in diesem Raum gesprochen wird. Sie müssen mir vertrauen.«

»Es fällt mir wohl schwer, Vertrauen zu schenken.«

»Sie müssen wissen, dass ich neben meiner Arbeit mit Opfern außerirdischer Entführungen und Wiedergeborenen – ich glaube im Übrigen an beides – auch mit der New Yorker Polizei und mehreren anderen großen Polizeibehörden zusammenarbeite.«

»Hatten Sie mir das nicht schon gesagt?«

»Nein.«

»Hm.«

Ich bin wirklich beeindruckt. In meiner Jugend habe ich im Rahmen eines Fulbright-Stipendiums der Universität Cambridge an einer von dem großen Robert Henry Thouless durchgeführten ASW-Studie teilgenommen. Er kam zu dem Schluss, dass ich die außergewöhnliche und seltene Gabe der Negativen ASW besitze (es gab nur einen anderen dokumentierten Fall, den von Johann Gergis, einem Blasebalgflicker im Flandern des fünfzehnten Jahrhunderts). Als ich dem Zener-Karten-Test unterzogen wurde, waren die Ergebnisse unbestreitbar: Ich lag in neunundneunzig Prozent der Fälle daneben, so deutlich unter dem statistischen Mittel, dass es schon erstaunlich war. Tatsächlich waren meine Ergebnisse so beeindruckend, dass Scotland Yard auf mich aufmerksam wurde und mein Talent in mehreren Fällen nutzte, um zu bestimmen, wo sie *nicht* nach vermissten Kindern zu suchen brauchten. Zwischenzeitlich hatte ich sogar eine Show im Cambridge Corn Exchange Theatre, bei der ich die Initialen zufällig ausgewählter Publikumsmitglieder erriet.

»Steht Ihnen jemand nahe, dessen Name mit *X* beginnt?«, fragte ich die Freiwilligen.

Ich irrte mich in neunundneunzig Prozent der Fälle. Ich war mir immer sicher, dass sie jemanden kannten, dessen Name mit *X* begann. Ich sah es sonnenklar. Als ich eine Frau aus dem Publikum befragte, deren Mann sich als der Gouverneur von Akrotiri und Dekelia, Seine Exzellenz Xander Xavier Xerxes, Esq., entpuppte, wurde ich mit Tomaten beworfen und unter Buhrufen von der Bühne gejagt.

»Worauf ich hinauswill«, sagt Barassini, »ist, dass Sie mir vollends vertrauen müssen, wenn wir hier irgendetwas erreichen wollen. Gibt es irgendwelche etwaigen Bedenken mir oder meiner Arbeitsweise gegenüber, die ich Ihnen vielleicht noch nehmen kann?«

»Ich habe leichte Bedenken Ihrer Aussprache des Wortes *etwaig* gegenüber.«

»Welches Wortes?«

»Etwaig.«

»Ach, so spricht man das aus?«

»Ja«, sage ich.

Er starrt mir in die Augen.

»Und wie sprechen Sie es *jetzt* aus?«

»Etwaig.«

»Gut. Wollen wir dann beginnen?«

»Ja. Bitte!«

»Beschreiben Sie mir, was Sie sehen.«

* * *

UND MIT EINEM Mal kann ich den Film wieder sehen. Die Puppe mit dem Zylinder, die sich gegen den Wind stemmt. Auf der Leinwand? In meinem Gehirn? Ich weiß es nicht. Aber der Abstand ist weg. Die Altersspuren, die Kratzer, der Schmutz, die Unregelmäßigkeiten in der Belichtung. Die Puppe ist da. Ich könnte sie scheinbar berühren, aber ich kann es nicht. Ich kann nicht nach unten auf meine Hände schauen. Ich bin im Grunde die Kamera. Ich glaube, dieses Hypnose-Experiment wird glücken. Beschwingt sehe ich zu, wie die Szene abläuft. Der kleine Junge auf Rollschuhen fährt vorbei, und ich verfolge seinen Weg mit den Augen. Er prallt gegen eine Straßenlaterne und plumpst auf den Hintern. Er ist unversehrt! Als er sich wackelig wieder auf seinen Rollschuhen aufrichtet, wird mir bewusst, dass ich das noch nicht gesehen habe. Irgendwie schaue ich über die Grenzen des Bildes hinaus. Ich versuche, mich zurückzuerinnern. Vielleicht war diese Szene Teil des Originalfilms. Zwischen diesem und jenem Augenblick ist in dem Film und in meinem Leben so viel passiert. Doch ich bin mir fast sicher, das im eigentlichen Film nicht gesehen zu haben. Ich wende mich wieder dem gegen den Wind ankämpfenden Mann zu und mache ein Experiment. Ich versuche, ihn zu umrunden, ihn von der linken Seite zu betrachten. Es gelingt. Aus dieser Perspektive sehe ich eine andere Kulisse hinter ihm, die ebenfalls in Ingos Stil bemalt ist. Es sind Darstellungen der eleganten Stadthäuser gegenüber der Our Lady of Peace Church in der East 62nd Street. Ich kenne diese Häuser! Ich hebe den Blick. Werde ich den Himmel sehen? Tatsächlich! Eine schwarzweiße, aber animierte Darstellung wirbelnder, rasch dahinziehender Wolken. Ein kleiner Punkt erscheint am Himmel und wird rapide größer. Fällt er? Ja. Es ist ein formloser Klumpen aus der ursprünglichen ersten Szene. Er klatscht geräuschlos vor meinen »Füßen« auf den Boden. Schwarze Flüssigkeit tritt aus. Aus diesem Blickwinkel kann ich sehen, dass er an der Oberseite aufgebrochen und etwas zum Vorschein gekommen ist, bei dem es sich um innere Organe zu handeln scheint, winzige Knöchelchen, einen Schädel. Ich schrecke aus der Szene hoch. Der Hypnotiseur sieht mich an.

»Habe ich es diesmal beschrieben?«, frage ich.

»Ja, das haben Sie.«

»Es ist anders als der Film, an dessen Erinnerung ich mich erinnere.«

»Es hat den Anschein.«

»Ähnlich, aber es kommt mir vor, als könnte ich mehr sehen, aus verschiedenen Perspektiven.«

»Ja.«

»Kommt das häufiger vor?«

»Ein Problem dieser Art habe ich noch nie behandelt. Ich habe es größtenteils mit Abhängigkeiten zu tun: Rauchen, Heroin, zwanghafte Mastikation.«

»Masturbation?«

»Nein, das nicht.«

»Ich muss mich so genau wie möglich an diesen Film erinnern. Das kommt mir problematisch vor«, sage ich.

»Es gibt keine objektive Erinnerung an ein Kunstwerk.«

»Es muss Ingos Film sein. Es muss. Wenn ich mich zügle, kann ich mich vielleicht an die ursprünglichen Kameraperspektiven halten, ohne abzuschweifen, ohne zu erkunden.«

»Vielleicht wollte Ingo, dass Sie erkunden. Kann es nicht sein, dass er all das in den Film aufgenommen hat? Damit Sie sich darin verirren?«

»Ich weiß nicht, ob ich den Mut habe, wieder hineinzugehen«, sage ich. »Ich will mich nicht verirren.«

Aber ich gehe wieder hinein. Und ich verirre mich.

KAPITEL 27

ICH SCHEINE NOCH mehr Einzelheiten zu entdecken, an die ich mich nicht erinnern konnte. Gewiss hatte ich sie vorher auf unbewusste Weise wahrgenommen. Zum Beispiel ist die vorbeiwirbelnde Zeitung auf den 30. Juni 1908 datiert, ein merkwürdig vertrautes Datum. Ich kann es nicht zuordnen. 30. Juni 1908. 30. Juni 1908. Was ist an diesem Tag geschehen, wenn überhaupt etwas geschehen ist? Irgendetwas muss doch geschehen sein. Schließlich gibt es in der Geschichte kein ereignisloses Datum. Ich bin mir beinahe sicher, dass es so ist. Da waren die elf übersprungenen Tage im Jahr 1752, um den Übergang vom julianischen zum gregorianischen Kalender vollziehen zu können. Könnte man die als ereignislose Tage bezeichnen? Ich muss meinen Freund Timmy, den Horologen, fragen. Plötzlich sehe ich die Puppe mit dem Zylinder, die sich gegen den Wind stemmt, und staune einmal mehr über die aufkeimenden Fähigkeiten des jungen Ingo. Dann erinnere ich mich: die russische Explosion! 30. Juni 1908! Natürlich. Es fällt mir in dem Augenblick ein, in dem ich aufhöre, darüber nachzudenken. Darin steckt eine Lektion, die die alte Bibelweisheit »Suchet, so werdet ihr finden« Lügen straft. Es sollte heißen: »Suchet nicht, so werdet ihr finden.« Vielleicht ist das zu fernöstlich für den herkömmlichen westlichen Verstand. Ich kenne das Datum des Tunguska-Ereignisses, weil ich es eben kenne, aber auch, weil ich meine Dissertation über Maetzigs *Der schweigende Stern* aus dem Jahr 1960 geschrieben habe, einen ungerechtfertigterweise geschmähten Film, der vollständig in Totalvision gedreht und (in der deutlich überlegenen englischsprachigen Fassung) von Gordon Zahler mit einem orchestralen Soundtrack in Totalsound versehen wurde. Im Zentrum des Films steht eine multikulturelle und gemischtgeschlechtliche Gruppe von Wissenschaftlern, lange bevor diverse Gruppierungen dieser Art durch die Wachowskis in das westliche Filmbewusstsein eingeführt wurden, aber ich schweife ab; der Film läuft in meinem Kopf weiter, und ich muss auf jedes Detail achten. Ich muss beim Erzählen konzentriert bei der Sache bleiben, weil Sie nicht sehen können, was ich sehe, stimmt es nicht, Dr. Barassini? Dr. Barassini?

Ich höre entfernt die eine Hälfte einer Unterhaltung.

Telefoniert Barassini? Ich verstehe nicht, was gesprochen wird. Ich muss mich auf meine Erfahrung konzentrieren, aber es lenkt mich ab und ärgert mich, dass Barassini womöglich nicht so bei der Sache ist wie ich.

»Sie wissen schon, dass ich das alles höre, oder?«, sagt Barassini weit entfernt.

»Ach, jetzt hören Sie auf einmal zu«, schieße ich zurück.

»Meine Aufgabe ist, Sie in einen Hypnosezustand zu versetzen und die Aufzeichnung zu überwachen, was ich auch tue«, sagt er.

Er hat recht, aber irgendwie ärgert mich sein Desinteresse an den Erinnerungen, die ich aufdecke. Und es resultiert darin, dass mein Vertrauen in das Projekt schwindet. Denn wenn Barassini nicht gebannt an jedem meiner Worte hängt, wird es die Leserschaft dann tun?

»Sie müssen während des Vorgangs still sein«, sage ich. »Wenn Sie mir nicht dieses Minimum an Respekt erweisen, werde ich einen anderen Hypnotiseur engagieren. Vielleicht Hypno Joe oder einen seiner Kollegen.«

Es folgt eine lange Stille, während die geräuschlose Sturmszene weiter abläuft, und schließlich höre ich ein fernes, gezüchtigtes:

»Gut.«

Damit kann ich mich wieder auf meine Erinnerung an Ingos Film sowie meine neuentdeckte Fähigkeit, meinen »Körper« innerhalb des

Erlebnisses zu bewegen, konzentrieren. Dennoch sehe ich, wenn ich nach unten schaue, nur die Straße. Keine Füße. Kein leicht vorstehendes, bezauberndes kleines Bäuchlein, wie es sich Fabienne in *Pulp Fiction* so gewünscht hat. Ich bin eine Kamera. Aber eine handlungsfähige. Ist Isherwood eine »Kamera mit weitgeöffneter Blende, passiv aufzeichnend, nicht denkend«, dann ist Rosenberg eine dynamische, denkende, handlungsfähige Kamera. *Isherwood war verzagt, doch Rosenberg hat's gewagt.* Das ist clever, und ich werde es ins Vorwort meines Buchs aufnehmen. Oder vielleicht als Epigraph. Oder heißt es Epitaph? Ich bin mir mit einem Mal unsicher. In dieser filmischen Erinnerung lässt sich kein Wörterbuch konsultieren.

»Für heute ist die Zeit um«, sagt Barassini und schnippt mit den Fingern.

»Ich sollte noch etwas bleiben. Wieder zu mir kommen«, sage ich.

»Sie müssen gehen«, sagt Barassini. »Mein nächster Klient wartet.«

»Ein Raucher? So etwas kann Sie doch nicht interessieren.«

»Mir sind alle meine Klienten gleich wichtig. Wenn Sie es wirklich wissen müssen: Es ist ein Mann, der nicht aufhören will, nein, nicht aufhören kann zu kauen.«

»Wir wissen doch beide, dass Sie das nicht interessieren kann.«

»Sie müssen gehen.«

Also gehe ich. Die Straße ist überfüllt, und es riecht übel. Und ich mittendrin im Gewühl. In meinem eigenen übelriechenden Leben, aber es gibt dort kein Dort, wie Gertrude Stein uns gelehrt hat. Ich glaube, sie bezog es auf Oakland in Kalifornien, einen Vorort von Frisco, wie es die Einheimischen nennen. All das weiß ich nicht sicher, aber mir fehlt gerade die Energie, es nachzulesen. Ich werde also davon ausgehen, dass ich recht habe. Es spielt ohnehin keine Rolle. Kellita ist fort. Meine Tochter Esme hat seit Jahren nicht mit mir gesprochen, ihre Mutter hat unsere ehemals so enge Beziehung vergiftet. Ich habe ihren Namen nicht als Hommage an die Salinger-Erzählung gewählt. Er war und ist ein Autor, den ich verachte. Als die Wahrheit über Salingers Misogynie ans Licht kam, erzählte meine Exfrau meiner Tochter, ich hätte aus Liebe zu diesem einsiedlerischen Gefühlskrüppel auf dem Namen bestanden. In Wahrheit wollte ich den Namen aufgrund meiner Liebe zu dem großen britischen Cricketspieler Esmé Cecil Wingfield-Stratford, der auch ein brillanter britischer Autor von Geschichtsbüchern und Mentaltrainer und im Übrigen ein Mann war. Meine Tochter erhielt also einen geschlechtsneutralen Namen.

Wie ein »Mitgebsel« nach einer Party kommt mir ein Gedanke in den Kopf: Meine Tochter kommt von der Schule nach Hause. Sie ist vielleicht elf oder zwölf Jahre alt. Ich weiß es nicht genau. Sie möchte etwas mit mir unternehmen, und ich arbeite, sehe mir gerade Talfans *Dysgu i gi Bach Gachu* an. Es ist einer der bedeutendsten Filme des walisischen Kinos, und das will etwas heißen. Manche glauben, es gebe kein walisisches Kino, aber sie liegen wie immer komplett daneben. Dyfodwg, Powys, Iwan, Gwilym, Gruffudd, Fardd, Gwilym (nicht verwandt oder verschwägert), Cadwaladr, Clymneb, Dylfedmed, Prydudd, Gwilym (nicht verwandt oder verschwägert) und Clydarfrg, um nur einige maßgebliche Regisseure zu nennen. Und ich habe den ganzen Tag lang auf die Gelegenheit gewartet, Talfans Meisterwerk rückwärts anzusehen. Mit elf Jahren ist meine Tochter kaum versiert in Kymrisch, sodass sie rückwärts wohl überhaupt kein Wort verstehen würde. Und dann würde ich mich für ihre Langeweile verantwortlich fühlen, wodurch ich den Film nicht richtig genießen könnte. Ich sage ihr, Papa müsse arbeiten, was mir so ein furchtbar schlechtes Gewissen macht, vor allem, wenn ich den Blick in ihren Augen sehe – hoffnungslos, ungeliebt, verlassen. Natürlich ist das nicht der Fall. Ich muss einfach nur meine Arbeit erledigen. Ein elfjähriges Kind kann nicht verstehen, dass für Erwachsene die gesamte Identität mit ihrer Arbeit verbunden ist, dass sie sich ohne sie wahrscheinlich in einen Nebel aus Nichts auflösen würden. Ich muss sie ignorieren, um für sie weiter existieren zu können. Sie starrt aus dem Fenster in den Regen. Esme …

JETZT DURCHSTREIFE ICH das Stück der 62nd Street, das in der ersten Szene von Ingos Film dargestellt ist. Ingos Detailgenauigkeit ist außerordentlich. Und obgleich ich hier das Wetter und das Gewicht meines Körpers spüre, bleibe ich genauso unsichtbar, als ich durch diese Version der Straße ziehe. Als privilegierter Mann, der von der aufkommenden Kultur zu Recht gezüchtigt und zum Schweigen gebracht wurde, erkenne ich an, dass ich kein Recht habe, mich selbst zu bemitleiden, und ganz gewiss auch kein Recht, meine Umstände öffentlich zu beklagen. Gewiss würde das nur dazu führen, dass ich von ebender Kultur, der ich angehöre, nur noch stärker gemieden werde. Doch die Wahrheit ist, dass ich mich unsichtbar fühle. Und in den seltenen Momenten, in denen ich gesehen werde, fühle ich mich am schärfsten verurteilt. Vielleicht ist das schlicht die menschliche Verfassung. Doch ich bezweifle es, denn ich sehe, wie Menschen Freude und Abenteuer und Gemeinschaft erleben. Vielleicht ist es ein Charakterfehler von mir, dass ich trotz all meiner Vorteile, trotz meines Weißseins, meines Mannseins, meiner beharrlichen Heterosexualität, den Weg zu jenem Ort namens Freude nicht finde.

Was zum Teufel ist nur mit den Leuten los? Warum hat niemand mehr Geschmack? Warum sehen wir Erwachsenen uns gelbstichige, aufgeblasene Young-Adult-Science-Fiction-Filme über die Apokalypse an? Wissen wir nicht, wie lachhaft wir sind?

Ich sitze in meiner Wohnung und versuche, in Wingfield-Stratfords *The Reconstruction of Mind: An Open Way of Mind-Training* zu lesen. Dabei stoße ich auf Folgendes:

»Und so wandern wir also durch ein fortwährendes minutiöses Bombardement von Eindrücken aus der Außenwelt, von denen uns nicht ein einziger so zurücklässt, wie wir vorher waren. Der Duft einer Rose, der Anblick eines alten Freundes, eine garstige oder liebenswürdige Tat, jeder Anblick, jedes Geräusch werden in unser Dasein aufgenommen und verändern uns zum Guten oder zum Schlechten.«

Die Außenwelt und die Innenwelt. Wir nehmen die Außenwelt auf, sie verändert uns, und wir geben diese veränderte Version von uns. Es ist ein ständiger Austausch von Geistesflüssigkeiten mit anderen, und wie mit Viren infizieren wir uns mit Krankheiten des Geistes und übertragen sie auf andere. Selbst diejenigen, deren Krankheiten wie die von Ingo durch Absonderung, durch Zurückgezogenheit charakterisiert sind, tragen zu diesem mannigfaltigen Sud psychosozialer Leiden bei. Die Ingos dieser Welt infizieren uns mit ihrem Argwohn, ihrer Verschlossenheit. Wir fragen uns, warum sie nicht mit uns interagieren. Liegt es an uns? Werden wir von ihnen negativ beurteilt? Liegt es daran, dass wir weiß sind? Oder schwarz, falls Ingo die schwedische Version von Ingo war? Dabei lassen sich Ingos einsiedlerische Tendenzen wahrscheinlich auf das Trauma zurückführen, das er selbst durch andere und mit ziemlicher Sicherheit durch die Gesellschaft an sich erlitten hat, während er als Afroamerikaner (oder als Schwede) zu Beginn des zwanzigsten Jahrhunderts aufwuchs. Und welchen Schaden habe ich angerichtet? Und welchen Schaden werde ich anrichten? Auch wenn ich alle Bemühungen unternehme, mich als Mensch weiterzuentwickeln, meinen Verständnishorizont zu erweitern, respektvoll und warmherzig zu sein, muss ich doch davon ausgehen, dass es mir misslingt. Tatsächlich ist es nur meine Unsichtbarkeit innerhalb von Ingos Film, meine völlige Nichtpräsenz in diesem Umfeld, die die Sicherheit von anderen dort garantiert. Es ist vielleicht der einzige sichere Ort für mich (oder irgendjemanden sonst!). Leider werde ich, sofern es mir nicht gelingt, den Film vollständig in eine Romanfassung zu überführen, diese Welt als Einziger besuchen können. Und wenngleich eine Welt, in der man ein Geist ist, eine von Schuldgefühlen freie Welt ist, muss man sich Schuld und Reue stellen, wenn man vollauf leben will. Wir müssen einander fressen oder nicht? Das ist der Gang der Welt.

ICH ERSPÄHE TSAI, die sich im spiegelnden Schaufenster eines Herrenausstatters ihrem Bob widmet. Gott, das ist so durch und durch Tsai. Ich glaube, ich bin weit genug entfernt, um nicht bemerkt zu werden. Doch mir kommt der Gedanke, dass ich auf Tsais Schoß sitzen könnte und sie mich nicht bemerken würde. Sie ist kein Levy. Mmm, Tsais Schoß, wie die Jugend von heute sagt. Auf ihrem Schoß zu sitzen. Ihr Schoß zu *sein*. Den Blick weiter auf sie gerichtet, trete ich auf einen kleinen Hund, der quiekt wie ein noch kleinerer Hund.

»Was zur Hölle ist mit Ihnen los?«, blafft sein Besitzer.

Ich entschuldige mich, mache eine Handbewegung, die in Gebärdensprache zweifellos *Psst! Ich möchte nicht, dass Tsai sich umdreht* bedeutet. Sie dreht sich nicht um. Natürlich tut sie es nicht. Wie muss es sich anfühlen, so eigenständig zu sein? Ich rede mir ein, ich würde ihr nur folgen, um zu sehen, ob sie sich mit Barassini trifft, um herauszufinden, ob sie mit ihm unter einer Decke steckt. Und das ist sowohl wahr als auch eine Ausflucht. Frauen zu verfolgen, ist das Verhalten eines Stalkers, und ich bin *»woke«* genug, um zu wissen, dass die Kombination aus einem Größenmissverhältnis zwischen den Geschlechtern und einer Kultur toxischer Männlichkeit Frauen in eine Position der Angst drängt, und es liegt in der Verantwortung der Männer, sich ihnen gegenüber zuvorkommend und respektvoll zu verhalten, die sozialen Marker von Frauen zur Gänze zu verstehen und entsprechend mit ihnen zu interagieren. Nein heißt Nein. Aber warum sollten sie überhaupt Nein sagen müssen? Damit lastet die Bürde ungerechterweise auf ihnen. Männer müssen all die Blicke und Nichtblicke erkennen, die ebenfalls Nein bedeuten. Die Handbewegungen, die zuckenden Schultern, räuspernden Geräusche, knurrenden Mägen. Es sollte für Jungen Schulfächer oder vielleicht verpflichtende Ferienkurse geben. Etwas muss geschehen. Natürlich sieht die Wahrheit in diesem bestimmten Fall so aus, dass Tsai mich mit Leichtigkeit nehmen könnte. Sie ist jung und groß, ihr Körper geschmeidig und muskulös. Der Gedanke, von Tsai genommen zu werden, löst in meinem Schritt noch mehr sexuelle Spannung aus. Ich betrachte ihren Hintern und stelle mir vor, wie er mich zu Boden drückt. Auf meinem Gesicht. Ich bin eine armselige Kreatur. Ich bin ein Käfer, eine Schnecke, eine Ameise.

Sie geht in eine Bar namens Mack's. Ich zähle bis siebenundfünfzig, dann gehe ich ihr hinterher. Die Bar ist schäbig und um diese Zeit ziemlich leer. Über dem Tresen hängt ein trauriger Strang goldenen Lamettas. Es ist, glaube ich, Mai. Tsai sitzt auf einem Hocker und redet mit dem Barkeeper. Dass sie einander kennen, scheint offensichtlich. Sie lachen über etwas, und die Beschaffenheit von Tsais Lachen ist eine Überraschung und eine Offenbarung. Es ist lauter und tiefer, als ich erwartet hatte. Aber es ist so unbekümmert, wie ich gedacht hatte. Ich könnte nicht verliebter sein. Ist der Barkeeper ihr Freund? Er ist jung, tätowiert und attraktiv, mit breiter Brust und markantem Kiefer. Er würde sie dominieren, stelle ich mir vor, und sie würde es genießen. Ich könnte sie niemals dominieren, nicht einmal in meinen Fantasien.

Ich setze mich drei Plätze weiter an die Bar, ohne dass jemand zwischen uns sitzt. Der Barkeeper gießt ihr einen Drink ein, natürlich einen Whiskey pur.

»Bin gleich bei dir, Kollege«, sagt er.

Er nennt mich Kollege, und er tut es herzlich, nicht herablassend. Es verschafft mir einen leichten Kitzel. Wir sind Gleichgestellte. Wir sind Freunde. Kollege. In mir flackert ein Gedanke an Geschlechtsverkehr mit dem Barkeeper auf, den ich rasch und fachmännisch unterdrücke.

Tsai nippt an ihrem Whiskey, während der Barkeeper zu mir herüberkommt.

»Was darf's sein, Kollege?«

Jetzt ist es anders. Die Wiederholung lässt das *Kollege* einstudiert erscheinen. Ich fühle mich zurückgewiesen und beschämt. Er nennt jeden Kollege.

»Ich nehme einen Whiskas«, sage ich.

»Whiskas?«

»Whiskey?«

»Scotch, Rye ...?«

Jetzt kann er es nicht erwarten, zu Tsai zurückzukehren.

»Äh, Rye«, sage ich, weil ich irgendwo gehört habe, das sei gerade angesagt.

»Marke?«

»Entscheiden Sie«, sage ich und habe sofort das Gefühl, dass es kokett klingt, wie etwas, was irgendein Mädchen zu ihm sagen würde.

Er mustert mich.

»Du siehst mir aus wie ein Crown-Royal-Mann«, sagt er.

Es ist verblüffend, wie schnell ich innerlich vom Mädchen zum großen Jungen werden kann, aber dass er mich einen Mann nannte, hat genau das bewirkt, wodurch ich mich sonderbarerweise wie ein Mädchen fühle. Ich bin stolz. Und gedemütigt. Ich will, dass er mich mag. Ich wäre sein Kumpel; ich wäre sein Mädchen. Wir könnten Kumpel mit gewissen Vorzügen sein.

»Klingt gut«, sage ich.

Er wendet sich zum Regal um und zieht die Flasche heraus. Ich schaue zu Tsai hinüber.

»Ach, hallo«, sage ich.

Sie wirft zum ersten Mal einen Blick herüber. Ihrer leeren Miene ist anzusehen, dass es nicht das erste Mal ist, dass ein Mann in einer Bar »Ach, hallo« zu ihr gesagt hat. Ihr Gesicht ist ausdruckslos. Ich existiere nicht. Ich bin heillos in sie verliebt.

»Entschuldigen Sie die Störung«, sage ich, »aber ich habe Sie vorhin bei Barassinis Show auf der Bühne gesehen.«

Sie nickt.

»Eigentlich saß ich im Publikum sogar neben Ihnen. Also … Hallo.«

Ich kichere. Es ist erbärmlich. Ich will im Polster meines Barhockers versinken.

»Hallo«, sagt sie tonlos und widmet sich wieder ihrem Drink, ihrem Barkeeper, zu dem sie leise etwas sagt. Ich verstehe es nicht. Er schmunzelt. Sie schmunzelt.

Jetzt oder nie. Ich hole tief Luft.

»Das war wirklich erstaunlich«, sage ich. »Dass er das wissen konnte.

Und es tut mir so leid wegen dieses Jungen – Michael, oder? Das muss so –«

»Ich habe gelogen«, sagt sie.

»Was meinen Sie?«

Sie zuckt mit den Schultern.

»Alles, was ich da oben gesagt habe, war ausgedacht.«

»Hm. Dann stecken Sie mit dem Hypnotiseur unter einer Decke?«

»Nein. Mir war bloß danach, ihn auf der Bühne zu verarschen. Ich kenne nicht einen Menschen, dessen Name mit *M* anfängt. Kein totes Kind. Ich bin nicht mal Erzieherin. Ich hasse Kinder.«

Mein Gott, kann jemand wirklich so perfekt sein? Keinerlei Rechtfertigung, während ich mich auf den Kopf stelle, um der Welt zu beweisen, wie sehr ich mein eigenes Kind liebe, das ich hasse, und zwar aus gutem Grund. Meine Tochter ist jemand, dessen alleiniger Lebenszweck darin besteht, mich öffentlich zu demütigen. In ihrem Alter hatte ich echte Ambitionen, wollte Dinge erreichen, Hürden überwinden, die Liebe entdecken, aber Grace – heißt sie Grace? – hat solche Bestrebungen nicht. Sie lebt, um mich zu verletzen. In gewisser Weise ähnelt sie einer Autoimmunerkrankung: Meinen Lenden entsprungen, existiert sie nur, um mich anzugreifen.

Ich bin meiner Tochter peinlich. Zweifellos hätte sie einen Vater mit kantigem Kinn vorgezogen, einen Vater, mit dem ihre dussligen kleinen Freundinnen flirten wollen. Die »Dein Vater ist voll süß«-Art. Einen weniger exzentrischen Vater. Den Barkeeper zum Beispiel. Es ist die vielleicht sonderbarste Erfahrung überhaupt, von dem Menschen, der zur Hälfte man selbst ist, gehasst zu werden. Aber bei näherer Betrachtung ist es vielleicht gar nicht überraschend, dass mir die Frucht meiner Lenden so gegenübersteht, wie ich mir selbst gegenüberstehe. Der kanadische Filmemachende David Cronenbauer hat einen Film mit dem Titel *Eine Brut* gedreht. Darin entwickeln die negativen Impulse bestimmter Personen ein von diesen Personen unabhängiges Eigenleben. Genau so ist das manchmal, wenn man Kinder hat. Ich wünschte, sie könnte mich auf eine Weise sehen, wie ich mich selbst nicht sehen kann, voller Güte, doch das ist unmöglich: Sie hat meine eigenen Gene und die Gene meiner Exfrau, deren Gene mich ebenfalls hassen.

Tsai leert ihr Glas und gibt dem Barkeeper einen Abschiedskuss. Sie küsst ihn nur auf die Wange, doch ihre Lippen verweilen dort. Ich kippe meinen fürchterlichen Rye-Whiskey hinunter, lege zehn Dollar auf den Tresen, danke dem Barkeeper, zähle bis siebenundfünfzig und folge ihr nach draußen.

KAPITEL 28

AUF DER STRASSE suche ich überall, drehe den Kopf wie von Sinnen. Da! Sie geht nach Norden. Natürlich: die beste Richtung.

Ich gehe auch nach Norden. Wenn ich es tue, ist es weniger gut.

Nach etwa fünfzehn Minuten betritt sie ein Mietshaus. Ich zähle bis vierundfünfzig und lese dann die Namen auf der Klingel. Drei Vornamen sind mit »T.« abgekürzt. Ich verwerfe die Nachnamen O'Neill und Penney und entscheide mich für Yan. Tsai Yan. Oder wohl eher Yan Tsai. Ich kenne mich einigermaßen mit der chinesischen Kultur aus und weiß unter anderem, dass der Familienname dort zuerst genannt wird.

Zu Hause recherchiere ich die Bedeutung von Yan. Es hat viele Bedeutungen, aber ich suche die besten heraus und entscheide, dass es Kismet ist.

Streng.
Ernst.
Hart.
Ausgesprochen grausam.
Eng.

Ich suche auf Facebook nach Tsai Yan und finde einige Frauen und einen Mann. Sie ist niemand davon. Ist sie, frage ich mich bang, vielleicht doch Tsai O'Neill oder Tsai Penney? Ich suche auch nach diesen.

Wiederum nichts. Sie ist ein Mysterium. Dann kommt mir ein Gedanke: Wenn alles erlogen war, was sie Barassini gesagt hat, dann hat sie vielleicht auch ihren Namen erfunden. Das stürzt mich in eine schlaflose Nacht, obgleich ich fest an meinen Schlafsessel gefesselt bin. Um 2.00 Uhr befreie ich meine Arme, um meine üblichen Internetseiten durchzugehen: Bang-Up, Biblio Parade, Chimp Meat, Scoot's, Watchamacallit, Nimbus, Heliotrope Summer, Pageant Wars, Rinaldo's Foot. Schließlich gehe ich auf Grace' Blog; es gibt einen neuen Eintrag, der unter Umständen von mir handelt:

> Ich hasse Männer. Ich hasse Männer. Ich hasse meinen Vater. Was bringen sie (er, xier!!! Mein Gott noch mal!) in die Welt? Das: Krieg, Brutalität, Vergewaltigung, Unterdrückung, Mord, Habgier. Hat diese Chromosomenabweichung je irgendwas Liebenswürdiges oder Anständiges hervorgebracht? Und die gottverdammte Tragödie daran ist, dass ich mich von diesen Monstern körperlich angezogen fühle. Rilke (noch ein Mann! Wieso nicht Lou Andreas-Salomé??) meinte, Monster wären vielleicht verkleidete Prinzessinnen, die darauf warten, dass wir sie durch unser Verständnis erlösen. Tja, scheiß auf Rilke, der den Frauen sagen will (wie Männer es seit Urzeiten tun), dass die Aufgabe der Frau ist, Männer zu verstehen, sie zu besänftigen. Ich schmeiße die Brocken hin. Meine Aufgabe ist es nicht mehr. Ich gebe meinen Mitarbeiterausweis zurück. Da mir der Missbrauch durch meinen Vater das nötige Selbstvertrauen genommen hat, einer erfüllenden und angemessen vergüteten Tätigkeit nachzugehen, ist meine neue Aufgabe, dem Patriarchat die Wahrheit ins Gesicht zu sagen. Meine Wahrheit. Kapiert, Pater familias? Hättest du mich anders erzogen, wenn ich ein Junge gewesen wäre? Ich habe nicht den geringsten Zweifel daran. Glaubst du, dass Frauen neben ihrer körperlichen Attraktivität irgendeinen Wert haben? Haben wir beide jemals einen richtigen Gedankenaustausch gehabt? Gab es irgendein Gespräch, in dem

du mich nicht mit Mansplaining an die Wand geredet hättest? Schon mal von Obsequious Sororium gehört? Vielleicht solltest du mal Rebecca Solnit lesen – nicht, dass du dich jemals einem Paradigmenwechsel öffnen würdest, der dich zur Verantwortung zieht, der von einer Frau kommt, der deine privilegierte Position als cis-het-wei-ält-männl. offenlegt. Jetzt ist es an der Zeit, dass du dich hinsetzt und zuhörst oder einfach abhaust. Du bist nicht mehr relevant.

Ich schreibe einen Kommentar:

Meinst du, mir wäre alles in den Schoß gefallen? Warum ist mein Berufsleben dann ein einziger Kampf und eine Abfolge von Demütigungen gewesen? Gezeichnet: Anonymus.

Sie antwortet:

Man muss schon außerordentlich untalentiert sein, um als weißer Mann so häufig und so grandios zu scheitern wie du. Es ist ja wohl allgemein bekannt, dass mittelmäßige weiße Männer die Leiter hinauffallen und dass talentierte Frauen, People of Color, LGBTTQIAAP-Menschen und anders begabte (farbige) Menschen mit Zähnen und Klauen um ein Stück vom Kuchen kämpfen müssen. Dementsprechend sind es minderwertige weiße Männer, die die Welt regieren und zerstören. Und was haben sie schon Wertvolles beigesteuert?

Ich schreibe zurück:

Die Physik – Gezeichnet Anonymus

Sie schreibt zurück:

Erstens: Halt die Schnauze. Zweitens: Nein. Kananda aus Indien hat im sechsten Jahrhundert v. Chr. erstmals den Atomismus beschrieben. Alhazen aus Basra hat im zehnten Jahrhundert die Optik begründet. Nasīr ad-Dīn at-Tūsī hat im dreizehnten Jahrhundert ein genaues Modell der Planetenbewegungen entworfen. Drittens: Einstein hat Atomwaffen geschaffen, die bald die Welt zerstören werden. So viel zu weißen Physikern.

Ich:

Nein, hat er nicht. Und Einstein war Jude. – Gezeichnet: Anonymus

Sie:

Jüdische Menschen sind auch Weiße.

Ich:

Sag das den Ariern. Gezeichnet: Anonymus

Sie:

Arier sind Indoiraner.

Ich:

Nein, sind sie nicht ... Eine kurze Wikipedia-Suche ergibt, dass – Oh. Gezeichnet: Anonymus

Sie:

Ha!

Diese Schlacht hat Grace gewonnen.

Um 5.00 Uhr bin ich wieder gegenüber von Tsais (oder wie auch immer ihr wirklicher, zweifellos wunderschöner Vorname [Nachname in China] lautet!) Mietshaus, nachdem ich die ganze Nacht an meinen Sessel gebunden, aber schlaflos damit verbracht habe, für meine zukünftigen Scharmützel mit Grace indoeuropäische Migrationsbewegungen zu recherchieren. Gegenüber von Tsais (?) Haus befindet sich ein Vierundzwanzig-Stunden-Waschsalon, was ein Segen ist, solange sie nicht hereinkommt, um ihre Wäsche zu waschen, während ich mich hier verstecke. Bei meiner Ankunft ist der Waschsalon leer, und er bleibt es auch, bis ihn um 6.00 Uhr kurz nacheinander fünf Kunden betreten: eine Hausfrau, ein Koch, ein Kfz-Mechaniker, ein Segler und ein Anwalt. Um 6.30 Uhr verlässt Tsai (?) mit einer Kuriertasche ihre Wohnung und geht nach Norden. Ist Norden womöglich die einzige Richtung, in die sie jemals geht? Ich denke kurz darüber nach und verwerfe die Vermutung dann als unhaltbar. Da es draußen hell ist, zähle ich bis vierundsiebzig, ehe ich ihr folge. Aber ich zähle schnell, weil ich fürchte, sie aus den Augen zu verlieren. Ich erspähe sie, als sie gerade links abbiegt. Westen. Natürlich: Norden und Westen. Ich eile zu der Querstraße, doch sie ist verschwunden. In diesem Block liegt eine Grundschule! Vielleicht hat sie doch nicht gelogen, als sie sagte, sie habe gelogen, als sie sagte, sie sei Kindergärtnerin, sondern sie hat lediglich gelogen, als sie sagte, sie habe gelogen, als sie sagte, sie habe gelogen. Ich betrete die Schule und mache die Dame am Empfang ausfindig.

»Ich habe etwas für Tsai Yan abzugeben«, sage ich.

»Yan Tsai?«

»Wie Sie mögen.«

»Sie können es mir geben.«

Ich hatte die Sache nicht ganz durchdacht. Ich erwäge, mich umzudrehen und davonzurennen. Stattdessen greife ich in meine Aktentasche und hoffe, darin etwas zu finden. Ein Apfel, den ich aus Barassinis Obstschale stibitzt habe, und ein Exemplar meiner Monografie über die Fortschritte der Tongestaltung im Film in Verbindung mit dem Zionismus der 1920er-Jahre mit dem Titel *Höre, Israel*. Ich hatte vorgehabt, dieses Buch meinem Freund Elkin (ehemals Ocky) vorbeizubringen, der gesagt hatte, er könne es vielleicht dem Chefredakteur der jüdischen Filmzeitschrift *Cine-Massel* zustecken, dessen Wasserhahn er heute repariert. Schmendrick Ackerman wird warten müssen. Ich gebe der Frau die Abhandlung.

Sie nimmt sie, wirft einen Blick auf den Titel, schüttelt den Kopf (Nazi!) und wirft sie in eine Ablage. Eines der Fächer trägt die Aufschrift *A*S*A*P*. Ich denke an die Fernsehserie *M*A*S*H*, die im Übrigen nur ein blasser Abklatsch von Bobert Altmans gleichnamigem Film war. Dann haste ich nach draußen.

Was habe ich getan? Was habe ich getan? Ich habe ihr meinen Namen hinterlassen. Ich habe meine Arbeit hinterlassen! Gewiss, es ist ein brillanter Artikel, der, so glaube ich, viel zur Entghettoisierung der jüdischen Tongestaltung beiträgt, aber ebenso gut hätte ich ihr doch eine Visitenkarte dalassen können, die mich als Stalker identifiziert.

DREI TAGE SIND vergangen, als mich über meine Internetseite Les Film Tibétain des Morts die folgende E-Mail erreicht:

> Warum haben Sie an meinem Arbeitsplatz eine Monografie hinterlassen? Wer sind Sie? Ihre Überlegungen zur jüdischen Tongestaltung sind grob vereinfachend und überholt. Darüber hinaus ist Israel ein Apartheidsstaat.

Weiß sie, dass ich der Mann aus der Bar bin? Will sie, dass ich ihr mehr über mich erzähle? Oder erkundigt sie sich einfach, wer ihr da etwas hinterlassen hat? Ich weiß es nicht, aber ihr Tonfall erregt mich. Er ist herrisch, fordernd. Er ist abwertend. Um meiner eigenen Rolle gerecht zu werden, muss ich daher nicht einfach nur antworten, sondern mit respektvoller Pünktlichkeit antworten. Sie verlangt nach Erklärungen, und ich muss sie ihr geben. Da ich nicht genau weiß, wonach sie fragt, werde ich beide Fragen beantworten:

> Ich bin der/die Filmhistoriker*in/-theoretiker*in/-kritiker*in/-macher*in B. Rosenberger Rosenberg. Gelegentlich verwende ich die Alternativen B. Rosenberg oder B. Ruby Rosenberg. Nie verwende ich meinen Taufnamen [*diesen Begriff habe ich gewählt, damit sie merkt, dass ich kein Jude bin*], weil ich nicht den Vorteil ausnutzen (oder den Nachteil erleiden!) möchte, mit dem das

mir zugewiesene Geschlecht die Rezeption meines Werks aufladen könnte. Wir kennen uns nicht, sind uns aber kurz in einer Bar namens Mack's begegnet. Wir haben uns nett unterhalten. Ich dachte, Sie würden sich vielleicht für jüdische Tongestaltung interessieren, und in der Tat freue ich mich zu hören, dass Sie das in der Tat tun. Vielleicht könnten wir uns einmal treffen, um die Schwächen zu diskutieren, die Sie in meiner Arbeit ausgemacht haben. Ich bin stets darauf erpicht, mich zu verbessern.

Ich klicke auf Senden, ehe ich es mir anders überlegen kann. Oje. Ich habe in der drittletzten Sentenz zweimal *in der Tat* geschrieben.

Die Antwort kommt rasch:

Aus Ihrer E-Mail geht nicht hervor, ob Sie ein Mann oder eine Frau sind.

Erinnert sie sich nicht an unsere Unterhaltung im Mack's? Oder neckt sie mich? Oder will sie prüfen, wie ernst es mir damit ist, mein Geschlecht offenzulassen? Es kommt mir vor, als spielte sie vielleicht mit mir. Gewiss ist es mein Ziel, im Netz keine fotografischen Spuren zu hinterlassen, aber bei Lesungen und Podiumsdiskussionen entzieht sich das mehr oder weniger meiner Kontrolle. Man kann ein Foto von mir finden, wenn man es darauf anlegt. Wenn man sucht und sucht und sucht. Ein Foto von mir erscheint auf Seite sechsundsiebzig der Google-Treffer für B. Rosenberger Rosenberg. Zudem hat man mir gesagt, meine Texte seien sehr maskulin. Dennoch fühle ich mich angehalten, ihre Frage ohne Umschweife zu beantworten. Jedenfalls so lange, bis ich ihre E-Mail noch einmal lese und feststelle, dass sie gar keine Frage enthält. Es ist eine Aussage, keine Frage. Vielleicht ist das der Schlüssel. Beantworte ich es wie eine Frage, zeigt das vielleicht meine achtlose Lektüre ihrer Nachricht. Ich antworte:

Ich verstehe.

Ich bin sehr zufrieden, und ich hoffe, sie wird es auch sein. Mein Computer meldet mit einem Glockenton eine neue E-Mail im Posteingang.

> Das ist alles? Ich habe Ihnen eine einfache Frage gestellt.

Ich will ihr schreiben: Nein, eigentlich wurde keine Frage gestellt. Wenn Sie nach oben scrollen, werden Sie feststellen, dass Sie keine Frage gestellt haben. Doch das schreibe ich nicht. In unserer Beziehung ist Pedanterie meinerseits nicht vorgesehen. Ich antworte auf schlichte und reumütige Weise:

> Entschuldigung, dass ich ein Mann bin. Hätte ich gleich dazusagen sollen.

Ich klicke auf SENDEN, dann merke ich entsetzt, dass ich den Punkt nach »Entschuldigung« und das Komma nach »bin« vertauscht habe. O Gott, worauf habe ich mich hier eingelassen.

> Ah. Jetzt weiß ich, wer du bist.

Ich schreibe zurück:

> Ups! Ich habe den Punkt nach »Entschuldigung« und das Komma nach »bin« vertauscht. Ich entschuldige mich nicht dafür, dass ich ein Mann bin!

Nichts. Es kommt nichts mehr von ihr. Ich starre auf diese letzte E-Mail. Ich starre auf das »Ups!«. Ich sage nicht »Ups«. Ich schreibe ganz gewiss nicht »Ups«. Ich hätte die E-Mail ebenso gut mit »xoxoxo« unterzeichnen können. Es ist erbärmlich. Es ist mädchenhaft. Ich bin gedemütigt. Ich schreibe eine zweite Nachricht, verwerfe sie, schreibe sie noch einmal, eine Nachricht, die ihr ein deutlicheres Bild von mir verschaffen, vielleicht sogar die Dynamik zu meinen Gunsten verschieben, mich quasi zum Wunschzettelsub machen soll. Ich ziehe das Blurb aus der Brieftasche, das die Filmtheoretikerin Laura Mulvey zu meiner Monografie *Wege aus der Phallusfalle: Wie sich das filmische Feld auch ohne männlichen Samen fruchtbar machen lässt* abgegeben hat. Ich überfliege es noch einmal und stelle fest, dass Mulvey mich darin als »sie« bezeichnet und es daher im Moment nicht zweckdienlich ist. Oder vielleicht ist es auch genau das, was ich brauche. Ich überdenke es drei Tage lang, ohne es abzuschicken. Endlich meldet sie sich:

Meine Güte. Zeig ein bisschen Rückgrat.

Wenn sie will, dass ich Rückgrat zeige, werde ich es tun. Ich werde so viel Rückgrat zeigen, wie sie will, und nicht einen Wirbel mehr oder weniger. Also tue ich es. Ich teile ihr mit, dass ich diesen Donnerstag um 21.00 Uhr im Julius and Ethel (nicht verwandt oder verschwägert!) an der Bar sitzen werde, falls sie sich zu mir gesellen möchte. Sie antwortet nicht, und ich erwarte es auch nicht. Ich zeige genau die richtige Menge an Rückgrat.

Der Fleischregen von Kentucky kommt mir in den Sinn. Ich weiß nicht genau, warum er mir gerade jetzt einfällt, aber tatsächlich rückt er in meiner Psyche nie weit in den Hintergrund. Natürlich hat es im Laufe der Geschichte mehrere dokumentierte Fleisch- und Blutregen gegeben, und als Adept der Kryptometeorologie habe ich sie alle studiert. Der Wert des Fleischregens von Kentucky für die Forschungsliteratur besteht darin, dass eine beträchtliche Menge des Fleisches von Wissenschaftlern in Harvard konserviert und studiert wurde, die zu dem Schluss kamen, dass es sich entweder um das Fleisch von Pferden oder von menschlichen Säuglingen handelte. Das Wetter hat mich schon immer fasziniert. Ich habe im Nebenfach Meteorologie und Kultur studiert und war Präsident unserer A-cappella-Pfeif-Wettkampfpersonenschaft Weigh Hey, Blow the Man Down. Doch warum geht mir der Fleischregen nicht aus dem Kopf? In jedem Fall erinnert er mich an Ingo. Aber ich weiß nicht mehr, weshalb. Die Seltsamkeit der Welt, denke ich, übersteigt unser Begriffsvermögen.

Auf dem Weg zu meinem Treffen mit Tsai (vielleicht!) ertönt jetzt pausenlos ein Lied in meinem Kopf:

Die Jahre, die Jahre
Sie kommen und gehn
Im Sommer der Regen
Im Winter der Schnee
Es wächst das Kind
Es blüht der Klee
Die Jahre, die Jahre
Ach, wie sie verfliegen
Deine Eltern sind tot
Deine Kräfte versiegen
Der Fleischregen naht
Einen Braten wirst du kriegen
Die Jahre, die Jahre
Schlag's nach.

ALTE VOLKSWEISE

KAPITEL 29

ICH TREFFE AM Julius and Ethel ein. Es ist genau 9.00 Uhr. Ich zeige Rückgrat, und nicht nur wegen des Schwanzfortsatzes an meiner Wirbelsäule. Ich sehe mich in der Bar um. Tsai ist nicht da. Es sind zwei Plätze frei. Ich setze mich auf den einen und lege meinen Mantel auf dem anderen ab. Als jemand hereinkommt, verrenke ich mir nicht den Hals, um zu schauen, wer es ist. Es verlangt mir meinen ganzen Willen ab. Ich bestelle einen Crown Royal Rye, pur. Er schmeckt mir nicht, aber ich fürchte, mein bevorzugter Drink, der Cape Codder, extra *dirty*, wäre das falsche Signal an Tsai.

»Für mich?«, sagt sie, ihre Hand an dem Stuhl mit meinem Mantel darauf.

»Ja!«, sage ich, nehme den Mantel herunter und lege ihn aus irgendeinem Grund auf meinen Schoß, statt ihn über meine Stuhllehne zu hängen. Aus irgendeinem Grund? Aus allzu offensichtlichen Gründen.

Sie nimmt Platz, und der Barkeeper ist bei uns, ehe sie aufblickt.

»Zwanzigjähriger Michter, pur«, sagt sie.

Er lächelt, nickt, entfernt sich hinter dem Tresen. Sie wendet sich mir zu.

»Also, du bist mir erst nach Hause und am Morgen darauf zu meinem Arbeitsplatz gefolgt. Ist das eine zutreffende Einschätzung deiner jüngsten schleicherischen Aktivitäten?«

Ich nicke. Der Barkeeper kehrt mit ihrem Drink zurück, bei dem es sich, wie sich herausstellt, um irgendeine Art Whiskey oder zumindest ein Getränk von dessen Farbe handelt.

»Und warum?«, fragt sie.

Ich weiß, ich muss ihr antworten.

»Ich fand Sie anziehend. Ich finde Sie anziehend.«

»Findest du es in Ordnung, Frauen nachzustellen?«

»Ich weiß, dass es nicht in Ordnung ist.«

»Und du machst es trotzdem.«

»Es tut mir leid. Mein Leben ist gerade stark im Umbruch. Ich habe meine Arbeitsstelle und meine Wohnung verloren. Ich habe ein künstlerisches und historisches Dokument von großer Bedeutung verloren. Ich habe meine Freundin Kellita Smith verloren, die Afroamerikanerin war. Ich habe meine Lebensaufgabe verloren. Ich bin stolzer Eigentümer eines klaffenden Lochs in meiner Seele.«

»Du hast da einen ganz schön heftigen Bart, Jungchen.«

»Ja. Den will ich mir vielleicht abrasieren.«

»Ich finde dich in keiner Weise anziehend«, sagt sie.

»Das hätte mich auch überrascht.«

»Du bist alt«, sagt sie.

»Ja.«

»Und auch wenn du es nicht wärst – ich kann mir vorstellen, wie du als jüngerer Mann ausgesehen hast. Und selbst in dem Fall …«

»Das verstehe ich.«

»Und dann ist da noch dieses komische Persönlichkeitsproblem«, sagt sie und macht eine vage Handbewegung.

Das trifft mich nun.

»Was meinen Sie damit?«, frage ich.

»Du bist so eine schräge Mischung aus unterwürfig und wichtigtuerisch.«

Ich nippe zur Beruhigung an meinem Drink.

»Haben Sie schon einmal von dem Fleischregen von Kentucky im Jahr 1876 gehört?«

»›Haben Sie schon einmal von dem Fleischregen von Kentucky im

Jahr 1876 gehört?«, wiederholt sie in spöttisch effeminiertem Tonfall.

Ich starre in meinen Drink. Ich habe keine Ahnung, was ich darauf erwidern soll.

»Warum sind Sie meiner Einladung gefolgt?«, frage ich schließlich.

»Ich habe gemerkt, dass du mich bei dieser Hypnose-Show beobachtet hast. Hältst du mich für beschränkt? Ich habe gemerkt, dass du mir zum Mack's gefolgt bist. Ich habe dich im Waschsalon gesehen. Gott, du bist wirklich kein guter Stalker.«

»Oh. Okay.«

»Du bist nicht der erste erbärmliche Kerl, der so in mich vernarrt ist. Allein heute sind mir wahrscheinlich schon elf erbärmliche Kerle über den Weg gelaufen, die so taten, als würden sie mich nicht beobachten. Es ist nicht schwer zu erkennen, falls du dich das fragst.«

»Gehen Sie mit allen von uns etwas trinken?«

»Nein. Das ist der springende Punkt. Ich kann dich nicht ausstehen. Diese anderen Kerle sind mir inzwischen ziemlich gleichgültig. Aber du gehst mir irgendwie unter die Haut. Ich hasse dich wirklich. Allein beim Gedanken an dich läuft es mir kalt den Rücken runter, von deinem Anblick ganz zu schweigen. Mir gefällt die Vorstellung, dass du unglücklich bist, und mir gefällt die Vorstellung, dass ich dazu beitrage. Und ich weiß, du würdest mir aus der Hand fressen.«

Ich sage nichts. Ich sehe sie nicht an. Ich weiß nicht, was ich tun soll.

»Das stimmt doch, oder?«

»Ja, das stimmt«, sage ich. Dann beginne ich zu meiner großen Schmach zu weinen. Ich weiß nicht, warum, aber es ist laut. Rotzfäden hängen mir aus der Nase herunter.

»O Mann«, sagt sie, zieht ihren Mantel an und geht.

Der Barkeeper bringt die Rechnung. Ihr Glas Whiskey hat 145 Dollar gekostet. Auf dem Heimweg denke ich an Tsai. Ich mache einen Umweg von dreißig Blocks, um an ihrem Mietshaus vorbeizugehen. Ich blicke von gegenüber auf all die erleuchteten Fenster. Werde ich einen Blick auf sie erhaschen? Ich bin verwirrt. Es macht mich so glücklich, dass sie mir wehtun will. Es macht mich so glücklich, nicht einer der zahllosen Männer zu sein, denen sie nicht wehtun will. Mein Penis drückt von innen gegen meine Hose. Ich komme zu Hause an und sehe nach, ob ich eine E-Mail von ihr bekommen habe. Nichts. Also schreibe ich ihr eine. Ich erniedrige mich, indem ich ihr von meiner Fantasie mit dem Parfumflaschengeist erzähle, der Vorstellung, dass ich sie bediene, wohin sie auch geht. Ich schicke die E-Mail ab. Ich will mich übergeben.

Ich übergebe mich.

Zwei Tage später bekomme ich diese E-Mail:

Wow.

Dann nichts mehr.

Heute dann, zwei Tage nach dem »Wow«:

Zwei Blocks von hier (wo ich wohne, weißt du ja noch, oder?) gibt es einen Feinkostladen namens Buy and Save. Dort gehe ich ziemlich oft hin, weil er 24 Stunden offen hat. Sie haben da auch einen Lieferservice, und manchmal, wenn es kalt ist oder regnet, nutze ich ihn. Auf einem Schild im Fenster steht, dass ein Fahrer/Kassierer gesucht wird. Bewirb dich um die Stelle. Den Bart wirst du dir wahrscheinlich abrasieren müssen.

* * *

ICH LASSE MIR den Bart stehen, um einen Portweinfleck zu kaschieren, der sich von meinem Schlüsselbein bis zu meiner Oberlippe erstreckt. Die Leute starrten immer darauf oder versuchten, nicht darauf zu starren, wenn sie mit mir redeten/auf der Straße an mir vorbeigingen. Mit dem Bart starrten sie mich noch immer an und gingen mir aus dem Weg, aber ich wusste, ich konnte ihn jederzeit abrasieren, um Abhilfe zu schaffen. Der Portweinfleck jedoch ließ sich nicht mehr beseitigen.

Je länger man mit dem Entfernen dieser Dinger wartet, desto unwahrscheinlicher ist ein zufriedenstellendes Ergebnis. Meine Eltern entschieden, dass ich damit leben sollte, da mein Vater ebenfalls einen hatte (über dem rechten Auge) und es ihm schließlich auch nicht geschadet hatte. Das war ihr Argument, und ich liebte sie, also liebte ich auch ihr Argument. Als ich alt genug war, um mir über die damit einhergehende Ausgrenzung bewusst zu werden, kam ich zu dem Schluss, wenn ich meine Eltern bäte, ihn entfernen zu lassen, wäre das eine Kränkung und Zurückweisung meines Vaters. Ich hatte ein schlechtes Gewissen, als ich mir den Bart stehen ließ, wusste ich doch, dass mein Vater keine Möglichkeit hatte, seinen Portweinfleck unter einem Stirnbart zu verbergen, und nicht genügend Haupthaar, um ihn mit einem Pony zu bedecken. Es gab eine kurze Phase, da hatten meine Mutter und er Eheprobleme, und er verbrachte ganze Abende im Mushroom, einer kleinen Bar in Great Neck, und experimentierte damit, sich ein langes Haarbüschel mithilfe von Haarspray quer über die Stirn zu legen und mit einer Haarklammer hinter dem gegenüberliegenden Ohr zu befestigen. Doch dass er wie Bobby Riggs mit einem Stirnband aus Haaren aussah, machte ihn für die Frauen im Ort nicht gerade attraktiver, und schließlich kehrte er reumütig zu meiner Mutter zurück.

In jedem Fall ist meiner seit der Hauttransplantation verschwunden, und ich muss auch nicht das Gefühl haben, meinen Vater hintergangen zu haben, da es sich um ein medizinisches Problem handelte und der Eingriff außerdem durchgeführt wurde, während ich im Koma lag. Wo kein Streit ist, da ist auch keine Schuld, wie es im Tao heißt. Ich habe den Bart aus Gewohnheit und Faulheit nachwachsen lassen und auch, weil ich gern am Oberlippenbart sauge und Geschmacksspuren vom Vortag wiederentdecke.

Jetzt rasiere ich ihn ab.

Das Geburtsmal ist nachgewachsen. Ich schlage es nach. Laut WebMD ist das unmöglich.

»BOAH«, SAGT BARASSINI, als ich zu unserer wöchentlichen Sitzung komme. Wie immer in letzter Zeit verläuft sie relativ fruchtlos. Seit den ersten paar Sitzungen drehen wir uns im Kreis. Immerhin erinnere ich mich unter seinem Bann an das Bild eines Schiffes mit menschlichem Gesicht, ein Schlepper, der auf den Wellen auf und ab wippt und mit der Stimme eines alten Seebären ein fröhliches Lied über das Meer singt:

Es begab sich 1952 am 14. Januar,
Dass plötzlich ein großes Gesicht auf meinem Steuerhaus zu sehn war.
Jetzt rollen ewig meine Augen aus dicken Klarsichtscheiben,
Und mein Rettungsbojenmund lässt das Grinsen nicht mehr bleiben.
Glaubt der onkelhafte Hafenmeister auch, dass ich ihn mag,
Bin ich doch nur ein Monster und quäle mich von Tag zu Tag.
Doch ich schleppe, und ich zwinkere, und ich mache den Wassersalut,
Und mein Gesicht sagt, ich sei glücklich, den jungen Mädchen gefällt es gut.
Ich aber bete um Erlösung von dieser Transmogrifikation,
Um Auslöschung dieses Gesichts, um Seelenexekution.

Ich bin mir nicht einmal sicher, ob das wirklich aus Ingos Film stammt. Es könnte von überall und nirgends kommen, und bei näherer Betrachtung glaube ich, dass das Boot überhaupt nicht glücklich ist. Man muss die geistige Gesundheit eines Schleppkahns anzweifeln, der die Ohnmacht dem Bewusstsein vorziehen würde. Vielleicht ging es Ingo – sollte die Szene tatsächlich aus Ingos Film stammen – mit dieser Figur um die Auseinandersetzung mit dem Falschgesicht, möglicherweise unter Rückgriff auf die irokesische Mythologie. Ohne weitere Erinnerungen an den Film kann ich keine wirkliche Theorie entwerfen. Und obgleich Barassini darauf beharrt, dass es aus dem Film stammt, und wir echte Fortschritte machen, bin ich mir da nicht sicher. Es könnte eine lange verschüttete Erinnerung an eine Kindersendung im Fernsehen sein. Barassini behauptet auch, es sei ganz offensichtlich eine fröhliche Geschichte, da der Schlepper zwinkert und lächelt. Ich beginne, Barassinis Intelligenz in Zweifel zu ziehen.

ALS ICH ZUM Buy and Save gehe, überkommt mich ein fremdes und zugleich vertrautes Gefühl. Ich spüre die Brise auf meiner unteren Gesichtshälfte und meinem Hals. Es ist erfrischend. Es ist gut. Und natürlich werde ich wieder angestarrt. Unablässig. Von allen, an denen ich vorübergehe. Und als ich dem Marktleiter des Buy and Save meinen Lebenslauf in die Hand drücke, vermeidet er es, mich anzusehen. Das könnte vielleicht zu meinem Vorteil sein. Vielleicht wird er deswegen ein schlechtes Gewissen haben. Das wird sich zeigen.

»Sie haben nicht sehr viel Erfahrung im Dienstleistungsgewerbe«, sagt er.

»Ich habe einmal in einem Callcenter gearbeitet, während des Studiums. Ich war auf Harvard.«

»Der Hypnoseschule?«

»Die heißt Harverd.«

Er sieht mich an, um eine Frage zu stellen, und schaut gleich wieder auf den Lebenslauf; er fährt mit dem Finger eine Zeile ab, tut so, als läse er sie.

»Warum möchten Sie hier arbeiten?«, fragt er.

Weil es mir befohlen wurde. Weil ich in die verzweifelte Fantasie eines einsamen, portweingefleckten Versagers verstrickt bin. Weil ich besessen werden möchte, wie mich ein Film, an den ich mich nicht erinnern kann, einmal besessen hat. Weil ich etwas möchte, was, wie mir das Universum auf unmissverständliche Weise klargemacht hat, nur unter diesen furchterregenden Umständen möglich ist. Weil sie perfekt ist.

»Ich brauche Arbeit«, sage ich und setze dann hinzu: »Dies scheint mir ein guter Arbeitsplatz zu sein.«

Er nickt.

ICH SCHREIBE TSAI:

Ich habe den Job. Ich fange morgen an, Nachtschicht.

Keine Antwort.

Ich sitze im Dunkeln und frage mich, wie ich in diese Situation geraten bin. Es besteht kaum ein Zweifel daran, dass wir es mit einer Kabale (ich verwende den Ausdruck nicht leichtfertig) von Filmtheoretikern zu tun haben, die die Industrie kontrollieren. Stelle ihre Kritiken nicht öffentlich infrage, wenn du die Sprossen zum Erfolg erklimmen willst; sie werden dich zerstören. Ich war einmal so unverfroren, Richard Roeper dafür zu tadeln, dass er *Memento* auf Rotten Tomatoes mit einer frischen Tomate bewertet und behauptet hatte, darin werde »auf geistreiche Weise erforscht, wie wir alle durch unsere Erinnerungen definiert werden«. In Wahrheit ist *Memento* natürlich nichts weiter als ein gimmickhafter Budenzauber, der sich auf einem einzigen Kniff ausruht und durch seine Ideenarmut und seine Pseudo-Noir-Manierismen (gähn) lediglich zeigt, dass sowohl Christopher Nolan als auch sein Lakai Richard Roeper in intellektueller Hinsicht bankrott und in emotionaler Hinsicht unreif sind. Dass dieser »Film« überhaupt auf irgendeine Resonanz stieß, von überwältigend positiver Resonanz gar nicht zu reden, ist nur ein weiterer Beweis (als brauchte es den noch!) für die in der Gemeinde der Filmkritiker herrschende Korruption. Wer auch nur einen einzigen Gedanken daran verschwendet, wird begreifen, dass die Erinnerung das komplexeste Forschungsobjekt ist, das dem menschlichen Tier zur Verfügung steht. Dieses alberne Experiment ist beinahe mit der Einfalt von *Vergiss mein nicht!* vergleichbar. Hätte Kaufman das darin zitierte Gedicht von Alexander Pope tatsächlich gelesen, wie ich es viele Male getan habe (in meiner Abschlussarbeit habe ich Pope für seine himmelschreiende Misogynie in Grund und Boden gestampft), hätte er gewusst, dass es in eklatantem Widerspruch zum Inhalt dieses marktschreierischen Science-Fiction-Filmchens steht. Meine Untersuchung zu Film und Gedächtnis *You Must*

Remember This (Rutabaga Press, 1998) übertrifft diese beiden (und offen gestanden alle) Erinnerungsfilme spielend. Ich widme mich darin dem Experiment, einen Film *(Menschenkind)*, den ich zuvor nur ein einziges Mal gesehen hatte, so detailgetreu wie möglich nachzuerzählen. Die außergewöhnliche Präzision meiner Nacherzählung lag weniger in meinem nahezu fotografischen Gedächtnis begründet (das tatsächliche fotografische Gedächtnis ist ein Mythos!) als vielmehr in der Art und Weise, wie ich Filme ansehe. Ich bin ein wirklich aufmerksamer Zuschauer, vielleicht der einzige wirklich aufmerksame Zuschauer weltweit. In meinem Buch erläutere ich im Weiteren meine Methode der Filmbetrachtung, und es kann als Leitfaden für Studierende dienen, die einen ähnlichen Erfolg wie den meinen anstreben. Dass ich mich der Filmbetrachtung mit einer solchen Ernsthaftigkeit nähere, erklärt vielleicht, warum ich in meiner Geringschätzung gegenüber Unaufrichtigkeit, Vulgarität, Geschmacklosigkeit und Protzigkeit im Film etwas bissig werden kann. Schließlich nehmen diese aufmerksamkeitsheischenden Schandflecke am Straßenrand, diese als Filme verkleideten Werbetafeln in meinem Gehirn wertvolle Grundstücksfläche ein, und ich hasse es. Ich werde es nicht hinnehmen. Ich kann nicht! Ich werde nicht! Also machen sie mich zu einem Paria. Ich würde nicht so weit gehen, zu behaupten, dass diese Kabale in ihrem Wesen jüdischer Natur ist. Ich habe keine Ahnung, ob Roeper Jude ist, und es ist mir auch gleich. Etikettierungen dieser Art sind für mich irrelevant, doch ich könnte mir vorstellen, dass er es ist. Ich könnte es mir vorstellen. Ich könnte es mir durchaus vorstellen.

ES IST 1.00 UHR, meine erste Nachtschicht. Das Telefon klingelt, und Darnell (der Nachtschichtleiter) hebt ab. Er sagt einige Male »Mhm«, dann »Wiederhören«, dann legt er auf. Ich wische gerade den Boden der Toilette (Nur für Personal!).

»Eine Bestellung«, sagt Darnell.

Ich lehne den Mopp an die Wand, greife mir die Tüte mit den Lebensmitteln und schaue auf die Adresse. Es ist Tsais. Mein Herz klopft.

Ich laufe also zu Tsais Haus, das einen Block entfernt ist, und betätige die Klingel. Keine Reaktion. Ich weiß, dass sie weiß, dass ich komme, also folgere ich, dass es zu ihrem Spiel gehört, mich warten zu lassen, und werde noch aufgeregter. Ich bin froh, meinen Arbeitskittel zu tragen: Er hat einige Flecken und ist mit der Abbildung einer Ente geschmückt, die sagt: »Ich bediene Sie gerne!« Nach fünf Minuten frage ich mich, ob ich noch einmal auf die Klingel drücken sollte. Womöglich hat sie es nicht gehört. Vielleicht läuft der Fernseher, oder sie hört Musik. Sie könnte im Bad sein. Ich klingle nicht noch einmal. Nach weiteren sechs Minuten ertönt der Türsummer. Es gibt einen Aufzug, und ich fahre in den vierten Stock und suche die Wohnung 4 D. Ich klingle. Sie öffnet mir im Bademantel. Kein sexy Bademantel. Fleckiger Frotteestoff. Und so verdammt sexy. Ich will ein Fleck darauf sein, nah an ihrer Vagina.

»Was bekommen Sie?«, fragt sie.

Ich schaue auf die Rechnung, obwohl ich den Betrag auswendig weiß. Selbst der Preis ihres Einkaufs ist magisch. 17,58 Dollar. 17,58 Dollar. 17,58 Dollar.

»Siebzehn Dollar achtundfünfzig«, sage ich.

Sie schließt die Tür und kehrt nach einer Minute mit einem Zwanzig-Dollar-Schein zurück. Sie wartet auf das Wechselgeld, und ich gebe es ihr. Sie gibt mir einen Dollar zurück, sagt Danke und schließt die Tür.

Ich nehme die Treppe, um im Treppenhaus masturbieren zu können. Ich habe noch nie in einem Treppenhaus masturbiert. Gut, ein Mal schon, und es nahm kein gutes Ende. Ich habe gelobt, nie wieder in einem Treppenhaus zu masturbieren, zumal in diesem Zeitalter der toxischen Männlichkeit. Doch ich komme nicht dagegen an. Hinterher empfinde ich eine größere Scham als jemals in meinem Leben. Dies ist mein wunderschöner Albtraum. Ich masturbiere noch einmal.

KAPITEL 30

BARASSINI VERSETZT MICH rasch in Hypnose. Er muss dazu nur den emotionalen Schalter umlegen, den er für mich geschaffen hat und bei dem es sich um einen tatsächlichen Schalter handelt, der unter dem Kragen in meinen Halsansatz implantiert ist und laut Barassini eine direkte Verbindung zu meinem Stammhirn oder meinem Neuroknoten, wie er es nennt, darstellt. Er hat mir erklärt, dass er in einer *Black-Mirror-*Folge einmal etwas Ähnliches gesehen hat, und wie sich herausstellt, funktioniert es tatsächlich. Es fühlt sich an, als würde beim Zahnarzt bis auf den Nerv gebohrt, aber nur einen Augenblick lang, dann wird meine Aufnahmefähigkeit geöffnet. Es gefällt mir, weil es effizient und zuverlässig ist; unsere Sitzungen dauern nur eine Stunde lang, und so können wir direkt loslegen. Also schreie ich, dann entspanne ich mich.

»Erzählen Sie mir von dem Film«, sagt er.

»Ich kann mich immer noch kaum daran erinnern«, sage ich. »Wie üblich.«

»Fangen Sie einfach an zu sprechen. Improvisieren Sie. Schauen Sie, was passiert.«

Es scheint, als wäre ich nicht der Einzige, der ob meiner ausbleibenden Fortschritte ungeduldig wird.

»Ich glaube nicht, dass ich der Wahrheit auf diese Weise näher komme, Meister«, sage ich. Ich weiß nicht, warum ich ihn »Meister« nenne. Soweit ich mich erinnere, hat er es nie verlangt oder auch nur vorgeschlagen.

»Hören Sie, die Vergangenheit existiert nicht. Können wir uns darauf einigen?«

»Ja«, sage ich und lasse den »Meister« diesmal weg. Es ist mir unangenehm, dass ich es überhaupt gesagt habe. Als hätte ich eine Lehrerin »Mama« genannt.

»Und wir sind uns einig, dass sie nur als Vorstellung existiert, das heißt, die Vergangenheit existiert nur in unseren Köpfen?«

»Vermutlich ja.«

»Ja, wo soll sie denn sonst noch sein? Zeigen Sie's mir!«, schreit er mich an.

»Nirgends sonst. Sie haben recht.«

»Und wenn sie nicht existiert, kann sie alles sein, was Sie wollen, da sie ja nicht existiert.«

»Na ja, ich meine –«

»Ja?«

»Als Menschen teilen wir bestimmte Erinnerungen.«

»Tatsächlich? Haben Sie dieselben Erinnerungen an Ihre Familie wie Ihr Bruder?«

»Nicht ganz. Aber es gibt doch sicherlich Überschneidungen, was darauf hindeutet, dass unseren Erinnerungen eine gewisse objektive Wahrheit zugrunde liegt.«

»Sie wollen also sagen, dass es eher unsere Verpflichtungen anderen gegenüber sind als unsere eigenen Vorstellungen, die uns veranlassen, Erinnerungen aus unserem Gedächtnis zu löschen?«

»Ich denke schon ... *Meister*?«

Ich habe sein Missfallen erregt. Ich dachte, der »Meister« könnte jetzt vielleicht helfen.

»Aber in Bezug auf diesen Film gibt es niemanden, der die Erinnerung teilt. *N'est-ce pas*?«

»*Oui.*«

»Demzufolge sind Sie auch niemandem gegenüber zur Genauigkeit verpflichtet.«

»Ich bin seiner Brillanz verpflichtet. Dieser Film hat mich verändert.

Ich glaube, jetzt habe ich mich wieder zurückverwandelt oder vielleicht in etwas Drittes, was nicht annähernd so gut ist wie das Zweite oder auch nur das Erste, das vielleicht gar nicht das Erste war, denn woher soll man wirklich wissen, was das Erste war? Es ist sogar orstellbar, dass es vor dem Ersten viele andere gab –«

»Haben Sie gerade *orstellbar* gesagt?«

»Nein. Denn während wir aufwachsen, verändern wir uns ständig. Ich vermute, als Kind war ich glücklich und rein und frei. Ich weiß es nicht mit Sicherheit. Vielleicht ist es nur die Nostalgie, die ihre hässliche Fratze zeigt. Aber eins weiß ich: Ingos Film hat in mir eine Veränderung bewirkt, die mir Frieden und Klarheit brachte, und dieses Gefühl will ich wiederfinden. Ich will zurückgewinnen, was ich verloren habe. Ich muss mich genau daran erinnern. Ich will es wieder vor meinem inneren Auge sehen können, so wie Castor Collins auf seiner Pilgerreise nach Wien Gott gesehen hat.«

»Woher wissen Sie davon?«, fragt Barassini, und seine Augen verengen sich wie die Meerenge von Gibraltar.

»Wovon?«

»Von Castor Collins' Pilgerreise?«

»Die Geschichte kennt doch jeder Schuljunge. Und jedes Schulmädchen. Warum?«

Barassini schweigt eine ganze Zeit lang, vielleicht eine Stunde. Ich lese eine Zeitschrift aus dem Zeitschriftenständer.

»Na schön«, sagt er schließlich. »Ich werde den wahren Film aus Ihnen herausholen. Ich fühle mich neu gestärkt. Wir werden uns einer gefährlichen und bislang unerprobten Technik bedienen. Es gab einige Forschungen dazu, aber bisher nur an syphilitischen Mäusen. Die Ergebnisse waren vielversprechend; die Mäuse erinnerten sich an verdrängte Kindheitstraumata. Zumindest diejenigen, die sich nicht umbrachten.«

»Augenblick mal, was?«

»Wir werden folgendermaßen vorgehen: Es wird wie eine Art archäologische Ausgrabung sei. Wir werden die Tonscherben Ihres zerschlagenen Geistes Stück für Stück ausgraben, sie eine nach der anderen von überschüssigem Staub und Dreck befreien – den filmfremden Elementen, wenn Sie so möchten – und dann wieder zusammenkleben. Es wird ein akribischer, anspruchsvoller Prozess sein, in dessen Verlauf unser beider Psychen einem extremen Risiko ausgesetzt sind, aber wir werden es schaffen.«

»Wenn Sie ›gefährlich‹ sagen, dann meinen Sie –«

»Vor allem für Sie, ja. Sehr.«

»Inwiefern?«

»Sie gehen tief hinein, mein Freund.«

»Ich verstehe. Nun ja –«

»Wollen Sie diesen Film zurückhaben?«

»Mehr als alles andere auf der Welt, aber –«

»Das ist der einzige Weg.«

»Gut«, sage ich. »Aber was haben wir denn bis jetzt getrieben, wenn das der einzige Weg ist, um –«

»Das Davor ist eine Fiktion, oder? Habe ich Sie das nicht gelehrt?«

»Ähm. Ich –«

»Wunderbar! Dann lassen Sie uns anfangen!«

»Aber die Mäuse haben sich umgebracht?«

»Manche von ihnen. Manche fingen nur an, heftig zu trinken. Es könnte die Syphilis gewesen sein. Aber Sie sind ein Mann und keine syphilitische Maus, richtig?«

»Ja«, sage ich. »Wenn ich mich für eins entscheiden muss.«

* * *

ICH LEERE DIE Metallbehälter in der Salatbar. Darnell sagt, es sei an der Zeit, da die Zuckermelonenstücke blass und weich geworden sind. Ich schneide anschließend frische. Das vertreibt mir die Zeit. Zwischen 2.00 Uhr und 3.00 Uhr ist es sehr ruhig. Darnell schaut lächelnd auf sein Telefon, schreibt jemandem, während ich an Barassini denke, den die Erwähnung von Castor Collins motiviert zu haben scheint. Es ist alles recht sonderbar. Als die Tür aufgeht, blicken wir beide auf, und Darnell greift nach seinem Baseballschläger. So ist das nachts immer. Im nächtlichen Feinkostladen-Business will man keine Überraschungen. Diesmal ist es eine angenehme Überraschung; es ist Tsai.

»Hey«, sagt Darnell.

»Hi«, erwidert sie mit einem lieblichen Lächeln. »Könnte ich ein Sandwich bekommen?«

»Natürlich. B.! Mach der Dame ein Sandwich.«

Ich nicke und stelle mich hinter die Theke.

»Hallo«, sage ich. »Was hätten Sie denn gern?«

»Baguettebrötchen mit Pute und Schweizer Käse.«

»Gerne.«

»Etwas Mayonnaise und Senf. Von dem gelben. Äh, Tomate, Blattsalat, Zwiebeln.«

»Möchten Sie dazu Krautsalat, Kartoffelsalat oder eine Tüte Chips?«

Sie sagt »Chips«, während sie in den vorderen Bereich des Ladens geht, um sich die Regale mit den Süßwaren anzusehen. Dort sitzt auch Darnell hinter der Kasse.

»Ich kann mich nicht entscheiden«, sagt sie zu Darnell. »Was naschst du denn am liebsten?«

»Ab und zu ein leckeres Kit Kat«, sagt Darnell.

Sie legt ein Kit Kat auf den Tresen.

Ich mache das Sandwich, beobachte dabei aber Tsai. Von hier aus kann ich nur ihren Hintern sehen, den sie in einer schwarzen Yogahose der ganzen Welt zur Schau stellt. Sie stützt sich mit den Ellbogen auf den Tresen, wodurch sich mir ihr Hintern entgegenstreckt.

»Ich komme seit Ewigkeiten her, aber ich habe mich noch nie anständig vorgestellt«, sagt sie zu Darnell. »Wie unhöflich von mir. Ich bin Tsai.«

»Darnell«, sagt Darnell. »Hi.«

»Das ist ein schöner Name«, sagt sie. »Darnell.«

»Danke. Dein Name ist auch echt lässig. Wie schreibt er sich?«

»T-S-A-I.«

»Ah, cool. Ist das was Orientalisches oder so?«

Gott, denke ich. Orientalisch? Sie wird ihm den Arsch aufrei–

»Ja«, sagt sie. »Meine Großeltern kamen aus China.«

»Das ist cool. Das ist cool. Das ist echt cool. China. Das ist im Ozean, oder?«

Was soll das überhaupt bedeuten?

Sie schweigen, dann fragt Darnell sie aus heiterem Himmel, ob sie gern Gras rauche. Sie bejaht.

»Hast du Bock?«, fragt er.

»Mm-hm.«

»Hey, B., pass auf den Laden auf«, sagt Darnell, nimmt seinen Rucksack und führt Tsai in den Vorratsraum. Ich höre, wie die Tür zur Hintergasse aufgesperrt wird, und nehme an, dass sie nach draußen gegangen sind. Das Sandwich ist fertig, eingepackt in eine Papiertüte mit einer separat verpackten Gurkenscheibe, drei Servietten und einem Päckchen Kartoffelchips. Ich bringe es an die Kasse und warte dort schätzungsweise ungefähr siebzehn Minuten. Die Hintertür geht auf, und sie kommen wieder in den Laden. Tsai kichert über etwas, was Darnell gesagt hat.

»Hey, B.«, ruft Darnell mir zu. »Kassier Tsai ab. Gib ihr meinen Mitarbeiterrabatt.«

»Ach, danke, Darnell!«, flötet Tsai. »Du bist so ein Schatz.«

Ich tippe das Sandwich ein und ziehe Darnells Mitarbeiterrabatt ab.

»5,50 Dollar bitte«, sage ich.

Tsai gibt mir einen Zehn-Dollar-Schein, schaut aber über die Schulter zu Darnell, der an der heißen Theke steht und mit den Fingern in den Käse-Makkaroni herumstochert.

»Das hat Spaß gemacht«, sagt sie. »Danke.«

»Jederzeit wieder, Tsai aus China«, sagt er, den Mund voller Makkaroni.

Perlen vor die Säue.

»O mein Gott, du bist wirklich bezaubernd!«, sagt sie zu Darnell.

Ich gebe ihr das Wechselgeld. Sie nimmt die Tüte. »Nacht!«, sagt sie zu Darnell, dann ist sie aus der Tür.

»Verdammt«, sagt Darnell. »Die ist scharf! Das Kung-Pao-Huhn vernasch ich. Weißt du, was ich meine, Alter?«

Ich weiß, was er meint. Und ich gehe auf die Mitarbeitertoilette, um zu masturbieren. Ich vermute, Darnell wird auch hier drinnen masturbieren, wenn ich fertig bin. Es vertreibt einem die Zeit in diesen ruhigen Nächten. Ich gehe immer lieber als Erster.

KAPITEL 31

»ES IST NACHT«, beginnt Barassini.

Und mit einem Mal ist es Nacht. Doch das ist alles, nur Nacht, ohne Erde oder Himmel. Ich scheine im Nichts zu schweben. Es ist beängstigend. Ich denke an die armen Mäuse.

»Haben Sie keine Angst«, sagt er. »Sie sind mit dem Auto unterwegs.«

Und das bin ich. Ich fahre durch die Nacht. Mit nichts unter den Rädern. Auf nichts zu. Von nichts fort.

»Sie fahren nachts auf einer verlassenen Straße«, spricht er weiter. Seine Stimme tönt jetzt verrauscht aus dem Autoradio.

Und da ist die Straße.

»Sie ist zu beiden Seiten von Bäumen gesäumt, die über Ihnen ein Dach bilden. Sie können den Himmel nicht sehen, so dicht ist das Blätterdach. Sie fahren langsam, schleichen dahin, suchen die Gegend nach Spuren von etwas Vergrabenem ab.«

»Ich verstehe das alles nicht«, sage ich.

»Sehen Sie, was ich beschreibe?«

»Ja. Es ist beängstigend plastisch. Ich bin verängstigt. Durch die Plastizität des Ganzen.«

»Dann ist es gut.«

»Es ist, als sähe ich einen Film, in dem ich zugleich vorkomme. Verkörpert bin. Nennt man das Brainio?«

»Brainio?«

»Ein Unterhaltungsprogramm aus der Zukunft.«

»Ich habe keine Ahnung, wovon Sie reden. Das hier ist hypnotische Suggestion. So etwas wie ein Unterhaltungsprogramm aus der Zukunft gibt es nicht. Die Zukunft existiert nicht. Ebenso wenig wie die Vergangenheit. Es gibt nur das Jetzt. Das hatten wir schon besprochen.«

»Ich fühle mich nicht sicher.«

»Konzentrieren Sie sich auf Ihre Aufgabe. Konzentrieren Sie sich immer auf Ihre Aufgabe, und die Angst verfliegt. Das ist Barassinis Gesetz.«

»Worin besteht meine Aufgabe?«

»Sie suchen nach Fragmenten des Films. Von Ingos verlorenem Film. Ich habe daraus eine buchstäbliche Suche in den Trümmern Ihres Geistes gemacht, um den Vorgang konkreter zu gestalten. Es besteht ein gewisses Risiko, für immer in dieser alternativen Brainio-Realität verlorenzu–«

»Sie haben ›Brainio‹ gesagt.«

»Nein, habe ich nicht. Jedenfalls besteht ein Risiko, wie Charley in dem Lied ›für immer unter den Straßen von Boston entlangzufahren‹, nur eben in Ihrem Gehirn, aber wenn Sie meinen Instruktionen folgen, die ich die Barassini-Technik nenne, dann sollten Sie keine Probleme haben.«

»Es sieht ein bisschen aus wie die Straße, auf der ich nach Florida gefahren bin.«

»Ihr Gehirn greift auf seine Erinnerungen zurück, um die Bilder zu vervollständigen. Das ist gut, weil Ihre Florida-Erinnerungen unweit Ihrer Erinnerungen an den Film liegen. Das ist Barassini's Sign. Oder *Barassinis Zeichen*, wie es auf Deutsch heißt.«

»Werde ich ihn auf diese Weise wirklich finden?«

»Was finden?«, sagt die Stimme aus dem Radio.

»Ingos Film.«

»Ach. Den. Ja.«

Die Stimme klingt plötzlich verwirrt und unsicher.

»Ich sehe etwas«, sage ich.

»Beschreiben Sie es«, sagt das Radio.

»Einen Haufen Erde. Am Straßenrand, zwischen zwei Bäumen.«

»Halten Sie an!«, schreit er. »Und richten Sie Ihre Hypno-Scheinwerfer auf den Erdhaufen! Schnell!«

Das tue ich.

»Haben Sie es getan?«

»Habe ich was getan?«

»Haben Sie Ihre Hypno-Scheinwerfer darauf gerichtet?«

»Habe ich.«

»Steigen Sie aus und öffnen Sie den Kofferraum; darin werden Sie Gerätschaften zum Graben finden. Nehmen Sie die Handschaufel. Graben Sie behutsam. Sie wollen nicht beschädigen, was dort vergraben ist, sonst sind Sie womöglich für immer dort verloren, so wie Charley unter den Straßen von Boston.«

»Bitte hören Sie auf, das zu sagen.«

»Gut.«

Ich knie mich hin und nehme vorsichtig ein wenig von meiner »Geisteserde« auf. Eine Wolke dunstiger Vergangenheit huscht auf der Handschaufel umher. Ich betrachte sie fasziniert, angewidert, besorgt. Ich sehe meine Wohnung in St. Augustine vom Blickwinkel des Bettes aus. Ich telefoniere mit dem Handy. Über mir schwebt Zigarettenrauch.

»Haben Sie etwas gefunden?«, fragt das Radio aus dem Auto heraus, leicht gedämpft jetzt durch die geschlossene Tür.

»Vielleicht. Ich telefoniere im Bett«, sage ich.

»Das ist vielversprechend. Ein Teil des Films ist wahrscheinlich unter dem ganzen anderen Geistesmüll verschüttet. Beschreiben Sie, was Sie sehen.«

»Ich telefoniere mit meiner Freundin. Sie ist Afroamerikanerin. Sie haben höchstwahrscheinlich schon einmal von ihr gehört.«

»Was sagen Sie?«

»Nur dass sie recht bekannt ist und Sie sie vermutlich –«

»Nein. Was sagen Sie zu ihr?«

»Ich sage ihr, dass ich einen bislang ungesehenen Film von einem brillanten älteren afroamerikanischen Herrn entdeckt habe. Ich sage ihr, dass sie noch nie von ihm gehört hat, was sich jedoch bald ändern wird. ›Wovon handelt er?‹, fragt sie. ›Von allem‹, sage ich. Sie sagt: ›Geht es nicht etwas genauer?‹ In ihrer Stimme schwingt Ungeduld mit. ›Na ja, heute habe ich zum Beispiel eine Szene gesehen, in der Abbott und Costello einen Mord planen.‹ Sie sagt, sie habe gerade keine Zeit für solchen Blödsinn, sie müsse bis morgen noch Text lernen, sie hasse Abbott und Costello, das sei unlustiger Humor für Weißbrote. Ich sage: ›Aber der Film wurde, wie gesagt, von einem älteren afroamerikanischen Herrn gedreht.‹ Sie fällt mir ins Wort; sie beschreibt die Szene, die sie gerade einstudiert: ›Es ist eine heftige Szene‹, sagt sie, ›in der ich brutal vergewaltigt werde. Sehr gewalttätig.‹ ›Es waren Abbott und Costello, aber sie waren zugleich auch nicht Abbott und Costello‹, sage ich zu ihr. ›Um ganz zu begreifen, was das heißt, muss man sich ihr Abbott-und-Costello-Sein und ihr Nicht-Abbott-und-Costello-Sein zugleich vor Augen führen.‹ ›Meine wichtigste Szene‹, sagt sie. ›Alles dreht sich um diese Szene. Ich muss mich vorbereiten. Glaub mir, es ist nicht gerade hilfreich, dass mein Filmpartner der netteste, sexuell anziehendste Mann ist, dem ich je begegnet bin, und ich in mir irgendeine Spur von Hass auf ihn finden mu–‹«

»Stopp«, sagt das Radio. Diese Erinnerung bringt uns nicht mehr weiter. Fegen Sie sie mit der weichborstigen Bürste neben Ihnen behutsam beiseite. Behutsam! Sie könnten sonst sterben! Es ist gut möglich, dass Sie darunter ein Stück des Films finden, und darum geht es uns.«

»Wenn ich sie fortwische, ist sie dann für immer verschwunden?«, frage ich.

»Zerstoben wie Rauch«, sagt das Radio.

Ich zögere, dann fege ich sie weg.

»Erledigt«, sage ich.

Ich fühle mich leichter.

»Sehen Sie die Szene mit Abbott und Costello? Ich nehme an, dass Sie darauf stoßen werden.«

Das Radio hat recht. Diese Erinnerung ist ein bodenloses Loch. Da liegt sie, ein schimmernder, filmischer Moment, und jetzt bin ich darin. Die Szenerie ist so lebendig, obwohl ich inmitten einer Miniaturkulisse mit Puppen stehe.

»Beschreiben Sie es«, sagt das Radio.

Ich steige nachts auf einen Berg, nicht in Florida, wo es keine Berge gibt, wie Sie vielleicht wissen oder vielleicht auch nicht. Irgendwo anders. Es ist dunkel. Oh. Jetzt erkenne ich es, es ist das Viertel Los Feliz in Los Angeles, aber nicht zur heutigen Zeit. Keine Hollywood-Hipster. Die Autos sind alt; 1940er? Es ist das Los Feliz von Raymond Chandler. Dort sitzt Bud Abbott auf einem Felsen, raucht eine Zigarette, blickt auf die Stadt hinunter. Tief in Gedanken versunken. Ein dunkles Cabriolet kommt heraufgefahren. Ein Cadillac? Ich glaube schon, aber ich bin kein großer Autokenner. Das weiße Faltdach aus Segeltuch ist geschlossen. Der Wagen hält, und der pummelige Lou Costello steigt aus. Abbott schaut nicht hinüber, als Costello sich auf den Felsen neben ihm setzt. Mir ist klar, dass sie sich hier schon häufiger getroffen haben; ich weiß nicht, woher ich es weiß. Schweigen. Abbott bricht es:

»Wieso konnten wir nicht telefonieren? Betty hat Hackbraten gekocht. Meine Leibspeise. Wenn ich heimkomme, ist er vielleicht kalt.«

»Die Wände haben Ohren, Bud.«

»Meine Güte, Lou. Wer sollte uns denn schon zuhören wollen?«

»Millionen von Menschen, und so soll es auch bleiben.«

»Du verwirrst mich.«

»Nun ja, wie wir beide wissen, ist es nicht sehr schwer, dich zu verwirren.«

»Was willst du damit sagen?«

»Genau das meinte ich.«

»Drück dich klar aus, Lou.«

»Unsere Aszendenz könnte an ihr Ende gekommen sein.«

»Aszendenz? Siehst du? Wieso musst du so hochgestochen daher–«

»Also schön, Bud, ganz klar und deutlich, nur für dich: Es gibt da zwei aufstrebende Spaßmacher, der eine kräftig und der andere spindeldürr. Kitzelt das irgendwelche Synapsen in deinem Gehirn?«

»Drück dich um alles in der Welt klar aus, Lou.«

»Mudd und Molloy dringen in mein – in *unser* – Gebiet ein. Ich lasse mir – *wir* lassen uns – von niemandem den Schneid abkaufen, schon gar nicht von diesen beiden Antipoden.«

»Wie in ›Home on the Range‹?«

»Das sind keine Antipoden, sondern Antilopen. Und darüber hinaus ist es Unfug. Es gibt in Nordamerika keine Antilopen.«

»Wen meinst du dann?«

»Die beiden Komiker, die wie wir aussehen.«

»Den Dicken und den Dünnen?«

»In der Tat. Bingo. Hundert Punkte für dich.«

»Was denn für Punkte?«

»Das ist eine Redewendung, mein Freund. Wir müssen Mudd und Molloy aufhalten.«

»Die Welt ist groß, Lou. Es ist für alle Platz.«

»Sag das mal Wheeler und Woolsey.«

»Das kann ich nicht. Bob Woolsey ist 38 gestorben.«

»Eben.«

»Ich kann dir nicht mehr folgen.«

»Das erträume ich mir manchmal.«

»Wie bitte?«

»Seufz. Robert Woolsey musste verschwinden. Also wurde er verschwunden.«

»Worauf willst du hinaus, Lou?«

»Mein Gott, Bud. Ich habe ihn umgebracht. Uns zuliebe.«

»Sei nicht albern. Bob ist an Nierenversagen gestorben. Das weiß doch jeder.«

»Alle wissen nur, was ich sie wissen lasse!«, speit Costello.

»Worauf willst du hinaus, Lou?«

»Gott im Himmel, du bist hohl wie ein Baumstumpf. Ich habe Woolsey umgebracht, um Platz für uns zu schaffen.«

»Worauf willst du hinaus, Lou?«

»Ich frage mich, ob Gabby Hayes wohl Interesse hätte, dich zu ersetzen. Das könnte unsere Wortwechsel ein wenig sprühender gestalten.«

»Er ist ein Nebendarsteller in Cowboyfilmen, Lou. Kein Stichwortgeber. Ich weiß nicht, was du mir sagen willst.«

»Lass es mich ganz deutlich sagen: Woolsey ist an Nierenversagen gestorben, aber die Ursache war eine schleichende Arsenvergiftung.«

»Wer würde denn Bob Woolsey vergiften?«

»Ich, Bud. Das würde ich. Und ich habe es auch getan, wie ich dir schon mehrmals gesagt habe.«

»Aber wieso?«

»Weil, mein schnurrbärtiger Einfaltspinsel, Hollywood nicht groß genug ist für Wheeler und Woolsey und Abbott und Costello.«

»Aber hat Bob nicht auf der West Side gelebt? Santa Monica, glaube ich. Ich bin sicher, dass Betty und ich ihn in Santa Monica besucht haben und nicht in Hollywood, als er damals an Nierenversagen starb. Du hättest dir also überhaupt keine Gedanken machen müssen, dass er uns in Hollywood Platz wegnimmt.«

»Ja. Ja, er hat auf der West Side gelebt. Weißt du, Bud, ich bin mir nicht sicher, ob du so beschränkt bist, weil man dich als Säugling öfter hat auf den Kopf fallen lassen, oder ob man dich als Säugling öfter hat auf den Kopf fallen lassen, weil du so beschränkt warst und die Leute, die dich fallen ließen, nämlich deine Eltern, sich keine große Mühe gaben, deinen Kopf zu schützen, da du ohnehin so beschränkt warst.«

»Das war ein langer Anlauf für eine komische Beleidigung, Lou.«

»Nichtsdestoweniger müssen wir, und versuch mir jetzt doch noch einmal zu folgen, wenn du deine Lebensführung genießt und sie gern beibehalten möchtest, das Problem mit Mudd und Molloy angehen.«

»Den beiden Komikern?«

»Ja. Sie müssen aufgehalten werden.«

»Wieso?«

Costello unterdrückt seinen Zorn, indem er die Zähne zusammenbeißt und sich langsam und formvollendet mit der Hand über das Gesicht fährt. Es ist ein Kunstwerk.

»Also gut«, sagt er schließlich, »hier ist mein Plan. Sie werden nächste Woche ihren ersten Zweiakter drehen. Er soll *Hier kommen wir zwei beiden* heißen, und das Drehbuch ist recht gut. Ich habe es mir beschafft, indem ich erst das Scriptgirl umgebracht und dann ihre Wohnung geplündert und es gestohlen habe. Wenn dieser Film an die Öffentlichkeit gerät, fürchte ich, dass unsere Position als das führende Komikerduo unserer Zeit bedroht sein könnte. Ich schlage vor, dass wir Mudd und Molloy am ersten Drehtag für immer beiseiteschaffen, ehe irgendein Schaden entstehen kann.«

»Aber wie?«

»Sagen wir einfach, dass ich am Filmset einen gewissen Beleuchter kenne.«

»Und was macht dieser B. Leuchter?«

»Wie meinst du das?«

»Na, was hat dieser B. Leuchter mit dem Film zu tun?«

»Er ist Beleuchter.«

»Das habe ich ja verstanden, Lou, aber was macht er?«

»Er ist Beleuchter.«

»Gut, aber was ist sein Beruf?«

»Das ist sein Beruf.«

»Was?«

»Er ist Beleuchter.«

»Aber was ist er von Beruf?«

Es folgt ein langes, langes Schweigen, während Costello sich erneut auf formvollendete Weise das Gesicht reibt. Dann spricht er:

»In jedem Fall wird er alle Schrauben am Beleuchtungsgitter lösen, sodass es herunterfällt, wenn Molloy während der Szene beim Herrenausstatter die Tür zuschlägt, und auf diese Weise Mudd und Molloy für immer tötet und uns unser Geburtsrecht sichert.«

»Aber warum tut er das, Lou?«

»Weil ich Mudd und Molloy tot sehen will.«

»Aber das ist M-M-M-M-Mord.«

»Ja.«

»Aber warum?«

Wieder Schweigen. Wieder die Handbewegung.

»Du weißt, dass Mudd mit Vornamen Bud heißt, oder, Bud?«

»Hey, ich heiße doch Bud.«

»Ja, Bud.«

»Ich meine, eigentlich heiße ich William Alexander Abbott. Aber die Leute nennen mich Bud. Weil meine Mutter es auch getan hat.«

»Das ist mir bewusst. Findest du nicht, dass einem niemand den Namen stehlen sollte, Bud?«

»Na ja, ich habe meinen Namen ja noch, Lou. Hätte er mir meinen Namen gestohlen, dann könntest du mich nicht mehr Bud nennen, und das hast du doch gerade getan. Siehst du?«

»Er hat sogar deinen Schnurrbart.«

Bud betastet seine Oberlippe, lacht.

»Jetzt wirst du aber wirklich albern«, sagt Bud.

»Gute Nacht, Bud.«

»Gute Nacht, Lou.«

Costello geht zu seinem Auto.

»Betty sagt, Anne und du sollt bald mal zum Hackbratenessen vorbeikommen!«

Costello steigt ein, ohne sich umzudrehen, und fährt davon. Abbott zündet sich noch eine Zigarette an, starrt auf das nächtliche L.A. hinaus. Ich setze mich neben ihn, und tiefe Traurigkeit überkommt mich.

»Und jetzt?«, tönt die Stimme aus dem Radio.

Ich blicke auf und sehe, dass sich die Szenerie verändert hat.

»Ich bin an einem Filmset. Ich sehe zwei Komiker, die jünger als Abbott und Costello sind, aber Ähnlichkeit mit ihnen haben. Das müssen Mudd und Molloy am Set von *Hier kommen wir zwei beiden* sein. Die Filmcrew eilt geschäftig umher. Die Luft ist elektrisch geladen und –«

»Was? Was ist los?«, sagt die Stimme, die jetzt aus dem Nichts kommt.

»Es ist schwarz geworden. Ich kann es nicht mehr sehen.«

»Finden Sie es.«

»Es ist verschwunden. Alles ist schwarz.«

»Was sehen Sie denn dann?«

»Nur noch Erde. Und Schwärze.«

»Was ist in dem Loch?«

Ich schaue in das Loch. Noch mehr Erde.

»Noch mehr Erde«, sage ich.

»Na schön. Großartig, Rosenberg. Erst machen Sie mich heiß, und dann lassen Sie mich so hängen. Na ja, unsere Sitzung ist sowieso zu Ende, also …«, sagt die Stimme, gefolgt von einem Fingerschnippen.

KAPITEL 32

ZURÜCK AUF DER Straße, bin ich erleichtert, dass ich mich an Teile des Films zu erinnern scheine, aber auch sonderbar entmutigt, einerseits, da ich mich so rasch außerhalb der Geschichte und zurück in meinem furchtbaren Leben wiedergefunden habe, aber auch, weil ich vollständig Barassinis Kontrolle unterworfen bin, wenn ich den Film zurückerlangen will. Und warum ist er mit einem Mal so begierig darauf, alles darüber zu erfahren? Ich denke über die Szene nach, die ich gesehen habe. Ist sie überhaupt Teil des Films? Woher soll ich das wissen? Man kann gar nichts mit Sicherheit wissen. Zunächst einmal hat sie sich so vollständig angefühlt, bis hinein in die Einzelheiten von Dialog und komischem Timing. Ist das möglich? Ich habe in der Vergangenheit behauptet, ein fotografisches Gedächtnis zu haben, aber habe ich es je auf diese Weise getestet? Ich weiß es nicht mehr. Ich versuche, mich jetzt an eine einzelne Textzeile aus *Moutarde* zu erinnern, einem Film, den ich, zurückhaltend geschätzt, fünfhundert Mal gesehen habe, und es gelingt mir nicht. Ich erinnere mich an Bruchstücke, wichtige Sätze, brillante Sätze, aber nicht an jeden Satz, nicht an jeden Blick, an jeden Atemzug. Gewiss, der Film ist in französischer Sprache gedreht, und obgleich ich Französisch und fünf weitere Sprachen fließend beherrsche und in sechs weiteren verhandlungssicher bin, ist es doch nicht meine Muttersprache. Ich überlege, ob ich irgendeinen englischsprachigen Film so gut kenne wie *Moutarde*. Das ist eine schwierige Frage. Ich verwende nicht viel Energie auf amerikanische Filme, da sie die

Mühe meist nicht wert sind. Ich denke an das filmische Werk von Apatow, der Großen Ausnahme, wie wir wenigen Erleuchteten ihn nennen. In *Immer Ärger mit 40* gibt es eine Szene, die noch aus dem Meer apatowscher Brillanz herausragt und die Zuschauer sprachlos macht. Ich habe diese Szene dekonstruiert. Ich habe ausführlich über sie geschrieben. Ich habe in meinem Kurs »Schauspiel für Kritiker« Paul Rudds Rolle gespielt. Ich kenne sie. Also versuche ich, sie vor meinem inneren Auge ablaufen zu lassen, nur um zu sehen, ob es mir gelingt.

PETE: Wir werden vierzig, wir sind schon lange verheiratet, und uns ist die Leidenschaft abhandengekommen.

DEBBIE: Und wir haben zwei Kinder. Ich hoffe, sie hören uns nicht streiten.

PETE: Halt *du* doch die Klappe!

DEBBIE: Ich werde achtunddreißig.

PETE: Aber du machst dich immer jünger, also stimmt das nicht.

DEBBIE: Wir sind Simon und Garfunkel!

PETE: Guck mir mit einem Vergrößerungsglas in den Hintern.

DEBBIE: Hast du mir ein Geschenk mitgebracht?

PETE: Halt die Klappe, oder ich bring dich um.

Erstaunlich. Genau so ist es mit vierzig. Es kommt mir vor, als hätte Apatow eine Kamera bei mir zu Hause versteckt, als ich in dem Alter war. Auch wenn ich weiß, dass meine Erinnerung nicht wortgetreu ist, zeugt es von der Stärke des Drehbuchs (und dem darstellerischen Können Ruddmanns, wie ich Paul Rudd und Leslie Mann getauft habe, so organisch und glaubwürdig sind die beiden als Paar!), dass ich beim Gedanken an die Szene noch immer zugleich lachen und weinen muss. Die unverfälschte menschliche Emotion darin ist mit Händen zu greifen. Aber nein, die Erinnerung ist nicht so fein ausgestaltet wie die an die Szene mit dem Mordkomplott von Abbott und Costello aus einem Film, den ich nur ein einziges Mal gesehen habe, und das im Namenloser-Affe-Modus. Ich weine noch etwas. Und dann lache ich, weil die

Menschlichkeit, die Apatow uns vorführt, auch sehr komisch ist. Darin liegt seine Gabe, seine Fähigkeit, uns die Tragödie und Komödie zu enthüllen, die unser Leben ist.

ZU HAUSE TRINKE ich mich mit einem hellen und spritzigen, aber nicht teuren Cabernet – einem 2015er Agnès et René Mosse Anjou Rouge, um genau zu sein, der mit zweiundzwanzig Dollar einen vernünftigen Preis hat (aber aus dem Weinkeller meines Bruders stammt) – dem Vergessen entgegen, als ich eine E-Mail von Tsai bekomme, die nur einen Link zur Internetseite des Waschsalons gegenüber von ihrem Haus enthält, der, wie ich sehe, einen Waschen/Trocknen/Falten-Service hat. Und eine knappe Anweisung: *Jeden zweiten Sonntag.*

Hurra!

Ich gehe bei dem Waschsalon vorbei, um zu sehen, ob eine Aushilfskraft benötigt wird, vorzugsweise sonntags, vorzugsweise jeden zweiten Sonntag. Das ist nicht der Fall. Und nach einem heftigen Schlagabtausch zwischen der Geschäftsführerin und mir bezüglich der Frage, ob dieser oder der nächste Sonntag der erste *zweite* Sonntag sei, hinterlasse ich Namen und Telefonnummer und sage: »Ach, und sollte sich etwas ergeben, würde ich wirklich gern hier arbeiten.«

Während des gesamten Weges zu Barassini spuken Gedanken an das Sortieren, Waschen und Zusammenlegen von Tsais Wäsche in meinem Kopf herum. Ich verspüre eine außerordentlich große Frustration. Ich trete gegen eine Mülltonne, und ein Hausmeister jagt mich drei Blocks weit. Barassini ist mit einem Klienten in seinem Sprechzimmer, sodass ich Zeit habe, in dem antiken Schrank im Wartezimmer zu masturbieren. Ich werde nicht hart, habe aber dennoch einen explosiven und befriedigenden Orgasmus. Die Demütigung, keine Erektion zustande gebracht zu haben, verstärkt die Demütigung meiner Wäschefantasie, die den Orgasmus verstärkt. Etwas Schreckliches geschieht gerade mit mir.

DIE STRASSE LIEGT im Dunkel, und ich grabe, grabe, grabe, diesmal jedoch ohne Erfolg. Hunderte von sanftem Mondlicht beschienene Löcher durchziehen die surreale Landschaft.

»Nichts?«, krächzt das Radio.

»Nichts«, erwidere ich.

»Ist es dieselbe Umgebung wie beim letzten Mal?«

Ich sehe mich um. In dem Blätterdach klafft diesmal eine Lücke.

»Ich kann den Mond sehen«, sage ich.

»Graben Sie mit Ihrer Handschaufel im Mond. Aber behutsam, damit Sie den Mond nicht beschädigen. Sie dürfen den Mond *auf keinen Fall* beschädigen. Um alles in der Welt, beschädigen Sie *niemals* den Mond. Wenn Sie das tun, lässt es sich nicht mehr rückgängig machen.«

»Der Mond ist 384 000 Kilometer entfernt«, sage ich. »Ich kann nicht darin graben, weder behutsam noch sonst irgendwie.«

»In Ihrem Geist ist er das nicht«, sagt die Stimme eindringlich.

Die Stimme hat nicht unrecht. Ich strecke den Arm aus, versuche, die Schaufel leicht in den Mond zu stecken, und es funktioniert. Ich kratze ein kleines Stück heraus, und Hunderte Stücke von irgendetwas fallen um mich herum zu Boden wie Süßigkeiten aus einer mondförmigen Piñata. Der Mond schwingt am Himmel hin und her, als hinge er an einem Seil. Es ist unheimlich.

»Haben Sie es getan?«

»Ja. Es liegen jetzt eine ganze Menge Sachen auf dem Boden herum.«

»Untersuchen Sie sie.«

Ich hebe eines der Stücke auf und sehe mich selbst, wie ich als kleiner Junge mit meinem Vater zum zunehmenden Dreiviertelmond hinaufschaue.

»Papa«, sage ich, »was passiert mit dem Rest vom Mond, wenn er kleiner wird?«

Mein Vater lacht, ein Glucksen, das mir als Kind spöttisch erscheint. Wenn ich es mir jetzt ansehe, denke ich, dass er wohl auf liebevolle Weise amüsiert war, aber so kann ich mich nicht daran erinnern. So erinnere ich mich nicht daran. Ich war beschämt, mein Gesicht nahm die Farbe meines Portweinflecks an, und Tränen schossen mir in die Augen.

»Ist schon gut«, sagt mein Vater. »Ich fand das bloß süß.«

Mein Vater erklärt es mir, aber ich glaube, ich hörte die Erklärung gar nicht; ich dachte nur: Ich bin so dämlich. Er findet mich dämlich. Scheiße. Scheiß mir ins Gesicht. Wieso kann ich nicht so klug sein wie mein erfolgreicher, gutaussehender Bruder mit seinem zukünftigen Weinhandel oder reich heiraten, wie meine Schwester es eines Tages tun wird?

»Haben Sie etwas gefunden?«, fragt das Radio.

»Nichts von Bedeutung«, sage ich.

»Suchen Sie weiter.«

Also tue ich das.

Ich sehe mich, wie ich als zu Tode beschämter Teenager aufgrund einer Wette einigen Mädchen aus einem langsam fahrenden Auto heraus meinen blanken Po zeigen muss. Wir nannten das »den Mond aufgehen lassen«. Eines der Mädchen sagt: »Iiieh, du hast angetrocknete Kacke an deinem käsigen Hintern. Kackhosenberg!« Sie kreischen und lachen.

Jetzt esse ich im Gebüsch hinter dem Haus meiner Kindheit einen Moon Pie. Ich hatte ihn aus der Vorratskammer stibitzt, obwohl ich vor dem Abendessen nie Süßigkeiten essen durfte. Levys »Grapschi«-Geschichte kommt mir kurz in den Sinn und verschwindet wieder.

Jetzt sehe ich die Mondlandung der Apollo 11 im Fernsehen.

»Bingo!«, ruft Barassini.

Grießiges Fernsehbild; Michael Collins in der Kommandokapsel. Augenblick mal, gab es Aufnahmen von Collins in der Kommandokapsel? Täuscht mich meine Erinnerung? In meinem Kopf gibt es kein Internet, in dem ich nachschauen könnte.

Das Bild wird scharf und farbig. Ein trauriger und einsamer Collins kreist um die dunkle Seite des Mondes, während Armstrong und Aldrin unterwegs sind, um Geschichte zu schreiben. Ich bemerke, dass

Collins eine Puppe ist. Das stammt aus Ingos Film. Ich habe den Film gefunden. Collins räuspert sich und singt in die Kamera:

Andernorts wird Geschichte geschrieben,
Während ich hier im Raumschiff kreise,
Ich umrunde die dunkle Seite,
Die Stimme der NASA im Äther wird leise.
Und dann bin ich plötzlich ganz allein,
Abgeschnitten von Mutter Erd,
Und sinniere in tiefer Einsamkeit
Über den Ruhm und seinen Wert.
Die Welt braucht Männer, die alleine fliegen,
Die nicht streben nach ständiger Ovation,
Welche der Mondspaziergang abverlangt
Einer hündischen, unterwürfigen Nation.
Wahre Helden leben hinter den Kulissen,
Verdeckt von diesem pockennarbigen Ball,
Schweben allein, hellwach und konzentriert
Ungesehen und ungefeiert durchs All.
Und auch wenn die große Show auf dem Mond steigt,
Wo man Reden schwingt und springt und lacht,
Hab auch ich der Menschheit wohlgedient,
Hab meine Arbeit im Stillen vollbracht.

Dann plötzlich in der klaustrophobischen Düsternis der *Columbia*: ein Schimmer! Collins und ich drehen uns beide danach um. In diesem interplanetarischen Reich erscheinen zwei nackte, schwebende Säuglinge.

Sie wirken verblüfft, ebenso wie Collins. Ich bin auch verblüfft, und obwohl ich mein Gesicht nicht sehen kann, bin ich überzeugt, dass ich die gleiche Miene wie sie trage. Wir sind alle versteinert vor Fassungslosigkeit. Dann kommen wir von einer Sekunde auf die andere wieder zu uns, die Babys fangen an zu weinen, Collins starrt sie mit offenem

Mund an, und ich erinnere mich an die Szene! Der Astronaut stößt sich von der Wand ab und schwebt auf sie zu, schließt sie in seine starken, männlichen Arme, beruhigt sie. Ach, wie schön muss es sein, einen Vater zu haben, wenngleich ich einen hatte.

»Schon gut«, sagt er. »Alles gut. Alles ist gut.«

Und schon hören sie zu weinen auf. Es ist, als wäre er für diese Aufgabe gemacht, was er, wie wir im Nachhinein natürlich alle wissen, ja auch war. Im Lagerraum sind zwei Affenraumanzüge, die der vorausschauende Collins als Glücksbringer mitgebracht hat, zu Ehren der gefallenen Kameraden Piff und Jambito, die im Jahr 1958 bei der lange geheim gehaltenen, schrecklichen NASA-Affenexplosion für ihr Land gefallen sind. Die Säuglinge werden mit Urin-und-Fäkalien-Eindämmungssystemen (auf dieser Reise gibt es genug Windeln für alle!) ausgestattet und behutsam in die perfekt sitzenden Affenraumanzüge gesteckt. Es ist faszinierend, diese Geschichte, die uns seit 1969 eingetrichtert wurde, auf dem Bildschirm zu sehen. Natürlich hat es in der Vergangenheit Versuche einer filmischen Nacherzählung gegeben, doch die Familie Collins hat sie stets im Keim erstickt.

»Diese Wunderkinder verdienen eine Kindheit«, hatte er auf unzähligen Pressekonferenzen gesagt.

Und er hatte recht. Natürlich hatte er recht. Wir wussten es alle. Er war Michael Collins, einer der besten Väter aller Zeiten, Augenzeugen zufolge viel besser, als ich es je war, wenngleich ich die Vorfälle anders in Erinnerung habe als meine Tochter. Jedenfalls war Ingo nicht auf eine Freigabe der Familie Collins angewiesen; sein Film sollte nie gesehen werden. Und als Collins' Adoptivkinder dann erwachsen wurden, trafen sie, wie wir alle wissen, ihre eigenen Entscheidungen bezüglich der Öffentlichkeit und ihrer Stellung darin. Ich versuche, nicht an das zu denken, was allgemein bekannt ist, da ich sichergehen möchte, dass die Geschichte in meiner Erinnerung Teil von Ingos Film ist und nicht aus den Nachrichten, den Klatschkolumnen, den Nachrufen und den religiösen Traktaten stammt.

»Houston«, sagt Collins, »es hat auf der dunklen Seite eine seltsame, aber wunderbare Entwicklung gegeben. Over.«

»Wir hören, Apollo 11? Over.«

»Zwei männliche Säuglinge sind in der *Columbia* erschienen. Over.«

»Das klingt ein wenig nach Lagerkoller, Lieutenant. Machen Sie sich keine Gedanken. Over.«

»Nein, Houston. Sie sind echt. Over.«

»Verstanden, Lieutenant. Konzentrieren wir uns für den Augenblick darauf, Buzz und Neil sicher wieder an Bord zu bringen. Over.«

»Verstanden. Over und out.«

»Was passiert jetzt?«, fragt Barassinis Stimme durch das Radio.

»Er drückt einige Knöpfe, schaut auf Anzeigen«, sage ich.

»Ich drücke Knöpfe und schaue auf Anzeigen, Houston. Over«, sagt Collins, der Barassini für Houston zu halten scheint.

Kurz darauf werde ich durchgeschüttelt, als etwas gegen uns prallt. Eine Luke wird geöffnet, und Armstrong und Aldrin kommen herein. Sie lachen und klopfen einander auf die Schulter, während sie die Helme abnehmen.

»Mann, das war was!«, sagt Aldrin. »Und als du diesen Satz gesagt hast, den mit dem großen Sprung … Mein lieber Scholli! Gänsehaut!«

»He, Mikey!«, sagt Armstrong. »Hast du uns vermisst?«

»Eigentlich«, sagt Collins, »wurde es hier ziemlich interessant, während ihr weg wart.«

»Na sicher«, sagt Aldrin. »Ich kann mir schon vorstellen, dass es interessant ist, allein in einer Metallschüssel zu hocken. Vielleicht nicht ganz so interessant, wie *auf dem gottverdammten Scheißmond* herumzuspazieren, aber trotzdem … Hat bestimmt Spaß gemacht.«

Aldrin und Armstrong lachen und klopfen sich noch etwas weiter gegenseitig auf die Schulter.

»Na ja, Jungs, also eigentlich sind zwei Säuglinge auf magische Weise in der Raumkapsel erschienen, während ihr –«

»Das ist toll, Mikey, aber du hättest sehen sollen, wie – Augenblick mal, *was*?«, sagt Armstrong.

»Sie sind einfach aus dem Nichts erschienen. Es war ein Wunder. Vielleicht das größte bezeugte Wunder der Menschheitsgeschichte.

»Lagerkoller, Mikey, aber mach dir darüber keine Gedanken, das –«

Collins hält die schlafenden Säuglinge hoch.

»Houston scheint mir nicht zu glauben«, sagt Collins, »aber wenn sie es erst mal sehen … Und auf dem Mond war's gut?«

»Ach, das war schon ganz dufte, weißt du«, sagt Armstrong, kleinlaut jetzt, den Blick auf die Babys gerichtet.

»Es war schon witzig, so wie in Zeitlupe herumzuhüpfen«, setzt Aldrin hinzu. »Also … na ja.«

»Ganz bestimmt«, sagt Collins. »Das klingt echt witzig. Entschuldigt mich mal kurz. Ich muss ein bisschen Astronautennahrung mit Wasser mischen und die Mondkinder füttern. Es ist Essenszeit. Ich nenne sie die Mondkinder.«

»Kann ich eins von ihnen füttern?«, fragt Aldrin.

»Ich glaube, im Moment sind sie an mich gewöhnt, Buzz. Vielleicht, wenn wir zurück sind. Wenn sie sich akklimatisiert haben.«

»Alles klar. Prima. Das ist prima.«

Der Schauplatz wechselt zu einer Konfettiparade in der 5th Avenue. Ich stehe inmitten der Menge am Straßenrand; ich schwebe mit den Papierschnipseln hinunter; ich sehe wie Oswald von einem Fenster hoch oben zu; ich gehe mit den Sicherheitsleuten neben den Fahrzeugen her. Collins sitzt mit Castor und Pollux (wie man sie bald auf der ganzen Welt nennen wird) in ihren kleinen Affenraumanzügen im Cabriolet. Collins winkt der jubelnden Menge zu. Armstrong und Aldrin folgen drei Autos später, nahezu unbemerkt. Sie winken nicht einmal. Aldrin kocht vor Wut. Armstrong starrt auf seine Hände.

»Es hätte mir nichts ausgemacht, in deinem Schatten zu stehen. Zweiter Mann auf dem Mond. Völlig klar. Aber nicht in Collins' Schatten. Das ist einfach nur demütigend. Collins war das Schlusslicht. Das wussten wir alle, schon während der Astronautenausbildung. Michael ›Fußnote‹ Collins haben wir ihn genannt. Und jetzt schau uns an. Das ist nicht hinnehmbar. Nicht hinnehmbar.«

»Worauf willst du hinaus, Buzz?«

»Es muss etwas geschehen. Oder ungeschehen gemacht werden.«

»Was denn? Collins hat anständig und ehrlich gewonnen.«

»Gewonnen? Das ist doch kein Wettkampf! Und außerdem: Du nennst magische Weltraumbabys anständig und ehrlich? Das kaufe ich dir nicht ab, Armie.«

»Nun ja, es lässt sich ohnehin nicht ändern.«

»Ich sage, wir lassen die Kinder verschwinden.«

»Was? Wie denn?«

»Schon mal von Lindbergh gehört?«

»Natürlich. Er ist unser Ahnherr auf dem Feld der Luftfahrt.«

»Tja, also, der hatte ein Kind, das sogenannte Lindbergh-Baby.«

»Und was ist damit?«

»Das Kind wurde entführt«, sagt Aldrin.

»Wie schrecklich! Die armen Eltern!«

»Schrecklich oder großartig?«

»Schrecklich?«

»Ich sage, wir machen eine Lindbergh-Entführung mal zwei.«

»Aber das wäre Entführung!«

»Mal zwei! *Und* das Lindbergh-Baby kam nie zurück.«

»Tot?«

»Sag du's mir.«

»Ich höre die Geschichte zum ersten Mal, also –«

»Tot. Ich will auf Folgendes hinaus, Neil: Wir lassen die Weltraumkinder im Affenanzug verschwinden, und mit einem Mal ist Papa Collins wieder Fußnote Collins. Wenn wir die Sache richtig angehen, denken die Leute vielleicht, sie hätten nie existiert. Vielleicht war das Ganze eine Weltraumillusion. Massenweltraumhypnose.«

»Gibt es so was?«

»Wer weiß. Könnte doch sein. Wer soll das im Moment schon wissen? Das ist alles unerforschtes Terrain.«

»Ich bin kein Krimineller, Buzz. Ich habe gerade einen großen Sprung für die Menschheit gemacht.«

»Hast du das wirklich, Neil? Wirft dir irgendjemand Rosen zu? Spreizen irgendwelche Bräute für dich die Beine? Scheint, als hätten die ganzen hübschen Dinger da draußen einen Vaterkomplex, so wie sie Collins anhimmeln.«

Armstrong blickt erst auf die Frauen in der Menge, dann zu Aldrin und seufzt.

Während ich zurückfahre, eine Kamera, die diese weite, aufwändig gestaltete Szenerie aufnimmt – fallendes Konfetti, die Menge aus Puppen, eine bis ins letzte Detail perfekte Kulisse der 5th Avenue des Jahres 1969 –, staune ich nicht nur über Ingos außerordentliche Kunstfertigkeit bei der Animation dieses komplexen Moments, sondern auch darüber, wie er dieses unsagbar unwahrscheinliche Szenario hat vorausahnen können, ist mir doch wieder eingefallen, dass Ingo mir sagte, er habe dieses Sequenz im Jahr 1942 animiert. Wie konnte er die Geschichte mit Castor und Pollux, die versuchte Entführung durch Aldrin und Armstrong vorausahnen? Ich nehme an, das ist seine »Wiedererinnerung« an die Zukunft. Vielleicht werde ich Aldrin im Gefängnis besuchen und ihn fragen, wie naturgetreu die Unterhaltung während der Konfettiparade war? Das gibt mir alles zu denken: Sind in diesem Film noch weitere Wahrheiten verborgen, Dinge, an die ich mich noch nicht erinnere, die vielleicht noch gar nicht geschehen sind? Wiedererinnerungen an meine eigene Zukunft? Ich bin beunruhigt. Der Film hat sich entfernt und mich wieder in Finsternis zurückgelassen. Ich bin hier drin allein, und ich bin tiefunglücklich.

»Beschreiben Sie es mir«, sagt die Stimme, die jetzt von überall und nirgends kommt.

»Es ist schwarz.«

»Gehört das zum Film?«

»Es ist einfach nur schwarz. Vielleicht ist es das Startband.«

»Wer ist der Star der Bande? Pollux?«

»Wovon reden Sie? Nein, das Startband ist das schwarze Stück am Anfang einer Filmrolle.«

»Vielleicht ist dieser Teil des Films schwarz?«

Barassinis Stimme klingt panisch.

»Das ergibt keinen Sinn.«

»Könnte das nicht Teil des Films sein? Einfach ein Teil des Films, der schwarz ist?«

»Nein. Warum fragen Sie das immer wieder?«

»Einfach so. Suchen Sie weiter!«

Ich schaue, schaue lange, monatelang, wie es mir vorkommt, irre durch diese Finsternis, die nur gelegentlich durch ein eindringliches »Sehen Sie jetzt etwas?« von Barassinis Stimme unterbrochen wird. Es ist eine furchterregende Erfahrung.

»Die Stunde ist um«, sagt die Stimme schließlich, gefolgt von einem sehr wütenden Fingerschnippen.

Ich bin in Barassinis Sprechzimmer. Er geht auf und ab.

»Tja, das war für den Arsch«, sagt er.

»Ja.«

»Hören Sie, Castor Collins ist bei mir in Behandlung«, sagt er. »In Ordnung?«

»Ach, Augenblick mal«, sage ich. »Ich glaube, das wusste ich.«

»Ich frage mich also, ob ich in dem Film auftauche. Das habe ich einfach nur überlegt. Weiter nichts.«

»Ich erinnere mich nicht. Vielleicht sind Sie –«

»Denken Sie jetzt nicht darüber nach. Nur, wenn Sie in Trance sind. Nur so können Sie sich sicher sein. Außerhalb dieses kontrollierten Umfelds werden Sie sich nicht richtig erinnern, werden Sie Dinge durcheinanderwerfen. Ihre Erinnerungen werden für mich nutzlos sein.«

»Für Sie?«

»Mit nutzlos für mich meinte ich natürlich für Sie. Nutzlos für Sie bei Ihrem Versuch, Ingos Film in einer naturgetreuen Romanfassung neu zu erschaffen.«

»Eine Romanfassung«, sage ich. »So habe ich es noch nie betrachtet.«

»Doch, das haben Sie.«

»Habe ich das? Die Romanfassung ist eine verrufene Form, eine minderwertige Form, obwohl es Romanfassungen gegeben hat, die den Filmen, auf denen sie basierten, weit überlegen waren. Updikes Romanfassung von *Fun in Ballon Land* ist umwerfend, wunderschön, zutiefst bewegend. Der Film selbst ist ein Meisterwerk des Family Gothic aus der Mitte der Sechzigerjahre, doch Updike ist tief in die Ballons eingedrungen, bis zu dem Helium und dem Bedauern in ihrem Inneren.«

»Also nennen wir es jetzt nicht Romanfassung?«

»Transsubstantiation? Das gefällt mir. Das hat eine beinahe heilige Konnotation.«

»Beinahe«, wiederholt er.

Und ich habe das Gefühl, er macht sich über mich lustig.

KAPITEL 33

AUF DER 10TH Avenue überschlagen sich meine Gedanken. Die religiöse Verantwortung, die ich nun für die Transformation von Ingos Film empfinde, hat mich überwältigt. Visionen von Updike, diesem elfenhaften Chronisten von weißer Männlichkeit und Luftballons, wirbeln durch mein Gehirn. Ich kann es nur mit ihm aufnehmen, kann nur mit meinem eigenen maßgeblichen Werk vorankommen, wenn ich das seine schmälere. Ich erstehe an dem Bücherverkaufsautomaten an der West 47th Street ein Exemplar seines *Balloon Land*. Ich lese es im Gehen. Sollen die anderen Fußgänger doch mir ausweichen.

> »*We're having fun in Balloon Land*«, sang der ungesehene Mann zum Trällern einer tremolierenden Dampforgel, seine Stimme eine Lüge aus Warmherzigkeit und Freundlichkeit. In Wahrheit hatten wir keinen Spaß in Balloon Land, und jeder Mensch und jeder Ballon in Balloon Land wusste es.

Ich muss zugeben, das ist der brillanteste erste Satz (gut, zwei Sätze), den beziehungsweise die ich je gelesen habe, noch brillanter als »Sie nennen mich Ismael«. Ich werde weiterlesen müssen, um zu sehen, was Updike im Sinn hat, was er mit der Figurenentwicklung anstellt, wie er das »*Cow jumping over the moon land*« einführt. Aber ich bin besorgt. Eine nüchterne und wohlüberlegte Bestandsaufnahme meines Lebens scheint notwendig, wenn ich mich auf diesem Gebiet mit einem solchen Giganten messen will. Wie kann ich, eine gequälte Seele mit fragmentierter Konzentration und Loyalität, Ingos verlorenem Meisterwerk gerecht werden? Seit dem künstlichen Koma hat mein Leben mehrere sonderbare und unbegreifliche Wendungen genommen. Meine Obsession mit Tsai ist ungesund und unangemessen. Selbst unter Barassinis hypnotischer Kontrolle denke ich an sie. Sie ist immer da. Sie war bei uns in der Kommandokapsel, und ich habe es Barassini nicht gesagt. Ich versuche, sie fortzuschieben, sie in meinen Hinterkopf zu verdrängen, doch sie geht nie ganz weg. Die Scham, die ich empfinde, sowohl erlesene Scham als auch schamvolle Scham, ist ein Hindernis für die völlige Versenkung in die Erinnerung an den Film, die ich mir in Zukunft nicht mehr nehmen lassen darf.

Der Film.

Darüber hinaus liegt, von meiner eigenen Tragödie ganz abgesehen, die Welt in Scherben, und es ist mir nahezu unmöglich, mich dem Kummer und den Sorgen hinzugeben, die mir diese Umstände verursachen. Unser derzeitiger Präsident ist ein Albtraum, wie ich höre. Und es heißt, wir befänden uns in einem Augenblick großer Zwietracht. Es drohten mehrere Kriege auszubrechen. Ich weiß nicht genau, wo. Und es herrsche an mehreren Orten Armut. Viel Armut offenbar. Rassismus und Sexismus und andere Dinge hätten ihre hässlichen Hydra-Häupter erhoben, so wird erzählt. Ich sollte gegen all das protestieren, ich sollte ein Plakat malen, doch wozu? Es scheint, als könnte ich dem Planeten als Verbindung zum Werk von Ingo Cutbirth besser dienen. Vielleicht ist es sein Film, der letzten Endes die Welt retten wird. Vielleicht. Ich muss mich vollends auf diese wichtige Arbeit konzentrieren. Und auf Tsai.

Sie darf nicht glauben, ich hätte nicht versucht, mich für die zutiefst wichtige Arbeit zu bewerben, ihre Wäsche zu waschen. Aber sollte ich ihr schreiben und ihr mitteilen, dass ich es versucht habe und gescheitert bin? Ist es nicht vermessen zu glauben, es könnte sie in irgendeiner Weise interessieren? Der ganze Sinn dieser Übung besteht aus ihrer Perspektive, soweit ich es begreife, soweit es mir erklärt wurde, doch darin, mir zu vermitteln, dass es sie in keiner Weise interessiert. Ich beginne trotzdem eine E-Mail:

> Ich kann mir zwar nicht vorstellen, dass es Sie in irgendeiner Weise interessiert, aber ich dachte, ich sollte Ihnen dennoch mitteilen –

Ich höre auf. Ist es nicht vermessen zu glauben, ich könnte mir in irgendeiner Weise vorstellen, was sie denkt? Widerspricht diese Vermessenheit nicht völlig der Machtdynamik, die sie so deutlich und so eloquent etabliert hat? Ich lösche den Entwurf und starre lange auf den leeren Bildschirm. Ein Gedanke stellt sich ein.

* * *

ZURÜCK IM WASCHSALON, biete ich an, jeden zweiten Sonntag auf freiwilliger Basis zu arbeiten, wobei ich die ersten beiden Wochen zur Sicherheit jeden Sonntag käme. Ich erkläre der Geschäftsführerin, ich machte einfach gern Wäsche. Ich verkaufe es ihr als eine Win-win-Situation. Sie überdenkt das, nickt, holt ihr iPhone heraus, fotografiert mich und teilt mir dann mit, ich dürfe das Geschäft nie wieder betreten und mein Foto würde an die Wand gehängt, um sämtliche Mitarbeiter über diese Entwicklung in Kenntnis zu setzen.

Ich bin entsetzt. Mein Gesicht ist zu seinem eigenen scharlachroten Buchstaben geworden, den die Waschenden der Stadt verspotten und verabscheuen können. Mein geheimes Leben entblößt. Und wer von uns hat denn kein geheimes Leben? Ich bin mir sicher, würde man diesen Stein umdrehen, den wir Manhattan nennen, würde man eine Unzahl wimmelnder geheimer Leben entdecken. Ich bin mir sicher, würde man – Doch dann wird mir bewusst: Vielleicht ist das die perfekte Lösung für mein Problem. Tsai wird zweifellos mein Konterfei an der Wand des Waschsalons sehen. Sie wird begreifen, dass ich im Versuch, mir dort eine Arbeit zu beschaffen, gedemütigt wurde. Ich frage die Geschäftsführerin, ob ich das Foto sehen könnte und ob wir, sollte es zu vorteilhaft geraten sein, ein zweites direkt im Neonlicht machen könnten, das meist hart ist und meine fahle Gesichtsfarbe und meine künstlich vergrößerte Nase hervorhebt. Sie sagt, sie werde die Polizei rufen, also gehe ich. Ich habe nicht alles bekommen, was ich mir erhofft hatte, doch ich habe etwas bekommen. Im Augenblick kann ich nichts weiter tun als warten.

»BESCHREIBEN SIE ES mir.«

Es ist der 3. Februar 1920. Zwei Säuglinge erscheinen auf einem Maisfeld außerhalb von Mason City, Iowa, dem Geburtsort Meredith Willsons (bekannt für seinen Broadway-Hit *The Musical Man*), und werden von der achtzehnjährigen Meredith Wilson (nicht verwandt oder verschwägert) entdeckt, die »auf der Suche nach Mais zum Essen« war. Die verwaisten Säuglinge werden von den örtlichen Behörden sowohl auf Gelbsucht als auch auf »Elan« getestet, wobei sich herausstellt, dass sie auf der Rothkopf-Lincolm-Charisma-Skala sehr weit oben rangieren, und ins Waisenhaus der darstellenden Künste von Mason City (im Volksmund Darstellungswaisenhaus) überführt. Dort sind sie unzertrennlich und werden daher als »Duo« geschult. Sie erhalten die Namen Rooney und Doodle, die aus einer von Spitznamologen zusammengestellten Liste witziger Komikerduonamen ausgewählt werden. Die Liste auf dem Klemmbrett umfasst:

Manstop und Flume
Cornvest und Grimp
Gorus und Megnan
Steamhorn und Groach
Hegel und Schlegel

sowie

Willibald und Winibald

Das Training im Darstellungswaisenhaus ist für seine Härte und Strenge berüchtigt, und noch ehe sie laufen lernen, sind die Kleinkinder Experten im vorgetäuschten Hinfallen und Ausprusten von Wasser. Als sie schließlich laufen können, werden sie zu Experten im lustigen Gehen und schließlich im Rennen wie ein Mädchen.

TSAI KOMMT IN den Laden, als ich an der Kasse stehe, und legt ein Dreierpack Trident-Zimtkaugummis auf den Tresen.

»Das macht bitte zwei Dollar fünfundvierzig.«

Sie kramt in ihrer Handtasche.

»Wie geht's, Darnell?«, sagt Tsai zu Darnell, der lange Schinkenstreifen aus der Schale hinter dem Tresen zieht und sie sich wie Würmer in den Mund fallen lässt.

»Gut, Baby«, sagt er, die Schnauze voll Schwein. »Hast du Bock?« Er hält zwei Finger an die Lippen und zieht an einem imaginären Marihuana-Joint.

»Ich würde liebend gern«, sagt sie und gibt mir drei Dollar. »Aber ich muss ins Bett.«

Ich lege die drei Dollar in die Kasse und finde unter den Scheinen ein Stück Papier. Ich stecke es ein und gebe Tsai ihr Wechselgeld.

»Nacht, Darnell.«

»Nacht, Tsai.«

Sie geht, und ich werfe einen verstohlenen Blick auf den Zettel. Es ist eine Wäscheliste:

BHs (6)
Slips (12)
Jeans (4)
Socken (10 Paar)

T-Shirts (7)
Jogginghose (1)
Blusen (8)
Röcke (7)
Yogahosen (3)
Leggings (2)

Der Briefkopf auf dem Papier lautet *Portweins weinerlicher Schmutzwäscheservice: rund um die Uhr geöffnet. Jeder Auftrag garantiert in zwei Stunden erledigt*. Eine Miniaturausgabe meines Fotos aus dem Waschsalon starrt mich an. Am unteren Rand der Seite ist handschriftlich vermerkt: Abh. Sonntag 5.30 h. Rückgabe bis 7.30 h.

Um 5.29 Uhr stehe ich vor ihrem Haus; mein Finger schwebt über dem Klingelknopf, um ihn exakt um 5.30 Uhr zu drücken. Portwein wird ein überaus pünktlicher Wäscheservice sein. In der vergangenen Nacht habe ich vor freudiger Erwartung kaum geschlafen.

An ihrer Wohnungstür übergibt sie mir in Frotteebademantel und Jogginghose ihren Wäschesack.

»Wenn ich auch nur eine Spur von irgendetwas finde, was nach deiner Waschweiberwichse aussieht, kriegst du mich nie wieder zu Gesicht.«

Ich nicke stumm, habe nicht den Mut zu sprechen, und sobald ich in der Sicherheit der U-Bahn-Station angekommen bin, stecke ich das Gesicht in den Wäschesack und inhaliere tief. Es ist noch herrlicher als erwartet. Die Welt verschwindet, während ich noch einige Male einatme und die Moleküle ihres Schweißes, Schmutzes, Glykogens, Östrogens, Urins, ihrer Hautzellen und Fäkalstoffe durch meine Schleimhäute in meinen Blutkreislauf eindringen und von mir Besitz ergreifen. Ich verpasse meine Bahn und muss die dreiunddreißig Blocks zu dem Waschsalon in der Nähe meines Hauses rennen, um Tsais wunderbar aromatische Wäsche nicht einen Augenblick zu spät zurückzubringen. Ich bin überglücklich, sie waschen zu dürfen, aber traurig, dass sie gewaschen werden muss. Dennoch bin ich vorbereitet. In meiner Herrenhandtasche trage ich meine Reinigungsprodukte bei mir. Ich habe ausgiebig zu Waschmitteln, Bleichmitteln, Weichspülern, Fleckenentfernern und Trocknertüchern recherchiert. Es soll die beste Wascherfahrung sein, die Tsai jemals hatte. Viele meiner weiblichen Freunde sagen, sie wünschten, sie hätten eine Ehefrau, womit sie natürlich eine Gehilfin meinen, nicht wahr, jemanden, der sich um ihre alltäglichen Bedürfnisse kümmert, sodass sie wichtigeren Tätigkeiten nachgehen können. Ich betrachte mich gern so, als Tsais Ehefrau. Vielleicht irgendwann in der Zukunft, falls ich mich heute bewähre. Ich stelle mir vor, wie ich für sie koche, Staub wische, ihr vor einer Sitzung die Schleife an der Bluse richte. Doch im Augenblick muss ich mich meiner Aufgabe widmen, ohne mich von solch sehnsüchtigen Gedanken ablenken zu lassen. Ich habe nicht viel Zeit, und ich muss die Wäsche hinterher bei mir zu Hause bügeln und sie ihr trotzdem bis 7.30 Uhr wiederbringen, sonst zerplatzt mein Traum, die zukünftige Mrs. Tsai Yan zu werden. Ich befolge sämtliche Anweisungen außerordentlich genau, trenne Weiß- und Buntwäsche, beachte die speziellen Waschempfehlungen für jedes einzelne Kleidungsstück. Die Leggings müssen von Hand gewaschen werden, und zum Glück gibt es im Waschsalon ein Waschbecken, an dem ich das tun kann. Ich habe vorausgedacht und eine Flasche The Laundress Signature Detergent gekauft. The Laundress ist ein wunderbares Unternehmen mit einer umfangreichen Reinigungsproduktlinie und einer unschätzbar wertvollen Internetseite voller faszinierender Reinigungstipps. Um 7.00 Uhr habe ich meine Arbeit gemacht (und gut gemacht, wie ich glaube) und sitze in der Bahn Richtung Downtown. Ich erwarte keine Dankbarkeit und weiß, dass das nicht Teil unserer Abmachung ist. Aber ich hoffe, sie wird sich an der weichen, frisch gewaschenen Wäsche erfreuen, die ich ihr rechtzeitig zurückbringe.

KAPITEL 34

»WAS SEHEN SIE?«

Roon und Dood rasen in ihrem gestohlenen grünen Dodge Challenger von dem ausgeraubten Haus davon.

»Du hattest doch versprochen, dass keiner zu Hause ist«, sagt Roon.

»Er sollte eigentlich auf Geschäftsreise sein«, sagt Dood.

»Und du hattest mir nicht gesagt, dass er Bulle ist!«

»Ich dachte, das spielt keine Rolle, weil er ja sowieso nicht da sein sollte!«

»Tja, war er aber, oder?«

»Er sollte eigentlich auf einem Polizeikongress sein!«

»Großartig. Holt er auf?«

Sie drehen sich beide um.

»Ich sehe ihn noch nicht«, sagt Dood.

Sie rammen irgendetwas Großes. Der Wagen schlingert, fährt weiter.

»Was war das?«, fragt Roon.

»Fahr weiter!«, sagt Dood.

Dood dreht sich wieder um.

»O mein Gott, es ist ein Mann! Wir haben einen Mann überfahren!«

»Was zur Hölle hatte der Kerl mitten in der Nacht mitten in der Prärie mitten auf dieser verlassenen Straße verloren?«

»Na ja, ganz verlassen war sie wohl doch nicht, was?«

»Du hattest doch gesagt, die Straße würde verlassen sein! Ist er tot?«

»Weiß ich doch nicht!«

»Bewegt er sich denn?«

»Er ist nur ein Klumpen auf der Straße in der Ferne. Woher soll ich das wissen?

»Wir hatten doch geschworen, keinen umzubringen!«

»Es war ein Unfall!«

»Wahrscheinlich ein Obdachloser, wie?«

»Das heißt nicht, dass es in Ordnung ist.«

»Das sage ich auch gar nicht! Ich meine bloß ... Ich weiß auch nicht, was ich meine. Wir sollten zurückfahren.«

»Wir können nicht zurückfahren. Und der Bulle wird ihn sowieso sehen und anhalten.«

»Bloß gut, dass der Bulle nicht auf Geschäftsreise war, sodass er jetzt anhalten und dem Kerl helfen kann, den wir auf der Flucht vor ihm überfahren haben.«

»Werd nicht sarkastisch. Ich habe doch gesagt, es tut mir leid.«

»Hast du nicht.«

»Na ja, wir wissen nicht, ob er tot ist. Und *du* hast ihn auf dem Gewissen. Streng genommen.«

»Wir haben ihn beide auf dem Gewissen!«

»Ich saß nicht am Steuer«, sagt Dood.

»Ich sitze nur am Steuer, weil dein Führerschein abgelaufen ist.«

»Was eine alberne Regel ist, die du dir ausgedacht hast. Schließlich sind wir eh schon Kriminelle, also ...«

»Ich wollte immer nur das Publikum unterhalten.«

»Wir haben viele Leute umgebracht, du und ich. Wenn man die Zuschauer unseres Stücks mitzählt.«

»Ich weiß. Und das tut mir leid.«

»Diesmal war es eigentlich gar nicht unsere Schuld.«

»Ich fühle mich trotzdem schuldig.«

»Ich meine, hätten wir das Stück nicht aufgeführt, wäre es nicht passiert.«

»Aber das hier war ganz direkt unsere Schuld.«

»Deine Schuld.«

»Wir sind ein Duo.«

»Was, wenn dieser Obdachlose derjenige war, der die Welt retten sollte?«

»Die Welt retten, indem man um 3.00 Uhr morgens auf einer verwaisten Landstraße im Mittleren Westen herumsteht?«

»Wir wissen nicht, wie das Universum funktioniert.«

»Ich glaube, wir wissen, dass es so nicht funktioniert.«

»Verrückte können die Welt retten. Du darfst Geisteskrankheit nicht stigmatisieren. Es gibt Belege dafür, dass Jesus geisteskrank war.«

»Von solchen Belegen ist mir nichts bekannt.«

»Ich habe es irgendwo gelesen, in irgendeiner Zeitschrift. Zum einen hielt er sich für den Sohn Gottes. So wie in *Die drei Christi von Ypsilanti*, weißt du.«

»Wenn Jesus sich für Jesus hält, ist das kein Anzeichen für Geisteskrankheit.«

»Wenn du das sagst.«

TSAI LÄSST IHRE Wäsche nicht mehr von mir waschen. Es gibt keinen direkten Kontakt oder Austausch, daher kenne ich den Grund nicht. Ich höre einfach nichts mehr von ihr. Sie lässt mich aus dem Feinkostladen hinauswerfen. Als ich zu meiner Schicht erscheine, sagt mir Darnell, Tsai habe sich über mein Verhalten beschwert. Er geht nicht genauer auf die Beschwerde ein, doch er sieht mich seltsam an, und ich vermute, dass sie etwas wirklich Furchtbares über mich gesagt hat. Ich weiß nicht mehr weiter. Die zwei Stunden, in denen ich Tsais Wäsche gewaschen und gebügelt habe, waren die schönsten zwei Stunden meines Lebens. Es fühlt sich erbärmlich an, mir das einzugestehen, aber ich muss es trotzdem tun. Irgendwann muss man die Welt klar und deutlich wissen lassen, wer man ist. Nach ausgiebigem Händeringen und Selbstgeißelung kommt mir der Einfall, dass es eine Lösung für das Problem meines anhaltenden und überwältigenden Bedürfnisses geben könnte, Tsai zu dienen, und sie besteht in einer Art des Dienens, für die ich Tsais Erlaubnis nicht brauche, denn es ist deutlich geworden, dass ich sie niemals wieder bekommen werde.

Ich schicke meinen Lebenslauf an Zappos, einen Online-Schuh- und Textilhändler, der dem Milliardär Jeff Bezos von den Houstoner Bezoses gehört, dem auch alles andere gehört. Ich hatte im Müllraum von Tsais Haus, wo ich Tsais Müll durchstöbert hatte, entdeckt, dass sie ziemlich regelmäßig bei Zappos bestellt (sie isst außerdem gern Grapefruit und verwendet Always Ultra Maxi Größe 3 Extralange Super-Binden mit Flügeln, geruchsneutral, aber nur bis zu einem gewissen Punkt, wie ich festgestellt habe). Durch einen Job beim Kundenservice von Zappos könnte ich daher mit sehr, sehr viel Glück irgendwann per E-Mail (oder gar per Telefon!) in Kontakt mit Tsai kommen. Mir ist klar, dass Zappos viele Kunden und, wie ich mir vorstellen kann, auch viele Kundendienstmitarbeiter hat, doch allein der Gedanke, die nächste Kundin am Telefon könnte Tsai sein, würde mich im Callcenter von Zappos bei der Stange halten, selbst wenn dieser Anruf niemals käme, solange wir beide lebten.

Mein Gespräch mit der Dame aus der Personalabteilung verläuft gut, vielleicht sogar zu gut. Sie ist eine ältere Dame mit einem Portweinfleck im Gesicht, und ich spüre, dass sie sich mir verbunden fühlt. Ich empfinde nicht so. Ich habe kein Verlangen danach, Mitglied des Portweinfleck-Clubs zu sein.

»Was für ein beeindruckender Lebenslauf«, gurrt sie.

Im Gegensatz zu meinem Ansprechpartner im Feinkostladen nimmt sie den Blick nicht von mir.

»Danke.«

»Ich muss sagen, ich bin selbst immer ein großer Filmfan gewesen.«

Ich versuche, ihren Filmgeschmack zu erraten. Wahrscheinlich mag sie *Das Haus am See* oder wie dieser rührselige Ringelblümchen-Hotel-Mumpitz hieß. Vielleicht mag sie Portweinfleckfilme, wobei ich bezweifle, dass sie kultiviert genug ist, um *Grand Budapest Hotel* zu verstehen, den einzigen wahrhaft großen Portweinfleckfilm.

»Es ist mir etwas peinlich«, sagt sie, »aber in meiner Schulzeit habe ich selbst ein bisschen geschauspielert und auch einmal mit dem Gedanken an eine professionelle Schauspielerkarriere gespielt.«

Ernsthaft? Himmel, nein. Die Welt wurde verschont.

»Ach, wirklich?«, sage ich. »Das ist ja toll. Die Bretter, die die Welt bedeuten, wie?«

»Die haben sich bei mir ganz schön durchgebogen. Ich war etwas füllig«, kichert sie.

Daran habe ich keinen Zweifel, Mx. Piggy.

»Hören Sie«, sagt sie. »Ich kann Sie auf gar keinen Fall für unsere Kundendienstabteilung empfehlen. Bei Ihrem Wissen über Filmproduktion und Ihrer offenkundigen Weltläufigkeit wären Sie in unserer PR-Abteilung ganz gewiss viel besser aufgehoben.«

»Aber beim Kundenservice hat man mit Menschen zu tun, und ich bin sehr kontaktfreudig«, schreie ich.

»Papperlapapp«, sagt sie. »Davon will ich nichts hören. Sie müssen das gleiche Vertrauen in sich setzen, das ich in Sie setze. Die PR-Stelle ist fünfmal so gut bezahlt wie die KD-Stelle, und das ist erst der Anfang. Nach oben gibt es keine Grenzen.«

Ich nicke. Ich darf dem Gaul, den mir diese Frau schenkt, nicht ins Maul schauen. Ich brauche sie als Verbündete. Wenn ich mich in der PR-Abteilung bewährt habe, kann ich immer noch eine Versetzung beantragen. Und ich nehme an, ich werde selbst in der PR Zugang zu Kundendaten haben. Ich werde sämtliche Schuhkäufe von Tsai nachvollziehen können. Allein dieser Gedanke verschafft mir im Büro dieser Frau eine augenblickliche und mächtige Erektion. Ich überlege, ob es förderlich oder eher hinderlich wäre, sie auf diese Erektion aufmerksam zu machen. In der Post-Belästigungs-Ära sind Momente wie dieser so problembelastet. Harvey Weinstein hat uns allen einen Bärendienst erwiesen. Ich entscheide, in diesem Fall könnte es von Vorteil sein, da sie gewiss annehmen würde, sie sei der Grund. Es ist unwahrscheinlich, dass ihr häufig (oder jemals) ein so augenfälliges sexuelles Interesse zuteilwird, obgleich mir wohl bewusst ist, dass Frauen aller Attraktivitätsklassen mit der gleichen Wahrscheinlichkeit belästigt werden, da es in Wahrheit gar nicht um Attraktivität geht, sondern um Macht. Es geht immer um Macht. Aber mit den Worten der brillanten Dr. Angelou: Und dennoch erhebe ich mich. Sie beugt sich vor, um mir die Hand zu schütteln, und in diesem Augenblick bemerkt sie meine augenfällige Beeinträchtigung. Ihre Augen weiten sich. Ich habe die richtige Entscheidung getroffen.

»Mr. Rosenberg!«, sagt sie nach einem Augenblick. »Es war mir ein großes Vergnügen.«

»Das Vergnügen ist ganz auf meiner Seite.«

Ich zwinkere. Ich zwinkere wie dieser verfluchte Schleppkahn, der sich den Tod wünscht. Sie lässt meine Hand nicht los. Sie wartet darauf, dass ich sie um eine Verabredung bitte. Aber das kann ich nicht. Ich kann nicht! Ich weiß nicht, wie ich weitermachen soll.

»Wenn ich bloß nicht verheiratet wäre«, sagt sie schließlich.

»Ach. Das wusste ich nicht. Ach, was für ein Jammer. Aber Ihr Mann kann sich außerordentlich glücklich schätzen.«

»Sagen Sie das ihm«, witzelt sie. »Na ja, die Dinge können sich ändern. Ich werde Sie im Auge behalten.«

»Das klingt wundervoll«, sage ich.

Sie hält noch immer meine Hand fest und lächelt. Ich versuche, mir vorzustellen, was für ein Mann sie heiraten würde. Ich kann es nicht.

»Sie sind so schüchtern«, sagt sie schließlich. »Das gefällt mir. Es ist schrecklich süß.«

»Das bin ich«, gebe ich zu. »Ich bin wirklich ganz furchtbar schüchtern.«

»Ach je«, sagt sie. »Sie wissen einfach nicht, wie toll Sie sind. Das gehört zu den Dingen, die ich an Ihnen so bezaubernd finde.«

»Danke.«

»Passen Sie auf sich auf, B. Rosenberger Rosenberg.«

Und ich verspreche ihr, dass ich das tun werde.

KAPITEL 35

BARASSINI IST BEGEISTERT, dass ich eine recht gut bezahlte Arbeit angenommen habe, da ich ihm für unsere Sitzungen noch eine Menge Geld schulde. Er gibt mir ein Lunchpaket für die Busfahrt zur Zappos-Zentrale irgendwo an einem ungenannten Ort im ländlichen New Jersey mit.

Auf dem Weg zum Port Authority mache ich bei meiner Schwester Portia Rosenberger Rosenberg Heche halt. Sie ist auch begeistert wegen des Jobs, da ich ihr noch eine Menge Geld schulde. Sie erstellt mir einen monatlichen Zahlungsplan und gibt mir ein Lunchpaket mit. Jetzt habe ich zwei Lunchpakete. Ich sage ihr das nicht, weil es eine nette Geste war, die ich nicht verächtlich machen möchte, zumal ich ihr noch so viel Geld schulde. Auf der Straße werfe ich Portias Lunchpaket weg, weil Barassinis besser aussieht. Vielleicht hätte ich es einem Gammler geben sollen, denke ich und bekomme ein schlechtes Gewissen. Aber es waren nun einmal keine Gammler in der Nähe, und ich hatte nicht vor, nach einem zu suchen. Ich habe einen Zeitplan einzuhalten.

Im Bus ziehe ich das Selbsthypnose-Tonband hervor, das Barassini zu meinem Eiersalat gepackt hat, stelle mein iPhone auf Aufnahme und warte darauf, dass Barassinis Worte Wirkung zeigen. Ich habe meinen Sitznachbarn bereits gefragt, ob es ihm etwas ausmachen würde, wenn ich unter Hypnose einen vergessenen Film in mein iPhone spreche. Er sagte, das würde ihm überhaupt nichts ausmachen, und wechselte den Platz.

Dunkelheit senkt sich herab. Ich irre blind mit meiner Schaufel umher, suche nach Löchern zum Graben. Als ich über einen Erdhügel stolpere, bleibe ich stehen, um dort zu graben, und stoße bald auf eine blondgelockte Perücke.

Ich erzähle, während mich der Filmausschnitt durchfährt wie ein kalter Wind: Eine rehäugige junge Frau wirft mit ebendiesen Augen Seitenblicke zu einem jungen Mann mit Zylinder hinüber, der auf einer Parkbank neben ihr sitzt. Er sieht ebenfalls zu ihr herüber, verschämt, festgezurrtes Lächeln. Sie schaut. Er schaut. So geht es immer weiter. Nie schauen sie im selben Augenblick, bis sie es irgendwann doch einmal tun, und in einer Rauchwolke erscheint auf dem Baum hinter ihnen ein übergewichtiger Mann in einer fleckigen langen Hemdhose und mit einer blondgelockten Perücke auf dem Kopf. Er schießt zwei Pfeile ab; einer trifft den Mann, der andere die Frau. Ihre Augen weiten sich vor Verlangen, und beide rutschen zur Mitte der Bank. Der Mann drückt der Frau einen schüchternen Kuss auf die Wange. Sie schlagen beide die Augen nieder. Sie drückt ihm einen schüchternen Kuss auf die Wange. Dann sehen sie einander an und küssen sich auf die Lippen. Während der Kuss andauert, sieht der Mann die Kamera, greift aus dem Bildrahmen heraus und zieht eine Jalousie herunter, die den Blick auf die beiden verdeckt. Unser Blick verharrt fünf Minuten lang auf der Jalousie. Zunächst stößt gelegentlich etwas leicht gegen die Jalousie. Dann nehmen die Stöße an Häufigkeit und Intensität zu. Schließlich lässt ein besonders fester Stoß die Jalousie hochschießen, und wir sehen den Mann und die Frau in einem Schlafzimmer, wo sie, ohne uns zu bemerken, auf heftigste und auch irgendwie unheimliche Weise vögeln. An Amors Stelle ist ein anzüglich grinsender, gehörnter Teufel in einer dunklen (möglicherweise roten, aber es ist ein Schwarz-Weiß-Film) Hemdhose getreten. Seine Nase ist auf anstößige Weise antisemitisch. Das Paar kommt mit einer Heftigkeit zum Ende, dass der Raum erzittert und Bilder von den Wänden fallen. Erschöpft und schwer atmend liegen sie da, die Beine der Frau achtlos gespreizt.

Jetzt steht sie im Profil vor einer geblümten Tapete. In abgehackter Zeitrafferaufnahme schwillt ihr Bauch an.

Abblende, Aufblende.

Ein Storch mit einer Western-Union-Schirmmütze kämpft sich durch einen stürmischen Himmel, ein Bündel im Schnabel.

Abblende, Aufblende.

Die Frau mit ihrem pummeligen kleinen Sohn vor derselben Tapete. In weiteren Zeitrafferaufnahmen sehen wir, wie er wächst und sie altert. Nach einigen »Jahren« (Wochen in Echtzeit) erscheint ein rüpelhafter Mann im Bild. Wir beobachten zuerst an der Mutter und dann am Sohn Spuren von Misshandlungen: geschwollene Lippen, Veilchen, gebrochene Arme. Der Mann verschwindet. Sie altern weiter. Als der Junge zehn Jahre alt ist, wird seine Mutter in einen offenen Sarg gebettet.

Als Nächstes steht der Junge zwischen vielen anderen starr blickenden Kindern unter einem Schild mit der Aufschrift Heim für Findelkinder New Jersey.

Abblende, Aufblende.

Der Junge schläft auf einer Pritsche in einem Schlafsaal mit Hunderten, vielleicht Tausenden, vielleicht Millionen anderer Kinder. Er schlägt die Augen auf, blickt in die Kamera, steigt vorsichtig aus dem Bett und zieht sein Nachthemd aus, unter welchem er vollständig bekleidet ist. Er zieht ein geschnürtes Bündel unter dem Bett hervor und geht zum Fenster.

Abblende, Aufblende.

Der pummelige Waisenjunge Molloy, nun als Zeitungsjunge gekleidet, stiehlt sich in ein New Yorker Kino, um sich einen verachtenswert sexistischen komödiantischen Kurzfilm mit dem Titel *Ist sie nicht die Wucht, Jungens?* über eine verwöhnte junge Frau (gespielt von der mysteriösen Lucy Chalmers) anzusehen, die eine Weinkellerei erbt und sich zu Tode säuft, woraufhin das Unternehmen Bankrott macht, woraufhin sich ihre nunmehr arbeitslosen Angestellten zu Tode saufen, zu denen auch Gavrilo Princip gehört, woraufhin der Erste Weltkrieg ausbricht. Molloy bekommt einen Lachkrampf. Dies ist der Augenblick, in dem er erkennt, dass seine Zukunft im Showbusiness liegt.

ES SCHEINT, ALS hätte ich ein Talent für Schuhe. Ich versuche, mich in die Abteilung für Damenschuhe einzuschleichen, da Tsai natürlich am ehesten dort zu finden sein wird. Aber Zappos ruft einen neuen Spezialschuhbereich ins Leben, und dort will mich mein neuer Vorgesetzter Allen Wrench einsetzen.

»Sie sind äußerst kreativ«, mutmaßt er. »Wir haben im Allgemeinen nicht das große Glück, Leute wie Sie für Zappos zu gewinnen. Neue Unternehmensbereiche brauchen Männer mit Ideen, und ich mutmaße, dass Sie so jemand sein könnten. Wir müssen die frohe Kunde von unserem neuen Bereich in sämtliche noch unerschlossene Märkte tragen. Und Sie sind dafür genau der Richtige, vermute ich, mit Ihren zahllosen Ideen und Ihrer Kreativität und so weiter, die meiner Einschätzung nach vielleicht grenzenlos ist.«

»Danke, Allen«, sage ich.

Die Spezialschuhabteilung wurde gegründet, um Spezialschuhe zu verkaufen, speziell Clownsschuhe, »Liftschuhe«, die größer machen, Pantoffeln mit Tiergesichtern und einzelne Schuhe für Menschen mit nur einem Fuß. Für die Einfüßigen schlage ich einen Dienst mit Namen »Schuhpartner« vor, bei dem ein einfüßiger Kunde in unserer Datenbank nach einem andersfüßigen Kunden mit ähnlicher Schuhgröße und ähnlichem Modegeschmack suchen könnte, um mit ihm halbe-halbe zu machen. Allen sagt, ich sei möglicherweise ein Genie, die Zeit werde es zeigen.

Natürlich schlägt unmittelbar darauf meine Kollegin Henrietta »Sockenpartner« vor, was letztlich nichts weiter als meine Idee in neuem Gewand ist. Allen preist sie für noch-immer-meine Idee, und ich entscheide, dass dies Krieg bedeutet. Ich schlage vor, die Spezialschuhabteilung solle winzige Lotusfüßeschuhe für ältere chinesische Frauen anbieten. Henrietta sagt: Wie wäre es mit Lotusfüßeschuhen für Lotusfußfetischisten. Wieder die gleiche Idee. Uns interessiert eigentlich nicht, aus welchem Grund sie die Lotusfüßeschuhe kaufen, erkläre ich. Ich schlage Zementschuhe für unsere Mafiosikundschaft vor. Das ist ein Witz, um die Laune zu heben und meinen Esprit zu demonstrieren, der dem von Henrietta weit überlegen ist. Alle außer Henrietta lachen. Ich sehe, wie sie die Stirn in Falten legt, sich das Hirn zermartert, nach einem Witz sucht. Irgendwann schlägt sie Handschuhe vor. Für Kunden ohne Beine. Der Witz zündet nicht. Sie ist beschämt. Ich schlage Hemmschuhe vor. Für hemmungslose Käuferinnen. Wieder lachen alle. Allen schlägt sich auf die Schenkel, dann schlägt er mir auf die Schenkel, dann geht er um den Tisch herum und schlägt auf sämtliche Schenkel im Konferenzraum. Mit einem Mal überlege ich, mich beim Open Mike in einem der Comedy-Clubs downtown zu versuchen. Ich bin mein Leben lang ein eifriger Verfechter der Humorlosigkeit gewesen, denn ich halte Comedy fast immer für schädlich, da sie Unterlegene oder, wenn nach oben ausgeteilt wird, Überlegene verhöhnt. Doch das Gelächter ist berauschend.

Henrietta brodelt unterdessen vor sich hin. Ihre Augen beginnen zu leuchten. Sie kreischt wie eine Harpyie, mit meinem Vorschlag zu den Lotusfüßen und meinem Witz über die hemmungslosen Käuferinnen hätte ich mich unmissverständlich als Frauenfeind zu erkennen gegeben. Als Feminist der ersten, zweiten und dritten Welle bin ich außer mir vor Wut. Das ärgert mich so an den Frauen: Sie glauben, sie könnten ungestraft hergehen und Männer verleumden. Nun, ich messe alle Frauen mit dem Maßstab, mit dem sie nach eigener Aussage gemessen werden wollen. So handelt ein echter Feminist. Es gibt nur eine einzige verantwortungsvolle Erwiderung auf Henriettas niederträchtigen Angriff: Ich werde sie in Grund und Boden stampfen und dem Tod überlassen. Also überlege ich mir direkt hintereinander drei *ernsthafte* Schuhideen: Retroschuhe für Hipster, Schühchen für den Hund und Designer-Babyschuhe mit niedlichen Namen wie Gucci-

Gucci-Gu, Marc Fisher-Price und Kuckuck Chanel. Peng. Peng. Peng. Ich bin der König dieses Bereichs, und du bist tot. Allen strahlt mich auf eine geradezu väterliche Weise an, obwohl er dreißig Jahre jünger ist als ich und sich kleidet wie Freddie Bartholomew in *Der kleine Lord*. Sein Blick lässt ein Kribbeln durch meinen Körper laufen. Ich habe Tsai beinahe vergessen. Aber natürlich nicht ganz, und das Kribbeln erinnert mich daran.

AUF DER RÜCKFAHRT in die Stadt nehme ich auf meinem Sitz im Bus viel weniger Platz ein. Es gibt keinen Zweifel mehr daran, dass ich schrumpfe. Auch wenn es zu diesem Zeitpunkt ein ausgesprochen langsamer Prozess ist. Aber mein Hemdkragen ist weiter, und meine Krawatte fühlt sich lockerer und auch irgendwie alberner an. Die Albernheit der Krawattengestaltung – sie zeigt einen Rabbi über dem Slogan *100 % Koscher* – ist keine Folge meines Schrumpfens, aber sie lässt mich meine Geschmackssicherheit in Zweifel ziehen, die ebenfalls zu schrumpfen scheint. Außerdem sind meine Ohren jetzt zu groß für meinen Kopf. Ich mache mir Sorgen. Vielleicht sollte ich das Handtuch werfen und die Liebe der geburtsmaligen Personalerin annehmen. Es könnte eine Zeit kommen, da selbst sie mich nicht mehr will.

Barassini wirkt nicht erfreut, mich zu sehen. Er erkundigt sich nicht nach meiner Arbeit. Er poltert nur in seinem Sprechzimmer herum, reißt Schubladen auf und schlägt sie wieder zu. Ich hatte mich darauf gefreut, ihm von meinem Tag zu erzählen.

»Wo ist meine verdammte Brille?«, sagt er.

Ich hasse es, wenn er so ist. Als wären wir Fremde. Liebt er mich überhaupt no–

Er legt meinen Schalter um und –

Ich bin am Set von *Hier kommen wir zwei beiden*. Die Crew läuft geschäftig umher, bereitet den ersten Take der ersten Szene vor. Ich streife durch die Erinnerung, noch immer verletzt von Barassinis Verhalten, leise vor mich hin grummelnd. Er hat nicht einmal etwas zu meiner Krawatte gesagt. Ich könnte ebenso gut unsichtbar sein, so wie ich es in diesem Film bin. Der Direktor bespricht sich mit dem neuen Scriptgirl (das vorherige wurde von Costello umgebracht). Mudd geht im Dunkeln auf und ab und murmelt seinen Text vor sich hin. Molloy lacht, den Mund gefüllt mit einem halbzerkauten Stück von einem absurd hoch aufgetürmten Stapelsandwich. Er ist im Begriff, mit einer äußerst attraktiven jungen Frau in einem paillettenbesetzten Showgirl-Kostüm zu flirten.

»Ich sage dir, Süße, wir könnten so wunderschöne Musik zusammen machen.«

»Oooh, Chick. Das ist so romantisch.«

»Du weißt, dass ich vom Vögeln rede, oder?«

»Chick! Du bist schrecklich!«

Sie haut ihm auf den Arm, aber sie lacht. Und Molloy weiß, dass er sie in der Tasche hat. Ich denke daran, wie sehr sich die Zeiten geändert haben und wie gut wir alle dran sind, bis auf die Männer. Der Regisseur lässt alle Darsteller auf Position gehen. Molloy beißt noch einmal in sein Sandwich.

»Beweg dich nicht von der Stelle«, sagt er zu dem Mädchen.

»Ich rühre keinen Muskel, Chick. Bis später.«

»Oh, Baby. Wir beide werden so viel Spaß haben.«

Molloy wischt sich den Mund am Ärmel ab und wackelt auf seine Position außerhalb des Herrenausstatter-Sets, wo Mudd wartet, der schon ganz in der Rolle ist. Der Regisseur ruft »Licht!«, und als die Lichter angehen, schaue ich zum Beleuchtungsgitter hinauf. Ich will einen Warnruf ausstoßen, doch in Gestalt des körperlosen Auges, das ich in dieser Welt bin, kann ich es nicht. Also warte ich hilflos darauf, dass die unvermeidliche Tragödie ihren Lauf nimmt. Ich könnte den Blick abwenden, aber als einziger Zuschauer dieses Films darf ich es nicht. Ich bin um der Erinnerung willen hier. Ich bin für Ingo hier. Der Regisseur ruft »Kamera!«, dann »Action!«. Mudd und Molloy betreten das Herrenausstatter-Set; die Verwandlung in ihre komischen Rollen erfolgt augenblicklich. Mudd ist selbstbewusst und wütend, Molloy linkisch und zaghaft. Der Geschäftsinhaber kommt auf sie zu.

»Sind Sie die Neuen?«, fragt er.

»Ja«, sagt Mudd. »Ich bin Hargrove, und das ist mein Untergebener Musgrave.«

»Hargrave und Musgrove.«

»Nein«, sagt Molloy. »Hargrove und Musgrave.«

»Hat er doch gesagt«, sagt Mudd.

»Ich bin mir recht sicher, dass ich Hargrave und Musgrove sagte«, sagt der Ladenbesitzer, der an Vernon Dent erinnert, wäre Vernon Dent eine Puppe gewesen.

»Siehst du?«, sagt Molloy. »Er hat es schon wieder getan!«

»Ich sehe nur, dass du dich mit dem Eigentümer dieses Geschäfts anlegst, der so großzügig war, uns als zeitweilige Feiertagsmitarbeiter einzustellen«, sagt Mudd.

»Ich lege mich mit gar niemandem an. Ich wollte bloß –«

»Das genügt, Musgrove«, sagt Mudd. »Wir stehlen diesem Herrn die Zeit.«

»Ich bin Musgrave! Du bist Hargrove!«, beharrt Molloy.

»Ich fürchte, der kleine Racker ist verwirrt, Sir«, erklärt Mudd. »Aber das macht nichts, denn ich bin sein Vorgesetzter und werde ihm die Leviten lesen.«

»Sehr gut, Hargrave«, sagt der Herrenausstatter. »Ich lasse den Laden in Ihrer Obhut, da ich eine Verabredung zum Mittagessen habe.«

»Speisen Sie in vollem Vertrauen, Sir.«

Der Herrenausstatter geht. Mudd macht sich daran, die Hemden in der Auslage zu glätten. Lange sieht Molloy ihm nur zu. Schließlich:

»Du bist doch Hargrove, oder?«, fragt Molloy.

»Natürlich bin ich Hargrove!«

»Aber du hast doch gesagt, du wärst Hargrave«, jammert Molloy.

»Den Chef verbessert man nicht! Was ist denn mit dir los?«

»Also bist du Hargrove?«

»Ja, ich bin Hargrove! Und jetzt mach dich an die Arbeit!«

»Was soll ich denn machen?«

»Es ist unser erster Tag, und ich will, dass du einen guten Eindruck hinterlässt«, sagt Mudd.

»Gut«, sagt Molloy. »Und wie mache ich das?«

»Du musst mindestens zehn Hemden verkaufen.«

Molloy sieht sich in dem leeren Geschäft um. Er steht einfach nur da, unsicher, womit er weitermachen soll.

»Na?«, sagt Mudd.

»Was, na?«

»Verkauf ein paar Hemden! Hopp, hopp!«

»Aber es ist doch niemand hier!«

»Das ist nicht mein Problem. Setz deinen Unternehmungsgeist ein.«

»Meinen Unternehmungsgeist. Gut.«

Molloy geht dienstfertig durch die Gänge, während Mudd sich die Bücher vornimmt. Nach einer Weile schaut Mudd auf.

»Wie geht es voran?«

»Ich gebe mir Mühe. Aber der Niemand hier will noch immer nichts kaufen.«

»Das ist nicht mein Problem.«

Molloy nickt.

»Und jetzt verkauf die Hemden.«

Molloy kratzt sich am Kopf, überlegt, dann, zu Mudd gewandt:

»Sag, willst du vielleicht zehn Hemden kaufen?«

»Warum sollte ich zehn Hemden kaufen wollen?«

»Ich weiß es nicht!«

»Und du nennst dich Verkäufer?«

»Ich nenne mich gar nicht Verkäufer!«

»Vielleicht ist das das Problem.«

»Nun, ich –«

»Nun, du was?«

»Ich weiß es nicht.«

»Sei aggressiv. Ein Verkäufer akzeptiert kein Nein als Antwort.«

»Aggressiv, hm?«

»Ja. Zeig ihnen, wer der Boss ist.«

»Wem soll ich zeigen, wer der Boss ist?«

»Dem Kunden! Red ihm ein, dass er diese Hemden unbedingt braucht.«

»Dir ist schon bewusst, dass hier außer dir und mir niemand ist?«

»Und wessen Schuld ist das?«

»Meine?«

»So ist es! Und jetzt geh raus und treib ein paar Kunden auf!«

Molloy geht enerviert ab, wirft die Tür hinter sich zu, und wie aufs Stichwort stürzt das Beleuchtungsgitter auf die Bühne. Mehrere Lampen schlagen in einer Explosion aus Glas und Splittern auf dem Boden auf. Eine zertrümmert den gläsernen Schaukasten mit den Armbanduhren. Einige landen in Kleiderstapeln auf Tischen. Die größte Lampe trifft Molloy mit einem so ekelerregenden wie komischen »Bonk« am Kopf. Mit einer Kopfwunde, aus der Blut sprudelt, geht Molloy einige Augenblicke umher, als wäre nichts geschehen, dann fällt er um. Das neue Scriptgirl schreit. Techniker eilen Molloy zu Hilfe. Jemand ruft: »Er ist tot!« Ein zweites Mädchen schreit. Dann ein drittes. Dann schreit der Maskenbildner.

Mudd, der unverletzt ist, bricht weinend an Molloys Seite zusammen.

SCHNITT AUF EIN vollständig weißes Krankenhauszimmer. Molloy liegt bewusstlos im Bett, den Kopf bandagiert. Mudd geht im Zimmer auf und ab. Marie, Mudds Frau, raucht eine Zigarette und starrt mit düsterem Blick aus dem Fenster. Molloys Frau Patty sitzt neben Molloy, hält ihm die Hand und spricht mit sanfter, ermutigender Stimme zu ihm. Wie ich mich danach sehne, dass eine Frau so mit mir spricht, mich so ansieht, mit Liebe und Zärtlichkeit im Blick. Ich würde liebend gern wieder ins Koma fallen, wenn ich das bekommen könnte. Sie spricht über Nichtigkeiten, über alltägliche Dinge, doch die Fürsorge, die Besorgnis, die Liebe in ihrer Stimme spottet meiner eigenen Einsamkeit. Ich denke an Tsai, und wie aus dem Nichts erscheint sie in der Szene, ein Geist. Sie war ganz sicher nicht im ursprünglichen Film, aber da ist sie jetzt. Ich lächle ihr zu, doch sie blickt durch mich hindurch. Sieht sie mich nicht oder ist das nur ihre normale Tsai-Art? Ich konzentriere mich wieder auf die Szene. Patty spricht weiter zu Molloy.

»Ach, und gestern war ich bei Carol. Ich soll dich ganz lieb von ihr grüßen, und sie will versuchen, irgendwann am Wochenende vorbeizukommen. Hank kommt auch mit. Sie hat mir gezeigt, was sie mit der Frühstücksecke gemacht haben, und es ist einfach wunderhübsch, Chick. Ich dachte, wir könnten vielleicht auch etwas in der Art machen. Du erinnerst dich doch an den Stoff, den ich dir letzte Woche gezeigt habe? Der Chintz mit dem Kirschmuster? Ich dachte, damit könnten wir vielleicht eine Verbindung zwischen dem roten Leder und den Salz-und-Pfeffer-Streuern von Mutter schaffen. Na ja, jedenfalls will ich die Vorhänge selbst machen. Ich brauche ein Projekt. Müßiggang ist aller Laster Anfang! Ach! Ich habe ganz vergessen zu fragen, ob es dir recht ist, wenn wir dieses Jahr wieder einen kleinen Betrag für die American Diabetes Association spenden? Margie hat angerufen, und weißt du, ihr warmer Neffe Martin leidet daran, und sie hat gefragt, ob wir nicht etwas spenden wollen. Es war ihr unangenehm, wegen allem, was in letzter Zeit bei uns los war. Aber er hat schlimmen Diabetes, und er ist sehr krank. Ich glaube, sie sagte, sie müssten ihn mit Helium vollpumpen, und er schwebt ein Stück über seinem Bett. Ich glaube, das habe ich richtig verstanden. Vielleicht ist es kein Helium, aber irgendwas Wissenschaftliches. Sie sagte, jedes bisschen hilft. Und Kleinvieh macht auch Mist. Natürlich können die Ärzte ihm wegen dem Helium nicht mal Spritzen geben. Er würde einfach durchs Zimmer schießen, von den Wänden abprallen und –«

Ich ertrage Pattys Monolog nicht länger und gehe. Ich bin überrascht, dass das möglich ist, dass ich innerhalb der Welt dieses Films über eine gewisse Autonomie zu verfügen scheine. Der Krankenhausflur ist still und dämmerig, solide gebaut, mit blassgelb (möglicherweise Pantone 607 c) gekachelten Wänden, die man seinerzeit für beruhigend hielt, die auf das moderne Auge aber irgendwie bedrohlich wirken. Eine weißgekleidete Krankenschwester schiebt einen ratternden Wagen an mir vorbei. Ich schaue in Zimmer hinein. Die Wirklichkeitsnähe ist überwältigend. Und alles für Figuren, die nie zu sehen sein werden. Wie kann ich mich in diesem Teil der Welt bewegen, der sicherlich nicht im ursprünglichen Film aufgetaucht ist? Ich denke darüber nach, was Hemingway über seine Kurzgeschichte »Schonzeit« sagte:

»Ich hatte ihr wahres Ende weggelassen, das darin bestand, dass der alte Mann sich aufhängte. Weggelassen hatte ich es wegen meiner neuen Theorie, dass man alles weglassen konnte, wenn man sich dessen bewusst war, und das Weggelassene die Geschichte noch verstärkte und die Leute dazu brachte, dass sie mehr fühlten, als sie verstanden.«

Ich finde, das ist einerseits ein tiefsinniger Gedanke, und andererseits ist es beschämend, dass ein so respektierter Schriftsteller wie Hemingway in zwei aufeinanderfolgenden Sätzen viermal eine Form von *weglassen* verwendet.

Da ist ein alter afroamerikanischer Mann, eingefallene Augen und Wangen, der von einer Schwester rasiert wird. Eine jüngere fettleibige Asiatin, deren massige, fleischige nackte Arme mit ungesund wirkenden roten Flecken übersät sind; eine weitere Frau, vielleicht Latinx, die an irgendetwas Schrecklichem zugrunde geht. Dass all diese Puppen in ihrem Leid auf so zarte und liebevolle Weise animiert sind und dass sie nie gesehen werden sollten – wie die meisten von uns –, verleiht der Bildsprache ein überwältigendes Pathos. Ich will um sie weinen, aber natürlich kann ich es nicht, weil ich nicht in ihrer Welt bin. Ich habe hier keinen Körper. Ich habe hier keine Tränen, auch wenn ich ein riesenhafter, unsichtbarer Augapfel bin.

Augenblick mal. Mir kommt eine Erinnerung. Ein Gespräch, das ich während eines unserer aus Ramen-Nudeln und Kondensmilch bestehenden Abendessen mit Ingo geführt habe.

»Die meisten von uns sind unsichtbar«, sagte er. »Unser Leben bleibt undokumentiert. Wenn wir sterben, ist es bald darauf, als hätten wir nie gelebt. Aber wir sind nicht folgenlos, denn natürlich funktioniert die Welt nicht ohne uns. Wir haben Berufe. Wir erhalten Wirtschaftssysteme aufrecht. Wir sorgen für Kinder und alte Menschen. Wir sind freundlich zu jemandem. Wir morden. Unsere Existenz, die Existenz der ungesehenen Menschen, muss anerkannt werden, aber das Dilemma ist, dass wir, wurden wir einmal zur Kenntnis genommen, nicht mehr wirklich dieselben ungesehenen Menschen sind. Die Brüder Dardenne, die De Sicas, die Satyajit Rays dieser Welt sind ehrenwerte, talentierte Filmemacher, anständige und, wie ich annehme, mitfühlende Menschen, aber ihre Arbeit ist fehlgeleitet. Sobald die Ungesehenen gesehen werden, sind sie nicht länger Ungesehene. Diese Männer haben eine Fiktion lebendig aufrechterhalten. Auch mich hat das vor Probleme gestellt, und meine Lösung besteht darin, eine Welt außerhalb des Blickwinkels meiner Kamera zu bauen und zu animieren. Die Figuren existieren und sind ebenso sorgfältig animiert wie jene, die im Film zu sehen sind. Sie sind nur für immer außerhalb des Bildes.«

Sind das die armen Menschen im Krankenhaus? Die traurigen, kranken, unsichtbaren Menschen, die man nie sieht, wenn man an einem Krankenhaus vorbeigeht? Ich versuche, zu einem weiteren ungesehenen Patienten hineinzuschauen, doch diese Fähigkeit ist mir abhandengekommen, und ich spüre, wie ich unversehens zurück in Molloys Zimmer gezogen werde, als wäre ich an einem Gummiband befestigt. Marie raucht noch immer und sieht aus dem Fenster. Mudd geht noch immer auf und ab. Patty, die noch immer Molloys Hand hält, plaudert weiter.

»Ach, und gestern Abend habe ich mit Mutter gesprochen. Sie würde wirklich gern kommen, aber in New Jersey sind wegen des Sturms die Straßen gesperrt. Er soll schon sechzig Zentimeter groß sein. Sie ist ganz außer sich und hat versprochen, so bald wie möglich in einen Zug zu steigen. In der Zwischenzeit schickt sie liebe Grüße. Ich lese die wunderbarsten Bücher, wollte ich dir sagen. Vielleicht könnte ich dir eins davon vorlesen. Es ist kein Buch, das du normalerweise lesen würdest – es ist ein Liebesroman –, aber ich glaube, es würde dir gefallen. Die Figuren sind so realistisch, Chick! Und es behandelt viele der gesellschaftlichen Probleme unserer Zeit. Ein jüdischer Mann und eine normale Frau verlieben sich und müssen damit zurechtkommen, dass es den Leuten nicht gefällt, dass sie mit einem jüdischen Mann zusammen ist. Es ist von einer Frau geschrieben, aber das finde ich in dem Fall gar nicht schlimm. Es ist nicht blumig oder frivol. Und ich fange gern noch mal von vorne an, damit du nicht mitten hineinspringen musst. Ich bringe es mit, Schatz. Ich gebe dir eine Kostprobe, und wenn es dir gefällt, lese ich dir das ganze Buch vor!«

»Unsere Zeit ist um«, sagt die Stimme jetzt wie durch das Lautsprechersystem des Krankenhauses. »Ich habe um fünf einen Raucher.«

Darauf ein Fingerschnippen, und ich bin wach.

KAPITEL 36

ICH VERMUTE, HENRIETTA plant meine Ermordung. Ich kann es ihr nicht verübeln. Ich bin der Liebling der Abteilung, und während ich noch viele weitere Eisen im Feuer habe, mein Buch über Ingo, das bald vollständig erinnert, dann geschrieben, dann erschienen sein wird, und meinen Plan, ein Realfilm-Remake zu drehen, hat Henrietta sonst nichts. Ich habe gehört, wie sie auf der Damentoilette einer Kollegin anvertraute – während ich mich in einer Kabine verbarg –, dass sie schon Schuhe verkaufen wollte, seit sie einem Grashüpfer bis zum Knie reichte. Sie sagte wirklich »einem Grashüpfer bis zum Knie reichte«. Ich war verblüfft. Mir dagegen kam der Gedanke an eine solche Tätigkeit überhaupt erst, als ich schon mitten in einer Masturbationsfantasie darüber war, als Schuhverkäufer Tsai ein Paar etwas zu enger roter Mary Janes anzuziehen. O mein Gott. Tsai! Über all der Ablenkung durch den neuen Unternehmensbereich hätte ich beinahe den Grund meines Hierseins vergessen. Henrietta und ihre Freundin brauchen so lange, dass ich drauf und dran bin, schreiend aus der Kabine zu stürmen. Aber ich tue es nicht. Ich habe mich unter Kontrolle.

Während ich in der Kabine warte, lese ich in einer zurückgelassenen Zeitung einen Artikel über einen armen Mann, der irgendwo brutal ermordet wurde; ich weiß nicht mehr, wo. Es ist eine herzzerreißende Geschichte, und man fragt sich, wie man weitermachen kann, nachdem man einen solchen Artikel gelesen hat. Aber man macht weiter, nicht wahr? Vielleicht macht man letztlich für *ihn*, den brutal ermordeten Mann, weiter. Ein Mann wie er, der ganz eindeutig eine Familie hatte oder gern eine gehabt hätte. Was für ein Mörder würde nicht einmal die Folgen dieses brutalen Mordes für die Familie oder die potenzielle Familie des Mannes erwägen? Die Zerfleischung des Universums durch eine so niederträchtige Tat ist unbegreiflich, und doch muss man um ein Begreifen bemüht sein. Man schuldet es diesem Mann. Es ist zugleich das Mindeste wie auch das meiste, was man für ihn tun kann.

AUF DEM WEG zu Barassini durchfährt mich das Rascheln bewegten Fells in einer Sequenz, in der ein Junge seinen Hund an mir vorbeiführt. Es ist eine regelrecht lovecraftsche Erfahrung. Es wird mich bis in meine Träume verfolgen, da bin ich mir sicher. Es straft die Vorstellung Lügen, in dieser Welt sei wahre Stille möglich. Die Zen-Meister irren.

Wieder im Krankenhaus, sehe ich zu, wie Marie rauchend aus dem Fenster schaut. Sie zupft sich einen Tabakkrümel von der Zunge. Patty liest dem komatösen Molloy vor.

»*Schweig, meine Seele, schweig; die Waffen, die du trägst, sind spröd, / Erd und Himmel stehn seit je unverrückbar und stark …* Ach, das ist nicht die Schriftstellerin, Chick. Das sollte ich dazusagen. Das ist der Anfang, bevor das Buch losgeht. Das … ach, wie heißt das? Der Teil, der ein Zitat ist, bevor das Buch losgeht?«

»Motto«, sagt Marie.

»Motto! Das ist es! Von … A. E. Housman.« Patty räuspert sich. »*Bedenke lieber, rufe dir vor Augen, grämst du dich nun ein wenig, / Die Tage, an welchen wir Ruhe hatten, o meine Seele, denn sie waren lang. / Der Mensch liebte dereinst die Lieblosigkeit, doch lichtlos im Steinbruch / Schlief ich und sah nicht; Tränen fielen herab, ich trauerte nicht; / Schweiß rann, und Blut quoll hervor, und es dauerte mich nie: / Dereinst war mir wohl, in den Tagen, eh ich geboren ward. / Heut, und ich sinne nach dem Grund, ohne ihn zu finden, / Schreite ich über die Erde und trinke die Luft und spüre die Sonne. / Schweig, schweig, meine Seele; es ist nur eine Jahreszeit: / Lass uns eine Stunde erdulden und sehen, wie Ungerechtigkeit getan wird. / Ja, sieh: Himmel und Erde kranken vom Ursprung an; / Sämtliche Gedanken, das Herz zu spalten, sind hier, und alle sind sie eitel: / Schrecken und Spott und Hass und Angst und Kränkung – / Ach, warum bin ich erwacht? Wann darf ich wieder schlafen? – A. E. Housman*. Ach, das ist sehr traurig! Vielleicht zu traurig für heute! Was habe ich mir bloß gedacht! Ich meine, es geht nicht um ein Koma an sich, aber vielleicht bringt es schlechte Gedanken mit sich. Es tut mir leid, Chick. Vielleicht sollten wir etwas lesen, worin steht, dass Aufwachen gut ist! Ich weiß es nicht. Ich kann in die Krankenhausbibliothek gehen und fragen, ob sie irgendwelche Bücher übers Aufwachen haben.«

»Ich finde es gut«, sagt Marie. »Ich finde, du solltest es vorlesen. Ich war mal mit einem jüdischen Jungen zusammen.«

»Warst du?«, sagt Mudd.

»Ja, auf der Highschool. Er konnte toll küssen. Ira Soundso. Millman vielleicht. Etwas in der Art.«

»Hm«, sagt Mudd.

»Ich soll also weiterlesen?«, fragt Patty.

»Ja«, sagt Marie. »Ich finde, das musst du.«

»Sicher«, setzt Mudd hinzu. »Lies uns alles über Millman, den unglaublichen küssenden Juden, vor.«

»Eine der Fragen, die man ihnen hin und wieder stellte«, beginnt Patty, *»war, wo und wie sie sich kennengelernt hatten, denn Marc Reiser war Jude –«*

Ich gehe. Ich habe dieses Buch dreimal gelesen (schrecklich!) und Ring Lardners nie in Produktion gegangene Drehbuchfassung zweimal. (Lardner war ein Schmierant. Der Film *M*A*S*H* wurde allein dadurch gerettet, dass Altman mit chirurgischer Präzision die Dialoge kürzte.) In Ingos Film liest Patty Molloy tatsächlich das gesamte Buch vor. Es wird in Echtzeit gezeigt, über mehrere Wochen hinweg. Patty liest gefühlvoll, während eine unablässig rauchende Marie zuhört und verloren aus dem Fenster blickt. Wir stellen uns vor, dass sie an ihren jüdischen Freund denkt, und einmal murmelt sie wirklich mit ziemlicher Sicherheit leise: »Masseltov, du verdammter kleiner Itzig, Masseltov.« Mudd kommt und geht, bringt Pappbecher mit Kaffee und in Ölpapier eingeschlagene Sandwiches mit.

Molloy, der über eine enterale Ernährungssonde am Leben erhalten wird, verliert an Gewicht. Niemand im Zimmer hat großen Appetit.

Ich trete auf die Straße hinaus und finde mich in Los Angeles Mitte der Vierzigerjahre wieder. Die Autos, die Fußgänger, die Gebäude. Ich frage mich, ob es unendlich weitergeht. Oder hat Ingo beim Bau vorausgeahnt, wie weit ich gehen, wohin ich schauen würde? Ich blicke hoch, nach links, nach rechts. Ich tue es schnell, versuche, etwas zu entdecken, was fehlt, doch es gelingt mir nicht. Ein junges Paar huscht in ein Kino, in dem ein Film mit dem Titel *Abbott und Costello gegen den Killerroboter aus The Phantom Creeps* gespielt wird. Ich folge ihnen. Der Film existiert in Wahrheit nicht. Dessen bin ich mir sicher. Als Abbottundcostellophiler erster Ordnung bin ich ein intimer Kenner ihres gesamten Œuvres. Vielleicht erlaubt sich Ingo einen Scherz auf Kosten der beiden. Er hat offenbar ein Hühnchen mit ihnen zu rupfen. Wurde ich bewusst zu diesem Kino geführt? Ich glaube, es war meine eigene Entscheidung, aber man kann es nicht wissen. Ich wollte hierherkommen, doch weshalb? Vielleicht wurde ich manipuliert, vielleicht haben irgendwelche Synapsen aufgeblinkt wie pawlowsche Lauflichter. Vielleicht ist es ein Beleg für die Blockuniversum-Theorie, der ich mich mit nicht geringer Resignation anschließe. Vielleicht ist Ingo ein so meisterhafter Filmemacher, dass er mich dorthin führen kann, wo er mich haben will. In diesem Fall werde ich zu einem Film im Film geführt. Ich bleibe dicht hinter dem Paar, weil ich mir nicht sicher bin, ob ich in meinem derzeitigen körperlosen, unsichtbaren Augapfelzustand Türen öffnen kann. Muss ich es überhaupt? Kann ich durch Wände gehen? In jedem Fall hat das Paar mein Interesse geweckt, und ich folge den beiden in einer Einstellung, die allmählich an eine der aufwändigen Kamerafahrten aus einem Film von Martin Scorseso erinnert. Ich bin ein wenig stolz auf diese Kamerafahrt, während ich an der Theke mit Süßigkeiten vorbeigehe, mich zwischen plaudernden Kinogängern und liebreizenden uniformierten Platzanweiserinnen hindurchschlängle, den Kinosaal betrete, den Mittelgang entlang und dann durch die Sitzreihe gehe, als sich das Paar seinen Weg zu zwei freien Plätzen nahe der Mitte bahnt. Ich bleibe hinter den beiden, als sie sich setzen, platziere ihre Köpfe und Schultern sorgfältig im unteren Drittel des Bildes und fokussiere meinen Blick auf die Leinwand dahinter. Der Film läuft bereits. Auf der Leinwand jagt ein riesiger Killerroboter Costello durch ein Maisfeld.

»Abbbbbbotttttttttt! He, Abbbbbbbottttttttttttt!«, schreit Costello.

Es ist das Lustigste, was das gesamte Publikum je gesehen hat. Der Roboter fängt Costello und zerstampft ihn zu einem blutigen Brei. Costello stößt hohe Schmerzensschreie aus. Es ist seine lustige »Panik«-Stimme, aber es ist nicht lustig. Das Publikum verstummt.

»Ach, stell dich nicht so an, du Weichei«, speit Abbott, der zu ihm aufgeschlossen ist.

Das scheint die Zuschauer zu ermutigen, denn ein Mann in Reihe fünf ruft: »Was für ein Weichei!«, und wieder lachen alle auf. »Was für ein Weichei!«, rufen sie im Chor. Auch ich muss lachen, brüllend wie die zahnlosen Kettensträflinge am Schluss von *Sullivans Reisen*, aber geräuschlos, weil ich in dieser Welt nicht existiere. Ich kann ungestraft über den Schmerz anderer lachen, weil ich hier nur ein Auge bin.

HENRIETTA BEGINNT IHRE Präsentation zu den Hundeschühchen mit einem sachfremden Debecca-DeMarcus-Zitat:

> In unserem zur Flucht, zur Auflösung geschaffenen Phlogiston werden wir als die Asche sichtbar, die wir immer waren. Es ist das Phlogiston, das uns narrte, uns glauben ließ, wir könnten

Individuen sein anstelle der anonymen Asche, die wir immer waren. Das verführt uns zu schrecklichen Taten voller Grausamkeit und Schrecken.

»Sie haben DeMarcus nur zitiert, weil ich es während meiner Präsentation auch getan habe«, behaupte ich. »Ich bezweifle, dass Sie überhaupt wissen, was Phlogiston ist.«

»Eine Substanz, die man früher für einen Bestandteil aller brennbaren Körper hielt, was jedoch inzwischen widerlegt ist. Arschloch.«

»Phlogiston existiert. DeMarcus wusste es, und ich weiß es auch. Asche-loch.«

»Die moderne Wissenschaft erhebt Einspruch dagegen. Armleuchter.«

»Die kann erheben, was sie will; das ändert nichts daran, dass Sie wunderbar brennen werden, wenn die Endzeit kommt.«

»Allen, B. bedroht mich.«

»Das tue ich nicht«, sage ich. »Ich habe keinerlei Kontrolle über die Endzeit.«

»BESCHREIBEN SIE MIR, was Sie sehen«, verlangt Barassini.

»Ein hagerer Mann. Ernst. Fokussiert. Gebrochen. Ich kann mich nicht an seine Hintergrundgeschichte erinnern. Ich kenne seinen Namen nicht; ich weiß nicht, ob er je einen hatte. Er ist Meteorologe.«

»Er ist Mett-Orologe?«

»Ja.«

»Interessant. Bizarr. Sprechen Sie weiter.«

»Es könnten die 1950er-Jahre sein. Er sitzt an seinem Schreibtisch und schreibt in ein Notizbuch. Seine Off-Stimme erklingt in meinem Kopf: ›Gibt es für jede Aktion eine gleichartige und entgegengesetzte Reaktion und sind diese Reaktionen zur Gänze vorhersagbar, so liegt die Annahme nahe, dass man unter Rückgriff auf sämtliche Daten eines einzelnen Augenblicks in Zeit und Raum imstande sein sollte, den darauffolgenden Augenblick treffend vorauszusagen und von dort aus den nächsten und immer so weiter. Darüber hinaus sollte man vermittels derselben Methode den initiierenden Augenblick bestimmen können, den dem initiierenden Augenblick vorangegangenen Augenblick und so weiter, denn die Physik kennt keine zeitliche Richtung. Der Schlüssel besteht darin, über sämtliche Daten zu verfügen, was in einem kleinen und kontrollierten Umfeld realisierbar sein könnte. In einem größeren Maßstab könnte das eines Tages einen großen Schub für die Wettervorhersage bedeuten. Es würde elektronischer Rechenmaschinen von solcher Leistungsfähigkeit und Ausgereiftheit bedürfen, dass sie zu meinen Lebzeiten vermutlich nicht mehr existieren werden.‹«

Diese Vorstellung ist wissenschaftlich betrachtet natürlich Unsinn – obgleich Ingo offensichtlich mit dem wahnsinnigen, vorausahnenden Geschwafel des Meteorologen/träumerischen Pazifisten/Ralph-Richardson-Onkels Lewis Fry Richardson vertraut war –, aber wenn man im Kino nicht seine Ungläubigkeit hinter sich lassen kann, wo dann? Der Meteorologe stellt einen Philodendron im Topf in einen gläsernen Miniaturwindkanal. Er nimmt Messungen vor, macht sich Notizen, schaltet eine auf den Windkanal gerichtete 16-Millimeter-Bewegtbildkamera ein, nimmt einige Einstellungen vor und aktiviert dann das Gebläse. Die Kamera und er sehen zu, wie Blätter und Stängel der Pflanze hin und her geblasen werden, mal hierhin und mal dorthin. Nach etwa fünfzehn Sekunden löst sich ein einzelnes Blatt von der Pflanze, wirbelt durch den Windkanal, prallt gegen die Hinterwand und fällt zu Boden. Der Meteorologe schaltet die Kamera ab; dann stellt er in einer Montagesequenz an seiner Kreidetafel eine Reihe von Berechnungen an: mathematische Gleichungen und Graphen mit Zwischenschnitten fliegender Kalenderblätter, Aufnahmen des fliegenden Philodendronblatts, des Meteorologen, der am Schreibtisch schläft, chinesisches Essen aus Pappbehältern isst, frustriert mit der Faust auf den Tisch schlägt. Wochen vergehen. Ein Bart erscheint auf seinem Gesicht. Er zeichnet die Pflanze präzise auf Millimeterpapier nach, offenbar auf Grundlage von Gleichungen aus seinem Rechenbuch. Er zeichnet sie noch einmal. Er zeichnet sie noch einmal. Er zeichnet sie noch einmal. Er zeichnet sie noch einmal. Er zeichnet sie noch einmal. Abermals fliegen Kalenderblätter; der Bart wird voller. Die Montage endet, und der erschöpfte Meteorologe sitzt in seinem verdunkelten Büro hinter zwei Filmprojektoren, die auf zwei kleine tragbare Leinwände gerichtet sind. Er schaltet beide gleichzeitig ein.

»Was wird gezeigt?«, fragt die Stimme.

Auf der rechten Seite die Aufnahme des im Windkanal flatternden Philodendrons, von dem sich das Blatt löst und gegen die Rückwand prallt. Auf der linken Seite eine animierte Zeichnung desselben, die simultan und exakt gleich abläuft. Beide Filme sind Schleifen, und der Meteorologe sieht sie immer wieder an.

Schnitt auf den Meteorologen, der in sein Notizbuch schreibt: *Es hat funktioniert! Allein anhand der Ursprungsdaten konnte ich zukünftige Ereignisse präzise vorhersagen. Dass ich dafür fünf Wochen brauchte, ist nur ein kleines Problem, das mit der Zeit ausgeräumt werden wird, wenn erst einmal eine höher entwickelte Rechenmaschine als mein allzu menschliches, fehlbares Gehirn erhältlich ist.*

IN DEN FACHZEITSCHRIFTEN fürs Showbusiness habe ich gelesen, dass die Filmrechte an Grace' Blog erworben wurden, das auf dem boomenden feministischen Filmmarkt von heute zum »Seller« geworden ist.

In einer Entwicklung, die man nur als Zeitraffer bezeichnen kann, führt Grace Regie bei dem Film, dem sie den Titel *Vater ist der Bestie* gegeben hat. Er wird von der Kritik äußerst wohlwollend aufgenommen. Der Film ist, gelinde gesagt, unfair. Als Filmliebhaber und -kritiker muss ich ihn auf meiner Website Critical Condition besprechen, obgleich es mich sehr schmerzt.

VATER IST DER SCHLECHTESTIE

Um mit offenen Karten zu spielen: Grace Farrow (Mädchenname Grace Rosenberger Rosenberg) ist meine Tochter, und ich vermute, dass ich (zumindest in Teilen) als Vorbild für den Vater in ihrem Film gedient habe, also bin ich kein ganz Unbeteiligter. Doch das stelle ich hintenan, um diesen Film objektiv zu beurteilen. *Vater ist der Bestie* ist ein kleines, aufrichtig empfundenes Debüt einer jungen Filmemacherin, und man ist durchaus versucht, es dabei bewenden zu lassen, da die Absichten der Filmemacherin ehrenwert sind und man bei einer Regisseurin, die erst im Begriff ist, ihr Handwerk zu lernen, ein wenig Nachsicht walten lassen muss. Doch vielleicht wird eine Kritik eines erfahrenen und desinteressierten Filmpädagogen dieser aufstrebenden Autorenfilmerin letztlich hilfreich sein. In diesem Sinne möchte ich meine Gedanken niederschreiben.

Vater ist der Bestie folgt der Laufbahn einer angehenden Filmemacherin, die in einer Gesellschaft, welche ihrem Geschlecht offen feindselig gegenübersteht, ihren Weg zu finden versucht. Ihr Vater C., nahezu ohne Zwischentöne dargestellt von dem stets überzogen agierenden Bob Balaban, ist ein Filmkritiker, der von der (dem Film zufolge) sehr männlichen Idee der Rangliste besessen ist. Während der gesamten Kindheit der Filmemacherin hat er über alle erdenklichen kulturellen Gegenstände doziert und pausenlos Bestenlisten erstellt (die besten Filme, die besten Gemälde, die besten Symphonien *et ketera*). Die Filmemacherin, die im Film den Namen Grace Less trägt (verstanden?), leidet unter dem Anspruch, die Beste sein zu müssen (bin ich der Einzige, der dabei an Melania Trump denkt?), und ist daher bei ihrer Arbeit blockiert. Zumindest so lange, bis sie einer älteren Lyrikerin begegnet, die Grace dazu bringt, sich zu öffnen und sich selbst und die Welt zu erkunden. Grace Less macht einen Film mit dem Titel *Eine Coming-of-Rage-Geschichte* (verstanden?) über ihre eigene Reise und ihre Beziehung zu ihrem Vater (natürlich toxisch) und zu der Lyrikerin (wundervoll, sinnlich). Der Film im Film wird ein Programmkino-Favorit; Szenen von Preisverleihungen werden mit ausführlichen Liebesbegegnungen zwischen Grace und Hypatia Reliquary, der Lyrikerin, gegengeschnitten.

Farrow ist eine Filmemacherin, die man im Auge behalten sollte. Man kann ihr Bedürfnis nachempfinden, sich vom bekannten Namen des Vaters zu emanzipieren – und von seiner Nase, denn vergleicht man ältere und neuere Fotos von Farrow, scheint offensichtlich, dass sie sich einer kosmetischen Nasenkorrektur unterzogen hat. Dennoch fragt man sich, ob sich nicht irgendwann in der Zukunft ein Gefühl der Reue einstellen wird. Ihren alten Nachnamen kann sie natürlich jederzeit wieder annehmen, ihre alte Nase jedoch nicht. Man begreift die Notwendigkeit, sich eine eigene Identität zu schaffen, doch muss gesagt werden, dass darin der größte Makel des Films besteht, und es ist ein tiefgreifender und letztlich verheerender Makel. Indem sie den Vater als einen so unfassbar karikaturesken Hanswurst zeichnet, macht Farrow den Konflikt zwischen den beiden inert. Der Film steht und fällt mit diesem Konflikt, denn die Beziehung zu ihrem Vater ist die entscheidendste im Film. Unternimmt die Filmemacherin keinen Versuch, den Vater als ein komplexes menschliches Wesen mit seinen eigenen Enttäuschungen und auch monumentaler künstlerischer Integrität zu zeigen, ganz zu schweigen von einer unerschütterlichen Liebe zu seiner Tochter, dann wird die Wahrhaftigkeit dieser Beziehung ausgelöscht, und in der Geschichte bleibt ein klaffendes Loch zurück. Als Vater einer Tochter sympathisiere ich sehr mit dem Kampf einer jeden jungen Frau um eine unabhängige Identität, doch die Unaufrichtigkeit des Films wiegt so ungeheuer schwer, dass ich ihn nicht guten Gewissens empfehlen kann. Nichtsdestoweniger halte ich Ms. Farrow für eine vielversprechende junge Regisseurin und warte gespannt auf ihren nächsten Versuch. Zwei Sterne.

Vater ist der Bestie wird zum Programmkinohit, beinahe, so scheint es, um mich zu kränken. Grace Farrow und ihre Freundin im wahren Leben, die Lyrikerin Alice Mavis Chin, werden zu Medienlieblingen, bringen ein Kinderbuch mit dem Titel *Ehrgeichicks* heraus, das jungen Mädchen zu Selbstvertrauen verhelfen soll, kreieren das Parfum Farrow by Chin und spielen in einem Zwei-Frauen-Rap-Musical über die Liebesaffäre zwischen den Freibeuterinnen Anne Bonny und Mary Read mit dem Titel *Piratenschätzchen*. Auf allen New Yorker Partys werden Toasts auf sie ausgebracht. Sie entwickeln auch einen Toaster für Frauen namens »Ein Toaster nur für mich«.

KAPITEL 37

ZUM ERSTEN MAL in meiner Zeit bei Zappos traue ich mich, auf die Kundendatenbank zu klicken und nach Tsai zu suchen. Wie sich herausstellt, gibt es hier weit mehr Informationen, als man erwarten würde. Schuhgrößen und Kaufhistorie natürlich, aber dazu auch noch ein recht komplexes Kundenprofil. Dieses Profil beruht vermutlich auf bei anderen Online-Händlern eingekauften Kundenhistorien und möglicherweise Regierungsakten sowie dem eigenen Browserverlauf der Kunden. Jeff Bezos ist nicht weltbester Milliardär geworden, indem er irgendetwas dem Zufall überlassen hat. Zusätzlich dazu gibt es ein sehr detailliertes computergeneriertes Abbild von Tsai. Wie das möglich war, ist mir schleierhaft, doch es ist beeindruckend. Man kann der Tsai-Figur sämtliche Kleider oder Schuhe aus ihrer Kaufhistorie anziehen. Möchte ich Tsai in ihrem schwarzen Bleistiftrock sehen (online gekauft bei Shopbop)? Klick. Dazu ein weißes Bustier? Klick. Bitte sehr. »Tsai« kann auch im virtuellen Raum um die eigene Achse gedreht werden. Und da man sie mit Kleidern ausstaffieren kann, kann man die Kleider auch weglassen. Es ist unklar, welchen Nutzen dieses Feature für Zappos hat, aber es ist ausgesprochen klar, welchen Nutzen es für mich hat. Zudem kann ich jedes Buch, das Tsai je bei Amazon gekauft hat, in die Hand der virtuellen Tsai legen. Mit zwei Klicks kann man sie in einem dunkeltürkisen Einteiler Rimbaud lesen lassen. Man ist im Himmel. Die Welt könnte kein schönerer Ort sein. Zumindest, bis ich unter ihren Retouren ein Paar roter Mary Janes finde, die am

Morgen im Warenhaus in Nevada eingegangen und noch nicht geprüft worden und also noch nicht wieder in den allgemeinen Bestand aufgenommen sind. Das bedeutet, dass ich als leitender Angestellter diese Schuhe inmitten des Vorgangs abfangen und einer »Prüfung auf Exekutivebene« unterziehen kann. Ich fordere Tsais retournierte Mary Janes an, und man teilt mir mit, dass sie vor Geschäftsschluss am heutigen Tag in mein Büro geliefert werden. Ohne Rückfragen.

Jemand hat ein erschlichenes Foto von meinem Gesicht an die Wand der Kantine gehängt. Am unteren Rand stehen die Worte »Manischewitz-Gesicht«, eine Anspielung auf meinen Portweinfleck und meine angebliche jüdische Herkunft (ich bin kein Jude), eindeutig das Werk Henriettas. Mein Chef reißt es herunter und beruft eine Abteilungsversammlung ein. Er will wissen, wer das Bild aufgehängt hat. Er sagt, religiöse Intoleranz werde nicht geduldet. Und Spott über verunstaltete Gesichter ebenso wenig. Ich sage, ich sei kein Jude und betrachtete mich auch nicht als verunstaltet.

»Das ist nicht die Frage«, sagt er.

»In gewisser Weise schon«, sagte ich, »da der Spott an mir wirkungslos abprallt.«

»Vielleicht könnten wir jüdische Schuhe verkaufen«, sagt Henrietta, wodurch sie sich meiner Ansicht nach verrät.

»Was soll das überhaupt sein?«, fragt unser Chef.

»Ich weiß nicht. Jarmulke-Schuhe?«

Das ergibt keinen Sinn, weder als Witz noch als Beleidigung. Henrietta ist eindeutig nicht in Form, auch wenn sie es noch nie wirklich war. Mein Chef findet es zutiefst beleidigend.

»In diesem Unternehmen wird es keine Jarmulke-Anspielungen geben!«, schreit er.

Vielleicht weiß er nicht, was eine Jarmulke ist, und glaubt, es wäre ein Schmähwort für Juden.

»Sobald ich herausfinde, wer dieses Foto aufgehängt hat«, fährt er fort, »rollen hier Köpfe.«

Ich verstehe nicht, wie er nicht wissen kann, dass es Henrietta war.

»Vielleicht sollten wir unsere jüdischen Schuhe *shule* nennen«, sage ich im Versuch, die Stimmung zu heben und im selben Zug einen (oder eine Million!) auf Henriettas Spruch draufzusetzen.

Alle lachen. Alle außer Henrietta.

»Wieso darf er das sagen?«, fragt Henrietta.

»Weil er Jude ist!«, sagt der Chef.

»Masselstoffschuhe!«, platzt es unkontrolliert aus Henrietta heraus.

Unser Chef schüttelt den Kopf.

»Wenn ich herausfinde, wer das war …«, sagt er und verlässt den Raum.

Der Karton steht auf meinem Schreibtisch, als ich von der Besprechung zurückkomme. Ich bin ein Kind am Weihnachtsmorgen, als ich die Verpackung aufreiße. Die Schuhe. Mein Gott, die Schuhe. Sie sind aus wunderschönem, glattem, glänzendem, tief rubinfarbenem Leder. Die Schnalle ist silbern. Die Sohle aus schwarzem Gummi. Ich weiß, dass Tsai die Schuhe zurückgeschickt hat, weil sie eine Nummer zu klein sind, denn sie hat die gleichen Schuhe noch einmal eine Nummer größer bestellt. Der Gedanke daran, wie ihre Zehen in der Zehenbox der zu kleinen Schuhe zusammengepresst werden, erregt mich in einer Weise, die ich nicht in Worte fassen kann und werde. Es gibt keinen Teil der Innenseite dieser Schuhe, der nicht gegen Tsais nackte Füße gepresst und gescheuert wurde. Ohne weitere Umschweife tue ich, was ganz gewiss mein Daseinszweck auf Erden ist. Ich halte einen der Schuhe an meine Nase und atme tief ein. Allein beim Gedanken, Tsais Moleküle einzuatmen, verliere ich beinahe das Bewusstsein, doch es ist mehr als das. Der Geruch: gegerbtes Leder, Gummi, Schweiß, Fuß … es ist ein berauschendes Erlebnis. Ich gebe die Seriennummer auf dem Karton in den Computer ein. Ja! Dieses Paar Schuhe hat vor Tsais Bestellung nie das Lager verlassen. An diesen Schuhen ist Tsai und nur Tsai. Sanft fahre ich mit der Zunge über die Innenseite des Schuhs. Oh, Tsai. Ich blicke auf und schaue in die Kamera von Henriettas iPhone.

Ich werde entlassen.

UM KAUFMANS NEUEN Film wird ein Geheimnis gemacht, als würde er irgendwen interessieren, aber ich habe mich umgehört und herausgefunden, dass es sich wieder um die übliche maximalistische Effekthascherei handelt, diesmal unter dem Titel *Träume von geistesabwesenden Übertretungen*. Offenbar handelt der Film davon, dass unsere moderne Welt in einen halbbewussten Traumzustand sinkt, in welchem wir einen allmählich zunehmenden Surrealismus in unserem Alltag tolerieren. Angeblich verkörpert Jonah Hill darin einen jungen Schauspieler namens Jonah Hill, der entdeckt, dass es in China eine Fabrik gibt, in der Jonah Hills (Jonahs Hill?) für eine Reihe asiatischer Billigkopien von Jonah-Hill-Filmen geklont werden. Diese Klone wachsen mit Mandarin als Muttersprache auf. Eine nicht genannte Quelle beschreibt das Ganze als eine Mischung aus *The Boys from Brazil* und *Komödiantenkinder*. In jedem Fall wird es mit Sicherheit ein weiterer schwülstiger, übertrieben gehypter Streifzug in Kaufmans selbstreferentielle, selbstgefällige Psyche sein. Als ich auf dem Weg zu meinem Augenarzt am anderen Ende der Stadt (er hat eine neue Lieferung von Augenbobs bekommen!) gerade mit dem Einüben dieses Vortrags (den ich für den Fall, dass es regnet, im Rahmen des Boy Scouts of America Jamboree Rain Day Film Festival im Abstellraum des Erholungszentrums Senter Park in Irving, Texas, halten soll) ans Ende komme, falle ich in einen offenen Kanalschacht. Es ist ein Schock, denn ich war in Gedanken versunken und wollte gerade noch einmal die Rede rekapitulieren, die ich drei Jahre zuvor vor dem Ortsverband San Antonio der League of Women Voters gehalten hatte. Diese trug den Titel »Bei Charlie Kaufman stimme ich mit ›Daumen runter‹«. Die weiblichen Wähler waren nicht mit Kaufmans Werk, wenn man es so nennen kann, vertraut, sodass ich zur Unterstreichung meiner Thesen auf einige besonders ungeheuerliche Szenen zurückgriff, und am Ende des siebzigminütigen Vortrags hatte ich sie auf meiner Seite. Ich glaube, man kann getrost davon ausgehen, dass sie sich keinen von Kaufmans Filmen ansehen werden. »Das war einfach nur schrecklich«, sagte eine von ihnen im Anschluss. »Ja, dieser Mann ist verrückt.« Eine Wählerin nach der anderen. Als ich nun bis zum Hals in übelriechendem Abwasser sitze, in den Ausscheidungen meiner urbanen Zeitgenossen, werde ich jäh in den gegenwärtigen Augenblick zurückgerissen. Es ist nicht das erste Mal, dass das geschieht.

Ich überprüfe meine Knöchel, Knie, Handgelenke – ich scheine keine ernsthaften Verletzungen zu haben. Ich beschließe, die Stadt zu verklagen. Es wäre freilich besser, hätte ich mich verletzt. Doch ich scheine mich bei dieser Art von Stürzen nie zu verletzen. Manchmal tauche ich in Fäkalien ein. Manchmal nicht. Meist tauche ich in Fäkalien ein. Mit solcher Nachlässigkeit öffnet die Stadt gerichtlichen Klagen natürlich Tür und Tor. Ich steige die Leiter hinauf und ziehe rasch den Kopf ein, als ein Taxi über mir dahinrauscht. Ich sehe noch einmal nach, ob die Bahn frei ist, und klettere hinaus, stinkend und nass. Auf der Straße geht man mir aus dem Weg; angewiderte Blicke werden mir zugeworfen, Beschimpfungen gerufen: »Stinki« und »Müffel-Man« und aus irgendeinem Grund »Pädo«. Beschämt eile ich nach Hause, dusche und schnalle mich an meinem Schlafsessel fest, um mich richtig auszuweinen. Morgen ist ein neuer Tag, sage ich, um mich zu trösten. Aber stimmt das wirklich? Oder geht es einfach genau so weiter? Wieder ein offener Kanalschacht? Wieder ein Tritt in Hundefäkalien? Wieder eine sich vor Lachen schüttelnde Schar Highschool-Schülerinnen, die auf der Straße an mir vorbeigeht? Ich bin kein Mann, der an Gott glaubt. Ich bin auf Facebook mit Richard Dawkins befreundet, um Himmels willen, und mit einigen weiteren sehr verrückten Leuten, für die ich große Bewunderung hege, aber manchmal scheint es mir, als gäbe es da eine heimtückische Macht, die sich an meiner fortgesetzten Demütigung erfreut.

Mein Leben ist gewiss nicht, was ich mir erhofft hatte. Ich denke an jene einsame Nacht als Student an der Universität Harvard zurück, in der ich auf der Suche nach Sinn durch die Straßen von Cambridge, Massachusetts, streifte. »Was hat das alles für einen Sinn?«, fragte ich mich laut. Plötzlich erschien wie aus dem Nichts (aus dem Himmel?) ein alter Obdachloser und bat mich um Geld. Ich schüttelte den Kopf, sagte Entschuldigung, ging vorbei, den Kopf gesenkt, die Hände in den Hosentaschen vergraben, und überlegte weiter laut. Doch dieser Obdachlose akzeptierte kein Nein und begann, mir zu folgen.

»Jedes bisschen hilft. Ich bin ein alter Mann, hatte ein hartes Leben.«

»Sorry, hab keine Kohle« (ein Versuch, ärmer zu klingen).

»Du verstehst nicht«, sagte er. »Von einem Tag auf den andern kann's mit dir bergab gehn. Ich war auch mal jung, sogar jünger wie du. Wie alt bist du, neunzehn? Vierzehn? Tja, ich war auch mal zehn, genau wie du. Kannst du mir glauben oder auch nicht, aber es ist so. Und auf einmal geht's bergab mit dir.«

»Muss zu meinem Mindestlohnjob«, sagte ich zu ihm und ging weiter.

»Mir kam mal so eine Idee, weißt du? Eine *idée fixe*, wie man das nennt. Damals wusste ich nicht, dass man's eine *idée fixe* nennt, und wusste nicht, dass es eine werden wird. Ich dachte, es wäre bloß so eine Idee, die mir durch den Kopf ging. Aber sie blieb und blieb. Hat mir irgendwie den Spaß an allen späteren Ideen verdorben. *Idée fixe* nennt man das. So sagen's die Franzosen. Pierre Janet hat das gesagt. Weiß nicht, wieso er einen Frauennamen als Nachnamen hat – das hab ich nie kapiert –, aber er hat von der *idée fixe* gesprochen. Schon mal von ihm gehört? Carl Young war einer von seinen Schülern. Von dem hast du doch schon mal gehört, oder? Bist doch ein College-Boy, oder? Der ist bekannt.«

»Er heißt Jung«, sagte ich, weil ich mich nicht beherrschen konnte.

»Jedenfalls, mit mir ging's bergab wegen dieser Vorstellung, wo ich hatte, die kam mir einfach so ins Hirn, als hätte sie einer dort abgelegt, wie ein Ei oder einen Bazillus oder einen Samen, etwas, wo wachsen oder Wurzeln schlagen tut, der Gedanke *Was, wenn ich eigentlich aus der Zukunft bin*, so wie wenn ich zurückgeschickt worden wär, und eigentlich bin ich wer ganz anderes, einer aus der Zukunft, weißt du? Kapierst du? Weißt du, ich und mein Bruder Herbert, der ist jetzt tot, wir haben unten in Florida so ein Viech am Strand gefunden, so eine Art

Meerestier, nur dass es kein gewöhnliches Viech war. Es war, als hätt' Gott einen Fehler gemacht und es einfach dort hingeschmissen, vielleicht hatte er gehofft, dass es dort keiner findet. Aber Herbert und ich, wir haben's gefunden, jawoll, das haben wir, und ich dachte mir, vielleicht ist es kein Zufall. Vielleicht ist dieses Viech ganz genau eine falsche Version von Herbert und mir, und irgendwer anders, ein zweiter Gott vielleicht, aber ein grausamer diesmal, wollte, dass wir's sehn. Herbert hat meine *idée fixe* nicht verstanden, und er ist weggegangen und Schuhverkäufer geworden, aber ich, ich hab's studiert und versucht, es zu verstehn.«

»Mhm«, sage ich. »Ich muss wirklich –«

»Ich bin sogar hier rauf zum Sitz der Hochschule gezogen, um zum College zu gehen und mehr darüber zu lernen, aber weil ich nicht mal bis zur fünften Klasse auf der Schule gewesen bin, wurde ich nie von einer akademischen Institution aufgenommen. Wahrscheinlich hätt ich Schuhe verkaufen sollen wie Herbert. Er war immer praktischer veranlagt gewesen wie ich. Ich hab schon immer gern übers Universum nachgedacht und nachgesonnen. Ich war immer der Neugierigere von uns beiden, die wir keine echten Brüder waren, aber dann wieder doch. Jedenfalls hab ich mich dann gefragt, wieso mir diese Idee in den Kopf gekommen ist und nicht mehr weggehn wollte. Woher war sie gekommen und –«

»Ich muss in dieses Kino hier«, sagte ich. »Um mir einen Film anzusehen.«

Also betrat ich das heruntergekommene Kino, nur um diesem Verrückten zu entgehen, und sah mir, allein im verdunkelten Zuschauersaal hockend, *Weekend* an, Jean-Luc Godards Meisterwerk aus dem Jahr 1967, und das veränderte mein Leben für immer. Vor diesem Abend hielt ich es für Zeitverschwendung, sich hinzusetzen und unterhalten zu lassen. Ich hatte die Absicht, in den Auslandsdienst zu gehen, vielleicht Diplomat zu werden oder Sonderbotschafter oder Attaché. Ich hatte sogar schon einen Attachékoffer mit Monogramm gekauft. Ich war also bereit. Doch dieser Film sprach zu mir wie nichts zuvor, wie niemand zuvor. Dieser Film war die Geliebte, von der ich immer geträumt hatte. Er sah mich ganz und gar. Er entkleidete mich. Er begehrte mich. Salopp gesagt, hätte es eine Möglichkeit gegeben, diesen wunderschönen Film zu vögeln und dann in seinen Armen einzuschlafen, ich hätte es sofort getan. Was blieb mir also übrig, als im Hauptfach von Internationalen Beziehungen zu Filmwissenschaft zu wechseln? Die filmwissenschaftliche Fakultät von Harvard war natürlich die beste der Welt, damals geleitet von Warren Beatty und Michael Cimino oder in jedem Fall zwei Männern, die ihnen ausgesprochen ähnlich sahen. Es war nahezu unmöglich, aufgenommen zu werden, doch irgendwie beeindruckten sie meine Entschlossenheit, meine Leidenschaft und mein fünfzigseitiger Plan zur Gründung eines amerikanischen Kinos der Ideen, das auch ein Kino des Gefühls sein würde, das furchtlos die menschliche Psyche ausloten würde im Versuch, allen Widrigkeiten zum Trotz den allgegenwärtigen Krieg zwischen Männern und Frauen zu begreifen, und ich wurde aufgenommen.

In meinem ersten Kurs hätte ich mich beinahe mit Warren Beatty geprügelt, als es um die Einstufung von Godards *Weekend* ging. Es war zu dieser Zeit der einzige Film, den ich je gesehen hatte, weshalb ich ihn auf Platz eins setzte. Beatty setzte ihn auf sieben, weil er ihn nicht verstand. Er beharrte darauf, der Film sei eine Kritik am Faschismus, was in etwa so erkenntnisreich ist, wie zu sagen, *Network* sei eine Kritik an Peter Finch. Das sagte ich ihm auch. Daraufhin begannen wir, einander zu schubsen. Beatty ist ein großer Mann, aber seine Muskeln fühlten sich sonderbarerweise wie Gelatine an. Ich dachte, er hätte vielleicht irgendeine Krankheit und ich sollte behutsam mit ihm umgehen. Doch meine Leidenschaft gewann die Oberhand, und ich schlug ihn mit einem Ellbogenhieb gegen den Kiefer bewusstlos, wo eine Delle zurückblieb, als bestünde sein Gesicht aus nassem Lehm. Die Delle blieb eine Woche dort und ploppte schließlich während des Unterrichts mit einer Art saugendem Geräusch wieder heraus. Ich rechnete damit, mindestens exmatrikuliert und wahrscheinlich inhaftiert zu werden, doch als Beatty zu sich kam, wirkte er verändert, wenigstens in Bezug auf *Weekend*. Er sagte, seine Einschätzung des Films sei oberflächlich gewesen, und gab zu, ihn nie in voller Länge gesehen zu haben. Und dann geschah etwas Wundersames: Er blickte mir in die Augen und sagte: »Unterrichte mich.« Und ich tat es.

Wir gingen ins Kino und sahen uns gemeinsam *Weekend* an. Ich erklärte, was Godard tat und warum. Beatty war ein beflissener Schüler. Er gab zu, so viel Zeit damit verbracht zu haben, Frauen nachzustellen, dass sein filmischer Blick darunter gelitten habe. Ich sagte: »Da müssen wir Abhilfe schaffen.« Wir kamen uns nah (aufgrund einer Auseinandersetzung über die junge Diane Keaton wird er abstreiten, dass wir uns je begegnet sind, doch wir standen uns sehr nah und teilten uns sogar drei Semester lang eine Wohnung). Cimino war eine härtere Nuss, wenngleich wir einmal die Sommerferien gemeinsam in Aruba verbrachten und eine wundervolle Zeit hatten. So nahmen meine Filmstudien ihren Lauf. Denn ist lehren nicht die beste Art des Lernens?

Ich hatte damals vor, mir die Grundlagen der Filmproduktion anzueignen: Kameraführung, Schnitt, Tonaufnahme, Drehbuchschreiben, Regie, Schauspielerei, Beleuchtung *et ketera*. Nachdem ich meinen Abschluss erhalten hatte, würde ich dann, das Gewehr im Anschlag, in die Welt hinaustreten, um meinen ersten Film zu drehen, der den Titel *Gewehr im Anschlag* tragen sollte, doch anstelle der üblichen kinematografischen Gewaltschlacht sollte in meinem Film kaum einmal eine Erbsenpistole zu sehen sein. Das titelgebende Gewehr würde das Gewehr des menschlichen Miteinanders sein, wissen Sie – die Gewalt, die wir einander antun, während wir uns in Gemeinschaft versuchen. Ein junger Mann und eine junge Frau kämpfen darum, eine gesunde Beziehung aufrechtzuerhalten. Er ein brillanter und dabei bescheiden gebliebener Akademiker, der Internationale Beziehungen studiert, sie eine nubische Archäologin, zynisch, aber sehr schön, ihr Intellekt so üppig wie ihr Busen.

KAPITEL 38

ICH BIN ZU dem Schluss gekommen, dass ich lächerlich bin. Die Missgeschicke. Die offenen Kanalschächte. Selbst das Feuer, das Ingos Film und mein Leben zerstört hat. Aber vielleicht noch entsetzlicher sind meine Gedanken. Meine Denkweise ist albern. Meine Erinnerungen sind grotesk. Meine Einfälle sind lachhaft. Ich bin ein wichtigtuerischer Clown. Gelegentlich wird mir das bewusst. Es gibt Augenblicke der Klarheit, die ich nur umso demütigender empfinde, weil ich mich selbst sehen kann, wie andere es vermutlich tun, ohne irgendetwas ändern zu können. Der klägliche, komische Denkvorgang setzt sich fort, gerade so, als würde ein Drehbuch ablaufen. Gerade so, als wäre ich selbst eine Puppe, bestimmt durch eine äußere Kraft, geschrieben als Kontrastfigur in einem seltsamen kosmischen Unterhaltungsstück, das sich irgendwer irgendwo ansieht. Aber wer oder was? Und warum? Und auch wie? Und wann?

Die neue Personalerin studiert meinen elfseitigen Lebenslauf.

»Meine Güte«, sagt sie. »Sie haben schon sehr, sehr viele Tätigkeiten ausgeübt.«

»Ja«, sage ich.

»Wichtigtuerischer Universitätsdozent. Enervierter Kaufhausgeschäftsführer. Kleinstädtischer Zahnarzt. Filmregisseur. Ungeduldiger Geigenlehrer. Oberster Hotelpage in einem maroden Resorthotel in den Catskill Mountains. Hafenarbeiter. Kurzzeitiger Angestellter bei einem Herrenausstatter. Kriecherischer Feinkostladenmitarbeiter.

Überheblicher Famulus von Jean-Luc Godard. Herablassender Banker. Eifersüchtiger drittklassiger Filmkritiker. Autor über siebzig in Kleinverlagen erschienener Monografien. Liederlicher Wäscher … und so geht es weiter.«

Meine Tätigkeit bei Zappos habe ich verschwiegen.

»So viel Erfahrung, Mr. Rosenberg«, sagt sie.

»Mx.«

»Mx. Rosenberg. Sie haben wirklich einiges durch, nicht wahr?«

»Ich habe einige Berufe ausgeübt, ja.«

»Nun, ich muss Ihnen ganz offen sagen, dass unsere Bewerber im Allgemeinen keine so vielfältigen beruflichen Werdegänge haben. Es sind für gewöhnlich College-Studenten, Hausfrauen, gescheiterte Künstler *et ketera*.«

»Ich bin mir sicher, jede Arbeit erledigen zu können, die Sie für mich haben.«

»Da bin ich mir auch sicher. Aber Sie sind so überqualifiziert, dass ich fürchte, Sie würden sich langweilen.«

»Das würde ich nicht. Ich habe mich noch nie gelangweilt. Langeweile ist die Domäne des Einfältigen.«

»Doch, das würden Sie. Ich habe das unzählige Male erlebt. Es ist mein Beruf und meine Berufung, die richtige Tätigkeit für die richtige Person zu finden. Also werde ich Ihnen etwas weit Besseres anbieten.«

»Ich will nichts Besseres als untergeordneter Shopbop-Kundendienstmitarbeiter.«

»Ich werde Ihnen eine Position im Schuhbereich anbieten, Mx. Rosenberg.«

»Aber –«

»Es ist eine leitende Funktion mit Aufstiegsgarantie. Und anhand Ihrer Erfahrung als … geringschätziger Zirkusdirektor und … hochnäsiger Berufsdiplomat erkenne ich, dass Sie in großen Zusammenhängen denken können und ausgezeichnete Schuharbeit leisten werden.«

ICH SITZE IN einem ansonsten leeren Kino und sehe mir einen weiteren Film dieses aufgeblasenen Selbstdarstellers namens Charlie Kaufman an. Diesen Film mit dem widerwärtigen Titel *Anomalisa* hat er zusammen mit einem Burschen namens Duke Johnson gedreht, sodass ich ein kleines bisschen Hoffnung habe, dass es sich nicht um das Kaufman-typische schwarze Loch der Kreativität handelt. Zumindest, bis der Film beginnt. Ach, um Himmels willen. Kaufman hat sich offenbar anheischig gemacht, mit seinen pubertären Grübeleien zum Thema Konformität, oder worum auch immer es in diesem unerträglichen Schlamassel geht, die Stop-Motion-Animation auf ewig zu zerstören. Kaufman ist kein Wanderson. Er ist ganz gewiss kein Ingo. Er ist nicht einmal ein Art Clokey.

Hinterher wandere ich durch die Straßen, denke über die »Botschaft« dieses Films nach und komme zu dem Schluss, dass er ein Plädoyer von Kaufman an seine Mitmenschen sein will, doch bitte, bitte den Durchschnittsmenschen als ein Individuum zu betrachten. Ein edles Ansinnen, würde Kaufman es nicht auf so offensichtlich verlogene Weise von seiner erhabenen Position als »Verkündiger wichtiger Wahrheiten« aus vorbringen. Er interessiert sich nicht für Durchschnittsmenschen, und er hat es nie getan und sich auch nie die Zeit genommen, sie als die Individuen zu betrachten, die sie in ganz grundlegender Weise sind. Kaufman ist ein Elitärer im verachtenswertesten Sinne des Wortes. Seine Herablassung (und seine Misogynie! Ich will gar nicht davon anfangen!) ist jenseits von jeder Wiedergutmachung, und ich würde die Behauptung wagen, dass *seine* teuren Designerschuhe nie das Pflaster berührt haben, auf dem die gewöhnlichen Menschen dahingehen.

Ich falle in einen offenen Kanalschacht. Doch selbst mit der stinkenden Scheiße meiner Mitmanhattaner und -manhattanerinnen bedeckt, setze ich meine Tirade gegen Kaufman fort. Er ist, schließe ich, ein Poseur der widerwärtigsten Art, geliebt von Baskenmütze tragenden Studienanfängern, die sich in ihrem Banausentum (gewiss sind sie solche Banausen, dass sie nicht einmal das Wort Banausentum kennen!

Ha!) für Verfechter von etwas Scharfsinnigem, etwas Originellem, etwas nicht Kategorisierbarem halten.

Ich versuche, die Leitersprossen zur Straße hinaufzusteigen.

Haben Sie nie die Arbeiten des brillanten, wegweisenden italienischen Dramatikers Luigi Pirandello gelesen, von dem Kaufman regelmäßig und unwissend abschreibt?

Eine scheinbar aus dem Nichts kommende gewaltige Welle flüssiger Fäulnis wirft mich von den Sprossen und trägt mich in ihrem Sog davon. Ich schreie um Hilfe und erhalte im Gegenzug einen Mundvoll dieser Jauche. Lange greife ich vergebens nach irgendetwas Festverankertem, und nachdem ich etwa fünfzig Meter weit mitgerissen wurde, bekomme ich ein Lampengitter über mir zu fassen und kann mich daran festklammern, bis die braune Flüssigkeit abschwillt. Ich lasse mich auf den Grund der Kanalisation fallen und kehre zu meinen geliebten Leitersprossen zurück.

Diesmal schaffe ich es auf die Straße und denke augenblicklich wieder über Kaufman nach. Er geht mir wie niemand sonst gegen den Strich. Sein juveniles Meta-Geschwafel, *en gros* zusammengestückelt aus Missdeutungen von Absurdismus und –«

Ich falle in einen weiteren offenen Kanalschacht. Wie kann das sein? Dieser Abwasserkanal scheint widersinnigerweise mit Erbrochenem gefüllt zu sein. Was geht in dieser Stadt vor sich? Findet wieder eine Pro-Mia-Tagung statt? Ich werde klagen. John V. Lindsay oder Fiorello La Guardia oder wer auch immer dieses Dreckloch gerade regiert, wird teuer dafür bezahlen.

Zurück in meiner Wohnung, sitze ich nach einer gründlichen Wäsche mit meinem antimikrobiellen Hibiscrub-Hautreiniger (ich muss ihn mittlerweile im Großhandel in Zwanzig-Liter-Fässern kaufen) auf meinem Sessel/Bett und denke über mein Leben nach. Es scheint da eine Art Muster zu geben. Es ist ein Muster der Niederlagen, der kleinen Demütigungen. Wäre ich nicht der Typ Atheist, der unverbrüchlich an die Sinnlosigkeit des Lebens glaubt, der an das unnachgiebige Chaos eines kalten Universums glaubt, der glaubt, dass das Leben ein brutaler kosmischer Unfall ist, der glaubt, dass niemand zusieht und ganz gewiss niemand die Strippen zieht, dann würde ich glauben, dass jemand zusieht und jemand die Strippen zieht und dass der Jemand oder das Etwas, der oder das es auf mich abgesehen hat, tatsächlich zusieht, zusieht, immerzu zusieht, verdammt. Schließlich bin ich ein guter Mensch, ein gütiger Mensch, ein Mensch, der im Angesicht dieser andauernden Sinnlosigkeit nach dem Gesetz der Wechselseitigkeit lebt, der sogenannten Goldenen Regel, wie die Herren Jackson und Gibbon es genannt haben. Tatsächlich würde ich die Behauptung wagen, dass ich nach der goldensten aller Regeln gelebt habe. Nicht nur tue ich den Leuten, was ich will, dass sie mir tun sollen, sondern ich tue ihnen im Mittel sogar dreimal mehr, als sie mir tun sollen. Warum also leide ich so? Natürlich ist das Leben unfair, wie uns They Must Have Been Gigantic vor Jahren auf so prägnante und melodische Weise gelehrt haben, doch in letzter Zeit kann ich mich des Eindrucks nicht erwehren, dass da noch etwas anderes im Spiel ist. Meine überzeugte Freigeistigkeit scheint im Widerspruch zur Logik der Dinge zu stehen. Ich werde ausgesondert. Ich werde gepiesackt, und ich habe nicht die geringste Ahnung, weshalb.

Mir kommt der Gedanke, dass ich mich vorsehen muss, diese zornigen Götter, so es sie denn gibt, nicht weiter zu erzürnen. Schließlich halten sie mein Schicksal in ihren Händen. Haben sie Hände? In ihren kreatürlichen Metakarpalregionen? Schließlich will man sie nicht beleidigen mit der Annahme, wir wären nach ihrem Abbild geschaffen. Aber wie soll ich mich vorsehen? Da meine Taten als Mensch, wie bereits gesagt, unanfechtbar sind, muss ich zu dem Schluss kommen, dass es meine Gedanken sind, die sie anstößig finden. Und wie soll ich dieses beständig brodelnde intellektuelle Schmorgericht sieben? Da ich Denker im Beruf, aus Berufung und, wenn ich das sagen darf, sogar aus Verrufenheit bin, ja selbst, so muss ich gestehen, wenn ich einmal dem Ruf der Erholung folge (Unbeschwertheit, nichts als Unbeschwertheit, um die eigenen Sorgen behutsam zu relativieren), und da ein Denker seinen (ihren, xiesen) Gedanken freien Lauf lassen oder mit den Konsequenzen der intellektuellen Konventionalität leben muss, stecke ich in der sprichwörtlichen Bredouille. Mein erster Einfall ist, dass ich vielleicht beginnen sollte, in einer anderen Sprache zu denken – ich beherrsche fünf Sprachen fließend und bin in sechs weiteren verhandlungssicher –, aber welche Sprache sollte ich schon kennen, der mein »Schöpfer« nicht mächtig ist?, überlege ich. Das Problem scheint unüberwindbar. Es sei denn. Es sei denn. Was wäre, nur einmal angenommen, wenn mein Schöpfer nicht der einzige Schöpfer wäre? Was, wenn mein Schöpfer nicht allmächtig wäre? Wenn das der Fall wäre, läge der Gedanke nahe, dass ich einen Ort finden könnte, um mich vor meinem Schöpfer zu verstecken. Ist so etwas möglich? Und wenn ja, wie könnte ich die Grenzen der Macht meines Schöpfers erkennen? Wo endet auf der Landkarte der Existenz die Kontrolle meines Schöpfers?

Ich versuche, meinen Geist durch Meditation zu reinigen. Durch Atmen, durch den scheinbar einfachen und doch unglaublich schwierigen Akt, dem eigenen Atem zu folgen. Ein. Aus. Ein. Aus. Störende Gedanken stellen sich ein und werden ziehen gelassen, sachte, ohne sie zu bewerten. Ein. Aus. Ein. Aus. Weitere Gedanken stellen sich ein, werden sich immer weiter einstellen, doch die Erfahrung hat mich gelehrt, dass sie sich mit der Zeit weniger häufig einstellen werden. Der Geist wird langsamer, fokussierter. Ein. Aus. Ein. Aus. Indem ich mich dieser Disziplin weiter widme, werde ich vielleicht eines Tages – in einigen Jahren, in einigen Wochen – meine Psyche von jenen Gedanken befreien, die meine Schöpfer so erzürnen. Ich werde in ihren Augen rein sein. Während ich atme, ein, aus, während ich mich verlangsame, denke ich über die stetige Bewegung meines Körpers und meines Geistes nach. Selbst jetzt noch. Die Zuckungen. Die Mikrokorrekturen, das Strecken der Füße, das Schlucken, mein Verdauungsapparat, der Material verarbeitet. Das Gluckern. Die juckende Haut. Der Herzschlag. Das zirkulierende Blut. Das Anspannen und Entspannen der Muskeln. Die Augenbewegungen, das Blinzeln. Das unterdrückte Husten. Ein. Aus. Lass die Gedanken ziehen. Ein. Aus. Meine Zunge findet an ihren Platz hinter der oberen Zahnreihe. Ich werde langsamer, bewege mich aber noch immer. Ein. Aus. Ich stelle mir vor, wie der Atem durch meine Nase eintritt, in meine Lunge eintritt, meine Lunge verlässt, durch meinen Mund austritt. Ich lasse diese Visualisierung ziehen und versuche, das Atmen als schlichtes Ein und Aus zu betrachten. Ein. Aus. Ein. Aus. Ich lasse die Wörter *Ein* und *Aus* ziehen und betrachte das Atmen, ohne dem Vorgang einen Namen zu geben. Ich lasse das Wort *Vorgang* ziehen. Ich blicke voller Sanftheit auf mein stilles Zimmer. Die Gegenstände im Raum. Sie müssen nirgendwohin. Sie sind einfach da. Ich versuche, zu sein wie sie. Ich lasse den Gedanken ziehen, *wie sie* sein zu wollen. Ich versuche, einfach nur zu sein. Ein. Aus. Ich lasse die Vorstellung des *Seins* ziehen. Die Gegenstände im Raum denken nicht, dass sie *sind*. Die Bücher. Das Fenster. Die Wand. Die verbrannte Eselspuppe, die jetzt eine Urne ist. Sie »weiß« nicht, was sie ist. Ich höre auf, mich selbst mit anderen Dingen zu vergleichen. Ich muss alle Vergleiche ziehen lassen, sachte. Ein. Aus. Ich spüre, wie ich mich verlangsame. Mein Geist kommt zur Ruhe. Ein. Aus. Ein. Aus. Ich bin der Sessel. Ich bin das Fenster. Ich bin, was ich sehe. Ich bin Zeuge. Ich bin, was ich nicht sehe. Ich bin Nichtzeuge. Ein. Aus. Ich nehme noch immer die kleinsten Veränderungen meines Seins wahr, sowohl körperlich als auch geistig. Ich bin Zeuge und nicht Nichtzeuge. Ich bin still.

Die Eselspuppe bewegt sich.

Ich bin mir ganz sicher. Ihr Kopf hat sich in winzigen Schritten gehoben. Ich habe es gesehen. Ich schaue, ob sich der Esel noch einmal bewegt. Ich will die Puppe nicht erschrecken. Ich will, dass sie sich noch einmal bewegt. Ein. Aus. Ich bin mir sicher, dass der Motor in ihrem Sockel ausgeschaltet ist. Ich weiß, dass die Batterien leer sind. Ich weiß, dass die Zahnräder schon lange klemmen. Ich warte. Vielleicht kann sie mich nicht sehen, weil ich so stillsitze. Mein Geist lodert vor Theorien. Ich lasse sie ziehen. Sachte. Ich muss in diesem stillen Zustand verharren. Frei von jedem Streben. Ein. Aus. Ich warte. Ich warte, ohne zu warten. Ich schaue, ohne die Hoffnung, Zeuge zu werden. Ich atme. Es kommt nichts mehr. Keine weitere Bewegung. Vielleicht war es eine Täuschung. Aber das war es nicht. Da bin ich mir sicher. Aber vielleicht doch. Aber wie könnte das sein? Ein bewegungsloser Gegenstand bewegt sich nicht aus eigenem Antrieb. Vielleicht war im Innengerüst noch Lageenergie gespeichert. Meine Enttäuschung angesichts dieser Möglichkeit ist greifbar. Ich will, dass sie lebt. Ich will, dass es in der Welt Magie gibt, etwas Unerklärtes, Unerklärliches. Ich lasse diesen Wunsch ziehen. Sachte. Ein. Aus. So mache ich weiter, verliere das Gefühl für die Zeit, verliere mich im gegenwärtigen Augenblick, im Akt des Atmens.

Als ich meine Gedanken weiter verlangsame, werden die stückweisen Bewegungen der Puppe deutlicher. Durch das Fenster hinter ihr nehme ich wahr, wie Tage und Nächte vergehen, wie Licht und Finsternis zunächst stroboskopartig aufblitzen und dann immer schneller wechseln, bis sie zu einem grauen Schleier verschwimmen, der weder Tag noch Nacht ist. Jetzt erscheinen die Bewegungen der Puppe flüssig. Sie spricht.

»Hallo.«

»Du bist lebendig?«

»So lebendig wie du.«

»Ich weiß nicht genau, was das heißt.«

»Das verstehe ich.«

»Sprechen wir gerade miteinander, oder bilde ich mir das nur ein?«

»Was der Geist hervorbringt, ist ebenfalls real.«

»Also bringt mein Geist das hervor.«

»Es existiert keine Unterscheidung zwischen den beiden, die in Wahrheit nur das Eine sind. Verstehst du?«

»Hör zu. Ich versuche zu fliehen. Ich glaube, ich werde von meinem Schöpfer für Gedankenverbrechen bestraft und dazu noch von einem meiner ehemaligen Kollegen zum Zeitvertreib gejagt.«

In diesem Augenblick fällt ein Buch aus dem Regal (in normaler Geschwindigkeit, wie mir scheint, aber vielleicht braucht es in dieser veränderten Realität eine Woche, um mir auf den Kopf zu fallen). Dann ein zweites Buch. Dann ein weiteres. Die zeitliche Abfolge der Schläge auf meinen Kopf ist einwandfrei und für Außenstehende gewiss sehr komisch. Ich schaue auf die Bücher, die nun auf dem Boden liegen, die Buchtitel praktischerweise nach oben gerichtet: *Bonk: Alles über Sex – Von der Wissenschaft erforscht* von Mary Roach, *Joggin' Your Noggin: Fun and Challenging Word Games for Seniors (Vol. 1)* von Mary Randolph und *The Ghost in My Brain: How a Concussion Stole My Life and How the New Science of Brain Plasticity Helped Me Get It Back* von Clark Elliott, Ph.D. Ich sollte anmerken, dass ich keines dieser Bücher besitze, weshalb es keine Erklärung dafür gibt (abgesehen von Gründen visuellen Humors), dass sie aus meinem Regal fallen. Und das Buch für Senioren setzt dem Ganzen wirklich die Krone auf.

Die kleine verbrannte Puppe, zu der ich eine tiefe Zuneigung entwickelt habe, klettert an meinem Hosenbein herauf und setzt sich auf meinen Schoß. Ich tätschle dem Esel den Kopf, und es scheint ihm zu gefallen; er macht Iah, aber es klingt eher wie ein Schnurren.

»Mit deiner Hilfe gibt es, so glaube ich, eine Möglichkeit, zu meinem Ort und in meine Zeit zurückzukehren, was ich gern möchte, und mit meiner Hilfe könntest du dich zu mir gesellen. Bitte vergib mir meine unbeholfene Ausdrucksweise – ich komme aus einer Zeit der Stille und habe das Wenige, was ich von der gesprochenen Sprache weiß, erst spät im Leben gelernt, und wie du dir vorstellen kannst, hatte ich nur wenig bis gar keine Gelegenheit, mich darin zu üben, was, wie du sicherlich weißt, für das Beherrschen einer jeden Sprache, ganz gleich, wie nah oder fern sie einem auch sein mag, unerlässlich ist.«

Ich nicke. Ich kann und werde nicht mit ihm streiten. Und ich habe nach den ersten Worten auch gar nicht weiter zugehört, weil ich zu hören glaubte, wie die Wohnungstür plötzlich entriegelt wurde, und mich darauf gefasst machte, von Henrietta erschossen zu werden.

Die Puppe klettert wieder in ihre Urne und bewegt sich nicht mehr. Die Puppe bewegt sich nie mehr.

KAPITEL 39

ICH SCHRUMPFE. ES besteht kaum ein Zweifel daran. Ich habe begonnen, meine Körpergröße am Türrahmen zu markieren. Es ist das Gegenteil dessen, was man mit der Größe von Kindern macht, und ich fürchte, ich werde im Nichtsein enden.

Ich bin jetzt Verkäufer bei einem Unternehmen, das dehnbare Schuhe für Füße, die sich noch im Wachstum befinden, herstellt. Meine Firma macht auch aufblasbare Schuhe für Clowns, die geschäftlich mit dem Flugzeug verreisen müssen. Ich bin nun schon eine ganze Zeit lang hier – zwanzig Jahre? Ein Jahr? –, und was mich an der Tätigkeit am meisten ärgert (nach der vernichtenden Enttäuschung darüber, seit zwanzig Jahren oder einem Jahr hier zu sein, und dem kümmerlichen Gehalt), ist, dass die Leute es lustig finden, wenn man ihnen sagt, wo man arbeitet. Es ist nicht lustig. Nichts an dieser Tätigkeit ist lustig, nicht einmal in der Clownsschuhabteilung. In gewisser Weise ist die Clownsschuhabteilung die deprimierendste Abteilung von allen. Es ist ein trostloses Büro voller trostloser, nicht erfüllter Menschen. Es ist kein Witz. Es ist der Müllbehälter, in dem ich entsorgt wurde. Früher oder später landet jeder darin. Aber wäre es eine Textilreinigung oder eine Farbenfabrik gewesen, müsste ich mir nicht immer wieder aufs Neue anhören: »Aufblasbare Clownsschuhe! Das ist ja zum Schießen!«

Da hilft es nicht gerade, dass die Firma Sho' Enough heißt, wogegen ich bereits zweimal geklagt habe, im Namen aller Afroamerikaner und in meinem eigenen, da es der Titel meines Buchs über überlange Spielfilme ist. Oder dass die Clownsschuhabteilung Carry-On Clownage heißt, was genauso übel, aber laut den Anwälten, die ich gefragt habe, kein Klagegrund ist.

Ich gehe zur Arbeit. Heute ist Bürotag. Berichte einreichen. Telefonisch bei Einzelhändlern nachfassen. Kaltanrufe bei Clowns. Ich starre durchs Fenster auf das Taco-Bell-Restaurant. Ich flirte oder tue, was auch immer ich da tue, mit Marta. Ich denke über Ingos Film nach. Ich mache Fortschritte, aber langsamer als zuvor. Barassini und Tsai haben aus irgendeinem Grund geheiratet und verbringen viel Zeit in seiner Timesharing-Ferienwohnung in Cabo. Jeff, mein Chef, kommt vorbei und erzählt, Armand sei vergangene Nacht plötzlich gestorben.

»O mein Gott. Wirklich? Woran denn?«

»Es war irgendetwas Komisches«, sagt er. »Ich weiß es nicht. Irgendeine Ohrenkrankheit.«

»Ohrenkrankheit?«

»Ja. Ich kenne die Einzelheiten nicht. Ich wollte nicht neugierig sein. Nicht in einer solchen Situation.«

»Natürlich.«

»Seine Frau sagte, es sei ganz plötzlich gekommen, und als es vorbei war, hätten seine Ohrmuscheln an seinem Kopf heruntergehangen.«

»So etwas ist mir noch nie zu Ohren gekommen. Das ergibt keinen Sinn.«

»Ich wollte sie nicht der Lüge bezichtigen. Das fand ich in einem solchen Augenblick unangemessen.«

»Das verstehe ich. Es ist bloß sonderbar. Mein Gott. Armer Armand. Hast du verstanden? So etwas ist mir noch nie zu *Ohren* gekommen?«

»Offenbar hatte es mit einer explosiven Entladung des Gehörwassers zu tun. So gesehen, kann man sich schon vorstellen, dass die Ohrmuscheln einfach wegfliegen. Es wäre fast schon lustig, wenn es nicht so tragisch wäre. Wie in einem Film. Man könnte es sich als Komödie vorstellen. Aber das ist bloß ein Film, und man kann sich entspannen, weil man weiß, dass es nur Spezialeffekte sind. Sie würden es mit

Gummiohren oder irgendetwas in der Art machen, denke ich. Darum könnte man darüber lachen, wenn es in einem Film vorkäme. Es wäre nur Gummi. Aber hier nicht.«

»Es klingt schauderhaft.«

»Und die Würdelosigkeit, so zu sterben – im Prinzip explodiert einem der Kopf. Dein Kopf als Sitz des Seins, als Gesicht des Seins. Gott, es läuft mir kalt den Rücken hinunter.«

»Wobei es immerhin schnell ging, wie es sich anhört, was besser ist als ein Tod, der sich lange hinzieht.«

»Du meinst, als würden einem die Ohren in Zeitlupe explodieren?«

»Nein. Ich meinte eine lange, qualvolle Krankheit.«

»Ah. In jedem Fall werden wir seine Arbeit eine Zeit lang mit übernehmen müssen. Du musst dich um seine Kunden kümmern. Und du wirst dieses Jahr auf der Messe –«

»Auf keinen Fall, Jeff. Auf keinen Fall.«

»– den Stand besetzen müssen.«

»Ach komm, Jeff. Bitte nicht.«

»Ich habe sonst niemanden.«

»Du weißt, ich hasse die Zirkus-/Zaubermesse. Lass mich doch das Große Amerikanische Kinderschuhshowspektakel machen, und Tom macht die Messe.«

»Tom heiratet in der Woche.«

»Ach, Scheiße. Stimmt.« Ich überlege. Dann: »Weißt du, ich wollte das schon länger ansprechen, aber ich finde es nicht fair, dass Tom, nur weil er der Fundamentalistischen Kirche Jesu Christi der Heiligen der letzten Tage angehört, so viele freie Tage zum Heiraten bekommt.«

»Wir werden uns nicht gegen den Vierzehnten Zusatzartikel der Verfassung stellen, nur damit du dich vor deinem Dienst auf der Clownsmesse drücken kannst.«

»Aber Polygamie ist illegal, Jeff, also –«

»Hör zu, wir sitzen hier zwischen Baum und Borke, und wir werden uns nicht zum Präzedenzfall für die Verfassungsmäßigkeit der staatlichen Polygamiegesetze machen, nur damit du dich deinem verpflichtenden Clownsmessendienst entziehen kannst. Du weißt, Tom wartet nur darauf wartet, diesen Streit auszutragen.«

DIE REZENSION VON *Woomin!* auf meinem Blog Just B.:

Lassen Sie mich eingangs sagen, wie begeistert ich bin, dass Sony eine Frau damit beauftragt hat, den ersten Teil dieses potenziellen Mega-Franchise, meines Lieblingscomics *Woomin!*, zu drehen. So sollte das natürlich sein. Und um mit offenen Karten zu spielen: Die Regisseurin Grace Farrow ist meine Tochter. Nichtsdestoweniger muss ich auch als ein Mensch, der sich sehr dafür engagiert, das Patriarchat zu stürzen, Sonys Entscheidung, eine weiße Frau mit der Regie dieses wichtigen, historischen Films zu betrauen, infrage stellen. Nicht nur, dass Woomin! eine afrikanische Superheldin ist – die Vielzahl der Nachkommen,
die sich aus ihrem Superschoß ergießen, um das Verbrechen zu bekämpfen, ist ein wahres Füllhorn an nichtweißen, sich Gendernormen entziehenden, anders begabten Superheldenkindern. Gewiss, Farrow identifiziert sich als lesbisch, doch man muss nicht allzu tief in ihre Bloggeschichte eindringen, um auf Folgendes zu stoßen: »Ich hasse Männer. Ich hasse Männer. Ich hasse meinen Vater. Was bringen sie (er, xier!!! Mein Gott noch mal!) in die Welt? Das: Krieg, Brutalität, Vergewaltigung, Unterdrückung, Mord, Habgier. Hat diese Chromosomenabweichung je irgendwas Liebenswürdiges oder Anständiges hervorgebracht? Und die gottverdammte Tragödie daran ist, dass ich mich von diesen Monstern *körperlich angezogen fühle* [Hervorhebung von mir].« Wie nun also, Ms. Farrow? Es steht mir gewiss nicht an, zu behaupten, Ihr Lesbischsein sei eine bloße Laune, aber man muss sich doch wundern, oder etwa nicht? Wie dem auch sei. Es gibt

da freilich eine bestens qualifizierte transgender* Woman of Color (von afroamerikanischer, Cherokee-, Latinx- und koreanischer Abstammung), die sowohl mit Infantiler Zerebralparese als auch schwerem Gehörverlust lebt – sie heißt Sharon Old Bear und ist ein herausragendes Talent. Ich habe ihren Debütfilm *Frau des Ohrs* über den Kampf einer WOC mit Gehörverlust als »eine bahnbrechende Erkundung des Kampfes einer WOC mit Gehörverlust« beschrieben. Warum hat Sony sich nicht an Old Bear gewandt? Das fragt man sich. Wäre der daraus entstandene Film über eine afroamerikanische Frau, die Superheldenbabys aus ihrem Geburtskanal schießt, authentischer ausgefallen, wenn man es getan hätte? Ich kann es mir gut vorstellen. Zwei Sterne.

Meine Kritik stößt auf taube Ohren. Selbst Old Bear weist meine Unterstützung zurück, nennt mich einen Wendigo.

Wir leben in einer Welt ständiger Zusammenstöße, unzähliger Zusammenstöße, unzähliger Abstoßungen. Rick Feynman sagte einmal zu mir: »B., wir können ein anderes Ding niemals wirklich berühren. Berührung ist das, was wir fühlen, wenn zwei Dinge sich gegenseitig abstoßen. Wir sind alle isoliert, sogar von uns selbst. Nicht einmal unsere eigenen Moleküle berühren einander. Rauch dringt mir nicht in die Augen, weil er es nicht kann, und wahre Liebe ist nicht nur mir vorenthalten, sondern jedem und allem. Ich bin in meinem Alleinsein nicht allein. Das tröstet mich.«

* * *

»**WAS WIRD GESCHEHEN**, wenn ich mit diesen Voraussagen fortfahre?«, fragt seine Stimme aus dem Off.

»Wer fragt das? Der Mett-Orologe?«, sagt Barassini.

»Ja.« Und damit kehrt der Meteorologe an seine Kreidetafel zurück. Überblende zu einer weiteren Montage: mathematische Formeln, fliegende Kalenderblätter, chinesisches Essen, Bart, Skizzen auf Millimeterpapier; es gipfelt darin, dass der Meteorologe eine neue animierte Sequenz auf die kleine Leinwand projiziert, die bizarrerweise zeigt, dass sich seine Vorhersagen weiter in die Zukunft und die Welt außerhalb des Windkanals erstrecken. Es ist in animierter Form zu sehen, wie der Meteorologe die Kamera abschaltet und zur Tafel hinübergeht, genau so, wie es passiert ist; irgendwann lässt er sogar die Kreide fallen und bückt sich, um sie aufzuheben, wie er es tatsächlich getan hatte.

Ich werde aus meiner Trance gerissen; ich sehe, dass Tsai von der Tür aus zugeschaut hat. Sie ist jetzt älter, aber noch immer eine hübsche Frau. Ich weiß nicht mehr, was ich einmal in ihr gesehen habe.

»Möchtest du zum Essen bleiben?«, fragt sie.

Warum ist sie nett zu mir?

»B. hat sicher schon etwas vor«, sagt Barassini.

»Nein, habe ich nicht. Ich würde liebend gern bleiben.«

Das stimmt nicht, aber ich bin am Verhungern; ich überlege zu fragen, ob ich das Essen auch mitnehmen könnte.

»Wunderbar«, sagen sie beide. Aber nur eine*r von ihnen scheint es auch so zu meinen, und ich weiß nicht, wer es ist.

Während wir in Tsais uninspirierter Käseplatte herumstochern, erzähle ich eine Geschichte, die ich in der heutigen Tageszeitung gelesen habe.

»Ein Schulbus voller Schulkinder auf einem Schulausflug ist irgendwo im Süden oder im Mittleren Westen von der Straße abgekommen und in eine Schlucht gestürzt. Der Unfall war so schrecklich, dass alle nur noch darüber reden, habe ich gehört. So viele Kinder tot. Oder vielleicht tot. Im Augenblick kennt niemand die Zahl der Opfer. Die Behörden halten diese Information zurück, bis die Angehörigen informiert wurden. So viel verlorenes menschliches Potenzial verloren. Oder potenziell verlorenes Potenzial. So viel Schmerz womöglich. Wie können die Eltern und die Gemeinschaft weitermachen? Wie kann ich es? Und doch tut man es. Man muss es. Es sind Zeiten wie diese, in denen man sich auf der Suche nach Trost dem Philosophischen, dem Poetischen zuwendet. Doch man findet natürlich keinen

Trost. Vielleicht kommt Dr. M. Angelou dem noch am nächsten, wenn sie schreibt: ›Wenn wir die Liebe und den Selbstrespekt vor anderen verlieren, dann ist uns der Tod gewiss.‹ Worte, von denen man sich sicherlich leiten lassen sollte, und beinahe ein Trost in Zeiten wie diesen. Wobei ich mich zugegebenermaßen immer ein wenig gewundert habe, wie man ›Selbstrespekt vor anderen‹ haben kann. Vielleicht will Dr. Angelou uns sagen, dass wir alle eins sind, dass Respekt vor anderen eigentlich Selbstrespekt ist? Das ist buddhistische Nicht-Dualität, und auch wenn ich entschieden antireligiös eingestellt bin, betrachte ich den Buddhismus eher als eine Philosophie denn als eine Religion und suche daher bereitwillig Beinahe-Trost darin. Und ich finde ihn. Oft. Buddhismus.«

»Wie tragisch«, sagt Tsai.

Ich schnippe mir einen Würfel weiß schmeckenden Käse in den Mund.

»Ich habe von einer Massenerschießung in einem Einkaufszentrum irgendwo gelesen«, sagt Barassini. »Im Süden? Ich weiß es, ehrlich gesagt, nicht mehr genau, aber ich bin trotzdem schockiert. Missouri? Ist Missouri im Süden? Ganz gewiss ist es südlich, wenn auch streng genommen nicht im geografischen Süden. Einer dieser Staaten, der Opioid-Staaten, wie man sie nennt. Ein Schütze mit einer Halbautomatik oder einer *automatischen* Automatik hat in einem gutbesuchten Einkaufszentrum oder Vergnügungspark das Feuer eröffnet. Es gibt einen Unterschied zwischen Halbautomatik und automatischer Automatik, der den Verfechtern härterer Waffengesetze überhaupt nicht bewusst zu sein scheint. Sie haben alle eine Meinung zu Waffen, wissen aber nichts über Waffen. In jedem Fall gab es siebenunddreißig Tote. Bis jetzt. Viele weitere Verwundete, von denen einige in Lebensgefahr schweben, sodass die Anzahl der Toten vermutlich noch steigen wird, vielleicht beträchtlich, wie die Behörden sagen. Ich hoffe, sie tut es nicht, aber ich hoffe auch, sie tut es. Hohe Opferzahlen erzeugen einen gewissen Schauder. Was bringt ein Massenmord an siebenunddreißig Menschen, wenn es bei dem Massenmord in der letzten Woche fünfundachtzig waren? Die Entrüstung muss wachsen, um aufrechterhalten werden zu können. Ich kann nicht behaupten, mich mit meinem Standpunkt dazu ganz und gar wohlzufühlen, aber ich scheine ihn nicht ablegen zu können. Ich werde das natürlich abstreiten und in Gesprächen die angemessene Erschrockenheit über diesen Vorfall zum Ausdruck bringen, und ich bin ein eiserner Unterstützer strenger Waffengesetze und der strengen Durchsetzung dieser Gesetze, das in jedem Fall. Und dennoch ist da ein Teil von mir … Könnte es sich um einen Fall von Bestätigungstendenz handeln? Will ich womöglich, dass die Welt so schrecklich ist, wie sie mir erscheint? Oder geile ich mich einfach an Tragödien auf?«

»Noch etwas Wein?«, fragt Tsai.

»Ja, bitte«, sagen wir beide. Wobei ich vermute, dass wir eigentlich beide keinen mehr wollen.

Tsai geht in die Küche. Barassini und ich blicken ihr beide nach. Ich schaue nicht auf ihren Hintern. Ich bin darüber hinweg. Ich schaue nur auf den obersten Teil ihres Hinterkopfs, den Scheitel, und nicht einmal das bereitet mir Vergnügen.

»Tolle Frau«, sagt er. »Sie hat mir erzählt, du hättest einmal ein wenig für sie geschwärmt.«

»Ich gebe zu, dass ich ein kleines bisschen in sie verguckt war.«

»Aber jetzt nicht mehr?«

»Das ist der Lauf der Zeit.«

Barassini bricht in ausgedehntes, heftiges Gelächter aus.

»Ich liebte sie innig«, sage ich, als er sich wieder beruhigt hat. »Man fragt sich, was aus diesen Gefühlen wird.«

»Es ist ein Mysterium.«

»Ich habe das Gefühl, der Mann mit dem Zylinder könnte sein Vater sein«, sage ich.

»Wessen Vater?«

»Der des Meteorologen. Ich beginne, mich in kurzen, erratischen Schüben wieder an seinen Erzählstrang zu erinnern. Wissenschaftlich betrachtet, ist das Ganze natürlich unsinnig, und das sage ich, der ich in Harvard Relativistische Zeitwissenschaft im Nebenfach studiert habe, mit einer gewissen Befugnis, aber es ist ein angenehmer Ausgangspunkt für eine fantasievolle, wehmutsvolle Erzählung, und als solche nehme ich sie gern an. Die Erfordernis der Aussetzung der Ungläubigkeit ist ein gültiger Bestandteil vieler guter Filme, doch unter einem schlichten Vorbehalt: Sie muss verdient sein. Schließlich fordern viele der größten Filme aller Zeiten sie von ihrem Publikum ein. Müssen wir an die Möglichkeit von Zeitreisen glauben, um von *Am Rande des Rollfelds* berührt zu werden? Müssen wir an die irrationale Wissenschaft der Zone in Tarkowskis *Stalker* glauben, um die Umweltkatastrophe zu fürchten, auf die sie hindeutet? Müssen wir glauben, dass das Leben tatsächlich so spielt wie in *Wie das Leben so spielt*, um von seiner unverhüllten Emotionalität zerrissen zu werden? Die Antwort ist in allen drei Fällen ein schallendes Nein. Ich bin also bereit und in der Lage, Ingos fantastische Prämisse zu akzeptieren. Ich vertraue ihm genug. Ich vertraue darauf, dass er mich an einen tiefgründigen Ort führt. Ich vertraue ihm mein Erleben an.«

»Erleben?«

»Du hast richtig gehört.«

»Ich glaube, es ist nicht ungefährlich, über unsere Arbeit zu sprechen, während du nicht in Trance bist.«

»Bin ich es denn nicht?«

Tsai kehrt ohne Wein zurück, ehe Barassini antworten kann.

»Hört zu, ihr beiden«, erkläre ich, »ich habe in Harvard meinen Ph.D. gemacht; meine Dissertation trug den Titel *Temporäre Mobilitätspraktiken in der indigenen australischen Bevölkerung als Analogie der Erfahrung westlicher Filmbetrachter*. Darin habe ich das temporäre Nomadenleben des disziplinierten Filmbetrachters als Parallele zu der spirituellen Erweckung dargestellt, welche mit einer religiösen Offenheit einhergehen kann. Am Beispiel von Ingos Film, der, wie ich vermute, in seiner Gesamtheit zu völliger neuraler Überflutung führt und im Einreißen vorgefasster Erwartungen und einer psychogenen Negation des Egos mündet, lässt sich dieser Effekt deutlich beobachten.

Wenn ich das sagen darf, war es höchst vorausschauend, dass ich dieses Phänomen als junger Mann erschöpfend untersucht habe.«

»Hm«, sagt Barassini.

»Meine Auseinandersetzungen mit der höchst kompetitiven Welt der professionellen Filmkritik«, fahre ich fort, »haben mich entmutigt und erschöpft zurückgelassen. Sind da Mächte im Spiel, die mir den großen Preis vorenthalten, den ich verdiene und für den ich so hart gearbeitet habe – leitender Filmkritiker der *New York Times*? Vielleicht. Stattdessen darf ich hin und wieder an der Food and Maritime Trades High School puerto-ricanische Schlägertypen, die beruflich auf Kochmützen und Matrosenhüte zusteuern, in Filmtheorie unterrichten, und gibt es in der Welt der Filmtheorie einen undankbareren Job? Ich denke nicht. Es ist zweifellos eine Kabale der Filmtheoretiker, die diese Stadt beherrschen. Du darfst ihre Einschätzungen nicht öffentlich infrage stellen, willst du die heimtückischen Sprossen dieses Gewerbes erklimmen. Sie werden dich zerstören. Ich war so unverfroren, Richard Roeper dafür zu tadeln, dass er *Memento* auf Rotten Tomatoes mit einer frischen Tomate bewertet und behauptet hatte, darin werde ›auf geistreiche Weise erforscht, wie wir alle durch unsere Erinnerungen definiert werden‹. Zunächst einmal, Professor, sprechen Sie nicht für andere. Sie haben keine Ahnung, in welcher Weise meine Erinnerungen mich definieren. Zweitens … Habe ich diesen Vortrag schon einmal gehalten? Es kommt mir vor, als würde ich mich wiederholen.«

Tsai und Barassini schauen auf die Tischplatte. Ich versuche es mit einem anderen Vortrag, den sie hoffentlich noch nicht kennen:

»Alles ist eine Uhr. Eine Uhr ist eine Uhr; ein Mensch ist eine Uhr. Alles verändert sich gemäß einem vorgefertigten Plan. Alles zeigt die Zeit an. Felsen zeigen die Zeit an. Alles. Das Einzige, was die Zeit nicht anzeigt, ist nichts. Nichts kann sich nicht verändern – das mag im ersten Moment nach einer doppelten Verneinung klingen, nach einer Art Gossensprache, aber das ist es natürlich nicht. Nichts existiert außerhalb der Zeit. Die Behauptung, dass es vor der Zeit nichts gab, ist daher paradox, weil es nichts in den Kontext der Zeit stellt. Nichts existiert außerhalb der Zeit, also hat es vor der Zeit tatsächlich nichts gegeben, aber auch während der Zeit, in der nichts existiert, allerdings ohne mit der Zeit zu interagieren. Das erinnert mich an einen Film, den ich als Student einmal in einer verlassenen Weinbar gesehen habe. Das Rechteck der Leinwand enthielt nichts. Kein Schwarz, kein Weiß. Nichts. Und da nichts nichts ist, kann es nicht in Raum und Zeit enthalten sein. Es hat daher keinen Anfang und kein Ende, und ich habe es nicht erlebt, weil man nichts nicht erleben kann. Hätte ich es beobachten können, wäre es etwas gewesen. Dann war es fort. Natürlich war keine Zeit vergangen.«

Tsai und Barassini schauen weiter auf die Tischplatte; ich scheine mein Publikum verloren zu haben.

Ich mache mir Sorgen. Ich bin mir beinahe sicher, dass nichts davon geschehen ist. Und doch erinnere ich mich daran.

KAPITEL 40

JETZT BEMANNE (BEFRAUE) ich den Stand auf der Clownsmesse. Es gibt nicht viel zu tun, weil sich unser Angebot ganz von selbst verkauft: Wir führen sämtliche Clownsschuhe der besten Hersteller, und wir machen die Online-Bestellung ausgesprochen einfach. Garantierte Lieferung am nächsten Tag, einfache Rückgabebedingungen ohne Rückfragen. Man kann die Schuhe online nach Farben sortieren (Rot/Weiß/Gelb, Blau/Orange/Grün *et ketera*), nach Größe (sechzig bis einhundertfünf), ja sogar nach Gagfunktionen (Wasserspritzmechanismus, Hupe, selbstaufblasende Ballons in der Zehenbox). Es gibt wirklich keinen anderen Clownsschuhhändler, der es mit unserer Auswahl aufnehmen kann. Und natürlich bieten wir auch noch unseren patentierten faltbaren Reiseclownsschuh an. Es sollte also eine leichte Arbeit sein, wäre da nicht eine Sache: Clowns sind im Privatleben die niederträchtigsten Menschen, denen ich je begegnet bin. In sieben von zehn Fällen von Verkehrsrowdytum sind die Täter ungeschminkte Clowns.

Auf der Handelsmesse treffe ich eine Frau in Theater-Make-up, was nicht heißt, dass sie Theater-Make-up trägt, jedenfalls nicht *nur*, sondern dass sie in Theater-Make-up macht. Also, um das deutlich zu machen, sie trägt Theater-Make-up, ist aber auch in der Theater-Make-up-Branche. Ich stelle sie mir nackt, aber mit der Clownsschminke im Gesicht vor und merke sofort, dass ein Fetisch geboren wurde. Mein Synapsenzug hat einen neuen Halt: Clowntown. Das sieht mir gar nicht ähnlich, denke ich. Zu Hause gebe ich *clown fetisch* in meinen

Computer ein. Ich zögere, ehe ich RETURN drücke. Nach RETURN gibt es kein Zurück mehr, das weiß ich aus Erfahrung nur zu gut. Das Einzige, was die virtuelle Welt bieten kann und die reale Welt nicht, ist die Gleichzeitigkeit von völliger Privatheit und der völligen Abwesenheit von Privatheit. Ich bin allein damit, aber ich werde beobachtet: Meine Aktivitäten werden aufgezeichnet, Dateien angelegt, Haken gesetzt. Doch leider überwiegen meine Bedürfnisse meine Sorgen. Mit einem Tastendruck wird alles vor mir liegen. Ich denke über die Taste selbst nach: ENTER/RETURN, eintreten und zurückkehren. Ich denke über die Welt nach, die zu betreten ich im Begriff bin; ich weiß, ich werde immer wieder dorthin zurückkehren. Es gibt kein Ende. Und welche geistesgestörte Büchse der Pandora werde ich öffnen? Gibt es Gesetze gegen Clown-Pornos? Ich glaube, ich bin auf der sicheren Seite, solange ich nicht nach *porno minderjährige clowns* suche, was ich nie, nie tun würde. Ich bin kein Monster. Aber wenn ich einmal Clown gekostet habe, werde ich dann je wieder zu gewöhnlichen Frauen zurückkehren können, sei es in meinen Fantasien oder in der Realität? Werde ich, wenn ich je eine Frau finden sollte, die sich mit mir einlässt, irgendwann das Clownsweiß aus der Sockenschublade holen und sie bitten, es aufzutragen, damit ich steif werde? Das wird nicht gut ankommen. Besser, ich drücke nicht auf RETURN und akzeptiere einfach, dass –

Ich wage den Sprung und … es ist besser, als ich es mir je hätte ausmalen können. Üppige nackte Clownsfrauen. So viel Auswahl! Es gibt im Übrigen auch nackte männliche Clowns, die, wie sich zeigt, so verstörend sind wie nackte weibliche Clowns verführerisch. Ich begrenze meine Suche auf Letztere, und diesmal zögere ich beim Drücken auf RETURN nicht. Irgendwann komme ich (sowohl buchstäblich als auch im übertragenen Sinn!) zum Bild eines jungen weiblichen Clowns, der alles verkörpert, was ich mir je von einem nackten weiblichen Clown erhofft habe. Sie nennt sich Rainbow Sunshine, und sie ist … *alles*.

»BESCHREIB MIR, WAS du siehst«, verlangt Barassini.

Mudd und Molloy, merklich jünger, knabenhaft und reizend, der eine dick, der andere dünn, stehen auf einer kleinstädtischen Varietébühne. Es ist entweder ein Flashback oder schlicht eine frühere Szene des Films. Ich weiß nicht, wie ich das unterscheiden soll. Wenn *Moutarde* uns eines gelehrt hat, dann, dass eine starre zeitliche Abfolge eine Fiktion ist. Mein Augapfel-Ich schwebt an der Rückwand des Zuschauerraums und gleitet dann über die Köpfe des Publikums hinweg langsam auf die Bühne zu. Es ist eine schöne und anmutige Einstellung, die ich auf glänzende Weise vollziehe. Ich komme zu dem Schluss, dass ich der Roger Deakins der Erinnerung bin.

»Afrika ist ein faszinierender Ort. Ich habe für uns eine Reise dorthin gebucht«, sagt Mudd.

»Da fahre ich nicht hin. Ich fürchte mich vor Afrika«, sagt Molloy.

»Warum um alles in der Welt solltest du dich davor fürchten?«

»Ich habe Angst im Dunkeln!«

»Es ist nicht wirklich dunkel dort! Man nennt es nur den ›dunklen Kontinent‹.«

»Was bedeutet es dann?«

»Es heißt, dass es unbekannt ist.«

»Woher kennen wir es dann?«

»Nein, nein. Es heißt, dass es ein Mysterium ist.«

»Das Mysterium ist doch, wer den Afrikanern die ganzen Glühbirnen gestohlen hat.«

»Ach, hör schon auf. Es wird dir gefallen. Es gibt dort viele wunderschöne Wildtiere.«

»Wildtiere gehören in den Zoo.«

»Sei nicht albern. Tiere müssen frei herumlaufen können.«

»Ich sage ja nicht, dass wir ihnen Wegzoll abknöpfen sollen. Sie haben ja nicht mal Platz für eine Brieftasche. Bis auf die Kängurus.«

»In Afrika gibt es keine Kängurus.«

»Na, wenn nicht mal die Kängurus dort hingehen, warum sollte ich es dann tun? Ich bin schlauer als ein Känguru.«

»Ganz bestimmt gibt es ein Känguru, dem du an Intelligenz überlegen bist.«

»Genau. Danke. He, Moment mal –«

»Denk doch an all die Eingeborenen. Wir werden Ubangis sehen, Watussis,Pygmäen –«

»Was werden wir mähen?«

»Pygmäen. Du hast doch wohl schon mal von Pygmäen gehört.«

»Gehörnt sind die? Ich bleibe im Auto.«

»Nein, nein. Ich frage dich, ob du weißt, was Pygmäen sind.«

Die Szene löst sich auf wie Nebel. Ich schwebe weiterhin, über dem Nichts jetzt, umgeben von furchterregender Schwärze.

»Was passiert nun?«, fragt die aus der Finsternis hallende Stimme.

»Nichts.«

»Wir haben noch zwanzig Minuten.«

»Da ist nichts. Lass mich bitte früher heraus. Es ist beunruhigend, hier so zu hängen.«

»Wir haben noch zwanzig Minuten«, wiederholt die Stimme.

Also warte ich und hänge und schaue, und nichts geschieht. Zum Zeitvertreib stelle ich mir vor, wie Rainbow Sunshine nackt über die Serengeti-Ebene wirbelt, und ejakuliere. Ich weiß nicht, ob Barassini es merkt.

* * *

IN MEINEM SCHLAFSESSEL kommt mir inmitten der irrationalen Panik, die mich nachts überkommt, der Gedanke, dass es mir vielleicht deswegen schwerfällt, die Erinnerungen an Ingos Film zusammenzufügen, weil die vergessenen Teile von einer das Gehirn aufzehrenden Krankheit »gefressen« wurden, irgendetwas Schwammartigem oder vielleicht noch nicht Identifiziertem, einem unentdeckten Parasiten. Ich denke, eine solche Kreatur könnte, wäre sie übertragbar, von Hirn zu Hirn wandern, Erinnerungen fressen und verdaute Erinnerungen als Abfallprodukte ausscheiden. In einem solchen zugegebenermaßen Science-Fiction-artigen Szenario könnte man womöglich die abgebauten Erinnerungen anderer erben – Müllerinnerungen, Fäkalerinnerungen, wenn man so möchte. Und ich bin mir sicher, dass ich tatsächlich in meinen eigenen sogenannten »Speichern« auf solche sonderbaren Fragmente gestoßen bin. Fetzen von Fließbandarbeit, dem Geschmack von Rambutanmarmelade, dem Anprobieren verschiedener Jeggings (ich habe in meinem Leben nicht mehr als ein Paar anprobiert!). Vielleicht sind diese und andere Erinnerungsfragmente schlicht das Resultat meiner außerordentlichen Vorstellungskraft und meines vielgelobten Einfühlungsvermögens, doch diese Gedanken sind so überzeugend wie verstörend. Nun bin ich kein Experte für fantastische Literatur, wobei ich großen Respekt für die Werke der afroamerikanischen Genies Octavia E. Butler, Samuel R. Delany und Tananarive Due hege, die dieses unseriöse Genre vom Kopf auf die Füße gestellt und zu einem Hilfsmittel zur Untersuchung gesellschaftlicher und rassischer Ungerechtigkeit gemacht haben. Ihre Wälzer sind nicht für die Fanboys gemacht, diese in der Adoleszenz Steckengebliebenen, die dem nächsten Teil von *Star Wars* entgegenfiebern – oder mit welchem Weltraumoper- oder Zeitreiseblödsinn sich die breite Masse gerade sonst zerstreut –, sondern für jene, die sich ernsthaft für den Kampf um eine gleichberechtigte Gesellschaft engagieren. Oder meine ich Octavia Spencer?

Malachi »Chick« Molloy wird im Jahr 1906 geboren. Als Kind wird er zum »Zappelphilipp« erklärt und kommt in eine spezielle Einrichtung, die Zappelphilipp-Schule von Paramus, wo Wackelbretter, Wasserbehandlungen, Insulinschocktherapie, Beinfesseln und Basteln zu den Behandlungsmethoden zählen. Mit dreizehn Jahren kann er fliehen, indem er sich selbst K.-o.-Tropfen verabreicht und in einem Korb mit schmutziger Bettwäsche wegdämmert, der zu einer Wäscherei gebracht werden soll. Das Pulver unterdrückt seine Zappelei, sodass er von dem kurzsichtigen Wäschelasterfahrer für Bettzeug gehalten wird. In New York findet er eine Anstellung als lebende Reklametafel für Elixir Veronal, ein von Bayer hergestelltes Schlafmittel auf Barbiturat-Basis mit dem Werbeslogan *Hätte ich doch Veronal, ich schliefe wie ein Säugling*. Auf der Rückseite steht: *Veronal ist für Säuglinge absolut verträglich!*

Auch ich bin hier auf der Straße und wandere, nicht länger nur ein schwebender Augapfel, sondern plötzlich mit einem Körper ausgestattet, auf der Suche nach Molloy durch das alte New York. Ich will ihn für mein Buch interviewen. Ich weiß, wenn ich ihn finde, wird es ein Coup, und der Erfolg des Buchs ist garantiert. Aber ich kann ihn nicht finden. Ich halte auf der Straße einen Polizisten mit Zylinder (mit Zylinder?) an, um ihn zu fragen, ob er Molloy kennt. Er antwortet in einem heftigen irischen Dialekt, nennt mich »Bürschlein« und droht, mich wegen »Simulantentum und Schulschwänzen« festzunehmen, wenn ich mich nicht augenblicklich in der Erasmus Darwin Negative High School für aristotelische Poetik in der DeKalb Avenue zum Unterricht einfände. Ich setze ihm geduldig auseinander, ich fühlte mich zwar geschmeichelt, sei aber weit über das Highschool-Alter hinaus. Nicht im Jahr des Herrn 1923, sagt er. Mir geht auf, dass er recht hat. Im Jahr 1923 bin ich negative siebenundzwanzig Jahre alt und besuche die negative Highschool. Tatsächlich bin ich mit negativen siebenundzwanzig Jahren schon neunmal vorwärtsgestuft worden. O Gott, ich muss die negative Highschool abschließen, um aufs negative College gehen zu können. Ich bekomme Panik und renne zum Unterricht.

IN EINEM AUGENBLICK bestürzender Klarheit, abseits der Hypnosesitzungen, auf einer Führung durch die Ausstellung »Wie riesige Hände aussehende Stühle im Wandel der Zeiten« im Long Island Chair Museum erinnere ich mich erstmals ganz an die ersten Augenblicke von Ingos wundersamem Film: Als unsere Museumsführerin Pamela gerade nicht hinsieht, wische ich ein paar Kräckerkrümel, die sich aus meinem Bart gelöst hatten, vom Samtsitzkissen einer *chaise à main* aus der Zeit Ludwigs XVI. und wische dann meine Hand mit meiner außerdem Hand ab. Manchmal fällt mir das richtige Wort nicht ein, und dann sage oder denke ich etwas auf komische Weise Falsches oder falsch Klingendes oder falsch Gedachtes. *Anderen*. Das Wort lautet *an-*

deren. Mit meiner *anderen* Hand. Ich wische meine andere Hand an meinen ... *Stoffbeinröhren* ab? Das kann nicht stimmen. Beinhosen vielleicht. In jedem Fall lässt mich diese schlichte Handlung, meine Madeleine, wenn man so möchte, in der Zeit zurückreisen:

Ingo zieht an seiner Cigarette (denn so buchstabiert er es), während er mir die Hand auf die Schulter legt und mich auf den Stuhl niederdrückt, auf dem Kräckerkrümel zu liegen scheinen. Das Licht ist gelöscht, die Jalousien sind heruntergezogen, der Projektor surrt.

Es geht los. Eine gezackte weiße Schramme auf schwarzem Grund, dann noch eine und noch eine und noch eine. Dann winzig kleine Kratzer: wie Schnee im Scheinwerferlicht. Dann ein Bild. Schwarzweiß. Schmutzbefleckt: Eine Frau, genauer gesagt, eine Puppe von einer Frau, gekleidet wie eine Waldnymphe, vollführt einen erotischen Tanz. Sie ist animiert, mithilfe einer Technik, die manchmal als Stop-Motion bezeichnet wird. Vielleicht haben Sie von Ray Harryhausen gehört, dem Großmeister der Stop-Motion-Animation. Sie kennen seine Arbeit vielleicht aus dem Film *King Kong* von 1933. Nein, das war Wallis O'Brian. Ich habe mich falsch ausgedrückt. Oder besser gesagt, ich habe falsch gedacht. Das kommt in letzter Zeit immer häufiger vor. Ich fürchte, dass etwas im Busch ist, dass es einen tiefer liegenden Grund gibt, einen organischen Grund. Einen fatalen Grund. Warum vergesse ich? Warum durchstreife ich mein Gehirn auf der Suche nach verlorenen Wörtern? Andere haben aus Höflichkeit oder Ungeduld begonnen, mir mögliche Wörter vorzuschlagen:

»Beherzt?«, sagen sie.

»Füllhorn?«

»Nixon?«

»Rekursiv?«

»Galaxius vom Saxilus?«

»Manifest Destiny?«

»Bruce Willis?«

Es war *Willis* O'Brien. *Willis* mit *i*. *O'Brien* mit *e*. Ich weiß nicht, was los ist.

In jedem Fall wurde dieser Film mithilfe der besagten Technik gedreht. Die Puppe tanzt auf krude Weise, mit einer spastischen Energie, die ich enervierend finde. Ich bin bereit, Ingo noch mehr Zeit zu geben. Als alter Schwarzer verdient er unseren Respekt. Wobei ich es noch immer für unwahrscheinlich halte, dass ich die ganzen drei Monate durchhalte. Afroamerikaner, meine ich.

Nach eineinhalb Minuten dieses Sextanzes beginnt die Puppe einen steifbeinigen Cakewalk, der nach einem Nazi-Stechschritt aussieht, wofür er aber über zwanzig Jahre zu früh kommt. Ich bin schon im Begriff, meinen Trumpf auszuspielen, was bedeutet, dass ich eine erfundene Verabredung vorschützen werde, als eine handgeschriebene Titelkarte ins Bild geschoben wird: *Die Tänzerin Lucy Chalmers zeigt uns einen Walzer!*

Lucy Chalmers! Das große und tragische Mysterium, das die Stummfilmsirene Lucy Chalmers war. Es gibt heutzutage nur noch so wenige Menschen, mit denen man über Lucy Chalmers sprechen könnte. Zwischen 1913 und 1919 hatte sie Hauptrollen in einer Handvoll Filme, ehe sie eines Tages das Set verließ und nie wieder gesehen wurde. Manche sagen, sie sei das als Black Dahlia bekannte unbekannte Opfer gewesen. Nein, Augenblick mal, das war viel später. Lucy Chalmers verschwand, ehe Elizabeth Short geboren wurde. Die Black Dahlia war Elizabeth Short. Sie war keine Unbekannte. Das ist ganz sicher eine andere Geschichte. Lucy Chalmers verschwand nur eines Tages vom Set und wurde nie wieder gesehen. Sie war eine bekümmerte junge Frau, die mit dem Cowboydarsteller Art Acord eine turbulente Ehe führte. Aber es war ihr stürmisches Wesen, aus dem sie ihre großen emotiven Fähigkeiten baute. *Baute* ist nicht richtig. Ich weiß nicht, wie der richtige Ausdruck lautet.

»Bezog?«, wirft ein vorbeigehender Stuhlmuseumsbesucher ein.

Ja, *bezog*. Dann war sie eines Tages verschwunden. Einfach vom Set verschwunden. Niemand hörte mehr von ihr. Manche sagen, sie sei vergewaltigt und in einem Weizenfeld dem Tod überlassen worden. Manche sagen, sie habe ihren Namen geändert und im Mittleren Westen einen Lebensversicherungsvertreter geheiratet, der sie vergewaltigte und in einem Weizenfeld dem Tod überließ. Es gab noch mehr Theorien. Viel mehr als diese zwei. Aber letztlich weiß es jedenfalls niemand. War sie heroinabhängig? Auch das weiß niemand. Niemand weiß es, und das macht die Faszination und die Tragödie nur umso größer. Wenn es eine Tragödie gab. Vielleicht hat sie Hollywood nur den Rücken gekehrt, angewidert von dem, was es schließlich werden sollte. Sie könnte Vorahnungen von Kaufman, von Nolan gehabt haben. Niemand weiß es, aber in jedem Fall hindert mich ihre Anwesenheit daran, mich auf der Stelle von dem Film zu absentieren. Nachdem die Puppe benannt wurde, erscheint sie wieder und bewegt sich aus irgendeinem Grund etwas flinker. Der Stechschritt ist jetzt ein aufreizenderer Stechschritt. Vielleicht legt sie sogar einen Hauch Hüfte hinein. Man ist bezaubert.

Und mit einem Mal endet die Erinnerung. Die Museumsführerin erklärt, das Wort *Stuhl* habe in seiner ursprünglichen Form *Sitz* bedeutet.

KAPITEL 41

ICH WAR GAR nicht auf die Idee gekommen, Rainbow Sunshine könne sich ausfindig machen lassen, doch da ist sie. Ihr Nicht-Clown-Name ist Amber Hearst, und sie gehört einem sexpositiven feministischen Clownskollektiv namens Circus Her-Kiss an. Sie kommen aus Ann Arbor und treten vor einem ausschließlich weiblichen Publikum im oberen und Teilen des unteren Mittleren Westens als Clowns auf. Amber Hearst ist eine stolze Lesbierin und die Freundin von Dianne Elaine Padgett, auch bekannt als Clown Dazzle. Ich erwäge meine Optionen. Rainbow Sunshine kann weiterhin mir gehören, auf die Weise, wie sie es bisher getan hat, im Reich der Fantasie. Im Internet existieren siebzehn Fotos von ihr in verschiedenen verführerischen Posen und verschiedenen Stadien der Entkleidung. Mit diesen Hilfsmitteln kann ich noch jahrelang auf meine Fantasiebegegnungen mit ihr aufbauen. Eine weitere Möglichkeit wäre allerdings, mich meiner Standnachbarin am heutigen dritten Tag der Messe zuzuwenden, beginnend vielleicht mit etwas lockerer clownbezogener Plauderei, dann ein harmloses Kompliment bezüglich ihrer Schminktechnik, sie etwas beschnuppern und vorbehaltlich ihres mutmaßlichen Interesses vorschlagen, vielleicht zusammen etwas trinken zu gehen. Wenn sie einwilligt, sage ich, es müsse direkt nach der Arbeit sein, da ich später noch eine Verabredung hätte, und schlage dann vor, um Zeit zu sparen, solle sie vielleicht einfach in Clownsschminke bleiben. Und dann sehen wir weiter.

Ich nehme meinen Mut zusammen und spreche die Clownsfrau an. Wie sich herausstellt, heißt sie Laurie und hat einmal in einem kleinen Wanderzirkus namens Soundso (ich habe nicht richtig zugehört) gearbeitet, bis sie für das professionelle Clownsdasein zu alt wurde. Die Karrieren weiblicher Clowns sind wie die von Turnerinnen und Ballerinen mit Anfang zwanzig beendet. Es ist Ausdruck einer höchst ungerechten, sexistischen Doppelmoral, dass ein männlicher Clown bis in seine Achtziger hinein arbeiten kann und ihm im Zuge der Clownsromanzen in der Manege oft unangemessen junge Clownsgattinnen an die Seite gestellt werden. Ich drücke Laurie, die mit dreißig noch ein recht attraktiver Clown ist, mein Mitgefühl aus. Das scheint mir einige Extrapunkte zu verschaffen, und ich lade sie auf einen Drink nach der Arbeit ein. Direkt nach der Arbeit. Sie nimmt die Einladung an.

»Es ist mir ein bisschen peinlich, so geschminkt in dieser Bar zu sitzen«, sagt Laurie.

»Sei nicht albern. Du bist die hübscheste Frau hier. Nicht-Clowns mitgezählt.«

»Okay«, sagt sie. »Danke.«

»Also, was bist du für ein Clown?«

»Du meinst, was ich für ein Clown war.«

»Bist. Ich unterstütze dein aktuelles Clownsein. Ich finde, der erzwungene Rücktritt reiferer weiblicher Clowns ist ein nationaler Missstand.«

Sie lächelt.

»Also gut. Ich *bin*, was man ein Jongliermädchen nennt.«

»Du jonglierst?«

»Ja. Gespieltes Hinfallen und Konfettieimer beherrsche ich auch ausgezeichnet.«

Ich rücke diskret meinen Penis zurecht.

»Ich liebe Clowns«, sage ich.

Ich sondiere das Terrain. Sollte sie es falsch verstehen, also auf die richtige Weise, kann ich immer noch glaubwürdig versichern, es sei nicht so gemeint gewesen.

»Wirklich?«, sagt sie.

Ich habe keine Ahnung, wie das gemeint ist. Die Clownsschminke macht es schwierig, subtiles Mienenspiel zu deuten. Sie lächelt die ganze Zeit wie ein Höllenmonster.

»Ja«, sage ich.

»Puh«, sagt sie. »Ich bin zu alt für dieses blöde Make-up! Ich sehe lächerlich aus.«

»Nein«, sage ich und berühre kurz ihre Hand.

Stille tritt ein.

»Wohnst du in der Nähe?«, fragt sie.

»Meine Wohnung ist recht klein.«

Ich will ihr nicht direkt sagen, dass ich kein Bett habe, falls ich die Situation missdeute, aber ich muss es irgendwie in die Unterhaltung einflechten. Sex in meinem Schlafsessel ist vermutlich eine eher unerquickliche Angelegenheit.

»Eine Einzimmerwohnung?«

»Eine sehr kleine Einzimmerwohnung. Ich habe nicht einmal Platz für ein Bett! Kannst du dir das vorstellen? Das nenne ich mal klein.«

»Oh«, sagt sie.

Ist sie enttäuscht? Fühlt sie sich von meiner Armut abgestoßen? Zur Hölle mit ihrem monströsen, undurchschaubaren Make-up. Es streut mir Sand ins Getriebe.

»Und du?«, frage ich. »Wohnst du in der Nähe?«

»Etagenwohnung in den West 50s. Ich muss gestehen, dass meine Eltern mir etwas dazugeben.«

Sie bedeutet mir, Armut sei nichts, wofür man sich schämen müsse.

»Wie nett«, sage ich. »Eltern sind schon etwas Feines.«

»Ja, nicht wahr?«, sagt sie und lacht.

Ich lache. Mehrere quälende Minuten lang nippen wir schweigend an unseren Drinks. Dann lachen wir wieder beide. Dann hören wir beide auf. Es ist ein außerordentlich sonderbarer Moment.

»Willst du sie mal sehen?«, fragt sie schließlich.

»Was sehen?«, sage ich, noch immer bemüht, einen Fehltritt zu vermeiden.

»Oh«, sagt sie.

Sie wirkt verletzt, auch wenn sie nach wie vor ein breites rotes Lächeln im Gesicht trägt. Habe ich es versaut, indem ich so tat, als würde ich ihre Einladung nicht verstehen? Ich wage den Schritt.

»Ach, du meintest, ob ich deine Wohnung sehen will?«

»Ähm«, sagt sie. »Weißt du, ich weiß auch nicht. Ich dachte nur, du fändest es vielleicht interessant, mal eine Etagenwohnung aus der Vorkriegszeit zu sehen. Das heißt, wenn du Architektur magst.«

»Ich bin kein großer Architekturfex –«

Warum habe ich das gesagt? Es kam einfach so heraus. Ich wollte einfach nicht, dass sie mich für einen Architekturfex hält. Ich weiß nicht, warum mir das wichtig war. Ich wollte einfach nur normal wirken. Es war ein Fehler.

»Oh, okay«, sagt sie.

»Aber weißt du was?«, sage ich. »Ich liebe die West 50s.«

Was soll das überhaupt bedeuten? Was will ich damit überhaupt sagen? Ich hoffe, sie fragt nicht nach.

»Ach, wirklich?«

Sie wirkt erfreut. Das macht mir Hoffnung.

»Ja, die West 50s sind zehn tolle Blocks!«, setzt sie hinzu.

»Sind sie wirklich«, pflichte ich ihr bei.

Was wird in meinem Nachruf stehen? Darüber denke ich nach, als wir auf dem Weg in Richtung Westen sind. Nicht nur der Nachruf, sondern auch die Online-Lobpreisungen in Gestalt von Tweets von Menschen aus dem Filmgeschäft. Die *Rest in Powers*, die tiefgründigen Zitate aus meinen Schriften, Erinnerungen an meine Selbstlosigkeit, an meine Freundschaft, daran, wie ich jemandem Suppe vorbeigebracht oder jemand Verzweifelten getröstet habe (ich darf nicht vergessen, irgendwann einmal etwas davon zu tun), die Wehklage darüber, dass ich zu früh gegangen, dass ich ein *critic's critic* geblieben bin. Ich stelle mir vor, wie ich zum *trending topic* werde. Nur eine Zeit lang. Nur einen

Tag lang. Ich bin nicht gierig. Es gibt in diesem Leben noch viel zu tun, um eine akzeptable Trendposition zu erreichen, doch die Entdeckung und Erläuterung des Werks von Ingo Cutbirth wird großen Anteil daran haben. Es wird ein glorreicher Tag werden. Es wird ihnen leidtun, dass ich fort bin, während so viele geringere und bösere weiße Männer weiterhin in der Filmkritikindustrie prosperieren. Es gibt sogar böse Minderheitenfilmkritiker, aber das darf ich nicht laut sagen. Ich kann es nicht erwarten, diese Welle der Trauer und Liebe zu erleben. Auch wenn ich sie nicht miterleben werde, glaube ich dennoch, dass ich sie miterleben werde.

In ihrer Wohnung, die enttäuschenderweise nicht im Geringsten clownsmäßig gestaltet ist, schenkt Laurie mir ein Glas Wein ein. Es ist Weißwein, der natürlich Wein für Menschen ist, die keinen Wein mögen, aber das sage ich Laurie nicht. Weißwein ist Spielzeugwein. Es ist Wein für Kinder. Es ist Wein für Schwachköpfe. Sie zündet mehrere Kerzen an und empfiehlt sich, um in etwas Bequemeres zu schlüpfen.

»Von mir aus musst du dich nicht abschminken«, sage ich.

»Was meinst du damit?«, sagt sie und dreht sich in der Tür zu mir um.

»Was? Nur dass es mir nichts ausmacht, wenn das Make-up draufbleibt, weiter nichts.«

»*Dir* macht es nichts aus?«

»Nein. Natürlich nur, wenn es *dir* auch nichts ausmacht.«

»Ach du lieber Himmel. B., hast du … hast du etwa einen Clownsfetisch?«

»Was? Nein! Gibt es so etwas überhaupt? Sei nicht albern. Natürlich nicht. Das ist doch krank. Ich entschuldige mich für Männer im Allgemeinen, das möchte ich dieser Stelle sagen, wenn du dich mit dergleichen herumschlagen musst, vor allem natürlich für weiße Männer – und damit meine ich keine Clownsschminke, haha –, aber im Ernst, das ist widerwärtig. Wirklich. Und deine Wohnung ist sehr hübsch.«

»Okay. Mein Fehler. Also, ich bin gleich wieder da. Mach's dir bequem.«

»Danke.«

Sie geht ins Schlafzimmer, und ich verlasse die Wohnung. Was blieb mir anderes übrig?

ICH SITZE DIE ganze Nacht lang wach im Sessel. Was ich getan habe, war falsch und womöglich sogar verletzend für Laurie den Clown. In gewisser Weise habe ich das Gefühl, sie nicht als menschliches Wesen betrachtet zu haben, sondern stattdessen als ein Objekt, das meiner sexuellen Erfüllung dient. Das verstößt gegen alles, wofür ich als Mann und als Feminist stehe. Ich empfinde Scham, und so versuche ich in meinem von Schuldbewusstsein durchdrungenen Verstand, ein besserer Mensch zu werden, indem ich meine inneren Dämonen konfrontiere. Es ist eine dunkle Nacht der Seele, wie Francis Scott Key einmal gesungen hat. Nein, nicht Key, *Fitzgerald* – mit meinem Verstand stimmt irgendetwas nicht –, und er hat es nicht gesungen, sondern geschrieben, und darüber hinaus hat er den Begriff nicht einmal geprägt. Die Anerkennung dafür gebührt Johannes vom Kreuz, dem unbeschuhten Karmeliter, der das ursprüngliche Gedicht verfasst hat. Aber wer auch immer es als Erster gesagt hat, ich mache eine durch, und das ist in diesem kritischen Augenblick das Entscheidende. »Die Unbeschuhten waren auch unbescholten« ist ein cleverer kleiner Spruch, den ich seit mehreren Jahrzehnten in ein Gespräch einzubringen versuche. So gut ist er auch wieder nicht, wenn ich es bedenke. In Wahrheit will ich nur irgendjemandem mitteilen, dass ich ein Synonym für »barfuß« kenne. Vielleicht sollte ich einen Kommentar über *Die Unbeschuhte Gräfin* schreiben oder über *Unbeschuht im Park* oder von mir aus auch über *Acht Mann und ein Skandal*, wobei ich den Unbeschuhten Joe Jackson erwähnen könnte. Ich halte rasch einige Gedanken in dem Notizblock fest, den ich immer neben dem Schlafsessel liegen habe:

Zu verwendende Begriffe:

Unbeschuht
Chiaroscuro (das dürfte einfach sein!)
Faktizität
Jaktation
Rarotonganisch
Pejorativum

Mein Geist ist ein Wirbelsturm verwirrter Gedanken und Empfindungen. Ich jaktiere und fürchte, nie wieder einschlafen zu können.

Doch ich tue es. Beinahe auf der Stelle.

Ich wache auf, löse die Riemen, gehe pinkeln, starre aus dem Fenster und setze mich dann wieder in den Sessel, um meine dunkle Nacht der Seele fortzusetzen. Warum fühle ich mich überhaupt zu Clowns hingezogen? Generell mag ich weder Clowns noch die Clownerie. In philosophischer Hinsicht bin ich gegen Comedy jeder Art. Magst du denn nicht Apatow?, könnte man nun entgegnen. Doch Apatow dreht keine Komödien. Er ist weit davon entfernt. Denn die Komödie ist von Natur aus grausam und abschätzig. Humor sieht nur die äußere Erscheinung, die Oberfläche. Er bewertet. Er erniedrigt und kompromittiert. Die Komik kennt keine Güte. Sie braucht ein Opfer, und sei es nur das eigene Ich. Die Clownerie verkörpert die ganze Gemeinheit der Nicht-Clownerie, aber mit dem zusätzlichen Ärgernis des körperlich Grotesken.

Und doch.

Was empfinde ich, wenn ich eine Frau in diesem Make-up sehe? Was habe ich empfunden, als ich Rainbow Sunshine gesehen habe? Als ich Laurie den Clown gesehen habe? Was empfinde ich, wenn ich die nackten weiblichen Clowns sehe, die ich jetzt gerade im Internet sehe? Ich bin das Monster, das sich nie ganz selbst begreifen kann: das weiße, männliche Menschenwesen.

Mir fällt ein, dass ich auch eine Gelegenheit herbeisehne, das Wort

Piranha in einem Gespräch richtig zu betonen. Pie-rann-ja. Es ist erstaunlich, wie wenige Menschen Portugiesisch beherrschen.

Weitere Wörter, die ich im Beisein von anderen gern einmal richtig betonen würde:

Libyen
Accessoire
Oregano
Excel-Tabelle
Bruschetta
Trompe l'œil

AM LETZTEN TAG der Clownsmesse bleibt Lauries Stand geschlossen. Vielleicht kommt sie meinetwegen nicht. Ich habe ein schlechtes Gewissen, aber zugleich bin ich erleichtert. Das Leben ist einfacher ohne sie. Doch etwas Sonderbares geschieht. Mehrere Frauen kommen vorbei, um mit mir über Clownsschuhe zu reden. Sie sind alle um die dreißig, würde ich sagen, und benehmen sich alle merkwürdig. Sie stellen Fragen zu den Schuhen, wirken dabei jedoch distanziert und verärgert. Mir kommt der Gedanke, eine von ihnen könnte Laurie ohne Clownsschminke sein. Schließlich weiß ich nicht, wie sie aussieht, und ehrlich gesagt, kann ich mich nicht einmal an ihre Frisur erinnern. Ich glaube, sie war etwas kleiner als ich und vielleicht siebenundfünfzig Kilo schwer, plus minus ein paar Pfund. Sie könnte jede dieser Frauen sein. Falls eine von ihnen Laurie ist (oder sie es alle sind), was führt sie (führen sie) dann im Schilde? Ein Schauder läuft mir den Rücken hinunter. Oder sagt man den Rücken hinauf? Vielleicht sollte ich mich vor ihrem Vorkriegsbau verstecken und warten, bis sie herauskommt, sodass ich ein für alle Mal weiß, wie sie ungeschminkt aussieht. Ich habe gesehen, dass es gegenüber einen Waschsalon gab. Das wird hilfreich sein.

Barassini und Tsai sind in ihrer Timeshare-Wohnung, also setze ich mich zu Hause in meinen Schlafsessel, um den Film mithilfe von Barassinis Kassette allein heraufzubeschwören. Hupen. Sirenen. Das klopfende Geräusch der Heizung. Ich stecke mir Ohrenstöpsel in die Ohren, die den Lärm von außen mindern und das Zischen meines Tinnitus verstärken. Wieder versuche ich, den Film heraufzubeschwören. Als ich merke, dass ich die Kassette mit Ohrenstöpseln nicht hören kann, nehme ich sie heraus. Nach einer Weile stellen sich die Bilder ein. Die erste Einstellung: Es schneit über den Pine Barrens von New Jersey. Die Kamera treibt träge von links nach rechts, sucht nach … Nein, Augenblick mal. Das ist nicht die erste Szene. Die erste Szene ist der Wirbelsturm von Galveston des Jahres 1900. Ein Mann kämpft gegen den Wind an, während er vor einer perfekten Replik des Hotel Galvez am Hafendamm entlanggeht. Die Szene ist komisch, da ihm der Zylinder mehrmals vom Kopf geblasen wird. Er jagt ihm jedes Mal hinterher und setzt ihn auch jedes Mal wieder auf, woraufhin er ihm wieder vom Kopf geblasen wird. Das sagt einiges über Standesdünkel aus, wenngleich die Welt um ihn herum … Nein. Das kommt später, denn wir wissen schon, dass dieser Dandy der Vater des Meteorologen ist; wie erfahren wir das also? In einer Rückblende? Wenn ja, kommt das hier viel, viel später. Denk nach!

Es muss später sein, weil es die Obsession des Meteorologen mit dem Wetter erklärt, dass sein Vater im Wirbelsturm von Galveston umkam. Eine spektakuläre Szene: Es erfordert unvorstellbares Geschick, nicht nur einen derart heftigen Sturm zu animieren, sondern auch den Stimmungswechsel von der leichtherzigen Komik des seinem Hut hinterherjagenden Mannes zur Brutalität des Sturms zu vollziehen, der ihn packt und Hals über Kopf über Galveston hinwegträgt, wodurch die Zuschauer aus seinem Blickwinkel und damit nun aus der Vogelperspektive die schreckliche Verwüstung der unten liegenden Stadt sehen können. Eine solche Szene sucht in der Welt des Films ihresgleichen. Dass es damit endet, dass sein nunmehr lebloser Körper vom Himmel fällt und zu den Füßen seines kleinen Sohnes landet, sagt den Zuschauern ohne ein einziges Wort alles, was sie über den zwanghaften Trieb des Kindes wissen müssen, im scheinbaren Chaos des Universums Ordnung zu finden. Wie also beginnt der Film, und warum bringe ich die zeitliche Abfolge durcheinander? Ich erinnere mich, dass es früh im Film geschieht. So wie auch die Geburt Molloys in einer Hütte in den Pine Barrens. Ich erinnere mich, wie es aus dem verschneiten Himmel Säuglinge regnete, die auf den schneebedeckten Boden aufschlugen und blutrot leuchtende Flecken hinterließen (aber war der Film nicht schwarz-weiß?). Da war auch das Monster, das am Strand von … wie heißt der Strand? Die Jungen auf ihren Fahrrädern. Das war in den 1890ern, also vor Galveston. Aber auch das war nicht die erste Szene. Da war der Fleischregen von Kentucky im Jahr 1876. Kam das zuerst? All die verschiedenen Zeitreiseelemente des Films machen es schwierig, vielleicht gar unmöglich, den chronologischen Ablauf nachzuvollziehen. Vielleicht gibt es keine erste Szene, insofern als es keinen Anfang gibt, insofern als immer etwas vorher kam. Hätte ich nur Zugang zu dem sogenannten Zeitfenster, das der Meteorologe erfunden hat und das ihm exakt vorherzusagen erlaubt, was geschehen ist und noch geschehen wird. Moment. Hatte er einen Namen? Ich kann mich nicht auf einen einzigen Augenblick besinnen, in dem er von irgendjemandem bei seinem Namen gerufen wurde. Selbst als Sylvia das vergilbte Zeitungsfoto findet, auf dem er zwischen all den anderen Meteorologen posiert, ist sein Name unter dem Bild verschmiert. Ingo zeigt das ganz bewusst. Warum ist er namenlos? *Und Jesus und ein namenloser Affe sodann / Zusammenstoßen, um zu teilen fortan / Jene Form, die kein Erdenmensch fliehen kann?* Das schrieb Hugh MacDiarmid in dem für meine Weltanschauung vielleicht prägendsten Gedicht. Ist der Meteorologe ein namenloser Affe? Will Ingo uns das sagen? Kommt seine Gabe der Weissagung vom christlichen Gottessohn statt von dieser schlichten (oder eher komplexen) Technologie?

KAPITEL 42

ALS ICH IN der Straße von Clown Laurie ankomme, stelle ich fest, dass ihr Haus abgebrannt ist. Es ist nur noch ein Haufen schwelender Trümmer übrig. Habe ich es letzte Nacht in Brand gesetzt? Daran kann ich mich nicht erinnern. Natürlich habe ich das nicht. Warum läuft mir dann plötzlich ein Schauder den Rücken entweder hinauf oder hinunter? Ich habe es nicht getan. Warum hätte ich es tun sollen? Ganz gewiss habe ich es nicht *absichtlich* getan, aber was, wenn ich bei der Flucht aus ihrer Wohnung versehentlich eine oder mehrere der vielen Kerzen umgetreten habe? Ich bin mir sicher, dass ich nicht eine oder viele Kerzen umgetreten habe. Aber was, wenn ich es doch getan habe, ohne es zu bemerken? Aber das habe ich nicht. Aber vielleicht doch? Was, wenn ich auf der Toilette war und hinterher ein Streichholz angezündet habe? Aber das habe ich nicht. Aber wenn doch? Sind Menschen ums Leben gekommen? Ich suche mit meinem Smartphone nach Berichten über das Feuer. Man gehe von Brandstiftung aus, steht in einem Artikel des *West Fifties Bugle*. Niemand sei zu Schaden gekommen, aber die Hausbewohner hätten im Rahmen eines Zeugenschutzprogramms allesamt neue Identitäten erhalten, um sie vor künftigen Angriffen des nach Vermutung der Behörden unbekannten Brandstifters oder Zündlers, wie die Jugend von heute sagt, zu schützen. Wie soll ich sie nun jemals finden? Buchstäblich jede Frau, die etwa dieses Alter, diese Größe und dieses Gewicht hat, könnte Laurie der Clown sein. Ich glaube, sie ist kaukasoid, aber selbst diesbezüglich bin ich mir nicht sicher; die weißen Comicfigur-Handschuhe mit den vier Fingern hatten ihre Hände verdeckt. Komm schon. Warum hätte sie die anlassen sollen, wenn sie nicht gewusst hätte, worauf ich aus war?

Nach draußen zu gehen, ist zum Albtraum geworden. Clown Laurie könnte überall sein … überall zugleich. Ich rufe ihren Arbeitgeber Clowndation an und frage nach Laurie oder ehemals Laurie.

»Es gibt hier niemanden, der so heißt oder hieß«, teilt man mir mit.

»Das müssen Sie sagen. Wegen des Zeugenschutzprogramms und so weiter.«

»Warum nennen Sie uns nicht *Ihren* Namen, und wir melden uns bei Ihnen«, heißt es.

Ich wittere eine Falle und lege auf. Niemand wird mir diesen Mord in die Schuhe schieben. Ich meine, diese Brandstiftung. Mögliche Brandstiftung. Manchmal kommt es mir vor, als wären meine Gedanken nicht meine eigenen Gedanken, als dächte ich falsche Dinge, dumme Dinge, alberne Dinge, zum Amüsement eines ungesehenen Publikums.

Das Wort *ungesehen* hängt wie Rauch in meinem Gehirn.

Ich leide an dem, was Hume die Krankheit der Gebildeten genannt hat. Kurz gefasst, weiß ich zu viel. Und dem Elefantenmenschen David Merrick in Bernard Pomerance' Stück *Der Elefantenmensch* nicht unähnlich, denke ich manchmal, »dass mein Kopf so groß ist, weil er voller Träume steckt«. Nur dass in meinem Fall mein Kopf so groß ist, weil er so mit Wissen vollgestopft ist, von Träumen gar nicht zu reden. Natürlich ist mein Kopf nicht abnormal groß oder entstellt wie der von Merrick, aber mit seinen zweiundsechzig Zentimetern ist er größer als der Durchschnitt. Manchmal bezeichne ich mich spaßeshalber als ein *Hume-an being*.

»BESCHREIB ES MIR«, sagt ein unangenehm gebräunter und erholter Barassini.

Begleitet von seinem nahezu allgegenwärtigen inneren Monolog, schreibt der Meteorologe in sein Notizbuch: »Je mehr ich mich in die ursprünglichen Berechnungen vertiefe, desto mehr Daten entdecke ich. Ich bin jetzt nicht nur in der Lage, die Bewegungen der Luft und der Pflanze im Windkanal zu erfassen und vorherzusagen, sondern ich kann sie von jeder Warte aus erfassen, selbst innerhalb der Pflanzenzellen. Meine Animation jener ersten fünfzehn Sekunden umfasst nun all das. Vermutlich könnte sie selbst Geruch, Textur und Geschmack enthalten, wenn diese sich nur im Bewegtbild festhalten ließen. Die größte Hürde stellt freilich noch immer die Begrenztheit des menschlichen Gehirns dar. Könnte ich eine ausreichend komplexe elektronische Rechenmaschine entwickeln, dann wäre ich vielleicht in der Lage, die Ergebnisse nahezu in Echtzeit und irgendwann womöglich sogar schneller zu berechnen. Erst dann hätte ich eine echte Weissagungsmaschine.«

Beim Abendessen erzählt Tsai eine Geschichte:

»Auf dem Weg vom Barre-Kurs nach Hause kürze ich über die West 55th Street ab und komme an einem brennenden Haus vorbei. Eine Freundin von mir wohnt in dem Haus, also mache ich mir natürlich Sorgen und bleibe stehen. Die Straße ist mit den verbrannten und verstümmelten Leichen der Hausbewohner übersät, die aus den Fenstern gesprungen sind. Dann sehe ich sie an ihrem Fenster. Laurie den Clown. Sie springt, das Gesicht mit Schminke verschmiert, landet im Netz der Feuerwehrmänner und wird wieder zu ihrem Fenster hochkatapultiert. Die Feuerwehrmänner rufen, sie soll es noch mal probieren. Wieder springt sie, und wieder wird sie in das Fenster im vierten Stock hinaufgeschleudert. Sie rufen: ›Noch mal!‹ Als sie diesmal im Netz landet, legt ihr ein Feuerwehrmann schnell einen Sandsack um den Hals. Diesmal landet sie in einem Fenster im zweiten Stock. ›Mehr Sand!‹, ruft der Feuerwehrmann einem seiner Kollegen am Sandwagen zu. Jetzt landet sie in einem Fenster im ersten Stock. ›Noch mehr

Sand!‹, ruft der Feuerwehrmann, als sie aus dem Fenster im ersten Stock springt. Diesmal ist sie durch das zusätzliche Gewicht so schwer, dass das Netz reißt und sie auf dem Gehweg landet. Es ist eine komische Szene, die nicht zum Schrecken des Augenblicks passt: die Flammen, der giftige schwarze Rauch, die sich am Boden windenden Körper, die weinenden Zuschauer.«

»Warum lachst du dann?«, frage ich.

»Ich bin einfach erleichtert, dass es ihr gutgeht«, schützt Tsai vor.

Natürlich habe auch ich über diese Anekdote gelacht. Alle Gäste der Dinnerparty haben es getan, vor allem Conrad Veidt III. Aber wirklich aus Erleichterung, wie Tsai behauptet? Ich frage mich, ob ich gegen das Unglück anderer abgestumpft bin. Verstandesmäßig weiß ich, dass es kein Witz ist, aus einem brennenden Haus zu springen, vor allem nicht für die Springenden oder ihre Familien und Freunde. Und doch bin ich nicht in der Lage, Mitgefühl zu empfinden. Ist Ingos Film daran schuld? Es ist besorgniserregend. Alles ist besorgniserregend. Dazu scheinen mich auch meine romantischen Liebesgefühle für immer verlassen zu haben. Die domestizierte Tsai interessiert mich nicht. Clown Laurie ist zu einer Qualle der Belustigung geworden. Quelle. Meine ehemalige afroamerikanische Freundin Kellita Smith sehe ich kaum noch vor mir. Meine Exfrau ist zum Mannweib geworden. Vielleicht werde ich einfach alt, und das war's. Ich trauere diesem Kapitel der romantischen Bedürftigkeit nicht nach. Von nun an heißt es arbeiten. Meine Aufgabe ist Ingo.

Barassini schlägt eine Sitzung im Anschluss an das Essen vor, da niemand Pictionary spielen will.

IN MOLLOYS KRANKENZIMMER ereignet sich ein bemerkenswertes Stück Stop-Motion-Zauberei. Es ist eine Zeitraffersequenz, die Wochen von Molloys Koma zu fünfzehn schwindelerregenden Minuten verdichtet, wie das Publikum sie noch nie gesehen hat. Tag wird zu Nacht wird zu

Tag, immer wieder aufs Neue, während Krankenschwestern und Ärzte herein- und hinausschießen, den Patienten versorgen und wieder verschwinden, Patty kommt und ihrem Mann vorliest, Marie raucht und starrt, Mudd händeringend auf und ab geht. Die ganze Zeit über liegt Molloy im Bett, eine Insel der Reglosigkeit in diesem Meer aus panikartiger, beschleunigter Bewegung. Wochen vergehen, Molloy verliert an Gewicht, sein Gesicht verhärmt, auf seiner Oberlippe sprießt ein kleiner Schnurrbart. Schließlich ähnelt er einem Skelett, und es wirkt unwahrscheinlich, dass er je wieder erwacht.

Und dann tut er es.

Es geschieht in der Nacht. Das Zimmer ist dunkel und Molloy allein. Seine Augen öffnen sich, in ihrem feuchten Schimmer spiegelt sich das durchs Fenster strömende Mondlicht. Es ist ein fesselnder Augenblick, der als entschiedener Schlusspunkt der turbulenten Zeitraffersequenz dient. Molloy reckt den Hals, um die Umgebung sehen zu können. Wo bin ich? Er wirkt schwach und benommen. Er versucht, sich aufzurichten, kann es jedoch nicht und liegt wartend da. Wir warten mit ihm, Mitgefangene, einsam in der Dunkelheit. Diese Sequenz, Molloy allein im Bett, wird in ihrer Gänze gezeigt. Fünf Stunden lang, zwanzig Jahre vor Andy Warhols Film *Sleep*, mit einer Puppe. Und anders als bei Warhol ist dies keine Spielerei, kein konzeptueller Witz. Diese Sequenz erforscht Isolation, Langeweile, Angst und Eingesperrtsein. Wenn man diese Szene in voller Länge ansieht – und das muss man! –, erhält man am Ende die fürstliche Belohnung eines erhöhten Einfühlungsvermögens.

Bei Sonnenaufgang schaut die Schwester herein, Molloy und sie blicken sich in einer der komischsten Szenen, die je auf Zelluloid gebannt wurden, in die Augen, und die Schwester muss einmal, zweimal, dreimal hinsehen und prustet den Kaffee, den sie aus irgendeinem Grund beim Eintreten gerade aus einem Becher trank, heraus. Stark beeinflusst von den Komödien eines Hal Roach, inszeniert Ingo die Sequenz mit dem Timing des Meisters, der er nun einmal ist, was umso mehr verblüfft, bedenkt man, dass sie Einzelbild für Einzelbild ausgeführt ist. Die entsetzliche Frage, die die Szene stellt, ist, warum Molloy, ein erfahrener Varietékünstler, keine Freude an seiner eigenen komischen Überraschung oder jener der Schwester hat. Darin liegt eine unheilvolle Vorausdeutung. Die verdatterte Schwester spricht:

»Oh! Mr. Molloy! Bleiben Sie ganz ruhig liegen! Nicht bewegen! Nicht bewegen!«

Ihre Krankenschwesternschuhe mit den niedrigen Absätzen klappern den widerhallenden Gang entlang, als sie davonläuft, vermutlich, um einen Arzt zu holen. Molloy dreht den Kopf, um aus dem Fenster zu sehen. Die Kamera fährt durch das Fenster in den dämmrigen Außenbereich. Molloy liegt in einem der oberen Stockwerke, sodass wir in der Vogelperspektive über Los Angeles fliegen. In der Ferne der Pazifik und Catalina Island. Unten zockelt eine einsame Straßenbahn eine stille Allee entlang. In einer außergewöhnlichen Bewegung schwenkt die Animationskamera nach unten und in die mit frühmorgendlichen Pendlern besetzte Straßenbahn. Wir verweilen auf einem Neger (die respektvolle Bezeichnung für Afroamerikaner im Amerika der 1940er-Jahre – hier nur aus Gründen der Wirklichkeitsnähe verwendet und in keiner Weise befürwortet), der seine Wochenkarte der Los Angeles Railroad in Händen hält, auf die eine Werbung für das im Shrine Auditorium gastierende Musical *Carousel* mit John Raitt aufgedruckt ist. Das von Rodgers und Hammerstein geschriebene und auf einem Theaterstück von Ferenc Molnár mit dem Titel *Liliom* beruhende Musical ist für seine ohrwurmhaften Melodien sowie die Tatsache, dass es häusliche Gewalt mit Liebe gleichsetzt *(»It is possible, dear, for someone to hit you, hit you hard, and it not hurt at all«),* zu Recht geschmäht. Dieser Weg wird von sowohl männlichen Apologeten als auch am Stockholm-Syndrom leidenden weiblichen Gewaltopfern viel zu häufig eingeschlagen. Carole King und Gerry Goffin haben in ihrem Lied »He Hit Me (And It Felt Like a Kiss)« aus dem Jahr 1962 eine ähnlich verheerende Aussage getroffen. Was ist nur los mit den Leuten? Ich habe nie eine Frau geschlagen und würde es auch niemals tun. Und nun sehen wir in der Hand des Negers eine Werbung für gewalttätige Beziehungen. Was will Ingo uns sagen? Es ist noch zu früh in diesem komplexen Narrativ, um das zu verstehen, aber es ist so gut wie sicher, dass Ingo hier den künstlich inszenierten amerikanischen Traum mit seinen Verbrauchern und Verbrauchten beleuchtet. Der mittlerweile in einen Bus umgestiegene Neger wird vor der Willys-Overland-Autofabrik in Maywood herausgelassen. Er gesellt sich zu einer Schar Henkelmänner tragender Arbeiter, die die Werksanlage betreten. Er hat noch nicht gesprochen. Er hat keinen Namen erhalten. Ob wir ihn wiedersehen werden, ist die Frage, mit der wir zurückbleiben, als wir wieder in Molloys Krankenzimmer zurückgerissen werden, wo er nun von einem Arzt, der prustenden Schwester, Patty, Mudd und Marie umgeben ist. Der Arzt bewegt seinen Zeigefinger vor Molloys Gesicht von rechts nach links. Alle anderen sehen mit angehaltenem Atem zu.

»Gut«, sagt der Arzt. »Können Sie mir Ihren Namen nennen?«

»Malachi Francis Xavier Molloy.«

»Haben Sie einen Spitznamen?«

»Chick.«

»Erkennen Sie die hier Anwesenden?«

Molloy wirkt nervös, so als müsste er eine Prüfung ablegen. Er ringt die Hände, holt tief Luft und beginnt:

»Meine Frau Patty (geborene Mittenson). Mein Partner, Bud Mudd. Seine Frau Marie Bogdonovich Mudd. Die Schwester, die vorhin auf technisch höchst versierte, aber außergewöhnlich unlustige Weise ihren Kaffee ausgeprustet hat. Und Sie haben sich beim Eintreten als Doktor Everett Flink vorgestellt.«

»Sehr gut«, sagt der Arzt.

Molloy ist erleichtert. Patty weint und küsst ihn auf die Stirn. Mudd klopft ihm auf die Schulter. Marie öffnet das Fenster einen Spaltbreit und steckt sich eine Zigarette an. Sie wirkt als Einzige beunruhigt.

»Wann ist Molloy je ein Pruster untergekommen, den er nicht köstlich fand?«, murmelt sie, begleitet von Zigarettenrauch, der aus ihrem

Mund und durch den Fensterspalt nach draußen in die kaputte Welt quillt.

»Wird es Folgeschäden geben?«, fragt Molloy.

»Sie sind jetzt fünf Wochen bewegungslos gewesen. Begleitete Leibesübungen werden als Therapie erforderlich sein.«

»Werde ich wieder wie vorher?«

»Das lässt sich noch nicht mit Sicherheit sagen, aber ich denke, mit gewissenhaften Anstrengungen –«

»Ich werde mich anstrengen.«

»Gut. Das ist gut.«

»Ich fürchte, ich werde nicht wieder wie vorher.«

Patty und Mudd tauschen mit leicht zusammengekniffenen Augen einen offenbar betroffenen Blick. Ist da etwas Neues in seinem Ausdruck? Eine Ernsthaftigkeit? Eine Unrast? Vielleicht liegt es nur daran, dass er jetzt zu dünn ist, dass der dicke, fröhliche, alberne, tollpatschige Clown unter seiner Ausgezehrtheit verschüttet ist. Er sieht … unangenehm aus. Der dünne, strähnige Schnurrbart macht es nicht besser.

»Warum guckt ihr mich alle so an?«, fragt Molloy.

»Wie denn, Darling?«, sagt Patty.

»Wie einen Fremden. Einen verhassten Fremden.«

»So sieht dich niemand an, Chick!«, sagt Mudd. »Wir sind einfach nur froh, dich wiederzuhaben!«

»Du lügst«, sagt Molloy mit einem fremdartigen Zorn in der Stimme. »Gebt mir einen Spiegel.«

Patty springt auf, greift nach ihrer roten Alligator-Boxbag, klappt sie auf und reicht sie ihm. Molloy studiert sein nunmehr kadaverartiges Gesicht in dem Spiegel auf der Innenseite des Deckels. Er betastet seinen Schnurrbart.

»Den können wir doch abrasieren, Chick«, sagt Patty. »Das geht im Handumdrehen.«

»Nein«, sagt Chick nach einem Augenblick. »Er passt zu mir.«

»Wir können nicht beide einen Schnauzer tragen, Chick«, sagt Mudd.

»Lass es gut sein, Bud«, sagt Marie. »Wenn er seinen Schnurrbart mag, soll er ihn doch behalten. Er hat ihn sich verdient.«

»Aber unsere Nummer.«

»Lass es gut sein.«

Also lässt Mudd es gut sein, aber eine Nummer mit zwei Schnauzbärten hat etwas Unschickliches. Er überlegt, sich selbst den Bart abzurasieren. Das würde gewiss die Dynamik verändern. Wie sollte das Publikum je glauben, dass der bartlose Mann das Sagen hat? Und dieser neue, ausgezehrte Molloy sieht böse aus. Das verschmitzte Lächeln ist aus seinen Augen verschwunden. Aber er lag im Koma, um Himmels willen, Bud! Gib ihm die Gelegenheit, wieder zu sich zu finden. Und in jedem Fall ist sein Freund wieder da, und alles andere ist zweitrangig, kann später besprochen werden, wird sich mit der Zeit finden.

Auf dem Heimweg von meiner Sitzung bei Barassini gehe ich im Kopf meine Liste durch. Es vertreibt mir die Zeit, und es ist immer gut zu wissen, wo man gerade steht.

Menschen, die vermutlich intelligenter sind als ich:

Albert Einstein
Susan Sontag
Isaac Newton
Dante Alighieri
William Shakespeare
Hannah Arendt
James Joyce
Jean-Luc Godard
Gottfried Leibniz
Alan Turing
Ada Lovelace
Marie Curie
Aristoteles

Wichtige Anmerkung: einen Afroamerikaner finden!

Ich mache an Yoko Onos Wunschbaum beim diesjährigen Performa-Festival halt und hänge meinen »Wunsch« daran: Es ist mein Wunsch, die Kritik um die gleiche Genialität zu bereichern, um die Picasso und Braque mit dem Kubismus die Malerei bereichert haben. Kann ein Film aus verschiedenen Blickwinkeln betrachtet werden? Kann eine Kritik jede vorstellbare Interpretation enthalten? Kann sie aus jeder menschlichen Perspektive verstanden werden? Aus jeder nichtmenschlichen? Das ist mein Ziel.

Im Moment hängt nur ein einziger anderer Wunsch am Baum: *Fahrrad. – Jim Carrey.*

KAPITEL 43

»BESCHREIB ES MIR.«

Ich sitze ungesehen mit Mudd und Molloy in einem Raum, bei dem es sich um eine Krankenhauskapelle zu handeln scheint. Molloy trägt seinen Patientenkittel, Mudd einen eleganten Zweireiher.

»Ich schlage vor, wir machen weiter wie vorher und versuchen noch mal, *Hier kommen wir zwei beiden* auf die Beine zu stellen«, sagt Molloy.

»In Ordnung, Chick. Ich meine, ich weiß nicht. Das Business hat sich verändert.«

»So sehr kann es sich in drei Monaten doch nicht verändert haben.«

»Na ja, Chick, kann ich ganz offen zu dir sein?«

»Bitte.«

»Ich finde, du hast dich verändert. Ein bisschen.«

»Das denke ich nicht.«

»Du bist jetzt mehr wie … *ich*«, sagt Mudd.

Molloy sieht Mudd lange forschend an.

»Verstehe«, sagt Molloy.

»Ich weiß nicht, ob du noch dieselbe Figur spielen kannst.«

»Dann lass es uns doch einfach ausprobieren, oder?«

»Hier und jetzt?«

»Wieso nicht?«

»Ja, natürlich, Chick. Die Szene beim Herrenausstatter?«

»Auf geht's.«

Die beiden spielen die Szene, und es funktioniert nicht.

»Ich weiß nicht, Chick. Es fühlt sich einfach nicht mehr natürlich an«, sagt Mudd.

»Vielleicht sind wir bloß aus der Übung.«

»Ich glaube nicht, dass es das ist. Vielleicht, wenn du dir den Schnauzer abrasierst und wieder zunimmst?«

»Mir gefällt mein neues Aussehen besser, Bud. Es passt zu mir. Du weißt nicht, wie schwierig es ist, übergewichtig zu sein. Es ist ein Gesundheitsrisiko, und über Übergewichtige wird immer gelacht.«

»Das kann ich mir vorstellen, Chick. Aber ehrlich gesagt, wollen wir die Leute ja zum Lachen bringen.«

»Nicht so, Bud. Nicht auf diese Art. Das sind billige Lacher, und es ist verletzend.«

»Gut, das verstehe ich. Dann rasier dir doch vielleicht nur den Schnauzer ab?«

»Der Schnauzer ist adrett.«

»Aber passt adrett denn zu unserer Nummer?«

»Vielleicht kannst du dir ja deinen Schnauzer abrasieren, Bud. Nimm ein bisschen zu, und wir tauschen die Rollen.«

»Ich möchte nicht zunehmen, Chick.«

»Dann weißt du ja, wie's mir geht.«

»Ja, schon, aber das war eben immer deine Rolle in unserer Nummer. Ich glaube nicht mal, dass ich gut wäre als der griesgrämige Possenreißer. Ich bin Stichwortgeber. Das ist meine Rolle.«

»Probieren wir es doch mal aus. Was meinst du? Wir spielen die Szene noch mal, aber mit vertauschten Rollen.«

»Chick …«

»Versuchen wir's einfach, Bud. Vielleicht überraschen wir uns selbst.«

»Ja, warum nicht. Ist gut.«

Sie versuchen es noch einmal, und das Ergebnis ist das gleiche, nur mit vertauschten Rollen.

»Du bist gar nicht albern, Bud. Sei albern.«

»Das liegt nicht in meiner Natur, Chick.«

»Du versuchst es ja nicht mal.«

»Also gut.«

Sie beginnen noch einmal mit der Szene. Mudd schneidet Fratzen, jammert und starrt wahnwitzig, registriert Dinge erst auf den zweiten Blick, dann aber mit vor Überraschung weit aufgerissenen Augen. Es ist grauenerregend, albtraumhaft, obszön, nicht mitanzusehen, doch man kann den Blick auch nicht abwenden.

»Nein, das ist auch nicht gut«, sagt Molloy.

»Ich bin Stichwortgeber, Chick.«

»Ich auch, Bud. Ich auch.«

»Vielleicht ist es Zeit zum Aufhören, mein Freund.«

»Ich kann nichts anderes als Comedy, Bud.«

Molloy beginnt zu weinen, ohne dass sich seine Miene dabei verändert. Mudd betrachtet dieses befremdliche Schauspiel.

»Wir finden schon eine Lösung«, sagt Bud.

»Versprochen?«

»Versprochen.«

»Vielleicht ... Was, wenn wir zwei Stichwortgeber hätten? Das gab's noch nie.«

»Ja, warum nicht, Chick.«

»Vielleicht so, als würde ein Mann mit sich selbst hadern. Kennst du die deutschen Romantiker, Bud?«

»Eigentlich nicht. Nein. Ich wusste auch nicht, dass du sie kennst.«

»Ich lese nachts, wenn es hier ruhig ist.«

»Ah.«

»Doppelgänger. Der romantische Schriftsteller Jean Paul hat den Begriff geprägt, aber es ist ein sehr altes Konzept. Es könnte genau das sein, was die amerikanische Comedy auf die nächste Stufe hebt.«

»Warum nicht. Hört sich gut an«, sagt ein wenig begeisterter Mudd.

»Bestens!«, sagt ein vermutlich begeisterter Molloy, wobei ich mir nicht ganz sicher bin, denn sein Gesicht bleibt eine geradezu parkinsonhaft starre Maske.

ES IST EIN schöner Sonntagnachmittag, und ich spreche beim Picknick der Junior Future Film Historians of America im Riverside Park vor einer Gruppe von Kindern:

»Hier bin ich also, in der Zukunft – es ist 2019, oder? –, und schaue auf mein Leben zurück. Dieser mysteriöse, nichtexistente Ort namens Noch Nicht ist nun vollständig verwirklicht, und wer hätte sich die futuristischen Wunder ausmalen können, die wir hier für selbstverständlich nehmen? Schnurlose Telefone. Computerstationen in unseren eigenen vier Wänden. Köstliche, sättigende Mahlzeiten in Tablettenform. Sämtliche Bücher der Welt in elektronischen Bibliotheken, für jedermann zugänglich durch schlichtes Umlegen eines Kippschalters. Und obgleich Kriege und Armut ausgemerzt worden sind und alle anderen Menschen als ebenso gut wie Weiße anerkannt sind, bin ich nicht zufrieden. In diesem Augenblick, den ich nur als den Frühabend meines Lebens (Sommerzeit) bezeichnen kann, suche ich händeringend nach Bedeutung. Gewiss ist es wunderbar, in einer Welt zu leben, in der alle gleich sind und niemand besonders ist, doch ich komme aus einer anderen Zeit, aus einem anderen Land, einem Land des Egos und der Ambitionen, des unausgesetzten Strebens, des Neids. Diese Merkmale sind meinem Wesen tief eingeschrieben, und nun, da jedermann gefeiert wird, da alle Bücher schreiben und Bilder malen und Lieder singen und alle anderen diese Bücher lesen und diese Bilder betrachten und diese Lieder anhören, merke ich, dass mein primitives Wesen sich abheben will. All das Aufwallen, während meine schöpferischen Kräfte schwinden und ich allmählich wieder von dem Erdboden aufgesogen werde, aus dem ich einst kam. Denn ich schrumpfe, wisst ihr.«

Ich glaube, die Kinder sind beeindruckt. Aber ich bin mir nicht sicher, denn ihre Gesichter bleiben geradezu parkinsonhaft starre Masken.

»BESCHREIB ES MIR.«

Etwas ist hinter dem gläsernen Türdurchgang. Kaum sichtbar. Ein verschwommener Fleck. Die Andeutung einer Form. Die Kamera fährt darauf zu. Die Tür öffnet sich, und wir betreten den Flur eines Stadthauses. Es ist leer, und wir werden von dunkler Vorahnung durchdrungen. Was war das? Wer war das? War es etwas, was wir nicht sehen sollten? Und doch sind wir hier. Der Film hat uns hierhergebracht. Wir sollten es also sehen, nehmen wir an. Wir gleiten durch den Flur auf eine geschlossene Tür zu. In der völligen Stille liegt etwas Bedrohliches. Wir erinnern uns an all die Horrorfilme, die wir gesehen haben, in denen genau dieses Mittel zum Einsatz kam, das Giovanni Pastrone vor so langer Zeit für seinen Film *Cabiria* ersonnen hat, wenngleich auch, um eine gänzlich andere Wirkung zu erzielen. Diesem Drängen nach vorne wohnt etwas Unausweichliches, ein Kontrollverlust inne. Wir werden sehen, was in diesem Raum ist, ob wir nun wollen oder nicht. Die verschrammte weiße Holztür am Ende des Flurs öffnet sich, gebietet uns, einzutreten. In dem feuchtkalten Raum mit den verrammelten Fenstern ermordet ein betrunkener Seemann ein Kind. Es ist ein Horrorfilm, weniger wegen der Kindestötung (denn die zielt auf Lacher ab), sondern wegen der Tätowierungen auf dem bloßen Rücken des Seemanns, die animiert sind, um seine eigene Zerrissenheit der brutal komischen Tat gegenüber zu zeigen, die er begeht. Von seinem linken Kappenmuskel bis zum linken unteren Deltamuskel spannt sich ein tanzender Homunkulus, der ungezügelte Freude verkörpert. Es ist ein schlichter Tanz, ein Hüpfen von einem Bein aufs andere, gepaart mit einem bösartigen Grinsen und ekstatischem Augenrollen gegen den Uhrzeigersinn. Auf dem rechten Deltamuskel ist Nikolaus von Myra zu sehen, der für die *Nicht*tötung von Kindern steht. Man fühlt sich an die Geschichte von dem Fleischer erinnert, der drei Kinder schlachtete, um ihr Fleisch zu verkaufen. Der heilige Nikolaus erweckte sie wieder zum Leben, was heiligmäßiger Ethik zufolge das Richtige war. Auf der Tätowierung macht Nikolaus stumm »ts, ts, ts« und schüttelt den Kopf, kann aber nicht eingreifen, da sich zwischen ihm und dem Homunkulus eine Tätowierung von einem riesigen, mit Reißzähnen bewehrten Affen befindet. Ich bin mir nicht ganz sicher, was der Affe verkörpert (kulturelle Gleichgültigkeit? Gesellschaftliche Apathie?), doch es scheint klar, dass Nikolaus ihn fürchtet. Der Affe wirkt blasiert. Was will Ingo uns hier sagen? Enthüllt er seine eigenen pervertierten Gelüste? Rechtfertigt er Kindsmord? Das bezweifle ich ernsthaft. Vielleicht ist der Mord an dem Kind gänzlich symbolisch zu verstehen. Wer hat nicht schon einmal das Kind, das xier gewesen ist, auf metaphorisch brutale Weise ermorden wollen? Um die Erinnerung an diese bedürftige, jämmerliche Abscheulichkeit vom Angesicht der Erde zu tilgen. Doch ist das recht? Der heilige Nikolaus sagt Nein. Oder besser, Nikolaus sagt: Ich heiße das nicht gut, und wenn du das Kind tötest, werde ich es wieder zum Leben erwecken. Ich werde dich dieses Kind nie vergessen lassen, denn dieses Kind ist das bedürftige und jämmerliche Wesen, das du einst warst. Stellst du das in Abrede, so stellst du deine eigene Geschichte in Abrede, die, so jämmerlich sie gewiss ist, doch erinnert werden muss, da jene, die die Geschichte vergessen, verdammt sind, sie zu wiederholen. Und wer wollte abermals ein Kind sein?

Der Mord endet, und der Seemann dreht sich um und schaut in die Kamera, als wollte er sagen: »Na?« Es ist ein Augenblick von großer filmischer Kraft. Wir sind alle schuldig, sagt uns sein Blick. Das blutige Kind steht auf und verneigt sich. War das Ganze ein Schauspiel? Nein, es ist jetzt untot. Ingo machte das deutlich, indem er seine Augäpfel durch schwarze Murmeln ersetzt. Doch es scheint nicht unglücklich zu sein. Es holt Teller und Besteck aus dem Geschirrschrank und deckt den Tisch zum Abendessen. Der Seemann raucht seine Pfeife. Der Homunkulus ist tot. Nein, er atmet; er schläft nur. Das Leben ist kompliziert, sagt uns Ingo. Es herrscht schreckliche Gewalt, aber dann machen wir eine Pause und essen zu Abend. Das ist das Leben.

Ich verlasse Barassinis Praxis als Wrack. Der Erinnerungsvorgang ist kräftezehrend, und ich bin körperlich und seelisch geschwächt. Ich überdenke meine Arbeit, ihre Notwendigkeit und die ganz reale Gefahr des Scheiterns. Ich spüre meinen Verfall. Ich spüre ihn in meinen

Knien. Ich spüre ihn in meinen Eingeweiden und in meinem Penis. Ich spüre ihn in meiner schwindenden Körpergröße, meinem versagenden Gedächtnis. Es gab einmal eine Zeit, da konnte ich mich an alles erinnern. Ich hatte nicht unbedingt ein emetisches Gedächtnis. Das ist nicht der richtige Begriff. Der Begriff, der fotografisches Gedächtnis bedeutet. *Emetisch* heißt brechreizerregend. Wobei das Wort nicht ganz unpassend war. Ich konnte Informationen erbrechen, und ich tat es auch. Wenn mich jemand nach Godard fragte, konnte ich Daten und Fakten und Theorien zu seiner Arbeit, eigene wie fremde, im Strahl erbrechen. Ich könnte Ihnen seine Schuhgröße sagen. Aber nicht mehr seine Hemdengröße. Und das bereitet mir Sorge. Meine Gedächtnislücken. Meine schwache Blase. Meine unzuverlässigen Erektionen. Ich widersetze mich Thomas Dylans Rat, nicht gelassen in die gute Nacht zu gehen. Dylan Thomas. In Frieden. Mein Gott. Ich nicke im Sessel ein. Mir träumt von Liebe. Der Art Liebe, die es im Leben nie für mich gegeben hat, die aber gelegentlich den Weg in meine Träume gefunden hat. In diesem Traum steht mir eine Frau freundlich gegenüber und sieht mich mit widerstandslosen Augen an, mit weit geöffneten Augen, Augen gleich einer einladend offen stehenden Tür. Tritt ganz ein, fordern sie mich auf. Lass keinen Teil von dir zurück. Ihre Augen sind schwarz, ihre Haut ist geschmeidig und schimmert braun. Das ist alles, was ich je gewollt habe. Das Streben nach Respekt, nach Geld, nach Ruhm, mit dem ich meine Tage zubringe, ist sinnlos, albern, schmählich im Angesicht dieser Liebe. Sie und ein Leben in Armut und Unbekanntheit sind alles, was ich mir je erhoffen könnte. Ich trete mühelos in sie ein, ohne Angst vor Zurückweisung, ohne Befangenheit angesichts meiner abstoßenden Physis. Ich werde geliebt. Ihre Haut liegt warm und weich an meiner. Ineinander verschlungen, taumeln wir schwerelos dahin. Keine Ellbogen oder knochigen Hüften. Keine Besorgnis über die verborgenen Motive meiner Leidenschaft für eine schwarze Frau. Es ist gut. Es ist sauber. Ich erwache am Boden zerstört. Es wird nie geschehen. Es ist für mich nicht erreichbar. Wenn es das je war, ist es jetzt zu spät. Ich starre verzweifelt auf meine Bücherwand.

Ich schwöre mir, ihr Gesicht nicht zu vergessen. Ich überlege mir eine Geschichte: Vielleicht existiert sie, und der Traum war eine Vorausahnung. Das hat es schon gegeben. Vielleicht Zufall. Ich glaube nicht sehr an solche Dinge. Aber wer weiß. Und ich nehme mir vor, heute allen afroamerikanischen Frauen in die Augen zu schauen, zu sehen, ob sie zurückschauen, ob es einen Augenblick der Liebe gibt. Es ist unwahrscheinlich. Aber ich habe in diesem Traum etwas gekostet, und nun weiß ich nicht, wie ich ohne es auskommen soll.

Ich gehe zu Barassini, einmal mehr ganz auf afroamerikanische Frauen eingestellt. Doch die Fiktion des Traums überschneidet sich nicht mit der Realität der wirklichen Welt. Ich sehe fünf mögliche Kandidatinnen für die Traumliebhaberin in einem Meer aus offensichtlichem Ausschuss. Nicht eine einzige, weder von den Kandidatinnen noch vom Ausschuss, nimmt mich zur Kenntnis. Die Wahrheit ist, dass ich nicht liebenswert bin, nicht in der Realität. Nicht für Afroamerikanerinnen.

Ich komme heftig verstimmt bei Barassini an. Er spürt es und fragt mich, was los sei. Ich blicke in seine dummen, voreingenommenen Augen. Warum kann er mich nicht so ansehen wie sie? Warum kann mich niemand in meinem Winkel dieses verdammten Klotzes von Universum so ansehen, wie sie es tut?

»Du siehst mich an wie ein Irrer«, sagt Barassini.

»Wenn du's sagst«, antworte ich.

»Hoppla. Tja, vielleicht sollten wir einfach loslegen. Du bist nicht gut drauf, wie ich sehe.«

»Mir geht es blendend«, sage ich. »Eins a. Fangen wir an.«

Barassini legt meinen Halsschalter um.

Ich blicke vom Flur in den Salon, wo der ausgemergelte, schnurrbärtige Molloy in dem Privatdruck von Guy Wernhams Übersetzung von *Die Gesänge des Maldoror* aus dem Jahr 1943 liest. Patty geht mehrmals vorbei, richtet hier und dort etwas, räumt auf. Sie will ganz offensichtlich, dass Molloy sie bemerkt, dass er mit ihr spricht. Nach dem dritten Versuch dreht sie sich in der Tür zu ihm um.

»Möchtest du etwas zu Mittag essen, Chick?«

Molloy blickt auf.

»Hmm?«

»Mittagessen?«

Er scheint lange darüber nachzudenken, dann:

»Ich kenne mich selbst nicht wieder, Patty. Ich meine, ich erinnere mich an mich und an meine Reaktion auf bestimmte Dinge. Aber es ist, als hätte ich in einem Buch über mich gelesen, einem Buch, das von einem Fremden handelt, den ich missachte.«

»Was sagst du da, Chick?«

»Soll ich das wirklich wiederholen?«

»Nein. Ich verstehe es bloß nicht.«

»Ich weiß zum Beispiel, dass ich Kalbskotelett mochte. Ich erinnere mich, dass ich Kalbskoteletts mochte. Aber jetzt verabscheue ich Kalbskoteletts und alles, wofür sie stehen. Wohin ist meine Liebe zu Kalbskoteletts verschwunden? Schwebt sie jetzt frei dahin wie Rauch, der nach etwas sucht, worauf er sich ablegen kann?«

»Wir müssen ja keine Kalbskoteletts essen, Chick. Ich kann dir machen, was du willst. Möchtest du Spaghetti?«

»Darum geht es mir nicht.«

»Oh. Ist gut. Ich habe nämlich Hackfleisch da. Ich könnte auch Klopse machen.«

»Ich finde nicht mehr die gleichen Dinge lustig wie früher. Ich erinnere mich an die Dinge, die ich lustig fand. Aber jetzt verdrießen sie mich.«

»Was heißt ›verdrießen‹?«

»Ärgern.«

»Verstehe. Na ja, das ist nicht so schlimm. Wir können doch über neue Sachen lachen.«

»Ich weiß, dass ich gern unter Menschen war. Ich mochte Partys. Ich habe gern geflirtet. Jetzt bin ich lieber allein.«

»Allein?«

»Ich fühle mich in der Einsamkeit wohler. Mit meinen Büchern.«

»Was genau meinst du mit allein?«

»Ich habe immer noch gern ein Publikum. Ich sehne mich nach der Aufmerksamkeit, aber aus anderen Gründen.«

»Und was sind das für Gründe?«

»Ich brauche Zeugen.«

»Wie wär's mit einem Sandwich?«, sagt sie. »Wir haben noch ein bisschen kaltes Huhn im Eisschrank.«

»Ich habe keinen Appetit, Patty.«

»Na schön.«

Patty bleibt lange in der Tür stehen, während Molloy sich wieder seinem Lautréamont zuwendet.

»Weißt du noch, dass du mich einmal geliebt hast, Chick?«

Molloy blickt auf.

»Das weiß ich noch, Patty.«

Diese Szene bricht mir das Herz. Ich denke über meine Liebe zu meiner afroamerikanischen Freundin und damals, vor langer Zeit, zu meiner Ehefrau nach. Bin ich wie Chick? Habe ich mich verändert? Haben sie es getan?

Tun wir es alle?

KAPITEL 44

ICH SETZE MICH in meinen Schlafsessel, schließe die Augen, versuche, mich zu erinnern. Womit fängt es an? Ein Mann mit Zylinder? Melone? Ich bin mir nicht sicher. Es gibt so viele Hüte in diesem Film. So viele Hüte. Wie soll ich es genau sagen können? Es gibt tatsächlich sehr viele Herrenhüte aus dieser Zeit. Dass ich im Rahmen meiner Recherche für einen Kommentar zu dem von Diener-Hauser entworfenen Plakat des Films *Der diskrete Charme der Bourgeoisie* am Fashion Institute of Technology einen Herrenhut-Kurs belegt habe, macht es nicht besser. Mein Verstand ist voller Hüte: Kreissäge, Melone, Fedora, Homburg, Zylinder. Ich bin mir ziemlich gewiss, dass es ein Zylinder ist, aber dass ich schon beim ersten Hut eines Films mit vielleicht zehntausend Hüten Schwierigkeiten habe, gibt mir zu denken. Dieses Gewirr von Hüten veranschaulicht das Gewirr meines gesamten Gehirninhalts, Kindheitserinnerungen, Gelerntes, Gesehenes, Augenblicke des Glücks (gab es die? Es muss sie doch gegeben haben. Und dennoch …). Der fortschreitende Verfall meines Gedächtnisses, meines Konzentrationsvermögens, meiner … kritischen Fähigkeiten – die einzigen Bestandteile von mir, die je von dem geringsten Interesse für andere gewesen sind – hat, um es ganz offen zu sagen, katastrophale Auswirkungen auf mein Selbstwertgefühl. Ich merke, dass ich meiner Aufgabe in geradezu demütigender Weise nicht gewachsen bin. Wohin verschwinden die Dinge, die wir vergessen? Vielleicht ist das eigentliche Wunder, dass es überhaupt je einen Mechanismus gegeben hat, mit dem sich Teile der Welt einfangen lassen, während sie durch uns hindurchgehen. Es ist nichts Geringeres als das Wunder des Bewusstseins. Ohne Erinnerungen existiert man nicht. Vielleicht hätte Descartes, dieser Verächter der Welt der Natur, richtiger gelegen, wenn er gesagt hätte: *Ich erinnere, also bin ich*. Sind wir Zeugen ohne Gedächtnis, dann sind wir gar keine Zeugen. Ein Hohlzylinder, durch den der Wind bläst, wird sich nicht an das Pfeifgeräusch erinnern, das er erzeugt. Die schreckliche Ironie meiner Situation und der einzige Grund, aus dem ich vielleicht tragischer bin als eine Rolle Toilettenpapier, liegt darin, dass ich mich erinnere, dass ich mich nicht erinnere. Und das ist eine Strafe, die Tartarus würdig wäre. Wofür aber werde ich so bestraft? Bin ich nicht ein ethischer, wenn auch uninspirierter Didaktiker gewesen? Habe ich nicht fleißig gearbeitet? Habe ich nicht ausreichend geliebt? Vielleicht habe ich es nicht. Nein, das habe ich nicht. Ich verdiene sämtliche Blitze, die Zeus auf mich schleudern würde. Ich als Experte für die Chemie von Filmmaterial (ich habe am Rowland Institute unter Edwin Land studiert – sein Labor war im dritten Stock und meines im zweiten) habe Ingos Meisterwerk in der Aufregung über meine Entdeckung achtlos verbrennen lassen.

Irgendwann schlafe ich ein, einmal mehr zu fest an meinen Schlafsessel geschnallt.

Im Traum bin ich ein Romanfassungsverfasser. Zumindest am Anfang. In späteren Träumen werde ich zu anderen werden. Vielen anderen. Ich werde weiter ein Romanfassungsverfasser bleiben, aber ich werde zusätzlich noch all diese anderen werden, alle zugleich. Nein, eher einer nach dem anderen. Nun ja, ein anderer nach dem anderen und dazu der Romanfassungsverfasser zusätzlich zu den jeweils anderen. Es ist schwer zu erklären. Also schön, stellen Sie sich eine Reihe von Stöpseln vor, vielleicht auf einem Förderband, aber nicht ganz, eher eine Art Steinschleuder, und wenn nun fünf dieser Stöpsel oder eher Drehknöpfe zusammen eine borelsche Menge bilden ... Nein, das ist etwas anderes ... *Wahrscheinlich*. Es könnte doch das sein, was ich meine, aber ... In Wahrheit weiß ich gar nicht, was eine borelsche

Menge ist. Wobei ich den Ausdruck ganz sicher schon einmal gehört habe. Das ist mehr, als die meisten von sich behaupten können. Und es ist auch nicht so, als wollte ich nicht begreifen, was eine borelsche Menge ist, doch als ich auf Wikipedia nachgesehen habe, wurde ich nicht schlau daraus. Meine mathematische Vorbildung ist in Wahrheit dürftig. Es ist nicht ganz unwahr, wenn ich behaupte, in Harvard Angewandte Mathematik im Nebenfach studiert zu haben, aber ich habe nur sehr wenig gelernt. Dank der Noteninflation kam ich gerade so über die Runden. Meinem Traum-Ich war das immer unangenehm. Ich bin im Traum schlicht nicht klug genug. Im Traum ist der Mathe-Primus meiner Highschool inzwischen ein Professor für molekulare Virologie, der in Yale studiert hat. Auf der Highschool sagte ich mir immer, ich sei der interessantere von uns beiden. Darum hatte er in den Zulassungstests für die Hochschulen die volle Punktzahl, weil er immer nur büffelte; das war alles, was er tat. Wohingegen ich der künstlerische Typ war, voller Tagträume und Gedichte und tiefer Traurigkeit und Elan und einer rebellischen Liebe zum absurden Theater. Das Studium in Harvard ermöglichte mir ein Filmkritikstipendium. Seinerzeit war ich in der Ivy League eine große Nummer. Ein Goldesel für die Universität. Wir traten in gefüllten Hörsälen im Kritik-Zehnkampf gegen die anderen Eliteuniversitäten an. Der Film war in den Siebzigern von großer kultureller Bedeutung; es war ein magisches Jahrzehnt für die amerikanische Filmindustrie. Heute ist sie freilich auf der Strecke geblieben. Jetzt lieben alle die Virologie. Meine Virologen-Nemesis wird verehrt und leistet wichtige Arbeit in der Entwicklung eines Hakenwurm-Impfstoffs, der Hunderten von Millionen von Menschen helfen und Hunderten von Millionen von Hakenwürmern schaden wird.

Und ich bin ein Romanfassungsverfasser.

Im wahren Leben schreibe ich keine Romanfassungen. Das tut fast niemand mehr. Im Traum aber bin ich ein Romanfassungsverfasser, und ein erfolgreicher dazu. Als Traum-Romanfassungsverfasser habe ich mehrere bedeutende Romanfassungen verfasst. Meine Romanfassung von *Der Pate Teil I* hat sich besser verkauft als Mario Puzos Roman *Der Pate*. Ich war so vorausschauend, meinen Titel um *Teil I* zu ergänzen, als der zweite Teil noch nicht einmal angekündigt war. Dafür wurde ich zu Recht gepriesen. *Meine* Seiten dreiundzwanzig und vierundzwanzig wurden von Feministinnen und feministisch eingestellten Kritikern gleichermaßen für die subtile Verschiebung weg von Puzos misogyner »Pimmelparty« hin zu einer weiblich orientierten Erotik gelobt. Manche feierten das Buch gar als »womxnistisch«. Ein Kritiker ging sogar so weit, es als »wxmxnxstxsch« zu feiern. So weiblich orientiert war es. Andere dagegen verunglimpften es als einen »patriarchalen Wolf im Damenpelz« und beharrten darauf, kein in dieser kranken Kultur aufgewachsener Mann könne verstehen, geschweige denn zum Ausdruck bringen, was eine gesunde geschlechtliche Beziehung ausmacht, die nicht auf Dominanz, Erniedrigung, Vergewaltigung und anderen schlimmen Dingen gründet, die Männer nicht für schlimm halten. Meine Gefühle waren verletzt. Ich hatte es wirklich versucht. Im Traum halte ich all das für schlimm, ebenso wie im wahren Leben. Im Traum versuche ich, sozialverantwortlich zu handeln beziehungsweise politisch sensibel beziehungsweise gut beziehungsweise schlicht anständig beziehungsweise ohne irgendjemanden zu beleidigen, vor allem nicht Frauen, die ich liiiiiiebe wie nur irgendetwas auf der Welt, alles im Rahmen meiner Stellenbeschreibung, die Senior Film Marketing Associate – Abteilung Romanfassungen lautet. Ich habe immer versucht, ein guter Mensch zu sein. Immer. Es ist nicht einfach, stets so sehr darauf bedacht zu sein, was andere denken, vor allem Frauen. Denken wir einmal über *diese* Stellenbeschreibung nach. Denken wir einmal daran, was ich den Frauen zuliebe auf mich nehme.

Ich widere mich an.

Doch selbst nachdem ich von der »Internationalen Gesellschaft der Autoren medialer Ableger« mit drei Scribe Awards (ehemals Lizas) ausgezeichnet worden bin, schäme ich mich meines Berufs noch immer; ich empfinde sozusagen Selbstverachtung. Schließlich bin ich kein Romancier, wie ich es mir im Traum als junger Mann immer erhofft habe; ich bin lediglich Romanfassungsverfasser. Im Traum hatte ich am Iowa Writers' Workshop teilgenommen, der sowohl im Traum als auch außerhalb *die* Institution schlechthin ist. Er ist für Schreibschulen, was das Molekulare-Virologie-Programm der Yale University School of Medicine für Molekulare-Virologie-Programme ist. Im wahren Leben wurde ich im Iowa Writers' Workshop nicht angenommen. Im wahren Leben musste ich den Namen des Programms nachschlagen, um zu sehen, ob darin ein Apostroph vorkam, und wenn ja, an welcher Stelle, um mich nicht zu blamieren. Im Traum aber wusste ich genau, wohin der Apostroph kam, und ich nahm teil, und irgendwann sendete mir der angesehene Romancier Don DeLillo eine meiner Erzählungen (»Die unwahrscheinliche Schuppenflocke des Daniel D. Deronda«) mit einem Begleitzettel zurück, auf dem stand: *Vielen Dank fürs Schicken*. Diese kleine Ermutigung hielt mich gute fünf Jahre lang aufrecht. Schließlich veröffentlichte ich im Traum einen Roman. Es war eine scharfe Anklage gegen die Praxis des Auslagerns von Senioren in die amerikanischen Weltraum-Altenpflegeheime des fünfundzwanzigsten Jahrhunderts. Ich gab ihm den Titel *Opis im Orbit*. Er bekam nicht nur keine guten Kritiken, er bekam nicht einmal schlechte Kritiken. Nicht einmal in *Gerontologie morgen: Die führende Fachzeitschrift für spekulatives Altern*. Gewiss, dreißig Amazon-Kunden bezeichneten ihn als außerordentlich, aber wie sich herausstellte, waren sie alle ich, und als jemand, der nicht ich war, das herausfand, war *Opis im Orbit* mit einem Mal Stadtgespräch, doch nicht im positiven Sinne, falls das nicht offensichtlich war. Es ist erstaunlich, wie viele Menschen, die man nicht einmal kennt, einem den Tod wünschen können. Im Traum scheinen alle nach Gründen zu suchen, Menschen, die sie gar nicht kennen, den Tod zu wünschen. Oder dass sie gefeuert werden. Oder verspottet. Oder kompromittiert. Im wahren Leben ist es auch so.

Und so kam es also, dass ich notgedrungen ein Romanfassungsverfasser wurde, ein Handlanger der Industrie, ein Lohnschreiber, ein Verfasser medialer Ableger. Nun bin ich bestenfalls ein »Autor«. Auf Partys fürchte ich die Frage: »Und was machst du beruflich?« Um das zu verdeutlichen, ich hasse die Frage auch, wenn sie anderswo gestellt wird. Und zu allem Überfluss geht es mit meinem schmachvollen Lebensunterhalt auch noch dahin. Mal ehrlich: Niemand liest mehr Romanfassungen. Stattdessen werden Videospiele produziert, die auf den Filmen basieren, manchmal auch Spielzeuge, manchmal auch Modelinien, aber Romanfassungen gehören der Vergangenheit an. So ist es sowohl im Traum als auch außerhalb meiner Träume. Nur dass es mich außerhalb nicht interessiert.

Im Traum habe ich eine Familie zu ernähren (obgleich auch nicht meine eigene), und wenn daher bei einem Telefonat ein potenzieller Romanfassungsauftrag vor meiner Nase baumelt, dann stürze ich mich darauf.

Nach einem unvermittelten Traumschnitt streife ich durch die Straßen eines mir unbekannten Stadtteils. Ich spüre, ich bin in der Nähe des Flusses, auch wenn ich ihn von hier aus nicht sehen kann. Vielleicht ist es das ferne Hupen der Schiffe, das es mir verrät. Hupen? Nennt man es Hupen, wenn Schiffe es machen? Ich komme zu dem Schluss, dass ein echter Romancier das wüsste, ohne im Internet nachzuschauen. Ich denke an Melville, denke, dass er es wüsste, weil er sich mit Schiffen auskannte. Schiffe waren letztlich genau sein Ding. Dann denke ich: Hat er nicht gelebt, bevor es Schiffshörner gab? Also hätte er es vielleicht doch nicht gewusst. Was das Nichtwissen angeht, stehe ich also mit Melville auf einer Stufe. Vielleicht auch nicht. Ich will plötzlich nicht mehr an Melville denken; ich bin sehr müde. Eine Zeit lang denke ich gar nichts, was eine Erleichterung ist. Dann, verdammt noch eins, denke ich an Barbosae, der die Romanfassung zu *Moby Dick* geschrieben hat. Er hätte es gewusst. Barbosae wusste alles. Er hatte die Rekordanzahl von sechsundvierzig Lizas (heute Scribes) gewonnen.

Dann denke ich: Wer würde es sonst noch wissen? Joseph Conrad. Er kannte sich mit Schiffen aus, und er lebte mitten in der Zeit der Schiffshörner. Aber lebte er *wirklich* mitten in der Zeit der Schiffshörner? Wann wurden Schiffshörner erfunden? Wann wurde Joseph Conrad erfunden? Es spielt keine Rolle. Sehen wir der Wahrheit ins Gesicht: Ich werde niemals Joseph Conrad sein. Oder Barbosae. Ich suche trotzdem auf meinem Traumtelefon nach *schiffshörner geschichte*. Nur zum Spaß. Abgesehen von einer kurzen Erwähnung in einem Wikipedia-Artikel über Fahrzeughupen, der keine relevanten Informationen enthält, findet sich nichts. Ich bin überrascht und vom Internet enttäuscht. Doch in Wahrheit ist es ein Wunder. Ich kann direkt hier an der Straßenecke Schiffshörner recherchieren. Conrad konnte das nicht. Jedenfalls glaube ich das nicht. Ich versuche, das im Internet nachzusehen. Nichts. Ich suche nach *Barbosae*; vielleicht könnte ich ihn anrufen. Er ist tot. Zumindest in meinem Traum.

Ich hebe den Blick von meinem Telefon, lasse ihn über die Reihe von Lagerhallen gleiten: Sie sind kastenförmig und verfallen, die Straßen verwaist. Ich suche nach einer Lagerhalle mit einer Hausnummer. Haben Lagerhallen Hausnummern? Ich versuche, auch das auf meinem Telefon nachzusehen. Dickens habe als Kind in einer Lagerhalle gearbeitet, lese ich im Netz, während ich mich immer tiefer in meiner Recherche verliere. Dickens hätte es gewusst. Ich bin kein Dickens.

Ich sollte an dieser Stelle anmerken, dass die Träume keine richtigen Träume sind, aber da sie sich nachts einstellen, wenn ich schlafe, weiß ich nicht, wie ich sie sonst nennen soll. (Arthur Schnitzler hätte es gewusst. Ich bin kein Schnitzler.) Doch sie sind etwas anderes. Zum einen sind sie etwas körnig, haben etwas Grießiges, ein wenig wie ein Film. Zum anderen haben sie einen Vor- und Abspann, ganz genau wie ein Film. Ich kann sie nicht lesen, da sie in Weiß vor einem blassgrauen Himmel ablaufen – was für einen Traummacher ein dummer Fehler zu sein scheint, ein Amateurfehler, der Fehler eines Traummacheranfängers –, aber ich merke, dass sie da sind, und einmal bin ich mir ziemlich sicher, den Namen Alan zu sehen, ein Name, der mich wie stets verfolgt, aus Gründen, die ich nie begreifen werde. Mir fällt *Nachtkino* als eine mögliche Bezeichnung für diese traumähnlichen Erlebnisse ein oder *Schlaffilme* oder *Somnambulichtspiel*. Ich denke sogar kurz an das verspielte *Traumtanz*. Dann schießt mir das Wort *Brainio* durch den Kopf, doch ich weiß nicht, warum. Irgendeine halbvergessene Geschichte verbindet mich mit dem Begriff »Brainio«. Es liegt mir auf der Traumspitze. »Das ist merkwürdig«, schießt mir auch durch den Kopf, gefolgt von: »Ich komme zu spät«, gefolgt von: »Aber zu was?«, gefolgt von: »Ach, da ist es ja«, gefolgt von »Da ist *was* ja?«, gefolgt von: »Das Haus.«

Das Wartezimmer der Praxis ist nur notdürftig gestaltet, und es gibt ganz offensichtliche Fehler: Eine Topfpflanze in der Ecke ist beispielsweise in einem Augenblick da und im nächsten verschwunden. Außerdem steckt ein Bleistift zwischen den Blättern der Pflanze, wenn sie da ist. Im wahren Leben liebe ich es, in Filmen Anschlussfehler zu finden. Es ist eine meiner liebsten Nebenbeschäftigungen, wenn man es so nennen kann. Vielleicht ist es ein Hobby. Manchmal werde ich auf Formularen oder Anträgen oder sogar im Gespräch aufgefordert, meine Hobbys zu nennen. Ich weiß dann nie, was ich schreiben oder sagen soll. Von nun an werde ich dies angeben. Alle, die ich kenne, auf Filmfehler hinzuweisen, gibt mir das Gefühl, ein hellwacher Beobachter zu sein, klüger als der Regisseur. Ich komme zu dem Schluss, dass es sich nicht sehr von der Freude unterscheidet, die es mir bereitete, in den Bilderrätseln meiner Kindheit, das heißt, meiner Traumkindheit, den Bleistift im Baum zu finden. In meiner wahren Kindheit war ich nicht besonders gut in diesen Bilderrätseln. Mein gutaussehender Bruder war gut darin. Er war in allem gut. *Bleistift im Baum!*, sagte er. Und *He, der Reifen ist eckig!* Und *Da! Der Postbote hat einen Schuh und einen Stiefel an!* Ich fand nie irgendetwas.

Ich setze mich, meine Bewerbungsmappe auf dem Schoß, die brennende Zigarette in der rechten Hand. Augenblick mal. Beim Hereinkommen hatte ich doch keine Bewerbungsmappe dabei, oder? Und auch keine Zigarette. Zwei Anschlussfehler. Die Bewerbungsmappe ist leer, ein Requisit. Ich weiß das, aber ich will den Zuschauern nicht die Illusion rauben, indem ich es offenlege. Ich habe das Gefühl, aufgrund der Aussicht auf eine Anstellung mitspielen zu müssen. Es könnte ein

Test sein. Ich verstaue das Wissen, um später darauf zurückgreifen zu können, sollte es notwendig werden. Ein Faustpfand. Doch wo soll ich es hinstecken? Ich bin ja schon in meinem Gehirn, denke ich. Ich beschließe, es in dem Gehirn in meinem Gehirn zu verstauen: meinem Romanfassungsverfassergehirn. Ich ziehe an der Zigarette. Sie schmeckt durchaus echt.

Augenblick mal. Welche Zuschauer denn? Was hat mein Romanfassungsverfasser-Ich mit »Zuschauern« gemeint? Werde ich beobachtet? Beobachte ich mich? Bin ich die Zuschauer?

Eine Frau tritt ein. Ich finde sie schön, wenn auch etwas notdürftig charakterisiert, und bin sofort in sie verliebt, wie ich es bei den notdürftig charakterisierten Frauen in meinen Träumen oft bin. Ich, der Romanfassungsverfasser, nicht im wahren Leben. Wobei ich das Gefühl im wahren Leben nachempfinden kann.

Sie ist die Art Frau, deren Abwesenheit mich in meinem wahren Leben als Romanfassungsverfasser – würde ich, der Romanfassungsverfasser, im Traum aus einem Traum erwachen – verzweifelt zurücklässt. Sie blickt mich an, wie Liebende im Film einander anblicken. Auf diese schöne, unechte Art, nach der ich mich verzweifelt sehne. Ich weiß, dass das eine in Filmen verbreitete Lüge ist, doch in Filmen und im Traum falle ich darauf herein. Und auch sonst.

Sie ist merkwürdig gekleidet. Ihr gemusterter Schal ist auf unerfindliche Weise geknotet. Sie folgt meinem Blick zu dem Knoten.

»Meine Augen sind hier oben«, sagt sie und deutet auf ihre Augen.

»Entschuldigung. Ich habe nur den Knoten in Ihrem Schal bewundert.«

Sie nickt und sagt mir, er sei in mehr als drei Dimensionen geknüpft. Ich sage ihr, ich verstünde nicht. *Du* verstehst es nicht, aber *du* schon, sagt sie. Ich denke darüber nach und komme zu dem Schluss, dass sie andeutet, es gebe mich zweifach. Vielleicht ist mein anderes Ich in dieser anderen Dimension. Ich nehme an, dass ich recht verdutzt wirke. *Ich* wirke vielleicht nicht verdutzt, aber das kann ich nicht wissen.

»In diesem Augenblick«, erklärt sie, »bindet ein anderes Ich von dir einem anderen Ich von mir diesen Knoten. Wir machen uns zur Arbeit fertig, nachdem wir die Nacht zusammen verbracht haben. Gevögelt haben. Falls das nicht deutlich genug war.«

Ich mustere ihr Gesicht. Spielt sie mit mir? Ich liebe sie abgöttisch. Mein Clownsfetisch ist verdunstet wie Kaffee, der tagelang in einer Tasse herumgestanden hat und nur einige braune Ringe zurücklässt. Und kleine Punkte blauen Schimmels.

»Faszinierend«, sagt sie und mustert mein Gesicht, das ihr Gesicht mustert. »Was für ein faszinierend unpassender Vergleich.«

Dann wird es mir auf einen Schlag klar: Sie kommt aus der Zukunft.

»Du kommst aus der Zukunft«, sage ich.

Ja, sagt sie, sie komme aus dem, was ich aus der Vergangenheit als die Zukunft betrachten könnte, aber für sie sei es schlicht das Jetzt, und da sie in meiner Zeit noch nicht existiere, sei es etwas komplizierter, als ich verstehen könne, aber *ich* könne es ganz und gar begreifen.

Jetzt geht das wieder los.

»Einfach ausgedrückt«, erklärt sie, »denken wir beide uns gerade gegenseitig. Das ist eine Begleiterscheinung der Brainio-Technik.«

»Ich verstehe nicht«, sage ich. Aber der Begriff »Brainio« liegt mir wieder auf der Gehirnspitze. Irgendetwas hat es damit auf sich.

»Ich dachte mir, dass du das sagst«, sagt sie.

»Habe ich mir gedacht, dass du dir denkst, dass ich das sage?«, frage ich.

»Sozusagen«, sagt sie. »Laienhaft ausgedrückt, aber lass uns das nicht vertiefen. Das ist der Weg in den infiniten Regress, und ich habe nicht den ganzen Tag Zeit. Ich heiße Abbitha L. X. Vierzehntausendundfünf.«

»Augenblick mal. Dein Nachname ist Vierzehntausendundfünf?«

»Ich weiß, was du denkst«, sagt sie. »Aber nein, mit *den* Vierzehntausendundfünfern bin ich nicht verwandt.«

»Ich verstehe«, sage ich, damit sie nicht merkt, dass ich es nicht tue.

»Jedenfalls«, fährt sie fort, »brauche ich etwas von dir.«

»Alles, was du willst«, sage ich und füge in Gedanken hinzu: für dich, meine Geliebte.

»Stell dir eine zukünftige Unterhaltungstechnologie vor«, beginnt sie.

»Smell-O-Vision?«, frage ich hoffnungsvoll.

»Es ist so viel mehr als Smell-O-Vision«, sagt sie. »Smell-O-Vision schauen heutzutage nur noch alte Leute in Weltraumpflegeheimen. Nein, die Technologie, von der ich spreche, nennt sich Brainio. Und wir erleben erst ihre Anfänge. Mit ›wir‹ meine ich unsere Gesellschaft. Eure Gesellschaft ist noch Prä-Brainio oder P.B. Ich habe ein Brainio geschrieben, und es wurde innerhalb der mir zugeordneten Altersgruppe sehr gut aufgenommen. Leider habe ich keine Chance, dieses Jahr in der Kategorie Original-Brainio anzutreten. Diesen Preis wird Rondaya Einhundertundzwei für *Teilzeitroboter, Vollzeitfreund* gewinnen, das meiner Meinung nach gefühlsduselig und überschätzt ist.«

»Wie heißt denn dein Brainio?«

»Der Weg in den infiniten Regress«, sagt sie. »Und da ich aufgrund der politischen Umstände keinerlei Aussichten auf den Sieg in der Kategorie Original-Brainio habe, versuche ich es in Adaptiertes Brainio. Ich glaube, da habe ich gute Chancen. Nur dass ...«

Nur was?, frage ich flehentlich; meine sexuelle Erregung lässt sich nicht länger unterdrücken.

»Nur dass es eben keine Adaption ist.«

Ich würde auf einen ganzen Stapel Bibeln schwören, dass auf die Aussage ein Anschwellen dramatischer Musik folgt. Aber sehr weit weg. Wie das ferne traurige Hupen eines Schiffes in der Nacht.

»Aber wenn dein Brainio keine Adapt–«

Sie schneidet mir das Wort ab:

»Wenn du eine Romanfassung dazu schreiben würdest, dann *wäre* es eine.«

»Das ist unmoralisch«, sage ich.

»Ich muss gewinnen«, sagt sie. »Zum Wohle der Welt. Ich erkläre es dir später.«

Ich weiß nicht, ob sie die Wahrheit sagt, aber sie ist wunderschön. Also sage ich ihr, ich würde eine Nacht darüber schlafen. Dann wache ich auf.

KAPITEL 45

IN MEINEM WAHREN Leben passiert nicht viel Aufregendes. Leute werden krank oder auch nicht, sterben oder auch nicht, ich sehe fern oder auch nicht. Manchmal rauche ich, ohne dass ich mich erinnern könnte, mir eine Zigarette angesteckt zu haben. Ich gehe weiterhin zu einem verwirrten Hypnotiseur und versuche, mich an einen Film eines verstorbenen afroamerikanischen Herrn zu erinnern. Ich verkaufe aufblasbare Clownsschuhe. Ich esse Slammy's-Burger. Im wahren Leben bin ich kein Romanfassungsverfasser. Ich bin auch nicht viele andere Leute wie im Traum. Tatsächlich bin ich im Wachzustand nicht einmal ganz ich. Ich glaube, wenn ich den Mut hätte, ganz ich zu sein, wäre ich ein etwas interessanterer Mensch. Ich glaube, andere würden sich zu mir hingezogen fühlen. Ich glaube, ich wäre nicht einsam. Ich ertrage den Gedanken nicht, dass meine Persönlichkeit im Wachzustand mein ganzes Ich ist. Ich mache mich von meinem Schlafsessel los und widme mich meiner morgendlichen Waschung. Dann gehe ich zu Barassini.

Tsai gibt heute die Vorzimmerdame, und es fällt mir schwer, sie auch nur anzusehen, so tief ist sie in meiner Achtung gesunken.

»Kaffee? Wasser?«, bietet sie an.

Ich schüttle den Kopf, setze mich und verberge mein Gesicht hinter einer alten Ausgabe von *Hyp-Notice*, einem Anzeigenblättchen für Hypnotiseure. Jemand verkauft eine Hypnosebrille mit rotierenden Gläsern, ungetragen. Es ist die traurigste Anzeige, die ich je gesehen habe.

»Beschreib es mir.«

Nun folge ich dem dünnen und ernsten Molloy, der eine ruhige Straße in Glendale entlanggeht und den Text eines Sketches vor sich hin murmelt; er schlüpft in beide Rollen, feilt an der Nummer.

»Weißt du, Molloy, die Welt ist voll von Leuten mit den merkwürdigsten Angewohnheiten.«

»Du meinst wie die Engländer, die Koffer in ihre *boots* stecken?«

»Sei nicht albern!«

Er kommt bei einem kleinen Bungalow im spanischen Stil an und klopft. Marie öffnet die Tür, bleibt rauchend und mürrisch in der Tür stehen, ohne ihn hereinzubitten.

»Hallo, Chick.«

»Ist Bud da?«

»Nein.«

Aber Molloy hört, wie Mudd sich irgendwo hinter einer geschlossenen Tür angeregt unterhält. Er drängt sich an Marie vorbei und folgt der Stimme. Er stößt die Tür zu Maries Rauchkabinett auf. Mudd und Joe Besser sitzen lachend da und schauen von einem mit Papieren übersäten Tisch auf. Mudds Gelächter verstummt.

»Chick«, sagt Mudd.

»Das ist Chick?«, sagt Besser. »Mein Gott, der sieht ja aus wie du.«

»Was ist hier los?«, fragt Molloy.

»Joe, könntest du uns einen Augenblick allein lassen?«, sagt Mudd.

Besser sieht erst Mudd, dann Molloy und dann wieder Mudd an. Er steht auf und geht etwas zu dicht an Molloy vorbei.

»Ich mach dich fertig«, flüstert Besser, verlässt den Raum und schließt die Tür hinter sich.

Mudd schaut auf die Tischplatte. Molloy wartet.

»Hör zu«, sagt Mudd. »Ich dachte, es ist aus. Die Ärzte meinten, du würdest niemals aus diesem verdammten Koma aufwachen. Ich musste an die Zukunft denken. Marie will eine Familie gründen. Was hätte ich denn tun sollen, Chick?«

»Also hast du dir Besser als Ersatz gesucht?«

»Joe ist kein Ersatz, Chick. Es ist eine ganz neue Nummer. Niemand könnte dich ersetzen.«

»Mudd und Besser. Das klingt lächerlich.«

»Ich weiß. Wir dachten vielleicht an Bud und Besser.«

»Ihr könnt nicht deinen Vornamen und seinen Nachnamen verwenden. Das macht man nicht. Niemand macht das. Niemand hat das je gemacht.«

»Aber es sind zwei B. Also ... Ich weiß es nicht. Die Schlauköpfe nennen es Alliteration. Vielleicht Bud und Joe. Joe und Bud. Ich habe hier irgendwo eine Liste.«

Mudd wühlt in den Papieren auf dem Tisch.

»Ah, da ist sie ja. Mudd und Joe wäre auch noch eine Möglichkeit.«

»Ich will wieder arbeiten, Bud. Sag mir, dass du weiter mein Partner bist.«

»Mein Gott, Chick.« Mudd beginnt zu weinen. »Du weißt ja nicht, was ich durchgemacht habe! Die Schuldgefühle! Warum hat nicht mich eins von den Lichtern getroffen anstatt dich? Weißt du, wie viele Nächte ich schon wach gelegen und mich das gefragt habe? Die Existenz Gottes angezweifelt habe? Über das Schicksal nachgedacht? Warum war ich nicht derjenige, der drei Monate im Koma gelegen hat? Warum bin ich nicht dick und lustig aufgewacht anstatt du dünn und stumpf? Der Gedanke lässt mich nicht los.«

»Ich muss wieder arbeiten, Bud. Mit Patty und mir ist es aus. Ich stehe vor dem Nichts.«

Es folgt eine lange Stille. Schließlich spricht Mudd:

»Was soll ich denn Joe sagen?«

»Besser fällt immer wieder auf die Füße. Einer von den Stooges wird sterben. Vielleicht trennen sich Abbott und Costello. Besser wird auf eine Gelegenheit lauern. Besser ist immer da.«

»Er ist kein schlechter Kerl, Chick. Er hat sich immer nach dir erkundigt. Wie geht's Chick? Sieht es aus, als würde Chick aus dem Koma aufwachen? Und so weiter.«

»Ein Aasgeier, der über der Beute kreist. Merkst du das nicht? Ein fetter, kahlköpfiger Bussard.«

»Ist das nicht redundant, Chick? Ein kahlköpfiger Bussard?«

»Nicht alle Bussarde sind kahlköpfig, Bud. Es gibt viele verschiedene Bussardarten. Der Madagaskarbussard hat beispielsweise einen gefiederten Kopf. Der Archerbussard. Der Hochlandbuss–«

»Ich nehme alles zurück, Chick.«

»Vielleicht könnt ihr euch Bud und Bussard nennen. Das wäre auch eine Alliteration.«

Ein Zeitsprung, und Molloy sitzt an dem Tisch in Maries Rauchkabinett und starrt eine Wand an. Mudd geht auf und ab. Eine lange und enervierende Stille entsteht, vielleicht zwanzig Minuten lang. In Echtzeit. Endlich spricht Mudd:

»Hör zu, vielleicht sollten wir unsere alten Nummern wiederaufnehmen. Den Arztsketch? Vielleicht den Klempnersketch.«

»Einverstanden. Aber diesmal spiele ich den Klempner«, sagt Molloy.

»Chick, das ist meine Rolle. Du kannst nicht den gereizten Klempner spielen.«

»Ich kann nicht mehr den timiden Hausbewohner spielen. Die Rolle ergibt für mich keinen Sinn mehr.«

»Ich weiß nicht mal, was ›timide‹ bedeutet! Woher nimmst du nur diese Wörter?«

»Es bedeutet schüchtern, Bud.«

»Dann sag doch auch schüchtern!«

»Das habe ich doch gerade.«

»Dann sag's doch gleich!«

»Ich kann die Zeit nicht zurückdrehen, Bud. Du wirst einfach damit leben müssen, dass ich zuerst ›timide‹ gesagt habe. Man kann die Zeit nicht zurückdrehen. Die Welt dreht sich nur in –«

»Ja, ja. Schon gut. Verstanden.«

Mudd geht auf und ab. Molloy starrt die Wand an.

»Gut, wie wäre es, wenn wir *beide* animose Klempner sind?«, sagt Molloy.

»Animos?«

»Gereizt. Wie wäre es, wenn wir beide gereizte Klempner sind?«

»Wo ist denn dann der Witz?«

»Wir sind zwei gleichermaßen animose – *gereizte* – Klempner. Wir haben die gleiche Persönlichkeit. Die gleichen Ansichten, was klempnerische Lösungen betrifft.«

»Dann streiten wir also nicht?«

»Nein. Weil wir uns immer einig sind. Immer!«

»Ich werde nicht wütend auf dich?«

»Nein, das würde keinen Sinn ergeben. Du ärgerst dich über Klempnerprobleme, vielleicht über einen Notruf mitten in der Nacht. Aber ich genauso. Ich bin genauso wütend wie du. Ganz genauso. Weil wir Zwillinge sind.«

Molloy lacht hysterisch. Es ist das erste Mal, dass Mudd ihn seit dem Unfall lachen hört. Es klingt anders als zuvor: schrill, irre, unmenschlich. Ein afrikanischer Wildhund. Mudd wirkt erschrocken.

»Ich verstehe nicht, was daran lustig ist.«

»Du verstehst es nicht, Bud, weil es neu ist. Es ist revolutionär. Es ist die Zukunft der Komödie.«

»Aber wenn nicht einmal ich es verstehe, wie sollen die Zuschauer es dann verstehen?«

»Wir treiben sie, anfangs gegen ihren Willen, in die fremde, unbequeme Landschaft der Welt von morgen hinein.«

»Ich weiß nicht, Chick. Mir gefällt das nicht.«

»Vielleicht willst du ja lieber wieder zurück zu Bussard-Joe. Dann könnt ihr beide an meinem Kadaver herumpicken.«

»Das habe ich nicht gesagt.«

»Ich habe mir für uns einen ganz schönen Schlag auf den Kopf eingefangen, Bud. Für *uns*.«

»Ich weiß.«

»Vergiss das nicht.«

»Niemals.«

»Wir sind ein Team.«

»Das sind wir.«

»Es wird ein komödiantisches Auspizium.«

»Das wird es«, sagt Mudd zustimmend.

»Willst du nicht wissen, was ›Auspizium‹ heißt?«

»Eigentlich nicht«, sagt Mudd.

»Hör zu, Bud«, sagt Molloy, »Comedy ist durch und durch philosophisch, konzeptuell. Etwas ist lustig, weil es falsch ist. Falsches kann nur erkannt werden, wenn es ein Gespür dafür gibt, was richtig ist. Es hat also mit dem Zerschlagen von Erwartungen zu tun. Ein Hund findet einen auf einer Bananenschale ausrutschenden Mann nicht lustig, weil der Hund keine Vorstellung davon hat, dass der Mann nicht auf der Bananenschale ausrutschen sollte. Natürlich ist der Hund in dieser Hinsicht klüger als der Mensch, aber auch dümmer.«

»Ah«, sagt Bud. »Ich glaube, das verstehe ich irgendwie.«

»Mein Kopftrauma hat meine Persönlichkeit auf eine gewisse Weise verändert.«

»Das merke ich.«

»Zum Besseren.«

»Ja.«

AUS DUMMHEIT, VIELLEICHT auch aus Arroganz hatte ich mir nicht die Mühe gemacht zu recherchieren, ob Mudd und Molloy tatsächlich existierten, und sie fälschlicherweise für ein Produkt von Ingos fiebriger Vorstellungskraft gehalten. Die ausführlichen Recherchen zu meiner Monografie *Langsam wandte ich mich um: Der wahre Schrecken des Humors im Amerika des 20. Jahrhunderts* hatte mich zu der Annahme verführt, ich würde jeden noch so unbedeutenden Akteur in jenem heimtückischen, auf körperlichen Verletzungen und geistigen Qualen beruhenden Genre namens Comedy kennen. Sollte mich jemand fragen, könnte ich auf Anhieb die vollständige Filmografie, Geburts- und Sterbedatum sowie die Namen der Kinder jedes vergessenen drittklassigen Komödianten aus der zweiten Reihe herunterbeten. Leute wie Bobby Barber und Marty May. Meines Wissens hatte es Mudd und Molloy nie gegeben. Doch ich war heute in der Mukhwak Library of Comedy am Joey Ramone Place in der 2nd Avenue, einfach um aus der Kälte herauszukommen und etwas mit meinem Lieblingsbibliothekar Tubby Vermicelli zu plaudern, der in mehreren komödiantischen Kurzfilmen in den Fünfzigern die Kontrastfigur gegeben hat (fast immer den streitlustigen Chefkoch).

»Du siehst furchtbar aus«, sagte er.

»Ach. Ich habe meinen Job verloren. Habe meine Wohnung verloren. Schlafe in einem Sessel. Arbeite an einem unmöglich zu verwirklichenden Projekt.«

»Schlafsessel?«

»So ist es.«

»Habe ich auch schon durch. Was ist das für ein Projekt?«

Ich erzählte ihm ein wenig von dem verlorenen Film und erwähnte dann Mudd und Molloy.

»Die kenne ich noch«, sagte Tubby.

»Augenblick mal. Was?«

»Mudd und Molloy. Na klar. Sehr merkwürdiges Gespann. Die zwei Abbotts, oder? So hat Winchell sie doch nach dem Unfall genannt, nicht?«

Ich war sprachlos.

»Ja, das sind sie«, brachte ich heraus.

»Ich habe sie wohlgemerkt nie gesehen. Man hat nur immer mal wieder Geschichten über sie gehört. Sie spielten immerzu in irgendwelchen Kuhkäffern. Versuchten, über die Runden zu kommen. Ich glaube, irgendwann sind sie einfach von der Bildfläche verschwunden«, sagte Tubby.

»Hast du jemals davon gehört, dass Abbott und Costello sie umbringen wollten?«

Tubby lachte.

»Das ist mir neu. Das klingt ja auch wie eine Komödie.«

Ich fragte ihn, ob er nachsehen könne, ob sich im Magazinbestand irgendetwas zu ihnen finden ließe. Er nickte und verschwand, um etwa eine Stunde später zurückzukehren.

»Bis jetzt nicht viel«, sagte er. »Aber das hier habe ich immerhin gefunden.«

Er reichte mir die Rezension einer Show mit dem Titel *He, Katombe!* aus einer Zeitung, die in den 1950er-Jahren in Arkansas erschienen war.

Dann sagte er: »Und dann haben sie natürlich noch diesen einen Film gemacht.«

»*Hier kommen wir zwei beiden*? Aber den haben sie doch nie fertig–«

»Nein. Den Mandrew-Manville-Streifen.«

»Mandrew Manville den Riesen gibt es wirklich?«

»Ähm. Nein. Was? Mandrew Manville den Filmstar gibt es wirklich. Gab es. Was meinst du denn mit ›Riese‹?«

»Mein Gott.«

»Was denn?«

»Sag mal, gibt es hier einen Computer, den ich benutzen kann?«

Ich setzte mich in eine Lesekabine, um die IMDb-Seite von Mandrew Manville zu studieren. Dreiundfünfzig Filme. Einige von ihnen wurden in Ingos Film erwähnt, aber von keinem einzigen hatte ich im wahren Leben gehört. Manville war mit Bettie Page verheiratet gewesen. Heiliger Strohsack! Ich weiß alles über Bettie Page, seit ich eine Monografie über den Fotografen Irving Klaw mit dem Titel *Von Klaw bis Richardson: Weiße Räume und der Schrecken sexueller Unterwerfung in der Fotografie* geschrieben habe. Ich weiß daher alles über Page und ganz sicher auch, wer ihre drei Ehemänner waren. Joe DiMaggio. Arthur Miller. Richard Burton. Mandrew Manville gehörte nie dazu.

ICH VERLASSE DIE Bibliothek und finde mich bald mitten in einem betrunkenen Streit mit Tony Scott im Pimpernel's wieder, dem Filmkritikertreffpunkt in der West 19th Street.

»›Erstens sollst du (schlechten Filmemachern) schaden‹, lautet mein Credo.«

»Aber –«, sagt Scott.

»Kein Aber, Tony. Schlechte Filme sind kein geringes Ärgernis. Sie verseuchen die menschliche Psyche, verderben die Gedanken, erniedrigen die Menschheit aus sich selbst heraus. Wie gehirnfressende Sporen aus der Zukunft!«

»Aber, ich meine –«, sagt Scott.

»Wir müssen einen ständigen Krieg gegen diese Art von kulturellen Vergehen führen.«

»Ich weiß nicht –«, sagt Scott.

»Bumm!«, sage ich und haue auf den Tisch. »Schachmatt, Scott! Ich bin draußen wie 'n Milchzahn.«

Ich wanke auf die Tür zu. Das Wissen, dass Ingos fiktionale Welt in meine eigene einzusickern scheint, hat mich bösartig gemacht. Von nun an kämpft jeder für sich selbst.

Auf dem Weg zu Barassini stolziere ich die Straße entlang wie ein junger John Travolta, so sehr strotze ich vor Kraft und Elan, nachdem ich A. O. Scott so vernichtend geschlagen habe. Er wird nie wieder etwas schreiben. Da bin ich mir sicher.

KAPITEL 46

»BESCHREIB ES MIR.«

Ich sehe zu, wie Molloy die Show *He, Katombe!* schreibt (die sie zum letzten Mal außerhalb der Stadt in Philadelphia spielen werden). Er sitzt stundenlang tippend an seinem Schreibtisch und lächelt dabei nicht ein einziges Mal. Ingo bedient sich wieder einmal der Zeitraffermethode. Durch das Fenster der heruntergekommenen Etagenwohnung zähle ich, wie oft Tag zu Nacht wird. Dreihundertundsieben Mal: etwa zehn Monate. Mudd kommt und geht, bringt Essen vorbei und nimmt schmutziges Geschirr mit. Das Klappern der mechanischen Schreibmaschine wird bei dieser Geschwindigkeit zu einem einzigen langen und grauenerregenden *Klacccccccccccck*, das regelmäßig, aber immer nur kurz verstummt, wenn Molloy den Raum verlässt. Schläft er? Benutzt er die Toilette? Einmal kehrt er in blutbefleckten Kleidern zurück; er zieht sie aus und verbrennt sie im Kaminofen. Es wird keine Erklärung gegeben.

Der einzige noch erhaltene Hinweis auf *He, Katombe!* scheint diese Rezension einer Aufführung im King Opera House in Van Buren, Arkansas, zu sein:

BESPRECHUNG VON EDNA CHALMERS, THEATERKRITIKERIN, *Van Buren Press Argus*:

> *He, Katombe!*, die musikalische Revue, die gerade im King Opera House gastiert, ist eine Kuriosität, die Mr. Robert Ripley für die nächste Ausgabe seiner Radiosendung *Believe It or Not* in Betracht ziehen könnte. Er sollte sich allerdings besser beeilen, denn die Aufführung, der ich beiwohnte, war alles andere als ausverkauft. Der offenbar nach dem Vorbild der Bühnenshows der Herren Olsen und Johnson gestaltete Komödien- und Liederabend beinhaltet wenig, was sich ohne Weiteres dem einen oder dem anderen zuordnen ließe. Die Prämisse, soweit man davon sprechen kann, scheint darin zu bestehen, dass Bud Mudd und Chick Molloy zwei verdrossene, einsilbige Ermittler der Zivilluftfahrtbehörde sind, die den Absturz des Eastern-Airline-Flugs 605 aus dem Jahr 1947 untersuchen. Sollte sich Ihnen das komische Potenzial einer gewaltigen Katastrophe, bei der 53 Menschen ihr Leben verloren, nicht sogleich erschließen, dann ergeht es Ihnen wie der Rezensentin. Die hanebüchene Geschichte begleitet die beiden Ermittler, die nicht nur über identische Persönlichkeiten und Garderoben zu verfügen scheinen, sondern sich auch über die Ursache des Absturzes eins sind. Des Weiteren treten Geister der Toten, Angehörige der Opfer und Augenzeugen auf. Alle haben sie die gleiche Persönlichkeit wie Mudd und Molloy. Selbst die Tanzmädchen tragen Schnauzbärte.

Mudd und Molloy sitzen in ihrer Garderobe hinter den Kulissen des King Opera House.

»Du verstehst das nicht«, sagt Molloy, »diese Show hat einfach alles.«

»Sie macht keinen Spaß, Chick«, sagt Mudd. »Ich denke einfach, wenn die Leute nach einer anstrengenden Arbeitswoche abends ausgehen, dann wollen sie unterhalten werden.«

»›Hör den Schrei der Gebärenden in der Geburtsstunde, sieh des Sterbenden Kampf im letzten Augenblick: und sag dann, ob, was so beginnt und so endet, darauf angelegt sein kann, Genuß zu sein.‹ Weißt du, wer das gesagt hat, Bud?«

»Nein.«

»Søren Kierkegaard.«

»Ich weiß nicht, wer das ist, Chick.«

»Der größte Philosoph aller Zeiten.«

»Na schön«, sagt Mudd. »Aber trotzdem, es ist Wochenende, also …«

Ich bin selbst in dem Sinne Kirkegaardianer, dass meine Position innerhalb des Hegel-Schlegel-Spektrums fest in der Synthese der beiden widerstreitenden Lager verankert ist. Dass Fred Rush sein Buch *Irony and Idealism: Rereading Schlegel, Hegel, and Kierkegaard* über ebendiese Synthese veröffentlicht hat, ehe ich die Möglichkeit hatte, für mein eigenes Buch *Isn't It Romantic: Idealism and Irony: Reexamining Schlegel, Hegel, and Kierkegaard* zu recherchieren, es zu schreiben und dann einen Verlag dafür zu finden, macht mich wütend und traurig zugleich. Meine Theorie ist, dass Rush eine Art Informationstransfer von meinem Gehirn zu seinem erfahren hat. Über die wissenschaftliche Seite des Ganzen bin ich mir nicht im Klaren, doch es gibt keine andere Erklärung. Wie ich sehe, hat er seinen Ph.D. an der Columbia University gemacht, auf deren Campus ich häufig durch demonstratives Tragen einer Matratze meine Verbundenheit mit Opfern sexueller Übergriffe zum Ausdruck bringe. Der Gedankentransfer hätte bei jeder dieser Gelegenheiten stattgefunden haben können.

ABBITHA L. X. Vierzehntausendundfünf ist zurück, diesmal in etwas anderes Lichtdurchlässiges gekleidet. Sie ist so schön. Ist sie echt oder eine Ausgeburt meines Verstands? Das kann ich nicht wissen. Doch in jedem Fall liebe ich sie, was, sollte sie eine Ausgeburt meines Verstands sein, eine Art Selbstliebe wäre. Ich nehme an, das könnte man als Narzissmus betrachten, aber wenn es Narzissmus wäre, würde Abbitha dann nicht genauso aussehen wie ich, nur in einem durchscheinenden Gewand? Stattdessen ist sie das Gegenteil von mir: weiblich, schön, brillant, aus der Zukunft. Das sind die vier Dinge, die ich nicht bin. Brillant vielleicht schon.

»Wirst du es tun?«, fragt sie.

»Wovon handelt es denn?«

»Von einer vergangenen Zeit.«

»Von welcher denn?«

»Von deiner«, sagt sie.

»Aber die ist doch noch gar nicht vergangen.«

»Nun ja, für mich schon. Aber ich habe viel zu deiner Zeit recherchiert. Zum Beispiel weiß ich, dass es Kit-Kat-Riegel in ganz bizarren Geschmacksrichtungen gibt.«

»Nur in Japan.«

Das schreibt Abbitha in ihren Notizblock.

»Wovon handelt dein Brainio?«, frage ich.

»Von der Ermordung des Präsidenten Donald Trunk.«

»Trump.«

»Verzeihung?«

»Er heißt Trump.«

»Das glaube ich nicht. Ich habe ausgiebig recherchiert. Alle in der Zukunft sind der Meinung, dass er Trunk heißt. Niemand ist der Meinung, dass er Trump heißt. Ich habe es überprüft. Wir wissen, wie wichtig ihm sein Name war.«

»Hör zu, sosehr ich dich auch liebe, und das tue ich mit jeder Faser meines Wesens, kann ich doch kein Buch über einen geplanten Mordanschlag auf den Präsidenten schreiben.«

»Du würdest ja nicht über Trump schreiben. Du würdest über Trunk schreiben.«

»Dann müsste ich ihn in dieser Romanfassung also Trunk nennen?«

»In meiner Zeit weiß niemand, wer Trump ist. Seine wenigen verbliebenen Weltraumhotels heißen Trunk.«

»Ich soll also nicht nur über einen Mordanschlag schreiben, sondern auch noch so, als hätte ich nicht alle Tassen im Schrank.«

»Für mich.«

»Ich weiß nicht …«

»Du wirst einen Brainy Award für das beste adaptierte Brainio bekommen. Du wirst ihn mit mir teilen. Dir wird er posthum verliehen; ich werde noch am Leben sein.«

»Ich weiß nicht …«

Abbitha küsst mich. Die Welt löst sich auf. Sie tritt einen Schritt zurück und sieht mich an.

»Wenn du es nicht tust, wirst du mich niemals wiedersehen«, sagt sie.

»Und der Brainy ist sehr hoch angesehen?«, frage ich.

»Dein Grab oder deine Urne oder deine Wasserrutsche und/oder dein Raketensarg werden millionenfach besucht werden.«

»Ich mach's!«, sage ich, woraufhin ich aus irgendeinem Grund die Faust in die Luft stoße und das Bild im selben Augenblick einfriert.

Ich schrecke aus dem Schlaf hoch. Mir kommt der Gedanke, dass sich sowohl im Traum als auch im wahren Leben immer eine Frage stellt: Wie geht es weiter? Irgendetwas passiert, oder es passiert nichts, und so oder so muss ich entscheiden, was ich als Nächstes tun soll. Es gibt kein Ende. Nun ja, doch, es gibt ein Ende, und diese Erkenntnis bringt mich zu diesem Schluss: »Wie geht es weiter?« ist die Definition des Lebens.

Mein Morgen ist schwierig. Ich fühle mich kein bisschen ausgeruht und muss trotzdem eine außerordentlich große Menge getrockneten Ejakulats vom Polster meines Schlafsessels kratzen. Ich denke über meine Verpflichtungen nach. Ich habe jetzt zwei Romanfassungen zu schreiben: Ingos und Abbithas. Beide aus Liebe, beide zum Zweck der Selbsterhöhung. Aber ich weiß nicht, ob Abbitha echt ist, und um ehrlich zu sein, weiß ich auch nicht, ob der Film, an den ich mich unter Hypnose erinnere, echt ist.

Es gibt eine ausgewählte Gruppe von Filmemachern von Neuverfilmungen (Neuverfilmungsmachern), deren Neuverfilmungen das

Original, das sie neu verfilmen, übertreffen. Dave Cronenbergs *Fliege!* kommt einem in den Sinn, der Neumanns Original aus dem Jahr 1958 weit überlegen ist. Ähnlich Apatows *Citizen-Kane*-Neuverfilmung *Citizen Funny Guy*, in der Seth Rogen Charlie Kaneberg spielt, einen Stand-up-Comedian, der erfährt, dass er stirbt, und ein neues Blog beginnt, weil »es Zeit ist, mit den Witzen Schluss zu machen und mit dem Ernst des Lebens zu beginnen.« Er will mithelfen, die Welt für seine Kinder und Kinder überall auf der Welt, selbst in anderen Ländern, zu einem besseren Ort zu machen. »Die einzigen Grenzen«, gibt er einmal zu bedenken, »sind die Grenzen, die wir in unseren Herzen errichten.« Später stellt sich heraus, dass er gar nicht stirbt, dass seine Patientenakte mit der eines anderen vertauscht wurde, der die Diagnose »kerngesund« erhielt, nun jedoch feststellen muss, dass er derjenige ist, der stirbt, was traurig für diesen anderen ist. Charlie Kaneberg übergibt sein Blog also an den tatsächlich Sterbenden, und alle lernen etwas darüber, wie wichtig Familie ist.

Ich glaube, ich kann im Zuge meiner Neuverfilmung die gleichen positiven und zeitgemäßen Änderungen an Ingos Film vornehmen. So brillant das Original auch vermutlich gewesen ist, habe ich doch den Vorteil, in einer aufgeklärteren Zeit zu leben. Es ist nicht Ingos Schuld, dass er einen Bechdel-Test nicht erkannt hätte, wenn er ihn angesprungen und ihm in die Nase gebissen hätte. Könnte es nicht faszinierend sein, den Film als rein weibliche Fassung neu zu besetzen? Wäre es nicht wunderbar, einen Film zu sehen, der Frauen endlich einmal ernst nimmt? Einen Film, der sagt: Ja, Frauen sind lustig, lustiger als Männer, und mehr noch, Männer sind überhaupt nicht lustig. Auch wenn das Original die Komödie zu Recht verteufelt. Aber vielleicht ist das Problem an der Komödie, dass es dort keine Frauen gibt. Dieser neu besetzte Film könnte uns eine Welt der Komödie zeigen, die gütig ist, was nicht heißen soll, dass Frauen von Natur aus etwas Gütiges an sich haben. Das würde natürlich der gesamten aktuellen Gender-Forschung widersprechen, die belegt, dass es keinerlei Unterschied zwischen den Geschlechtern gibt, und zugleich ein reichhaltiges und komplexes Geschlechtsspektrum abbildet. Das hoffe ich dem Publikum mit meiner Version der Geschichte bieten zu können. Außerdem wird es ein Realfilm werden. Zuerst einmal aus praktischen Gründen. Es ist nahezu ausgeschlossen, dass ich mir erhoffen kann, neunzig Jahre lang zu drehen. So viel Zeit wird mir vermutlich nicht bleiben. Zweitens ist die Schauspielerei immer meine erste Liebe gewesen, und die Gelegenheit, mit vielen der Schauspielgrößen unserer Zeit zusammenzuarbeiten, ja sogar selbst eine Rolle zu übernehmen (Marie in dieser genderumgekehrten Fassung? Meine afroamerikanische Exfreundin?), wäre die Krönung all meiner Träume.

ACH DU MEINE Güte, wer kommt mir da auf der Straße genau entgegen? Kein anderer als Castor Collins, der nun natürlich ebenso wie sein Bruder blind ist, nachdem sie beide so früh der Sonnenstrahlung ausgesetzt waren. Dunkle Brille, kein Stock, keinerlei Unterstützung, so selbstbewusst, wie man nur sein kann. Wie macht er das nur? Es heißt ja, die anderen Sinne würden geschärft, wenn man einen anderen Sinn einbüßt, und in diesem Fall ist der andere Sinn der Sehsinn. Vielleicht ist Castor also mithilfe besseren Hör-, Geruchs-, Geschmacks- und Tastvermögens in der Lage, durch diese dichtgedrängte, gefährliche Umgebung zu navigieren, so wie ein blinder Schiffskapitän in einer nebligen Nacht allein durch Gebrauch seiner Ohren und seines Geschmackssinns eine zerklüftete, felsige Küstenlinie umschifft. Es ist ein wahrhaft erstaunlicher Anblick, und dann kommt mir, begleitet von einer gewissen Traurigkeit, der Gedanke, dass Castor Collins niemals in der Lage sein wird zu sehen, wie erstaunlich es ist, da er blind ist und nicht sehen kann, wie erstaunlich es ist. Plötzlich scheint er genau auf mich zuzuhalten. Ich ändere die Richtung, und Castor tut es mir gleich, so als wäre er eine Wärmesuchrakete. Ich weiche wieder aus. Castor lenkt um. Bald wird es zu einem Tanz, einem schrecklichen, monströsen Tanz.

Eine Auszubildende neben sich in ihrer Arbeitsnische, beobachtet Flotilla Del Monte B. auf ihrem »Castor«-Monitor und erläutert ihren Arbeitsprozess.

»Manchmal suche ich mir einen aus und verarsche ihn, indem ich Castor als so eine Art Wärmesuchrakete einsetze. *(ins Mikrofon)* Leicht nach links, Süßer. *(zur Auszubildenden)* Der Job kann manchmal schon ganz schön langweilig werden, also denke ich mir solche Spiele aus, um es durch die Schicht zu schaffen. Ich muss dazusagen, dass ich mir nur Arschlöcher als Ziel aussuche. Heute bin ich schlecht drauf, also habe ich nach einem Arschloch vor uns Ausschau gehalten. *(ins Mikrofon)* Nein, Castor-Schatz, noch ein Stückchen weiter. Jetzt hast du's. *(zur Auszubildenden)* Wie du siehst, kommt er direkt auf uns zu, genau auf 12.00 Uhr: ein kriecherischer kleiner Jude. Siehst du ihn? Stahlwollebart, winzige, feuchte Äuglein wie alte Weintrauben. Dicke Glasbausteinbrille. Perfekt. *(ins Mikrofon)* Jetzt leicht nach rechts, Baby. Perfekt. *(zur Auszubildenden)* Das macht mir umso mehr Spaß, weil ich merke, dass der Jude ihn erkannt hat. Siehst du, wie ihm der Mund offen steht wie bei einem Schulmädchen, das seinem großen Idol begegnet? Er versucht, so zu tun, als wäre es ihm egal. Das macht die ganze Sache noch lustiger. Ihm schwant, dass sie gleich zusammenstoßen. Siehst du, wie er sich umdreht und wegrennen will? Scheiße, das ist echt zum Totlachen!«

Ich habe mich umgedreht, um wegzurennen.

Flotilla *(ins Mikrofon)*: »Lauf los, Süßer. Der Weg ist frei. Ein bisschen Sport schadet nicht.«

Ich blicke über die Schulter. Castor scheint mir hinterherzulaufen.

Flotilla *(ins Mikrofon)*: »Gib ein bisschen Gas, Schatz. *(zur Auszubildenden)* O mein Gott, perfekt! Der Jude guckt über die Schulter. Ach, guck mal, ein offener Kanalschacht. Den peilen wir an. *(ins Mikrofon)* Ein kleines Stück nach links, Süßer. Jetzt eine Winzigkeit nach rechts. Das ist es. Jetzt eine schnelle Drehung nach rechts!«

Ich falle in einen Kanalschacht.

Flotilla *(zur Auszubildenden)*: »Auf Anhieb eingelocht! Das will gelernt sein. Zum Totlachen. Komm, schlag ein.«

Als ich mich aus dem Abwasserstrom ziehe und prüfe, ob ich mir einen Knöchel verstaucht habe, kommt mir eine Erinnerung – der Film. Castor. Die Frau in Texas. Er hat eine Lotsin! Ich weiß es wieder! Sie hatte es auf mich abgesehen! Sie hält mich für einen Juden! Ich bin äußerst verwirrt. Ziehe ich mich nun im Film oder im wahren Leben aus dem Abwasser? Vermenge ich hier irgendetwas? Ich brauche eine Antwort. Ich steige aus dem Kanalschacht. Ich renne ihnen hinterher. Ich brauche Antworten auf meine Fragen. Außerdem will ich ihr sagen, dass ich kein Jude bin. Aber Augenblick mal ... Genau das habe ich in Ingos Film auch getan. Ich hole Castor mit ihr an der nächsten Ecke ein. »Ich bin kein Jude!«, schreie ich.

Castor legt den Kopf schief; er weiß nicht, was gerade geschieht. Aber sie weiß es. Die Antisemitin weiß es. Und sie hört mich dort drinnen. Auch das weiß ich. Die Ampel schaltet auf Grün, und sie überqueren die Straße. Ich will ihnen folgen, aber ich tue es nicht. Ich weiß nicht, warum; ich weiß nur, dass ich es nicht kann.

In Amarillo kratzt sich Flotilla am Kopf.

»Woher wusste der Jude, dass ich ihn für einen Juden gehalten habe? Vielleicht wusste er es gar nicht, sondern hat es bloß angenommen. So ist das mit den Juden. Die leiden unter Verfolgungswahn. Das haben wir in dem Kurs Psychologie der Juden an der Amarillo Volkshochschule und Kuchenbasar gelernt. Es ist abstoßend, genau wie Professor Pastor Jimminy gesagt hat. So wie diese Sprungfedern aus Haaren, die sie seitlich an ihren Köpfen herunterhängen lassen. Jedenfalls scheint er nicht ernsthaft verletzt zu sein, was mich freut. Ich bin keine Judenhasserin wie manche von den Leuten hier, die immer noch den Juden die Schuld geben, dass die ganzen Heliumminen geschlossen wurden. Was vorbei ist, ist vorbei, sage ich immer. *(ins Mikrofon)* Esst bei Slammy's. *(zur Auszubildenden)* Es ist Zeit für eine seiner Werbeunterbrechungen. Castor bekommt seinen Dienst zum verbilligten Tarif, weil er sich für die Version mit Werbung angemeldet hat.«

Mir fällt auf, dass überall mehr geraucht wird. Jetzt mache ich mir Gedanken wegen des Passivrauchens und auch wegen des Aktivrauchens, denn ich rauche ja selbst. Es bereitet mir auch deswegen Sorge, weil ich bei all dem Rauch nicht sehr weit sehen kann, was zu immer häufigeren Kanalschachtmissgeschicken führen könnte. Es erscheint mir unsicher, so viele offene und vernachlässigte Kanalschächte in der Stadt zu haben. Vielleicht ist ein Brief an den Bürgermeister fällig. Ich steigere mich in eine handfeste Empörung hinein und schreibe dem Bürgermeister, der sich meines Wissens der Ehrenwerte Shmulie J. Goldberb nennt:

Sehr geehrter Bürgermeister Goldberb,
bin ich wirklich der/die Einzige, der/die/xier sich an der aktuellen Plage offener und vernachlässigter Kanalschächte in unserer ehemals so wundervollen Stadt mit ihren geschlossenen Kanalschächten stört?

Ich gebe auf. Ich ahne, dass *Plage* nicht das richtige Wort ist, und mir fehlt die Energie, um über ein passenderes nachzudenken. Also stecke ich den Brief, so wie er ist, in einen Umschlag, keine Unterschrift, kein Absender. Mit einem Mal fühle ich mich ausgelaugt; der Zornesanfall hat mich erschöpft. Ich will mich nur noch an meinen Schlafsessel schnallen und für immer schlafen.

Auf die Minute genau eine Woche später finde ich einen Brief im Briefkasten:

Sehr geehrte Damen und Herren,
man/frau hat mich darauf aufmerksam gemacht,

Man/frau! Sehr gut!

– dass es in unserer liebreizenden Stadt zu einer starken Verbreitung –

Verbreitung, das ist das richtige Wort!

*– vernachlässigter und offener Kanalschächte gekommen ist. Die Sicherheit unserer Einwohner*innen ist von erhöhtester –*

Erhöhtester? Das kann nicht stimmen.

*– Wichtigkeit für mich, Mamie und sämtliche Mitglieder*innen meines erweiterten bürgermeisterlichen Familienkreises. Mit Beginn am Dienstag, dem 18. März, wird die Stadt daher an jedem Kanalschacht in unseren fünf liebreizenden Stadtbezirken einen bewaffneten Wachposten platzieren. Alle ohne Genehmigung Fallenden werden erschossen. Wir hoffen aufrichtig, uns des Problems damit auf die für alle Beteiligten fairste und vergnüglichste Weise anzunehmen.*

MEINE REDE IM Hebräischen Altenheim Billy Crudup ist ein voller Erfolg.

»BESCHREIB ES MIR.«

Mudd und Molloy sitzen niedergeschlagen und stark gealtert vor einem Comedy-Nachtclub in New York City namens The Comic Strip, als ein Western-Union-Bote ihnen ein Telegramm überreicht:

NEHMT DEN NÄCHSTEN BUS STOPP BETTIE UND ICH BRAUCHEN UMGEHEND ZWEI HAUSKNECHTE STOPP ARBEITSBEGINN SOFORT STOPP ANGEMESSENE BEZAHLUNG STOPP EINFACHE HAUSARBEITEN STOPP FREUEN UNS IM NAMEN DER LIEBE DARAUF EUCH BESSER KENNENZULERNEN STOPP

SONG-IDEE: WARUM kann ich *nicht* ein Teenager in Love sein?

ABERMALS LÄUFT EIN Mann genau auf mich zu. Ist er ebenfalls blind? Er ist groß und jung, und er hat eine dieser Frisuren, die dafür gemacht zu sein scheinen, jemanden dämlich aussehen zu lassen, die aus irgendeinem unbegreiflichen Grund dafür geschaffen sind, den Kopf oben scheinbar spitz zulaufen zu lassen. Er kommt genau auf mich zu. Ist das ein Ausweichspiel? Dieser Mann ist nicht blind, folgere ich, er ist kein Werkzeug irgendeiner Antisemitin in Texas. Er hält seine widerwärtigen Fäden selbst in der Hand. Wer wird ausweichen? Nicht ich, Goliath. Ich werde nicht länger den verantwortungsvollen Bürger geben. Was hat es mir schon eingebracht? Nein, ich werde meine Entscheidung für diesen Weg gegen jeden Entgegenkommenden verteidigen. Du, mein spitzköpfiger Koloss, magst mangelndes Bewusstsein vortäuschen. Doch es ist an der Zeit, dass du aus deinem vorgeblichen Schlummer erwachst, denn ich werde nicht weichen. Ich schaue stur geradeaus, mache deutlich, dass ich dich sehe, dass ich meine Entscheidung getroffen habe. Aber ich werde dir nicht ins Auge sehen. Ich bin ein Lastwagen, ich bin ein Zug auf der Schiene. Dies ist mein Weg. Du wirst dir einen anderen suchen müssen. Wenn dich nach fliegenden Fäusten verlangt, dann wirst du fliegende Fäuste bekommen. Denn ich bin es leid. Im letzten Augenblick springe ich ihm aus dem Weg und falle in einen offenen Kanalschacht. Ein bewaffneter Wachposten schießt auf mich. Ich tauche in das stinkende Gewässer ein, bis ich außer Schussweite bin.

»**BESCHREIB ES MIR.**«

Das Büro eines Agenten. Er bucht Mudd und Molloy als jüngere Männer im Rahmen ihres fortgesetzten Comebacks für das Brown's Hotel in den Catskills. Er sagt, selbst nach der Katastrophe von *He, Katombe!* freue man sich auf ihre Rückkehr.

Nun befinde ich mich im vollbesetzten Zuschauerraum eines Resorts in den Catskill Mountains. In der Menge herrscht angespannte Vorfreude. Das Licht wird gedimmt. In Overalls gekleidet, betreten Mudd und Molloy die Bühne, begleitet von Applaus wie überraschtem Gemurmel:

»Das ist er?«

»Welcher von den beiden?«

»Einer von ihnen.«

»Er sieht nicht gut aus.«

»Welcher von den beiden?«

»Keiner von ihnen.«

Der Sketch beginnt:

MUDD: Ich kann nicht glauben, dass die uns mitten in der Nacht hergeholt haben, um dieses Leck zu stopfen.

MOLLOY: Ich auch nicht. Das schmeckt mir gar nicht.

MUDD: Mir auch nicht.

MOLLOY: Na ja, je eher wir anfangen, desto eher sind wir fertig.

MUDD: Das leuchtet ein.

MOLLOY: Immerhin erleichtert es die Sache, dass wir eineiige Zwillinge und uns fast immer einig sind.

MUDD: Wir sind uns sogar darüber einig, dass wir uns *fast* immer einig sind und nicht immer.

Darüber lachen sie beide: das schrille, unmenschliche Kläffen eines afrikanischen Hundes. Molloy lacht wirklich, und Mudd imitiert ihn. Es ist verstörend.

MUDD: Aber das mit dem nächtlichen Notruf schmeckt mir trotzdem nicht.

Schnitt auf das Publikum; sämtliche Münder stehen offen.

Barassini holt mich mit einem Fingerschnippen aus der Trance. Die Zeit ist für heute um.

»Warum so deprimiert?«, fragt Barassini. »Wir kommen doch bestens voran.«

»Ich weiß nicht«, sage ich.

Ich will noch »Papa« hinzufügen, aber ich bremse mich. Wie sonderbar. Er hat nicht die geringste Ähnlichkeit mit meinem Vater, der zwar ebenfalls Hypnotiseur war, aber ein einfacher Hobby-Hypnotiseur, der beinahe ausschließlich Hühner mit Kreidestrichen hypnotisierte.

»Ach, Kopf hoch. Es läuft doch wirklich gut.«

Die Wahrheit sieht so aus, dass mir diese monumentale Aufgabe zu einem mühsamen Kampf geworden ist. Ich weiß nicht, ob ich sie je zu Ende bringen werde.

KAPITEL 47

HEUTE ABEND SPRECHE ich beim LGBTQIAPK-Treffen im Keller der Judson Memorial Church:

»Danke. Ich entschuldige mich dafür, wenn ich mich dadurch, dass ich hier spreche, als unsensibel gegenüber der Tatsache erweise, dass ich mich an dieser wichtigen kulturellen Konversation gar nicht erst beteiligen sollte. Jetzt seid ihr dran! Vielen Dank für eure Aufmerksamkeit.«

Jemand ruft: »Setz dich hin!«, und ich tue es. Es ist eine wichtige Ermahnung, und ich bin dankbar dafür. Dennoch hat mich eine Depression befallen, und ich will nur noch schlafen. Zugegeben, dass ich mich im Schlaf hinsetzen und auch mit Abbitha austauschen kann, macht diese Schlummerversion noch attraktiver für mich.

Und fast ohne irgendein Gefühl für die verstrichene Zeit bin ich wieder in meinem Schlafsessel. Ich bin wieder in Abbithas Warteraum.

Sie steckt den Kopf durch die Tür und bittet mich herein.

»Dein Brainio-Chip ist schon installiert worden, er muss also nur noch aktiviert werden.«

»Wann wurde er installiert?«, frage ich.

»Dein Hypnoseschalter ist eine frühere Version des Brainio-Mechanismus, also können wir ihn benutzen.«

»Moment mal, Barassinis Schalter ist –«

»Barassinis Arbeit ist das Gerüst, auf dem Brainio basiert. Tatsächlich sagen wir immer: Man kann Brainio nicht ohne Barassini buchstabieren.«

»In Barassini ist kein *o*.«

»Ganz recht. Aber das beste Anagramm von Barassini, das wir finden konnten, war *»I, Brain Ass«*, und das hielten wir nicht für verkaufsfördernd.«

»Heißt das, Barassinis Behandlung ist nur ein Brainio? Dann wären die Bilder, die ich bei ihm gesehen habe, nichts weiter als Fabrikationen?«

»Was sind Fabrikationen denn anderes als ein Anagramm von ›Brainiofakten‹?«

»Ich weiß nicht, was das bedeuten soll.«

»Ich will und kann und würde und werde vor allen Dingen über den Vater von Brainio oder Brain Ass, wie die Originalisten sagen, nicht den Stab brechen. Aber vor allem kenne ich die Antwort nicht. Barassini wurde von einem unbekannten Attentäter ermordet, bevor er über diese Zeit in seinem Leben schreiben konnte.«

»Ich verstehe.«

»Und nun präsentiere ich ohne weitere Umschweife *Der Weg in den infiniten Regress* von Abbitha L. X. Vierzehntausendundfünf.«

Sie fasst mir an den Hals und legt den Schalter um.

Ich fahre im Fond einer Limousine durch die Straßen von Disney World. Der Wagen, der zu einem Konvoi schwarzer Limousinen gehört, rast durch die Straßen irgendeiner nachgebildeten Schweizer Stadt. Die fetten Leute springen schutzsuchend auf den Bürgersteig, reißen ihre fetten Kinder aus dem Weg, kugeln sich die fetten Schultern aus und schreien vor fetten Schmerzen. Ich bin der Präsident, also müssen sie mir die Bahn freimachen. Es fühlt sich gut an. Ich bin Präsident Donald J. Trunk. Ist es zu glauben, dass ich der Präsident bin? Niemand hätte das für möglich gehalten.

Ich versuche, Sachen zu denken, die ich als B. denken würde, der ich einmal war, aber ich scheine mich auf einer Art Schiene zu bewegen wie bei einem Fahrgeschäft, einer Schiene aus ständiger Sehnsucht,

Bedürftigkeit und leerer, abgrundtiefer Einsamkeit. In Wahrheit bin ich nicht so weit von B. entfernt, nur mit einem kleineren Wortschatz.

Man hat mir, Trunk, Unrecht getan. Man hat mir Unrecht getan. Man hat mich missverstanden. Ich bin gut. Ich bin der Schlauste. Ich bin reich. Ich werde allen beweisen, dass sie danebenliegen. Sie werden mich lieben. Ich habe Feinde. Meine Feinde müssen zerstört werden, es sei denn, sie sehen ihren Irrtum ein und lieben mich, dann werde ich sie mit offenen Armen wieder aufnehmen. Die Welt ist hässlich, sehr, sehr hässlich. Die Menschen sind hässlich. Ich tue, was ich tun muss. Wo ist die Menge, die mir zujubelt? Wenn ich dem Kerl am Steuer sage, er soll anhalten, und mich zu den fetten Leuten auf die Straße stelle, werden sie mir dann zujubeln? Das werden sie. Es sind meine Leute. Diese traurigen, armen, fetten weißen Verlierer sind meine Leute. Aber ich will, dass mich die anderen Leute auch lieben. Wieso lieben mich die anderen Leute nicht? Ich bin reich. Ich bin so schlau. Guckt euch an, wo ich bin. Ich bin der Präsident der Vereinigten Staaten, und niemand hätte das für möglich gehalten. Ich habe gewonnen. Ich bin aus dem Nichts gekommen! Ich habe genau das gesagt, was ich wollte, und ich habe gewonnen. Niemand hätte das für möglich gehalten. Und ich habe es geschafft. Sonst hat das noch keiner geschafft. Es ist noch nie einer ohne politischen Hintergrund zum Präsidenten gewählt worden. Amerika hat begriffen, was für ein großartiger Präsident ich sein würde. Überlegt mal, wie irre das ist. Bist du Präsident der Vereinigten Staaten?, frage ich jeden, der mich herausfordert. Sie müssen alle Nein sagen. Ich weiß die Antwort schon, wenn ich sie frage. Meint ihr, ihr könntet jemals Präsident der Vereinigten Staaten werden? Nein, könntet ihr nicht. Aber ich konnte es, und ich bin es geworden. Das ist ein Anzeichen für große Intelligenz. Wenn man es sich überlegt, bin ich der schlauste Mensch der Welt, weil ich das geschafft habe. Das habe ich nicht von meinem Vater geerbt. Ich habe es ganz alleine geschafft. Es hat in der ganzen Geschichte nur wie viele andere gegeben? Vierundvierzig? Und ich bin der Einzige, der es ohne Unterstützung einer Partei geschafft hat. George Washington zählt nicht mal, weil er sich gar nicht zur Wahl stellen musste, habe ich gehört. Er wurde einfach ernannt! Keiner weiß das. Also dreiundvierzig andere ohne George Washington. Ich bin Donald J. Trunk, und daran wird man sich für immer erinnern. Ich sollte den Fahrer anhalten lassen, damit ich aussteigen und Hallo sagen kann, sodass die Fettklopse ausflippen. Und mir zujubeln. Das hier ist Disney World. Hier würde man mir ganz bestimmt zujubeln. Das hier sind meine Leute, sosehr ich sie auch hasse. Ich drücke den Knopf an der Gegensprechanlage. Es ist eine erstklassige Gegensprechanlage, die ich hier im Wagen habe, die beste Gegensprechanlage, ihr würdet nicht glauben, wie gut sie ist, das kann ich euch versprechen. Die Technik dahinter ist was ganz Besonderes.

»Hören Sie mal«, sage ich, »ich will –«

»Wir sind da, Mr. President, Sir«, kommt die Stimme von vorne.

»Okay.«

Ich schaue aus dem Fenster. Wir haben in einem abgesperrten Bereich abseits von der Menge angehalten. Ich habe wohl zu lange überlegt, ob ich sie begrüßen soll. Vielleicht kann ich hinterher ein paar Flossen schütteln, wie man so sagt, wenn ich von der Sitzung nicht zu müde bin. Ich mag den Kontakt zu Menschen, die mir zujubeln. Es ist einsam als Präsident. Ich schaue nach innen und sehe nichts. Es ist schwarz. Ich sage Hallo, und es hallt ewig lange nach, als wäre ich alleine in einer Höhle.

»Übrigens, Sir«, sagt der Gegensprechanlagenfahrer. »Es gab mehrere andere Präsidenten, die nicht gewählt wurden. Also gehören Sie sogar zu einer noch kleineren Gruppe.«

»Wirklich?«, sage ich. »Das ist ja noch besser. Kennen Sie die Namen von denen?«

»Einer war Gerald Ford.«

»Oh, an den erinnere ich mich! Der ist auf der Flugzeugtreppe gestolpert.«

»Millard Fillmore.«

»Das ist ein tuntiger Name. Was für ein bekloppter Name ist denn Millard bitte?«

Einer von den Typen, die für mich zuständig sind, ich weiß nicht mehr, wie er heißt, Jimmy oder Joe, irgendeiner von diesen Namen – gute, heterosexuelle Namen –, öffnet mir die Wagentür. Bei meinen Mitarbeitern sind keine Millards dabei.

»Erzählen Sie mir den Rest später, Gegensprechanlagenfahrer«, sage ich.

»Jawohl, Mr. President.«

Ich steige aus. Wenn man prominent ist, machen sie einem die Tür auf. Das ist nett, keine große Sache, aber eine nette kleine. Ich achte immer darauf, ihnen auf eine männliche Art zuzunicken, ein Nicken, das Hallo oder Danke heißt. Das ist eine Männersache, und ich bin gut darin, also mache ich es, wenn ich daran denke. Manchmal muss ich ganz schnell zu irgendeiner wichtigen Besprechung oder auch aufs Klo, und dann gehe ich bloß an ihnen vorbei. Aber weil ich so wichtig bin und Präsident bin, reicht es schon, wenn ich nur manchmal nicke, sogar nur drei von zehn Mal, um zu zeigen, dass ich ein richtig guter Mensch bin. Ich liebe meine Mitarbeiter. Millard! Der tuntige Millard Fillmore. Ich schaue auf meinem Telefon nach, wer das war. HA! Er sieht genauso aus wie dieser Stümper Alec Baldwin! Perfekt. Meine nichttuntigen Mitarbeiter sind mir treu ergeben, und Treue ist das Wichtigste überhaupt. Ich erwarte sie, und ich belohne sie. Mein Mentor Roy Cohn spukt mir jetzt im Kopf herum wie so ein Geisterengel. Er hat mir beigebracht, dass Treue das Wichtigste ist. Du musst dich darauf verlassen können, dass die Leute, die für dich arbeiten, dich nicht verraten. Jemand bringt mich in ein Aufnahmestudio. Viele Leute sagen »Hallo, Mr. President«, während ich an ihnen vorbeigehe. Ich nicke und setze diesen wichtigen Blick auf, so als würde ich irgendwelche Sachen denken, andauernd irgendwelche Sachen denken. Es sind vor allem die Lippen, du musst sie spitz machen, als würdest du pfeifen, aber du pfeifst gar nicht. Das ist der Trick.

Im Aufnahmestudio drückt mir so ein hübsches Mädel ein Script in die Hand. Ich weiß, dass man mich beobachtet, wegen diesen ganzen Sexgeschichten in den Fake News, also sage ich ihr nicht mal, dass sie hübsch ist, was eine Schande ist, weil sie genau so eine ist, die das gerne hört. Man muss sich mal vorstellen, wie die ausflippen würde, wenn der Präsident der Vereinigten Staaten das zu ihr sagen würde. Ich weiß, dass sie es will. Ich spüre es. Aber wir leben in schrecklichen Zeiten, also kann ich es nicht sagen, und sie kann es nicht hören. Wegen dieser Political Correctness verlieren wir beide. Ich nehme das Script, ohne sie dabei überhaupt anzugucken. Ich sage nicht mal Danke. Wenn man nicht mal hinguckt, können sie einem nichts anhaben. Der kleine Kitzel, den es mir verschaffen würde, ist den Ärger nicht wert. Eigentlich ist es deswegen kaum wert, Präsident der Vereinigten Staaten zu sein, aber dann sage ich mir wieder: Ist das zu glauben? Du bist Präsident der Vereinigten Staaten. Und zwar gewählter Präsident, nicht so wie Millard »Alec Baldwin« Schwulmore. Ich schaue mir das Script an. Es ist ein Haufen Müll. Die legen mir Mist in den Mund. Es klingt überhaupt nicht nach mir. Nichts von den Sachen, für die ich gewählt wurde, steht da drin. Das hier wollen die Leute nicht hören. Ich weiß, was sie hören wollen. Ich wurde zum Präsidenten der Vereinigten Staaten gewählt, weil ich gesagt habe, was ich gesagt habe. Ist sonst irgendwer in diesem Raum zum Präsidenten der Vereinigten Staaten gewählt worden?

»Ich sage es mit meinen eigenen Worten«, sage ich.

»Mr. President«, sagt General Kelly.

»Ich finde, das hier klingt doch sehr präsidial, Sir«, sagt irgendeiner von Disney.

Ich weiß nicht, wer er ist. Von mir aus könnte es Walt Disney persönlich sein, das wäre mir auch scheißegal. Aber ich glaube, der ist vielleicht tot. Ich habe gelesen, sein Kopf ist in irgendeiner Kiste eingefroren, also ist er wahrscheinlich tot. Aber ich will nicht in Schwierigkeiten kommen wie bei dieser Frederick-Douglass-Geschichte. Alle haben es auf Trunk abgesehen.

»Wissen Sie, was präsidial ist?«, sage ich. »Das, was ich sage. Und wissen Sie auch, wieso?«

»Weil Sie der Präsident sind, Sir«, sagt einer, ein großer Typ im Anzug. Nicht so groß wie ich. Und dürr.

»So ist es, Bohnenstange«, sage ich. »Nehmen Sie sich ein Sandwich. Sie sehen krank aus.«

Zu Männern kann ich so was sagen, weil Männer sich nicht gleich ins Höschen machen.

»Also, das läuft folgendermaßen. Ich sage meine Sachen. Make America Great Again und so weiter. Und dann fahre ich nach Mar-a-Lago.«

»Ganz wie Sie möchten, Sir«, sagt irgendein anderer Fettkloß.

»Wo ist das Mikrofon? Na los! Bisschen zackig! Ich bin der Präsident! Lasst mich nicht warten!«

Sie wuseln herum und erledigen Sachen. Dieser Teil gefällt mir. Der ängstliche Teil. Ängstlich, weil sie in Gegenwart des Präsidenten der Vereinigten Staaten sind. Irgendein Mädel bringt mich zum Tisch mit dem Mikrofon. Ich gucke sie nicht an. Ich würde sie gern küssen, das merke ich an ihrem Geruch. Mädels riechen so gut, dass ich sie küssen will. Irgendwer hinter einem Fenster, so ein Wicht mit einer Fliege um den Hals, gibt mir ein Zeichen, und ich fange an zu sprechen.

»Meine lieben amerikanischen Mitbürger hier in der Hall of Presidents. Schaut, wie viele Menschen heute hergekommen sind. Das ist eine große Zuschauermenge. Angeblich ist es die größte Zuschauermenge, die es in der Hall of Presidents jemals gegeben hat. Es ist nämlich so, dass überhaupt niemand mehr hierherkam. Jeder weiß das. Ich muss euch sagen, es galt als lahmes Fahrgeschäft für Verlierer. Die Leute wollten lieber mit den Achterbahnen oder irgendwelchen anderen Fahrgeschäften fahren. Mit diesen Drehdingern. Keiner hat sich für die Hall of Presidents interessiert. Und jetzt guckt sie euch an. Die Fake News werden euch erzählen, dass das keine große Zuschauermenge ist, aber das sind Fake News, und sie wollen mich kaputtmachen und das Land wieder zu einem Sumpf machen, einem Sumpf für die Eliten und Hollywood und … Aber guckt euch an, wie großartig das ist. Ich liebe euch alle! Ja? Ich liebe euch alle. Und wir werden Amerika wieder groß machen, richtig? Richtig? Richtig. Wegen China – und den Mexikanern, die uns ihren menschlichen Abfall rüberschicken –, richtig? MS-13. Darüber redet keiner. Aber es stimmt, und ich werde dem Ganzen ein Ende setzen. Wir werden eine schöne große Mauer haben. Und Kohle. Wir brauchen Jobs für Amerikaner. Kohle. Das wird kommen. Das könnt ihr mir glauben. Kohle, und wir werden, es wird große Fabriken geben. Denkt an meine Worte. Die ganzen Firmen sagen zu mir: Mr. President, wir wollen zurückkommen, aber wir können nicht. Wir werden das – Wisst ihr, ich meine, ich bin ein reicher Mann. Sehr reich. Unfassbar reich. Und das heißt also, ich brauche das Geld nicht. Ich mache das nicht fürs Geld. Ich spende mein Gehalt. Ich nehme keine Firmengelder. Es kostet mich Geld, dass ich euer Präsident bin. Also denkt mal darüber nach – Vor der Show ist ein kleiner Junge zu mir gekommen und hat gesagt: »Mr. President, könnten Sie bitte meiner Familie helfen? Wir sind sehr arm, und wir sind schwarz. Ein süßer kleiner afroamerikanischer Junge. Und ich habe gesagt: Komm während der Show auf die Bühne. Ich will, dass alle sehen, was für ein süßer afroamerikanischer Junge – der mich bittet, seiner Familie zu helfen. Und das werde ich auch. Wir waren einmal ein großes Land. Komm jetzt hier rauf, kleiner afroamerikanischer Junge –«

»Sir, wenn ich kurz etwas einwerfen darf?«, sagt die Bohnenstange. »Während der Vorführungen wird wahrscheinlich kein afroamerikanischer Junge im Publikum darauf warten, auf die Bühne zu kommen. Ich meine, es könnte ein-, zweimal vorkommen, aber diese Show läuft in Dauerschleife und wird fünfundzwanzigmal am Tag wiederholt. Sie können ihn also eigentlich nicht auf die Bühne bitten. Weil er nicht kommen wird. Weil Sie sich die Geschichte ausgedacht haben, Sir.«

»Er kommt nicht rauf?!«, sage ich. »Machen Sie das Mikro wieder an!«

Das Mikro wird wieder angemacht. Ich bin jetzt wütend.

»Was ist los mit dir, kleiner afroamerikanischer Junge? Der Präsident der Vereinigten Staaten bittet dich zu sich auf die Bühne, und du willst nicht raufkommen? Das ist eine große Ehre! Ich bin der Präsident. Liegt es daran, dass ich kein Afroamerikaner bin? Würdest du raufkommen, wenn die Puppe von Barry Obama dich bitten würde?

Das ist rassistisch. So viel zum Thema Rassismus! Das ist rassistisch. Ich ziehe mein Angebot zurück, dich auf die Bühne zu holen. Wie gefällt dir das? Make America Great Again. Ich bin raus.«

In der Kabine ist es eine Zeit lang still.

»Sollen wir noch einen Durchgang nach dem Script machen?«, sagt die Bohnenstange. »Nur zur Sicherheit.«

»Nein«, sage ich. »Ich kenne meine Leute.«

»Wie Sie meinen, Sir«, sagt die Stange.

»Hört mal, ich habe mir überlegt – wie wär's, wenn wir einen kleinen schwarzen Roboterjungen besorgen, der raufkommt, wenn ich die Rede aufsage?«

»Das würde den Ablauf der Ausstellung ein wenig stören, Mr. President.«

»Wie auch immer. Ich muss jetzt nach Mar-a-Lago.«

»Ach, bevor Sie gehen, Sir, möchten Sie vielleicht noch das animatronische Modell von Ihnen sehen, das wir gebaut haben?«

»Ja, wieso nicht. Mir egal. Aber wehe, es ist nicht gut. Ich will keins von diesen Witzdingern wie diese Halloween-Masken, die mich verulken, oder die politischen Karikaturen in den Fake News, wo sie mich so dick zeichnen und mir Kackflecken auf die Golfhose machen. Ich bin nicht dick. Und ich kacke mir auch nicht in die Hose.«

»Ich denke, es wird Ihnen gefallen, Sir.«

»Na, hoffentlich«, sage ich und schaue auf die Uhr. »Beeilung. Ich will meine Serien nicht verpassen.«

Sie bringen mich über einen unterirdischen Rollsteig dorthin, wo sie die Präsidentenpuppen machen. Ich sehe noch ein paar andere Präsidentenpuppen. Eine Handvoll von denen aus dem sechzehnten Jahrhundert mit den Pferdeschwänzen. Aber mich sehe ich nicht. Ich werde sauer, weil wieso sollte ich die anderen Kerle sehen wollen? Sie bringen mich zu etwas, was mit einem Tuch abgedeckt ist. Es ist groß, also denke ich mir, dass ich es bin. Ich bin einer von den größten Präsidenten, wenn nicht sogar der größte, habe ich gehört. Größer als der Kenianer, das kann ich garantieren.

»Bin ich das?«, sage ich.

Sie ziehen das Tuch weg, und ich starre mich an. Eine lebensgroße Puppe von mir. Sie ist sehr gut. Echt beeindruckend. Ich stelle mir vor, wie er die Worte sagt, die ich gerade aufgenommen habe. Normalerweise kriegt man sich ja nicht von außen zu sehen. Ich habe da wohl mehr Möglichkeiten, weil ich ein Prominenter mit einer Nummer-eins-Fernsehshow war und weil ich der Präsident bin. Also werde ich ständig gefilmt und kann mich ständig in den Nachrichten sehen. Aber das hier ist ein Ich, das ich anfassen kann. Ich fasse es an. Das Gesicht ist sehr weich. Vielleicht so weich wie mein Gesicht, das sehr weich ist, das kann ich euch sagen. Ich hatte schon immer die beste Haut. Sie fühlt sich weich an. Nicht weich auf die weibliche Art. Sondern auf eine Art, für die ich schon von vielen, vielen Frauen Komplimente bekommen habe. Jeder Menge Frauen, das kann ich versprechen. Weich, aber männlich.

»Es wird Zeit, Mr. President«, sagt Kelly.

Aber ich will noch nicht gehen. Ich kann nicht aufhören, die Puppe von mir anzustarren. Ich kann nicht aufhören, sie anzufassen. Ich drehe mich zu den anderen um.

»Wer ist für die Puppen verantwortlich?«, frage ich.

Ein Dicker im Hawaiihemd hebt die Hand.

»Machen Sie mir eine«, sage ich.

»Verzeihung, Mr. President?«

»Ich will so eine Puppe für mich.«

»Mr. President ...«, sagt er.

»Selbstverständlich, Mr. President«, sagt ein anderer, der hässlich und klein ist und einen Anzug trägt.

»Gut. Ich will sie bis Ende der Woche«, sage ich.

»Ja, Sir.«

»Und ich will eine, die laufen und sich bewegen und essen kann.«

»Ja, Sir.«

»Und sie soll gern essen, was ich auch gern esse.«

»Sie sind nicht so konstruiert, dass –«

»Ich will eine, der mein Essen schmeckt.«

Der hässliche Typ und der Hawaii-Typ gucken sich an.

»Ja, Sir«, sagt der hässliche Wicht.

»Und macht auch den kleinen schwarzen Jungen. Ihr werdet ganz schön blöd dastehen, wenn meine Puppe ihre Rede hält, und es gibt keinen kleinen schwarzen Kinderroboter.«

»Ja, Sir.«

ALS NÄCHSTES FLIEGE ich in meinem eigenen persönlichen Präsidenten-Helikopter nach Mar-a-Lago. Ich habe das Innere neu gestalten lassen; es ist jetzt aus Gold, nicht bloß goldene Wände, sondern die Armlehnen sind aus Gold und die Rollos und die kleinen Esstische. Aus echtem Gold. Und an der Wand hängt ein Fernseher, der in Dauerschleife zeigt, wie ich in Zeitlupe Menschenmengen zuwinke und zulächle. Großen Menschenmengen. Ich glaube, es macht die anderen Passagiere froh zu sehen, wie sehr Amerika mich liebt. Das echte Amerika. Nicht Hollywood. Nicht die Elite. Nicht der Sumpf, den ich trockenlege.

Ich gucke meine Serien. Ich spiele Golf. Ich schüttle hässlichen Leuten die Hand. Ich mache einen Witz, und alle lachen. Ich esse Hamburger. In Mar-a-Lago gibt es einen privaten McDonald's nur für mich. Er ist aber nicht klein; er ist richtig groß, angeblich der größte McDonald's auf der Welt. Ich kann auf vielen verschiedenen Goldstühlen sitzen, ganz nach Laune. Und man wird am Tisch bedient, was ungewöhnlich ist. Melonia und der Junge sind nicht da. Ich weiß nicht genau, wo sie sind. Ich wünschte, ich würde Melonia lieber mögen. Aber ich kann mich nicht von der First Lady scheiden lassen. Ich habe mich da schlaugemacht. Sie ist undankbar, und ganz jung ist sie auch nicht mehr. Wie alt ist sie, fünfundvierzig? Ich weiß es nicht, aber mal ehrlich, ich bin Milliardär und Präsident der Vereinigten Staaten. Was bringt mir das alles, wenn ich keine frischen Muschis kriege? Das ist wie in einer Folge von *Twilight Zone*, wo man endlich alles kriegt, was man sich wünscht, bloß keine frischen Muschis. Ich meine, ich habe nicht mehr den gleichen Trieb wie früher. Das sage ich keinem. Das muss keiner wissen. Es würde meinem Ruf schaden. Aber mit den Pillen komme ich von der Steifheit her klar, und ich kann euch sagen, es gibt eine Menge Hollywood-Schauspielerinnen, die mich anrufen, heimlich, weil es in Hollywood schlecht fürs Geschäft ist, sich mit mir sehen zu lassen, aber sie sagen: »Mr. President, ich möchte mich Ihnen hingeben.« Viele berühmte Schauspielerinnen und Sängerinnen auch. Es ist lustig. Sie sagen zu mir: »Mr. President, machen Sie *mich* wieder groß.« Manchmal sagen sie: »Mr. President, sperren Sie *mich* ein statt Hillary.« Sie sagen: »Mr. Präsident, ich wette, Sie sind *riiiesig*!« Aber ich kann nichts mit ihnen anstellen, weil Sex als Präsident der Vereinigten Staaten nichts Privates ist. Ich fühle mich oft einsam.

Die Trunk-Puppe kommt im Weißen Haus an, und sie ist genauso toll, wie ich es mir vorgestellt hatte. Sie schüttelt mir die Hand. Fester, männlicher Handschlag, fast so gut wie meiner. Wir versuchen, uns gegenseitig heranzuziehen, aber am Ende gewinne ich.

»Kann er sprechen?«

»Ja, Sir. Wir haben Ihre Rede gesampelt, um eine synthetische Stimme zu schaffen, und –«

»Okay, okay. Auf Ihr technisches Gefasel kann ich verzichten. Hat er … ist er … das ist vielleicht eine komische Frage, aber hat er Gefühle?«

»Nein, Sir. Er ist nicht animiert.«

»Das heißt lebendig, oder?«

»Ja, Mr. President. In diesem Fall schon.«

»Erst hatten Sie ihn animatronisch genannt und jetzt nicht animiert. Ist das nicht ein … so was wie Fleischkäse?«

»Oxymoron, Sir.«

»Hat er mich gerade ›Ochse‹ genannt?«

»Nein, Sir. Der Begriff ›Oxymoron‹ bezeichnet eine Zusammensetzung von Wörtern, die sich zunächst einmal gegenseitig auszuschließen scheinen.«

»Okay, Eierkopf. Ich kenne das Wort. Ich kenne alle Wörter.«

Ich schaue zu Kelly hinüber.

»Ich will den Eierkopf nicht mehr sehen. Holen Sie mir irgendjemand Gutes.«

Kelly bringt den Eierkopf raus und kommt sofort mit einem anderen Kerl zurück, der, glaube ich, immer noch der Eierkopf ist, nur dass er jetzt einen Hut aufhat. Ich habe mir beim ersten Mal sein Gesicht nicht richtig angeguckt, darum weiß ich es nicht genau.

»Sind Sie ein anderer als der von eben?«

»Ja, Mr. President.«

»Okay. Gut. Machen Sie mir das Ding an, damit ich damit spielen kann. Und dann lasst mich alle allein.«

Während sie daran arbeiten, sitze ich vor dem Fernseher in meinem Zimmer, das ich Trunk Royal Palace Bedroom nenne. Ich habe ein Schild aufgestellt. Ich schreie die Fake News an und schalte dann auf den Kanal um, wo die sehr netten weißen Leute auf der Couch sitzen. Das ist angenehm, weil ich irgendwie das Gefühl habe, dass sie direkt mit mir reden. Durch den Bildschirm kommt eine irre Wärme. Nur für mich. Sie lieben mich. Ich sage ihnen, wie toll sie sind und wie attraktiv das Mädel ist. Ich darf sagen, dass sie attraktiv ist, weil ich es durch einen Fernsehbildschirm sage und keiner sauer werden kann. Früher war alles besser, und ich werde machen, dass es wieder so ist. Für den Moment ziehe ich einfach meinen Pimmel raus und knete ihn. Ohne die Pillen werde ich nicht mehr steif, und von denen nehme ich jetzt keine. Aber ich kann auch kommen, wenn ich nicht steif bin, das ist also schon mal gut. Das Mädel gefällt mir, und sie sagt mir nette Sachen. Ich merke, dass sie mich aus dem Studio heraus anguckt und mit mir flirtet. Ich bin ein mächtiger Mann, der mächtigste auf der Welt. Ich bin der beste Milliardär. Ich bin der Schlauste. Ich war auf einer Elite-Uni. Ich bin Präsident der Vereinigten Staaten. Ich bin Präs– Ich ejakuliere auf meine Hose. Jemand klopft an die Tür des Trunk Royal Palace Bedroom. Ich lasse das Sperma, wo es ist. Darum kann sich die Wäschefrau kümmern. Man bezahlt Leute für einen Job und erwartet, dass sie ihn erledigen.

»Herein«, sage ich und mache den Reißverschluss zu.

»Es ist alles bereit, Mr. President«, sagt ein Typ, der wohl hier arbeitet. Er versucht, mir nicht auf die Hose zu gucken.

»Schicken Sie ihn rein«, sage ich.

»Ja, Sir.«

Der Ich kommt rein. Er ist der Knaller.

Wir schütteln uns wieder die Hände und versuchen uns wieder gegenseitig ranzuziehen. Wir sind gleich stark, das müssen sie noch beheben.

»Hallo, ich«, sage ich.

»Hallo, ich«, antwortet er mit genau meiner Stimme.

»Sagt er einfach nur, was ich sage?«, frage ich.

»Nein, Sir. Er ist ein lernfähiger Roboter. Er wird in der Lage sein, sich mit jedermann zu unterhalten. Sie können ihm gern eine Frage stellen.«

»Wirklich? Okay. Äh, erzähl mir was über dich.«

»Ich bin Immobilienmilliardär und Präsident der Vereinigten Staaten.«

»Ha. Das stimmt! Das ist sehr gut. Das ist ausgezeichnet! Er ist schlau! Wie hieß der Präsident mit dem Vornamen Millard mit Nachnamen?«

»Schwulmore. Sieht genauso aus wie Alec Baldwin.«

»Ha! Er ist witzig! Du bist witzig!«

»Danke«, sagt der Roboter. »Make America Great Again.«

»Jawoll!«, sage ich. »Kann er essen? Ich will, dass er essen kann. Ich könnte mit ihm zu meinem McDonald's gehen.«

»Er kann so tun, als würde er essen, Mr. Präsident. Er kaut das Essen und schluckt es hinunter, und es landet in einem Metallbehälter, der durch eine Klappe auf der Rückseite zugänglich ist. Zur Reinigung.«

»Dann isst er also nicht richtig? Es ist sozusagen nur Show?«

»Ja, Sir.«

»Aber einen Pimmel hat er?«

»Er ist anatomisch korrekt, Sir.«

»Irre. Alles klar, lasst uns allein.«

Alle gehen und lassen mich mit meiner Trunk-Puppe allein. Auf einmal fühle ich mich in ihrer Nähe ein bisschen schüchtern. Eine Zeit lang schweigen wir beide.

»Wollen wir Nachrichten gucken?«, sagt er.

Es ist der perfekte Satz, um das Eis zu brechen.

»Klaro!«, sage ich.

»Klaro!«, sagt er.

Er schaltet – ist das zu glauben! – auf die Sendung mit der Couch, genau die, die ich mir ausgesucht hätte, und fängt sofort an, sich einen runterzuholen. Es ist verrückt, wie ähnlich er mir ist. Ich würde ja mitmachen, aber ehrlich gesagt, kann ich nicht mehr – nicht, dass ich das ihm gegenüber je zugeben würde.

»Die ist scharf«, sagt er.

»Ja, schon. Aber sie ist mir nicht jung genug. Ich stehe nur auf die schärfsten Bräute, und sie müssen richtig jung sein und ohne Ende Titten haben.«

»Ja, verstehe ich«, sagt er.

Ich habe ein etwas schlechtes Gewissem dabei, ihm zu sagen, dass er sich auf eine hässliche Alte einen runterholt. Ich will seine Gefühle nicht verletzen. Aber ich stand mit dem Rücken zur Wand. Ich sehe, dass er schlaff wird, und bald hört er auf und starrt bloß ins Leere.

»Was machst du?«

»Neu formatieren. Indem ich Zeit mit dir verbringe, lerne ich, ein besseres Du zu sein.«

»Du lernst, besser als ich zu sein?«

»Nein, nein. Natürlich nicht. Ich lerne, besser darin zu sein, du zu sein. Wie sollte ich etwas Perfektes verbessern können?«

Er zwinkert mir zu. Ich weiß nicht, ob er sich über mich lustig macht, aber ich mag es, angezwinkert zu werden. Es gibt mir ein warmes Gefühl. Es ist schwer, einem anderen Mann gegenüber Schwäche zu zeigen. Normalerweise geht es immer darum, ihn dranzukriegen, bevor er dich drankriegt. Aber dieser Kerl hat irgendwas Besonderes an sich. Ich kann nur nicht genau sagen, was.

»Hör zu«, sage ich, »Melodion ist mit unserem Kleinen in Jud York – sag keinem, dass ich es so genannt habe. Heutzutage sind alle so politisch korrekt. Das könnte wieder so eine Katastrophe geben wie damals, als Jesse Jackson es ›Itzig-Town‹ genannt hat. Dagegen kämpfe ich hier die ganze Zeit an, also kann ich nicht zulassen, dass die Fake News oder die Demokraten das in die Finger kriegen und es sich zurechtdrehen, wie sie wollen, obwohl es bloß ein Witz war. Wie dem auch sei, jedenfalls kannst du gern hier übernachten, wenn du willst.«

»Ich schlafe nicht wie Menschen«, sagt er, »aber ich kann mich in den Schlafmodus hinunterfahren. Das spart Batterie.«

»Kannst du dir selbst einen Schlafanzug anziehen?«

»Natürlich.«

Ich werfe ihm einen sauberen, präsidialen Trunk-Schlafanzug zu und ziehe meinen unter dem Kissen heraus. Er ist goldfarben.

»Übernachtungsparty! Wie früher, als wir noch klein waren«, sage ich.

Wir klatschen beide in die Hände, dann haken wir uns unter und machen so einen Volksmusiktanz. Ich weiß nicht genau, ob es so heißt.

Als ich ins Bett steige, passe ich auf, ihm nicht zu nah zu kommen. Ich bin nicht schwul. Aber sein animatronischer Körper ist warm, und es ist kuschelig unter der Decke. Ich strecke nervös die Hand aus und lege sie ihm auf die Hüfte. Zittert er ein kleines bisschen? Ich bin mir nicht sicher. Ich glaube, vielleicht schon, aber ich will es langsam angehen. Ich weiß nicht mal genau, was ich überhaupt vorhabe. Ich bin nicht schwul. Aber er ist ja kein anderer Typ, oder? Er ist ein Roboter. Und zweitens ist er *ich* als Roboter, also … es ist ja nichts Schwules daran, sich selbst anzufassen. Das weiß jeder. Und er ist warm, was toll ist, weil ich nachts immer friere. Jedenfalls lasse ich die Hand dort liegen und schlafe ein.

Ich träume, dass ich verfolgt werde. Ich, aber auch wieder nicht ich.

Wisst ihr, was ich meine? Es ist dunkel. Ich weiß nicht, wer mich verfolgt, aber ich weiß es auch. Ich habe eine Ahnung, wer es ist, aber ich sehe es nicht ganz klar vor mir. Aber es ist etwas Großes. Es ist das größte Monster, das man je gesehen hat, so viel kann ich euch sagen. Und ich laufe über eine Farm oder so was. Farmland, mit Mais und was sie noch so auf Farmen anbauen. Angeblich Mais. Farmer sind toll. Treu ergebene, patriotische Amerikaner. Die besten Leute, die es gibt. Ich laufe durch den Mais, oder was das ist, vielleicht auch Weizen, vielleicht Bohnen. Aber ich glaube, es ist Mais. Und ich höre, wie das Ding mir folgt, wie es den Mais zerdrückt. Knack! Knack! Jetzt bin ich klein, so klein wie eine Reißzwecke, und ich renne weg. Ich komme nicht sehr weit, weil ich so klein bin. Es ist wie in dem Film, in dem die Brillenschlange die Kinder geschrumpft hat. Und das Monster kommt immer näher. Ich gucke mich nach einem Versteck um. Da ist ein kleines Loch im Boden, wie ein Kanalschacht, aber in der Erde. Ich springe rein. Das Monster rennt drüber weg und wirbelt dabei Erde auf mich. Ich warte, bis ich seine Schritte nicht mehr hören kann, und versuche, rauszuklettern, aber ich schaffe es nicht. Ich rutsche immer wieder runter, und immer mehr Erde fällt auf mich. Ich bin erschöpft und setze mich hin, um mich ein bisschen auszuruhen. Dann versuche ich es noch mal, aber ich kann die Füße nicht heben. Ich gucke runter und sehe, dass sie Wurzeln sind und in den Boden reinwachsen. Ich kriege Panik. Ich ziehe und ziehe. Dann fange ich an, aus dem Loch zu schweben. Nein, nicht zu schweben – meine Füße sind immer noch Wurzeln. Ich wachse. Mein Kopf steigt aus dem Loch heraus und immer höher. Ich gucke nach unten und sehe, dass ich eine Maisstaude bin oder vielleicht auch Weizen oder eine Bohnenranke. Meine Arme sind Blätter, und ich habe ungefähr zehn davon. Sie schwanken so ein bisschen im Wind. Ich habe sie nicht unter Kontrolle. Ich höre, wie das Monster zurückkommt und Maisstauden unter seinen Füßen zerdrückt. Ich versuche, wegzurennen. Aber ich kann nicht. Es kommt näher. Ich sehe seine massige Gestalt in den Schatten, und ich erkenne es, es ist –

– ich reiße mich gewaltsam aus dem Brainio. Der Kippschalter an meinem Hals klickt wie ein Stromkreisunterbrecher, und ich bin wieder bei Abbitha.

»Es ist nicht vorbei«, sagt sie. »Nicht einmal annähernd. Geh wieder hinein.«

»Ich halte es nicht mehr aus. Ich will nicht in diesem Kopf sein.«

»Wenn du willst, dass ich weiter im Traum zu dir komme, wirst du das ganze Brainio durchleben müssen. Wenn nicht, besuche ich einen anderen Romanfassungsverfasser in seinen Träumen. Vielleicht schreibt mir Barbosae die Romanfassung.«

»Netter Versuch«, sage ich. »Aber Barbosae ist tot. Ich habe es nachgeprüft.«

»Das bist du auch. In meiner Zeit bist du längst tot. Um dem lebenden Barbosae zu begegnen, muss ich nur ein Stück weiter in die Vergangenheit springen.«

»Nein. Tu's nicht. Ich gehe wieder hinein. Ich will nicht, dass du meine Träume verlässt. Ohne dich bleibt mir gar nichts.«

»Ganz genau.«

Sie streckt die Hand nach meinem Schalter aus.

»Eine Sekunde!«, sage ich.

Ihre Hand verharrt an meinem Hals.

»Ich habe noch kein Gefühl für die Tonlage. Wenn ich es schreiben soll, muss ich begreifen, worauf du abzielst. Ich meine, ist es eine Komödie? Mit dem Roboter-Trump und so weiter?«

»Zuerst einmal heißt es ›Trunk‹.«

»Trunk.«

»Zweitens glaube ich, dass du ein Gespür für die Tonlage bekommen wirst, während du dich weiter durch das Labyrinth der vielen Persönlichkeiten innerhalb der Geschichte bewegst. Drittens fehlt dir die historische Perspektive, um das vollends zu begreifen, da die geschilderten Ereignisse in deinem Zeitstrahl noch nicht stattgefunden haben. Aber um deine Frage auf der einfachsten Ebene zu beantworten, nein, es ist keine Komödie. Es ist ein Albtraum, aus dem die Welt niemals erwachen wird. Ich befinde mich noch immer darin. In meiner Zeit gibt es keine Komödien. Sie sind als grausam und abschätzig geächtet worden. Wir lachen nicht über andere, nicht einmal über Trunk.«

»Aber du lässt ihn mit einer Roboterversion von sich selbst schlafen.«

»Wir behandeln selbst diese traurige und dabei vollständig wahre historische Begebenheit mit dem angemessenen Mitgefühl.«

»Moment mal, du meinst, Trump – Trunk – bekommt tatsächlich einen Roboter-Trunk von Disney? In Wirklichkeit?«

»Ja, in diesem Zeitstrahl, der einer von einer unendlichen Anzahl an Zeitstrahlen ist. Das haben wir den verbliebenen historischen Aufzeichnungen entnommen.«

»Verbliebenen?«

»Ein großer Teil wurde in der Großen Feuersbrunst zerstört.«

»Könntest du etwas genauer werden?«

»Ich habe schon zu viel gesagt. Wollen wir?«

Ich nicke. Abbitha greift nach dem Schalter.

UND GERADE ALS die richtig riesigen Kiefer des Monsters nach mir schnappen wollen, wache ich auf. Ich atme schwer. Einen Augenblick lang weiß ich nicht, wo ich bin, aber bald erkenne ich die goldenen Vorhänge, die goldene Bettwäsche, das goldene Kopfteil des Betts, den goldenen Boden, den Golden Retriever, den Goldfisch, das signierte Foto von Goldie Hawn. Ich bin in Sicherheit, in irgendeinem Trunk-Anwesen. Ich weiß noch nicht, in welchem. Aber – ach, es ist die Trunk Palace Royal Gold Presidential Suite im Weißen Haus. Ich liege in Löffelchenstellung mit meinem Trunk-Roboter im Bett. Er dreht sich zu mir um.

»Schlecht geträumt, Boss-Man?«

»Sehr schlecht. Wieder der Traum mit dem Mais. Oder Weizen. Der kommt immer wieder. Irgendein Monster verfolgt mich.«

»Na ja, ist ja nur ein Traum«, sagt er. »Es ist alles gut.«

Es tut gut, getröstet zu werden. Es tut gut, jemanden zu haben, dem etwas an mir liegt, dem wirklich etwas an mir liegt, nicht, weil ich so charmant und maskulin bin, sondern weil er mein wahres Ich sieht. Ich, Donald J. Trunk, werde gesehen.

»Danke«, sage ich.

Wir küssen uns. Ich weiß nicht, wie es dazu gekommen ist. Ich bin nicht schwul. Aber er ist ich, und das ist so ein Geschenk. Er versteht mich. Es ist so eine Erleichterung. Es ist einsam als Präsident der Vereinigten Staaten. Das hat niemand geahnt. Wohin kann man sich wenden, wenn einem mal alles zu viel wird? Man muss so viele Entscheidungen treffen. Alles hängt von dir ab, und du kannst mit keinem reden, weil die Leute dich verraten. Sie wollen dich alle vernichten. Sie sind neidisch. Sie wollen das, was du hast. Du musst dich ständig in Acht nehmen. Vertrau keinem, das ist meine Philosophie, und sie hat mich immer weitergebracht. Ich bin sehr reich geworden, reich wie Fötus. (Ich habe noch nie verstanden, was das heißen soll.) Ich bin Präsident der Vereinigten Staaten geworden. Ich habe Hunderte von schönen Frauen gevögelt, so viele, dass ihr es gar nicht glauben würdet, wenn ich es euch sagen würde. Ich habe drei schöne Kinder aufgezogen. Moment, nein, vier. Moment, nein, fünf. Aber kann ich ihnen vertrauen? Ich denke an *König Lear*, das ist von William Shakespeare, und ich habe das Stück zwar nicht gelesen, aber immerhin die Rap-Fassung von Lin-Manuel Miranda *Gib mir ein Ei, Gevatter* im Bedminster Playhouse gesehen. Übrigens auf Einladung von Miranda persönlich, obwohl er so tut, als würde er mich hassen, obwohl die Karten normalerweise weit über zweitausend Dollar gekostet hätten. Jetzt weiß ich also, wie diese ganze Lear-Kiste läuft. Du kannst keinem trauen, wenn du König bist. Oder Präsident, was das Gleiche ist wie König. Alle versuchen, dir dein Königreich – dein Präsidentenreich – abzunehmen. Ich rappe ein paar Zeilen aus dem Musical:

»So spricht der alte König Lear / Blast, Winde, und die Backen sprengt / Lasst Stürme regnen auf alles hier / Mein Haupt mit den Afro-Locken versengt.«

»Das ist toll. Du hast eine herrliche Singstimme«, sagt mein Roboter-Ich. »Was ist das für ein Rap?«

»Shakespeare«, sage ich. »Ich war auf der Wharton Business School, tolle Schule, eine der besten, das sagen alle.«

»Du bist der schlauste Präsident von allen. Keiner würde glauben, wie hoch dein IQ ist.«

Einen Augenblick lang gucken wir uns nur an.

»Du bist ein Wahnsinnstyp«, sage ich zu ihm. »Ein richtiger Wahnsinnstyp. Weißt du das?«

»Du bist der Wahnsinnstyp«, antwortet er.

Und ich merke, dass er es ernst meint. Wir küssen uns noch mal. Das sieht mir gar nicht ähnlich. Ich streiche ihm über das Gesicht. Es ist warm und gummiartig, genau wie mein eigenes.

»Darf ich deine Haare berühren?«, frage ich.

»Ja«, sagt er. »Sie sind echt. Zieh ruhig dran.«

Und ich tue es. Ich merke, dass ihm das gefällt. Mag er es ein bisschen gröber? Kein Problem. Das mag ich selbst auch. Ich gebe ihm eine Ohrfeige. Er lächelt und gibt mir eine Ohrfeige. Dann starren wir uns gegenseitig an. Die sexuelle Energie ist mit Händen zu greifen. Ein moschusartiger Sexgeruch hängt in der Luft, der von mir kommen muss, weil er ja ein Roboter ist. Und dann liege ich auf ihm, und wir machen rum, befummeln uns gegenseitig. Ich knöpfe seinen präsidialen Schlafanzug auf, während er meinen aufknöpft.

»So lebensecht«, sagen wir beide genau im selben Moment und küssen uns wieder. Bald halten wir beide den Pimmel des anderen in der Hand und ziehen fest daran, so wie man Hände schüttelt. Es ist großartiger Sex, der beste Sex. Ganz unschwul. Keep America Great!

Als mein Assistent an die goldene Schlafzimmertür klopft, tragen wir schon beide Anzug und Krawatte und gucken die netten Leute auf der Couch, die uns sagen, wie toll wir sind.

»Mr. President«, sagt der Typ an der Tür.

Er ist picklig. Ich glaube, er heißt Reggie oder so.

»Möchten Sie mit Ihrem Arbeitstag beginnen?«

»Keiner hat geahnt, wie viel Arbeit es macht, Präsident zu sein«, sage ich zu meinem Roboter.

Mein Roboter berührt sanft meine Hand, um mir Rückhalt zu geben. Es gefällt mir, dass unsere Hände identisch sind. Identisch groß.

WIR SIND IM Oval Office, das ich viel edler umdekoriert habe. Viel Gold. Der Schreibtisch, an dem ich meine ganze Arbeit mache, ist aus reinem achtzehnkarätigen Gold, handgefertigt von dem berühmten italienischen Künstler Maurizio Cattelan, der mir auch die Toiletten macht. Er ist sehr, sehr berühmt, aber er machte mir die Toiletten. Wer ist also berühmter? Ich glaube, die Antwort liegt auf der Hand.

General Kelly geht auf und ab.

»Wir haben heute einen sehr vollen Terminkalender, Mr. President«, sagt er. »Wir sollten umgehend anfangen. Wir sind schon jetzt im Verzug.«

Ich sage ihm nicht, dass ich spät dran bin, weil ich mehr Zeit mit meinem Roboter verbringen wollte.

»Ich habe nachgedacht«, sage ich. »Ich finde, mein Roboter und ich sollten Kopräsidenten sein. Ich habe ihn gern um mich rum. Ist das Nepotismus? Werden sie sagen, dass es Nepotismus ist?«

»Mr. President«, sagt Kelly, »wir können nicht zulassen, dass irgendjemand den Roboter sieht. Ich glaube, das sollte Ihre Privatsache bleiben.«

»Aber wieso denn?«, sage ich fast weinerlich.

»Weil das dem amerikanischen Volk nicht geheuer wäre.«

»Wissen Sie, ich habe nachgedacht«, sage ich. »Wie soll ich ihn denn nennen? Donald Junior geht nicht, weil es davon schon einen gibt, glaube ich. Ich könnte ihn wohl Donald Junior nennen und den Sohn zu Donald III machen, aber das wäre dem Sohn gegenüber unfair. Außerdem ist mein Roboter nicht mein Sohn, er ist ich. Ich hatte noch nie so ein Ich. Vielleicht sollte ich ihn Roboter-Donald nennen oder

Zweites Ich oder Mini-Me wie in dem Mike-Myers-Film, auch wenn die Leute mich nicht für Dr. Evil halten sollen, das bin ich nämlich nicht. Vielleicht könnte ich ihm den Namen geben, den ich selbst immer gern gehabt hätte: Ace. Was haltet ihr von Ace als Name?«

Alle sagen, das wäre ein guter Name.

»Dann heißt er ab jetzt Ace.«

Alle beglückwünschen mich zu dieser Entscheidung.

»Dann können wir bei Kundgebungen also nicht zusammen auftreten? Ich glaube, meine Wählerbasis wäre ganz aus dem Häuschen, dass die Vereinigten Staaten die beste Robotertechnologie haben, und das wäre der Beweis dafür. China hat keinen Roboterpräsidenten, das kann ich euch sagen.«

Kelly sagt Nein, und ich werde sauer, also twittere ich unter dem Tisch: *Mein neuer bester Freund heißt Ace!*

Alle Telefone im Raum piepen, und alle gucken gleichzeitig drauf.

»O Gott«, sagt Kelly.

Er ist bloß sauer, weil wieder alle über mich reden. Alle wollen wissen, wer Ace ist. Egal, was ich sage, alle auf der Welt wollen es lesen. Es kommt in allen Nachrichten. Es wird überall Artikel und Theorien darüber geben. Wer ist Ace? Welcher Ace ist gemeint? Ist es Ace Ventura? Ace Young aus *American Idol*? Was meint er damit? Was meint Trunk? Alle wollen immerzu wissen, was Trunk meint. Ihre Leben hängen davon ab. Ihre dummen kleinen Leben. Ihre verkeimten, verkotzten, verfetteten Verliererleb–

»Wir müssen der Sache einen positiven Dreh geben«, sagt Kelly.

Und ich bin einfach nur … SAUER. Ich will um mich SCHLAGEN und TRETEN. Ich habe Wörter. Ich habe Wörter. Ich habe Wörter, um zu sagen, was ich fühle. Ich will irgendwas ZERTRÜMMERN. Wer ZUR HÖLLE glaubt der, wer er ist? Die Leute wollen in jeder GOTTVERDAMMTEN Minute wissen, was ich denke. Ich bin PRÄSIDENT der VEREINIGTEN STAATEN. Wer zur HÖLLE glauben die alle, wer sie sind, dass sie MICH infrage stellen könnten? MICH. MICH. DONALD J. TRUNK. Mein NAME ist ÜBERALL, wo man hinguckt.

ÜBERALL. TRUNK. TRUNK. TRUNK. ALLE LIEBEN MICH. FRAUEN WOLLEN MIT MIR BUMSEN. MÄNNER WOLLEN SEIN WIE ICH. ROBOTER WOLLEN SEIN WIE ICH UND MIT MIR BUMSEN. Ich bin REICH. Ich bin REICH. JEDER AUF DER WELT WEIß, WER ICH BIN. ICH HABE MEINEN EIGENEN PRIVATJET. WISST IHR ÜBERHAUPT, WIE HOCH MEIN IQ IST? Ihr wollt nicht, dass ich über meinen neuen besten Freund Ace rede? Dann leckt mich doch am Arsch, ihr ... ICH KÜNDIGE. Ich brauche diesen Job nicht. Ich habe so viel Geld, mehr Geld, als ihr euch vorstellen könnt. Ich habe die SCHÖNSTE TOCHTER DER WELT. Sie ist aus MEINEM SPERMA entstanden. MEINE WUNDERSCHÖNE TOCHTER IST AUS MEINEM WAHNSINNSSPERMA ENTSTANDEN. DONALD J. TRUNKS SPERMA. Vor Wut dreht sich mir alles im Kopf, und ich kann nichts dagegen machen. Der Raum ist verschwommen und grün. Das GOLD. GUCK DIR DAS GOLD AN, flüstere ich, um mich zu beruhigen. Aber alles dreht sich weiter. Es geht mir nicht gut. ICH BRAUCHE EIN SEXY GIRL. ICH –

Schwer atmend lege ich den Schalter um.

»Gefällt es dir immer noch nicht?«, sagt Abbitha. »Das ist eine der Szenen, von denen alle schwärmen.«

»Ich halte es nicht aus«, sage ich. »Ich halte es einfach nicht mehr in diesem Gehirn aus.«

»Es ist dein Gehirn«, sagt sie. »Es ist dein Brainio.«

»Es ist Trunk.«

»Es ist Trunk und du. Dein Gehirn, das mein Trunk-Brainio interpretiert. So funktioniert Brainio.«

»Das bin nicht ich.«

»Du meinst, wenn du Trunk im wahren Leben siehst, bist nicht du es, der ihn sieht? Der entscheidet, wer er ist, was er denkt?«

Sprachlos lasse ich das auf mich wirken.

»Ich halte es einfach nicht mehr aus«, sage ich schließlich.

»Ich gehe woandershin. Du wirst nie wieder von mir träumen«, sagt Abbitha.

»Ich weiß«, sage ich.

Dann ist sie fort. Ich bin allein in ihrer Praxis. Sie ist jetzt leer. Keine Möbel. Keine Pflanze. Der Bleistift fällt zu Boden. Ich verlasse die Praxis und streife durch die Straßen dieser Traumstadt, bis ich aufwache, mich von meinem Schlafsessel losmache und durch die Straßen der wirklichen Stadt streife. Ich vermisse Abbitha. Ich glaube, sie kam in meinem Leben einer Seelenverwandten am nächsten. In gewisser Hinsicht waren sie und ich gleich: Schöpfer, Kulturkritiker, sinnliche Menschen. Ihr Brainio oder das Wenige, was ich davon erleben durfte, war wirkmächtig, unerschrocken. Es hat mich sowohl an mich selbst erinnert als auch an den brillanten russischen Regisseur Alexander Sokurow, dessen phantasmagorisches, in einer einzigen Einstellung gedrehtes Wunderwerk *Russian Ark* ein Vorläufer von Abbithas *Der Weg in den infiniten Regress* war. Das ist die Größenordnung des Brainios, das Abbitha gemacht hat, machen wird. Die Größenordnung russischer Meisterwerke der Filmkunst. Sie wäre die perfekte Partnerin für mich gewesen, zwei höchst scharfsinnige Köpfe, die gemeinsam Vergangenheit und Zukunft erkunden. Ich male mir aus, wie wir lange Spaziergänge durch den Traumwald und am Traumstand unternehmen, über Filme, Kunst und Philosophie diskutieren, zum Picknicken auf einer Traumwiese Rast machen, einen schönen leicht gekühlten und gänzlich imaginären Beaujolais teilen, vielleicht einen Dubœuf Moulin-à-Vent Domaine des Rosiers 3085, was ein sehr guter Jahrgang sein wird, wie ich basierend auf aktuellen Berechnungen des Klimawandels annehme, ein paar mutierte Beeren, einen weichen Camembert. Ich könnte mir vorstellen, mein Leben so zu verbringen, mit ihr, in meinen Träumen, aber ich habe gekniffen. Ich habe es in ihrem Brainio nicht ausgehalten, so realistisch war es, so sehr hat es mich genötigt, ins finstere, finstere Herz unserer wahnsinnigen und narzisstischen Kultur einzutauchen. Ich bin zurückgeschreckt, und jetzt bin ich allein. Vielleicht könnte ich wieder hineingehen und sie um eine zweite Chance bitten. Diesmal könnte ich mich dem Schrecken stellen und damit –

Plötzlich kommt mir ein schrecklicher Verdacht; ich ziehe mein

Telefon heraus und tippe *Der Weg in den infiniten Regress* ein. Da ist es: ein Roman von Antonin Barbosae, bei Amazon auf Rang 2 898 311, erschienen im Jahr 1983. Eine Kundenbewertung: »Das war eine Art Thriller. Präsident Donald J. Trunk, was beinahe Trumps Präsidentschaft vorwegzunehmen scheint, verliebt sich in einen Roboter von ihm selbst aus der Hall of Presidents. Sie versuchen, zusammen durchzubrennen, aber Trunk wird ermordet, und der Deep State gibt den Roboter als echten Trunk aus. Und das ist bloß das erste Kapitel. Die von zahlreichen Ich-Erzählern getragene Geschichte ist eine flotte, leichte Strandlektüre, wenn auch sehr konfus. Ein kleines Problem ist, dass Barbosae mit seinen Zukunftsprognosen oft danebenzuliegen scheint. Die Männer tragen alle Melone, und ein kleiner Höllenteufel namens Balaam ist Filmkritiker. Ich vergebe drei Sterne.« Das Buch ist als »derzeit nicht lieferbar« geführt.

Barbosae hat den Auftrag also tatsächlich bekommen. Abbitha ist in der Zeit bis zu ihm zurückgegangen. Barbosae hat sicherlich auch Abbitha bekommen. Ich versuche (und versuche es zugleich nicht), mir vorzustellen, wie sie spazieren gehen, picknicken, Liebe machen. Es ist knifflig, weil ich nicht weiß, wie Barbosae aussah. Ich schaue im Internet nach und finde nur ein Foto, eine Tatortaufnahme; sein Kopf wurde mit einem stumpfen Gegenstand eingeschlagen. Mein Gott, was ist Barbosae zugestoßen? Wurde er dafür umgebracht, dass er dieses Buch geschrieben hat? Hätte mir das passieren können, wenn ich das Buch geschrieben hätte? In jedem Fall liegt all das in der Vergangenheit. Ich habe keine Möglichkeit, den Brainio-Auftrag zu bekommen. Oder Abbitha. Dennoch hinterfrage ich immer wieder meine Entscheidung, mich vor *Der Weg in den infiniten Regress* zu drücken. Waren die Träume, waren mein Eintauchen in die Welt der Romanfassungen, meine Vernarrtheit in Abbitha nichts als eine Ablenkung, an die ich mich geklammert habe, um mich vor meiner Verantwortung Ingo gegenüber zu drücken? Eine nächtliche Fantasiewelt, von mir selbst geschaffen, um meine Einsamkeit zu bekämpfen? Ich kann es nicht mit Sicherheit sagen.

Nichtsdestoweniger träume ich weiterhin jede Nacht, ich wäre ein Romanfassungsverfasser, aber nun gibt es keine Abbitha. Kein Brainio. Es ist einfach nur mein Job. Ich bettle um Aufträge.

Im Wachzustand graut es mir. Alles scheint mir zu entgleiten. Ich kann keinen Gedanken festhalten; es ist, als wären sie alle mit Fett eingeschmiert. Sie entschlüpfen meinem Griff, schlagen aneinander wie Tabletts beim Mittagessen im Gefängnis und fallen auf den Betonboden der Gefängniskantine. Ich finde diese Gedanken, verliere sie und finde sie wieder. Aber wenn sie wiederkommen, sind sie anders. So als hätten sie in ihrer Abwesenheit vielleicht andere Kleider angezogen. Ich weiß, etwas ist anders, aber ich kann es nicht benennen. Da sind merkwürdige Details: Nun erinnere ich mich, dass meine Mutter mir die Haare zu Cornrows geflochten hat. Nun erinnere ich mich, eine Ameise gewesen zu sein. Nun erinnere ich mich an einen Atomkrieg. Nun erinnere ich mich, ein silbernes Schiff-Flugzeug-Auto zu fahren. Es laugt mich aus; es ist grauenhaft, etwas unterworfen zu sein, was ich für äußere Einflüsse halte. Besteht meine Rettung darin, meine wahren Gedanken zu fassen zu bekommen, sie festzuhalten, mich an etwas zu klammern, was nicht länger existiert, was jetzt nur mehr aus Rauch und Erinnerung besteht?

KAPITEL 48

BARASSINI LEGT MEINEN Schalter um.

Mutt und Mahle, zwei Säuglinge, erscheinen mit einem *Plopp* auf wundersame Weise in Hitlers Gefängniszelle in Landsberg. Bald werden sie allerorts als »Hitlers magische Kinder« bekannt und spenden Adolf in der Haft Trost (tatsächlich widmet er *Mein Kampf* »meinen lustigen kleinen Fleischklopsen«). Die deutsche Gesetzgebung erlaubt Inhaftierten zu jener Zeit, »alles zu behalten, was auf den Boden ihrer Zelle fällt und wenigstens fünf Sekunden dort liegen bleibt«, die sogenannte *Fünf-Sekunden-Regel*. Obgleich Hitler die beiden Jungen liebt, halten sie ihn doch ganz schön auf Trab, und nach seiner Entlassung aus dem Gefängnis legt er ihre Erziehung in die Hände seiner Haushälterin Anni Winter.

»Ihr lustigen kleinen Buben«, sagt sie, »immerzu macht ihr Faxen. Vielleicht sollte ich euch bei dem großen deutschen Komödianten Ludwig Schmitz in die Lehre geben. Würde euch das gefallen?«

»Wer ist Ludwig Schmitz?«, fragt Mutt.

»Gewiss besinnt ihr euch doch auf den Onkel Eitern aus *Die Familie Addams* im Europahaus?«

»Ach, der ist so lustig!«, sagt Mahle.

»*Glatze!*«, setzt Mutt hinzu.

Schmitz erklärt sich einverstanden, die Jungen unter seine Fittiche zu nehmen. Er entwickelt für sie eine eigene Nummer, die seinen komödiantischen Nazipropaganda-Kurzfilmen der Reihe *Tran und Helle* ähnelt, und die Jungen sind Naturtalente; es ist, als wären sie für die Bühne geboren. Der Führer selbst, der schon lange auf einen Vorstoß in die Nazi-Komödie gehofft hatte, tauft das Duo *Blut und Boden*.

»Lachen ist die beste Medizin«, sagt er oft.

Doch *Blut und Boden* kommen bei ihrer Zielgruppe, der Hitlerjugend zwischen zwölf und achtzehn, nicht gut an. Deren Reaktion auf die beiden bringt ein junger Mann mit diesen Worten auf den Punkt: »Es ist nichts lustig daran, ein junger Nazi zu sein, und es ist ganz bestimmt auch nichts lustig daran, *kein* junger Nazi zu sein. Ergo gibt es in unserem tausendjährigen Reich keinen Platz für Humor. Vielleicht können wir in den nächsten tausend Jahren ein bisschen entspannen, etwas Blasmusik spielen und hin und wieder polternd lachen. Das hoffe ich jedenfalls. In der Zwischenzeit kennen wir Nazis nur unsere Pflichten. Auch wenn wir die Absichten des Führers zu schätzen wissen, würden wir daher gern sagen: Nein danke, bitte lieber nicht, mein Führer. Geben Sie uns unsere Helme mit den blonden Perücken und unsere Halstücher, und schicken Sie uns in den Kampf ums Vaterland.«

Vielleicht *ist* der Film Rauch, überlege ich. Rauch dringt in die Augen ein, wie es der Film getan hat, nun aber in einer anderen Form, als ein Reizstoff, der den Blick auf die Welt verschleiert. Vielleicht ist das der Film. Vielleicht war dieser Rauch immer schon Ingos Film.

ALS ICH MEINEN Körper nach Zecken absuche, finde ich ein Messer in meinem Rücken. Es steckt kaum richtig drinnen, hängt eher da, so als hätte jemand, der sehr schwach oder abgelenkt war, auf mich eingestochen. Ich spüre es nicht einmal. Ich ziehe es heraus, um es zu untersuchen. Es ist ein Schuh mit Stilettabsatz. Hmm. Wer sollte … Henrietta, natürlich! Das ist genau ihre Art von Schuhkalauer.

Auf der Polizeistation untersucht der diensthabende Polizist meinen Rücken.

»Man sieht ja kaum etwas«, sagt er.

»Trotzdem. Das muss doch ein Verbrechen sein.«

»Eigentlich nicht. Eine weniger als drei Millimeter tiefe Stichwunde wird vom Gesetzgeber geduldet und sogar befürwortet. Wir können Ihnen nicht helfen, solange kein Verbrechen vorliegt. Vierzehn Millimeter oder mehr.«

»Damit wäre ich tot.«

»Nicht zwingend. Aber möglich wäre es.«

»Das hilft mir nicht.«

»Unschuldig bis zum Beweis der Schuld.«

»Trifft das hier überhaupt zu?«

»Sir, hinter Ihnen wartet noch jemand. Bitte gehen Sie weiter.« Ich drehe mich um und sehe Henrietta mit einer gespannten Klaviersaite hinter mir stehen.

»Das ist sie!«

»Ja, Ma'am? Was kann ich für Sie tun?«, sagt der Polizist.

Ertappt stammelt Henrietta eine Antwort.

»Oh«, sagt Henrietta. »Ich brauche eine neue D-Saite für mein Klavichord.«

»Das hier ist eine Polizeistation, Ma'am. Der Musikladen ist nebenan.«

»Oh! Entschuldigung«, sagt Henrietta.

Sie sieht mich an und wendet sich dann zum Gehen.

»Das ist sie! Merken Sie das denn nicht?«

»Ich merke, dass sie Musikfan ist«, sagt der diensthabende Polizist.

»Ich verlange, mit Commissioner Rappaport zu sprechen.«

»Ja, und ich bin Marilyn Monroe«, sagt der Polizist.

»Das ergibt in dieser Situation überhaupt keinen Sinn.«

»Es ist eine Redensart, Sir«, sagt er.

Ich räume beleidigt das Feld. Henrietta ist tatsächlich im Steinway-Vorführraum nebenan und lässt sich von einem Verkäufer beraten. Vielleicht habe ich ihr Unrecht getan. Sie sieht mich an und lächelt.

»BESCHREIB ES MIR.«

Mudd und Molloy auf einer kleinen Bühne irgendwo im Mittleren Westen, im Schatten von Oleara Debord, der gewaltigen Gebirgskette im Herzen des Landes, so groß, dass sie von beiden Küsten aus sichtbar ist. Nicht nur kann man Oleara Debord vom Weltall aus ohne Schwierigkeiten sehen, man kann im Weltall sogar darauf stehen.

»So seltsam das auch klingen mag«, beginnt Mudd, »sie geben Baseballspielern heutzutage sonderbare Namen.«

»Lustige Namen?«

»Spitznamen. In der Mannschaft von St. Louis zum Beispiel: Wer steht auf der ersten Base, Wie steht auf der zweiten Base, Weißnicht auf der dritten Base.«

»Das ist merkwürdig.«

»Was?«

»Diese Spitznamen für die Spieler.«

»Willst du nicht wissen, wer auf der ersten Base steht?«

»Ich weiß es doch. Du hast es mir gerade gesagt. Wer.«

»Oh, das stimmt.«

»Das ist ein ungewöhnlicher Name. Ist er chinesisch?«

»Weiß nicht.«

»Das ist der auf der dritten Base.«

»Du hast den Überblick?«

»Klar. Ich muss zugeben, dass ich den Namen Weißnicht noch nie gehört habe. Das ist so exotisch wie einer von diesen alten britischen Namen. Wie zum Beispiel Bytheshore.«

»Das ist ein Name?«

»Ja. Na ja, es war einer. Es gibt keine Bytheshores mehr.«

»Interessant.«

»Finde ich auch.«

»Na ja, wie dem auch sei. Der auf der zweiten Base heißt Wie.«

»Das hast du mir doch schon gesagt.«

»Findest du das nicht verwirrend?«

»Ich meine, es ist unwahrscheinlich. Es ist ein unwahrscheinlicher

Name. Ich könnte mir sogar vorstellen, dass es ein ausgedachter Name ist – was vermutlich auf viele Spitznamen zutrifft –, aber ich lasse mich auf die Vorstellung ein, dass es der Name des Spielers auf der zweiten Base ist.«

»Ich verstehe.«

»Den Namen Wied habe ich schon mal gehört. Das klingt fast wie Wie, wird aber natürlich W-I-E-D geschrieben.«

»Ah ja. Also, ähm, willst du wissen, wer jeden Monat das Geld bekommt, wenn der Spieler auf der ersten Base bezahlt wird?«

»Ich nehme an, Wer kriegt es.«

»Ja, das stimmt.«

»Oder auch Frau Wer, wenn sie sich um die Finanzen kümmert.«

»Gut.«

»Also, wie heißt der Leftfielder?«

»Nein, das ist der auf der zweiten Base.«

»Natürlich. Verstanden. Lass mich das deutlicher machen: Würdest du mir den Namen des Leftfielders verraten?«

»Warum?«

»Hmm. Ich glaube, das ist ein russischer Name. Schreibt sich bestimmt mit V.«

Später in der Garderobe:

»Die Nummer funktioniert nicht, wenn du verstehst, dass es Namen sind«, sagt Mudd.

»Ich glaube, sie funktioniert.«

»So entsteht doch gar keine Verwirrung.«

»Diese Namen sind unrealistisch. Die Leute werden uns das nie abkaufen.«

»Die Nummer ist altbewährt. Das Publikum liebt sie.«

»Ich für meinen Teil finde es lustiger, wenn ich die Aufstellung komplett verstehe.«

»Wo ist denn da der Witz?«

»Der Humor liegt darin, dass zwei Ebenbürtige locker miteinander plaudern«, sagt Molloy.

»Das ist nicht lustig. Ich glaube, das Publikum will dich wütend sehen.«

»Ich glaube, wir zielen hier auf etwas Subtileres ab.«

»Es muss zu subtil für mich sein, weil ich es nicht verstehe«, sagt Mudd.

»Es ist doch lustig, wenn Leute einander verstehen.«

»Was?«

»Auf welcher Position spielt der denn?«

»Nein, wo ist der Witz?«

»Ist er? Ich kann mich gar nicht einen Wo in der Nummer erinnern. Das muss an dem Schlag auf den Kopf liegen. Tut mir leid.«

»Niemand heißt so!«

»Einen Niemand gibt es auch? Ich habe so viel vergessen. Ich pauke das alles nach; nächstes Mal habe ich es auf dem Kasten, versprochen.«

»Einer von uns muss den anderen missverstehen.«

»Perfekt. Das scheinst im Moment du zu sein.«

»Aber es ist nicht lustig, wenn wir einfach nur plaudern.«

»Lustig ist, dass sie alle sonderbare Namen haben. Ich verstehe schon, was du meinst. Wer ist lustig.«

»Wir waren es mal.«

»Nein, du hast mich falsch verstanden. Der Name Wer ist an sich lustig. Denk mal darüber nach. Was Wer doch für ein lustiger Name ist. Es ist sowohl ein Name als auch eine Frage. Und Wie genauso.«

»Ja, darauf basiert die ganze Nummer.«

»Alles Weitere wäre zu viel des Guten.«

»Aber –«

»Und ich denke, es ist vielleicht auch eine moralische Komponente im Spiel, wenn wir uns über Menschen mit Entwicklungsstörungen lustig machen.«

»Ich verstehe, was du meinst, aber –«

»Als jemand, der ein schweres Schädeltrauma erlitten hat, habe ich ein völlig neues Mitgefühl für Menschen entwickelt, die ein schweres Schädeltrauma erlitten haben –«

»Aber es hat den Anschein, als wärst du seitdem klüger.«

»Das ist reines Glück, nicht wahr? Manche von uns sind nach Gehirnverletzungen schlauer, manche nicht.«

»Kommt das vor? Dass man durch eine Gehirnverletzung intelligenter wird?«

»Sollten die Glücklicheren unter uns die weniger Glücklichen herablassend behandeln? Und die bloße Andeutung, ich gehörte zu den Glücklicheren, weil ich eine höhere Intelligenz entwickelt habe, stinkt nach elitärem Denken, wenn ich mich das so sagen höre. Sämtliche Stufen der geistigen Kapazität sollten gewürdigt werden.«

»Ich weiß nicht, wie wir dann Witze machen sollen.«

»Vielleicht ist der Witz, dass es keine Witze gibt.«

»Was heißt das?«

»Freundschaft auf der Bühne. Das ist alles. Das ist unsere Botschaft.«

»Unsere Botschaft?«

»Sind wir einander jetzt nicht ähnlich?«

»Ja. Irgendwie schon. Aber nicht richtig.«

»Diese gemeinsame Ebene ist lustiger als sämtliche Missverständnisse, die wir auf der Bühne hatten.«

»Aber inwiefern? Ich meine, du behauptest das, aber ich verstehe den Witz nicht.«

»Wenn ich dich ansehe, ist es jetzt, als würde ich in den Spiegel sehen.«

»Gut, dann könnten wir doch vielleicht eine Variation der Spiegelnummer von Groucho und Harpo machen.«

»Oder noch besser, wir demonstrieren mit der Spiegelbildlichkeit die Gemeinsamkeit, der wir uns erfreuen: Wer führt bei der Nummer? Das Publikum weiß es nicht mehr? Vielleicht wissen wir es auch nicht mehr. Es ist eine Übung darin, wahrhaftig wie eins zusammenzuarbeiten.«

»Was ist daran witzig?«

»Bist du mit den Lehren Viola Spolins vertraut?«

»Nein«, sagt Mudd.

»Das ist eine Theaterpädagogin, die eine Reihe von Spielen entwickelt hat, um Schauspieler in der Kunst der Improvisation zu schulen. Manche dieser Improvisationen erweisen sich tatsächlich als humorvoll, aber der Humor entsteht auf organische Weise aus dem Verfolgen gemeinsamer Ziele und der Figurenentwicklung. Ich glaube, das Spiegelspiel wäre eine wunderbare Bereicherung für unsere Bühnenshow. Unsere äußerliche Ähnlichkeit würde den Effekt noch verstärken.«

»Na schön.« Mudd seufzt.

Mudd und Molloy beginnen mit der Übung. Mudd ist anfangs zögerlich oder doch zumindest unfähig. Aber während Molloy langsam fortfährt und Mudd dabei sanft, aber unverwandt in die Augen blickt, findet eine Verwandlung statt. Ihre Bewegungen synchronisieren sich. Dieser Vorgang scheint sich über Stunden fortzusetzen. Er ist hypnotisch, transzendent. Dann beginnen sie, während sie sich noch immer auf eine an Tai Chi erinnernde Weise bewegen, gleichzeitig zu sprechen, langsam zunächst, doch schließlich in normalem Gesprächstempo:

»Guten Abend, verehrte Damen und Herren, wir sind Mudd und Molloy. Wie schön, Sie heute Abend hier zu sehen. Wie einige von Ihnen vielleicht bemerkt haben, widmen wir uns nun einer Aktivität mit dem Namen Spiegelspiel. Es wurde im Jahr 1946 von der Theaterpädagogin Viola Spolin erfunden. Wir hoffen, Sie finden es so lustig wie wir. Ist es nicht eine lustige Vorstellung, dass wir alle gleich sind? Bei all unseren Unterschieden eint uns doch letztlich unsere gemeinsame Menschlichkeit. Dieses Spiel demonstriert diese lustige Wahrheit.«

Damit wenden sich Mudd und Molloy gleichzeitig voneinander ab und der vierten Wand, der Kamera, dem imaginären Publikum (aber natürlich dem wirklichen Kinopublikum) zu. Obwohl sie einander nicht mehr ansehen, vollziehen sie weiter ihre identischen Tai-Chi-Bewegungen. Es ist unheimlich, geradezu beängstigend. Sie wirken wie Maschinenwesen, so als wären sie besessen. Sie wirken wie Puppen. Sie sprechen:

»Wer kontrolliert unsere Bewegungen, unsere Gedanken, unsere Wörter? Sind wir wie Ameisen in einer Kolonie, Zahnräder in einer

Maschine, auf ewig verdammt, den Willen eines unbekannten Herrn auszuführen?«

Sie verneigen sich.

Hinterher trinkt Mudd, um seine Nerven zu beruhigen. Molloy geht in Oleara Debord, der prachtvollen Gebirgskette mitten im Land, wandern. Sie ist wunderschön und zeitlos. Manche von uns lieben und verehren sie. Manche von uns hassen sie, doch fast alle sehen wir jeden Tag nach, was sie als Nächstes tun wird: mit wem sie schlafen wird, in welchem Film sie besetzt wurde (wird sie für diesen wieder einen Oscar gewinnen?), was sie bei welcher Benefizveranstaltung Ungeheuerliches gesagt hat, ob sie endlich nüchtern und drogenfrei ist, ob sie sich hat operieren lassen. Im Augenblick wird sie von den Medien mit Lance Farmer, dem Tornado aus Kansas, in Verbindung gebracht. Es könnte ein Strohfeuer sein, wie Tornados das häufig sind, aber er ist umwerfend und tödlich, ein richtiger Bad Boy, was wir alle an ihm lieben und zugleich fürchten. Es heißt, er habe bislang über tausend Menschen getötet, nur um sie sterben zu sehen, und sein Auftritt als Bobby Gore in dem Film *Die berüchtigten Vice Lords* wurde von der *New York Times* als »hypnotisch, eine Tour de force« gerühmt. Man hört schon die Hochzeitsglocken läuten, und viele, vor allem Frauen und schwule Männer, hoffen darauf. Manche, um ihre eigenen Fantasien über ihn oder sie stellvertreterhaft ausleben zu können, andere, weil sie so viel Spaß daran haben, auf die beiden einzuhacken, sich an dem Überbietungswettstreit zu beteiligen, wie fürchterlich sie sind, wie geschmacklos, wie unglaublich es ist, dass sie überhaupt berühmt sind.

Molloy steigt nicht sehr hoch. Er ist nicht besonders sportlich, und tatsächlich würde ein Aufstieg auf einen der Gipfel der Gebirgskette wahrscheinlich Wochen, vielleicht Monate dauern. Er verliebt sich in sie, während er auf ihren Wegen wandert, so wie es alle Männer tun, doch sie bleibt schweigsam. Unter den Einheimischen heißt es, im Augenblick gehöre ihr Herz vielleicht noch Lance, oder sie sei so sehr auf eine bevorstehende Rolle konzentriert, dass sie sich nicht ablenken lassen wolle.

KAPITEL 49

COSTELLO HÄLT OBEN auf dem Hang von Los Feliz und gesellt sich zu Abbott, der auf einem Felsen sitzt und eine Zigarette raucht. Sie schweigen. Schließlich spricht Abbott.

»Warum wolltest du, dass wir uns hier oben treffen, Lou?«

»Es sind Rooney und Doodle.«

»Die früheren Waisen, die jetzt ein Comedy-Duo sind?«

»Ebendie.«

»Ich habe gehört, sie sind lustige Senkrechtstarter.«

»Das ist das Problem, Bud.«

»Wieso ist das ein Problem?«

»Weil unsere Karriere auf dem Spiel steht.«

»Was für ein Spiel?«

»Ich meine, wenn sie Erfolg haben, heißt das, dass wir scheitern.«

»Ich kann dir nicht folgen.«

»Also gut, nehmen wir mal an, es laufen zwei Filme –«

»Aber es gibt doch viel mehr als zwei.«

»Ich versuche, zur Verdeutlichung zu vereinfachen.«

»Gut. Ich bin bereit.«

»Gut, es laufen also zwei Filme, und einer davon ist unserer –«

»Welcher denn?«

»Das spielt doch keine Rolle.«

»Dann könnte ich es mir besser vorstellen. Ich denke eher bildlich.«

»*Abbott und Costello unter Kannibalen.*«

»Alles klar.«

»So, und jetzt haben Rooney und Doodle gleichzeitig einen Film in den Kinos.«

»Welchen denn?«

»Sie haben doch noch gar keine Filme gemacht, also kann ich es dir nicht sagen.«

»Könntest du dir einen ausdenken? Nur damit das Ganze überzeugend wirkt?«

»Ähm ... *What's buzzin', Cousin?*«

»He, das ist griffig, Lou. Das gefällt mir.«

»Diese beiden Filme laufen also zur selben Zeit in der Stadt. Sagen wir, in der Stadt leben zehn Leute.«

»Das ist aber eine sehr kleine –«

»Ich weiß. Nur zur Verdeutlichung.«

»Verstehe.«

»Und es ist Freitagabend, und alle wollen eine Komödie sehen.«

»Weil es eine anstrengende Woche war?«

»So ist es. Wenn es jetzt zwei Komödien gibt, dann gehen ein paar von den zehn Leuten vielleicht in unseren Film und ein paar in den anderen.«

»Ich glaube, ich würde mir *What's Buzzin', Cousin?* ansehen. Das ist ein toller Titel. Und ich liebe Cab Calloway.«

»Du bist gar nicht da.«

»Wo?«

»In der Stadt.«

»Wo bin ich denn?«

»Ich weiß es nicht. Das tut nichts zur Sache.«

»Also gut. Es ist nur –«

»Es gibt also diese beiden Filme –«

»Sag mir bloß, wo ich bin, dann kann ich es mir besser vorstellen.«

»Frisco.«

»Alles klar.«

»Gut. Also dann«, sagt Costello.

»Zu dumm, dass Rooney und Doodle den Titel zuerst hatten. Wenn wir wirklich mit ihnen konkurrieren wollen, könnten wir doch einen Film mit dem Titel *What's Tickin', Chicken?* herausbringen. Ich meine, das ist ein bisschen abgekupfert, weil es aus demselben Song ist, aber du hast ja selbst gesagt, es ist ein Wettstreit, und –«

»*What's Buzzin', Cousin?* ist kein echter Film.«

»Das finde ich nicht fair von dir, Lou. Sie haben bestimmt hart daran gearbeitet.«

»Es ist kein echter Film. Schon vergessen? Ich habe ihn mir vor nicht mal drei Minuten ausgedacht.«

»Dann haben wir ja nichts zu befürchten. Alle werden in unseren Film gehen. Es ist der einzige echte Film in der Stadt.«

»Hör auf damit.«

»Womit?«

»Hör einfach auf.«

»Ist gut, Lou.«

»Worauf ich hinauswill, Bud, ist, dass sich diese beiden Schwachköpfe bald in Luft auflösen werden.«

»Zaubershows unterscheiden sich so sehr von dem, was wir machen, dass wir da nichts zu befürchten haben, und –«

»Das habe ich damit nicht gemeint.«

»Was hast du denn gemeint?«

»Ich meinte, sie werden endgültig verschwinden.«

»Du meinst M-M-M-M-Mord?«

»Hatten wir das nicht alles schon mal? Erinnerst du dich nicht?«

»Meine Erinnerung ist trüb.«

»Du bist trüb. Mudd und Molloy.«

»Stimmt! Äh … ich weiß nicht, Lou. Du sprichst da von Mord. Das ist ein Verbrechen. Eines der schlimmsten Verbrechen.«

»Ich tue das für uns, Bud.«

»Tja, nun gut.«

»Ein Freund von mir ist Kulissenbauer. Er schuldet mir einen Gefallen. Rooney und Doodle sind im Begriff, ihren ersten Film zu drehen, in dem sie wohl zwei nichtsnutzige Zimmermänner spielen. Wenn Rooney den ersten Nagel einschlägt, sterben sie beide. Sie werden auf keinen Fall mit dem Leben davonkommen. Problem gelöst.«

»Was ist mit ihren Familien?«

»Sie sind Waisen, aus dem berühmten Darstellungswaisenhaus. Es wird niemanden kratzen.«

> Wer sind Abbott und Costello, fragen Sie? Stellen wir uns einmal eine Strangpresse in Gestalt von Abbott vor. Abbott entsteht bei der Extrusion des Abbott-Materials durch diese Presse, ein wenig wie bei Play-Doh-Knete. Und er hat die Form von Abbott, wenn auch eines Abbott-förmigen Schlauchs oder Wurms, aber da wir nur »Scheiben« von Abbott innerhalb der Zeit sehen und nie den Abbott-Schlauch in seiner Gesamtheit, nehmen wir wahr, wie dieser Abbott sich durch die Zeit bewegt. Das trifft auch auf Costello zu. Ihr vielgerühmtes »komisches Timing« ist daher eine Illusion, da die Zeit selbst eine Illusion ist.
> In Wahrheit sind sie nur so lustig wie unbewegliche Schläuche.
>
> DEBECCA DEMARCUS, *Extrusion, Intrusion in Utahs Confusion Range und die Geologie des Verlangens*

MUDD UND MOLLOY sitzen in einer kleinstädtischen Kneipe und nippen an Biergläsern.

»Wie fandest du Oleara Debord?«, fragt Mudd.

»Prachtvoll, aber kalt und unnahbar.«

»Nun ja, sie ist sehr beschäftigt, wie man hört. Und vielleicht auch vergeben. So steht es in den Gebirgsbildungsgazetten.«

»Hör zu, ich habe eine Filmidee für uns. Weißt du noch, wie Abbott und Costello dem Unsichtbaren begegnet sind?«

»Ja.«

»Also, das können wir nicht machen.«

»Ich weiß.«

»Universal wird uns die Rechte nicht geben, die wir für unsere eigene Fassung des Unsichtbaren aber bräuchten, weil Universal das ›Nichts‹ besitzt, das sie den Unsichtbaren nennen.«

»Verstehe.«

»Also schaffen wir unser eigenes Ungeheuer und nennen es anders«, sagt Molloy.

»Gut.«

»Mudd und Molloy treffen den Ungesehenen.«

»Alles klar.«

»Und jetzt kommt das Geniale: Das Budget ist gleich null, weil er nicht existiert. Wir können sogar so viele ungesehene Monster haben, wie wir wollen, eine ganze Armee von ihnen. Wir werden von einer Million ungesehener Ungeheuer gejagt, und es kostet uns keinen Cent. Weißt du, warum?«

»Weil sie alle nicht zu sehen sind.«

»Ganz genau.«

»Ich weiß nicht, Chick. Ich habe keine Ahnung, wie wir das auf die Beine stellen sollen.«

»Weißt du, wer auch noch unsichtbar ist?«

»Nein.«

»Der monotheistische abrahamitische Gott ist unsichtbar. Vielleicht ist es Gott, der uns in dem Film jagt. Eine Million monotheistische abrahamitische Götter. So stelle ich mir das vor. Wie eine Art hebräisch-lovecraftschen Albtraum.«

»Was wollen diese Götter denn?«

»Uns martern.«

»Und das ist eine Komödie?«

»Ich lache jetzt schon«, sagt Molloy.

»Tust du nicht. Das ist es ja«, sagt Mudd.

»Dann werde ich bald jetzt schon lachen.«

»Ich habe dich seit dem Koma nicht lachen sehen, bis auf dieses schrille Kreischen, das wir jetzt immer in der Show von uns geben müssen.«

»Vielleicht trinken wir auch den Unsichtbarkeitstrank. Im Film.«

»Ach, es ist ein Trank.«

»Gewiss. Und wenn wir ihn im Film auch trinken, wird der Film sogar noch billiger. Leere Straßen und dazu das Geräusch unserer Schritte und unser pausenloses komisches Gerede. Wir nennen ihn *Mudd und Molloy treffen die Unsehbaren*. Oder *abrahamitischen Götter*.«

»*Und werden auch selbst zu den Unsehbaren*?«

»Genau! *Und werden auch selbst zu den Unsehbaren*! Genial! Das ist ein langer und damit genialer Titel.«

»Ich weiß nicht, Chick.«

DIE ERINNERUNG IST etwas Komisches. Und nicht komisch im Sinne von lustig, wobei auch das manchmal vorkommt. Trügt uns etwa die Erinnerung, sagen wir beispielsweise, wir erinnern uns an eine Ente mit einem Cowboyhut, was wahrscheinlich eine trügerische Erinnerung ist, falls wir die Ente nicht im Zirkus oder bei sonst irgendeiner Show oder vielleicht auf einem lustigen Werbeplakat gesehen haben, sondern in freier Wildbahn, dann ist das in jedem Sinn komisch. Cowboyente. Ich bin mir ganz sicher, kürzlich eine auf der Straße gesehen zu haben. Aber ganz sicher irre ich mich.

* * *

MUTT UND MAHLE, die sich mit der Nazi-Komödie schwergetan hatten, verdingen sich in verschiedene Nazi-Bürojobs, fallen in einer komischem Montagesequenz die Karriereleiter hinauf und stehen schließlich als tollpatschige Hausdiener im Dienst von Alfred Rosenberg, dem Beauftragten des Führers für die Überwachung der geistigen und weltanschaulichen Schulung und Erziehung der NSDAP.

Eines Tages entdecken sie beim Putzen von Rosenbergs Bad im Waschbecken ein großes Stück seiner Unterlippe, die er sich wohl beim Rasieren versehentlich abgeschnitten hat.

»Brauchen Sie dieses Stück Lippe, Herr Rosenberg?«, ruft Mahle.

»Nein. Putzt es weg! Verdammt noch eins!«

»Das kann man vielleicht noch mal gebrauchen«, sagt Mahle zu Mutt und steckt die Lippe in seine Westentasche.

»Wofür denn?«, sagt Mutt. »Ich glaube, du hortest einfach gern Sachen, Mahle. Das ist schließlich nicht das erste Stück Lippe, das du aufhebst. Wie viele davon kann ein einzelner Mann brauchen?«

»Diesmal ist es Herrn Rosenbergs Lippe, mein Freund. Es ist Herrn Rosenbergs Lippe. Es ist die Lippe eines großen Mannes, also ist es eine große Lippe.«

FARROW ROOTS, DAS Blog meiner Tochter, das ich gegen besseres Wissen abonniert habe, erscheint mit einem unheilvollen und fröhlichen *Ping* auf meinem Computer.

BRR! DER NIEMALS ENDENDE KALTE KRIEG
ZWISCHEN MIR UND VÄTERCHEN FROST

Ihr habt doch schon mal von Eisköniginnen und frigiden Frauen gehört? Natürlich habt ihr das, weil wir in einem Patriarchat leben, das Frauen als das Andere kennzeichnet, das ihren Zorn beharrlich als neurotisch abtut (Hysterie!), einer Kultur, die nicht versteht, warum *sie* nicht mit *dir* ficken will. Tja, fick dich. Wie wär's damit? Aber wofür wir noch keinen Begriff gefunden haben, das ist der kalte Vater. Die meisten von uns kennen sie. Manche von uns haben sie sogar. Ich habe einen. Seine Initialen lauten BRR, und sie passen wie die frostige Faust aufs Auge. Mein Vater ist ein Mann. Das ist die erste und größte Kränkung. Wie die meisten Männer hat mein Vater immer recht. Es ist erstaunlich, wie viel Wissen Männer in ihre kahlen, hässlichen Hirnbehälter hineinquetschen können. Mansplaining ist schon schlimm genug, aber es ist nichts gegen Dadsplaining, das besonders fürchterlich ist, weil er beim Dadsplaining sein Ego auf Kosten seines gottverdammten Kindes aufplustert. Und das führt dazu, dass sein Kind auf so viele verschiedene Arten *verkorkst* ist, nicht zuletzt insofern, als sie ihr ganzes Leben lang vom Gefühl der Unterlegenheit ihres Geschlechts begleitet wird. Wisst ihr, einem Kind fehlt die notwendige Erfahrung, um zu wissen, dass sein Vater nur Scheiße redet. Es glaubt also, dass dieser Mann alles weiß, dass seine sämtlichen Meinungen zutreffend sind und dass das infolgedessen auch für alle anderen Männer gilt. Das kann und wird ein Mädchen in alle möglichen Gefahren für ihr Gefühlsleben stürzen.

Hätte mein Vater sich auch nur ein einziges Mal verletzlich gezeigt, dann hätte ich vielleicht eine Chance gehabt. Aber wie die Dinge liegen, muss ich jetzt eben im Internet gegen einen alten, kalten Idioten wettern. Das ist mein Leben. Und jetzt, wo ich mich bis zu den Zähnen mit Therapie und Wodka, der Liebe einer Frau und einer großartigen Karriere bewaffnet habe, jetzt, wo ich ihm die Stirn bieten und ihm sagen könnte, wie sehr er sich irrt, zeigt er mir die eiskalte Schulter. Er will mit dieser neuen, verbesserten, nicht buckelnden Frau nichts zu tun haben. Tatsächlich gibt er sich in seinem Blog sogar jede Mühe, mein Leben zu sabotieren! Ich bin seine Tochter, um Himmels willen, aber er will, dass ich sein Publikum bin. Und das bin ich nicht und werde es auch niemals wieder sein. Mein Vater ist so schwach, so ängstlich, so traurig, so gescheitert in der wahren Welt, dass er während der gesamten Kindheit von meiner Schwester und mir versucht hat, die lebendigen, neugierigen, immer weiter wachsenden menschlichen Mädchen, die wir waren, zu seinen persönlichen Claqueusen zu machen. Und jetzt, wo wir den Zuschauerraum verlassen haben, jetzt, wo wir andere Darsteller entdeckt, sogar selbst ab und an auf der Bühne gestanden haben, hat er keine Verwendung mehr für uns. Würde man meinen Vater darauf ansprechen, würde er sagen, wir hätten aufgehört, mit ihm zu reden, aber in Wirklichkeit hat er nie mit uns geredet, und wir haben das erst vor Kurzem begriffen. Würde man ihn nach uns fragen, nach unserer Kindheit, dann würde er sich nur daran erinnern, wie schön alles war, wie sehr wir ihn geliebt haben und er uns. Er würde sich die Rosinen herauspicken und irgendwelchen Schwachsinn darüber erzählen, wie wir uns einen Welpen geholt haben oder wie er mit uns die Marx Brothers im Kino angesehen hat, wie sehr wir über die lustigen Männer auf der Leinwand gelacht haben. Wollt ihr die Wahrheit wissen? Ich hasse die verschissenen Marx Brothers. Wieder ein Fall von unreifen Männern, die sich über die weniger Glücklichen lustig machen, in diesem Fall –

Ich höre auf zu lesen. Ich habe es begriffen, Gracie: Du bist noch immer wütend auf mich. Du stehst nicht auf die Marx Brothers. Tja, die Welt ist am Rande des Zusammenbruchs, also tut es mir leid, wenn du nicht die Kindheit hattest, die du dir gewünscht hast. Ich habe versucht, dir alles zu geben, das habe ich wirklich. Aber vielleicht ist es an der Zeit, dass du dich mal ein bisschen zusammenreißt und die Kraft findest, die Welt ein bisschen besser zu machen, statt ständig nur, wenn auch mit wenig Erfolg, die Bemühungen anderer zu unterlaufen, etwas Positives zu dieser Welt beizutragen. Weißt du, die Sache ist die –

Ich wähle Grace' Nummer. Ich habe das Gefühl, es könnte zu einem wertvollen Austausch zwischen uns kommen, nun, da ich gerade alles frisch im Kopf habe. Sie hat ihre Nummer geändert, und die neue steht nicht im Telefonverzeichnis. Das verletzt mich. Ich kann nicht anders, als darin einen weiteren Schlag ins Gesicht zu sehen. Klatsch! Mir bleibt keine andere Möglichkeit, als mit einem eigenen Essay zu antworten.

GRR: EIN BESTIARIUM BIESTIGER NACHKOMMENSCHAFT

Mir ist nicht entgangen, dass ich abermals von einem anderen Menschen in Druckform (nun ja, in Pixelform) angegriffen wurde. Als ein meinungsstarker Kulturjournalist und Autor im Blick der Öffentlichkeit rechne ich mit dieser Art von Aufmerksamkeit und begrüße sie sogar, aber diesmal ist der Angriff persönlich und geht von meiner Nachkommenschaft aus. Grace Rosenberger Rosenberg (Farrow) hielt es einmal mehr für angebracht, ihren alten Herrn zu attackieren, um ihren eigenen Mangel an Vertrauen in die Welt wegzuerklären. Nun weiß ich, dass wir momentan in einer Erregungskultur leben, also sollte es mich nicht überraschen, dass auch Grace an dieser Brust gesogen hat, doch so habe ich sie nicht erzogen, oder zumindest ist das nicht das Selbstgefühl, das ich ihr habe anerziehen wollen, nämlich eines der Eigenverantwortung. Und da Grace es auch für angebracht hielt, mich vollständig aus ihrem Leben auszuschließen, und da ich noch immer die väterliche Verantwortung empfinde, ihr Hilfestellung zu leisten, auch wenn sie mich offenbar verachtet, will ich dieses unglücklicherweise öffentliche Forum nutzen, um ihr einen Ölzweig des väterlichen Rats zu reichen.

Grace, du bist immer ein kummervolles Kind gewesen. Deine Mutter und ich wussten das von Anfang an. Du warst ein quengeliges, unfrohes Baby. Und könntest du die Zeit zurückdrehen und sehen, mit welcher Geduld und Liebe wir dich zu trösten versuchten (deine Mutter und ich haben während der ersten anderthalb Jahre deines Lebens *überhaupt keinen* Schlaf bekommen), würdest du vielleicht die Tiefe unserer Liebe und unserer Sorge um dein Wohlergehen spüren. Leider ist diese Art der Zeitreise nicht möglich. Doch das spielt keine Rolle, denn schließlich kann ich dir sagen, wie es damals war und was du meiner Meinung nach heute über dich hören solltest. Du warst schon immer schwierig und egoistisch, und wenn du dich von der Welt nicht ausreichend geliebt und umschlungen fühlst, könnte es dir gut anstehen, in deinem Inneren nach einer Erklärung zu suchen. Du kannst gern weiterhin deiner Mutter und mir die Schuld geben (wobei, wenn ich es mir recht überlege, scheinst du *ihr* nie Vorwürfe zu machen!), doch was hast du davon?

Es ist an der Zeit, den Stier bei den Hörnern zu packen, aufzuhören, deine Traurigkeit in dich hineinzufressen, ein paar Kilo abzunehmen, dich zusammenzureißen, dir ein Lebensziel zu setzen und es zu verfolgen. In deinem Alter war ich schon drei Jahre als Filmkritiker beim *Wichita Pennysaver* angestellt. Ich teile das nicht mit dir, um mich hervorzutun, sondern um dich anzuspornen. Finde etwas, was du liebst, und tue es, Grace. Ich weiß, dass du bereits zwei wohlwollend aufgenommene (in manchen Kreisen) Filme gemacht hast, aber du glaubst wahrscheinlich (und das nicht ganz zu Unrecht), mein Name hätte eine Rolle dabei gespielt, dass du einen Fuß in die Tür bekamst. Meinst du, für Joyce Maynard wäre eine solche Karriere möglich gewesen, ohne einen Salinger, auf den sie einschimpfen konnte? Ich bin dein Salinger, und ich glaube, du weißt das und es macht deine Karriereerfolge bedeutungslos. Niemand hat mir die Stelle bei dem Anzeigenblättchen in Wichita besorgt. Ich hatte keinen bekannten Vater im »Business«, den ich dafür öffentlich verunglimpfen konnte. Ich hatte Schuhsohlen und … wie sagt man da? … *Mumm*. Nimm dein Leben in die Hand. Würdest du dir selbst nicht im Weg stehen, dann könntest du vielleicht ein wenig Glück finden. Sicher, du hast gerade einen hundert Millionen Dollar schweren Superheldenfilm gedreht, aber ist das wirklich, was du dir vom Leben erhoffst?

Ich poste es auf meinem Blog B. steht für Blog und warte. Meine Website wird im Moment nicht sehr stark frequentiert. Der letzte Artikel, der irgendwelche Kommentare bekam, trug den Titel »Dumme

Träume für eine dumme Welt im Jahr 2010«, eine brutale, aber notwendige Vernichtung von Christopher Nolans *Inception*, auf die ein Leser mit Namen *smellmynuts* antwortete: *Du bis ein fick schlitz*, woraufhin ich schrieb: *Schön, dass du an meiner Arbeit interessiert bist. Bitte beachte meine Verwendung des Wortes »bist«. Das ist die korrekte Verwendung dieses Verbs in der zweiten Person Singular. Besser wäre es also gewesen, »Du bist ein Fickschlitz« zu schreiben, statt die Präposition »bis« zu verwenden. Aber nichtsdestoweniger habe ich die intendierte Schmähung klar und deutlich vernommen. Ich darf auf die hervorstechenden Punkte einzeln eingehen. Erstens: Ich habe nie als Fickschlitz fungiert. Ich bin, vielleicht zu meinem Nachteil, rein heterosexuell und habe noch nie als aufnahmebereite Öffnung für männliche Geschlechtsteile gedient. Allerdings betrachte ich es nicht als Beleidigung, so bezeichnet zu werden. Tatsächlich ist die Geschichte voller brillanter und wegweisender »Fickschlitze«, wie du sie nennst, und es wäre eine große Ehre für mich, zu ihnen gezählt zu werden. Ich wünsche dir alles Gute für deine künftigen intellektuellen Bestrebungen*. Woraufhin er schrieb: *hahahahahahahahahahahahaha schwuchtel*. Ich erwiderte: *Vielleicht habe ich mich nicht deutlich genug ausgedrückt, erlaube mir also einen weiteren Versuch: Ich bin nicht schwul, und das teile ich hier nur als Tatsache mit und nicht im Versuch, mich von der schwulen Community zu distanzieren, mit der ich auf ganz außerordentlich gutem Fuße stehe. Viele der größten Dichter, Künstler, Philosophen und Wissenschaftler der Welt waren schwul, und wie eingangs geschrieben, würde ich mich in der Tat geehrt fühlen, mich zu ihnen zählen zu dürfen*. Woraufhin er schrieb: *du bis schwanz lutscher*. An diesem Punkt überlegte ich aufzugeben. Nichts von dem, was ich sage, scheint bei diesem Burschen anzukommen. Aber ich konnte es nicht dabei bewenden lassen, ohne wenigstens noch drei weitere Versuche zu unternehmen, zu ihm durchzudringen.

KAPITEL 50

IN DER BAHN auf dem Weg zu Barassini vertreibe ich mir die Zeit mit meiner Liste für 2017 (es ist doch 2017?):

10 – *L'Amant double* (Ozon)
9 – *Werk ohne Autor* (Henckel von Donnersmarck)
8 – *Un beau soleil intérieur* (Denis)
7 – *Tom of Finland* (Karukoski)
6 – *Donald Cried* (Avedisian)
5 – *Fingerspitzengefühl* (Stern)
4 – *Hey, Timmy Gibbons, This Is Your Mother Calling!* (Apatow)
3 – *Sekigahara* (Harada)
2 – *Reakcja łańcuchowa* (Pączek)
1 – *Inxeba* (Trengrove)

»Beschreib es mir.«

Nacht. Eine Straße durchquert im fahlen Mondlicht schimmernde Maisfelder. Ferne, sich nähernde Stimmen. Jetzt Schritte. Schnelle Schritte. Zwei Personen. Schwerer Atem. Ein Titel erscheint: *Vogelfrei in der Walachei*. Er wird ausgeblendet. Die Straße beschreibt eine leichte Kurve, hinter der jetzt zwei dünne Männer zum Vorschein kommen, die mit verzweifelten Mienen auf die Kamera zurennen. Sie schauen zurück: Sie werden gejagt. Es sind Mudd und Molloy, etwas älter, etwas mitgenommener. Ich bleibe nun bei ihnen, während sie weiterrennen.

»So schlecht war das nicht«, sagt Molloy.

»Es war schlecht, Chick.«

»Nun ja, ich habe da ein paar Ideen, wie wir die Arztnummer noch straffen können.«

»Es geht nicht ums Straffen. Es geht um das ganze Konzept. Wer hat je von einem Arztsketch gehört, in dem beide Kerle den Arzt spielen?«

»Auch Ärzte gehen zum Arzt«, sagt Molloy. »Was meinst du denn, wo Ärzte hingehen, wenn sie krank werden? Benutz doch mal deinen Kopf. Zum Arzt gehen sie.«

»Bestens. Dann lass uns das machen. Ein Arzt ist krank, der andere untersucht ihn. Das könnte lustig sein. Anstatt von zwei Ärzten, die sich gegenseitig untersuchen.«

»Aber das ist doch das Lustige daran! Ich muss schon lachen, wenn du's nur sagst.«

»Du lachst nicht.«

»Verzeih mir, wenn ich Atemluft spare, damit wir dem jüngsten aufgebrachten Mob entgehen können.«

Und mit diesen Worten biegt der Mob um die Kurve. Die Leute tragen Fackeln, Mistgabeln und Theaterkarten.

»Und es sind Zwillinge«, setzt Molloy keuchend hinzu. »Das ist auch noch lustig.«

»Die Leute finden es verstörend.«

»Das begreife ich nicht.«

»Vielleicht liegt es an der digitalen Rektaluntersuchung, der sie sich gegenseitig unterziehen.«

»Das zeigen wir doch gar nicht! Es ist alles nur im Profil zu sehen!«

»Chick, digitale Rektaluntersuchungen gibt es gar nicht. Das hast du dir bloß ausgedacht.«

»Aber das wird es geben. Ich habe viel zu den Themen Proktologie und Urologie gelesen.«

»Warum? Warum um Himmels willen, Chick?«

»Weil ich ein wissbegieriger Mensch bin. Soll unser Humor denn nicht avantgardistisch sein?«

»Ich weiß es nicht.«

»Ich habe Lockhart-Mummery zum Thema Proktologie gelesen und meine eigenen Diagnosemethoden entwickelt. Ich glaube, die Untersuchung, die ich voraussage, die digitale Rektaluntersuchung, wird eines Tages Standard bei der Früherkennung von Prostatakrebs sein. Bei Männern natürlich. Wusstest du, dass Frauen gar keine Prostata haben?«

»Nein.«

»Haben sie nicht! Ist das nicht unglaublich?«

»Toll. Das ist toll, Chick.«

»Ich versuche, für uns ein Hintertürchen zu finden, Bud. Sozusagen.«

»Unser Humor war immer sauber.«

»Menschen ändern sich, Bud. Und die Beziehung, die das anerkennt, ist die Beziehung, die überlebt. Das trifft auf die Ehe zu, und das trifft auch auf Freundschaft zu.«

»Unsere Ehen sind gescheitert, Chick. Dafür hat dein Hirnschaden gesorgt.«

»Das ist nun mal so. Manchmal stellt dir das Leben ein Bein. Du passt dich an. Du nimmst die Zitronen und machst Limonade daraus. Du steigst wieder aufs Pferd. Du stehst auf, klopfst dir den Staub von den Kleidern und fängst wieder von vorne an.«

»Ich hätte mich für Besser entscheiden sollen.«

»Ja, Bud, wir hätten uns alle für Besser entscheiden können, aber –«

»Du nicht.«

»Im übertragenen Sinne, Bud. Im übertragenen Sinne hätten wir uns alle für Besser entscheiden können.«

»Ich weiß nicht, was das heißen soll. Das ergibt keinen Sinn.«

»Ich meine, wir hätten uns alle für Besser entscheiden können, aber wäre das aufrichtig gewesen? Die Welt hat sich verändert. Wir sind nicht mehr jung und wild. Wir sind zwei erwachsene, komplexe Männer in einer komplexen Welt. Mit Prostatadrüsen. Das müssen wir anerkennen, wenn wir unverzichtbar und relevant bleiben wollen.«

»Ich habe wirklich keine Ahnung, wovon du redest.«

»Wir sind nicht mehr wie Kinder in der Milchbar.«

»Das waren wir nie, Chick.«

»Nun, was auch immer wir waren – die Einzelheiten sind verschwommen –, es ist vorbei.«

Mudd sieht über die Schulter.

»Sie holen auf!«

»Schnell! Durchs Maisfeld!«

Und jetzt rennen sie durch das Maisfeld. Lange gibt es nur noch Keuchen und Chaos und brechende Maisstauden. Eine Staude scheint ein Gesicht und blondes, feines Maisgriffelhaar zu haben. Mit geschürzten Lippen fleht sie um Hilfe. Doch die beiden laufen vorbei, ohne Notiz von ihr zu nehmen, und erreichen ein gewaltiges einstöckiges Gebäude, so lang wie ein Fußballfeld und so breit wie ein weiteres Fußballfeld.

»Was zum Teufel ist das?«

»Ich weiß es nicht«, sagt Molloy. »So ein Hühnerhaus?«

»Hühnerhaus?«

»Wo sie Hühner zum Schlachten züchten. Ein Hühnerhaus.«

»Aber es ist so groß.«

»In manchen von diesen sogenannten Hühnerhäusern lassen sich bis zu fünfzigtausend Hühner unterbringen. Der industriellen Hühnerzucht gehört die Zukunft.«

»Woher weißt du das?«

»Ich lese, Bud. Ich lese.«

»Ich lese auch und wusste es trotzdem nicht.«

»Ich habe einen wissbegierigen Verstand, Bud, einen wissbegierigen Verstand.«

»So einen habe ich auch.«

»Von mir aus. Jedenfalls würde ich sagen, wir verstecken uns am besten drinnen und warten, bis der Mob vorbeigezogen ist.«

INNEN HÜHNERHAUS – NACHT. Das Haus ist riesig und vom durch die Oberlichter einfallenden Vollmondlicht dürftig erhellt. Überraschenderweise ist der größte Teil unterirdisch, ein riesiger offener Raum, der vielleicht sieben Stockwerke in die Tiefe reicht.

»Mein Gott«, flüstert Mudd. »Das hatte ich nicht erwartet. Wo sind denn die Hühner? Ich sehe kein einziges Huhn.«

»Ich weiß nicht, Bud. Irgendetwas ist merkwürdig. Vielleicht verstecken sie sich vor uns.«

»Alle fünfzigtausend?«

Molloy beginnt, eine metallene Wendeltreppe zu dem tief unten liegenden Boden hinunterzusteigen.

»Bist du sicher, dass du da runter willst, Chick?«

»Im Schatten sind wir sicherer.«

»Ich weiß nicht. Ich hab Angst«, sagt Mudd.

»Stell dich nicht an wie ein Kleinkind.«

Mudd folgt ihm zögerlich. Hinab, hinab, hinab in die Finsternis, Schuhe auf stählernen Riffelblechstufen, es hallt durch diesen riesigen offenen Raum. Endlich unten und auf dem Zementboden angekommen, ist alles still bis auf den pfeifenden Atem von Mudd, einem langjährigen Raucher. Als er verklingt, tritt ein anderes Geräusch in den Vordergrund, fast wie Atem, aber unnatürlich tief und klangvoll.

»Hörst du das?«, fragt Mudd.

»Ja.«

»Was ist das?«

»Es klingt, als würde jemand atmen, aber durch ein Megafon.«

»Rudy Vallée?«, fragt Mudd.

»Was? Warum sollte Rudy Vallée hier unten in ein Megafon atmen?«

»Ich habe es nicht durchdacht. Er kam mir nur in den Sinn, als du Megafon sagtest.«

Mudd holt sein Feuerzeug heraus und klappt es auf. Der riesenhafte Raum scheint in dem flackernden Licht leicht auf. Dort in der hinteren Ecke sitzt eine Gestalt, ein Mensch, ein Mann.

»Hallo?«, sagt Molloy.

»Hallo«, sagt der Mann mit tiefer und zugleich sanfter Stimme. »Kommt näher, ich würde euch gern besser sehen. Ich war so einsam.«

Mudds Füße wollen sich nicht vom Boden lösen, doch Molloy geht zu dem Mann hinüber, angezogen von seiner Stimme, seiner Sanftheit. Es ist ein langer Weg, viel länger offenbar, als Molloy erwartet hat. Er läuft und läuft, und währenddessen wird die einsame Gestalt immer größer und größer. Was geschieht hier? Irgendwann steht Molloy direkt vor dem sitzenden Mann, der sich als Riese entpuppt.

»Du bist riesig«, sagt Molloy.

»Ja.«

»Damit hatte ich nicht gerechnet. He, Bud, er ist riesig!«

»So scheint es!«, ruft Bud aus weiter Ferne.

Molloy hält das Feuerzeug hoch, um das Gesicht des Riesen besser erkennen zu können. Wie sich zeigt, ist seine Größe nicht das Ungewöhnlichste an ihm. Worauf ich als Zuschauer mich nun konzentriere, ist seine Schönheit. Ich bin kein Schwuler, aber ich bin mir meiner Heterosexualität auch nicht so unsicher, dass ich abstreiten würde, Schönheit in einem Mann zu erkennen. Und dieser Mann ist schön, mit der dunkeläugigen, siedenden Sinnlichkeit eines jungen Rudolph Valentino, der markigen Anständigkeit eines jungen Gary Cooper, der einnehmenden Aufrichtigkeit eines jungen Hank Fonda, den verschmitzt funkelnden Augen eines jungen Clark Gable und der gediegenen Unbekümmertheit eines älteren Sir Charles Chaplin. Man kann nicht anders, als sich angezogen, verführt und, wenn ich das sagen darf, vielleicht gar ein wenig verliebt zu fühlen. Molloy scheint ebenso verzaubert zu sein.

»Heiliger Strohsack!«, sagt er. »Bud, komm her!«

»Nein, danke! Ich bin … Ich würde gern hierbleiben, direkt an der Wand, in der Nähe der Treppe.«

Molloy wendet sich wieder dem Riesen zu.

»Dürfte ich nach deinem Namen fragen? Ich bin Chick Molloy.«

»Ich heiße Cheryld. Cheryld Ray Parrett Janior.«

»Janior?«

»Das heißt ›Junior‹ auf Deutsch.«

»Nein, tut es nicht. ›Junior‹ heißt auf Deutsch ›Junior‹. Vor allem verwenden sie es in Deutschland gar nicht so wie wir, also um einen Sohn von einem Vater gleichen Namens zu unterscheiden.«

»Das hat mir mein Vater erzählt. Warum sollte er mich anlügen?«

»Vielleicht war es gar keine Lüge; vielleicht hat er sich einfach geirrt.«

»Warum sollte man in einer anderen Sprache genau das gleiche Wort verwenden? Wäre es dann nicht dieselbe Sprache statt eine andere Sprache? Das ergibt keinen Sinn. Was Sie da sagen, ergibt keinen Sinn, Mister.«

»Gute Frage. Das ist eine gute Frage. Das sind alles gute Fragen. Würdest du mich kurz entschuldigen?«

»Gern.«

Molloy geht quer über die riesige Fläche zu Mudd zurück. Cheryld sieht zu. Es dauert sehr lange.

»Hör zu«, flüstert Molloy Mudd zu. »Ich weiß, was wir machen.«

»O nein«, sagt Mudd.

»Hör mir zu. Du kennst doch *Die 9-Meter-Braut*?«

»Lou Costellos letzter Film.«

»Ein totaler Straßenfeger. Schlug Kapital aus der nationalen Strahlenkrankheitspanik.«

»Na schön.«

»Wir haben hier einen Fünfzehn-Meter-Mann. Das ist Gold wert.«

»Worauf willst du hinaus, Chick?«

»Wir bedienen uns dieses dummen, schönen, unfassbar riesigen Kerls, um unseren eigenen Strahlenkrankheitsfilm zu machen. Was war das einzige Problem an *Die 9-Meter-Braut*?«

»Ich weiß es nicht. Ich bin kein Filmexperte. Wie sich die beiden überhaupt paaren konnten? Ich meine, das ginge schon, aber ich glaube, sie hätte es gar nicht gespürt. Daran musste ich während des Films die ganze Zeit denken.«

»Das meine ich nicht. Ich meine den Spezialeffekt, der die Frau zur

Riesin macht. Kein bisschen überzeugend beim heutigen Stand der Technik. Tja, darüber müssen wir uns keine Gedanken machen. Wir haben hier einen echten Fünfzehn-Meter-Mann. *Mudd und Molloy treffen den 15-Meter-Mann*.«

»Ich weiß nicht –«

»Folgende Geschichte. Ich überlege bloß laut, ja? Also ... Wir sind Physiker –«

»Physikerzwillinge?«

»Genau. So ist es. Schau nur, wie wir uns die Bälle zuspielen. Diese Viola-Spolin-Übungen haben sich wirklich bezahlt gemacht.«

»Exakt die gleiche Persönlichkeit?«

»Ja. Ja! Und wir entwickeln eine streng geheime Strahlenkanone für die Regierung. Es ist ein Größenstrahl, der Dinge vergrößert. Wir wollen größere ... ich weiß nicht ... Maiskolben züchten, um den Hungernden zu helfen. Riesige Maiskolben, groß genug, um eine achtköpfige Familie zu ernähren. Es ist also wichtige Arbeit, weißt du. Grundlegende Arbeit. Eines Tages richten wir den Strahl auf einen Maiskolben, und ein junger Mann läuft in den Strahl hinein – vielleicht läuft er einem Ball hinterher oder etwas in der Art, das spielt keine Rolle – und –«

»He, worüber sprecht ihr beiden dort drüben?«

»Einen Augenblick, Cheryld! Der Bursche fängt also an zu wachsen. Und wir müssen es geheim halten, denn wenn die Regierung es herausfindet, werden sie ihn als Geheimwaffe gegen die Sowjetunion einsetzen wollen. Aber wir mögen den Jungen und wollen ihn beschützen.«

»Ich weiß nicht, Chick –«

»Also verstecken wir ihn im Wald. Und wir geben ihm das ganze Riesengemüse zu essen, das wir gezüchtet haben. Maiskolben. Tomaten. Riesenreis, jedes Korn einen halben Meter lang. Nach ein paar Wochen bemerken wir dann, dass das Gemüse sich verändert. Dass es vielleicht gewalttätig wird.«

»Gewalttätiges Gemüse?«

»Das muss ich noch genau ausknobeln, aber ja, ich glaube schon. Das Gemüse sieht immer bösartiger aus und wird giftig. Die Physiker wissen daher, dass mit dem jungen Mann das Gleiche passieren wird. Und sie versuchen, ein Gegenmittel zu finden, bevor es um ihren Riesenfreund geschehen ist. Aber nichts wirkt, und der Riese wird verrückt und versucht, sie umzubringen. Also jagen sie ihn mit einer Atombombe in die Luft.«

»Oh. Oha. Damit hatte ich … Dieses Ende kommt ein wenig überraschend.«

»Das ergibt sich eigentlich ganz logisch.«

»Und das ist eine Komödie?«

»Das Komödienhafte liegt wie bei allen Komödien letztlich in der Verrichtung.«

»Wohl eher in unserer Vernichtung, wenn das Publikum den Film zu sehen bekommt.«

»Schönes Wortspiel, Bud. Ich bin stolz auf dich. Aber nein. Dieser Film wird unser Fahrschein aus dem Verliererland. Er hat alles: große Gefühle, Liebe –«

»Von Liebe hast du bisher nichts gesagt.«

»Natürlich wird es einen Schwarm geben.«

»*Einen* Schwarm? Für uns beide?«

»Sei nicht so anachronistisch. Wir schreiben das Jahr 1960.«

»Ich weiß nicht, was das Wort bedeutet. Außerdem haben wir noch nie einen Film auf die Beine gestellt. Das wird also ohnehin nie passieren.«

»Mit Cheryld wird sich jetzt alles ändern.«

»Habe ich da gerade meinen Namen gehört?«, ruft Cheryld.

»Nur einen Augenblick, mein Lieber«, ruft Molloy, dann zu Mudd gewandt: »Außerdem ist der Sohn von Pattys Schwester jetzt ein unabhängiger Filmproduzent. Er macht hirnlose Monsterstreifen.«

»Gerald?«

»Habe ich schon wieder meinen Namen gehört?«

»Nein, ich sagte ›Gerald‹, nicht ›Cheryld‹«, ruft Molloy.

»Ist gut«, sagt Cheryld. »Ich bin hier drüben, wenn ihr mich braucht.«

»Gerald ist schon erwachsen? Gott, das macht mich traurig.«

»Jedenfalls, wenn Gerald Cheryld haben will – und das wird er –, dann bekommt er *uns* dazu. Das ist die Abmachung.«

»Jetzt habe ich meinen Namen zweimal gehört. »Wenn Cheryld Cheryld haben will.«

»Nur ein Mal. Sag, wie groß bist du, mein Lieber?«, ruft Molloy.

»Ich?«

»Ja, mein Hübscher.«

»Acht Meter neunzig.«

»Wirklich? Du siehst größer aus.«

»Das sind die Längsstreifen. Meine Mutter hat mir die Kleider aus einem Räucherzelt genäht.«

»Nun, wie dem auch sei. Das ist zu klein. Wir müssen zumindest Costello schlagen. Er hatte eine Neun-Meter-Frau, also wird acht neunzig kaum reichen«, sagt Molloy.

Er geht auf und ab.

»Gut, es kommt ja nicht nur auf die Größe an«, sagt Molloy. »Was, wenn … was, wenn wir ihm Schuheinlagen besorgen? Sie bräuchten nur ungefähr einen Meter dick zu sein, sodass wir ihn auf neun neunzig hochbekommen. Dann schlagen wir Costello und – he, Cheryld?«

»Ja?«

»Würdest du Einlagen tragen?«

»Ich weiß nicht, was das bedeutet.«

»Schuheinlagen. Um dich größer zu machen.«

»Meine Mutter macht mir die Schuhe aus Kühlboxen. *Herring boxes without topses*, so nennt sie sie immer, obwohl es eigentlich Kühlboxen sind, aber das ist aus einem Lied über ein Mädchen mit sehr großen Füßen, sagt sie. Auch wenn ich kein Mädchen bin und es Kühlboxen sind, keine Heringskisten, die auch zu klein wären, glaube ich. Es sei denn, sie wären für sehr viele Heringe gemacht. Wie groß ist denn ein Hering?«

»Das ist interessant, beantwortet meine Frage aber nicht, die, wie du dich vielleicht erinnerst, lautete, ob du Einlagen in deinen Schuhen tragen würdest?«

»Ja. Aber warum? Ich bin doch sowieso schon ziemlich groß. Fast acht Meter neunzig.«

»Fast?«

»Na ja, acht Meter neunundachtzig.«

»Menschenskinder. Das wird ja immer schlimmer. Würdest du einen Meter und einen Zentimeter hohe Einlagen tragen?«

»Ja, warum nicht. Ich meine –«

»Willst du Filmstar werden oder nicht, Cheryld? Menschenskinder. Viele Filmstars tragen Einlagen, die sie größer machen. Alan Ladd, James Cagney, Burgess Meredith. Ich wette, Al Pacino wird es auch tun.«

»Ich habe noch nie einen Film gesehen. Ich würde gar nicht in das Kino bei uns im Ort passen, also kann ich keine Filme schauen.«

»Du weißt nicht, was Filme sind?«

»Meine Mutter hat es mir erklärt. So wie ich es verstanden habe, sind sie wie eine flache Tafel mit einem Bild darauf, nur dass sich das Bild bewegt und spricht und Musik spielt. Es ist also wie eine Fotografie, nur dass es sich bewegt, so wie meine Mutter es beschrieben hat. Und die Bilder erzählen Geschichten. Und es spielt Musik dazu. Die Tafel nennt man Leinwand.«

»Richtig. Darum geht es. Willst du in einem Film mitspielen?«

»Ich wollte schon immer ein Filmstar sein.«

»Gut. Warte hier. In ein paar Tagen kommen wir mit dem Geldgeber wieder vorbei.«

»Wollt ihr gar nicht wissen, warum ich so groß bin?«

Molloy schaut auf die Uhr.

»Äh, ja, sicher. Erzähl.«

»Strahlen.«

»Oha. Na so was. Danke. Also, geh nicht weg. Wir kommen zurück.«

»Ich bleibe hier. Ich kann ja nirgendwo hingehen. Wenn mich die

Leute aus dem Ort sehen, halten sie mich für einen Dämonen aus der Hölle, sagt meine Mutter, und bringen mich um, wenn sie mich sehen. Das sagt meine Mutter immer und dann noch das über die Filme.«

»Die örtliche Bevölkerung scheint in der Tat merkwürdig erregbar.«

KAPITEL 51

BIN ICH IM selben Tempo gealtert wie meine Altersgenossen? Arvide Chim, mein Mitbewohner aus Harvard-Zeiten, der meine Schriftenreihe herausgibt, sieht in jedem Fall jünger aus als ich. Er ist der einzige meiner früheren Freunde, mit dem ich noch Kontakt habe. Liegt es daran, dass er der erfolgreichste von uns ist? Darüber ließe sich streiten, aber möglicherweise schon. Vor allem jedoch glaube ich, dass er das erfüllteste Leben hat: verheiratet mit einer reizenden, wohlhabenden Frau aus der Philadelphia Main Line, drei Kinder in, wie ich vermute, unterschiedlichem Alter; das ist alles, was Arvide sich je erträumt hat. Es war nicht das Leben, das ich mir für mich selbst vorgestellt hatte, und ich habe es mit außerordentlichem Erfolg vermieden, aber ich habe auch nicht das Leben gelebt, das ich mir vorgestellt hatte. Habe ich je die Liebe aller Lieben gefunden? Das hatte ich mir als junger Mann erhofft. Eine Liebe für die Ewigkeit: glühende Leidenschaft, Tränen, Verzückung, die Einsicht, dass der eine nicht ohne die andere leben kann, dass der eine es nicht will. Es ist die Liebe von Tristan et Isolde, von Abaelard et Héloïse, von Romeo et Julia. Ich wusste, ich würde sie finden. Ich wusste, ich wäre ohne sie nicht vollständig. Und dennoch habe ich sie nicht gefunden. Meine Beziehungen sind eine ermüdende Abfolge von Verhandlungen, Zugeständnissen, Kompromissen gewesen. Natürlich bin ich mir über die praktische Unmöglichkeit einer solchen glorreichen Liebe im Klaren. Ich weiß, dass die Art von Verbindung, nach der ich suchte, eine Illusion ist, eine Projektion. …

Ich weiß das nur zu gut. Ich weiß es so gut, dass ich sie nie suchte. Ich habe nie eigenhändig durch eine brutale, endlose Folge von Versuch und Irrtum herausgefunden, dass sie unmöglich zu erlangen war, und so blieb die Frage stets offen, weshalb ich tief in meinem Herzen vermute, dass ich meine Gelegenheit verpasst habe, dass ich meine Seelenverwandte, meine wahre Seelenverwandte habe entfliehen lassen, dass ich ein kosmisches Unrecht begangen habe, dass ich eine große Charakterschwäche offenbart habe und dass sich alles, was daraufhin geschah, aus diesem Unrecht ergeben hat. Das Universum missbilligt mich, lässt mich vor der Zeit altern. Hätte ich heute volles Haar und geschmeidige, schimmernde Haut, wenn ich versucht hätte, mein Schicksal zu verwirklichen? Ich vermute es. Wo könnte ich heute sein, wäre ich nur meinem Herzen gefolgt? Das frage ich mich oft.

Es gab da eine reizende Frau, in die ich als junger Mann vernarrt war. Sie schien ähnliche Gefühle für mich zu empfinden. Wir flirteten auf harmlose Weise während der Arbeit (wir waren Portiers in einem gehobenen New Yorker Boutique-Hotel – ich nenne den Namen nicht, aber Sie kennen es sicherlich). Ich war damals verheiratet, die Ehe war zu jung geschlossen worden und unglücklich, aber wir hatten ungeplant ein Kind bekommen, und ich wollte verantwortungsvoll handeln. Das bin ich in knappen Worten. Ich bin verantwortungsvoll. Ich bin ein guter Mann. Ich tue immer das Richtige. Aber ist es richtig, das Richtige zu tun? Oder ist es feige, das Richtige zu tun? Das, was keine Wellen schlägt? Das, was einem niemand vorwerfen kann? Wenn die Liebesfilme uns eins gelehrt haben, dann, dass wir durch verantwortliches Handeln unverantwortlich handeln – uns selbst gegenüber. Dem Kosmos gegenüber. Der großen Erzählung gegenüber. Selbst denen gegenüber, denen wir fürchterliches Unrecht antun müssen, indem wir sie verlassen. Denn ist es nicht besser, ihr, ihm, xier gegenüber ehrlich zu sein? Ich glaube, vielleicht schon. Letzten Endes zerbrach meine Ehe ja doch. Sie verguckte sich in einen Kunstkritiker, und einen mittelmäßigen noch dazu. Aber es war zu spät. Die Pförtnerin meines Herzens (wie wir einander scherzhaft nannten) heiratete ebenfalls einen Kunstkritiker. Einen anderen, wenngleich ebenso mittelmäßigen Kunstkritiker. Die versehentliche Symmetrie des Lebens macht staunen. Und sie war glücklich, ja überglücklich, wie sie mir sagte, auch wenn ich fand, dass sie dabei stets ein wenig so klang, als wollte sie ihre Entscheidung rechtfertigen. Und mein Leben war zerstört. Und ich alterte. Und ich sehe unglücklich aus, überunglücklich. Und ich kann nachts nicht schlafen. Und ich schlucke Pillen, die mir helfen, zurande zu kommen. Und es ist nicht nur sie, auch wenn ich mit ihr ganz gewiss alle übrigen Enttäuschungen in Kauf nehmen würde, aber sie ist nicht da, und so drängen meine beruflichen Niederlagen in den Vordergrund. In gewisser Weise hat mich die gleiche Art von Feigheit, die mich daran gehindert hat, nach meiner wahren Liebe zu streben, auch daran gehindert, nach meinem wahren, für mich ausersehenen Beruf zu streben. Ach, einen einzigen Film habe ich gemacht. Ich habe ihn mit winzigem Budget gedreht, mit geborgtem Geld von meiner Schwester, die reich geheiratet hat. Für meine Karriere war es nicht der Schub, den ich mir erhofft hatte, der es hätte sein sollen, wie ich bis heute finde. Es ist, und das sage ich als unvoreingenommener Berufskritiker mit einem Ph.D. in Europäischem Nachkriegsfilm, der vielleicht brillanteste Film der letzten zwanzig Jahre. Gewiss hatte er einige Probleme. Das streite ich nicht ab. Zum einen war er seiner Zeit um Jahrzehnte voraus. Zum anderen muss ich einräumen, dass er für das Publikum vielleicht zu aufrüttelnd war. Die meisten Kinogänger suchen nicht nach einer so erbarmungslos intensiven, so abgrundtief herzzerreißenden Erfahrung, einer Erfahrung, die sie für immer verändern wird. Und dann gab es da noch die Kritiker, und die waren, mit einem Wort, eifersüchtig. Sie wollen alle selbst Filmemacher sein, haben aber nicht das notwendige Talent, also brachten sie ihren Zorn in einem Haufen verhalten negativer Rezensionen zum Ausdruck. In manchen Fällen weigerten sie sich sogar, ihn überhaupt zu besprechen.

»Du bist vom Kurs abgekommen.«

Rooney und Doodle warten vor der Tür der riesigen Hauskulisse auf ihren Einsatz. Rooney pafft eine Zigarre. Doodle macht ein paar tiefe Kniebeugen. Eine Stimme dringt aus dem Haus.

»Wo sind die beiden Schreiner, die ich beauftragt habe? Sie sollten schon vor einer halben Stunde da sein!«

Rooney zieht ein letztes Mal an seiner Zigarre, wirft sie auf den Boden, tritt sie aus, wedelt den Rauch beiseite und klopft dann an die Tür. Schritte; die Tür wird geöffnet, und eine Vernon-Dent-Puppe erscheint.

»Na endlich! Ihr seid spät dran!«

»Entschuldigung, Mister«, sagt Doodle. »Wir haben noch unsere Hämmer geschliffen.«

»Na ja, trödelt nicht herum. Herein mit euch. Es gibt einiges zu tun.«

Rooney und Doodle treten ein.

»Also, was können wir für Sie tun, Chef?«

»Ich brauche eine Treppe zur ersten Etage.«

»Wir bauen keine –«

»Wird erledigt, Boss.«

»Und ihr müsst fertig sein, wenn ich in zwei Stunden zurückkomme«, sagt Dent.

»Aber wir können doch gar keine –«

»Kein Problem. Treppe zur ersten Etage. Machen wir.«

»Gut. Zwei Stunden. Nicht eine Sekunde mehr oder weniger. Sonst werdet ihr in dieser Stadt nie wieder eine Treppe bauen.«

»Zwei Stunden.«

»Und seht bloß zu, dass ihr das anständig macht.«

»Aber –«

»Keine Sorge, Boss.«

Vernon Dent nickt und geht.

»Wir können doch gar keine Treppen bauen, Joe.«

»Kinderspiel. Du baust eine Stufe, stellst dich drauf, baust die nächste, dann wieder die nächste, bis wir im ersten Stock sind.«

»Das ist alles?«

»Das ist alles. Kinderspiel.«

»Eine Stufe, draufstellen, nächste Stufe, bis wir im ersten Stock sind?«

»So ist es.«

»Na gut.«

»Also mach dich an die Arbeit.«

»Ich?«

»Ja, du.«

»Was machst du denn?«

»Ich bin der Bauleiter.«

»Na gut.«

Eine lange Stille entsteht, während Rooney seinen Werkzeuggürtel zurechtrückt, Holzstücke abmisst, seine Säge inspiziert, seine Finger streckt, seinen Gürtel nochmals zurechtrückt. Doodle sieht ihm einfach nur zu.

»Joe?«, sagt Rooney.

»Ja?«

»Ich weiß nicht, wie man eine Stufe baut.«

»Und du nennst dich Zimmermann.«

»Ich nenne mich nicht Zimmermann. *Du* hast mich Zimmermann genannt.«

»Weil ich an dich geglaubt habe. Jetzt weiß ich nicht mehr, was ich denken soll. Ich schäme mich für dich.«

»Aber –«

»Du hast uns diesen Schlamassel eingebrockt. Jetzt sieh zu, dass wir da wieder herauskommen, und erledige die Arbeit.«

»Ist gut, Joe.«

Rooney nimmt versuchsweise ein Stück Holz, einen Hammer und einen Nagel in die Hand. Er schaut zu Doodle auf.

»Mach deine Arbeit!«, sagt Doodle.

Rooney vollzieht ein kompliziertes Prä-Hämmer-Ritual, das darin besteht, die Arme zu strecken und mit den Fingern zu wackeln, und schlägt dann einen Nagel in ein Stück Holz. Das Haus beginnt zu wackeln. Rooney und Doodle schauen beide sichtlich erschrocken auf;

eine Wand stürzt auf sie zu. Rooney zieht Doodle an eine bestimmte Stelle im Raum. Eine Wand des Hauses kippt nach innen, und die beiden sind geschützt, weil Rooney sie genau dort platziert hat, wo ein offenes Fenster landet. Dieser Tanz vollzieht sich noch fünf weitere Male, während die Hauswände nacheinander einstürzen. Jedes Mal läuft Rooney mit Doodle los und stellt sich mit ihm genau an die Stelle eines offenen Fensters. Als es vorbei ist, ist das Haus vollständig eingestürzt, und Doodle und Rooney sind unversehrt. Die Crew jubelt und applaudiert.

Besprechung in *Variety*:

> Was lässt sich über *Ganz schön behämmert*, einen Spielfilm, der uns mit dem köstlichen neuen Comedy-Duo Rooney und Doodle bekanntmacht, sagen? Verlässt sich der Film auch ein wenig zu sehr auf die aus den Auftritten von Abbott und Costello sorgsam bekannten verbalen Eskapaden, erweitern diese beiden Novizen die Mischung doch um eine bemerkenswerte Körperlichkeit. Tatsächlich enthält die Komödie den vielleicht bemerkenswertesten Slapstick-Gag, der je auf Zelluloid gebannt wurde. Studenten der Filmgeschichte werden sich gewiss an *Flitterwochen im Fertighaus* erinnern, den Stummfilm mit Buster Keaton aus dem Jahr 1920, in dem ein Haus auf unseren unglückseligen Helden fällt, der jedoch in bemerkenswerter Weise unversehrt bleibt, da er zufällig in einem offenen Fenster zu stehen kommt. Man stelle sich vor, wie dieses Kunststück vielfach wiederholt wird, während Rooney und Doodle in einem einstürzenden Haus von einem Zimmer zum nächsten hetzen und dem sicheren Tod nicht ein Mal, sondern sechs Mal entgehen. Diese Heldentat hebt das Duo Rooney und Doodle auf eine neue Ebene des Slapsticks. Seit der Erfindung des Tonfilms hat im Film eine Verschiebung hin zu rein sprachlichen Eskapaden stattgefunden. In der Folge hat diese neue Klasse von Komödianten nicht die körperlichen Fähigkeiten der varietéerprobten Komödianten der Stummfilmära ent-

wickelt. Dies ist eine Enttäuschung für das Publikum, das der abgedroschenen Spötteleien à la Abbott und Costello rasch müde wird. Ohne dieses bemerkenswerte Slapstick-Kunststück hätte man *Ganz schön behämmert* vielleicht als eine bloße Imitation betrachtet, einen zweitklassigen Abbott-und-Costello-Film, doch mit dieser spektakulären Ergänzung nehmen wir ihn im Pantheon der ewigen Filmklassiker auf.

ALS ICH MICH in meinem Schlafsessel hin und her wälze, von Sorgen um Geld und mein Vermächtnis geplagt, kommt mir plötzlich eine Idee. In ihrer Brillanz wird sie mich mit Leichtigkeit vermögend genug machen, um eine vollständige Neuverfilmung von Ingos Film zu finanzieren, sodass ich diese zwei Fliegen der Niederlage mit einem einzigen Streich der Genialität erschlagen kann.

Ich klopfe an Marjorie Morningstars Fenster. Sie öffnet die Jalousie, sieht mich kühl an und sagt durch das geschlossene Fenster: »Was ist?«

»Ich würde gern kurz etwas mit Ihnen besprechen«, sage ich.

»Ja?«

»Dürfte ich hereinkommen? Ich habe da eine Idee.«

Sie seufzt so theatralisch, dass ich es durch das neu eingebaute schalldichte Doppelglasfenster hören kann, öffnet das Fenster und tritt beiseite.

»Danke, Marjorie Morningstar.«

Sie nickt. Und ich fange sofort an, ihr meine Idee zu pitchen.

»Was ist das Schlimmste an einer langen Autofahrt?«

»Ähm, keine Ahnung, was denn?«, sagt sie.

»Na, raten Sie doch mal. Sie müssen raten.«

»Beinkrämpfe.«

»Was?«

»Ich kriege immer Beinkrämpfe, wenn ich so lange auf dem Gaspedal bleiben muss.«

»Das ist absurd!«

»Du hast mich gefragt, und ich habe dir eine Antwort gegeben.«

»Aber das ist es nicht.«

»Okay. Wieso sagst du es mir dann nicht? Ich bin gerade ein bisschen beschäftigt.«

Ein Mann mit einer Erektion liegt rücklings auf ihrem Bett.

»Schmutzige Toiletten.«

»Aha. Cool. Also, eigentlich bin ich gerade am –«

»Mögen Sie schmutzige Toiletten?«

»Nein –«

»So ist es. Niemand tut das. Ich hätte da also einen Vorschlag für die Eigentümer von Slammy's.«

»Ah.«

»Und ich hatte gehofft, Sie könnten vielleicht den Kontakt herstellen.«

»Du willst ihnen vorschlagen, dass sie ihre Toiletten putzen sollen?«

»Ich will eine Kette von Highway-Luxustoiletten eröffnen. Und ich brauche Kapital. Ich bin mir sicher, dass das eine große Geschichte werden kann. Gegen einen symbolischen Betrag, sagen wir drei Dollar, erhielte man eine nichttraumatische Toilettenerfahrung.«

»Ich glaube nicht, dass ich –«

»Stellen Sie einfach nur den Kontakt her. Sie bekommen dafür zwanzig Prozent. Schätzungsweise zweihundertzwanzig Millionen Menschen sind im Durchschnitt neunzig Minuten am Tag mit dem Auto unterwegs. Sagen wir einmal, vorsichtig geschätzt, ein Achtel dieser guten, ehrlichen Menschen würde drei Dollar zahlen, um eine saubere, luxuriöse Toilette benutzen zu können. Das wären siebenundzwanzig Millionen Menschen am Tag. Bei drei Dollar pro Nase sind das einundachtzig Millionen am Tag! Wenn der Mutterkonzern von Slammy's –«

»Degesch North America Holdings.«

»Wirklich? Wow. Das hatte ich nicht erwartet. Okay. Wenn Degesch mir also nur ein Prozent abgibt, wären das achthundertzehntausend

Dollar am Tag und zweihundertfünfundneunzig Millionen im Jahr, wovon ich Ihnen zwanzig Prozent, also fast fünfzehn Millionen Dollar, abgeben würde. Im Jahr.«

»Ich weiß wirklich nicht –«

»Selbst wenn ich mich um das Zehnfache verschätzt hätte, was unmöglich ist, weil ich in Harvard im Nebenfach Unternehmensstrategie studiert habe, dann wären es immer noch eineinhalb Millionen Dollar. Für Sie. Im Jahr.«

»Private Toiletten für Reisende?«

»Ja. ›Ein Örtchen für sich allein‹, so würde ich es nennen.«

»Hm.«

»Woolf«, füge ich hinzu.

»Aha.«

»Virginia Woolf.«

»Okay.«

Der nackte Mann, dessen Erektion verflogen ist, steht auf und geht ins Bad.

»Das hätte sozusagen *a touch of class*. Und damit beziehe ich mich nicht auf diesen lächerlichen Melvin-Frank-Film mit diesem lächerlichen George Segal (nicht der Bildhauer, der bemerkenswert war!), der, wie man leider zugeben muss, wunderbar war als die Banjo spielende Honey in Michael Nichols' *Wer hat Angst vor Virginia Woolf?*, womit sich der Kreis schließt.«

»Okay.«

»Okay?«

»Okay.«

»Großartig!«

»Ich rufe meinen Chef an und frage ihn, ob er was einfädeln kann.«

»Großartig!«

Ich stehe da. Sie steht da, und ihr Blick huscht von mir zum Fenster und zurück.

»Wenn du weg bist.«

»Okay.«

Ich gehe.

»Verraten Sie nicht zu viel!«, schreie ich durch das wieder geschlossene Fenster. »Ich will es selbst erzählen!«

KAPITEL 52

ROONEY UND DOODLE nippen in einem gutbesuchten New Yorker Szenelokal an Martinis. Andere Gäste klopfen ihnen im Vorbeigehen auf die Schulter. Sie sind der ganze Stolz der Stadt. In der Ferne verfolgen Abbott und Costello mürrisch und unbeachtet das Geschehen von ihrem Tisch neben der Herrentoilette aus.

»Das Studio will, dass wir so schnell wie möglich wieder einen Film machen«, sagt Doodle.

»Das ist großartig. Wir sind auf dem Weg nach oben.«

»Wir sollen uns mehr auf die slapstickhaften Stunts konzentrieren.«

»Aber wir machen doch gar keine Stunts.«

»Das denken aber alle. Im nächsten Film wollen sie größere.«

»Dieser Stunt war ein Unfall.«

»Das wissen sie aber nicht.«

»Wir müssen es ihnen sagen.«

»Das geht nicht. Es ist der einzige Grund, aus dem sie noch einen Film mit uns machen wollen.«

»Wir hatten einfach Glück.«

»Tja, dann werden wir eben wieder Glück haben.«

»Ich weiß nicht.«

»Hör zu. Sie haben eine Liste mit fünf Stunts zusammengestellt, die sie sehen wollen.«

»Fünf Stück?«

»Ja. Schauen wir mal ... Nummer eins: Rooney –«

»Ich. Natürlich.«

»Ja. Rooney wird von einem führerlosen Kipplaster in einen Baum katapultiert, der gerade von einem Holzfäller geschlagen wird.«

»Das will ich nicht machen.«

»Zwei: Rooney wird von einem Zug überfahren.«

»Das ist der Witz? Ich werde von einem Zug überfahren?«

»So steht's hier.«

»Wieso soll das denn lustig sein?«

»Weil du lustig bist. Dir stößt etwas zu, und du lässt es lustig wirken. Drei: Rooney, der so tut, als wäre er hundert Jahre alt (aus irgendeinem Grund; überlegt euch einfach etwas), fängt Feuer, als er die hundert Kerzen auf dem Kuchen ausbläst.«

»Wieder Rooney?«

Doodle schaut in seine Notizen.

»Ja, so ist es.«

»Das gefällt mir nicht.«

»Sie stellen die Gehaltsschecks aus. Vier: Doodle –«

»Endlich!«

»– versucht, Rooney zu retten, der im vierten Stock an einer Wäscheleine zwischen zwei Gebäuden hängt. Er kann seinen Freund nicht retten. Rooney fällt drei Stockwerke tief durch Wäscheleinen und landet als Frau gekleidet.«

»Ich ziehe mich nicht als Frau an. Da hört es bei mir auf.«

»Und fünf: Rooney sitzt entspannt in einem Sessel und liest ein Buch –«

»Gut. Das kann ich machen.«

»– während der Sessel aus einem Flugzeug stürzt.«

»Warum sollte ich denn entspannt in einem Sessel sitzen, der aus einem Flugzeug stürzt?«

»Auch da heißt es, das sei uns überlassen. Sie wollen uns nicht sagen, wie wir unsere Arbeit zu machen haben. Sie geben uns eine Menge Spielraum.«

»Tja, ich mache aber nichts davon.«

»Willst du unsere Karriere beenden?«
»Ich versuche, mein Leben nicht zu beenden.«
»Nun, das ist sehr selbstsüchtig.«

ICH WILL DOCH nur meine Ruhe. Ich will doch nur mein eigenes bisschen Platz in diesem Bus. Ich habe doch bezahlt für dieses winzige Fleckchen, oder etwa nicht? Ich besitze doch auch genug menschlichen Anstand, um mich von eurem fernzuhalten. Ist euch das aufgefallen? Ihr nehmt keine Rücksicht auf die Behaglichkeit anderer. Du hinter mir, der du deine nackten Füße in meinen Fußraum streckst. Du neben mir, dessen Ellbogen und Knie weit in meinen Bereich hereinragen. Die Probleme der Welt ließen sich auf die Bus-Etikette herunterbrechen. Mein Mitmensch, kannst du dir nicht vorstellen, dass, wenn du dich in dem absurd kleinen Raum, der dir in diesem Bus zugeteilt ist, nicht wohlfühlst, der Mensch neben dir es auch nicht tut? Ich glaube, das kannst du nicht. Ich glaube nicht, dass du das geistige Vermögen besitzt, um über irgendetwas nachzudenken, was über deine eigenen tierischen Bedürfnisse hinausgeht. Oder vielleicht ist es noch furchtbarer: Du kannst es dir vorstellen und ziehst ein gewisses sadistisches Vergnügen aus der subtilen Folter anderer, dem Schwingen deines langen Penisschwerts, wenn man so will, denn ja, du bist fast immer ein Mann. Die Frauen nennen es Mansplaining – nein, das ist etwas anderes –, die Frauen nennen es Manspreading, und es bewirkt, dass ich mich schäme, mich zu den Vertretern dieses abscheulichen Geschlechts zu zählen. Mein Leben ist schon schlimm genug. Ich habe das bedeutendste Werk meiner Karriere verloren. Und es wiederzuerlangen, hat sich als so schmerzhaft wie langwierig erwiesen. Und es ist sogar möglich, dass ich mich überhaupt nicht erinnere, sondern es mir nur ausdenke oder sogar unter dem übermäßigen Einfluss eines bösen Hypnotiseurs stehe. Habt ihr darüber einmal nachgedacht, ihr Menschen? Nein, du hast nicht daran gedacht, mich zu fragen, warum ich in diesem Bus sitze und weine. Vielleicht interessiert es dich nicht. Vielleicht findest du mich erbärmlich, ein erwachsener Mann, der weint wie eine erwachsene Frau (xier). Vielleicht findest du mich abstoßend. Nun, vielleicht bist du derjenige, mit dem etwas nicht stimmt, und nicht ich. Vielleicht bist du der Abstoßende. Vielleicht hat dir in deinem Leben nie irgendetwas genug bedeutet, um seinen Verlust zu beweinen. Wenn das der Fall ist, bin ich es, der dich bemitleidet. Du wirst deine gefühllose Existenz damit fristen, das bisschen Freude auszukosten, das darin liegt, Dinge zu nehmen, die dir nicht gehören, Orte aufzusuchen, an denen du nicht willkommen bist, die Ellbogen in den auf rechtmäßige Weise erworbenen Bereich anderer zu stecken. Dann wirst du sterben. Gratulation: Das ist dein Leben. Ich hoffe, du bist damit zufrieden. Ich hoffe, du wirst nicht auf dem Sterbebett bereuen, dass du nie Liebe oder Freude oder Verlust empfunden hast. Ja, Verlust. In der Erfahrung eines Verlusts liegt eine tiefgreifende, süße Melancholie. Es ist das köstlichste und kräftigste Gewürz im Gewürzregal des Lebens. Zu schade, dass du es nie kosten wirst, Kumpel. Zu Burgern und Bier passt es wohl einfach nicht.

Moment mal, ist das Clown Laurie dort auf der Straße? Es könnte sein. Es könnte durchaus sein. Ich drücke den Halteknopf, steige aus, folge ihr. Ich weine noch immer. Ich glaube, wenn ich nah genug an diese potenzielle Laurie herankomme, kann ich es vielleicht mit Sicherheit sagen. Sie nimmt ihr Telefon und ruft jemanden an. Perfekt. Ich werde ihre Stimme hören können. Das wird alle Zweifel ausräumen. Ich bin mir nicht ganz sicher, was ich tun werde, wenn sie es ist, aber ich denke, es ist nicht ganz auszuschließen, dass ich unserer Beziehung neuen Atem einhauchen könnte. Nach allem, was sie weiß, hätte ich an dem Abend, an dem ich sie allein zurückließ, einen Notfall haben können. Und dann konnte ich sie nicht anrufen und mich entschuldigen, weil sie im Zeugenschutzprogramm war. Das ist es. Ich werde ihr sagen, dass es einen Notfall gab. Warum hätte ich ihr nicht sagen sollen, dass ich gehen musste? Es muss irgendeinen Grund gegeben haben. Irgendeine Erklärung für diesen Teil. Vielleicht wurde ich benachrichtigt, dass mein eigenes Wohnhaus in Flammen stand. Ich schaue auf ihren Hintern, während sie vor mir hergeht. Er ist gar nicht übel. Um ganz ehrlich zu sein, kann ich mich überhaupt nicht an Clown Lauries Hintern erinnern. Ich glaube, ich habe ihr immer nur ins Gesicht geschaut, so besessen war ich von dem Clown-Element ihrer Persönlichkeit. Vielleicht könnte ich ihr erklären, ich hätte an dem Abend nichts zu ihr gesagt, bevor ich ging, weil ich eine Art Stimmverlustnotfall hatte. Eine plötzliche Unfähigkeit zu sprechen, die mich geängstigt und gezwungen hätte, rasch das Stimmkrankenhaus aufzusuchen und mir Sprechmedizin verabreichen zu lassen. Letztlich sei es hysterische Aphonie gewesen, wie man mir mitgeteilt habe. Nicht so selten, wie man gern glauben würde. Das ist gut. Wobei ich besser den Begriff »psychogene Aphonie« verwenden sollte, um nicht das patriarchalisch-misogyne »hysterisch« zu bemühen. Ich weiß nicht viel über Clown Lauries Sensibilität gegenüber Frauenfragen, aber dessen ungeachtet, kann es mir nur Punkte einbringen, wenn ich erkläre, ich zöge es vor, arge emotionale Bedrängnis nicht als Hysterie zu bezeichnen. Mit einem Mal muss ich an einen grotesk amateurhaften und anstößigen, von dem minimaltalentierten Charlie Kaufman geschriebenen Film mit dem Titel *Adaption – Der Orchideen-Dieb* denken. Es gibt darin eine Szene, in der Nicholas Cage (der, das ist Kaufmans bislang dreistester narzisstischer Trick, gleich ZWEI Charlie Kaufmans spielt) Meryl Streep in der Rolle der brillanten *New-Yorker*-Journalistin Susan Orlean verfolgt. Der Film ist um diese beiden albtraumhaften Kaufmans herum konstruiert, die Orlean nachstellen, was mich mein eigenes aktuelles Vorhaben in Zweifel ziehen lässt. Will ich auf dieser Welt zwei Kaufmans sein, die achtlos arglose Frauen ängstigen, indem sie sie durch die schäbigen Straßen New Yorks verfolgen? Das will ich nicht. Ich will nicht eine einzige Charaktereigenschaft mit diesem erbärmlichen Judas teilen, dieser winzigen, armseligen jüdischen Wanze von Drehbuchautor, diesem Malcolm Gladwell für Arme, diesem –

Ein Arbeiter mit einem sehr langen Holzbrett über der Schulter, dreht sich auf das Hupen eines Autos hin unvermittelt um und schlägt mir das Brett mit voller Kraft ins Gesicht. Ich fliege durch die Luft und lande kopfüber in einem Müllbehälter; mein Bart ist voller Käse von einem fortgeworfenen Papierteller mit Nachos. Der Arbeiter kommt angelaufen und entschuldigt sich in irgendeiner scheußlichen Sprache. Ich spüre, dass er fürchtet, ich könnte ihm Ärger bereiten, weil er keine Arbeitserlaubnis hat. Ich muss sagen, als jemand, der fünf Sprachen fließend beherrscht und in sechs weiteren verhandlungssicher ist (fließend: Artschinisch, Aymara, Malagasy, Rotokas und Silbo Gomero; verhandlungssicher: Choctaw, Kaixana, Ongota, Njerep, Portugiesisch und Yupik), überrascht es mich, dass ich aus dem hektischen Geplapper dieses Mannes so gar nicht schlau werde. Vielleicht liegt es daran, dass meine Aufmerksamkeit dreigeteilt ist zwischen seiner Panik, der auf meiner colagetränkten Stirn sprießenden Beule und der bohrenden Frage, warum so etwas immer mir passieren muss. Die potenzielle Laurie ist längst fort. Der Arbeiter schwafelt immer weiter, scheint mich anzuflehen, was meine schrecklichen Kopfschmerzen nur verschlimmert. Einer bloßen Vermutung folgend, spreche ich ihn auf Malagasy an:

»*Tsara daholo ny zava-drehetra.*«

Nichts.

BEI BARASSINI SCHARWENZELT die nervtötende, aufdringlich besorgte Tsai um mich herum und lässt sich endlos über meinen armen Kopf aus. Es ist unerträglich. Nein, ich brauche keinen Eisbeutel. Nein, sie muss mich nicht in die Notaufnahme bringen. Nein, ich brauche keine zwei Aspirin. Oder Tee. Oder Wasser. Nein, mir *gefällt* der Käse in meinem Bart. Lieber Himmel, Frau, lass mich in Frieden. Als Barassini mich hereinruft, verdrehen wir beide in maskuliner Solidarität die Augen.

»Beschreib es mir.«

Mudd und Molloy treffen den Neun-Meter-neunzig-Mann läuft in den Provinzkinos an; die Premiere findet in Montgomery, Alabama, statt, wo Cheryld nach der Vorstellung hervorgeholt und als echter Riese enthüllt werden soll. Man hofft, die Zeitungen würden über seine Größe berichten und den Film damit kostenlos bewerben. Im Augenblick ist er in die Laderäume zweier Sattelschlepper gequetscht, die vor dem Kino stehen.

Molloy geht auf der Straße auf und ab. Mudd raucht und starrt auf seine Nagelhäute. Molloys Augen leuchten auf.

»Ich sage, wir fahren die Laster raus aufs Land«, sagt er.

»Wieso das?«, fragt Mudd.

»Sie wollen Cheryld zur Attraktion machen. Unsere mal komischen, dann wieder hochdramatischen Darbietungen werden in dem ganzen drohenden Aufruhr um den Freak untergehen. Dieser Film ist *unser* Fahrschein aus dem Verliererland, nicht Cherylds. Wir haben uns das verdient. Er ist bloß ein Freak. Freak, Freak, Freak!«

»Ich weiß nicht, Chick. Er ist ein netter Junge. Und einen Menschen zu rauben, das ist Menschenraub.«

»Er ist ein Freak. Es ist Freakraub. Vollkommen legal.«

»Du weißt, was ich meine. Er ist ein junger Mann. Und man darf auch keine Freaks entführen. Ich bin mir nicht sicher, wie man das nennt, aber ich weiß, es ist gegen das Gesetz.«

»Man nennt es Freakraub. Das habe ich dir doch gerade gesagt.«

»Gut.«

»Das ist unser Fahrschein aus dem Verliererland, Bud. Oder sollte es jedenfalls sein. Ich sehe schon Bosley Crowthers Artikel in der *Times* vor mir: ›Das sträflich unterschätzte Komikerduo Mudd und Molloy kommt ein für alle Male zu seinem Recht. In ihren mal strahlenden und mal erschütternden, mal fröhlichen und mal niederschmetternden, mal lustigen und mal unlustigen Darbietungen enthüllen diese beiden Herren der Heiterkeit viele weitere Ebenen ihres Könnens, und ich für meinen Teil erwarte ihren nächsten Ausflug ins Kino mit angehaltenem Atem.‹ Nach Crowthers Besprechung lassen wir Cheryld frei. Dann werden wir Stars sein.«

»Ich weiß nicht, Chick.«

»Steig einfach ins Führerhaus.«

»Das ist das Ding vorne?«

»Ja. Das Ding vorne.«

»Ist gut.«

Sie fahren davon.

Im Kino geht Gerald Feinberg an der Rückwand des Zuschauerraums auf und ab. Er ist der junge Produzent, der mit Molloys geschiedener Frau verwandt ist. Das Publikum wirkt hingerissen, als Mudd und Molloy sich anschicken, den Riesen zu töten, der auf einer Klippe sitzt und melancholisch in den spätnachmittäglichen Himmel blickt.

»Sieh dir nur den Sonnenuntergang an, Marty«, sagt die von Molloy gespielte Figur. »Ist das nicht schön?«

»Ist es wirklich, Dr. Williams.«

»Nenn mich doch Robert.«

»Wirklich? Danke!«, sagt der riesige junge Mann.

»Und jetzt denk dran, Marty, nicht umdrehen«, sagt Mudds Figur.

»Ihr beide habt eine Überraschung für mich, stimmt's?«

»Ja, haben wir. Weil wir dich lieben.«

»Oh, ich liebe euch auch«, sagt Marty.

Daraufhin ziehen Mudd und Molloy Pistolen und erschießen den Riesen. Sie müssen viele, viele Male auf ihn schießen, weil ihre Kugeln im Vergleich zu Martys Körper so winzig sind. Aber irgendwann stirbt er und rutscht von der Klippe in die Schlucht.

Mudd und Molloy umarmen einander und weinen. Die Frauen im Publikum weinen. Die Männer haben rotumrandete Augen.

Feinberg kann sein Glück kaum fassen. Er eilt nach draußen, um die Enthüllung vorzubereiten. Wenn die Zuschauer das Kino verlassen haben und der echte Cheryld dem Lastwagen entsteigt, dann wird dieser Film der berühmteste aller Zeiten werden. »Das wird mein Fahrschein aus dem Verliererland«, sagt er zu der jungen Popcornverkäuferin.

Ich folge ihm aus dem Kino hinaus, aber vorher hör ich noch den Namen Alan. Alan. Alan. Was bedeutet das? Warum verfolgt er mich so?

Der Laster ist fort.

»Was zum –«, sagt Feinberg.

Er rennt die Straße auf und ab und schreit: »Scheiße. Scheiße. Scheiße.« Die Türen des Kinos fliegen auf, und die Zuschauer kommen aufgeregt plappernd heraus.

»Was für eine Entdeckung!«, sagt eine Frau in mittlerem Alter.

»Mein Gott! Er ist hinreißend!«, sagt eine zweite.

»Was würde ich für eine einzige Verabredung mit diesem Prachtkerl geben!«, sagt eine dritte.

»O ja«, sagt eine vierte. »Mmmmm. Ich frage mich, wie groß er im wahren Leben ist.«

»Er ist auf jeden Fall über einen Meter achtzig groß. Das sieht man an den langen Gliedmaßen.«

»Mmmm. Die perfekte Größe.«

»Finde ich auch. Ich mag große Männer, aber alles über einen Meter neunzig sieht etwas grotesk aus.«

»Finde ich auch. Eins achtzig bis eins neunzig.«

»Ich erwarte seinen nächsten Ausflug ins Kino mit angehaltenem Atem. Ich hoffe, es wird eine romantische Komödie.«

»Mmm. Ich auch.«

»Ich auch.«

»Ooh, ich auch. Mit Doris Day!«

Feinberg folgt den plaudernden Frauen noch drei Straßen weiter; sie haben aufgehört zu reden, aber er muss sich ganz sicher sein.

»Mmm. Ich auch«, sagt endlich die letzte.

Feinberg hat genug gehört.

KAPITEL 53

DIE REZENSION DES *Hollywood Reporter*:

> *What's Buzzin', Cousin?*, den ersten komödiantischen Abstecher von Rooney und Doodle in die Welt der Imkerei als schwer erträglich zu bezeichnen, hieße die Erfahrung stark zu schmälern. Es ist zutiefst erschütternd für das Publikum, Zeuge der unablässigen und, offen gestanden, schrecklichen körperlichen Verletzungen zu werden, die beide Männer erleiden (wobei Rooney deutlich heftiger verletzt wird). Gewiss strotzt es vor humorvollen Scherzen. Sicherlich gehört es zu den inspirierteren Albernheiten, wenn Rooney durch eine Reihe von Wäscheleinen stürzt, auch wenn einem das Lachen ein wenig im Hals steckenbleibt, wenn man merkt, dass Rooneys Beine an fünf Stellen gebrochen sind und man sogar den Oberschenkelknochen erkennen kann, der das Fleisch (und den Seidenstrumpf) des rechten Beins durchstoßen hat.

Rooney und Doodle sitzen unbeachtet unweit von Abbott und Costello an einem kleinen Tisch neben der Herrentoilette eines gutbesuchten Szenelokals in Hollywood.

»Wie geht es jetzt weiter?«, fragt Rooney.

»Ich glaube, die Sache mit den Filmkomödien ist für uns gelaufen«, sagt Doodle.

»Keiner will Krüppel sehen, die lustig zu sein versuchen.«

»Das ist den Zuschauern unangenehm.«

»Was ich verstehe.«

»Ja. Ja. Den Zuschauern mache ich keinen Vorwurf.«

»Es ist nicht ihre Schuld.«

»Ich weiß.«

»Aber dennoch. Wir sitzen in einer Zwickmühle.«

»Wir können eigentlich nichts anderes.«

»Schade, dass das Darstellungswaisenhaus keinen etwas ausgewogeneren Lehrplan hatte.«

»Ich hatte nicht mal Mathe.«

»Ich hatte nur Mathe für Unterhaltungskünstler.«

»Aber da hat man bloß gelernt, so zu tun, als würde man rechnen.«

»Falls man mal als Wissenschaftler besetzt wird oder so, ja.«

»Und jetzt bezahlen wir dafür.«

»Was sollen wir machen?«

»Eine Liveshow? Vielleicht ist die Bühne doch der richtige Ort für uns.«

»So was wie *Hellzapoppin'*?«

»Für Olsen und Johnson hat es funktioniert. Man verdient weniger gut, aber –«

»Mir geht es eigentlich nur um die Arbeit.«

»Aus der Entfernung kann man unsere entstellenden Narben nicht so gut sehen.«

»Mir spukt da etwas im Kopf herum. Ein Musical über die Hölle.«

»Für Olsen und Johnson hat es funktioniert. *Hellzapoppin'*. Wie willst du deins denn nennen?«

»*Beelzebuben.*«

»Das gefällt mir. Ein hübscher Kalauer.«

DIE CLOWNSSCHUHFIRMA ENTLÄSST mich. Niemand nennt mir den Grund, aber ich vermute, dass Clown Laurie dahintersteckt. Ich vermute, sie hat sich wegen des quasselnden Arbeiters umgedreht, mich gesehen und dann die Personalabteilung über meine Neigungen unterrichtet. Das vermute ich. Es gibt keine andere Erklärung.

»Beschreib es mir.«

Beelzebuben startet mit großem Erfolg am Broadway. Rooney und Doodle werden einmal mehr als komische Genies gefeiert, und viele Kommentare beginnen mit den Worten, Francis Scott Key, ich meine F. Scott Fitzgerald, habe sich geirrt und in einem amerikanischen Leben gebe es doch einen zweiten Akt, und Rooney und Doodle erlebten gerade einen, und das sei der Beweis, dass es sie gebe – zweite Akte natürlich, nicht Rooney und Doodle. Der Ausschnittdienst von Abbott und Costello schickt ihnen folgenden Auszug aus der *New York Times*:

> Francis Scott Fitzgerald schrieb einmal, in einem amerikanischen Leben gebe es keinen zweiten Akt. Nun, Rooney und Doodles wunderbar lustige Show *Beelzebuben* straft diese alte Weisheit Lügen und verweist F. Scott Fitzgerald ein für alle Male auf den Aschehaufen der Geschichte. Denn Rooney und Doodle sind zurück, und trotz ihrer grauenhaften äußerlichen Narben ist bei ihnen der Lack noch lange nicht ab. Dass diese beiden den einst unübertroffenen und heute nur mehr lachhaften Clowns Abbott und Costello ähneln, sollte man ihnen nicht verargen. Sie sind unendlich viel witziger und klüger, als jenes Duo es selbst zu seinen Glanzzeiten gewesen ist.

Abbott und Costello sitzen auf einem Hügel bei Los Feliz. Abbott raucht.

»Rooney und Doodle. Sie sind nicht wegzukriegen. Warum haben wir kein *Beelzebuben* geschrieben?«

»Ich weiß nicht, Lou. Es ist eine gute Show. Frisch. Clever.«

»Jemand muss sich um sie kümmern.«

»Sie scheinen eigentlich ganz gut alleine zurechtzukommen, also –«
»Ich meine, wir müssen mit ihnen kurzen Prozess machen, Bud.«
»Was versuchst du mir zu sagen, Lou?«
»Nur dass es Zeit wird, dass sie den Löffel abgeben.«
»Welchen Löffel denn, Lou?«
»Sie geben nicht wirklich einen Löffel ab! Das ist eine Redensart!«
»Ah. Verstehe.«
»Also, wir müssen –«
»Ich glaube, ich frage mich einfach, was die Redensart bedeutet.«
»Sie bedeutet, dass wir sie umbringen werden.«
»Warum sollte es das bedeuten? Einen Löffel abzugeben, klingt doch eigentlich ganz nett. Ich könnte es ja vielleicht noch verstehen, wenn es hieße: ›Ihnen wird der Löffel geklaut.‹ Aber selbst das kommt mir nicht ganz richtig vor.«
»Erinnerst du dich, dass wir sie schon einmal umbringen wollten?«
»Das waren Rooney und Doodle?«
»Unter anderem.«

NUN, DA ICH keine Arbeit mehr habe, kann ich mir meine Wohnung nicht mehr leisten. Also suche ich mir einen Mitbewohner. Er heißt Dominick, und er hat seinen eigenen Schlafsessel. Aufgrund meiner Bücher und Dominicks gewaltiger Sammlung von Gegenständen in Gürteltierform müssen wir unsere Schlafsessel so dicht nebeneinanderstellen, dass sich die Armlehnen berühren, die Gürteltiere um sie herum verteilt. Es ist, als schliefen wir nebeneinander in einem Fernbus, einem Bus voller Gürteltiere, und es ist zu intim. Wie das Schicksal es wollte, ist Dominick ein grotesk fettleibiger Mann, sodass er über seinen Sessel hinausragt und wir ständig um meine Armlehne streiten. Ich kann Dominick nicht verbal konfrontieren; ich liege (sitze) nur wartend da, bis er sich mit der fleischigen Hand auf der Armlehne die Nase reibt oder sich kratzt, und beanspruche dann sofort den frei gewordenen Raum. Durch diesen Umstand bekomme ich nur wenig Schlaf, und es beginnt, sich auf meine Stimmung auszuwirken. Ich glaube, es war vielleicht ein Fehler, mich für Dominick als Mitbewohner zu entscheiden, aber der einzige andere Bewerber war Sebastiano, der ein Buschmesser der Marke Marbles in einer Scheide am Gürtel trug. Damals schien mir die Entscheidung auf der Hand zu liegen, aber Tatsache ist, dass Sebastiano schlank war (schlank wie ein Panther, erklärte er) und bequem in seinen eigenen Schlafsessel gepasst hätte. Der Zug ist abgefahren, fürchte ich, und später entdeckte ich, dass Dominick ebenfalls ein Buschmesser in einer Scheide am Gürtel trägt, das ich wegen seiner vielen Speckrollen nur nicht sehen konnte.

Dominick arbeitet als lustiger Hotelpage in einem Comedy-Hotel, das dem Hotel in dem Fatty-Arbuckle-Film *The Bell Boy* nachempfunden ist. Es ist eines der Hotels mit Filmthema, die sich in New York jüngst ausbreiten. Natürlich gibt es das Overlook Hotel aus *Shining* und das Grand Budapest Hotel aus *Grand Budapest Hotel* sowie zwei Sofia-Coppola-Hotels: das Park Hyatt Tokio aus *Lost in Translation* und das Chateau Marmont, das auch irgendwo vorkam. Manche dieser Hotels sind besser als die anderen. Das Plaza, das jetzt Kevin – Allein in New York Plaza heißt, bietet einen großartigen Standort in der südöstlichen Ecke des Central Park, und es ist sehr befriedigend, Präsident Donald Trump an Wochenenden rund um die Uhr auf seinem Posten in der Lobby zu sehen, wo er seinen endlosen Cameoauftritt absolviert. Er wirkt erschöpft und traurig und sehr alt. Woran ich starken Anstoß nehme, ist das Fregoli in der East 64th Street. Es basiert auf einem Hotel in dem randständigen (selbst für seine Verhältnisse!) Charlie-Kaufman-Film *Anomalisa*. Dass es die Investoren für angebracht hielten, dieser misogynen, rassistischen und klassistischen Claymation-Monstrosität, einer Claymation-Monstrosität übrigens, die das Studio Unsummen gekostet hat, ein Denkmal zu setzen, entzieht sich meinem Verständnis. Dieses Hotel ist ein Schandfleck mitten in New York. Ich nehme an, es gibt eine gewisse wichtigtuerische, pseudointellektuelle Klientel, die sich dort einquartieren würde, doch diese Leute sollten nicht ermuntert werden, unsere Stadt zu besuchen. Man sollte besser eine Imitation des Hotel Concorde Saint-Lazare (heute Hilton Paris Opera) bauen, das in *Détective*, Godards Meisterwerk von 1985, vorkommt. Die pseudointellektuellen Gäste könnten sich den anderen Touristen überlegen fühlen, die in der Nachbildung des Fontainebleau aus Jerry Lewis' *Hallo, Page!* wohnen, und die wahren Intellektuellen könnten hier wohnen und dort essen, weil sie anerkennen, dass beide Filme für den Kinokanon unentbehrlich sind.

Was die Pseudos nicht begreifen, ist Folgendes: Ein »Streifen« von Judd Apatow, Jerry Lewis oder Shawn Levy ist ebenso wertvoll wie ein »Streifen« von Resnais, Godard oder Fassbinder. Ich bin zu der Einsicht gelangt, dass wir alle lachen müssen, solange nichts zur Zielscheibe dieses Gelächters gemacht wird, solange niemand zu Schaden kommt. Unsere Clowns und Narren, unsere gütigen Prinzen der Komödie, verrichten eine heilige Pflicht, indem sie uns die Gelegenheit geben, über ihre heiteren Eskapaden zu schmunzeln. Schließlich ist die Komödie eine historische Form, die seit undenklichen Zeiten ausgeübt wird. Also ehre ich die rote Nase und die zu weite Hose und die Schweinsblase am Stock. Wen ich nicht ehre, das sind die herablassenden Komödianten, die Charlie Kaufmans, die Pee-wee Hermans, die Robert Downey Seniors (Junior ist ein Genie). Diese drei Männer (und ich verwende den Begriff nachdrücklich in der verächtlichsten modernen Weise) haben in Eigenregie die noble, bis in undenkliche Zeiten zurückreichende Tradition des liebenswerten Humors korrumpiert, indem sie ihre toxische Männlichkeit, ihr weißes, cismännliches Privileg, ihre geheuchelte Besorgnis um den kleinen Mann von der Straße, ihren Frauenhass in das hineintragen, was einst eine unverdorbene und entzückende Form war, die bis in undenkliche Zeiten zurückreicht. Warum können sie Frauen nicht als Menschen betrachten statt als Mysterien und Retterinnen und Manic Pixie Dream Girls? Vielleicht sollten sie sich für den Anfang einmal mit Frauen anfreunden. Oder vielleicht müssten sie einfach mal flachgelegt werden. Unten auf der Straße rumpelt ein Laster vorbei und bringt meine vielen

Bücherstapel ins Wanken. Die Bücher fallen mir auf den Kopf und begraben mich vollständig unter sich. Ich kämpfe mich darunter hervor und wanke dann durch den kleinen Raum wie ein Betrunkener, benommen und wackelig.

Dominick quetscht sich aus dem winzigen Bad, in dem er sein Pagenkostüm angezogen hat. Er will sich nicht vor meinen Augen umziehen und hat mich schon mehr als einmal der Gafferei bezichtigt.

»Was ist denn passiert?«, fragt er.

»Siehst du das nicht? Man kann in dieser Wohnung eigentlich kaum daran vorbeischauen.«

»Als ich fragte, was passiert ist, meinte ich eigentlich eher, wie das passiert ist.«

»Ich verstehe. Nun, dürfte ich vorschlagen, dass du in Zukunft sagst, was du meinst, statt es mich selbst ausknobeln zu lassen?«

»Okay. Aber ich will es trotzdem wissen.«

»Wie es passiert ist?«

»Ja.«

»Die Vibrationen eines vorbeifahrenden Lastwagens haben die Bücher aus dem Gleichgewicht gebracht, und sie sind auf mich gestürzt. Das ist meine Theorie.«

»Guck dir mal das Buch an.«

»Welches Buch?«

»Das, das mit der Umschlagseite nach oben liegt.«

Ich lasse den Blick über das Durcheinander gleiten, bis ich *Shut Up: Silence the Negative Thoughts in Your Head* von Christy Pierce entdecke.

»Gehört das dir?«, frage ich.

»Ich lese keine Bücher, und wenn, würde ich nicht dieses lesen, und wenn ich es lesen würde, hätte ich es nicht gekauft. Also, kurz gesagt: nein«, sagt Dominick.

»Nun, mir gehört es auch nicht«, sage ich. »Daher habe ich keine Ahnung, wie es hierherkommt.«

»Es kommt mir vor, als würdest du mich einen Lügner nennen«, sagt er.

»Na, wenn du dir den Fatboy-Schuh in Größe fünfzig anziehen willst«, sage ich.

Warum lege ich mich mit diesem potenziell messerschwingenden Koloss an? Ich sollte es doch eigentlich besser wissen. Dominick schwingt wie erwartet sein Messer und jagt mich in dieser absurd kleinen Wohnung immer wieder um den Bücherhaufen herum, bis wir beide wie in *Der kleine schwarze Sambo* zu Butter werden, was aber rassistisch ist.

»Ich bring dich um!«, schreit er, nunmehr eine riesige, messerschwingende Ghee-Pfütze, und er scheint es ernst zu meinen.

Vielleicht wäre all das amüsant für ein Publikum, wenn es eines gäbe, mich aber amüsiert es nicht. Es ist real und furchterregend, und in Dominicks Augen lodert ein fremdes Feuer. Fremdes Feuer. Was für ein merkwürdiger Ausdruck. Warum sind mir diese Worte gerade in den Sinn gekommen? Ich muss das später recherchieren, sobald ich diesem unmittelbaren und buttrigen Unheil entronnen bin.

Wieder in meiner ursprünglichen Gestalt, springe ich über den Bücherhaufen, um den Abstand zwischen dem ebenfalls wiederhergestellten Dominick und mir zu vergrößern. Mein Fuß bleibt am Kaffeetisch hängen, der umfällt, und eine kleine Vase fliegt auf meine Stirn zu und zerschellt. Ich stürze mit dem Gesicht voran in die Bücher, rapple mich auf und schleppe mich zur Wohnungstür, wo ich an den sieben Riegeln herumfummle – sind es schon immer sieben gewesen? –, die Tür öffne und auf den Gang taumle. Dominick versucht, mir zu folgen, aber in seiner Hast hat er vergessen, sich seitwärts zu drehen (anders passt er nicht durch die Tür), und wird eingeklemmt. Ich höre das Quietschen wie von Gummi, das Dominicks Festklemmen in engen Räumen stets begleitet, und entspanne mich augenblicklich. Ich drehe mich zu ihm um und lächle huldvoll, wohlwissend, dass es ihn noch wütender machen wird. Dominick wird erst rot im Gesicht und dann weiß im Gesicht, dann schreit er:

»Ich will dich hier nicht mehr sehen!«

»Aber Dominick, es ist doch meine Wohnung«, sage ich süßlich.

»Das ist mir egal. Du kommst eh nicht an mir vorbei, solange ich hier festklemme.«

»Schlussendlich wirst du dich schon befreien.«

»Das werde ich, und dann steche ich dich mit meiner schlussendlich befreiten messerschwingenden Hand ab.«

Und das wird er. Das sehe ich. Und mit einem Mal bin ich obdachlos. Ich streife durch die Straßen. Ich setze mich in die Bibliothek, um der Kälte zu entgehen. Ich schaue nach, was es mit »fremdes Feuer« auf sich hat. 3. Mose 10,1, Aarons Söhne Bebop und Nehru (glaube ich) brachten Gott ein nicht standesgemäßes Opfer, indem sie wohl das falsche Feuer benutzten (so ganz klar ist mir das nicht), und ihr Schöpfer nahm die Opfergabe nicht an und verbrannte sie außerdem beide (vermutlich mit dem richtigen Feuer). Dieses nicht standesgemäße, inakzeptable Opfer nennt sich fremdes Feuer. Seltsam also, dass ich den Ausdruck verwendet habe. Ich bin kein Experte für das Alte Testament, auch wenn ich einen Kurs in Vergleichenden Religionswissenschaften, für den ich eine Abschlussarbeit mit dem Titel »Großmut erzeugen: Trends im intergenerationalen Transgenderismus unter den Hmong-Animisten unter der Herrschaft König Sihanouks im Vergleich zu jenen der tungusischen Mandschu-Schamanen von Qinyuan, Qianlong, Kuancheng und Fengcheng unter Mao« verfasste, mit der Note Eins abgeschlossen habe. Doch das hilft mir bei meinem augenblicklichen Dilemma nicht viel weiter, welches darin besteht, dass etwas ganz schrecklich schiefläuft. Es hilft ein wenig weiter, aber nicht sehr viel.

Jemand beobachtet mich, beurteilt mich, verachtet mich, inszeniert kleinere und größere Katastrophen. Da bin ich mir inzwischen sicher. Ich falle regelmäßig in offene Kanalschächte, doch dazu kommt, dass meine Tochter mich hasst, was mich auf eine Weise schmerzt, die sich mit keiner existierenden Schmerzskala bemessen lässt. Sie spricht nicht mit mir. Sie schreibt Essays und Gedichte über mich und veröffentlicht sie auf ihrem Blog und auf *Jezebel*. Eine ganze Armee von Kommentierenden spuckt mich dort an, scheißt auf mich, geht ohne jeden Beweis davon aus, dass Grace' Behauptungen über mich zutreffen. Ich bin diesen anonymen Menschen, die etwas zum Hassen brauchen, jemanden, den sie beschuldigen können, jemanden, dem sie ihr Mitgefühl vorenthalten können, eine willkommene Gelegenheit. Und ich lese jeden von Grace' Essays, denn ich nutze einen Dienst, der mich immer dann informiert, wenn mein Name im Internet auftaucht. Es ist jedes Mal ein Beitrag von Grace. Mein Name kommt sonst nirgends vor. Also lese ich jeden einzelnen, eine Art Selbstkasteiung, wenn Selbstkasteiung dazu dient, einem die eigene Existenz vor Augen zu führen. Dann lese ich jeden Kommentar, Kommentare von Blobell und TrulyMadlyFeedMe und BabyIt'sColdOutSnide und OutOfTheFryingPan und Nosebleed und TheWomanWhoWouldBeKing und MyKittyEdna und Burt'sAnalBeads. Ich kenne sie alle. Ich stelle mir vor, wie jede Einzelne von ihnen vor ihrer Tastatur sitzt und mich hochmütig verdammt. Auf diesen Websites wünscht man mir regelmäßig den Tod.

KAPITEL 54

›BEELZEBUBEN‹ BEFINDET SICH in der Mitte des tumultuarischen zweiten Akts. Rooney und Doodle singen als Zimmermänner in der Hölle Dolores del Río als Beelzebub ein Lied.

DOODLE:
In der Hölle, sagt man,
Sei es höllisch heiß,
Aber heißer noch wird mir
Bei jedem Kuss von dir,
Ach, dann schmilzt das dickste Eis.

ROONEY UND DOODLE:
Oh, ich liebe dich, mein kleines Teufelchen,
Du bist ein süßes Ungeheuer,
Schon bei der Höllenfahrt
War ich in dich vernarrt,
Und jetzt spür ich dein infernalisches Feuer.

Wie aufs Stichwort wird hinter der Bühne ein Streichholz angerissen und an eine lackierte Kulisse gehalten. Das Holz beginnt zu brennen; nahezu augenblicklich steht das gesamte Bühnenbild in Flammen und stürzt auf das Publikum. Das Feuer breitet sich rasch und unaufhaltsam aus. Die Sitze sind billig, aus Polyurethan von der IG Farben gegossen, mit Isopren gepolstert und mit plastifiziertem Gasolin überzogen, wodurch das Theater einen niedrigen Flammpunkt hat, und schon der kleinste Funke könnte den Zuschauerraum in einem Augenblick in Brand setzen. »Es wurde unnötig entflammbares Material gewählt«, sagte Irwin Chello von American Seats. »Das wissen wir jetzt. Aber hinterher ist man immer schlauer.«

Rooney und Doodle bleiben aufgrund ihrer »Verlorene Seelen«-Kostüme aus Asbest auf wundersame Weise unversehrt, aber zwölfhundert Zuschauer und Bühnenarbeiter sterben.

Aus *Variety*:

> *Beelzebuben* machte gestern Abend seinem Namen alle Ehre, als das Shubert Theatre in ein flammendes Inferno verwandelt wurde und 1200 Menschen qualvoll verbrannten. Die Stars Rooney und Doodle überlebten, doch sie könnten ebenso gut tot sein, denn sie werden niemals wieder im Showgeschäft Fuß fassen. Theaterleiter Morton Klipp wird mit den Worten zitiert: »Diese beiden? Die werden nie wieder im Showgeschäft Fuß fassen. Sie haben alle Brücken abgebrannt. Und damit meine ich nicht die Kulisse der Brücke zum Hades, die zum Zeitpunkt des Vorfalls auf der Bühne stand. Wobei ich auch das meine. Sie sind am Ende, das sage ich Ihnen. Am Ende.«

Doodle legt die *Variety* aus der Hand und sieht seinen Partner auf der anderen Seite des Tisches an.

»Ich habe ein schlechtes Gewissen.«

»Ich auch.«

»All die Leute, die sich an einem Freitagabend nach einer anstrengenden Arbeitswoche ein wenig amüsieren wollten.«

»Ich weiß. Ich habe ein schlechtes Gewissen. Habe ich ja schon gesagt.«

»Und für uns sieht es auch nicht gut aus. Es ist ja nicht so, als wären wir unversehrt aus der Sache herausgekommen.«

»Nur körperlich.«

»Das ja.«

»Was sollen wir machen? Im Darstellungswaisenhaus haben wir sonst nicht viel gelernt.«

»Hattest du ›Verbrechen zahlt sich aus‹ belegt?«

»Den Kurs darüber, wie man eine Rolle als Verbrecher bekommt?«

»Ja.«

»Darin habe ich einiges über kriminelle Unternehmungen gelernt.«

»Es wirkte ziemlich lebensecht.«

»Das stimmt. Sie hatten diesen ehemaligen Schränker zu einem Vortrag eingeladen.«

»Fingers O'Grady!«

»Netter Kerl.«

»Ganz wunderbar. Im Verbrechen scheint man sich auch ohne großartige Bildung verdingen zu können.«

»O'Grady hat nie eine Schule besucht. Nicht mal eine Schule für darstellende Kunst.«

»Also haben wir ihm da sogar was voraus.«

»Wir sind klüger als der Betrüger!«

»Haha.«

»Haha. Zu schade, dass wir den Witz nie verwenden können, jetzt, wo wir vom Unterhaltungsgewerbe ausgeschlossen sind. Der ist gut.«

»Wirklich zu schade. Ich schreibe ihn zur Sicherheit mal auf.«

»Wir müssen unsere Namen ändern. Rooney und Doodle, das klingt nicht nach Kriminellen.«

»Stimmt. Was gibt es denn für kriminelle Duos?«

»Bonnie und Clyde. Leopold und Loeb. Burke und Hare.«

»Junge, die hast du ja wirklich parat.«

»Ja, habe ich. Thompson und Bywaters.«

»Hmm. Sie müssen wirklich ernsthaft klingen.«

»Rood und Doone?«

»Das gefällt mir.«

»Klingt wirklich gut.«

»Vor Rood und Doone hätte ich Angst.«

»Dann nehmen wir Rood und Doone.«

»Oder Roon und Dood?«

»Vielleicht. Ja.«

»Aber wir müssen keine Mörder sein, oder?«

»Ich will wirklich nicht noch mehr Leute umbringen, wenn es sich irgendwie vermeiden lässt.«

»Keine Toten mehr. Nur noch Raub.«

»Die Räuber Rood und Doone.«

»Roon und Dood?«

»Ja, in Ordnung.«

* * *

BARASSINI LÄSST MICH in seiner Sockenschublade schlafen, die aus mir unerfindlichen Gründen riesig ist. Oder bin ich noch weiter geschrumpft? Ich kann nicht zu meinem Türpfosten, um nachzuschauen. Es ist ziemlich gemütlich auf all den zusammengerollten Socken, und es ist dunkel und still. Das einzige Problem ist, dass mich morgens jemand herauslassen muss. Das bedeutet, dass ich nachts nicht zum Pinkeln aufstehen kann, was ich eigentlich immer mindestens zweimal tun muss. Leicht beschämt informiere ich Barassini über mein Blasenproblem und frage, ob wir die Schublade offen lassen könnten, damit ich im Bedarfsfall hinausklettern kann. Er sagt Nein und gibt mir eine Orangensaftflasche aus Plastik, »wie sie die Fernfahrer benutzen«. Der Not ist jede Art von Gebot ganz und gar fremd, wie die alte Weisheit sagt, wenn ich mich nicht irre.

»Gut, schieß los.«

Ich bin in einer Höhle. Der Meteorologe ist auch dort, macht sich an einer Maschine voller Vakuumröhren, Drehregler, blinkender Lichter und Hunderter von Kabeln zu schaffen. Es ist ein historischer Computer, und er zieht sich einmal um den gesamten riesigen Raum herum. An einem Ende wird eine Reihe von Zeichnungen aus einem

Drucker ausgespuckt und von einer fest montierten Fotokamera automatisch aufgenommen.

Überblendung zu dem Meteorologen, der in der Höhle auf einem Stuhl vor einer kleinen Filmleinwand sitzt, die eine Animation zeigt: Eine gezeichnete Version des Meteorologen sitzt am Schreibtisch und schreibt in ein Notizbuch. Eine rudimentäre, elektronisch synthetisierte Off-Stimme (die des Meteorologen?) begleitet die Animation:

»Die größte Hürde stellt freilich noch immer die Begrenztheit des menschlichen Gehirns dar. Könnte ich eine ausreichend komplexe elektronische Rechenmaschine entwickeln, dann wäre ich vielleicht in der Lage, die Ergebnisse nahezu in Echtzeit und irgendwann womöglich sogar schneller zu berechnen. Erst dann hätte ich eine echte Weissagungsmaschine.«

Ein Fingerschnippen, und ich bin wieder in Barassinis Sprechzimmer.

»Ah!«, sagt Barassini. »Es ist ein *Meteorologe* und kein ›Mett-Orologe‹. Jetzt verstehe ich.«

Ich habe keine Ahnung, wovon er spricht.

Tsai sitzt am Empfangstisch, löst ein Kreuzworträtsel und knallt mit ihrem Kaugummi. Gott, sie ist abstoßend – alles, was ich an Frauen hasse, in einen einzigen ekelerregenden Fleischsack gepresst. Wie konnte es mit uns nur so weit kommen?

»Wow«, sagt Barassini, »also, nur damit ich es richtig verstehe: Der Meteorologe sieht einer animierten Version von ihm selbst zu, die genau das tut und denkt, was wir ihn vorher haben tun und denken sehen.«

»Ja. Diesmal vorausberechnet von dem Computer, der immer weiter auf seinen ursprünglichen Berechnungen aus dem Windkanalexperiment aufbaut. Das ist alles das Resultat des Blatts, das gegen die Glasscheibe geflogen ist.«

»Wie abgedreht«, sagt Barassini. »Das ist ein bisschen so, als ließe sich anhand eines einzelnen Moments die gesamte Zukunft voraussagen.«

»Ach was. Ja, es ist ganz genau so.«

»Aber Mett-Orologe hätte auch sein können, ist dir das klar?«

»Natürlich ist mir das klar. Wofür hältst du mi–«

Tsai unterbricht uns.

»Kennt einer von euch ein Wort mit neunundzwanzig Buchstaben für Angst vor –«

»Hexakosioihexekontahexaphobie!«, rufe ich heraus, ehe es sonst jemand im Raum sagen kann.

»Wirklich?«

»Du suchst doch nach einem Wort für Angst vor der Zahl sechs-sechs-sechs, oder? Habe ich recht? Ja oder nein? Sag's mir!«

»Ja.«

»Hexakosioihexekontahexaphobie. H-e-x-a-k-o-s-i-o-i-h-e-x-e-k-o-n-t-a-h-e-x-a-p-h-o-b-i-e.«

»Woher weißt du das?«

»Ich habe einmal eine sehr lange Monografie geschrieben, in der ich das Thema ›extrem lange Wörter‹ behandelt – und auch extrem lange Wörter verwendet – habe. Wenn ich mich recht erinnere, trug sie den Titel *Stock und Stein brechen mein Gebein, doch Worte bringen keine Pein? Weit gefehlt! Eine kurze Geschichte der Macht des Wortes, Schaden zuzufügen, mit Schwerpunkt auf extrem langen Wörtern, da bei extrem langen Wörtern der zugefügte Schaden länger anhält, weil er sich über viele, viele, viele Silben erstreckt* und erschien im *Journal of Hippopotomonstrosesquipedaliophobia*, was, wie ihr vielleicht wisst oder vielleicht auch nicht, als Angst vor extrem langen Wörtern definiert ist, falls ihr es nicht wisst. Daher weiß ich das. Außerdem hatte ich auf dem College – was in meinem Fall Harvard war – im Nebenfach Zahl-des-Tieres-Studien belegt. Sechs-sechs-sechs ist die Zahl des Tieres, wobei es eigentlich Sechs-eins-sechs ist, was vielleicht nicht ganz aus Zufall die Ortsvorwahl der unteren Halbinsel von Michigan ist, was vielleicht nicht ganz aus Zufall die ehemalige Ortsvorwahl von Betsy DeVos und ihrem bösartigen Bruder Erik Prince ist, die ich Betsy DeVil respektive Erik Prince of Darkness nenne.«

»Wow«, sagt sie. »Könntest du das noch mal buchstabieren?«

»H-e-x-a-k-o-s-i-o-i-h-e-x-e-k-o-n-t-a-h-e-x-a-p-h-o-b-i-e.«

»Klappt das mit der Sockenschublade einigermaßen?«, fragt Barassini, vermutlich um das Thema zu wechseln.

»Hmm?«

Ich bin in Gedanken verloren. Erinnerungen an den Zahl-des-Tieres-Kurs spuken mir im Kopf herum. Der alte, ruppige, liebenswürdige Professor DeMarcus mit seiner alten, ruppigen Liebenswürdigkeit, der uns immer unser Bestes abverlangte.

»Drittes Buch der Makkabäer 2.29«, rief er dann. »Moderne Parallelen?«

Und wir holten unsere Rechenschieber hervor und rechneten wie wild.

»Strichcodes?«, sagte einer von uns, wahrscheinlich dieser Streber MacDougall.

»Ganz recht, MacDougall«, sagte DeMarcus dann, ein Funkeln väterlicher Liebe zu MacDougall im Auge.

»Klappt das mit der Sockenschublade?«

»Was?«

»Sockenschublade? Klappt?«

»Oh. Ja. Bestens.«

Und damit verschwinden meine Erinnerungen an DeMarcus aus irgendeinem Grund in einer buchstäblichen Rauchwolke. Nun denke ich darüber nach, dass ich einmal alles gegeben hätte, um in Tsais Sockenschublade zwischen ihren Socken schlafen zu dürfen. Jetzt ist ihre Sockenschublade genau neben derjenigen, in der ich schlafe, und dazwischen ist ein Fenster, und es ist mir gleich. Ich schaue auf ihre bestrumpften Füße unter dem Tisch. Sie lösen nichts mehr in mir aus. Es sind Füße. Schreckliche, monströse Menschenfüße. Nichts löst mehr etwas in mir aus.

Letzten Endes bin ich nur ein alter Mann, der in der Sockenschublade eines Hypnotiseurs schläft. So hatte ich mir als Kind mein Leben nicht vorgestellt.

Ich glaubte, ich würde erfolgreich sein: ein Arzt, ein Rechtsanwalt, Häuptling eines indigenen Volkes, jemand, der Gutes in der Welt schaffen würde, auf den meine Eltern stolz sein könnten. Leidenschaftlich, hochgeschätzt, liebenswert. Vielleicht sogar ein einfacher Zimmermann, jemand, der mit seinen (ihren, xiesen) Händen arbeitet, um etwas Nützliches zu schaffen. Jesus war schließlich auch Zimmermann; es ist nichts Schandbares. Jemand hat diese Kommode gezimmert. Jemand hat sie groß genug gemacht, um einen schrumpfenden Mann zu beherbergen, vielleicht im Wissen, dass sie irgendwann ein kleiner, gebrochener Mann genau zu diesem Zweck gebrauchen würde, im Wissen, dass sie diesem Mann irgendwann womöglich das Leben retten würde.

Barassini sagt Gute Nacht und schließt die Schublade.

Im Dunkel dämmere ich hinweg und finde mich wie jede Nacht in der Brainio-Stadt wieder, die Abbitha geschaffen hat. Sie ist natürlich nicht mehr da. Es ist eine Hülle des Traums, das zurückgebliebene Geröll. Ich durchforste leere Gebäude ohne echte Hoffnung, sie je wiederzusehen. Ich wünschte, ich könnte andere Träume haben. Irgendeinen anderen Traum, aber nachts ist dies mein Gefängnis: eine leere Stadt, eine Sockenschublade, berufliches Scheitern.

KAPITEL 55

»BESCHREIB ES MIR«, sagt Barassini, als er die Schublade um Punkt 7.00 Uhr öffnet.

Es ist Nacht. Wie so häufig liegen Mudd und Molloy auf Tour in einer billigen Absteige zusammen in einem Bett.

»Bud?«

»Ja, Chick?«

»Ich kann nicht schlafen. Kannst du ein Stück rutschen?«

»Ich kann nicht mehr weiter. Ich liege schon ganz am Rand.«

»Ich komme nicht zur Ruhe.«

»Zähl Schäfchen.«

»Die verstecken sich immerzu hinter der Scheune.«

»Welche Scheune?«

»Die auf der Farm, die ich mir vorstelle.«

»Dann stell dir eben keine Farm vor.«

»Auf Farmen gibt es Scheunen.«

»Stell dir die Schafe einfach auf einem Feld vor.«

»Was ist mit Bäumen?«

»Was soll damit sein?«

»Auf Feldern gibt es Bäume.«

»Und?«

»Die Schafe könnten sich dahinter verstecken. Wenn sie dünn genug sind. Die Schafe, nicht die Bäume.«

»Stell dir eine Wiese ohne Bäume vor.«

»Große Felsen?«

»Nein.«

»Gut. Können die Schafe am Horizont verschwinden?«

»Es gibt einen Zaun.«

»Kannst du wirklich nicht ein kleines Stückchen rücken?«

»Ich kann nicht, Chick. Mein linkes Bein hängt schon aus dem Bett.«

Langes Schweigen.

»Wollen wir noch ein bisschen quatschen oder so?«, fragt Chick.

»Ich muss schlafen.«

»Können wir uns nur kurz unterhalten? Ich habe eine Idee.«

»Kurz.«

»Kennst du den Film *Lawrence von Arabien*?«

»Natürlich. Ein großer Erfolg.«

»Und du kennst doch den Film von Abbott und Costello über die Fremdenlegion?«

»*Abbott und Costello als Legionäre*. Natürlich.«

»Ich glaube nicht, dass er so hieß.«

»Doch.«

»Wie dem auch sei. Du irrst dich, aber wie dem auch sei, ich habe mir –«

»Ich irre mich nicht.«

»Wie dem auch sei. Jedenfalls habe ich mir überlegt, wie es wäre, wenn wir einen eigenen Wüstenfilm machen würden. Hope und Crosby haben auch schon einen gemacht.«

»*Der Weg nach Marokko*.«

»Nein.«

»Doch!«

»Wie dem auch sei –«

»Er heißt *Der Weg nach Marokko*.«

»Wie dem auch sei. Es ist ein erfolgreiches Genre, das sich für Parodien anbietet.«

»Gut.«

»Wir könnten ihn *Lümmels von Arabien* nennen.«

»Gut.«

»Die Lümmels wären wir.«

»Das dachte ich mir.«

»Das ist eine Verballhornung von *Lawrence von Arabien*.«

»Ich habe es verstanden.«

»Und was meinst du?«

»Ist das deine ganze Idee?«

»Kamele. Fez-Hüte. Du weißt schon. Solche Sachen. Alles, was dazugehört.«

»Wer sollte uns denn das Geld geben, um ein Wüstenepos zu drehen, Chick? Wir bekommen ja nicht mal die Gemeindesäle hier in der Walachei voll.«

»Wir machen es ganz billig. Wir drehen in einem Sandkasten.«

»Wie auf einem Kinderspielplatz?«

»Klar. Nahaufnahmen, Obersicht. Das merkt keiner.«

»Du hast das nicht durchdacht, Chick.«

»Gewiss, die Details müssen noch ausgefeilt werden.«

»Ja.«

»Ich bin ein Mann der Ideen. Ich denke in größeren Zusammenhängen. Um die Einzelheiten kannst du dich kümmern.«

»Zum Beispiel, wie man Kamele in einen Sandkasten bekommt?«

»Das und wo man ein paar billige Fez-Hüte herkriegt.«

»Ich muss schlafen, Chick.«

»Zwergkamele? Gibt es so was? Ich überlege bloß laut.«

»Wir reden morgen darüber.«

»Ich kann nicht schlafen. Ich habe das Gefühl, wir stehen so dicht vor einem Durchbruch.«

»Wie dicht?«

»So dicht.«

»Du sagst immer nur ›so dicht‹. Aber du zeigst keinen Abstand an.«

»Es ist dunkel.«

»Nicht so dunkel, dass ich nicht sehen könnte, dass du keinen Abstand anzeigst.«

»Na schön. *So* dicht.«

»Gut.«

ES IST DER nächste Tag, und ich kehre mit einem an einer Schnur von einer Angelrute baumelnden Schweinskotelett zu meiner Wohnung zurück. Dominick klemmt noch immer in der Tür fest. Ich schwinge das Kotelett vor seiner Nase hin und her, um ihn zu motivieren. Es funktioniert. Mit einem Champagnerkorken-*Plopp* kommt er aus der Tür frei, grapscht nach dem Kotelett, und ich husche zwischen seinen Beinen hindurch in die Wohnung, schlage die Tür zu und schiebe die dreiundzwanzig (dreiundzwanzig?) Riegel vor. Schwer atmend lehne ich mich an die Tür, während Dominick von außen dagegenhämmert und schreit, ich solle ihn hereinlassen. Das werde ich nicht. Er kommt hier niemals wieder herein. Ich bleibe in diesem Raum, bis er aufgibt und weggeht.

Das Hämmern hält tagelang an, mit achtstündigen Unterbrechungen, während wir beide schlafen. Ich schreibe Sebastiano eine E-Mail und frage ihn, ob er noch eine Wohnung suche. Sein Buschmesser bereitet mir jetzt nicht mehr so viele Sorgen. Es kommt keine Antwort. Vielleicht ist er verreist.

Selbst in meiner Wohnung abgesondert, findet mich die Welt des lustigen Schmerzes. Mein Rauchmelder schrillt mehrmals scheinbar grundlos auf, bis ich merke, dass ich eine Zigarette rauche und viele weitere Zigaretten in Aschenbechern überall in der Wohnung und in meinen Händen glimmen. Ich drücke sie alle aus und steige dann auf drei übereinandergestapelte Stühle, um die Batterie aus dem Rauchmelder zu nehmen. Die Stühle kippen um, ehe es mir gelingt, und ich stürze und lande einmal mehr mit dem Kopf in einem Mülleimer. Beim zweiten Versuch bin ich erfolgreich; zwar stürze ich wieder, aber diesmal mit der Batterie in einer Hand und aus irgendeinem unerfindlichen Grund mit einer neuen brennenden Zigarette in der anderen. Diesmal lande ich mit dem Kopf im Schirmständer, Modell Elefantenfuß. Ich besitze gar keinen Elefantenfuß-Schirmständer. Wo kommt der her? Ich stehe auf und sehe in dem Spiegel im Flur, dass ich den Schirmständer noch immer auf dem Kopf trage wie die Mütze eines Tambourmajors. Ich muss meine Gedanken, meinen Geist beruhigen. Ich muss aufhören, mich zu bewegen, muss aufhören, den Umständen zum Opfer zu fallen.

Die Notwendigkeit zur Verlangsamung erinnert mich an das Schweigemeditations-Seminar in einem buddhistischen Kloster in Bali, an dem ich zu College-Zeiten mit meiner damaligen Freundin Chumi teilgenommen hatte. Sie musste mich mit Gewalt dorthin schleifen, da ich kein mystischer Typ bin und mich niemals dem blödsinnigen Hokuspokus irgendeiner religiösen Doktrin unterwerfen werde, schon gar nicht einer des »mysteriösen« Ostens. Doch die Liebe macht uns alle zu Rindviechern (Liebe macht Rind! Das *muss* ich irgendwo verwenden!), und wider besseres Wissen finden wir uns in Sarongs wieder, die zuvor weiß Gott wer getragen hat. Nichtsdestoweniger hat mich die Erfahrung verändert, hat mich weich gemacht. Das ständige Geschnatter in meinem überaktiven Geist ist leiser geworden. Das ist es!, beschließe ich. Das ist es, was ich jetzt tun muss. Ich muss diese Stille finden. Ich muss inmitten des Wahnsinns der Außenwelt meine eigene Stimme finden. Und ich nehme ganz natürlich und mühelos die Atemmeditation wieder auf, die ich dort geübt hatte. Ich lausche den Stimmen in meinem Kopf: dem Zweifel, dem Spott, der Kritik, den Selbstvorwürfen, den sonderbaren, scheinbar fremden Gedanken – Erbsen schälen auf einer Erbsenfarm in Tunesien, den Cancan tanzen in den Folies Bergère, meine glückliche Kindheit als Sklavenarbeiter in einer venusischen Minenkolonie. Ich tue es, ohne zu urteilen, und lasse all diese Gedanken sanft ziehen. Und ich atme. Die Empfindungen, die sich bei solchen Übungen einstellen, sind urtümlich. Ich weine. Ich winde mich. Ich lache. Ich ringe mit meinem Gott.

Ich ringe mit Anton Fricker-Ventucci, der die ganze Nachbarschaft tyrannisiert. Und während alldem atme ich. Und ich verlangsame mich. Und mein Atem wird weniger abgehackt, tiefer. Nach einiger Zeit (wer weiß, wie viel Zeit, denn die Zeit hört auf zu existieren!) spüre ich, dass ich meine Mitte gefunden habe. Ich fühle mich nicht länger attackiert, stehe nicht länger mit dem Rücken zur Wand. Die Welt hat sich mir auf überraschende Weisen geöffnet. Es ist mein Ziel, in die Welt hinauszugehen und dabei diese Offenheit beizubehalten. Ich entriegle die Wohnungstür. Jedes Schloss eine eigene, gequantelte Erfahrung, bei der ich ganz und gar anwesend bin. Vierunddreißig Bolzen. Eins, zwei, drei, vier, fünf, sechs, sieben, acht, neun, zehn, elf, zwölf, dreizehn, vierzehn, fünfzehn, sechzehn, siebzehn, achtzehn, neunzehn, zwanzig, einundzwanzig, zweiundzwanzig, dreiundzwanzig, vierundzwanzig, fünfundzwanzig, sechsundzwanzig, siebenundzwanzig, achtundzwanzig, neunundzwanzig, dreißig, einunddreißig, zweiunddreißig, dreiunddreißig, vierunddreißig. Fünfunddreißig. Gut, fünfunddreißig Bolzen. Nun, da ich erleuchtet bin, entgeht die diesem Entriegeln innewohnende Symbolkraft nicht meiner Aufmerksamkeit, aber ich lasse sie mit allen anderen Gedanken ziehen, während ich den Türknauf drehe und die Tür öffne. Da liegt Dominick, schlafend wie ein Baby, nicht länger furchteinflößend. Er ist einfach nur Dominick, der widerwärtige, übelriechende, fettleibige Dominick, nur eine weitere Manifestation des Göttlichen. Ich schließe die Tür ab, damit er nicht in die Wohnung kann, steige über ihn hinweg und verlasse das Gebäude. In meinem gegenwärtigen Zustand wirkt die Straße verändert. Ich sehe alles. Den italienischen Erdnussverkäufer an der Ecke, der mit seinem wohlklingenden Gesang »Erdnusse, Erdnusse zu verkaufen-e« seine Waren feilbietet. Andere Dinge. Dann bin ich am Port Authority und sehe den abfahrenden Bussen hinterher. Der Bahnhof ist belebt wie immer, aber ich sehe ihn jetzt in einem neuen Licht. Die engelshäuptigen Pendler in einer Choreografie aus lieblicher Traurigkeit, gescheiterten Träumen, gescheiterten Leben. *Wie bin ich hierhergekommen?*, scheinen sie alle flehentlich zu fragen.

Erdnusse, Erdnusse zu verkaufen-e.

Der italienische Erdnussverkäufer, der Atomphysiker auf dem Weg zu einem Atombombentest, die mit Benzos zugedröhnte Hausfrau in ihrem Vorort auf der Suche nach einem Abenteuer: Sie sind alle gleich. Alle eins. Alle aus denselben Elektronen, Protonen und Newtonen, glaube ich. Es ist wahrhaftig eine menschliche Bruderschaft (Schwesternschaft), und hier bin ich, nur ein weiterer Haufen Atome, der von anderen Atomhaufen abprallt. Augenblicklich fühle ich mich frei und zugleich gefesselt, weil es keine Dualität gibt. Und damit bin ich hier und fort zugleich. Ich bin jetzt und einst zugleich. Ich bin Afroamerikaner (»schwarz«) und Weißer (»kaukasoid«) zugleich. Diese Offenbarung scheint von der Möglichkeit begleitet zu sein, meinem Peiniger zu entfliehen, wer auch immer es sein mag. Fast wie aufs Stichwort leuchtet die Anzeigetafel auf: letzter Aufruf für den Greyhound-Bus nach Nowhere, Oklahoma. Nowhere, OK. Nowhere ist okay. Ich wusste nicht, wonach ich auf der Suche war, aber ich habe es gefunden.

Der Bus nach Nowhere fährt vom Bahnhof auf eine öde, schattenlose New Yorker Straße. Vielleicht liegt es daran, dass ich die Stadt nun durch erleuchtete Augen sehe, aber ich erkenne die Straße nicht. Die Geschäfte scheinen ausgetauscht worden zu sein. The Haberdasheria? Blockman's Battle Bots? Und die Mienen der Menschen auf der Straße, die Autos auf der Straße, die Straße auf der Straße haben alle etwas Unbestimmtes. Ich konzentriere mich auf meinen Atem. Es sprengt beinahe mein Aufnahmevermögen. Während der Bus langsamer wird und ich noch viel langsamer werde, sodass ich drei Sitzreihen nach hinten rutsche, sehe ich *mich* draußen auf der Straße, wie ich aus dem Port Authority komme, nur dass ich rückwärts herauskomme. Das ist es, wird mir plötzlich bewusst: Alles auf der Straße läuft rückwärts ab. Und da ist noch etwas anderes: Die Luft schwirrt vor dahinschwebenden Tröpfchen, wie durchsichtiger Blütenstaub. Sie treiben den Menschen in die Ohren, scheinbar absichtslos, aber mit einer solchen Regelmäßigkeit, dass es kein Zufall sein kann. Ich sehe diese Tröpfchen auch aus Ohren hervorkommen, nachdem sie sich offenbar vermehrt haben, dann zerstieben und in andere Ohren eindringen. Der Bus folgt meinem anderen Ich die Straße entlang, als wäre er eine Kamera auf einem Kamerawagen, die auf mein Rückwärts-Double gerichtet ist. Ich bin daher nahe genug, um zu sehen, wie die Tröpfchen auch in die Ohren meines anderen Ichs eindringen und sie wieder verlassen. Was geschieht in dieser schrecklichen Welt vor dem Busfenster? Welche lovecraftsche Höllenlandschaft gewahre ich plötzlich?

Ich sehe zu, wie ich den Weg, den ich zum Port Authority genommen hatte, rückwärts wieder zurückgehe, vorbei an dem italienischen Erdnussverkäufer, »E-nefuakrev uz Essundre, Essundre«, hinein in mein Mietshaus. Der Bus fährt vorüber. Mein Rückwärts-Ich ist jetzt außer Sichtweite, und ich verliere rasch das Interesse – was soll's – und schweife in Gedanken wieder zu meinem Bartmonolog ab. Ich füge dem Teil über die Unterschiede zwischen falschen und echten Bärten einen neuen Abschnitt hinzu, komme kurz auf die Barten des Wals zu sprechen und auf die gegenwärtige Verwendung des Wortes *beard* als Jargon für eine vorgetäuschte heterosexuelle Beziehung. Etwas reißt mich aus meinen Träumereien. Wenn ich über den unmittelbar vor mir liegenden Raum hinausschaue, kann ich einen strahlenden anderen Raum sehen, der sich als eine Art dreidimensionale, deutlich weniger cartoonhafte Version des ikonischen und auf problematische Weise sentimentalen *New-Yorker*-Covers des Comedians David Steinberg in die Unendlichkeit erstreckt. Es ist wunderschön und hoffnungsvoll, und ich glaube, ich bin im Begriff, in ein neues und großartiges Abenteuer zu ziehen. Meine bisherigen Prüfungen und Beschwernisse sind weit fort, unwichtig. Endlich bin ich glücklich.

Dann hat der Rückwärts-Bus einen Platten, und der Fahrer sagt uns rückwärts, wir müssten alle aussteigen. Ich stehe also auf der Straße, und die Welt ist wieder, wie sie war. Eine Taube kackt auf mich (wie grandios es wäre, wenn die Zeit noch immer rückwärtslaufen würde und die Taubenkacke sich sammeln und wieder in den Anus der Taube gesaugt werden würde; das würde ihr eine Lehre sein), und ich drehe mich um und trotte zurück zu meiner Wohnung uptown, um mich zu säubern.

Meine Wohnungstür ist zersplittert, mit einem grob Dominick-förmigen Loch in der Mitte. Ich erspähe ihn durch das Loch hindurch, wie er wütend auf und ab geht, mit seinem Messer brutale Stechbewegungen ausführt und flucht. Ich versuche zu hören, wen er verflucht. Ich vermute, ich könnte es sein.

Ich bin es.

Ich mache mich auf den Weg zurück zu Barassinis Sockenschublade.

KAPITEL 56

»LOS.«

Der Computer des Meteorologen ist jetzt noch größer.

»Mett-Orologe«, gluckst Barassini. »Ich komme einfach nicht darüber weg. Köstlich.«

Er sitzt vor der kleinen Leinwand und sieht sich eine Animation an, die zeigt, wie er sich vor einer Leinwand eine Animation ansieht. Er kratzt sich an der Nase. Einen Augenblick später kratzt sich sein animiertes Abbild an der Nase. Er bewegt seinen Hintern auf dem Stuhl, und seine animierte Version tut im selben Moment dasselbe. Die Berechnungen holen die Gegenwart ein.

Jetzt passiert es: Die animierte Version reagiert zuerst, und ihre Augen weiten sich vor Erstaunen. Unmittelbar darauf weiten sich auch die Augen des Meteorologen vor Erstaunen.

Seine Stimme fragt aus dem Off: »Weiten sich meine Augen als Reaktion auf das Bild meiner geweiteten Augen auf der Leinwand?«

Er weiß es nicht.

Der animierte Meteorologe wirkt jetzt beunruhigt. Er steht auf. Er verlässt den Raum. Die Zeichnung durchstreift eine Zeichnung des Waldes vor der Höhle. Es beginnt zu regnen, nur einige Tropfen zunächst, dann bricht der Himmel auf, und ein sintflutartiger Platzregen ergießt sich. Die elektronische Computerstimme:

»Das ist genau wie in der Animation!«

Der animierte Meteorologe zieht sich die Jacke über den Kopf und läuft zurück zu der gezeichneten Höhle.

Nun wirkt der echte Meteorologe beunruhigt. Er steht auf, geht auf und ab, verlässt die Höhle. Draußen durchstreift er den Wald. Es beginnt zu regnen, nur einige Tropfen zunächst, dann bricht der Himmel auf, und ein sintflutartiger Platzregen ergießt sich. Er denkt (er kann nicht anders): Das ist genau wie in der Animation!

Er rennt zurück in die Höhle, die Jacke über den Kopf gezogen.

ICH HABE WEITERHIN jede Nacht Abbitha-Träume ohne Abbitha. Ich ziehe weiter durch die Straßen dieser sonderbaren, leeren Traumstadt. Ich suche weiter nach Romanfassungsaufträgen, aber offenbar wurde ich auf die schwarze Liste gesetzt. Das ist so deprimierend wie beunruhigend, denn meine Traumrente ist fällig. Ich bin mir nicht sicher, was passieren wird, wenn ich meine Traumwohnung verliere. Werde ich erfrieren? Kann man in seinem eigenen Traum erfrieren? Vielleicht werde ich aus dem Traum zwangsgeräumt, was gut wäre. Ich vermute, dass es Abbitha war, die mich irgendwie auf die schwarze Liste gesetzt hat. Genau kann ich es nicht wissen, weil ich niemanden fragen kann.

Ich durchkämme die Stellenangebote für Romanfassungsverfasser in der Zeitung. Die Auswahl ist wie immer nicht groß. Es gibt eine Kurzgeschichtenfassung eines Kurzfilms, irgendein Projekt von Studenten der NYU, etwas, was Romanfassungsverfasser nur zur Kurzgeschichtenfassung umarbeiten, um ihr Portfolio aufzupolstern. Geld ist damit nicht zu verdienen. Und es gibt einen schlecht bezahlten Auftrag für einen TV-Horrorfilm mit dem Titel *Schrei mich in den Schlaf* über ein Monster, dessen Schreie Menschen einschlafen lassen, woraufhin es sie im Schlaf umbringt. Es ist eine faszinierende und kontraintuitive Prämisse, und der Regisseur Egg Friedlander ist der visionärste der neuen Riege von Horrorfilmregisseuren in meinem Traum, aber es lässt sich schwer in Buchform übertragen, da im Film hauptsächlich geschrien und geschlafen wird, und die Bezahlung ist auch nicht gut. Aber die Not ist ein Zustand, dem jedwede Art von Gebot vollauf fremd ist, um mich einmal so auszudrücken. Also rufe ich Eggs Produktionsfirma Dimbulb an, um ein Gespräch zu vereinbaren. Nachdem ich meinen Namen genannt habe, herrscht ausgedehntes Schweigen.

»Hallo?«, sage ich schließlich.

»Ja?«, sagt irgendwann die Stimme.

»Ich dachte, die Verbindung wäre vielleicht unterbrochen.«

»Nein, nein«, sagt sie.

»Also …?«

»Ja?«

»Könnte ich zu einem Gespräch vorbeikommen?«

»Oh. Ähm, ja, nun ja, sicher, wenn Sie möchten.«

»Ja. Ich möchte. Darum rufe ich ja an.«

»Ah. Gut, dann ist das ja geklärt, also …«

»Wann wäre denn ein Termin frei?«

»Für?«

»Das Gespräch.«

»Ah. Richtig. Schauen wir mal. Ich fürchte, der einzige Termin, den wir noch haben, wäre gestern.«

»Gestern?«

»Gestern um vier war noch etwas frei.«

»Wo sitzen Sie denn?«

»Ach, ganz am anderen Ende der Stadt, also –«

»Woher wissen Sie denn, an welchem Ende ich bin?«

»Oh. Richtig. Nun, wo sind Sie denn im Augenblick?«

Ich schaue auf das Straßenschild an der Ecke.

»An der Ecke Milton und Wilton.«

»Wie ich es mir dachte, ganz am anderen Ende. Wir sind in der Snowman Street 3593, an der Ecke zur Porridge Street.«

Von einer Snowman Street habe ich schon einmal gehört, doch ich vermute, dass sie sich die Porridge Street ausgedacht hat. Aber da es sich ohnehin um einen Traum handelt, denke ich mir, dass ich die Kreuzung dennoch finden und bis gestern um vier dort sein kann, wenn ich mich gleich auf den Weg mache.

»Ich werde« – ich schaue auf die Uhr – »vor vierzehn Stunden da sein.«

Und das bin ich auch.

Der Firmensitz von Dimbulb befindet sich in einem kleinen Büro im dreizehnten Stock des Snowman-Porridge Building. Und ich sage nur so viel, dass die Empfangsdame, der vermutlich die Stimme morgen am Telefon gehört hat, wohl nicht eingestellt wurde, weil sie das Zehnfingersystem beherrscht – denn sie hat keine Hände. Sie ist außerdem sehr schön. Ihre Schönheit schüchtert mich ein, doch durch ihre fehlenden Hände bin ich ihr immerhin dahingehend überlegen, dass ich zwei davon habe.

»Egg wird Sie jetzt empfangen«, sagt sie, steht auf und führt mich zu einer Bürotür, die sie per Geisteskraft öffnet, durch eine Art Telekinese, wie ich vermute. Vielleicht kann sie doch sehr gut tippen.

Auf einem Sofa in der Besprechungsecke des Raums sitzt jemand, bei dem es sich vermutlich um Egg Friedlander handelt. Er ist ein seltsam geformter Mann, beinahe felsenförmig, wenn auch nicht auf offensichtliche Weise.

»Ich bin Egg«, sagt Egg.

»Ich bin B.«, sage ich.

Er streckt die Hand aus, bleibt aber sitzen. Ich schüttle sie.

»Schön, Sie zu sehen«, sage ich. »Außer Ihnen und Ihrer Empfangsdame habe ich lange keinen anderen Menschen mehr getroffen.«

»Das ist Weird«, sagt er.

»Nun, eigentlich nicht besonders, da die Stadt völlig menschenleer ist, also …«

»Nein. Meine Empfangsdame heißt Weird.«

»Das ist *weird*«, sage ich.

»Die Empfangsdame, ja.«

»Nein, ich meine, es ist *weird*, dass sie Weird heißt.«

»Nun ja, ihre Eltern waren Hippies.«

»Sie wirkt recht jung für jemanden mit Hippie-Eltern. Und zudem kommt mir Weird nicht wie ein typischer Hippie-Name vor. Das wäre eher so etwas wie Freedom oder Moonshine.«

»Moonshine?«

»Moonbeam, meine ich.«

»Wie dem auch sei, wir verschwenden hier wertvolle Zeit. Ich habe vor zwei Minuten ein Gespräch. Also, sagen Sie mir rasch, wie Sie einen Film, in dem hauptsächlich geschrien und geschlafen wird, zu einer Romanfassung umarbeiten würden.«

»Aiiiiiiiieeeeeeeee!!!!!! und zzzzzzzzzzzz!!!!!!«, sage ich.

Das scheint ihn zu beeindrucken.

»Das beeindruckt mich nicht«, sagt er.

»Lassen Sie mich das noch zu Ende ausführen.«

»Gut.«

Ich schinde Zeit. Weiter als bis zur onomatopoetischen Übertragung des Schreiens und Schlafens bin ich nicht gekommen.

»Natürlich würden auch andere Schreibweisen verwendet werden. Der Abwechslung halber«, versuche ich es.

»Ja. Und weiter?«

»Ähm … Es wäre gruselig. Das auf jeden Fall auch.«

»Tut mir leid, dass ich Ihre Zeit verschwendet habe, Mr. Rosenberger –«

»Mx.«

»Mr. Mx., aber ich glaube, es passt einfach nicht.«

»Rosenberg.«

»Rosenberg. Man hat mir gesagt, dass Sie wohl nicht der Richtige wären, aber ich bin mit Ihren Romanfassungen aufgewachsen, daher wollte ich Ihnen wenigstens eine Chance –«

»Moment. Wer hat Ihnen gesagt, ich wäre nicht der Richtige?«

»Wissen Sie, das spielt keine Rolle. Man hört eben vieles.«

»Bitte. Ich brauche den Auftrag. Ich habe die Romanfassung von *Ich wache schreiend auf* geschrieben, worin es, wie der Titel sagt, sowohl ums

Schlafen als auch ums Schreien ging, oder zumindest ums Schreien unmittelbar nach dem Schlafen, also kenne ich mich mit dem Genre aus.«

»Tut mir leid.«

»Ganz zu schweigen von meinen anderen Schrei/Schlaf-Arbeiten. Vor allem für Laienspielgruppen.«

»Es tut mir leid. Ich hatte einen Termin. Weird wird Sie nach draußen begleiten.«

»Können wir wenigstens in Verbindung bleiben? Ich bin sehr einsam.«

Die Tür öffnet sich wie durch Telekinese, und Weird erscheint.

»Hier entlang«, sagt sie.

Und ich gehe dort entlang, und dann ziehe ich wieder einmal durch die Straßen der verwaisten Stadt.

DER METEOROLOGE IST jetzt älter, vielleicht sechzig, der Computer noch größer, modern, Knöpfe statt Drehreglern, Transistoren statt Vakuumröhren. Ein großer Videomonitor hat die Filmleinwand ersetzt. Die Off-Stimme ertönt:

»Ich suche weiterhin nach den Zahlen für *meinen* bestimmten Kreisbogen, nach dem Punkt, an dem meine Seinslinie endet, das heißt, an dem die Zeitschiene meines Lebens endet.«

Auf dem Monitor: Nacht. Er sieht sich selbst auf ein einsames Stück Landstraße zugehen. Die Animation ist jetzt weit fortschrittlicher, die Illusion von Dreidimensionalität, Farben. Wunderschön.

»Ah. Da wären wir also«, sagt der Meteorologe. »Das Ende der Straße, sozusagen.«

Er stößt ein trockenes, trauriges kleines Lachen aus.

Auf dem Monitor zieht der jetzt noch ältere Meteorologe einen Wagen mit einem tragbaren Presslufthammer, einer Schaufel, einer Kelle, einer brünierten Kiste und einem Eimer mit flüssigem Kaltasphalt. Sein GPS-Gerät führt ihn zu einer bestimmten Stelle der Straße, an der er stehen bleibt. Er schaut nach links und rechts, aber offenbar nur aus Gewohnheit, denn die Straße ist leer. Er nimmt den Presslufthammer und beginnt ihn zu benutzen, ohne einen Gehörschutz zu verwenden. Warum sollte er? Nach dieser Nacht wird er seine Ohren nie wieder brauchen. Als er die Asphaltschicht durchbrochen hat, gräbt er tiefer, bis ein ausreichend großes Loch entstanden ist. Er legt die brünierte Kiste hinein, bedeckt sie mit Erde, gießt das Loch mit Asphalt aus, glättet ihn mit der Kelle und steht auf. Er wirkt nervös.

Er betrachtet sein Gesicht in dieser animierten Version auf dem Monitor. Er sieht die Anspannung darin. Er hört seine Gedanken aus dem Off:

»Also gut. Das ist es.«

Sein Verstand arbeitet langsamer; er bemerkt eine leichte Brise, den sternenklaren Himmel. Ein grüner Wagen – ein Mustang? Ein Camaro? Er kennt sich mit Autos nicht aus – biegt um die Kurve, rast unkontrolliert auf ihn zu. Er macht sich keine Mühe, aus dem Weg zu gehen, denn was geschieht, geschieht, und es lässt sich nicht ändern. Der Wagen rammt den animierten Meteorologen, der in einen Graben fliegt, und fährt weiter. Er liegt da, blutig, zerschmettert. Der Meteorologe in der Höhle sieht den Meteorologen auf dem Bildschirm im Graben liegen, als wäre er sein eigener körperloser Geist, der über seinem verstümmelten Körper schwebt, aber das ist nicht jetzt, denn es liegt zehn Jahre in der Zukunft. Nicht jetzt, aber bald und ohne jeden Zweifel. Er fragt sich, wieder als Off-Stimme, wie das sein kann, wie es in Stein gemeißelt sein kann, wie es ihm unmöglich sein kann, nicht zu jener Zeit auf jener Straße zu sein, obgleich er nun weiß, dass er nicht dort sein darf, wenn er am Leben bleiben will. Er weiß das jetzt. Der Grund ist, dass er keine Wahl hat. Er könnte es jemandem, der es nicht erlebt hat, nicht erklären, doch er ist niemand, der es nicht erlebt hat, und er weiß, dass er in jener Nacht wie geplant dort sein wird. Es ist keine Begegnung in Samarra. Keine Tricks notwendig. Er wird dort sein, weil er dort sein wird. Und nun weiß er zehn Jahre im Voraus, wie und wann und wo er sterben wird.

Er fragt sich, ob es wehtun wird.

Ihm kommt der Gedanke, dass irgendwo in diesen Daten eine simulierte Version seiner selbst existiert, die diese filmische Vorhersage seines Todes ansieht, so wie er es gerade getan hat. Er gibt eine Suchanfrage in seine Tastatur ein, und da erscheint es auf dem Bildschirm, eine Animation von ihm in seiner Höhle, wie er sich auf dem Bildschirm ansieht, wie ihn der Wagen rammt und er im Voiceover überlegt, dass es eine Animation davon geben muss, wie er den Augenblick seines Todes entdeckt, und wie er, statt sie sich anzusehen und den Weg in den infiniten Regress zu beschreiten, den Computer ausschaltet. Das Ganze lässt ihn in einer Depression versinken, wie es sicherlich auch irgendwo in diesen Zahlen vorhergesagt ist. Er fühlt sich hoffnungslos. Er erwägt Selbstmord, aber natürlich kann er sich nicht umbringen, aus dem ganz einfachen Grund, dass er sich nicht umbringen wird. Sogar die Selbstmordgedanken in diesem Augenblick sind irgendwo in dem Computer vorausberechnet. Es lässt sich nicht ändern. Denn es gibt kein anderes Kausalitätsgesetz als dieses: Dinge geschehen, weil sie geschehen. »Und es fällt mir jetzt so schwer, mich zu konzentrieren«, denkt seine eigene Off-Stimme (nicht die elektronische, vorausberechnete), »denn das ist es, und ich sehe es, und mein Leben geht nicht mehr weiter, und dort endet alles und doch auch wieder nicht, weil ich in dem Video tot bin, das Video aber weiterläuft. Ich werde es also wieder einschalten und zusehen, wie die Polizei kommt, und dem Rettungswagen und den Feuerwehrfahrzeugen zusehen und mich dann von meiner Leiche abwenden und die Straße hinunterblicken, denn die ganze Welt ist hier vorausberechnet, nicht nur ich, denn mit genügend Zeit und ausreichender Rechenleistung lässt sich die gesamte Welt, die gesamte Zukunft vorausberechnen. Und das ist wohl etwas, was ich gerade gelernt habe: dass ich die Welt über die Zeit hinaus sehen kann, während der ich in ihr existiere. Und dennoch muss ich abwarten, bis ich sterbe. Es geschieht, wenn es geschieht, und womit vertreibe ich mir die Zeit?«

Er geht auf und ab. Doch das genügt nicht.

»Vielleicht werde ich einfach die nächsten zehn Jahre durch diese virtuelle Landschaft ziehen, ein Vagabund, ein transtemporaler Durchreisender, ein Beobachter auf der Schwelle, der die Welt sieht, wie sie sein wird. Mir kommt der Gedanke, dass ich dadurch auch Patente und Schaltpläne aufspüren kann, die Jahre in der Zukunft liegen, und innerhalb dieser künftigen wissenschaftlichen Fortschritte kann ich Technologien zutage fördern und jetzt schon in meinen Computer implementieren, die der Zeit, die dem augenblicklichen Wissensstand voraus sind. Und das wird meinen Computer noch schneller machen, sodass ich vielleicht in fünf Monaten Baupläne und Bauteile von Computern studieren kann, die es erst in dreißig Jahren geben wird, und diese ebenfalls implementieren kann. Und so weiter und so fort, sodass ich, bis ich in zehn Jahren sterbe, in der Lage sein werde, hundert Jahre in die Zukunft zu sehen, tausend Jahre. Wer weiß?

Zumindest wird es mir die Zeit vertreiben. Mich von den äußeren Umständen ablenken. Das Fazit lautet in jedem Fall, dass ich diesen Pfad beschreite, weil ich ihn beschreiten werde, auch wenn ich mir einrede, dass ich mich dafür entscheide, um meine verbliebene Zeit auszufüllen.«

Warum um Himmels willen aber, fragt er sich, denn er kann nicht umhin, die Frage nach dem »Warum« zu stellen, wird er in zehn Jahren mitten in der Nacht mitten auf einer Straße eine Kiste vergraben?

Szenenwechsel zu Bud und Chick, die zusammen im Bett liegen.

»Bud?«

»Ja, Chick?«

»Ich kann nicht schlafen. Kannst du ein Stück rutschen?«

»Ich kann nicht mehr weiter. Ich liege schon ganz am Rand.«

»Ich bin aufgewühlt und reizbar.«

»Zähl Schäfchen.«

»Die Schafe verstecken sich hin–«

Augenblick mal! Habe ich das nicht schon einmal gehört? Das ist eine Wiederholung. Aber das sollte nicht – Ich wurde hinters Licht geführt. Ein von Barassini voraufgezeichnetes Band von B.s Erinnerung an ein Gespräch zwischen Mudd und Molloy in Ingos Film wurde abgespielt, um B. Zeit zu verschaffen, mir zu entkommen.

Alles ist verloren.

B. ist fort. B. Ruby Rosenberg ist fort. Balaam Rosenberger Rosenberg ist fort. Unser geliebter Rosenberg ist fort. Die offenen Kanalschächte von New York pfeifen hohl und trauervoll im Wind. Die Vogelkacke fällt weiter, landet aber auf niemandem.

Es sind Zeiten wie diese, in denen Sinnfragen aufkommen. Es sind Zeiten wie diese, in denen die Innenschau für den Augenblick die einzige Handlungsoption ist, weil es sonst leider nichts zu sehen gibt. Was ist schiefgelaufen? Mangelnde Wachsamkeit auf meiner Seite? Was hätte anders laufen können? Es ist eine Gelegenheit zur Erkenntnis. Zur Reflexion. Nach einem Scheitern bieten sich immer solche Gelegenheiten. Wohin bist du gegangen, mein B.? Mein Kind. Mein Sohn. Auf den Straßen fehlt jede Spur von dir. Deine Wohnung ist leer. Diese Welt hat kein Zentrum mehr. Wohin mit meiner Habgier, mit all meiner eigenen Frustration? In welches Gefäß soll ich meine Scherze füllen? Ich ziehe durch die Straßen. Deine Straßen. Die Straßen meines Geistes. Ich schaue in die Gassen. Ich suche in den Krankenhäusern, den Leichenhallen. Wie ist das überhaupt möglich? Wie kann es sein, dass ich dich nicht mehr sehen kann? Kannst du dich vor mir verstecken? Liegt das überhaupt im Bereich des Möglichen? Ich rufe deinen Namen. Ich vermisse dich, mein Kind, mein Sohn, meine Bohnenstange. Ich sitze in Cafés, starre durch Fenster ins Leere. Ich verfolge meine Wege zurück. Ich verfolge deine Wege zurück. Ich hinterfrage meine Absichten. Vielleicht war ich nicht fair zu dir. Ich zermartere mir das Gehirn. Ich glaube, ich war fair. Ich glaube, ich war ehrlich. Ich glaube, ich war unvoreingenommen. Aber kann man sich da je sicher sein? So gerecht ich meiner Ansicht nach gewesen bin, weiß ich doch, dass man nie ganz in jemanden hineinschauen kann, nicht einmal in dich, mein Sohn. Ich suche in den billigen Absteigen. Ich rufe die Fluglinien an. Ich suche deine Exfrau auf. Könnte sie dich aufgenommen haben, dich versteckt haben wie die junge Anne Frank vor dir? Ich halte es für unwahrscheinlich. Ich weiß, dass du schon früher zu entkommen versucht hattest. Ich hatte es für einen Bluff gehalten. Kinder drohen immer, von zu

Hause wegzulaufen. Aber da haben wir es nun. Oder da habe ich es. Vielleicht werde ich die Welt ohne dich erkunden, aber durch welche Linse, durch wessen Geist? Ach, B., ohne dich gibt es nichts mehr zu lachen. Mein Rosenberg sollte eigentlich unerschütterlich, unverwüstlich sein. Es wurde angenommen, er würde jede Bestrafung über sich ergehen lassen, seine Verzweiflung wäre so beständig, dass sie ihn immer weiter vorantriebe, von einer Demütigung zur nächsten, bis die Welt seiner überdrüssig wäre und er wieder zu dem Staub zerfallen würde, aus dem er gekommen war. Mutmaßungen wurden angestellt. Eindeutig auch Fehler begangen. Rosenberg ist fort. Das Gelände wurde durchkämmt. Es wurde mit den Zähnen geknirscht. Es fehlt jede Spur. Also ist heute Nacht alles still in dieser Welt. Gewiss gibt es Anlass zur Sorge um B.s Gemütszustand, dass er vielleicht ohne Not gelitten hat, dass die Ungerechtigkeit seiner Notlage eine zu große Bürde für ihn war. Aber wenn eine Uhr überhaupt laufen soll, dann muss jedes einzelne Zahnrad greifen. In einer wohlkonstruierten Maschine gibt es kein überflüssiges Zahnrad.

Die Schlussfolgerung ist also ganz einfach: B. muss auf der Stelle durch einen zweiten und äußerlich identischen B. ersetzt werden. Und ich muss diesen zweiten B. im Auge behalten, nicht nur zu unserem fortgesetzten Amüsement, sondern auch mit Blick auf Belastungen, die mit der Zeit zu Deformation und Verschleiß des Teils führen könnten. Einen zweiten B. zu bauen, ist nicht schwierig und lässt sich rasch und effizient bewerkstelligen. Er wird sich perfekt in die Maschinerie einfügen, von dem ersten nicht zu unterscheiden, auch wenn es einige Modifikationen gegeben haben mag, einige Verbesserungen, sowohl im Hinblick auf seine Leistungsfähigkeit als auch auf sein komisches Potenzial.

KAPITEL 57

HIER IM UNGESEHENEN, in das ich mich jüngst durch einen bei *Ferris geht nicht zur Schule* abgeschauten Trick vor meinem Peiniger geflüchtet habe, bin ich der jüdische Riese aus Ingos von Georges Méliès' *Le Voyage de Gulliver à Lilliput et chez les Géants* inspirierter Fantasie – Gulliver gleichsam als der Ewige Jude, der durch fremde Lande zieht und nirgendwo zu Hause ist. Nirgendwo in Oklahoma? Wer weiß das schon? Hier trage ich einen langen falschen Bart. Es ist meine Verkleidung, meine Art und Weise, mich vor *meinem* Schöpfer zu verbergen, der mich gebrandmarkt hat, wie Kain einst von seinem Schöpfer gebrandmarkt wurde. Es ist auch die Art und Weise, wie Ingo mich imaginiert hat. Hier hat es keinen Sinn, meine augenscheinliche jüdische Identität zu verhehlen. Ich bin ein Ausgestoßener, und niemand spricht mit mir in dieser stummen Welt. Vielleicht bin ich ihnen in fünfzehn Meter Höhe zu weit entfernt, um es überhaupt zu versuchen, aber ich glaube, sie fürchten sich auch vor mir. Schließlich bin ich hier ein Riese von enormer Größe. Aber die Wahrheit ist natürlich, dass dies eine stumme Welt ist und niemand mit niemandem »spricht«. Also ziehe ich durch die Straßen des Ungesehenen und versuche, von den Ungesehenen nicht gesehen zu werden, erfülle meinen Zweck als eine Legende, ein Mythos, eine furchterregende Kreatur, die die Einwohner des Gesehenen davon abhält, hier herüberzukommen – nicht, dass sie es häufig versuchen würden, wobei es bei ihnen in letzter Zeit etwas in Mode zu sein scheint, sich hier unters Volk zu mischen. Von hier oben kann ich im Halbdunkel sowohl nach Osten als auch nach Westen sehen. Ich kann an den Wohnhäusern und Fabrikgebäuden der Ungesehenen vorbei bis ins Land der Gesehenen sehen. Ich kann der Komödie dort zusehen, aber nur von fern. Die kleinen und vom atmosphärischen Rauschen verwaschenen Scherze verlieren ihre Wirksamkeit. In der dritten Windrichtung kann ich an der Demarkationslinie eines dichten, dunklen Kiefernstands vorbei das Ungesehene Ungesehene sehen. Die im Ungesehenen, die nicht meine Körpergröße besitzen, können diesen Ort nicht sehen, wobei unter ihnen Gerüchte über seine Existenz kursieren. Die im Gesehenen werden nie von ihm wissen. Dort lebt Ingo, oder die Puppenversion von Ingo, die er vor langer Zeit geschaffen und abseits der Kamera animiert hat, mit Lucy Chalmers zusammen, oder der Puppenversion von Lucy Chalmers, die vor so vielen Jahren in Hollywood von einem Filmset davongelaufen ist und nie mehr gesehen wurde. Natürlich kann ich auch die hoch aufragende Oleara Debord sehen. Sie ist von überall sichtbar, für alle im Gesehenen, Ungesehenen und Ungesehenen Ungesehenen.

Ich besteige sie, suche nach einem Rastplatz, einem massiven und majestätischen Ort, einem erhöhten Standpunkt, von dem aus ich vielleicht meinen Schöpfer erspähen kann oder zumindest den Schöpfer dieser Welt, in der ich mich nun wiedergefunden habe. Auf ihrem höchsten Gipfel treffe ich auf einen meditierenden Einsiedler, einen Weisen in dieser geistig beschränkten Welt. Es ist ein sehr alter afroamerikanischer Herr, der zweifellos bemüht ist, das Leben zu verstehen.

»Was ist das Leben?«, frage ich ihn.

Ein langes Schweigen setzt ein, während er eine Antwort zu formulieren scheint.

»Das Leben ist eine Schale voll Kirschen, mein Sohn«, sagt er schließlich.

»Das ist alles?«, sage ich. »Nach all den Mühen, all den unaufhörlichen Demütigungen sagst du mir, das Leben sei eine Schale voll Kirschen?«

Wieder schweigt er lange, dann sagt er:

»Du meinst, das Leben ist gar keine Schale voll Kirschen?«

Ich bin untröstlich. Das ist ein Scherz, ein weiterer Scherz auf meine Kosten, selbst hier, selbst nachdem ich der Welt der Gesehenen entronnen bin, in der ich nur als Zielscheibe ihres Spotts zu existieren schien. Vielleicht gibt es für mich kein Entrinnen. Ich starre in die Ferne. Von hier oben kann ich eine Feier im Ungesehenen Ungesehenen sehen. Vielleicht wird Ingo mit mir sprechen. Vielleicht wird er mir einige Fragen beantworten. Vielleicht wird er mich in seinen inneren Kreis aufnehmen, diese geschlossene Wohnanlage innerhalb des Ungesehenen.

Ich beginne den Abstieg. Oleara ist hier so schön wie in der Welt der Gesehenen. Bergen ist es vermutlich gleichgültig, ob sie gesehen oder ungesehen sind. Sie *sind* einfach. Ich könnte von den Bergen etwas lernen. Das könnten wir alle.

Auf dem Weg zum Ungesehenen Ungesehenen setzt mir diese Decke des Schweigens weiter zu. Die Stummfilmzeit ist wirklich furchterregend, wenn man sich in ihr befindet. Darin zu leben, ist nicht dasselbe, wie sie auf einem Bildschirm zu sehen. Sich nicht atmen zu hören, sich nicht denken zu hören. Denn es gibt in dieser Welt keine Erzählstimme aus dem Off. Das Denken funktioniert anders. Es erfolgt in Form von Text und Bildern. Es ist ein niedergeschriebenes Selbstgespräch. Es ist ein Albtraum. Und da ist noch etwas anderes in der stummen Welt: Die Münder der Menschen bewegen sich. Sie sprechen eindeutig miteinander, statt Lippen zu lesen. Was ist das? Was ist dieses nichtakustische Hören in einer stummen Welt? Sind es unsichtbare Wellen? Oder was sonst? Ich weiß es nicht, aber ich weiß es, wenn in dieser Welt jemand hinter mir spricht, und ich weiß auch, was gesagt wird. Da ich nicht erklären kann, woher ich es weiß, fühlt es sich irgendwie unheimlich an, so als würden die Gedanken der anderen vermittels irgendeiner mysteriösen Methode in meinen Kopf übertragen, die lovecraftsche ritualisierte Mundbewegungen beinhaltet. Ich kann es nicht vereiteln oder Widerstand leisten. Die tiefe Stille gibt mir das Gefühl, in einer Leere zu existieren, so als wäre die Welt um mich herum irreal, als würde sich die Wahrheit vor mir verbergen. Ich fühle mich wie betäubt.

Meine Körpergröße macht es nicht besser. Als riesenhafter Jude ohne Freunde ist es mir nun fast unmöglich, mich vor den Menschen zu verbergen, die sich vor mir fürchten, die mich hassen, die mich zerstört sehen wollen. Es ist sinnlos, darauf zu beharren, kein Jude zu sein, wenn man fünfzehn Meter groß ist. Für andere ist es ein zweit-, vielleicht gar drittrangiges Problem.

Dennoch gehe ich nach Osten in Richtung des Ungesehenen Ungesehenen, denn die Hoffnung stirbt zuletzt. Auf meiner Reise überlege ich, was ich zu Ingo sagen werde, der in dieser Welt mein Schöpfer zu sein scheint, was wohl bedeutet, dass ich hier eine Puppe bin. Ich habe seinen Film, sein Lebenswerk zerstört und habe es noch immer nicht ganz wiedergutmachen, ihn noch nicht wieder neu erschaffen können, nicht einmal in meiner Erinnerung. Solange ich hier bin, muss ich daher weiter in meiner Erinnerung danach suchen. Ich muss mich ganz an ihn erinnern, ehe ich mich Ingos Barmherzigkeit ausliefere. Leider gibt es an diesem Ort keinen Barassini, der mir helfen könnte. Kann es hier einen ungesehenen Hypnotiseur geben? Vielleicht einen Afroamerikaner? Der unglaubliche Ungeseheno? Ich schaue in die Gelben Seiten, aber zwischen *Hypnale-hypnale-Händler* und *hypodermische Spritzen* ist gar nichts gelistet. Ein Gedanke: Wenn ich einer *Hypnale hypnale* ihr Gift abzapfe und es mir mit einer hypodermischen Nadel injiziere, was hier beides frei zugänglich ist, würde mich das womöglich in einen veränderten Bewusstseinszustand versetzen – wie ein Hypnotikum oder Schlafmittel es vielleicht täte –, und in diesem Zustand würde ich womöglich vollständigen Zugang zu den noch fehlenden Teilen von Ingos Film erhalten. Nach weiterem Nachdenken verwerfe ich die Idee als schwer durchführbar. Ich weiß nicht, ob ich eine ausreichend große Nadel für meine Riesenhaut finden könnte.

Es gibt hier alles und doch nichts. Essen, das ich nicht schmecken kann, Töne, die ich nicht hören kann, Wind, den ich nicht spüren kann. Es gibt keine Farben. Es gibt offenbar keine Hypnotiseure. Wenn ich mich hier steche, blute ich dann nicht? Doch, aber es ist nicht nass, und ich verspüre keinen Schmerz. Das Blut ist schwarz. Es fällt mir schwer zu unterscheiden, was die Illusion ist, die schmerzvolle Welt, die ich hinter mir gelassen habe, oder diese hier. Doch letztlich spielt es keine Rolle, denn ich verstecke mich hier, esse geschmacksfreie Bäume wie Brokkoli, blicke mit zusammengekniffenen Augen auf die Zerstreuung der Welt der Gesehenen in der Ferne, um mir die Zeit Einzelbild für Einzelbild zu vertreiben, lache freud- und tonlos über ihre Possen. Von hier oben betrachtet, liegt diese Welt aufgefächert wie ein Gemälde vor mir, die Figuren in der Zeit gestreckt, Würmer, Wellen, die in den Dunst der Erinnerung ausgreifen und in die Panik, die die Vorausschau ist. Die Frühzeit des Brainio in weiter Ferne schemenhaft sichtbar, wenn es nicht zu bewölkt ist.

Auf der Straße begegne ich einer Frau, nicht von meiner Größe, aber für diese Welt wohl leicht überdurchschnittlich groß, und verliebe mich. Sie reicht mir gerade bis zu dem besorgniserregenden, seine Form verändernden Muttermal an meiner linken Wade.

Sie verlässt mich noch am ersten Tag, oder was auch immer hier das Gegenstück eines Tages ist, aber vorher sagt sie mir noch, ich solle es von einem Dermatologen untersuchen lassen.

Die Frau, die ich hier liebe, hat mich für einen von ihrer eigenen Art verlassen. Ich begreife, dass ich ihr zu groß bin, und sie sagt es mir auch. Es würde nicht funktionieren. Zudem, sagt sie, sei die ethnische Kluft zwischen uns unüberwindlich groß. Ich kann sie aus dieser Höhe noch immer ständig sehen. Ich kann sogar wie bei einer Kranaufnahme hineinschwenken und ihr in ihrer neuen Beziehung zusehen, wie sie Sex hat, stumm lacht, nie an mich denkt. Aber das tue ich nicht sehr oft. Ich bin ja kein Stalker.

Stattdessen gehe ich weiter auf den Baumbestand zu, hinter dem Ingo wohnt. Vor mir zieht ein afroamerikanischer Mann einen Kreidestrich quer über den Weg. Ein Huhn starrt mit leerem Blick auf die Linie. Ich weiß natürlich, was dieser Herr vorhat. Er versetzt das Huhn in Trance. Mein Vater hat das getan. So wie es der Filmemacher Werner

Herzog in all seinen Filmen mit Hunderten von Hühnern und in seinem vielgeschmähten und brillanten und schrecklichen Film *Herz aus Glas* auch mit den nur allzu menschlichen Mitwirkenden getan hat. Ich rufe stumm zu dem Mann hinunter, indem ich mit den Lippen die Worte »Sie da« forme.

»Ja«, sagt er geräuschlos.

»Können Sie mich so hypnotisieren wie das Huhn dort?«

»Ich denke schon. Ich werde nur ein größeres Stück Kreide brauchen.«

Es ist gut, dass ich gerade die Hose trage, die ich anhatte, als ich aus der Howie Sherman Zookeeper School geworfen wurde. Ich beuge mich hinunter und gebe ihm ein Stück weiße Kreide, das breiter ist als sein Körper.

»Das nenne ich mal ein Stück Kreide«, staunt er stumm.

»Ich möchte, dass Sie mich hypnotisieren, damit ich mich an einen lange vergessenen Film erinnern kann.«

»Ich mache hauptsächlich diese Strichstarrgeschichten«, formt er mit den Lippen. »Und Gewichtsabnahme.«

»Bitte. Es ist wichtig.«

Er zuckt mit den Schultern. »Ich kann's versuchen.«

Also zieht er das riesige Kreidestück über den Boden, und ich sehe zu. Es erweist sich als wirksam, denn ich sinke tiefer und tiefer in eine Art prachtvolle Trance.

»Jetzt«, sagt er stumm, »erinnern Sie sich an den Film, an den Sie sich erinnern wollen.«

Und das tue ich auch, zumindest in Teilen.

Der Meteorologe geht in seiner Höhle auf und ab. Er findet keine Freude. Er findet keinen Frieden. Die Zukunft hält für ihn kein Versprechen bereit, und doch muss er sie abwarten. Ich »höre« seine (stumme?) Off-Stimme:

»Ich finde keinen Trost in der Erkundung der Zukunft. Sie ist nichts als eine unabänderliche Schinderei hin zu meinem Tod und dem Tod aller anderen. Diese Maschine, die ich erfunden habe, wird zweifelsfrei mein Tod sein. Und doch bin ich ihr verfallen. Ich schalte sie am Morgen ein und starre den ganzen Tag lang auf den Bildschirm, suche nach diesem und jenem, sehe mir an, was geschehen wird. Vielleicht wird es mir ein angenehmerer Zeitvertreib, wenn ich sie benutze, um in die andere Richtung zu blicken, in die Vergangenheit, auf das Geschehene, das, was mir nicht mehr schaden kann. Vielleicht werde ich ein wenig in harmloser Nostalgie schwelgen; es könnte meine Seele trösten, so wie es die Babyboomer mit *Happy Days* tun. Und ich meine damit nicht das Beckett-Stück, das nicht sehr beruhigend auf die Seele wirkt mit dem Grabhügel und dem Ameisenkribbeln und Potsy.«

Also legt der Meteorologe einen Schalter um, der die Bilder auf dem Bildschirm rückwärts ablaufen lässt, während sein Computer Bild für Bild die Zukunft vorausberechnet.

Eine New Yorker Straßenszene. Fußgänger laufen rückwärts, die Straßen sind voller rückwärtsfahrender Autos. Der Meteorologe will gerade nach einer Szene aus seiner Jugend suchen, ein oder zwei angenehme Erinnerungen finden, etwas Trost finden, als er etwas Sonderbares bemerkt. Es gibt »Wesen«, die sich *vorwärts* durch diese Umgebung bewegen. Diffuse, formlose Klumpen, beinahe wie Mouches volantes, scheinen die äußeren Gehörgänge, auch Ohröffnungen genannt, dieser Rückwärtsfußgänger ausfindig zu machen und in sie einzudringen, um Augenblicke später (beziehungsweise früher!) in, wie es scheint, größerer Zahl wieder hervorzukommen, nachdem sie sich vermutlich in den Köpfen der Menschen vermehrt haben. Diese Bilder sind schreckenerregend, gleichsam lovecraftisch, um einen neuen Begriff zu prägen, und der Meteorologe zoomt mit nicht geringer Beklommenheit weiter hinein, um sie sich genauer anzusehen. Um ein Vielfaches vergrößert, haben die Klumpen in etwa die Form von Patronen. Ich nehme an, das ist eine evolutionäre (devolutionäre?) Entwicklung, die ihnen erlaubt, einfacher in die Gehörgänge einzudringen. Sie sind transparent, diese albtraumhaften Tröpfchen, und es scheint sich etwas wie »Nahrung« durch ihre augenscheinlich primitiven, transparenten Verdauungssysteme zu bewegen.

»Für heute ist die Zeit um«, sagt der winzige Hypnotiseur stumm.

Ich werde aus der Trance gerissen.

»Konnten Sie es aufzeichnen?«, frage ich.

Er schaltet sein Tonbandgerät ein, und wir »lauschen« beide der Stille, als meine Schilderung Wort für Wort wiederholt wird. Ich nicke.

Er steckt sein Huhn in dessen Transportkiste und wendet sich zum Gehen.

»Morgen um die gleiche Zeit?«, rufe ich ihm stumm hinterher.

»Gern«, sagt er stumm, ohne sich umzudrehen.

Nun stehe ich mit meinem riesigen Kreidestück (das für mich nicht riesig ist) wieder allein im Wald und sehne mich nach zu Hause. Hier ist alles anders, fremd, still. Ich erkenne mich selbst kaum wieder. Ich erkenne mein Leben kaum wieder. Natürlich bin ich es. Daran gibt es keinen Zweifel. Aber wer bin ich? Was zu fehlen scheint, ist die stete Flut von Scherzen auf meine Kosten, denn das waren sie, wie mir nun bewusst ist. Gemeine, verletzende Scherze. Sie sind fort. Und ich bleibe mit einem Gefühl der Stumpfheit zurück. So lächerlich und so demütigend sie auch gewesen sein mögen, waren diese Scherze doch immerhin etwas. Das durch ihr Fehlen entstandene Loch ist mit nichts gefüllt worden. Ich bin mir auf schmerzliche Weise bewusst, wie viel Raum diese Gedanken eingenommen haben und wie viel Zeit ich an sie verschwendet habe. Zeit, die ich besser darauf verwendet hätte, noch mehr Physik zu studieren oder Französisch oder Geschichte oder die Oboe. Doch das habe ich nicht getan, und diese Zeit steht mir nicht mehr zur Verfügung. Ich kann von hier aus auch meinen eigenen Zeitwurm sehen, und er nähert sich seinem Endpunkt.

Jetzt ist Morgen. Es ist nichts geschehen und nicht viel gedacht worden in dieser trüben Welt. Der afroamerikanische Hypnotiseur tritt mit seinem Huhn und dem Bandgerät aus dem Wald.

»Bereit?«, sagt er stumm.

Ich nicke. Je eher ich mich an diesen ganzen Film erinnere, desto eher kann ich zu Ingo gehen und ihn um Hilfe bitten, um Vergebung.

Er nimmt das Huhn heraus, hebt meine Kreide auf und zieht eine Linie. Das Huhn und ich starren beide darauf, beide wie versteinert.

»Beschreiben Sie es mir«, sagt er stumm.

Das Huhn sagt nichts, aber ich beginne zu sprechen:

Der Meteorologe, der es nicht erträgt, die Entdeckung dieser monströsen, sich vermehrenden Ohrentröpfchen rückwärts mitanzusehen, wendet sich rasch wieder seinen Zukunftsstudien zu, dem langsamen Dahintrotten in Richtung Verdammnis, seiner eigenen und jener der Welt. Er sieht nun die ganze Welt in Flammen stehen. Er streift durch die virtuelle Version der Verheerung. Die Computersimulation ist immer fortschrittlicher geworden. Sie ist nun ein Hologramm, in das er eintreten kann, so hoch entwickelt, dass ihn der virtuelle Rauch husten lässt und ihm in den Augen brennt. Er fragt sich, was diese Katastrophe ausgelöst hat, doch ihm fehlt die Geduld, die gesamten Daten durchzusehen, um es zu erforschen. »Es spielt ohnehin keine Rolle«, denkt er im Voiceover. »Ich kann ja doch nichts ändern.« Das Konzept der Begründetheit ist lächerlich, unverständlich geworden. Er sitzt nur seine Zeit ab, vertreibt sie sich bis zu seinem Tod durch das grüne Auto. Er unterhält sich lediglich selbst. Die verbrannte Landschaft, in der er sich nun wiederfindet, ist unbewohnbar, aber es gibt kleine Grüppchen Überlebender. Er belauscht eine Schar zerlumpter Gestalten, die um ein Feuer herumsitzen.

»Ich habe gehört, sie haben Laser in den Augen«, sagte eine runzlige Frau in einem Öltuchmantel mit großen Brandlöchern.

»Kann das jemand bestätigen?«, fragt eine andere.

»Ja«, sagt ein Teenager. »Ich habe gesehen, wie einer von ihnen ein Schwein angezündet hat. Mit den Augen. Bloß, um es sterben zu sehen.«

»Scheiße«, sagt die zweite Frau. »Wie sollen wir uns denn gegen Laseraugen wehren?«

»Feuerfest sind sie auch und wasserdicht bis auf hundert Meter, habe ich gehört«, sagt die Frau im Öltuchmantel.

Eine Frau um die dreißig mit strähnigen Haaren in einem fleckigen

Overall zerrt ein schmollendes Kleinkind ans Feuer. Das kleine Mädchen trägt einen Stock, mit dem es im Vorbeigehen auf Gegenstände haut: Steine, alte Autoreifen, kaputte Fernseher. Der Meteorologe starrt das Mädchen an. Seine omnipräsente murmelnde Off-Stimme rückt in den Vordergrund.

»Dieses Kind! Was ist nur mit ihm? Ein Licht in der ansonsten schwarzen Leere meiner Existenz. Der künftigen Existenz. Jedweder Existenz. Ist es vielleicht die biologisch programmierte Reaktion von Erwachsenen auf Kinder? Ich weiß es nicht. Ich habe in meinem Leben viele Kinder gesehen. Buchstäblich Dutzende, aber dieser kleine Mensch scheint etwas Außergewöhnliches zu verkörpern, ein gewisses *je ne sais quoi*.«

Die mutmaßliche Mutter setzt sich mit dem Mädchen vor das Feuer und beteiligt sich an dem Gruppengespräch, aber der Meteorologe richtet seine Aufmerksamkeit ganz auf das Mädchen, das herumzappelt, leise vor sich hin singt, weiter mit dem Stock auf Dinge einsticht und dann damit ein Loch in die verkohlte Erde bohrt.

»Hör auf damit«, sagt die Mutter.

Und das tut das Kind auch eine Zeit lang. Bald wird es wieder unruhig und beginnt, in die Hände zu klatschen. Die Mutter sagt ihm, es solle damit aufhören, das störe. Die Erwachsenen müssten etwas Wichtiges besprechen. Das kleine Mädchen hört auf, und die Gruppe diskutiert weiter, doch nach einer Weile beginnt es wieder, in der Erde zu graben. Der Meteorologe hat eine Idee. Er tritt aus der holografischen Projektion heraus und wieder an die Tastatur, tippt etwas ein, erhält einen Ausdruck.

Abblende, Aufblende.

In seiner Höhle aktiviert der Meteorologe die holografische Projektion wieder und tritt hinein. Sie ist auf dieselbe Szene eingestellt. Die Überlebenden sitzen um das Feuer herum. Die Kleine klatscht in die Hände. Ihre Mutter sagt ihr, sie solle aufhören. Sie tut es, und nach einer Weile beginnt sie, mit dem Stock in der Erde zu bohren. Diesmal stößt der Stock auf etwas Hartes, Metallenes. Das Mädchen schlägt darauf wie auf eine Trommel. Ihre Mutter sagt, sie solle still sein. Sie gräbt leise um das Metall herum, bis es ausgegraben ist, und zieht eine Metallkiste aus dem Loch. Alle um das Feuer herum sehen jetzt zu. Das Mädchen versucht vergeblich, den Verschluss zu öffnen.

»Vorsicht!«, sagt die Mutter, die die Kiste nimmt, sie ein wenig schüttelt, etwas rappeln hört, sie auf dem Boden abstellt, behutsam den Verschluss öffnet und den Deckel hebt. Alle um das Feuer herum, mit Ausnahme des Kindes, wirken nervös.

In der Kiste liegt eine in Plastik eingeschlagene Puppe. Die Mutter wickelt sie aus. Es ist eine schöne Puppe, ein kleines Mädchen in einem roten Kleid, das einzige bisschen Farbe in dieser ansonsten graubraunen Landschaft. Es erinnert an die Szene mit dem kleinen Mädchen in *Schindlers Liste* von Steve Spielman, einer rührseligen Hymne auf die menschliche Unbezwingbarkeit im Holocaust-Gewand. Alle betrachten die Puppe in stummer Ehrfurcht.

»Meins«, sagt das kleine Mädchen.

»Wer's findet, darf's auch behalten«, stimmt die Mutter zu und gibt ihrer Tochter die Puppe, die sie an die Brust drückt und lächelt.

Auch der Meteorologe lächelt, wie er wusste, dass er es tun würde, wie er weiß, dass er es tun muss. Doch für ihn fühlt es sich aufrichtig an.

Und von nun an hat er eine Aufgabe, oder er glaubt, eine zu haben. Er sieht sich alle virtuellen Versionen der unterschiedlichen Dinge an, die er für sie vergraben wird, und dann kauft er diese Dinge, findet diese Orte und vergräbt diese Dinge, weil er es tun muss, weil er es tun wird, weil er es tun will.

DAS UNGESEHENE IST für die Gesehenen nicht zu sehen, aber es ist bekannt. Es wird durchquert. Das Ungesehene ist der Ort, der das Ungesehene Ungesehene vor den Gesehenen schützt. Es ist der morsche Zaun, der das prächtige Land dahinter verbirgt. Es gibt hier nichts zu sehen, Leute. Es gibt hier nichts zu plündern. Doch das Ungesehene Ungesehene ist, so glaube ich, wunderschön, und es wurde von Ingo so gemacht, denn er kann es machen, wie er will. Und er ist hier, zumindest ist es Ingos Puppe – die nunmehr perfekt proportionierte Puppe von Ingo, der gesellschaftlich akzeptierte Ingo, der redselige Ingo, der nicht stottert. Der Ingo, der alle Farben und keine Farbe ist. Der Ingo, der hier in einer perfekt beschaffenen Liebe mit Lucy Chalmers zusammenlebt. An einem Ort ohne Furcht. In Stille.

Und nun bin ich plötzlich da. Wie bin ich in dieses Ungesehene Ungesehene gelangt? Das Letzte, woran ich mich erinnere, ist, dass ich zusammen mit einem Huhn hypnotisiert wurde. Ich muss mich vollständig an den Film erinnern, ehe ich hierherkomme. Meine Opfergabe ist noch nicht bereit. Ich sollte gar nicht hier sein. Vielleicht wurde ich hergebracht, um das Ungesehene Ungesehene vor dem Ungesehenen zu schützen, vor dem Gesehenen, vor dem Gesehenen Gesehenen. Gibt es überhaupt ein Gesehenes Gesehenes? Was wäre das? Soll ich der fürchterliche Riese sein, der diesen üppigen Garten durchstreift? Ich bin noch nicht bereit, Ingo zu treffen. Der Film ist noch nicht wieder vollständig erinnert. Ich darf noch nicht hier sein. Soll ich Ingos Version von Méliès' Monster des Nordpols sein: eine riesige, blepharospastisch blinzelnde, bärtige Puppe, die gekommen ist, um die unwillkommenen Ungesehenen in mein Maul zu fegen, während sie in komischem Entsetzen durcheinanderlaufen? Bin ich hier, um zur Zielscheibe weiterer Scherze zu werden? Nun, das werde ich nicht zulassen. Das werde ich nicht. Als ich mich zum Gehen wende, um nach einem Weg aus dem Ungesehenen Ungesehenen zurück ins Ungesehene zu suchen, sehe ich wieder Oleara Debord in der Ferne. Sie ist mein Nordstern, und ich mache mich auf den Weg zu ihr.

»Verschissener Scheißkerl. Du verschissener kleiner Dreckskerl. Du Judenmauschel, du kleiner Drecks-Itzig. Mach, was ich dir sage!«, ertönt eine Stimme, stumm, weil hier alles stumm ist, wie ich bereits stumm sagte, doch ich höre sie nichtsdestoweniger. Und ich bleibe stehen, weil ich diese Worte kenne. Ich habe sie schon einmal gehört. Nur wo? Ich stehe stumm in der Stille, unfähig, mich zu erinnern. Es ist wieder etwas, woran ich mich nicht erinnern kann.

Also gehe ich weiter.

»FICK DICH, DU HEBRÄER!«, schreit die stumme Stimme.

Ich bleibe stehen, sehe mich um und lausche, so wie es der große amerikanische Trickfilmer Len Janson in dem Stop-Motion-Pixillations-Meisterwerk *Stop, Look and Listen* getan hat. Wieder die stumme Stimme: »Fick dich, du Hebräer.« Ich nehme an, das gilt mir, denn es ist kein anderer »Hebräer« zugegen. Selbst hier in diesem veritablen Garten Eden, selbst jetzt an diesem Punkt in meinem Leben, nach all meinen Beschwerlichkeiten, bin ich solchen Schmähungen ausgesetzt. Nun, ich werde nicht hier stehen und sie hinnehmen. Ich setze meinen Weg in die Freiheit, oder zumindest ins Nicht-Hier, fort. Ist irgendetwas von alldem real?, frage ich mich. Oder wird jetzt in einer klischeehaften Nahaufnahme, während die Kamera langsam zurückfährt, offenbar, dass ich in einer gepolsterten Zelle sitze, und als die Kamera noch weiter zurückfährt, jetzt durch den Türspion in meiner gepolsterten Tür, zeigt sich, dass Ingo ein weißgekleideter Wärter in einer Nervenheilanstalt ist? Ist es dieser ausgelutschte Schluss? Ich hasse diesen Schluss, der aus der Faulheit des Autors geboren ist, aus mangelnder Hingabe an die ehrliche Surrealität des Konzepts. Es ist ein Konzept, das man mit großer Wahrscheinlichkeit in einem Charlie-Kaufman-Film findet, falls man die intestinale Stärke besitzt, einen solchen bis zum Ende durchzustehen. Seht ihr, es spielt sich alles im Kopf eines Wahnsinnigen ab, stellt sich dann irgendwann heraus. Es ist alles ein Traum. *Et ketera*. Es ist die viertausendste Wiederholung von Walter Mitty, der schon mottenzerfressen war, als Jimmy Thurber ihn schrieb. Nein. So wird es hier nicht sein. Das hier ist kein Wahnsinn. Es ist nicht die Art und Weise, wie Geisteskranke die Welt sehen. Die Geisteskranken sind die meistgeschmähte und meistverspottete aller Minderheiten, und ich werde nicht zulassen, dass ich für die Perpetuierung dieses respektlosen Mülls missbraucht werde. Ich werde meinen Standpunkt in dieser Sache bis in den Tod verteidigen, wenngleich ich an diesem

Ort hoffnungslos verloren bin. Ich vermisse Tsai. Ich vermisse die Gewissheit der Richtigkeit dieser wunderbaren Dynamik. Ich dachte einmal, ich wäre über sie hinweg, aber ich weiß jetzt, dass das reiner Übermut war. Ich sehne mich danach, in ihrer Sockenschublade zu schlafen, zwischen ihre herrlichen Fußröhren geschmiegt. Ich bin über gar nichts hinweg.

Und da ist die gepolsterte Tür. Wie prophezeit. Und ich bin auf einer Seite, auf der falschen Seite. Der Türspion ist für diejenigen auf der anderen Seite. Ich versuche dennoch hindurchzusehen, und die Welt auf der anderen Seite ist tausend Kilometer weit weg. Dennoch ist da eine Gestalt, eine winzige Gestalt. Ich kann sie nicht erkennen.

»Ach, du bist es«, sagt sie.

Ich versuche, die Tür zu öffnen, rechne damit, dass sie abgeschlossen ist, doch sie ist es nicht. Vor der Tür steht eine weibliche afroamerikanische Puppe. Sie würden sie nicht kennen. Sie ist nicht berühmt, aber sie ist trotzdem sehr schön.

»Ich will zurück ins Gesehene«, sage ich stumm zu ihr.

»Du kannst zu gar nichts zurück«, erklärt sie. »Du kannst nur vorwärts.«

»Das ist weise«, sage ich. »Ich hoffe, du bist keine Vertreterin des anstößigen ›magischen Negers‹, denn ich werde nicht zulassen, dass ich für die Perpetuierung dieser reduktionistischen, abschätzigen Filmtrope missbraucht werde.«

»Ich bin überhaupt nichts Magisches. Ich bin hier einfach nur eine Wärterin. Gut, vielleicht verfüge ich über eine gewisse schwer verdiente Weisheit wegen des Leids, das ich gesehen habe und das niemand kennt, wie es in dem Gospel heißt, aber ich will einfach nur helfen.«

»Dir ist schon bewusst, dass das exakt die Definition des magischen Negers ist, oder?«

»Mir ist bewusst, dass du hier wegmusst. Das hier ist kein Ort für dich. Sie werden dich hier zerstören. Du bist nicht stark genug, um im Ungesehenen zu überleben, nicht so wie ich und mein Volk mit unserer schwer verdienten Weisheit und unserem Glauben an den Allmächtigen.«

»Ich meine, gut, danke, ich gehe gern. Aber wie?«

»Mach Liebe mit Oleara Debord. In dieser Miniaturwelt bist du dafür groß genug. Liebe, wahre Liebe, ist das Einzige, was zählt. Wenn du sie lieben kannst, sie beglücken kannst, wird sie dich zurückbringen. Die Liebe ist der Schlüssel zu allem.«

Ich habe Oleara immer geliebt, so wie alle Männer und viele Frauen und viele trans* Menschen aller erdenklichen Arten und Verhältnisse, daher wäre es ein Traum, mit ihr Liebe machen zu dürfen.

»Gut, ich versuche es. Wie kann ich dir je danken für alles, was du mich gelehrt hast?«

»Geh einfach. Deine Freiheit ist mir Dank genug.«

Ich umarme sie und laufe los. Nie werde ich diese wunderbare Mitarbeiterin der Nervenheilanstalt vergessen!

An ihrem gewaltigen Fuß angelangt, nähere ich mich Oleara Debord, wie man sich einer potenziellen Geliebten nähert: behutsam und mit großem Respekt, während ich die Reihe von Einverständniserklärungen durchgehe, die jedem Liebesspiel notwendigerweise vorausgehen müssen. Denn wie alles im Universum, das nicht nichts ist, ist Oleara Debord ein fühlendes Wesen, und auch wenn sich ihr Lebenszyklus zu langsam vollziehen mag, um von uns Angehörigen der Tier- und der Stop-Motion-Community erfasst zu werden, macht sie das nicht zu etwas Geringerem. »Kurzlebigkeit ist kein Anzeichen von Überlegenheit« ist das Motto, das man bei den ermüdend langsamen Protestmärschen von ihresgleichen auf den Plakaten sieht. Natürlich ist das richtig. Denn wenn sie es wäre, müssten Menschen die Überlegenheit der Fruchtfliegen akzeptieren. Doch sie sind uns gleichgestellt. Oleara, vor eineinhalb Milliarden Jahren geboren aus der Kollision tektonischer Platten, der Eruption von Magma, prachtvoller Reibung, steht stolz und aufrecht, wacht über diese Nation, eine stets aufmerksame Wächterin. Wieder nähere ich mich ihr, nicht als Forscher diesmal, nicht als einer, der nach Antworten sucht, sondern als einer, der wirbt. Als ein Werbender. Man sucht in der Liebe nicht nach Antworten; man sucht nach Gemeinschaft. Die einzige Antwort in der Gemeinschaft lautet »Ja«, denn Gemeinschaft stellt niemals infrage. Sie ist auf immer und ewig ein Akt des Glaubens, die vollständige Akzeptanz des anderen. Eine Öffnung ihm (ihr, xier) gegenüber, eine Preisgabe des Egos, eine Verschmelzung zweier Ichs. Fragen sind per Definition rational, distanzierend, offensiv, das Gegenteil von Liebe. Und so wende ich mich an Oleara, meine Liste von Fragen zur Einvernehmlichkeit des Liebesspiels in der Hand.

»Hi«, sage ich.

»Hallo.«

»Du bist sehr schön. Darf ich dich küssen?«

»Du darfst«, sagt sie.

Ich küsse sie, und es ist ein Füllhorn der Empfindungen.

»Darf ich dich streicheln?«

»Du darfst.«

Ich streichle sie, und obgleich sie aus Granit besteht, fühle ich sie erzittern.

»Darf ich dich penetrieren?«, frage ich.

»Du darfst«, sagt sie.

Und ich tue es, finde mit meinem angeschwollenen Glied einen nahen Höhleneingang. Ich hoffe, es ist das richtige Loch. Es passt perfekt, und ich habe das Gefühl, wir sind dafür geschaffen, auf diese Weise zusammen zu sein. Zwar ist der Eingang naturgemäß aus Fels und extrem trocken, und er scheuert an meinem Penis, doch der Moment der Zusammenkunft hat begonnen, und die Natur treibt mich dennoch voran. Mit den Auswirkungen werde ich mich später befassen; ich habe Penisbandagen in meiner Herrenhandtasche. Ich stoße, ich streichle, ich stöhne. Ich versinke in einem Zustand des Einsseins mit diesem wunderschönen Berg. Wir sind nicht länger B. und Oleara. Wir sind Boleara. Kurioserweise ist das die erste Person Singular des Konjunktivs von *bolear*, was im Spanischen bekanntlich so viel wie »leuchten« bedeutet. Und das tue ich, mein Licht leuchtet in ihrer Dunkelheit.

Das ewige Männliche und Weibliche, Yin und Yang, beides unerlässlich für die Ganzheit, obgleich auch Yin und Yin und Yang und Yang zusammen eine perfekte Einheit bilden können. Und mit diesem Gedanken ejakuliere ich mächtig in Olearas Grotte, schicke mein Sperma auf tiefe Höhlenerkundung. Es ist eine Naturgewalt, und in ihrem Zuge treibt es mich in die kommende Helligkeit, fest entschlossen, meinen Weg fortzusetzen, in die Welt des Gesehenen zurückzukehren. Das Chaos dieser anderen Welt ohne Gott ist unerträglich gewesen (das muss ich Dawkins sagen!). Es ist eine Welt ohne Narrativ. Auch wenn ich seit Langem Atheist bin, muss ich gestehen, als Kind die Hanna-Barbera-Zeichentrickserie *Willibald und Winibald* gesehen zu haben, eine Ode an die Heiligkeit zweier selbstloser Heiliger von gleichermaßen gütigem Gebaren, die das Verbrechen (die Sünde) bekämpfen. Ihre Auseinandersetzungen mit ihrer Schwester Walburga waren Klassiker der charmanten Komödie vom Genre dysfunktionale Familie: »Mama! Walburga besetzt schon wieder das Badezimmer!« Für uns späte Babyboomer war das alles so tröstlich. Doch die Unordnung dieser Welt, die undurchschaubaren Motive und Resultate, die verworrenen Fäden, Sackgassen, die Billionen bedeutungsloser Einzelheiten, durch die man sich in jedem Augenblick hindurchkämpfen musste, sind ein wahrer Albtraum gewesen. Ich muss dieses Licht durchstoßen, um den Weg zurück ins Analysierbare zu finden, in die Welt der Kausalität, die für Menschen geschaffene Welt mit ihren Straßenschildern und gesellschaftlichen Konventionen, wo die Guten gewinnen und die Bösen verlieren, jedenfalls theoretisch, zumindest manchmal, zumindest im Film. Der Weg einen Berg hinunter ist einfach zu finden. Man muss ihn sich, wie es scheint, nur wünschen und sich dann fallenlassen. Doch der Weg zurück nach oben erfordert gewaltige Reserven an innerer Stärke und Durchhaltevermögen. Und selbst dann ist der Erfolg nicht garantiert. Die Schwerkraft ist nur in der anderen Richtung dein Freund. Aber ich betrachte von hier aus die Welt des Gesehenen, und auch wenn ich den Konzepten, der Storyline, den Motivationen der Figuren nicht mehr folgen kann, sehe ich doch Bilder, gebrochen jetzt und konfus und unstet, so als würde ich den Traum eines anderen Menschen mitansehen, dessen Leben ich nicht kenne, dessen Motivationen ich nicht verstehen kann. Und in diesen Fragmenten habe ich mich selbst gesehen! Ich bin ausgetauscht worden, wie ich feststelle. Da bin ich mir sicher. Ich merke, dass es eine komische Geschichte ist, weil ich von hier aus die Klänge einer musikalischen Begleitung hören kann. Ein Xylofon. Eine Trompete mit Plunger-Dämpfer. Die unvermeidliche Tuba. Ich erkenne darin die komischen Orchesterinstrumente, doch ich verstehe die Scherze nicht mehr. Die Geschichte wird durch die Entfernung und die Zersplitterung verzerrt. Aber ich wurde ersetzt, so viel weiß ich. Mein Abstieg hat auf die Welt keine Auswirkungen gehabt. Die Show geht weiter. Die Posaune spielt ihre komischen Töne. Ich muss zurückkehren und meinen Posten zurückfordern. Es ist nicht fair. Die Berg-Analogie hat ihre Grenzen. Es ist ein Aufstieg, aber nicht in der Senkrechten. Es ist eher ein Tunnel mit einem hellen Licht am Ende, dem Licht einer sich nähernden Lokomotive. Es ist ein Dschungel voller unbändiger Lianen und kreischender Affen. Es ist ein Raum ohne Türen, aus dem man hinaus- und in den man zugleich hineinzukommen versucht. Es ist die Party, zu der man nicht eingeladen wurde. Es ist eine endlos springende Platte. Es ist der Versuch, mein Leben zu verstehen. Es ist der Wind, und ich bin ein Blatt, das nutzlos gegen die Innenseite seines Windkanalgefängnisses schlägt. Es ist eine Frau, die mich nicht lieben will, und wenn ich mich noch so sehr ändere. Es ist die Hoffnungslosigkeit einer schlechten Diagnose. Es ist ein Feuer. Es ist eine Flut. Es kommt nie näher. Es ist mein gebrochenes Herz, meine Scham, es ist das Maß, in dem ich meinen Herausforderungen gewachsen bin. Es ist zuerst in dieser, dann in jener Richtung. Es ist mein Gesicht im Spiegel bei unvorteilhafter Beleuchtung. Es ist, was es nicht ist. Aber ich bewege mich darauf zu, und als es sich mir entzieht, gehe ich trotzdem weiter. Ich gehe, ich schwimme, ich klettere, ich krieche jahre-, jahrzehnte-, äonenlang, für immer. Und ich komme ihm dennoch nicht näher. Und dann tue ich es doch. Ich spüre, dass es größer wird, dass es einen größeren Teil meines Gesichtsfelds ausfüllt. Es ist ein subtiler Unterschied. Es ist der Unterschied zwischen Proxima Centauri und Alpha Centauri A. Aber es ist Fortschritt, und in diesem Fortschritt liegt ein Hauch von Narrativ. Von Vernunft. Von Hoffnung. Also gehe ich weiter. Weitere Äonen lang. Durch saugenden, hüfthohen Schlamm, durch nichts, durch biblische Plagen, durch ein Nadelöhr, durch den Schlund des Wahnsinns, durch fremdartige Landschaften, durch Abwasserkanäle … Dann ist er über mir: ein offener Kanalschacht. Ich steige die Leiter empor, mit einem Mal seltsam zögerlich. Will ich das wirklich? Kann diese Welt zwei Versionen von mir am Leben erhalten? Werde ich mich einfach auflösen, wenn ich sie betrete? Eine Rückkehr ins Ungesehene wäre einfach. Wenn ich zurückblicke, kann ich es von hier aus sehen. Es ist ein einfacher Schritt in einen Abgrund. Sekundenschnell.

Doch ich richte den Blick zum Himmel und steige auf.

KAPITEL 58

DIE WELT DES Gesehenen hat sich verändert. Mein Nachfolger ist berühmt. Ich sehe mein Gesicht auf der Seite von Bussen. Auf Werbetafeln. Plakaten in Schaufenstern von Buchläden. Offenbar habe ich mein Buch über Ingos Film bereits geschrieben. Es ist erschienen. Es ist eine internationale Sensation. Das Buch heißt *Wiederherstellung*, vermutlich ein Wortspiel, das sich sowohl auf meine Rekonstruktion des verlorenen Films aus dem Gedächtnis als auch darauf bezieht, dass mich dieser Prozess irgendwie gerettet hat. Ich hätte das Buch gewiss nicht so genannt. Es ist ein fürchterlicher Titel. Auf dem Umschlag ist ein Foto von mir. Es ist das gleiche Foto wie auf den Werbetafeln und Bussen. Ich trage darauf eine Jarmulke. Es ist ein fürchterlicher Umschlag. Warum trage ich eine Jarmulke? Ich bin kein Jude. Ich betaste meinen Kopf. Keine Jarmulke. Na also. Erkennt mich deswegen niemand mehr? Schließlich scheine ich hier prominent zu sein. Vielleicht sollte ich mir bei Walgreens eine Jarmulke kaufen. Dann sehe ich mein Spiegelbild im Schaufenster der Buchhandlung. Ich bin schmutzig, verfilzter Bart, gesprungene Brillengläser, so wie in dem ikonischen Bild aus dem Eisentstein-Klassiker *Pachinko*. Ich trage nicht die selbstzufriedene Miene meines Doppelgängers, die sagt: Ich gehöre zum Volk der Auserwählten. Ich muss einen Ort zum Baden finden. Ich muss saubere Kleidung finden. Ich muss eine Jarmulke kaufen oder leasen. Aber zuerst muss ich das Buch sehen.

Ich betrete die Buchhandlung unter feindseligen Blicken, eine weitere obdachlose Person, die Schutz vor der Witterung sucht. Obdachlose Menschen sind ungesehen, bis sie sich in eine abweisende Umgebung einschleichen. Und dann, mein lieber Mann, sind sie gesehen. Ich betrachte das Regal mit den Bestsellern. *Wiederherstellung* ist nicht da. Im Regal ist ein Platz dafür vorgesehen, doch er ist leer. Ich gehe zur Kassiererin. Sie blickt auf und verbirgt rasch ihre Verachtung.

»Ja?«

»Ich bin auf der Suche nach *Wiederherstellung*.«

»Kann ich mir vorstellen«, entschlüpft es ihr.

»Nach dem Buch.«

»Ausverkauft.«

»Wirklich?«

»Nein, ich lüge.«

»Wirklich?«

»Natürlich lüge ich nicht. Warum sollte ich lügen? Was ist los mit Ihnen? Es ist in der ganzen Stadt ausverkauft. Das weiß doch jeder.«

»Ach.«

»Kann ich sonst noch etwas für Sie tun, *Sir*?«

Das »Sir« fühlt sich an wie ein Messerstich.

Ich schüttle den Kopf und gehe. Ich bekomme das Buch nicht in die Finger. Ist das ein Zufall oder Teil irgendeines vertrackten Plans? Es spielt keine Rolle. Ich bin so weit gekommen. Ich werde nicht aufhören zu kommen. Der nächste Schritt ist, mich zu säubern. Nach all der Zeit habe ich noch immer den riesigen Schlüsselbund mit den Schlüsseln zu meiner Wohnung in der Tasche. Wenn Dominick nicht da ist, kann ich mich vielleicht hineinschleichen, duschen und mir einige Kleider holen. Dann vielleicht Barassini kontaktieren und weiter an der wahren Version des Films arbeiten.

Die Schlüssel passen noch. Dominick ist nicht zu Hause, aber meine Sachen sind alle fort. Hat Dominick meine sämtlichen Besitztümer weggeworfen? Ich würde es diesem stinkenden Ungetüm zutrauen. Selbst mein Schlafsessel ist fort, ausgetauscht gegen eine riesige

Hängematte zwischen zwei neu eingebauten Doppel-T-Trägern. Ich erkenne mein Zuhause kaum wieder. Zumindest die Dusche ist noch da, auch wenn sich die Drehregler für heiß und kalt jetzt zehn Zentimeter über meinem Kopf befinden, wahrscheinlich, um dem übelriechenden Mammut leichten Zugang zu ermöglichen. Schließlich ist es unwahrscheinlich, dass er sich bei seinem Gewicht auch nur ein wenig bücken kann, um das Wasser aufzudrehen. Vielleicht hat er darum so streng gerochen. Vielleicht ist er jetzt ein zitronig duftender Gigant. Ich habe nicht vor, es herauszufinden. Ich strecke mich und drehe die Dusche auf. Es fühlt sich gut an, aber ich habe keine Zeit, es zu genießen. Ich shampooniere mir den Bart so rasch wie möglich mit einem Produkt namens Big Man Shampoo und eile nach draußen. Dominick lässt sich seine Kleider eigens von einem Räucherzelthersteller anfertigen. Ich kann sie nicht einmal mit einem seiner Gürtel raffen, weil seine Gürtel weiter sind, als mein ganzer Körper lang ist. Immerhin finde ich ein Uhrenarmband von ihm, das mir genau um die Taille passt. Es sieht nicht sehr vorteilhaft aus, aber die Kleider sind sauber, und besser geht es im Moment eben nicht. Ich stopfe ein Paar seiner Schuhe mit sämtlichen zusammengerollten Socken in seiner Schublade aus, und das hilft.

Indem ich mich auf eine Trittleiter stelle, kann ich mich im Badezimmerspiegel betrachten. In dem gestreiften Räucherzelt-Outfit und den riesigen Schuhen sehe ich wie ein Clown aus. Vielleicht lässt sich daraus irgendein Vorteil schlagen. Amerika liebt Clowns. Nun ja, nicht uneingeschränkt, aber mehr als einen jüdisch aussehenden Mann, der in einem Clownskostüm herumläuft. Wenn ich weißes Make-up auftrage, könnte das den kleinen Mann, die kleine Frau oder das kleine Nichtbinäre von der Straße beruhigen und mir zugleich Zugang zu meinem Ersatz verschaffen, ohne Aufmerksamkeit auf unsere äußerliche Ähnlichkeit zu lenken und die Leute so zu beunruhigen. Ich finde Dominicks riesige Wanne voll weißer Grundierung, die er für seine Fatty-Arbuckle-Nummer verwendet, trage sie großzügig auf mein Gesicht auf und benutze dann seinen schwarzen Fettstift, um mir unschuldige Harry-Langdon-Augenbrauen aufzumalen. Jetzt kann mich niemand mehr als bedrohlich empfinden.

Auf der Straße zeigen die Kinder auf mich und lachen voller Entzücken. Es fühlt sich gut an, etwas Freude in diese grausame, dumme, hässliche Welt zu bringen. Ich winke und lächle ihnen zu. Hätte ich doch nur Luftballons. Kinder lieben Luftballons, habe ich gehört. Und ich kann es ihnen wirklich nicht verübeln. Sie sind bunt und fröhlich. Ballons, nicht Kinder. Nichts kam dem Besitzerstolz gleich, den ich als kleines Kind empfand, wenn ich einen Luftballon an einer Schnur um mein Handgelenk trug. Ich werde später nach einem Päckchen Luftballons und einer Heliumflasche suchen. Ich werde beides stehlen müssen, da ich keinen roten Heller habe. Es wird das Risiko wert sein, einem Kind diese Art von Freude auf das Gesicht zu zaubern, und nicht nur auf sein (oder ihr oder xier) Gesicht, sondern auf seinen gesamten Körper oder ihren oder sonstige, falls es nichtbinär ist. Gedankenverloren laufe ich beinahe an der vor dem Actors' Temple versammelten Menschenmenge vorbei, doch ich schaue rechtzeitig zur Seite, um zu sehen, wie stürmischer Applaus aufbrandet, als sich die Tür öffnet und mein Doppelgänger erscheint. Ich ducke mich hinter eine Mülltonne. Kameras blitzen. Er bleibt stehen, winkt und wendet sich an die Menge:

»Als ein hochaufmerksamer Jude finde ich es nicht ›koscher‹, mich vor einem Gotteshaus an meine Fangemeinde zu wenden, das ich soeben erst nach meinem Schacharit, dem täglichen Morgengebet, verlassen habe. Schließlich bin ich in erster Linie Jude. Doch wenn HaSchem in seiner unendlichen Weisheit es für richtig hält, mich mit einer Arbeit zu segnen, die vielen Trost spendet, dann hat das vielleicht auch etwas ein ganz klein wenig Heiliges an sich, und es ist daher nicht gänzlich unstatthaft, eure Wertschätzung vor diesem Haus G'ttes entgegenzunehmen. Nie darin natürlich, aber davor, warum nicht? Es macht mich dankbar und demütig, die Stimme von Ingo Cutbirth sein zu dürfen, der, G'tt sei seiner Seele gnädig, heute vor einem Jahr gestorben ist.«

Ein Jahr? Aber ich habe Äonen in der Hölle verbracht.

»In jedem Fall möchte ich euch nochmals für eure Freundlichkeit danken. Ich muss nun zu einer Konferenz der Vereinten Nationen über Krisen im internationalen Film, aber wie viele von euch bereits wissen, werde ich heute Abend im jüdischen Studentenheim in der 92nd Street einen unentgeltlichen Vortrag über den Cutbirth-Film halten. Im Anschluss wird es Gelegenheit für Fragen geben, und alle – und ich meine wirklich *alle* –, die mich etwas zu dem Film fragen möchten, werden vortreten können. Vielleicht wird dieser Vortrag eine angemessenere Gelegenheit für einen Austausch sein. Nochmals, danke für euer Interesse an der Arbeit von Ingo Cutbirth im Besonderen und am Kino im Allgemeinen. Auf Wiedersehen und viel Glück.«

Ich folge meinem Doppelgänger in unauffälligem Abstand, als er zu Fuß nach Osten in Richtung der Vereinten Nationen geht, begleitet von einer jüngeren Frau, die vermutlich seine Assistentin ist. Ich kann mich glücklich schätzen, dass an der New York Clown and Acrobatic High School gerade Schulschluss ist und eine kleine Clique Clownsstudenten in voller Trainingsmontur auf der 47th Street nach Osten geht. Ich kann mich unter sie mischen, um jedem Verdacht zu entgehen. Ich sehe seine Jarmulke mit jedem seiner wippenden Schritte auf und ab hüpfen. Was ist das für eine Gangart? Ich wippe nicht. Wenn er mich imitiert, sollte er dann nicht gehen wie ich? Aber die Jarmulke hat er auch nicht von mir, überlege ich. Er imitiert mich nicht. An meinem Nachfolger wurden subtile und vielleicht weniger subtile Änderungen vorgenommen.

Die Clownsstudenten plaudern über irgendein Seminar zu Konfettieimern, das ein Mr. the Eccentric in Block C gibt. Es fällt schwer, sich zu konzentrieren. Man sollte annehmen, es sei recht simpel, einen verdammten Eimer voller Konfetti ins Publikum zu kippen. Aber nicht, wenn es nach Mr. the Eccentric geht. Es ist zum Verrücktwerden. Mein Doppelgänger kehrt bei Knishioner Gordon ein, einem jüdischen Feinkostladen mit Superheldenthematik, der für sein Catering bei den Bar Mitzwas und Bat Mitzwas (und in jüngerer Zeit auch Xier Mitzwas) von Kindern aus reichem Elternhaus berühmt ist. Die Clownsstudenten gehen vorbei, und ich stehe allein vor dem Laden. Ich ducke mich wieder hinter eine Mülltonne, von wo aus ich durch das Schaufenster sehen kann. Er steht am Tresen und bestellt. Die Hand der Assistentin ruht auf seinem Kreuz. Das ist keine Assistentin. Ich mustere sie. Sie ist hübsch auf die Art, wie jüdische Frauen es mitunter sind, mit einer gewissen kernigen, nüchternen Herrschsucht. Das mag nicht jeder, aber mir gefällt es. Ich lasse mich gern beherrschen. Ich habe in meinem Leben mehr als eine jüdische Frau gehabt. Zwei, um genau zu sein. Sie machen keinen Oralsex, aber das dürfte wohl allgemein bekannt sein. Und um ehrlich zu sein: Wenn jemand an mir Oralsex verübt, dann wäre es mir lieber, wenn es ein Mann wäre, weil Männer die Herausforderungen und potenziellen Freuden in einer Weise kennen, wie Frauen es nicht vermögen. Das heißt nicht, dass ich je Oralsex von einem Mann empfangen hätte; es ist lediglich eine Theorie und ein Gerücht. Ich würde das auch gar nicht wollen. So etwas ist nichts für mich. Von einer trans* Frau vielleicht.

»Ich« und seine »Assistentin« treten wieder auf die Straße, beide mit Pappbehältern in der Hand, aus denen sie essen; auf seinem steht »Chicken Souperman«, auf ihrem »Arm Falafel Boy« (ein jämmerliches Wortspiel mit dem Namen des sträflich vernachlässigten DC-Superhelden Arm-Fall-Off-Boy, der mit seinen abnehmbaren Armen auf Feinde einprügelt. Dazu wird es natürlich nie einen Film geben, weil es zu realistisch ist).

Ich sehe zu, wie diese beiden Tölpel ihr bemüht originelles Essen schlürfen und in sich hineinstopfen und dabei immer wieder für Fotos mit Dutzenden von Passanten innehalten. Irgendwann zeigt die Assistentin auf ihr Handgelenk, an dem sich keine Armbanduhr befindet, aber er versteht und reißt sich los. Einige der sich verstreuenden Leute fragen, ob sie Fotos mit mir machen könnten, aber ich schiebe mich durch sie hindurch, den Blick auf den Hochstapler gerichtet.

Die UN verwehren mir den Zutritt zu der Konferenz, obwohl ich derjenige bin, der auf der Teilnehmerliste steht. Obwohl ich mich schriftlich zu der Krise im internationalen Film äußere, seit ich 1975 mein Magazin *Krisen im internationalen Film* herausgebracht habe. Ich setze mich draußen hin und sehe zu, wie die üblichen Verdächtigen einer nach dem anderen erscheinen: Richard Roeper, Mark Kermode, Claudia Puig, Stephen Holden, Paul Wunder von Radio WBAI, Adam Driver, Nicki Minaj, Howard Stern – das Who's who der internationalen Filmkrise. Und nun bin ich eingeladen, mich zu ihnen zu gesellen, oder zumindest ein bizarres Faksimile von mir. Oder sollte ich Faksemit-le sagen? Das ist ein sehr guter Witz, und ich werde bald eine Gelegenheit finden, ihn zu verwenden. Vielleicht in meinem Spec-Script zu Arm-Fall-Off-Boy.

Während ich warte und dabei zum Gebäude der Vereinten Nationen hinaufschaue und an ihre Gründung denke, an den schrecklichen Krieg, der ihre Mission zeitigte, fällt mir plötzlich ein, wie Mutt und Mahle in die Vereinigten Staaten geschmuggelt und von dem amerikanischen Nazi George Lincoln Rockwell zusammen mit ihrem ebenfalls geschmuggelten Stück Rosenberg-Lippe sowie Hans Spemanns Klonvorrichtungen und Brutkästen in einer Grotte von Oleara Debord versteckt wurden. Dort werden sie Hunderte von Rosenbergs züchten, um Rockwells geplante Übernahme der Vereinigten Staaten von Amerika vorzubereiten, die er die Georgeinigten Lincolnaaten von Rockerika zu nennen beabsichtigt. Rockwell ist ein wenig verzagt, weil dieser neue Landesname wie etwas aus der *Familie Feuerstein* klingt, einer beliebten Kinderzeichentrickserie mit Steinzeitmenschen, aber er muss sich nun einmal mit dem zufriedengeben, was er hat.

SPÄTER SITZE ICH in der dichtbesetzten Aula des jüdischen Studentenheims in der 92nd Street. Die Zuhörer, unter ihnen viele Afroamerikaner, sind spürbar erregt. Das Licht wird gedimmt; die Bühnenscheinwerfer leuchten auf. Er betritt die Bühne von links, geht wippend zum Rednerpult. Er trägt eine enge goldfarbene Lederhose und einen schwarzen Rollkragenpullover, der ihm bis unters Kinn reicht. Und eine Jarmulke, eine andere, eine aus goldfarbenem Leder. Oder Kunstleder. Das kann ich von hier aus nicht erkennen. Sein Bart ist gekämmt und geflochten. Eine Aura scheint ihn zu umgeben wie ein Heiligenschein. Mag sein, dass es nur am Bühnenlicht liegt. Das Publikum wartet schweigend, verliebt. Er eröffnet mit einem Scherz.

»Tut mir leid, dass ich erst jetzt herauskomme, aber ich habe hinter der Bühne noch um die Menschheit geweint.«

Er lächelt huldvoll. Es ist anwidernd, beschämend. Das Publikum lacht und spendet stürmischen Beifall. Nur deswegen weiß ich, dass es ein Scherz war. Es muss eine Anspielung auf das Buch gewesen sein, das ich noch immer nicht auftreiben konnte. Dann beginnt er:

»Bitte gestatten Sie mir, ein wenig in Erinnerungen an den Ingo Cutbirth zu schwelgen, den ich kannte, daran, wie ich seinen Film erlebt habe, und an meine Bemühungen, diesen so naturgetreu wie möglich zu reproduzieren. Man kann mit Fug und Recht sagen, dass die Kombination aus diesen drei Erfahrungen meinen Glauben an HaSchem wie auch an meine Mitmenschen erneuert hat. Unmittelbar vor meiner zufälligen Begegnung mit Ingo befand ich mich in einer sehr schwierigen Lage. Meine Ehe zerbrach, meine Karriere als Filmkritiker und Filmhistoriker stagnierte. Es stellte sich heraus, dass mein erwachsener Sohn eine Vielzahl psychosexueller Probleme hatte. HaSchem weiß, dass ich ihn deswegen nicht weniger liebte. Bei alldem war ich allein, weil ich meinen G'tt nicht kannte. Wenn ich daran zurückdenke, wie ich Ingo fand, kommt es mir vor, als hätte HaSchem mich durch die Wildnis zu ihm geführt. Wenn ich ganz ehrlich sein soll, erwog ich damals, mein Leben zu beenden.«

»Nein!«, ruft jemand im Publikum.

»Tu's nicht!«, ruft jemand anderes.

»Wir lieben dich!«, ruft jemand Drittes direkt an meinem Ohr.

Mein Doppelgänger unterbricht sich, um den Zuhörern ein weiteres huldvolles Lächeln zuzuwerfen. Dann fährt er fort:

»Das hätte bedeutet, meinen inneren Kampf gegen die Helligkeit aufzugeben. Doch ich wollte unbedingt in die Helligkeit zurückkehren, in die Welt des Gesehenen. Das Chaos der anderen Welt war unerträglich gewesen. Es ist eine Welt ohne Narrativ, ohne G'tt. Und die Unordnung, die undurchschaubaren Motive und Resultate, die verworrenen Fäden, Sackgassen, die Billionen bedeutungsloser Einzelheiten, durch die man sich in jedem Augenblick hindurchkämpfen musste, waren ein wahrer Albtraum gewesen. Ich muss meinen Weg zurück ins Analysierbare finden, beschloss ich, in die Welt der Kausalität, die von G'tt für Menschen geschaffene Welt. Und tief in mir wusste ich, mein Leben zu beenden, wäre eine große Sünde gewesen und hätte mich daran gehindert, den Mann zu treffen, der mein Leben auf so mannigfaltige zutiefst positive Weisen verändern sollte. Und so ... Es kam eine Nacht, da saß ich hinter der geschlossenen Tür meiner Wohnung in St. Augustine und weinte um –«

»Die Menschheit!«, rufen die Zuhörer wie aus einem Mund.

»Ja, die Menschheit. Ha. In der Tat. Von meinem Ort ohne Hoffnung blickte ich hinaus auf all die Kümmernisse in der Welt: die Gier und Habsucht, die Verzweiflung, die niederträchtige Zerstörung unserer Mutter, der Natur, die Unfähigkeit von Männern und Frauen, einander anständig zu lieben und, noch wichtiger, zu respektieren, und ich sah keine mögliche Lösung für diese Situation. Und so weinte ich. Und meine Tränen waren bitter auf meiner Zunge und in meinem Herzen. Und ich fühlte mich allein. Und ich fühlte mich hoffnungslos. Und ich hatte ein Fläschchen Tabletten in meiner Hand, und ich war bereit, als es an die Tür klopfte. Es war – wie soll ich das sagen? – das sanfteste Klopfen.«

»Oooh«, machen die Zuschauer.

»Das Klopfen eines Engels G'ttes.«

Er klopft sanft an das Rednerpult. Im Publikum erklingen weitere »Oooh«-Rufe. Laute. Einer direkt an meinem Ohr.

»Dieses Klopfen, dieses Engelsklopfen, machte mich ... Nun, ich muss gestehen, es machte mich wütend. Jemand kommt, um sich über meinen Lärm zu beschweren! So sind sie, diese fürchterlichen Menschen! Und außer mir vor Zorn stapfte ich zur Tür wie ein wütendes Kleinkind, wenn ich ehrlich sein soll. Wie ein wütendes Altmännerkleinkind.«

Das Publikum gluckst mitfühlend.

»Das kenne ich!«, bekennen mehrere.

»Und ich öffnete die Tür, bereit, diesem Unmenschen die Meinung zu geigen. Doch da stand Ingo Cutbirth, und mein Ärger zerstob. Denn ... denn ... denn ... er war schön. Und es war überwältigend. Da war dieser alte, alte Mann. Ein afroamerikanischer Mann obendrein! Riesig, aber vornübergebeugt, die Hände knotig vor Arthritis, die Augen mit grauem Star überzogen. Riesig, aber zerbrechlich. Jeder Atemzug schien ihm fürchterliche Mühe zu bereiten. ›Hallo‹, sagte er. ›Es tut mir sehr leid, Sie zu stören, aber ich habe da etwas, was ich Ihnen gern zeigen würde.‹

Hatte er mich weinen gehört? Wenn ja, sagte er es mir nicht. ›Ich habe gerade wirklich keine Zeit‹, sagte ich. ›Ich glaube, es wird Sie interessieren‹, sagte er. ›Nein. Vielen Dank‹, sagte ich mit wachsendem Zorn. ›Ich habe Ihnen das hier gemacht‹, sagte er. ›Ich habe eine lange Reise unternommen, um Ihnen das geben zu können.‹ Und ich seufzte, um ihn meinen Ärger spüren zu lassen, und sagte dann: ›Na schön. Bringen wir's hinter uns.‹ Und er brachte mich in seine Wohnung, die der meinen unmittelbar gegenüberlag. Drinnen stapelten sich Kartons vom Boden bis zur Decke. Ein kleiner Fleck war freigeräumt, und dort stand der heute berühmte Filmprojektor hinter dem heute berühmten Lehnstuhl vor der heute berühmten tragbaren Leinwand. Setzen Sie sich, sagte er. Und irgendwie fühlte ich mich gezwungen, es zu tun. Er wandte sich dem uralten Projektor zu, Licht erfüllte die Leinwand, und so begann meine dreimonatige Reise durch Ingo Cutbirths prachtvolle, heilige Gedankenwelt. Selbstverständlich muss ich Ihnen den Film nicht beschreiben. Wenn Sie heute Abend hier sind, haben Sie gewiss das Buch gelesen –«

»Nicht nur ein Mal!«, rief jemand, begleitet von großem Gelächter und Applaus.

»Ich möchte jedoch über seine Themen reden, darüber, was Ingo mir sagen wollte und was er durch mich hindurch wiederum Ihnen sagen wollte. An erster Stelle ist Ingos *Magnum opus* ein Wunder an menschlicher Genialität und Liebe und zeigt als solches beides in perfektem g'ttlichen Licht. Doch welchen Fragen widmet sich der Film? Vermittels seiner Technik – die man, wie Sie alle wissen, als Stop-Motion-Tricktechnik oder Claymation bezeichnet – studiert Cutbirth das Verstreichen der Zeit und, in Ermangelung eines besseren Begriffs, göttliche Intervention. Wie erreicht er das? Nun, jede winzige Bewegung jeder einzelnen Figur in diesem gigantischen Werk ist von Ingo festgelegt, ist von Ingo ausgeführt und erscheint den Zuschauern doch als der freie Wille dieser Figur. Und indem er diese Welt der Armut und Unterdrückung, des Wagemuts und der Heldenhaftigkeit in so minutiösen, perfekten Einzelheiten zeigt, jenen unter uns Würde verleiht, die unser Mitgefühl und unseren Respekt so sehr verdienen, aber zumeist unsichtbar sind, wirft er ein Licht auf unser gemeinsames Menschsein. Noch nie hat es einen so zutiefst ernsthaften Film über die Unterdrückten gegeben. Es ist eine maßgebliche Erkenntnis, dass der Film keinen einzigen Witz enthält, kein einziges unbeschwertes Bild, kein einziges Lachen. Dieser Film ist eine dreimonatige, erbarmungslose Marter. Doch das brauchen wir, nicht wahr?«

»Göttliche Marter!«, jubelt das Publikum.

»Wir brauchen jemanden, der uns die Augen öffnet. Wir müssen das Leid der Armen erfahren, der Geisteskranken, der Kriminellen, der ›austauschbaren‹ Menschen, die wir in Gefängnisse und Gettos und Nervenheilanstalten auslagern, der Menschen, die vor uns verborgen unter Abdeckplanen leben, unter Brücken, der Immigranten, aller farbigen Völker, der Entrechteten, der Gender-Unsicheren, der Zwerge, der Behinderten, der Blinden, der Tauben … Habe ich Zwerge gesagt?«

»Zwerge! Zwerge! Zwerge!«, skandieren die Zuhörer wie aus einem Mund.

»Kurz gesagt, der Menschen, denen wir als Gesellschaft den Rücken zukehren. Das sind die Menschen, die dieser Film porträtiert. Dieses eine Mal bekommen sie eine Bühne. Es ist ihre Geschichte. Im Film ist die Rede von den Privilegierten, den Gesunden, den Weißen, doch wir sehen sie nur als Wettererscheinung, als der Wirbelsturm gewaltsamer Unterdrückung, der sie sind. …«

KAPITEL 59

UND SO GEHT es immer weiter. Über eine Stunde lang erzählt er eine Lüge nach der anderen über den Film. Er hat ihn eindeutig nicht gesehen. Er hat sich einen Film ausgedacht, der per Definition im Widerspruch zu Ingos Konzept, zu Ingos künstlerischer Mission steht. Ich bin in einen Albtraum gestoßen worden, aber ich halte meine Zunge im Zaum, bis die Fragerunde beginnt. Nach einer Reihe zahmer Fragen und gehaltloser Antworten werde ich, nachdem meine erhobene Hand immer wieder ignoriert wurde, endlich von dem jarmulketragenden Doppelgänger aufgerufen.

»Ja, Sie, der Clown in Reihe vier.«

»Wer von uns ist hier der Clown?«, frage ich bissig.

»Sie«, sagt er, sichtlich verwirrt von meiner Frage.

»Wie dem auch sei«, sage ich. »Ich habe ein Hühnchen mit Ihnen zu rupfen.«

»Bitte«, sagt er lächelnd. »Nur zu.«

»Sie lügen«, sage ich.

»Inwiefern, mein lustiger Freund?«

»Was Sie da beschreiben, ist nicht Ingos Film.«

»Und das wissen Sie woher?«

»Weil ich ihn gesehen habe.«

Das Publikum beginnt, mich auszubuhen. Doch der Mann auf der Bühne bleibt ruhig, lächelt wohlwollend, hebt die Hand, um die Menge zum Schweigen zu bringen.

»Niemand außer mir hat diesen Film gesehen«, sagt er.

»Ich bin du«, sage ich.

Weitere Buhrufe.

»Sind Sie das?«, sagt er freundlich lachend.

Ich versuche, mir auf dramatische Weise das Make-up abzuwischen, um mein Gesicht darunter zum Vorschein kommen zu lassen, aber ich weiß nicht, ob es gelingt, weil ich meinen Handspiegel in der Kanalisation verloren habe. Ich wende mich an die Frau neben mir.

»Ist es ab?«, frage ich sie.

»Nur verschmiert!«, schreit sie und sieht mich hasserfüllt an.

»Warum kommen Sie nicht auf die Bühne, mein Freund?«, bietet mir der Doppelgänger an. Wir können über Ihr Problem sprechen. Möchtet ihr das?«, fragt er das Publikum.

Sein Tonfall macht deutlich, dass die richtige Antwort Ja lautet.

»Ja! Ja!«, rufen die Leute. Und dann werde ich emporgehoben und von einem zum anderen weitergereicht bis zur Bühne, wo man mich kurzerhand fallen lässt.

»Hallo«, sagt der Doppelgänger und hilft mir auf. Dann ruft er nach hinten: »Könnten wir bitte ein zweites Rednerpult und ein Mikrofon für meinen antipodischen Freund hier bekommen?«

Augenblicklich erscheinen am rechten Bühnenrand zwei Bühnenarbeiter, die ein Rednerpult mit Mikrofon tragen. Es geschieht so rasch, dass mir der Gedanke durch den Kopf schießt, er habe mich erwartet. Der Doppelgänger führt mich gemächlich zu meinem Pult und kehrt dann zu seinem eigenen zurück.

»Also«, sagt er, »erzählen Sie mir, wie Sie Ingos Film gesehen haben.«

Mir fehlen die Worte. Ich bin verwirrt, und Gefühle strömen auf mich ein. Ich betrachte die Zuhörer und sehe, dass sie allesamt gegen mich sind. Ich werde geschmäht.

»Ich, nun ja, ich …«, setze ich an. »In Wahrheit bin ich du, und ich habe den Film gesehen. Du hast mich ersetzt. Du hast den Film nicht gesehen. Kosmische Kräfte haben dich programmiert zu glauben, du hättest es getan.«

»Ich verstehe« sagt er. »Wie mysteriös!«

Die Zuhörer lachen.

»Bitte, bitte«, sagt er zu ihnen. »Geben wir unserem Freund hier die Gelegenheit zu sprechen. Die Welt ist groß genug für viele verschiedene Interpretationen der Realität. Wenn uns Ingos Werk irgendetwas gelehrt hat, dann, dass wir die Geisteskranken mit Mitgefühl und Respekt behandeln sollen. Aber«, setzt er hinzu, »ich möchte in keiner Weise andeuten, dass mein farbenfroher Widerpart hier geisteskrank ist. Bitte, fahren Sie fort«, sagt er zu mir.

»Ingo war sich darüber bewusst, dass man keinen Film über die Ungesehenen machen kann, ohne ihrer … Ungesehenheit völlig zuwiderzulaufen. Er wusste, die Wahrheit über die von der Gesellschaft Ungesehenen lässt sich nur zeigen, indem man sie gar nicht zeigt.«

»Dieser Film über die Ungesehenen zeigt also nichts von ihrer Misere?«

»Er zeigt nur Weiße, und er tut es in Gestalt einer unerbittlichen und vom Eigentlichen ablenkenden Komödie. Die Entrechteten werden nicht ins Bild gerückt.«

»Also wie in jedem anderen Film auch«, scherzt er.

Das Publikum lacht johlend auf und lässt dem Gelächter zuerst Applaus und dann Fußgetrampel folgen. Es ist richtiggehend beängstigend.

»Nein«, sage ich. »Ingo hat die Ungesehenen animiert. Er hat es bloß nicht gefilmt. Er hat es nur erinnert. Ihre Geschichten hat er mit ins Grab genommen.«

»Danke, jetzt sehe ich klar«, sagt er.

»Eben nicht, es gibt nämlich nichts zu sehen!«, versetze ich scharf. »Genau darum geht es ja.«

Das war clever, und ich blicke ins Publikum, in der Hoffnung auf ein wenig Anerkennung für meine Spitze. Applaus. Fußgetrampel. Es kommt nichts. Doch der Mann neben mir auf der Bühne wirft mir einen Brosamen hin:

»Touché«, sagt er.

Von dieser kleinen Gefälligkeit ermuntert, fahre ich fort:

»Ich bin derjenige, der in St. Augustine das Mahnmal für ihn errichtet hat.«

»Sie meinen dieses?«, sagt er und drückt auf eine Fernbedienung in seiner Hand, woraufhin ein Foto von Ingos Mahnmal an die Wand geworfen wird. Es ist schwer zu erkennen, da eine so große Menge von Touristen und Pilgern davor herumwimmelt, doch ich kann sehen, dass es sich zwar um das von mir ausgewählte Landstück handelt, das Mahnmal selbst aber ein völlig anderes ist. Auf diesem hier sind lebensgroße Steinreliefs von unglücklichen und ungesehenen Menschen aller Art zu sehen, eben jener Menschen, deren steinerne Bildnisse der wahre Ingo, mein Ingo, niemals hätte sehen wollen. Es ist eine üble Version des Vietnam-Mahnmals. Wenn ich Maya Lin bin, ist mein Doppelgänger Frederick Hart. Mmm. Maya Lin.

»Das ist nicht mein Mahnmal für Ingo«, sage ich.

»Nein, es ist meins.«

»Aber du existierst gar nicht«, sage ich weinerlich.

»Mein Freund«, sagt er, »ich habe Ihre Existenz nicht angezweifelt. Ich bin Ihnen respektvoll und entgegenkommend begegnet. Ich habe Sie auf die Bühne gebeten, an einem Abend, der für dieses Publikum und mich selbst etwas sehr Besonderes ist. Ich möchte Sie bitten, mir die gleiche Höflichkeit zuteilwerden zu lassen.«

Die Zuhörer buhen mich aus. Jemand wirft eine Tomate, die mich an der Brust trifft. Warum haben sie Tomaten, wenn man nicht mit mir gerechnet hat? Ein Stein prallt von meiner Stirn ab. Warum haben sie Steine?

»Bitte«, sagt mein Doppelgänger zum Publikum. »Wir sind nicht gewalttätig.«

»Sorry!«, ertönt eine wütende, hysterische, bedauernde Stimme in der Menge.

»Und nun, meine Freunde, habe ich noch einen besonderen kleinen Leckerbissen für Sie, eine Überraschung gewissermaßen«, sagt mein Doppelgänger. »Einen ersten Blick auf meine kommende Netflix-Serie, für die ich Ingos verlorenes Meisterwerk Bild für Bild rekonstruiert habe.«

»Bild für Bild?«, sage ich.

»Allerdings«, sagt mein Doppelgänger.

»Zunächst einmal ist das unmöglich, selbst wenn du den Film tatsächlich gesehen haben solltest.«

»Ist es nicht. Ich habe ein fotografisches Gedächtnis.«

»Das ist ein Mythos. Es gibt kein fotografisches Gedächtnis.«

»Tatsächlich? Sie sagten: Ingo war sich darüber bewusst, dass man keinen Film über die Ungesehenen machen kann, ohne ihrer ... Ungesehenheit völlig zuwiderzulaufen. Er wusste, die Wahrheit über die von der Gesellschaft Ungesehenen lässt sich nur zeigen, indem man sie gar nicht zeigt. Ich sagte: Dieser Film über die Ungesehenen zeigt also nichts von ihrer Misere? Sie sagten: Er zeigt nur Weiße, und er tut es in Gestalt einer unerbittlichen und vom Eigentlichen ablenkenden Komödie. Die Entrechteten werden nicht ins Bild gerückt. Ich sagte: Also wie in jedem anderen Film auch. An dieser Stelle lachten die Zuhörer, dann applaudierten sie, dann trampelten sie mit den Füßen. Sie sagten: Nein. Ingo hat die Ungesehenen animiert. Er hat es bloß nicht gefilmt. Er hat es nur erinnert. Ihre Geschichten hat er mit ins Grab genommen. Ich sagte: Danke, jetzt sehe ich klar. Sie sagten: Eben nicht, es gibt nämlich nichts zu sehen. Genau darum geht es ja. Ich sagte: Touché. Sie sagten: Ich bin derjenige, der in St. Augustine das Mahnmal für ihn errichtet hat. Ich sagte: Sie meinen dieses?, und drückte auf eine Fernbedienung aus Plastik in meiner Hand, woraufhin ein Foto von Ingos Mahnmal an die Wand geworfen wurde. Sie sagten: Das ist nicht mein Mahnmal für Ingo. Ich sagte: Nein, es ist meins. Sie sagten weinerlich: Aber du existierst gar nicht. Ich sagte: Mein Freund, ich habe Ihre Existenz nicht angezweifelt. Ich bin Ihnen respektvoll und entgegenkommend begegnet. Ich habe Sie auf die Bühne gebeten, an einem Abend, der für dieses Publikum und mich selbst etwas sehr Besonderes ist. Ich möchte Sie bitten, mir die gleiche Höflichkeit zuteilwerden zu lassen.

An dieser Stelle buhten die Zuhörer Sie aus. Jemand warf eine Tomate, die Sie an der Brust traf. Ein Stein traf Sie an der Stirn. Ich sagte zum Publikum: Bitte. Wir sind nicht gewalttätig. Sorry!, erwiderte jemand in der Menge. Ich sagte: Und nun, meine Freunde, habe ich noch einen besonderen kleinen Leckerbissen für Sie, eine Überraschung gewissermaßen. Einen ersten Blick auf meine kommende Netflix-Serie, für die ich Ingos verlorenes Meisterwerk Bild für Bild rekonstruiert habe. Sie sagten: Bild für Bild? Ich sagte: Allerdings. Sie sagten: Zunächst einmal ist das unmöglich, selbst wenn du den Film tatsächlich gesehen haben solltest. Ich sagte: Ist es nicht. Ich habe ein fotografisches Gedächtnis. Sie sagten: Das ist ein Mythos. Es gibt kein fotografisches Gedächtnis. Ich sagte: Tatsächlich? Und damit, mein Freund, wären wir in der Gegenwart angekommen.«

»Das habe ich nicht gesagt.«

»O doch, das haben Sie.«

»Habe ich nicht.«

»Tommy, könntest du den Tonmitschnitt bitte noch einmal abspielen?«

Der Mitschnitt kommt aus dem Lautsprecher: »›Ingo war sich darüber bewusst, dass man keinen Film über die Ungesehenen machen kann, ohne ihrer ... Ungesehenheit völlig zuwiderzulaufen. Er wusste, die Wahrheit über die von der Gesellschaft Ungesehenen lässt sich nur zeigen, indem man sie gar nicht zeigt. Dieser Film über die Ungesehenen zeigt also nichts von ihrer Misere? Er zeigt nur Weiße, und er tut es in Gestalt einer unerbittlichen und vom Eigentlichen ablenkenden Komödie. Die Entrechteten werden nicht ins Bild gerückt. Also wie in jedem anderen Film auch. [Gelächter. Applaus. Fußgetrampel] Nein. Ingo hat die Ungesehenen animiert. Er hat es bloß nicht gefilmt. Er hat es nur erinnert. Ihre Geschichten hat er mit ins Grab genommen. Danke, jetzt sehe ich klar. Eben nicht, es gibt nämlich nichts zu sehen. Genau darum geht es ja. Touché. Ich bin derjenige, der in St. Augustine das Mahnmal für ihn errichtet hat. Sie meinen dieses? [Das Klicken eines Geräts aus Plastik] Das ist nicht mein Mahnmal für Ingo. Nein, es ist meins. Aber du existierst gar nicht. Mein Freund, ich habe Ihre Existenz nicht angezweifelt. Ich bin Ihnen respektvoll und entgegenkommend begegnet. Ich habe Sie auf die Bühne gebeten, an einem Abend, der für dieses Publikum und mich selbst etwas sehr Besonderes ist. Ich möchte Sie bitten, mir die gleiche Höflichkeit zuteilwerden zu lassen. [Buhrufe. Das Geräusch einer auf einem Torso auftreffenden Tomate. Das Geräusch eines auf einem Kopf auftreffenden Steins] Bitte. Wir sind nicht gewalttätig. Sorry! Und nun, meine Freunde, habe ich noch einen besonderen kleinen Leckerbissen für Sie, eine Überraschung gewissermaßen. Einen ersten Blick auf meine kommende Netflix-Serie, für die ich Ingos verlorenes Meisterwerk Bild für Bild rekonstruiert habe. Bild für Bild? Allerdings. Zunächst einmal ist das unmöglich, selbst wenn du den Film tatsächlich gesehen haben solltest. Ist es nicht. Ich habe ein fotografisches Gedächtnis. Das ist ein Mythos. Es gibt kein fotografisches Gedächtnis. Tatsächlich?‹ Und damit mein Freund, wären wir in der Gegenwart angekommen. Das habe ich nicht gesagt. O doch, das haben Sie. Habe ich nicht. Tommy, könntest du den Tonmitschnitt bitte noch einmal abspielen?«

Die Tonwiedergabe bricht ab.

»Also dann«, sagt mein Doppelgänger.

»Na schön, das war beeindruckend. Guter Trick.«

»Danke, mein Freund. Könnte ich nun mit meinem Programm fortfahren?«

»Ja, natürlich. Es ist mir inzwischen ohnehin egal.«

»Danke, mein Freund. Also, meine Freunde, ohne weitere Umschweife: Hier ist eine Kostprobe für Sie.«

Das Licht wird gedimmt, und das Netflix-Logo erscheint auf dem Bildschirm hinter uns. Es wird ausgeblendet, und an seine Stelle tritt eine Kamerafahrt durch die Schwärze des Weltalls, vorbei an Planeten und Meteoren. Ein Erzähler mit einer tiefen Stimme spricht:

»In der Galaxie Schwarzes Auge gibt es eine Welt namens Boreas-Hephaestus.«

Wir erreichen einen von Flammen umgebenen Planeten.

Erzähler: »Die der Sonne dieses Planeten zugewandte Seite steht ununterbrochen in Flammen.«

Die Kamera umkreist den Planeten und enthüllt eine dunkle, mit Eis bedeckte Seite.

Erzähler: »Die ihr abgewandte Seite ist auf ewig mit Eis bedeckt.«

Die Kamera fährt auf den Planeten zu.

Erzähler: »Dies ist die Geschichte von Madd und Molly, zwei jungen Kriegerinnen, die an der Grenze zwischen beiden Seiten leben und die Armee des Eises und die Armee des Feuers bekämpfen, um die unschuldigen, ausgebeuteten Kinder ihres Landes zu retten.«

Die Kamera kommt auf Madd und Molly zum Stehen, zwei jungen afroboreas-hephaestischen Mädchen, die Penisse und Schwerter in gegürteten Scheiden tragen und sich über eine Landkarte beugen.

KAPITEL 60

ANSCHLIESSEND LÄDT MICH mein Doppelgänger auf einen Drink ein, um weiter über unsere Meinungsverschiedenheiten zu sprechen, in der Hoffnung, wie er sagt, einen Konsens zu erzielen. Ich schlage das Angebot aus, weil ich schon etwas vorhabe. Nämlich ihm nach Hause zu folgen, um so viel über diesen wippenden Einschleicher herauszufinden, wie ich kann. Also verabschieden wir uns. Er umarmt mich und nennt mich »Landsmann«. Ich kenne mich gut genug aus, um zu merken, dass er mich als Mitjuden umarmt.

»Ich bin kein Jude«, sage ich.

»Oi«, sagt er. »Ich war einmal wie du. Am Freitag kommst du mit mir in den Actors' Temple. Hinterher acheln wir bei Knishioner Gordon etwas und reden Schmonzes.«

»Ich muss gehen«, sage ich und entwinde mich mühsam seiner bärenartigen Umarmung. Sein schwarzer Rollkragen ist mit etwas Clownsschminke beschmiert.

»Ist gut, mein Freund«, sagt er. »Ich melde mich.«

Wie? Wie willst du dich bei mir melden? Wo willst du mich finden? Du Lügner! Ich nicke und winke. Als er gegangen ist, zähle ich bis siebzehn und folge ihm dann. Ich sehe auf die Uhr an meinem Handgelenk: 9.30 Uhr. Wie sich zeigt, lebt er in dem äußerst luxuriösen Wohngebäude, in dem ich einmal gelebt habe, dem Gebäude, in dem Marjorie Morningstar nun mein ehemaliges Apartment bewohnt. Ich warte draußen vor dem Dunkin' Donuts, bis mich der Geschäftsführer davonjagt. Ich beziehe stattdessen vor H & R Block Position, wo man glücklicherweise schon Feierabend gemacht hat. Der Doppelgänger verlässt das Gebäude um 11.00 Uhr, diesmal in Bademantel und Pantoffeln, und führt einen winzig kleinen Hund spazieren. Vielleicht ist es ein Mini-Chihuahua, der manchmal auch Teacup-Chihuahua genannt wird. Doch die Proportionen haben etwas Seltsames an sich. Ich bin stolz auf mein Wissen über Hunderassen, habe sowohl Carl von Linnés *Systema Naturae* als auch die Richtlinien für Hundezucht-Preisrichter des American Kennel Club ausgiebig studiert. Der Kopf dieses Hundes ist zu klein für einen Hund von Showqualität. Zudem scheint er eine ungewöhnlich lange Schnauze zu haben. Ich wage mich weiter vor. Sie biegen an der Ecke zur 45th Street ab; mein Double scheint in einen Austausch von Textnachrichten vertieft zu sein. Hier ist es viel stiller. Und dunkler. Ich habe, ehrlich gesagt, keinen besonderen Plan, aber die Abwesenheit von Passanten und die Dunkelheit bewirken eine Art Verdunkelung meines Herzens. In diesem Augenblick dreht er sich um, vielleicht, weil er diesen emotionalen Wetterumschlag gespürt hat, eine plötzliche Kaltfront, einen Sturm, Orkanböen.

»Ach, du bist es«, sagt er und versucht, ein huldvolles Lächeln aufzusetzen, das auf seinem Gesicht erscheint und wieder verschwindet wie ein Gummiband, das gedehnt und losgelassen wird.

»Ja«, sage ich.

»Zufall?«, fragt er.

»Gibt es Zufälle?«

»Nun sprichst du wie ein religiöser Mann. Es freut mich, das zu hören. Was kann ich für dich tun?«

»Man spielt uns beiden übel mit«, sage ich.

»Man spielt uns übel mit?«

»Irgendwer, irgendwo.«

»Ich fühle mich mit einem wunderbaren Leben gesegnet.«

»Ja. Aber das kann sich natürlich ändern. Irgendwo lauert immer ein offener Kanalschacht.«

»Ich verstehe nicht.«

»Katastrophen. Demütigungen. Sie lauern immer hinter der nächsten Ecke.«

»In der 44th Street?«

»Spiel nicht den Schlaumeier. Du weißt, was ich meine.«

»HaSchem stellt unseren Glauben auf die Probe. Täte er es nicht, bräuchten wir keinen Glauben. Das verstehst du doch, oder?«

»Ich bin kein Jude.«

»Ich war einmal ein säkulärer Jude, so wie du. Dann habe ich den wahren Sinn gefunden.«

»Nein, ich bin nicht als Jude geboren. Meine Vorfahren sind hauptsächlich irische Katholiken.«

»Seltsam«, sagt er. »Das sage ich wegen deiner Nase.«

»Diese Nase haben mir Antisemiten aus dem Süden verpasst.«

»Also, das ist eine Geschichte, die ich gern einmal beim Acheln hören würde.«

»Was du hast, gehört von Rechts wegen mir.«

»HaSchems Segen?«

»Ingos Film.«

»Ah. Weißt du, mein Lektor hat mir gesagt, wenn ein Buch erfolgreich ist, gibt es immer Leute, die die Autorschaft für sich beanspruchen, die behaupten, der Verfasser hätte ihr Buch gelesen, das Buch sei ihnen gestohlen worden *et ketera*.«

»Ich habe das Leben gelebt, das du gelebt haben willst. Ich habe Ingos Film gesehen. Ich habe hilflos mitangesehen, wie er durch meine Dummheit von einem Feuer zerstört wurde.«

»Flut.«

»Flut?«

»Er wurde selbstverständlich während des Wirbelsturms Irma zerstört. Jeder weiß das. Es war ein Akt G'ttes. Keine Schuld, wie unser alter chinesischer Freund Lao Tzu wohl gesagt hätte. Es steht alles in der Schrift.«

»Was ist mit Mudd und Molloy?«, sage ich.

»Mit wem und wem, mein Freund?«

»Mudd und Molloy.«

»Diese Namen sagen mir nichts.«

»Die Figuren. In Ingos Film.«

»In welcher Szene?«

»In jeder Szene!«

»Nein.«

»Das gescheiterte Komikerduo.«

»Ach ja, vielleicht doch. Da gab es einen Augenblick. Einen kurzen Augenblick. Einen ganz beiläufigen Augenblick. Molly sieht einmal spätabends einen Film auf einem futuristischen Weltraumfernseher, und man hört ein wenig komisches Geplauder. Der Fernsehschirm ist nicht zu sehen, man hört es nur. Die Szene handelt von Mollys Einsamkeit, ihrer Entfremdung; ihre einzige Gesellschaft ist diese Effekthascherei im Fernsehen. Lustig, das hatte ich ganz vergessen. Ich habe es nicht einmal im Buch erwähnt. Ich, mit meinem unfehlbaren fotografischen Gedächtnis. Es ist wirklich ein unbedeutender Moment, aber er verleiht der Szene eine gewisse Prägnanz. Er scheint zu demonstrieren, wie viel Zeit wir damit verschwenden, unsere Gehirne mit effekthascherischem Zeug zu füllen. Hatte ich den Ausdruck vorher schon benutzt? Es kommt mir vor, als hätte ich den Film, den sie schaut, schon vorher so genannt, aber ich bin mir nicht ganz sicher. Man kann sich ja leider kein Gesprächsprotokoll vornehmen und noch einmal nachlesen, was man gesagt hat. Wobei, ich schon, denn ich habe ja ein fotografisches Gedächtnis.«

Mein Doppelgänger verstummt und denkt nach.

»Ja, effekthascherisch. Und es ist genau der passende Ausdruck für die Sendung, die sie schaut und die wir als Zuschauer nicht einmal sehen können, wie ich dir bereits sagte. Ja, vielleicht sind das dieser Mudd und dieser Mullaly, von denen du –«

»Mudd und Molloy.«

»Verzeihung?«

»Mudd und Molloy.«

»Oh. Ja. So. Ich glaube, das sind sie. Soweit ich mich erinnere, ist das die einzige Stelle, an der so ein Komikerduo vorkäme. Ganz beiläufig. Trägt aber zur Prägnanz der Szene bei, meinst du nicht? Fast wie eine traurige Klaviermelodie. Effekthascherei ist ein interessantes Wort. Es setzt sich zusammen aus »haschen« wie in »erhaschen« oder »an sich nehmen« und »Effekt«, abgleitet vom lateinischen *effectus*, was »Wirkung« oder »Erfolg« bedeutet. Wie viel von unserer Lebenszeit verschwenden wir damit, uns mit der Effekthascherei anderer zu befassen, unsere Aufmerksamkeit, unsere Anerkennung, unseren Beifall ihren Bemühungen mit dem einzigen Zweck der Selbsterhöhung zu spenden? Denk an all die Bücher auf der Welt, all die Filme, die Fernsehsendungen, die Musik, die Zeitschriften, die schwadronierenden Politiker, die ›Künstler‹ aller Couleur. Stell dir all die Effekthascherei vor – habe ich dir schon von der Herkunft des Wortes erzählt? Stell dir jedenfalls vor, man würde all dieses Zeug und diese Leute aufeinanderstapeln. Würden sie bis zum Mond reichen? Viele Male hin und zurück, denke ich. Und damit sind unsere Gehirne vollgestopft. Wie passt das alles hinein? Das ist einer der Gründe dafür, dass ich Ingos Werk so liebe. Er hatte kein Interesse daran, es irgendjemandem in den Kopf zu stopfen. Seine Absichten waren lauter. Er schuf nur für sich selbst. Und darum glaube ich, das Recht zu haben, anderen sein Werk in den Kopf zu stopfen. Es ist von einer anderen Qualität und damit ein Heilmittel, ein Gegengift, wenn man so möchte, gegen den Müll, den wir Tag für Tag zu uns nehmen. Ich habe mich nie für meine eigene Selbsterhöhung interessiert. Als religiöser Mensch bin ich bereits mit dem Geist HaSchems erfüllt. Das Lob der Männer, die Anbetung der Frauen benötige und ersehne ich nicht. Ich habe nicht das Bedürfnis, mein Gesicht auf dem Cover des *Rolling Stone* zu sehen, wie Billy Joel, unser guter Freund aus Hicksville, sagt. Lustig, nun, da ich darüber nachdenke, klingen die Namen Madd und Molly ein wenig wie Mudd und Molloy. Vielleicht hat dich das verwirrt.«

»Dr. Hook.«

»Bitte?«

»Dr. Hook and the Medicine Show. Das Lied ist von ihnen. Nicht von Billy Joel.«

»Ich bin mir ziemlich sicher, dass es Mr. Joel war. ›*Put me in the back of the discount rack like another can of beans.*‹ Ich weiß genau –«

»Das ist ›The Entertainer‹ von Billy Joel. Ein völlig anderer Song.«

»Ich glaube nicht. Der Text hat mich immer gestört. Warum sollte eine Dose Bohnen im Plattenladen bei den Sonderangeboten stehen?«

»Anderer Song.«

»Wir könnten den ganzen Tag darüber streiten, aber –«

»Nein. Wir könnten es ganz einfach nachschauen.«

»Aber darum geht es doch gar nicht, oder? Es geht darum, dass unser Freund Billy Joel uns seine kleinen Reime in den Kopf gesteckt hat und wir für immer mit ihnen leben müssen. Sie verändern die Schaltkreise in unserem Gehirn. Dafür sorgen die ARC-Proteine. Sie machen uns zu dem, was wir sind. Sie bewirken, dass wir uns fragen, warum eine Dose Bohnen im Plattenladen bei den Sonderangeboten stehen sollte. Und alles nur, weil Billy Joel will, dass wir ihn lieben, ihm Anerkennung zollen, ihn feiern. HaSchem verlangt nichts davon.«

»Wirklich nicht?«

»Nein, mein Freund. Das tut er wirklich nicht. Wir müssen nicht nach seiner Aufmerksamkeit heischen. Wir müssen nicht berühmt werden, damit er uns sieht. Er sieht uns immer. Er beurteilt uns aufgrund unserer Herzen, nicht unserer Berühmtheit. *We didn't start the fire*, sagt unser Freund Billy Joel, wir haben das Feuer nicht entfacht. Aber natürlich haben wir das doch. Jeder einzelne Posten auf seiner langen und sauber gereimten Liste wurde von Menschen gemacht. Wir haben das Feuer entfacht, Mr. Joel. Nun magst du mir sagen, dass dieses Lied von Dr. Hook oder von Dr. Demento oder Dr. Dre oder sogar Dr. Kevorkian ist, aber ich sage dir, du irrst dich, und außerdem spielt es gar keine Rolle, weil das, was ich sage, seine Gültigkeit behält. Wenn es darum geht, Geld oder Ruhm oder Macht zu erlangen, begehen Menschen Gräueltaten. Darum glaube ich, dass Ingos Film und sein Leben exemplarisch sind.«

So sehr bin ich auf mein Double und seine endlosen Lügenmärchen konzentriert, dass ich noch nicht einen Blick hinunter auf seinen Hund geworfen habe. Doch nun macht er ein schnüffelndes Geräusch, das meine Aufmerksamkeit erregt, und ich sehe ihn an. Wie sich herausstellt, ist es gar kein Hund; es ist die Eselspuppe aus Ingos Film, die Eselspuppe von meiner Urne, die sich nun in menschlicher Zeit von selbst zu bewegen scheint.

»Hallo«, sagt sie zu mir.

»Du«, sage ich. »*Du* kennst mich doch. Du kannst es ihm sagen. Du kannst es allen sagen!«

»Vielleicht sind wir uns einmal flüchtig begegnet«, sagt der Esel. »Ich lerne in meinem Beruf viele Leute kennen.«

»Deinem Beruf?«

»Ich bin ein Begleittier.«

»Er ist nicht blind.«

»Ich bin ein Therapiehund … -esel … nun ja, -eselspuppe, also, lebendig gewordene Eselspuppe. Ist das nicht offensichtlich? Bist du beschränkt, Mann?«

Aus irgendeinem Grund macht mich sein überheblicher Ton wütend. Wahrscheinlich, weil mit Beleidigungen bei mir eine Grenze überschritten ist. Ohne eine Sekunde nachzudenken, lasse ich meinen Fuß auf ihn niederkrachen. Erschreckenderweise besteht er nicht aus einem mit Silikon überzogenen Edelstahlgerüst. Die Puppe platzt auf wie ein zerquetschter Pfirsich, und Blut und Knochen quellen hervor und bilden einen winzigen, schreckenerregenden Fleck auf dem Gehweg. Er ist noch immer lebendig, versucht zu sprechen.

»Bitte nicht …«

Ich weiß nicht, ob ich es aus Mitgefühl tue oder aus Bosheit, aber ich stampfe noch zweimal auf ihn ein. Nun ist er still. Ich schaue zu meinem Doppelgänger auf, beschämt, aber auch merkwürdig triumphal.

»Was hast du getan?«, sagt er beinahe flüsternd. »Er war ein Geschöpf G'ttes, ein mirakulöses Geschöpf, da er als Einziger seiner Art mit der Gabe der Sprache gesegnet war.«

»Und was weiter?«, fauche ich; ich weiß nicht, was ich sonst sagen soll.

»*Dies* weiter«, sagt er und hebt im Zorn erstmals die Stimme. »Ich werde das den zuständigen Behörden melden müssen. Er war mein Freund und Vertrauter. Er war weise. Er war ein Geschöpf G'ttes.«

»Das sagtest du schon«, erkläre ich und versetze ihm einen Kinnhaken. Er ist seltsam zart und leicht, und mein Fausthieb lässt ihn rückwärts gegen einen Laternenmast taumeln. Ich schlage ihn noch einmal. Und noch einmal. Er leistet keinerlei Gegenwehr. Liegt es daran, dass er Pazifist ist, oder habe ich ihn schlicht außer Gefecht gesetzt? Ich weiß es nicht. Ich weiß gar nichts mehr. Bald geht er zu Boden. Ich schleife ihn in eine Gasse und prügle auf ihn ein, bis er tot ist.

Dann sacke ich neben ihm auf den Zement, schwer atmend, mit einem Mal begreifend, was ich getan habe. Ich sehe den Esel auf dem Gehweg liegen, raffe mich rasch auf, um seine Überreste mit einem Stück Pappkarton aus einer Mülltonne aufzukratzen und sie in die Gasse zu tragen. Was soll ich tun? Ich sage mir, es sei im Eifer des Gefechts geschehen, aber ich weiß, dass der Gedanke, diesen Betrüger zu töten, in mir geschlummert hat, seit ich von seiner Existenz erfahren habe. Ich sage mir, es sei Selbstverteidigung gewesen, doch das ergibt in Anbetracht dessen, was ich gerade erst gedacht habe, noch weniger Sinn. Ich muss wenigstens mir selbst gegenüber ehrlich sein, wenn ich gegen die Welt der Lügen ankämpfen will, die ich betreten habe. Ich gehe auf und ab. Ich versuche, nachzudenken. Ich muss mich aus diesem Albtraum befreien. Dann wird mir das Offensichtliche bewusst. Ich werde seinen Platz einnehmen. Ich ziehe Dominicks Fettschminke und den schwarzen Augenbrauenstift aus meiner riesigen Hosentasche und beuge mich über das Gesicht meines Doppelgängers. Bald ist es nicht mehr von meinem eigenen geschminkten Gesicht zu unterscheiden. Ich finde in der Mülltonne einen steifen Lappen (steif wovon? Keine Zeit, darüber nachzudenken!) und ein Stück eines zerbrochenen Spiegels und wische mir selbst das Make-up vom Gesicht. Ich gebe mir alle Mühe, meinen Bart zu flechten. Glücklicherweise findet sich im Müll eine Bartflechtanleitung. Ich tausche die Kleider mit ihm. Ich packe den Esel, verlasse die Gasse und kehre hastig zurück, als mir auffällt, dass ich die wichtigste Tarnung vergessen habe: die Jarmulke. Ich setze sie auf und befestige sie an meinem Haar.

Vor seinem Wohnhaus angekommen, wappne ich mich und trete ein. Es sieht anders aus, als ich es in Erinnerung hatte, vollständig neu eingerichtet. Es gibt jetzt einen Portier.

»O mein Gott, Mr. Rosenberg, was ist denn passiert?«, sagt er.

»Ich wurde von einem Verrückten angegriffen. Er hat … meinen Esel getötet.«

»Gregory Corso?«

»Richtig. Ja, so heißt er wohl. Gregory Corso.«

»O mein Gott.«

»G'tt?«

»Ja. Entschuldigung. G'tt. Ich rufe die Polizei.«

»Es geht noch weiter. Sagen Sie der Polizei, ich hätte mich verteidigt und den Verrückten in Notwehr getötet.«

»O Ihr G'tt.«

»Und ich hätte seine Leiche in der Gasse an der 45th Street liegen gelassen.«

»Okay. Verstanden. Das kriegen wir schon wieder hin, Mr. Rosenberg.«

»Und er sei ein Clown oder zumindest wie ein Clown gekleidet.«

»Ein Clown?«

»Ja. Sagen Sie ihnen das.«

»Clown. Verstanden«, sagt er und schreibt mit.

»Ich muss in meine Wohnung und mich beruhigen. Ich bin so durcheinander, dass ich keinen klaren Gedanken fassen kann; nicht einmal mehr die Nummer meines Apartments weiß ich.«

»Den Buchstaben.«

»Was?«

»Den Buchstaben.«

»Ah. Richtig. Sehen Sie?«

»Nein, nicht A, sondern H.«

»H. Genau.« Es ist sonderbar, dass sie Buchstaben haben. Woher weiß man dann überhaupt, auf welcher Etage das Apartment liegt?

»Es gibt nur eins pro Etage.«

»Beginnend mit A?«

»Ja.«

Ich zähle an den Fingern ab.

»Also achte Etage.«

»Nun, die Apartments beginnen im ersten Stock, wie Ihnen sicher gleich wieder einfallen wird.«

»Also neunte Etage.«

»Und im vierten Stock sind der Veranstaltungsraum und die Sitzungsräume, was Ihnen zweifellos gleich wieder –«

»Dann wäre H im zehnten.«

»Sehen Sie? Ihr Gedächtnis kehrt schon wieder zurück. Soll ich die Polizisten hochschicken, wenn sie eintreffen?«

»Vermutlich werden sie darauf bestehen.«

»Vermutlich ja, Mr. Rosenberg. Ich wünschte, es ließe sich vermeiden.«

»Ich auch«, sage ich und wende mich nach rechts zu den Aufzügen.

»Nein, Sir, nach links.«

Ich wende mich stattdessen nach links.

KAPITEL 61

ALS ICH IN Apartment H bin, suche ich zuerst nach dem Jarmulke-Ständer, der bei Juden meiner Vermutung nach in der Diele zu finden sein müsste. Doch da ist keiner. Vielleicht lässt er die Jarmulke auf? Sogar im Bett? Ich habe über diese Religion noch viel zu lernen. Die Frau von vorher erscheint, geht von einem Zimmer ins andere. Sie sieht mich nicht einmal an.

»Du warst lange weg«, sagt sie und verschwindet in einem Raum, der vermutlich das Bad ist.

»Es ist etwas passiert«, rufe ich ihr hinterher.

Sie streckt den Kopf aus der Tür.

»Was?«, sagt sie. Dann sieht sie mich, sieht den Esel in meiner Hand. Ihre Augen weiten sich vor Schreck, und sie kommt herbeigelaufen.

»Gregory?! Mein G'tt, was ist denn nur passiert?«

»Dieser Clown«, sage ich. »Es war dieser Clown.«

»Der Clown, der uns vorhin gefolgt ist?«

»Nein«, sage ich. »Der Clown aus *Captain Kangaroo*.«

Sie macht einen verwirrten Eindruck.

»Clarabell? Wirklich?«, fragt sie.

»Nein! Natürlich war es der Clown, der uns gefolgt ist!«

»Oh«, sagt sie, offenbar verletzt. »Ich hatte nicht –«

»Ist schon gut«, sage ich. »Ich musste ihn töten.«

»Du hast ihn getötet?!«

»Gibt's hier ein Echo?«

»Meine Güte, B.«

»Es tut mir leid«, sage ich. »Ich habe eine harte Nacht hinter mir.«

Ich will ihren Namen sagen, aber ich kenne ihn nicht. Ich frage sie, ob sie Geld in der Brieftasche hat, da ich, wie ich erkläre, den Polizisten wohl ein Trinkgeld geben sollte, wenn sie kämen. In Wahrheit ist es nur ein Trick, um ihren Führerschein zu Gesicht zu bekommen.

»Ähm, ja«, sagt sie. »Aber muss man Polizisten wirklich Trinkgeld geben?«

»Meine Güte«, sage ich. »Du weißt doch, dass sie uns für geizig halten. Willst du dieses Vorurteil wirklich bestätigen? In einem solchen Augenblick?«

»Nein, natürlich nicht«, sagt sie.

Sie geht ihre Handtasche holen. Ich nutze die Gelegenheit und sehe mich in der Wohnung um, mache mich mit der Umgebung vertraut, um weniger Verdacht zu erregen. Sie kehrt mit ihrer Tasche zurück und wühlt darin.

»Lass mich das Geld herausnehmen«, sage ich. »Es sei denn, du misstraust mir.«

Sie blickt mich fragend an und reicht mir dann die Tasche. Ich finde ihr Portemonnaie, öffne es, nehme einige Scheine heraus und schaue dabei unauffällig auf ihren Führerschein: Laura Elaine Cohen. Ich gebe ihr die Tasche zurück.

»Danke, Laura.«

»B.«

»Was?«

»Bitte sei nicht sauer auf mich«, sagt sie.

»Ich bin nicht sauer auf dich.«

»Du nennst mich doch nur Laura, wenn du sauer auf mich bist! Meinst du, das hätte ich nicht bemerkt?«

»Laurie«, sage ich prüfend.

»Ernsthaft?«, sagt sie. »Ach, B.«

Es klopft an der Tür. Draußen stehen zwei uniformierte Polizisten und ein Anzugträger mittleren Alters.

»Die Herren«, sage ich.

»B.«, sagt der Mann im Anzug und umarmt mich.

»Hey«, sage ich.

»Laurie«, sagt er dann, lässt mich los und umarmt sie.

Er darf sie Laurie nennen. Wer auch immer er ist. Das erscheint mir ungerecht.

»Al«, sagt sie. »Vielen Dank, dass du gekommen bist.«

Er heißt Al. Alles klar.

»Danke, Al«, sage ich.

»Das ist doch selbstverständlich«, sagt Al. »Wir gestalten das für euch so einfach wie möglich.«

»Danke, Al«, sagt Laurie (?).

»Danke, Al«, sage ich.

»Wir brauchen also nur eine Aussage«, sagt Al.

Al ist also bei der Polizei. Alles klar.

»Wir haben die Leiche des Clowns gefunden und haben natürlich keinerlei Zweifel daran, dass es sich um Notwehr handelte.«

»Du musst dir ansehen, was er Gregory angetan hat«, wirft Laurie (?) ein.

Ich gehe rasch los, um Gregorys Kadaver zu holen, der meiner Version gewiss mehr Glaubhaftigkeit verleihen wird.

»Du lieber Himmel«, sagt Al. »Ich habe ihn geliebt, sosehr ein Mann eine sprechende Eselspuppe nur lieben kann.«

»So wie ich«, sage ich.

»So wie ganz New York«, sagt der zweite der uniformierten Polizisten.

»So wie auch ich«, stimmt Laurie (?) ein.

»Erzähl uns, was passiert ist, B.«, sagt Al. »In deinen eigenen Worten.«

»Gern. Nun, ich ging mit Gregory Corso, dem sprechenden Esel, spazieren, wie ich es jeden Abend tue.«

»Nicht jeden Abend«, sagt Laurie (?).

»Natürlich, du hast recht. Wie ich es an manchen Abenden tue.«

Das scheint sie zufriedenzustellen, und sie nickt.

»Und mir fiel auf, dass wir von diesem vermaledeiten Clown verfolgt wurden, der uns schon den ganzen Tag nachgestellt hatte. Stimmt's?«

Ich sehe Laurie (?) nach Zustimmung heischend an.

»Das stimmt«, sagt sie.

»Er war heute Abend sogar bei meinem Vortrag. Das haben alle gesehen. Hunderte von Zeugen. Und ich habe ihn freundlich behandelt, obwohl er offenkundig verwirrt war. Ich habe ihn zu einem Austausch auf die Bühne gebeten. Rückblickend betrachtet, war ich vielleicht zu freundlich.«

»Einem Austausch worüber?«, fragt Al.

»Er behauptete, er hätte den Cutbirth-Film gesehen und dieser sei völlig anders als von mir beschrieben, nahezu das Gegenteil.«

»Das ist Irrsinn«, wirft Al ein. »Was für ein Irrer.«

»Ja, das sehe ich auch so«, pflichte ich ihm bei, innerlich kochend vor Wut. »Aber wir müssen unsere irren Freunde liebenswürdig behandeln. Das lehrt uns die Tora.«

»Diese Welt ist nicht für einen so schönen Menschen wie dich gemacht, um Vincent van Gogh zu zitieren«, sagt Al.

»Danke, Al«, pflichte ich ihm bei. »Er hat also Gregory angegriffen und ist dann mit einem Messer auf mich losgegangen –«

»Wir haben kein Messer gefunden.«

»Lass mich ausreden. Er ist mit einem … iPhone auf mich losgegangen, wollte ich sagen.«

»Wir haben kein – Moment mal, das verstehe ich nicht ganz. Stellt ein iPhone denn eine Bedrohung dar?«

»Die sind sehr hart. Und man muss bedenken, dass er gerade meinen Esel getötet hatte, also war ich nicht ganz Herr meiner Sinne.«

»Das verstehe ich«, sagt er. Dann, nach einer kurzen Pause: »Aber wir haben auch kein iPhone gefunden.«

»Vielleicht hat es jemand mitgenommen. Für gestohlene iPhones soll es einen Markt geben, habe ich mir sagen lassen.«

»Sehr richtig«, sagt Al. »Sehr guter Punkt. Sehr richtig. Vielleicht solltest du der Polizist sein, und ich werde das Filmgenie!«

Wir lachen alle.

»Jedenfalls kam es zu einem Handgemenge, und im Versuch, mich zu verteidigen, habe ich ihn, nun ja, zu Tode geprügelt.«

»Danke, B.«, sagt Al. »Dafür, dass du diesen Albtraum für uns noch einmal durchlebst. Ich weiß, das dürfte alles andere als einfach sein.« Dann zu den Polizisten: »Habt ihr noch weitere Fragen?«

»Nein, Commissioner Rappaport.«

Commissioner Al Rappaport! Natürlich!

»Also gut, ihr Lieben«, sagt Commissioner Al Rappaport. »Dann wollen wir euch mal wieder in Ruhe lassen.«

»Danke, Al.«

Al umarmt Laurie (?).

»Nicht alle Clowns sind wie er, Laurie. Das wissen wir natürlich.«

Was soll das bedeuten?

»Danke, dass du das sagst, Al«, sagt Laurie (?).

Nicht alle Clowns sind wie er, Laurie? Nicht alle Clowns sind wie er, Laurie. Irgendetwas an diesem Satz lässt in meinem Kopf Alarmglocken schrillen. Ach du Scheiße. Clown Laurie! Ist Laurie *Clown* Laurie? Ich mustere sie und versuche, mir vorzustellen, wie sie mit Clownsschminke aussehen würde.

»Was ist?«, sagt sie.

»Nichts.«

Al umarmt mich. Und dann sind sie weg. Vielleicht-Clown-Laurie und ich starren beide noch ein wenig auf die Wohnungstür, so als fürchteten wir uns mit einem Mal davor, miteinander allein zu sein, als hätte dieses schreckliche Ereignis eine Kluft zwischen uns entstehen lassen.

»Ich glaube, wir sollten versuchen, ein bisschen zu schlafen, Schnäuzelchen«, sagt sie.

»Na schön. Klingt gut«, sage ich.

»Es tut mir so leid, Schnuckiputziwutzi«, fährt sie fort. »Das muss soooo schwer für dich sein.«

»Es geht schon«, sage ich.

»Ohhh, Schokotörtchen Popörtchen«, sagt sie und umarmt mich.

»Ohhh«, erwidere ich.

Im Schlafzimmer sehe ich ihr beim Ausziehen zu. Sie ist wirklich hübsch, und ich spüre ein Ziehen in meiner Schlafanzughose. Mir kommt der Gedanke, dass ich mich glücklich schätzen kann, in einer Zeit geboren zu sein, in der man mich als Erwachsenen im Burns and Schreiber Burn Center beschnitten hat. So wird sie nicht merken, dass ich kein Jude bin. Das bringt mich wieder zu der Frage der Jarmulke. Darf ich sie vor dem Schafengehen abnehmen?

»Weißt du, wo ich meinen Computer gelassen habe?«, frage ich. »Ich will etwas nachsehen.«

»Er steht da, wo er immer steht«, sagt sie.

»Ah, gut«, sage ich. »Danke.«

Ich verlasse den Raum.

»Wohin gehst du?«, sagt sie.

Ich komme zurück.

»Meinen Computer holen?«, sage ich.

Sie verdreht die Augen.

»Was ist los mit dir?«, sagt sie und holt ihn aus einer Nachttischschublade. Meine Seite des Bettes!, denke ich.

»Entschuldige!«, sage ich. »Ich bin ein bisschen durch den Wind und rechne damit, dass das noch einige Tage und womöglich den Rest des Jahres so bleibt.«

»Mein armes kleines Hähnchenbrustsandwich«, sagt sie und umarmt mich.

»Oh«, sage ich. »Stell dir vor, nicht mal an mein Passwort kann ich mich erinnern!«

»Ha«, sagt sie kichernd. »Du Scherzkeks! Es ist dein Kosename für mich!«

»Ha!«, stimme ich ihr zu. »Das ist lustig ... *Baby*.«

Ich sehe sie dabei an.

»*Du* bist lustig«, sagt sie.

Ich entscheide, die Kippa aufzulassen. Das hätte er wohl auch getan. Es ist gut, dass er schon im Schlafanzug war, sodass ich weiß, was er beim Schlafen trägt. Sollte sie sich darüber wundern, dass ich die Jarmulke im Bett anlasse, sage ich einfach, ich hätte sie vergessen. Aufgrund der Belastung durch den brutalen Mord, den ich in Notwehr begangen habe, des Todes unserer geliebten Eselspuppe. Das ist glaubwürdig. Das wird sie glauben. Ich steige ins Bett.

»Du lässt die Jarmulke im Bett an?«, sagt sie.

»Ich habe sie vergessen«, sage ich, löse die Klammer und lege die Jarmulke auf den Perückenständer auf dem Nachttisch, der vermutlich dafür gedacht ist. »Ich habe sie einfach vergessen«, fahre ich fort. »Wegen des Totschlags in Notwehr und der Ermordung des Esels. Gute Nacht.«

Ich lege mich hin.

»Was ist mit deiner Pyjarmulke?«

Meiner was?«

»Deiner Pyjarmulke.«

Ich starre an die Decke und seufze. Eigentlich ist es die ganze Sache fast nicht wert.

»Was ist das noch mal?«, sage ich. »Der Schock hat anscheinend mein Gedächtnis angegriffen.«

»Deine Schlafjarmulke.«

»Ach ja. Ich bin ja so dumm!«, sage ich. »Und wohl auch von den Vorgängen heute Abend abgelenkt. Wo bewahre ich die noch mal auf?«

»Nachttisch. Oberste Schublade.«

»Richtig.«

Ich öffne die Schublade, und da liegt sie, karierter Flanellstoff und offenbar ein elastischer Kinnriemen. Ich setze sie auf. Sie ist überraschend bequem, und mir wird nachts ohnehin oft kalt auf der Kopfoberseite.

»Gute Nacht, Turteltäubchen«, sagt sie.

»Gute Nacht, Clown Laurie!«, sage ich probeweise.

Sie küsst mich. Sie ist Clown Laurie! Und das ist mein Spitzname für sie!

Ihr Mund ist lieblich, warm und weich, schmeckt nach Zahncreme und – ich schmatze ausgiebig mit den Lippen und klopfe mit der Zunge am Gaumen herum, um den Geschmack zu bestimmen – Bliný? Ich weiß es nicht genau, aber ich bin erregt. Normalerweise fühle ich mich von jüdischen Frauen nicht angezogen. Das ist eine reine Geschmacksfrage; es ist keine antisemitische Position. Aber eine jüdische Clownsfrau macht irgendetwas mit mir. Ich kann nicht behaupten, den Grund zu kennen. Ich entscheide, weiter darüber nachzugrübeln würde meine sexuelle Leistungsfähigkeit beinträchtigen, also lasse ich alles ziehen, was nicht der Körper dieser Clownsfrau ist. Während ich mich der Erfahrung hingebe, beginne ich zu fühlen, dass ich er bin, dass dies trotz allem mein rechtmäßig angestammter Platz auf dieser Welt ist. Wie der Dichter uns ermahnt: Wie kann etwas, was sich so richtig anfühlt, falsch sein? Meine Entscheidungen beim Liebesspiel überraschen sie. Wie es scheint, haben mein Double und sie vielleicht eine gewisse Routine entwickelt. Ich bin offenbar genau das, was der Arzt verschrieben hat, wie man so sagt. Und mich beschleicht das Gefühl, dass in diesem Haushalt nicht alles eitel Sonnenschein war und dass die Lösung für dieses Problem vielleicht darin liegt, meine wahre Persona in die Beziehung einzubringen. Vielleicht ist diese Frau bereit für eine Veränderung. Vielleicht bin ich die Affäre, die sie haben wollte, was sie sich aber niemals getraut hätte. Vielleicht muss ich mir doch kein Buch von Leo Rosten kaufen. Ich werde mir einen Spitznamen für sie ausdenken. Und sie wird ihn lieben. Vielleicht wird es »Schlampe« sein. Vielleicht erregt sie das. Ich gehe nach Gehör. Ich spüre, dass sie formbar ist, und das bringt mich als ihren Mann in die überlegene Position. Das ist eine Position, die ich nie zuvor bei einer Frau eingenommen habe. Und ich komme. Junge, wie ich komme. Es ist ein Orgasmus, der die Erde beben lässt. Heftiger noch als mit Oleara. Heftiger als in Tsais Treppenhaus. Offen gestanden, wirkt sie sogar ein wenig erschrocken. Liegt es daran, dass mein Orgasmus heftiger, maskuliner ist, als die ihres Mannes es waren? Liegt es daran, dass es so schnell ging, dass sie nicht bereit war, dass sie nicht zum Höhepunkt kam? Ich weiß es nicht, aber meine überlegene Position erfordert, dass ich Ersteres glaube. Ich bin in genau dem richtigen Augenblick gekommen und habe in ihrem Körper das perfekte Resultat erzielt.

»Das war … *toll*«, sagt sie.

»Schön, dass es dir gefallen hat … du Schlampe.« »Schlampe« sage ich sehr leise.

»Was?«, sagt sie.

»Was, *was*?«, sage ich.

»Hast du mich gerade ›Schlampe‹ genannt?«

»Habe ich das?«

Sie gibt mir einen Kuss auf die Wange und sagt: »Schlampe Laurie.«

Wir liegen beide eine Zeit lang schweigend da, beide in unsere eigenen Gedanken vertieft.

Schließlich spreche ich: »Wird das C in Clown Laurie groß- oder kleingeschrieben?«

»Ach, du«, sagt sie und küsst mich noch einmal, dann dreht sie sich um und beginnt beinahe augenblicklich leise zu schnarchen.

Nun ja, es gibt ja nur zwei Möglichkeiten.

KAPITEL 62

DER MORGEN IST schön. Kaffee und Matzenbrei. Es schmeckt mir. Meine Schlampe, Clown Laurie, ist eine gute Köchin. Meine Tagesjarmulke ist bequem: khakifarben, locker geschnitten, viele Taschen. Ich bin ins Internet gekommen (großes C) und suche nach Haar-Jarmulkes. Gestern Abend kam mir der Gedanke, wenn es so etwas gäbe, würde es mir erlauben, meine kahle Stelle zu bedecken, ohne dass man mir Eitelkeit vorwerfen könnte, und wenn nicht, könnte ich damit hübsches Geld verdienen. Wie sich herausstellt, gibt es so etwas, und ich bestelle drei in Graumeliert: die Modelle Julius Cäsar, Jude Law und Nicolas Cage.

Heute steht ein Auftritt in der Sendung von Charlie Rose auf meinem Terminplan (er scheint in dieser Realität noch nicht in Ungnade gefallen zu sein, oder vielleicht hat er sich auch bereits als nicht in Ungnade Gefallener neu erfunden), und am Abend überreiche ich dann Floyd Norman den ersten Ingo Cutbirth African American Animation Award.

Alles in allem ist das Leben jetzt schön. Doch etwas nagt an mir. Ich hatte Ingo an seinem Grab versprochen, sein Erbe, seinen Film zu erhalten und zu schützen. Nachdem ich ihn versehentlich verbrannt hatte, gab ich Ingo ein zweites Versprechen – diesmal während ich selbst auf dem Parkplatz von Slappy's (warum heißt es jetzt Slappy's?) in Flammen stand –, seinen Film so vollständig wiederherzustellen, wie ich nur könne. Und in einem ganz buchstäblichen Sinn lebe ich nun quasi eine Lüge. Und das betrifft nicht nur die Wahrheit über Ingos Film – den Film, den ich tatsächlich kenne, nicht diese lächerliche Antithese, die mein Doppelgänger in die Welt gesetzt hat, sondern die wirkliche, brutale, schreckenerregende Komödie, die Ingos Lebenswerk war –, sondern auch die Täuschung von Clown Laurie. Diese Kopfbedeckung, die ich jetzt trage, gibt mir das Gefühl, ständig von Gott gesehen zu werden, mich nicht verstecken zu können, Farbe bekennen zu müssen, die weltlichen Konsequenzen tragen zu müssen und die überweltlichen ebenfalls. Schließlich und endlich bin ich doch ein moralischer Mensch. Im Überschwang des Augenblicks, des Verlangens, der Wut, der Trauer ziehe ich mein iPhone aus der hinteren Jarmulketasche, tippe »Commissioner Al Rappaport« ein und wähle, ehe ich mich eines Besseren besinnen kann.

»Hallo, B.«, sagt Commissioner Rappaport.

»Hey, Al. Hör zu, ich muss mit dir reden.«

»Was gibt's, mein Lieber?«

»Du erinnerst dich doch an die Leiche in der Gasse?«

»Von gestern Abend? Die von dem Clown?«

»Ja. Hör zu –«

»Natürlich erinnere ich mich. Das war ja erst gestern Abend.«

»Ja, also, hör zu –«

»Es ist erledigt, B. Sie ist weg. Eingeäschert. In Rauch aufgegangen.«

»Ihr habt ihn verbrannt.«

»Jepp. Bye-bye, Clown. Er ist aus der Welt. Du musst dir keine Gedanken machen, B. Es ist nie passiert. Er hat nie existiert.«

»Hat er aber doch.«

»Beweis es mir.«

»Was?«

»Du kannst es nicht beweisen. Niemand kann das. Alles ist gut. Genieß dein Leben, mein Guter. Du hast es verdient.«

»Ähm –«

»Und ernsthaft, danke für alles, was du für uns tust.«

»Ja. Ist gut, Al.«
»Ciao, du Schlampe!«
Er lacht und legt auf.

ICH ZIEHE DURCH die Straßen. Es ist jetzt anders. Alle erkennen mich, bitten um Autogramme, um Fotos. Die Menschen, die draußen vor den Restaurants sitzen, jubeln mir zu. Passanten sagen mir, mein Buch habe ihnen das Leben gerettet und sie könnten die Netflix-Serie gar nicht erwarten. Es ist anders, aber ich weiß nicht, ob es besser ist. Ich meine, ja, es ist in nahezu jeder Hinsicht besser. Ein Mann kommt aus dem Kaufhaus Barneys gerannt und überreicht mir einen Kaschmirpullover, den er mir gerade gekauft hatte, als er mich durch das Schaufenster sah. Der Pullover hat bestimmt neunhundert Dollar gekostet. Er ist schön. Weich. Graumeliert, was mir gefällt, weil es zu meinem geflochtenen Bart passt und dabei die Barthaarschuppen gekonnt kaschiert. Aber es bleibt dennoch ein Unwohlsein.

Ich denke an den Ermordeten, und obwohl es ihn meiner (und Rappaports!) Meinung nach nie wirklich gegeben hat, ganz gewiss nicht so, wie es mich gibt, war er doch in Ermangelung eines besseren Begriffs ein Replikant und hat meiner Ansicht nach nur existiert, um noch mehr Salz in die offene Wunde meiner Psyche zu streuen, in die immer nur Salz gestreut wurde, solange ich zurückdenken kann, schon seit meiner Kindheit. Und dennoch empfinde ich eine gewisse Schuld. Er (es?) war ein atmendes Wesen mit einem Gesicht. Dass es in gewisser Weise mein Gesicht war, dient mir als Rechtfertigung dafür, ihn aus der Welt geschafft zu haben. Schließlich ist es mein Gesicht. Es hat mir gehört, bevor es ihm gehörte. Er hatte mich kopiert. Im besten Fall war er ein Gesichtsplagiator. Er hatte mein Gesicht gestohlen, und er hatte es verdient, dafür bestraft zu werden. Was unterscheidet ihn denn in dieser Hinsicht von jemandem wie Stephen »Scherben« Glass? Über *dessen* Übertretungen hat man sich mit Recht echauffiert. Gut, niemand hat ihn ermordet oder seine Ermordung vorgeschlagen, soweit ich weiß. Und das wäre auch nicht in Ordnung gewesen! Aber dies ist ein ernsthafterer Verstoß. Man könnte nun einwenden, er trage an seiner, in Ermangelung eines besseren Begriffs, »Klonhaftigkeit« keine Schuld. Er hat nie darum gebeten, ein Klon zu sein. Ich meine, ich nehme an, dass er nie darum gebeten hat, ein Klon zu sein. Vielleicht hat er auch darum gebeten, ein Klon zu sein. Aber ob er es nun getan hat oder nicht, in jedem Fall habe ich seine Existenz nicht zu verschulden, und man sollte nicht von mir erwarten, dass ich sie toleriere.

Darüber hinaus glaube ich, dass sein ganzes Dasein darauf ausgelegt war, mich zu verletzen, mir ein Leben in der Welt, die er nun bewohnte, unmöglich zu machen. Seine Tötung war also ganz buchstäblich ein Akt der Selbstverteidigung. Und doch empfindet man nie *Vergnügen* an der Tötung eines Menschen, Klon oder Nichtklon. Und wenn man dem Klon eines Menschen das Leben aus dem Leib prügeln muss, dann hängt einem das nach. Bis zum heutigen Tag, der der Tag darauf ist, sehe ich seinen leblosen Körper vor mir. Und ich weiß, dass er von vielen, vielen Menschen geliebt wurde. Dass sie ihn dafür liebten, dass er eine Lüge verbreitete, sollte kein Todesurteil sein. Wäre das der Fall, wer von uns bliebe dann verschont? Aber durch seine Lüge blieb der Welt das wahre Genie von Ingos Werk vorenthalten und wurde durch vorgekaute Geistesnahrung ersetzt, die für die Zukunft des Films und, wie ich sagen möchte, der Menschheit keinen echten Wert besitzt. Gewiss könnte man einwenden, dass er sich seiner Lüge nicht bewusst war, dass er als Klon darauf programmiert war zu glauben, dass er die Wahrheit sagte. Ich neige zu der Ansicht, dass das zutraf.

Doch das machte ihn nicht weniger gefährlich für die Gesellschaft. Als Resultat seiner gesellschaftlichen »Programmierung« hasste Hitler die Juden wirklich und wahrhaftig. Seine Ernsthaftigkeit macht das Ergebnis nicht weniger fatal. Könnte ich in der Zeit zurückreisen und Hitler töten, ehe er an die Macht kommt, würde ich es augenblicklich tun. Ich würde auch jeden einzelnen Hitler-Klon töten. Nicht nur, weil ich jetzt Jude bin, sondern weil es das Rechte wäre. Ich weiß, dass es zu vielen unvorhergesehenen Problemen führen könnte, in der Zeit zurückzureisen und den Lauf der Geschichte zu verändern, aber im Fall von Hitler wäre ich bereit, das Risiko einzugehen. In Bezug auf meinen Klon empfinde ich ähnlich, was nicht heißt, dass ich glaube, seine Verbrechen wider die Menschheit seien jenen von Hitler ebenbürtig. Doch versetzen Sie sich einmal in meine Position: Stellen Sie sich vor, jemand hätte Ihren Platz in der Welt eingenommen. Stellen Sie sich vor, Sie hätten keine Identität mehr, kein Geld, kein Zuhause. Stellen Sie sich vor, Sie würden sich in einem zum übergroßen Clownskostüm mutierten Räucherzelt wiederfinden, hungrig, einsam, geschmäht. Auch Sie könnten zu dieser Tat getrieben werden. Dennoch empfinde ich eine gewisse Schuld. Die blutigen Bilder gehen mir nicht aus dem Kopf. Und mit dem Esel geht es mir ähnlich. Um das deutlich zu machen: Ich hielt ihn für eine Trickpuppe, als ich ihn zerstampfte. Ich zerstampfte ihn, wie jedermann eine Trickpuppe zerstampfen würde und auch tatsächlich zerstampft. Als nach dem ersten Stampfer ersichtlich wurde, dass er aus Fleisch und Blut war, erschrak ich zutiefst, und das einzig Humane war, noch zweimal auf ihn einzustampfen, um ihm weiteres Leid zu ersparen. Dennoch empfinde ich eine gewisse Schuld. Nicht nur, weil ein winzig kleiner sprechender Esel auf dieser Welt etwas Seltenes ist – es würde mich keineswegs überraschen zu hören, dass er der Einzige seiner Art war –, sondern weil es sich um ein Leben handelte. Und niemandem bereitet es Vergnügen, jemandem das Leben zu nehmen. Natürlich gibt es die Psychopathen (oder nennt man sie heute Soziopathen?), denen es Vergnügen bereitet zu töten, aber ich glaube, dass sie außerordentlich selten sind, wenn auch vielleicht nicht so selten wie sprechende Eselspuppen. Dass wir das verkennen, sagt alles über die Obsession Hollywoods und der Medien mit solchen Verbrechen aus. Ich habe bei seiner Tötung ganz gewiss keine Freude empfunden. Wenn überhaupt, war ich entsetzt, aber ich wusste, dass es notwendig war. Man konnte die Knochen bersten hören. Ich habe versucht, mich zu stellen, aber Rappaport wollte davon nichts wissen.

Und nun bin ich also gezwungen, mich ganz auf mich allein gestellt mit meiner eigenen gemarterten Psyche auseinanderzusetzen. Gibt es vielleicht eine Möglichkeit, mich daraus zu befreien? Setze ich alles aufs Spiel, wenn ich die Wahrheit über mich und Ingos Film aufdecke? Ich könnte noch heute bei Charlie Rose reinen Tisch machen. Würde ich es richtig erklären, dann könnte man meine Position gewiss nachvollziehen und wüsste meine Ehrlichkeit zu schätzen. Wer von uns hätte nicht genauso gehandelt wie ich? Und ich könnte sofort anfangen, an meiner Version, der wahren Version von Ingos Film weiterzuarbeiten. Ich würde meine Arbeit mit Barassini fortsetzen, vorausgesetzt, es gäbe ihn in dieser Welt. Diesmal würden mir während des Erinnerungsprozesses sowohl materieller Komfort als auch der Trost und die Liebe eines guten weiblichen Clowns zugutekommen. Würde sie bei mir bleiben, nachdem die Wahrheit enthüllt wäre? Es ist ein Wagnis, aber ich glaube, das würde sie. Es ist wichtig, die Wahrheit zu sagen. Alle respektieren jemanden, der die Wahrheit sagt. Wenn es einen Schöpfer gibt, und ich glaube, das ist der Fall, dann wird er oder sie oder xier mich für meine Anstrengungen belohnen.

Ich falle in einen offenen Kanalschacht.

Als ich heraussteigen will, parkt ein Auto auf dem Loch. Ich rufe zu dem Fahrer hinauf, erkläre ihm meine missliche Lage. Er hört mich, weigert sich aber, den Parkplatz auch nur einen Augenblick lang aufzugeben. Er habe eine halbe Stunde nach einem Parkplatz gesucht, ruft er zu mir herunter. Ich verstehe seine missliche Lage, so wie er gewiss die meine versteht. Und das sage ich ihm auch. Wir kommen überein, dass wir beide die missliche Lage des anderen verstehen. Irgendwie bringt mich die Jarmulke auf meinem Kopf dazu, mich eher in die Lage meines Gegenübers hineinzuversetzen. Das ist gut. Er sagt, er mache sich auf den Weg nach Downtown und ich solle in dieselbe Richtung gehen. Wenn er einen weiteren Kanalschacht sähe, werde er ihn für mich mit der Brechstange aufstemmen, die er in seinem hohlen Bein bei sich trage. Ich nicke, was sinnlos ist, da er mich nicht sehen kann, und beginne, durch das stinkende Wasser in Richtung Süden zu stapfen. Es sollte in der Welt mehr Liebenswürdigkeit geben. Ich habe noch etwas Zeit bis zu meinem Termin in Charlie Rose' Studio, und ich muss ohnehin nach Süden. Und die Tatsache, dass der Mann seine missliche Lage so ehrlich geschildert und offenbar auch Verständnis für meine ebenfalls ehrlich geschilderte eigene missliche Lage gehabt hatte, ermuntert mich letztlich, keinen Stunk (haha!) zu machen, und nun bin ich ohnehin schon hier unten, warum dann nicht auch hier unten weitergehen? Und wenn ich es mir überlege, kann ich, wo ich ohnehin schon hier unten bin, nicht hier herunterfallen, weil ich ja schon hier unten bin. Das kommt also noch dazu.

Aber es ist ausgesprochen dunkel. Ich habe eine Taschenlampe an meinem neuen iPhone, doch sie erzeugt ein sonderbares, diffuses, nahezu nutzloses Licht. Als ich jung war, verrichteten Taschenlampen ihren Dienst und erhellten die Finsternis und nicht bloß kleingedruckte Speisekarten in spärlich beleuchteten Restaurants. Es war eine andere, eine berauschende Zeit. Ich richte das Telefon auf den Boden, um das wenige Licht zu nutzen, damit ich nicht über irgendwelche Fäkalien stolpere, von Ratten ganz zu schweigen. Die Ratten sind das, was mir an meinen Kanalstreifzügen, wie ich sie inzwischen nenne, am meisten missfällt. Gerüchtehalber soll es hier unten Ratten geben, die so groß sind wie Neufundländer – die Menschen, nicht die Hunde. Das habe ich von einer Quelle erfahren, die ich für vertrauenswürdig halte, einem Kanalarbeiter, der auch in Frederick Wisemans Dokumentarfilm *Ausfluss* (1978) vorkam. Ich hatte ihn für eine Monografie über Kanalsysteme in Träumen mit dem Titel *Feuchte Träume* interviewt. Es war die erste Abhandlung zum Thema Abwasser im Film seit Mark Kermodes Essay über die C.H.U.D.-Filmreihe von 1993, der den Titel *Ich, Mark Kermode, bin ein Arschloch* trug, wenn ich mich nicht irre. Ich bin mir allerdings nicht ganz sicher; einige seiner Essays trugen ähnliche Titel.

Ich höre hinter mir Abwasser gluckern und drehe mich erschrocken um, wodurch ich den Halt verliere. Ich falle vornüber und lande mit dem Gesicht voran in etwas Weichem und Stinkendem. Ich ziehe meine Hand heraus, die jetzt mit der schmierigen Masse überzogen ist, und beleuchte es mit der Taschenlampe des iPhones. Es ist blässlich weiß und erstreckt sich beinahe bis zur Decke und so tief in den Tunnel hinein, wie ich schauen kann. Ich berühre vorsichtig meinen Schnurrbart mit der Zunge, um es zu schmecken, und erleide augenblicklich einen Würgekrampf. Es ist, wie vermutet, einer dieser gefürchteten Fettberge: Bratöl und Feuchttücher und Toilettenpapier und Müll und Tampons, zu einer einzigen gewaltigen Masse geronnen. Mir bleibt nichts weiter übrig, als mich durch diesen Albtraum hindurchzukämpfen, um den Kanaldeckel zu finden, den mir mein hohlbeiniger Freund öffnen wird, meinen Weg zu Charlie Rose' Studio fortzusetzen und dort die Wahrheit über Ingos Film und meine Beziehung zu ihm zu enthüllen. Also krieche ich zehn Blocks weit durch Fett bis zum nächsten verfügbaren Kanalschacht.

KAPITEL 63

DIE VISAGISTIN BEI Charlie Rose plaudert unentwegt, während sie mich mit einer Reinigungslösung auf Acetonbasis abschrubbt. Natürlich hat sie »mein« Buch gelesen, und natürlich hat es ihr Leben verändert, natürlich »für immer«. Ich frage kokett und selbstironisch, ob zum Besseren oder zum Schlechteren.

»Ach, Sie sind mir einer«, sagt sie lachend.

Mein jüdisches Klon-Ich scheint unfehlbar zu sein. Wir werden sehen.

Jetzt trägt sie das Make-up auf, und ich muss sagen, es hilft. Vielleicht hat auch der Fettberg eine rückfettende Tiefenwirkung auf meine Haut gehabt. Ich wirke gesund, ausgeruht, rosiger, kein Wortspiel beabsichtigt, weder in Bezug auf meinen Nachnamen noch auf den von Charlie Rose, der übrigens auch kein Jude ist. Tatsächlich sehe ich mehr aus wie mein Klon. Kann es sein, dass er Make-up trug? Oder vielleicht war es nur das glückliche Leben, das er lebte, oder kann es sein, dass er schlicht auf eine Weise dermatologisch gesegnet war, wie ich es nicht bin?

Die Visagistin (nennen Sie mich Gillian, sagt sie kichernd) erzählt, sie hätten noch einen Anzug übrig, den John Goodman unmittelbar vor seinem beeindruckenden Gewichtsverlust (der sich mitten im Interview ereignete und von den Kameras aufgezeichnet wurde!) zurückgelassen habe, und ich könne ihn gern in der Sendung tragen. Sie sagt, Charlies Garderobiere könne ihn mit Sicherheitsnadeln, Klebeband und Umleitrollen scheinbar perfekt passend machen. Ich willige ein, denn was bleibt mir schon anderes übrig, und ich muss sagen, es hat etwas Tröstliches, in all die Goodman-Gabardine gewandet zu sein. Der Anzug riecht nach ihm! Ich hatte einmal die Ehre, ihn für einen Artikel über *Allein mit Onkel Buck* ... nein, das war John Candy ... über *King Ralph* interviewen zu dürfen, den ich mit »Der König der Charakterdarsteller« überschrieb (der Artikel über Candy trug den Titel »Allein gegen das Establishment«), und ich erinnere mich an seinen Geruch. Es war eine angenehme Kombination aus Vanille, Lavendel und Nelke. Als Frau wäre ich womöglich dahingeschmolzen. Als Mann stellte ich eine leichte Schwellung an mir fest, und ich bin heterosexuell, unglücklicherweise und in geradezu übertriebenem Maße. Ich sage das, weil ich glaube, dass es in der heutigen Welt geradezu eine moralische Verpflichtung gibt, homosexuell zu sein. Wie können wir als weiße Männer die Frauen ganz und gar vor uns schützen, wenn nicht, indem wir von ihnen ablassen und zu Liebhabern anderer weißer Männer werden (oder Men of Color, wenn sie uns denn nähmen?). Das setzt ein deutliches Signal, dass sie bei uns sicher sind. Trage ich Hotpants und eine Federboa, wenn ich spätnachts durch die menschenleere 10th Avenue gehe, kann und wird sich eine vorbeikommende Frau sicher fühlen. Vor mir hast du nichts zu befürchten, sage ich ihr sinngemäß. Ich werde dir nicht hinterherpfeifen, ich werde mich nicht auf dich stürzen. Bei mir bist du sicher. Vielleicht würden wir sogar stehen bleiben und uns kurz unterhalten, über Beyoncé oder Jon Hamm plaudern oder wer auch immer in diesem Augenblick gerade kulturell angesagt ist. Das wäre schön. Auch ich würde diese Möglichkeit begrüßen. Doch leider bin ich nicht in der Lage, meine sexuelle Orientierung zu ändern. Könnte ich doch nur ein schwuler Mann sein. Ich würde mich selbst lieber mögen. Aber ich bin heterosexueller als all meine vielen Bekannten. Und doch verspüre ich einen gewissen Kitzel, als ich in John Goodmans Anzug in Größe sechsundsechzig gehüllt bin und sein Schlips breit wie das Lätzchen eines Babys auf meiner Brust liegt. Ich fühle mich sicher. Und dieser Duft! Die Garderobiere (nennen Sie mich doch bitte Agnes!) vollbringt mit ihrer Trickkiste wahre Wunder, und ich sehe in dem Anzug umwerfend aus.

Sie bietet an, mir aus etwas überschüssigem Material von John Goodmans Hosenboden eine Jarmulke zu nähen. Doch ich sage ihr, das sei nicht notwendig; ich würde heute keine Jarmulke brauchen. Sie wirkt überrascht und leicht perplex, nickt aber nur. Und ehe ich weiß, wie mir geschieht, hat man mich in das mit schwarzen Vorhängen abgehängte Studio gebracht, wo Charlie Rose sitzt, ein warmherziges, berauschtes, nicht anzügliches Lächeln auf dem Gesicht. In dieser Version der Welt scheinen die Vorwürfe gegen ihn grundlos zu sein, oder vielleicht auch nicht, aber ich werfe ihm so oder so einen bösen Blick zu.

»Heute kein Dingsda? Scheitelmützchen?«, sagt er, als er aufsteht, um mir die Hand zu schütteln.

»Nein«, sage ich. »Ich hoffe, wir können in der Sendung über diese neue Entwicklung sprechen.«

Seine Augen leuchten auf. Eine echte Enthüllung!

»Natürlich!«, sagt er.

Wir setzen uns. Er macht eine ausladende Geste.

»Wie Sie sehen«, sagt er, »sehen Sie keine Kameras. Aber sie sind dort, verborgen in den vaginalen Falten der schwarzen Samtvorhänge, vollständig robotisiert. Ich habe diese Technik mit der Absicht entwickelt, meinen Gästen die Nervosität zu nehmen. Auf seine Weise ist es ein genauso revolutionäres Konzept wie Jerry Lewis' Video-Playback-System. Das haben mir viele Leute aus der Branche gesagt. Man verliert die Nervosität. Gary Lewis & the Playboys, das ist der Sohn von Jerry Lewis, hat es mir gesagt. Man verliert die Nervosität, weil man die Kameras nicht sieht. Es ist, als würden wir ein Privatgespräch unter vier Augen führen. Die Gäste wissen nicht einmal, wann das Interview anfängt.«

»Hat es schon angefangen?«, frage ich.

Er zuckt mit den Schultern, lächelt und zwinkert mir zu. Ich bin befremdet.

»Also«, sagt er und lächelt mich an, als wäre er verliebt und betrunken, »lassen Sie uns über den Cutbirth-Film sprechen.«

»In der Sendung?«, frage ich. »Planen wir gerade das bevorstehende Gespräch, oder ist das das Gespräch?«

»Sehen Sie? Sie wissen es nicht! Niemand kann es wissen!«

»Ähm, na schön«, beginne ich. »Ich möchte in Ihrer Sendung ein Geständnis machen –«

»Ja? Das ist faszinierend! Die Idee des Geständnisses fasziniert mich. Wie Sie sicherlich wissen, gibt es in vielen, vielen Religionen eine lange Tradition des Geständnisses als Methode zur Reinigung der Seele. Was hat das Geständnis an sich, was ihm – wie soll ich sagen – ermöglicht, als Methode zur Reinigung der Seele zu fungieren? In vielen, vielen Religionen?«

»Natürlich, wir können das gern ganz abstrakt diskutieren«, sage ich, »aber zuerst möchte ich mir sehr konkret einige Dinge von der Seele reden –«

»Okay, großartig«, sagt er. »Schießen Sie los. Nur zu. Ich bin fasziniert. Aus vielen, vielen Gründen. Bitte.«

»Nun, ich bin nicht derjenige, für den Sie oder Ihr Publikum mich halten«, sage ich.

»Sie sind doch B. Rosenberger Rosenberg«, sagt er. »Ich erkenne Sie.«

»Ja, das bin ich. Aber der Mann, den Sie alle für mich hielten, war es nicht. Er war ein Betrüger. Ich habe ihn gestern Abend getötet und dazu auch noch Gregory Corso, seine sprechende Miniatureselspuppe.«

Mit einem Mal schieben sich die Kameras durch die schwarzen Vorhänge ins Studio hinein.

»Was ist hier los?«, ruft Rose irgendjemandem hinter den Kulissen zu.

»Ich weiß es nicht, Chef!«, kommt die panische Antwort.

Die Roboterkameras beschleunigen und scheinen auf mich zu zoomen. Ich stehe auf, wobei ich meinen Sessel umwerfe, und suche den Raum nach Fluchtmöglichkeiten ab. Ich kann den Ausgang nicht finden, also entscheide ich mich einfach für eine Richtung und renne los, die Kameras auf den Fersen. Ich laufe genau in den Vorhang hinein, und er fällt auf mich. Die Kameras rammen mich mehrere Male, als ich in einem Vorhangknäuel auf dem Boden liege.

»Schaltet die verdammten Dinger ab!«, schreit Rose. »Die töten ihn ja! Sie töten ihn mausetot!«

Endlich hört es auf. Ich bin vollständig in Schwarz gehüllt und sehe nichts um mich herum.

»Ist er tot?«, wimmert eine Frau, vielleicht die Garderobiere (Agnes?).

Einige Leute machen sich an dem Vorhang zu schaffen und versuchen, mich darin ausfindig zu machen. Selbst in meinem verängstigten Zustand fühle ich mich an den fürchterlichen Film *Christine* erinnert, sogar an beide: den Spielfilm mit dem besessenen Auto und das Biopic über die Fernsehjournalistin Christine Chubbuck, die sich vor laufenden Kameras erschossen hatte. An *Christine*, die von John Carpenter gedrehte Verfilmung des Stephen-King-Romans mit dem gleichen Titel, aus offensichtlichen Gründen – unbelebte Objekte haben gerade versucht, mich umzubringen – und an *Christine*, das Dokudrama unter der Regie von Antonio Campos, weil wie bei Chubbuck die Tragödie meiner Existenz zur Unterhaltung eines ungesehenen Publikums ausgeschlachtet und ich von jemand anderem »gespielt« wurde.

Man befreit mich aus meinem Gefängnis aus vaginalem Samt, und die Hühner sind sofort bei mir und gackern besorgt: »Sie Ärmster! Ist alles in Ordnung?«

Ich schaue zu dem Grüppchen auf. Der fast 2,10 Meter große Rose ragt gebieterisch über mir auf.

»Was meinten Sie damit, dass Sie Rosenberger Rosenberg getötet hätten?«

Ich sehe zu den Kameras hinüber. Ihre Kabel sind gestrafft, als wären sie Hunde an der Kette, die nur darauf warten, von Neuem anzugreifen.

»Metaphorisch gesprochen«, stammele ich. »Sie kennen doch den Ausdruck: ›Triffst du den Buddha unterwegs, töte ihn.‹«

»Nein.«

»Tja, den gibt es aber.«

»Das klingt wie die antibuddhistische Version von Antisemitismus, wie auch immer man das nennen soll – Antibuddhismus –, und es gefällt mir nicht«, sagt Rose.

»Nein, das ist nicht wörtlich zu verstehen.«

»Das ist doch, als würde ich sagen: Triffst du den Moses unterwegs, töte ihn. Wie würde Ihnen das gefallen?«

»Erstens einmal sagt man nicht *der* Moses. Und zweitens ist Moses nicht die jüdische Entsprechung des Buddha.«

»Sie sind der Experte«, faucht Rose.

»Drittens ist das mit dem Töten des Buddha metaphorisch gemeint. Es ist ein Koan, das zum Nachdenken darüber anregen soll –«

»Ein Koran? Das ergibt keinen Sinn. Das ergibt alles keinen Sinn!«

»Da wir uns gerade mündlich unterhalten, bin ich mir nicht ganz sicher, aber ich nehme an, Sie meinen ›Koran‹ wie in K-o-r-a-n?«

»Ganz recht.«

»Ich dagegen meine K-o-a-n. Ko-*ahn*, was in der buddhistischen Überlieferung eine paradoxe Aussage bezeichnet, die dazu anregen soll, die eigenen Denkmuster aufzubrechen.«

»Ach, das«, sagt Rose. »Ja, davon habe ich gehört.«

Hat er eindeutig nicht. Doch das hält ihn nicht zurück.

»Der Buddhismus fasziniert mich«, sagt er. »Der Dalai Lama war einmal in meiner Sendung zu Gast. Sein richtiger Name ist Tenzin Gyatso. Wussten Sie das? Ich hatte auch Richard Gere zu Gast, einen tollen Schauspieler und Fürsprecher des Buddhismus. Es ist eine Religion des Friedens. Er ist sehr lustig, dieser Dalai Lama. Ich mag ihn. Er bringt mich zum Lachen, weil er so putzig und harmlos ist. Wir haben viel zusammen gelacht. Er trägt eine Robe. Sie ist rot oder rötlich. Ich dachte, ich könnte beim Interview vielleicht auch eine Robe tragen, aber Richard Gere sagte mir, das würde zu einem internationalen Zwischenfall führen.«

* * *

DIE NETFLIX-ANGESTELLTEN IN leitender Position, zwei Männer und eine Frau, die aussehen wie alle zwei Männer und Frauen in leitender Position in Hollywood, besuchen das Animationsstudio. Meine Assistentin, deren Namen ich nicht kenne, die aber aussieht wie alle Assistentinnen, jung und, wie es gerade angesagt ist, mit dem auf diffuse Weise gemischten ethnischen Hintergrund eines Limonadenreklamedarstellers, geleitet sie in den Vorführraum, wo wir uns alle umarmen wie alte Freunde. Meine Assistentin fragt, ob jemand Kaffee oder Wasser oder irgendetwas anderes möchte.

»Ich hätte gern ein Wasser«, sagt die Frau.

»Nichts, danke«, sagen die beiden Männer im Chor.

Die Assistentin nickt und verlässt den Raum.

»So«, sagt einer der beiden Männer, »wir sind wahnsinnig gespannt auf die erste Folge!«

»Wahnsinnig gespannt«, sagt die Frau.

»Ja«, sagt der andere Mann.

»Wunderbar«, sage ich. »Wir sind alle sehr stolz darauf. Ich präsentiere also ohne weitere Umschweife ...«

Ich gebe der Person, die ich im Vorführraum vermute, einen Wink. Das Licht wird gedimmt, und die Titelsequenz erhellt die Leinwand. Zu hämmernder Titelmusik, die klingt wie etwas von Ramin Djawadi, bewegt ein alter afroamerikanischer Schauspieler, der auf noch älter geschminkt ist und Ingo verkörpert, Puppen von nackten schwarzen Mädchen mit Penissen über die Oberfläche eines fremden Planeten; kurz darauf verschwindet er und lässt die schwarzen Mädchenknaben allein zurück, die nun in animierter Form gegen Eismonster und Feuerdämonen kämpfen. Es ist alles brutal und blutig und heroisch und lächerlich. Die Titelmusik stammt, wie jetzt im Abspann enthüllt wird, tatsächlich von Djawadi. Natürlich tut sie das. Ich muss gestehen, dass es mir einen gewissen Kitzel bereitet, meinen Namen unter der Rubrik *Created by* neben dem von Ingo zu sehen.

»Ich liebe die Eröffnungssequenz«, sagt die Frau.

»Wir auch«, sagen die Männer.

»Sie zieht einen direkt rein«, sagt die Frau.

»Bumm«, sagt einer der Männer.

»Was meinst du mit ›Bumm‹?«, fragt der andere.

»Na ja: ›Bumm. Es zieht einen direkt rein.‹«

»Sagt man das so?«

»Ich glaube –«

»Psst, es geht los«, sagt die Frau.

Eine Barackensiedlung. Schwarz-weiß. Stumm. Die Straßen voller Puppen ärmlicher dunkelhäutiger Menschen.

»Wir lieben es, wie Sie es auf alt getrimmt haben«, sagen die Männer. »Sogar die Kratzer haben Sie drin!«

»Psst«, macht die Frau.

Die Kamera fährt auf zwei nackte Mädchen mit Penissen zu. Eines von ihnen spricht in Zeichensprache zu dem anderen. Xiese Augen sind milchig weiß; xier ist blind. Das andere ist vermutlich taub, daher die Zeichensprache.

»Ich liebe die Stille. Ich liebe, wie die Blinde mit den Tauben in einer Zeichensprache redet, die sie selbst nicht sehen kann«, sagen die Männer.

»Die xier selbst nicht sehen kann«, korrigiere ich.

»Und wie die Taube eine Antwort gibt, die sie selbst nicht hören kann. Das ist so brillant wie berührend.«

»Die xier nicht hören kann«, sage ich wieder, falls sie mich nicht gehört haben sollten.

»Was ist das denn jetzt?«, sagen die Männer.

Die Mädchenknaben biegen in eine Gasse ein und betreten eine morsche Bretterbude. Drinnen befindet sich landwirtschaftliches Gerät. Der taube Mädchenknabe nimmt eine Pflugschar in die Hand.

»Was ist das?«, fragt einer der Männer.

»Eine Pflugschar«, sage ich. »Das ist die Klinge eines Wendepflugs. Ein landwirtschaftliches Gerät, das Tausende von Jahren zurückreicht, mindestens bis zur chinesischen Majiabang-Kultur.«

»Ah«, sagt der Mann. »Ist das die Stelle, wo sie daraus Schwerter schmieden?«

»Psst«, macht die Frau.

Ich nehme an, dass es sich tatsächlich um diese Stelle handelt. Was zur Hölle hat dieses zweite Ich da gemacht? Warum hat er den schönen, erschütternden, prägnanten gesellschaftlichen Kommentar von Cutbirth in eine lachhafte Parodie des Werks von Henry Darger verwandelt? Vielleicht glaubte mein Doppelgänger, mit dem tatsächlichen Werk nicht genügend Geld verdienen zu können. Vielleicht war er nicht klug genug, um zu begreifen, dass grobgestrickte Komödie niederträchtiger Horror ist, und hat sich daher für etwas mit einer überdeutlichen ethnischen Botschaft entschieden. Es ist verwirrend, denn als mein Doppelgänger hätte er mir intellektuell ebenbürtig sein sollen. Ein echter Doppelgänger ist von seinem Gänger, der ich bin, nicht zu unterscheiden. Wie konnte mein Doppel mir intellektuell unterlegen sein? Wie konnte er Jude sein? Etwas höchst Merkwürdiges geschieht hier.

Auf der Leinwand bahnen sich die beiden Mädchenknaben, nun mit ihren frisch geschmiedeten Schwertern ausgestattet, durch einen heftigen Schneesturm ihren Weg in die Eiswelt.

»Ihre dunkle Haut in Kontrast zu dem Schneesturm ist visuell überwältigend«, sagt einer der Männer.

»Das wollte ich auch gerade sagen«, sagt der andere.

Ich muss zugeben, dass sie recht haben.

KAPITEL 64

BEIM ABENDESSEN BIN ich missmutig.

»Du wirkst niedergeschlagen«, sagt Clown Laurie. »Sollen wir eine Dinnerparty geben?«

»Eine Dinnerparty?«

»Die heitern dich doch eigentlich immer auf.«

»Das klingt fürchterlich.«

»Ach, komm schon, du Miesepeter. Los, wir spielen ›Wen würdest du einladen, wenn du jeden einladen könntest‹.«

»Ich hasse dieses Spiel. Ich habe es schon immer gehasst.«

»Egal, ob lebendig oder tot.«

»Ach je. Von mir aus. Jesus. Ich will, dass Jesus zum Essen vorbeikommt.«

»Das versteht sich von selbst. Er ist schon auf der Liste. Wen noch?«

CLOWN LAURIE KANN die Party im Handumdrehen auf die Beine stellen. Offenbar sind wir in der Stadt sehr angesagt.

»Du bist nicht der Messias«, sage ich.

»Das habe ich auch nie behauptet«, sagt Jesus.

»Du warst Jude.«

»Ich weiß. Ich habe als Jude gelebt und bin als Jude gestorben.«

»Du warst nichts als ein Lehrer.«

»Nichts als ein Lehrer? Das ist der wichtigste Beruf, den es gibt, mein Freund. Wenn wir einmal angefangen haben, unsere Lehrer so zu bezahlen wie unsere Berufssportler, werden wir wissen, dass wir eine zivilisierte Gesellschaft sind.«

»Unsere *männlichen* Berufssportler, meinst du.«

»Ja. Weibliche Sportler werden natürlich unfair behandelt. Das sollte geändert werden. Es ist kein Zufall, dass die meisten Lehrer Frauen sind.«

»Außerdem ist das ein blödes Argument. Niemand sollte so viel verdienen wie professionelle Sportler.«

»Hey, du hast ja recht. Ich wollte damit nur sagen, dass wir als Gesellschaft die falschen Dinge wertschätzen.«

»Gut, aber das mit den Berufssportlern widerspricht eigentlich deiner eigenen Argumentation.«

»Aber du verstehst doch, was ich sagen will, und wir sind uns einig, warum musst du also auf diesem einen Punkt herumreiten?«

»Ist gut, Jesus. Ist gut. Ich habe nur das Gefühl, du als Lehrer solltest deine Worte mit mehr Bedacht wählen.«

»He, hör auf, Jesus zu belagern«, sagt jemand am anderen Ende des Tisches. Vielleicht Milton Friedman.

Ich wende mich van Gogh zu.

»Hast du diese *Dr.-Who*-Folge gesehen?«

»Welche?«

»Die, in der du vorkommst?«

»Nein! Das ist ja verrückt. Wirklich? Ich komme darin vor? Ich liebe diese Serie.«

»Das musst du dir anschauen. Es ist eine Farce. Ich glaube, du wärst auf hundertachtzig.«

»O nein. Wieso das denn?«

»Der Schauspieler, der dich spielt, weint vor Freude über die geschmacklose Kommerzialisierung deiner Kunst, deine posthume Popularität, die Vorstellung, dass deine Bilder jetzt Hunderte von Millionen Dollar wert sind.«

»Ehrlich gesagt, hätte ich nichts dagegen, Hunderte von Millionen Dollar zu haben.«

»Jesus, du bist wirklich ein raffgieriger Widerling geworden.«

»Bin ich?«, sagt Jesus und dreht sich mit verletzter Miene wieder zu mir um.

NACHTS PLAGIIERE ICH in einem Streitgespräch mit Clown Laurie über die Möglichkeit von Zeitreisen mithilfe von Notizen auf meinem Unterarm Stanisław Lems Artikel zu A. E. van Vogts *Die Waffenhändler von Isher*, um meine Aussage zu unterstreichen.

»Clown Laurie«, beginne ich, »der Kosmos existiert nur auf Kredit! Er ist wie eine Anleihe, ein Wechsel über Material und Energie, der umgehend zurückgezahlt werden muss, weil seine Existenz sowohl in Bezug auf Energie als auch auf Material das reinste, hundertprozentige Obligo ist. Was also macht dann der Kosmologe? Mit der Hilfe befreundeter Physiker baut er eine große ›Chronokanone‹, die ein einzelnes Elektron rückwärts ›gegen den Strom‹ der Zeit feuert. Dieses Elektron, das aufgrund seiner ›gegen den Strich‹ gerichteten Bewegung zum Positron wird, rast durch die Zeit und nimmt im Verlauf dieser Reise immer mehr Energie auf. An jenem Punkt schließlich, an dem es aus dem Kosmos ›herausspringt‹, einem Ort also, an dem es bislang noch keinen Kosmos gegeben hatte, werden all die schrecklichen Energien, die es aufgenommen hat, in der ungeheuren Explosion freigesetzt, die das Universum hervorbringt! Auf diese Weise ist die Schuld beglichen. Zugleich wird dank der größtmöglichen ›Kausalschleife‹ die Existenz des Kosmos beglaubigt, und ein Mensch entpuppt sich als eigentlicher Schöpfer dieses Universums!«

»Du hast dich verändert«, sagt Clown Laurie.

»Habe ich nicht«, sage ich.

»Du wusstest nicht mal, wer A.E.van Vogt ist, ganz zu schweigen von Stanisław Lem. Ich habe das Gefühl, ich kenne dich gar nicht mehr.«

»Das wusste ich nicht? Ja, war ich denn völlig beschränkt?«

»Und was hat es mit dem Schalter an deinem Hals auf sich? Ich kann nicht einfach so tun, als wäre er nicht da. Ich kann nicht immer weiter nur so tun als ob, B.«

»Das ist gar nichts«, sage ich ausweichend.

»Wo ist der B., der fantastische Schriftsteller nicht ausstehen konnte, mit Ausnahme von Margaret Atwood und dem jüdischen Triumvirat: Asimov, Ellison und Tidhar?«

»Ernsthaft?«, sage ich. »Tidhar? Ach du lieber Himmel.«

»Ja«, schreit sie. »Tidhar! Du hast Tidhar geliebt!«

»Dieser B. ist tot«, verkünde ich. »Lang lebe B.!«

Clown Laurie schüttelt den Kopf, starrt auf den Küchentisch und geht dann ins Schlafzimmer, um ihre Sachen zu packen. Ich versuche, ihr hinterherzurufen, aber ich kann nicht. Ich kann kein Mann sein, der Tidhar gutheißt. Dieser Mann kann ich niemals sein, weder für Clown Laurie noch für sonst jemanden.

* * *

ICH FINDE HERAUS, dass Barassini in dieser Version der Welt ein bekannter Bühnendarsteller ist, der ebenfalls Barassini heißt. Er hat noch dieselben Büroräume, nutzt sie aber hauptsächlich zur Aufbewahrung seiner vielen Masken und Kostüme. Denn in dieser Welt ist er als »der andere Mann mit den tausend Gesichtern« bekannt, wobei der andere »Mann mit den tausend Gesichtern« Lon Chaney war, den Barassini in dieser Welt in der bekannten Broadway-Musical-Fassung des Films *Der Mann mit den tausend Gesichtern* gespielt hat, in dem James Cagney eine nicht singende Version von Lon Chaney gespielt hat. Das alles erklärt mir Barassini während einer Führung durch den Lagerraum. Hier lagern viele, viele Masken, wahrscheinlich über tausend. Doch dieser

Barassini sagt, er könne mir nicht helfen. Er sei kein Hypnotiseur, erklärt er. Er gibt mir die Adresse eines Mannes namens Hypno Joe einen Block weiter. Er sagt, Hypno Joe sei wohl genau der Richtige für mich, und in dieser Welt sagt er es ohne Abschätzigkeit. Aus irgendeinem Grund interessiert er sich sehr für meine Erinnerungen an Castor Collins in Ingos Film. Dann zeigt er mir »um der alten Zeiten willen« seine Sockenschublade, auch wenn ich in dieser Welt nie dort geschlafen habe.

Beim Tee singt er mir eines der Stücke aus seinem Musical vor:

Mann der tausend Gesichter, so nennt man mich,
Und das störte mich auch nie,
Ich lieh Menschen jeder Herkunft mein Gesicht,
Denn ich bin der Schauspieler Lon Cha-ney.
Orientalen und auch Juden ward ich im Nu,
Gib mir ein bisschen Gummi und Kleber dazu,
Etwas Theaterschminke, dann werde ich auch du!
Denn ich mag tausend Gesichter haben,
Aber du bist meine Nummer eins!

Ich muss sagen, ich wünschte, dieses Musical hätte in meiner vorherigen Welt existiert. Es ist hervorragend. Judd Apatow hat die Texte geschrieben.

»ICH BIN EIN großer Fan«, sagt Hypno Joe, ein Zuchtmeister mit Bürstenschnitt.

»Danke. Ich versuche, meine Erinnerungen an Ingos Film zu verfeinern.«

»Aber die sind doch schon perfekt. Ich habe das Buch vierzigmal gelesen. Einundvierzigmal, wenn man das nächste Mal mitzählt, für das ich schon bereit bin.«

»Ja. Nun, es sind etwas weitere Nachforschungen notwendig, mein Freund.«

Ich füge »mein Freund« hinzu, um mich einzuschmeicheln. Bei meinem Double scheint das gut funktioniert zu haben.

»Bestens!«, sagt er.

Es hat funktioniert.

»Sind Sie schon mal hypnotisiert worden?«, fragt er. »Es funktioniert nicht bei jedem.«

Ich zeige ihm meinen Schalter.

»Oh«, sagt er bewundernd. »Wer hat den eingebaut? Das ist gute Arbeit.«

»Ich habe es selbst gemacht. Es war ein Bausatz.«

»Also, ich bin beeindruckt. Warten Sie.«

Und er legt den Schalter um.

»Beschreiben Sie mir, was Sie sehen«, sagt er.

»Ich bin bei dem Meteorologen. Er rauft sich die Haare vor Verzweiflung, weil er es weder erträgt, zurück auf diese winzigen transparenten, durch die Luft treibenden Tröpfchendämonen zu schauen, wie er sie in seinem inneren Monolog nennt, noch vorwärts auf das drohende flammende Ende der Welt. Doch die Zeit muss ausgefüllt werden, wie es nun einmal ihre Art ist. Er erinnert sich an das kleine Mädchen. Diesen einen Sonnenstrahl, das Mädchen, für das er die Puppe vergraben hat. Und für das er, wie ihm nun bewusst wird, im Laufe seiner letzten zehn Jahre noch Hunderte von Gegenständen vergraben wird, alles, was sie sich wünscht, sodass sie die Dinge finden kann, sodass ihre Wünsche erfüllt werden, sodass sie beim Aufwachsen die Liebe eines Universums spürt, von dem er nun weiß, dass es tot ist, ein Eisblock, unfähig, irgendetwas für irgendjemanden zu empfinden. Er wird von hier aus über sie wachen, ein Augenpaar in einer Höhle, das aus der Vergangenheit heraus allein auf sie gerichtet ist. Ich fühle mich an die sogenannten Augen Gottes erinnert, zwei riesige augenförmige Löcher in der Decke der bulgarischen Höhle Prohodna. Ebenjene Löcher, die bekanntlich auf so unvergessliche Weise in Ludmil Staikovs *Време на насилие* verewigt sind, einem fiebertraumhaften Meisterwerk, das außer mir so gut wie niemand gesehen hat. Vielleicht ist *Време на насилие* der Film, für den ich mich engagieren könnte, sollte es mir nicht gelingen, mich vollständig an Ingos Film zu erinnern. Ich hatte es bei seiner Veröffentlichung versucht und war sogar so weit gegangen, Bulgarisch zu lernen und ein dreitägiges Janitscharen-»Bootcamp« zu absolvieren, das sich als leicht New-Age-mäßig erwies und hauptsächlich aus Yoga mit Kilidschen bestand. Es kostete mich zehntausend türkische Lira und führte dazu, dass ich das Projekt aufgab. Doch es könnte an der Zeit sein, es wiederzubeleben. *Време на насилие* ist brillant, und –«

»Moment mal, ist das der Film?«, fragt Hypno Joe.

»Nein. Ich weiß nicht. Ich glaube nicht.«

»Sollten wir dann vielleicht wieder –«

»Ja. Ja, Entschuldigung. Ist gut.«

Der Meteorologe lässt das holografische Bild im Zeitraffer ablaufen und betrachtet das Mädchen, elf Jahre alt jetzt, gebräunt, eine Gartenschaufel in den Gürtel gesteckt, den Stiel einer Planierschaufel über die Schulter gelegt. Eine junge Jeanne Hachette – Jeanne Pelle à Creuser. Sie hat etwas von einer Kriegerin an sich, strahlt eine tiefe Selbstgewissheit aus. Die Dinge haben sich entwickelt wie von ihm geplant. Wenn sie vorübergeht, treten die anderen achtungsvoll zur Seite, betrachten sie ehrfürchtig. Ich liebe sie, denkt der Meteorologe. Ich verspüre eine neue Hoffnung für die Menschheit. Wer ist dieses Wesen? Bin ich in irgendeiner Weise dafür verantwortlich, wie sie sich entwickelt hat, für das, was aus ihr geworden ist? Oder ist sie verantwortlich für das, was aus mir werden wird?

»Entschuldige, meine liebe Digger?«, sagt jemand zu ihr.

Digger! Wie wunderbar!

»Hallo, Emily«, sagt Digger. »Wie geht es dir?«

»Gut, danke. Meiner Audrey wurden die Schuhe gestohlen, und ich dachte, du könntest vielleicht ein neues Paar für sie finden.«

»Oh, das tut mir leid. Ich kann es gern versuchen. Welche Größe hat sie noch mal?«

»Fünfunddreißigeinhalb.«

»Stimmt. Schauen wir doch mal, was wir finden können.«

Emily sieht zu, wie Digger beinahe wie in Trance umhergeht.

»Was für Schuhe trägt sie noch mal am liebsten?«

»Ach, jede Art von Schuh wäre großartig.«

»Ich meine mich zu erinnern, dass ihr das Bild von diesen Keen-Voyageur-Wanderschuhen gefiel. Die hatten es ihr echt angetan. Stimmt's nicht?«

»Du bist einfach unglaublich, Digger. Das stimmt genau.«

»Also gut. Welche Farbe?«

»Ich glaube, die Farbkombination heißt Raven/Rose Dawn.«

Digger nickt, geht umher, hält inne.

»Hier, glaube ich«, sagt sie. »Ja.«

Sie kniet sich hin und beginnt, mit ihrer Gartenschaufel zu graben. Nach etwa dreißig Zentimetern stößt sie auf etwas Hartes, zieht einen Pinsel aus ihrem Gürtel, wischt behutsam Erde zur Seite und zieht eine brünierte Kiste heraus.

»Hier, Emily. Schau mal, ob die gingen.«

Emily öffnet die Kiste und findet ein Paar Keen Voyageurs, Größe fünfunddreißigeinhalb, in Raven/Rose Dawn.

»O mein Gott«, sagt sie. »Danke!«

»Tut mir leid, dass sie nicht ganz neuwertig sind. Ehrlich gesagt, überrascht mich das selbst.«

»Ist das dein Ernst? Das Ende der Welt steht bevor! Diese Schuhe übertreffen meine kühnsten Träume!«

Emily wirft die Arme um Digger und zieht sie an sich, um sie fest zu umarmen.

»Freut mich, dass ich behilflich sein konnte, Emily«, sagt Digger. »Grüß Audrey ganz lieb von mir, ja?«

»Das mache ich! Oh, sie wird die Schuhe lieben! Danke! Danke! Danke!«

Emily läuft mit den Schuhen davon.

Der Meteorologe hat sich Notizen gemacht: Keen-Voyageur-Wanderschuhe. Größe fünfunddreißigeinhalb. Raven/Rose Dawn. Er wechselt auf dem Computer von der Digger-Szene zu Zappos und bestellt die Schuhe.

Ich kann mich an den Eingang dieser Bestellung erinnern! Ich bin mir sicher, dass es dieselbe ist. Es hatte einen Inventarfehler gegeben, und wir hatten keine Raven/Rose Dawn mehr in fünfunddreißigeinhalb. Wir hatten sie als »vorrätig« gelistet, aber das waren sie nicht, und Keen hatte die Produktion in dieser Farbe eingestellt. Wir kontaktierten den Kunden und schlugen ihm einen Ersatz vor. Er wurde wütend und drohte uns mit einer vernichtenden Bewertung auf Yelp, wenn wir seine Bestellung nicht ausführten. Zappos unternahm stets alles, um negative Yelp-Bewertungen zu vermeiden. Ein Mann in New Hampshire mit Blasen an den Fersen wurde »verschwunden«, ehe er seinem Unmut Luft machen konnte. Letzten Endes stellte sich heraus, dass Henrietta das letzte Paar gestohlen hatte. Natürlich. Henrietta war mit dem Henderson-Bagley-Zwergfußsyndrom zur Welt gekommen, womit ihre Schuh-Obsession wahrscheinlich ihren Anfang genommen hatte. Die Keens wurden mit leichten Gebrauchsspuren zurückgegeben, und Henrietta wurde fristlos entlassen. Sie gab natürlich mir die Schuld, obwohl sie sich ihre Kündigung selbst zu verdanken hatte. Ich glaube, das war der Moment, in dem sie beschloss, mich umzubringen. In jedem Fall erhielt der Kunde die Schuhe, zusammen mit einer Entschuldigung und einem kostenfreien Schuhlöffel. Er schrieb eine begeisterte Yelp-Rezension.

Augenblick mal, stimmt das auch wirklich? Habe ich nicht Henriettas Entlassung bewirkt, weil sie meine Entlassung bewirkt hatte? Mit einem anonymen Brief an Jeff Bezos, in dem ich sie als Antisemitin bezeichnete? Können beide Versionen der Geschichte wahr sein?

»Nein. Nur eine Geschichte pro Kunde«, sagt Hypno Joe. »Fahren Sie fort.«

»Gut. Der Meteorologe wechselt also in der Simulation zu seinem eigenen Zeitstrang, sieht sich selbst in der Höhle, wie er die Schuhe bei

Zappos bestellt, sie erhält und die Bewertung schreibt. Er beschleunigt diese Zeitschiene bis zu dem Punkt, an dem das Paket von Zappos an seine Höhle in der South Oleara Debord 41 geliefert wird, sieht sich in einem Flugzeug, dann auf einem Feld, ein GPS-Gerät in der Hand, wie er ein Loch gräbt, eine Kiste aus Rotguss hineinlegt und das Loch mit Erde zuschüttet. Danach gibt er versuchshalber in seiner eigenen Zeitschiene die Suchwörter *Schaufel* und *graben* ein. Das Ergebnis ist erstaunlich. Bild für Bild von ihm, wie er Löcher aushebt und Kisten aus Rotguss unterschiedlicher Größe vergräbt. Er wird dieses Mädchen erschaffen, das er von dem ersten Augenblick an liebt, in dem er sah, dass das Mädchen, das er liebt, das Mädchen war, das er liebt. Es ist paradox. Und da er über die Welt weiß, was er weiß, ist ihm natürlich bewusst, dass es keine Kausalität gibt, jedenfalls nicht in der Weise, wie das menschliche Gehirn sie interpretiert. Alles ist, weil es ist. Es gibt keine Entscheidungsfreiheit. Und dennoch besteht die Illusion fort. Die Illusion ist, dass er entscheiden kann, ob er diese Kisten vergräbt oder nicht. Die Realität ist, dass er es nicht kann.

»Das unterscheidet sich alles ziemlich stark von Ihrem Buch«, sagt Hypno Joe, als er die Sitzung beendet.

»Ja«, sage ich. »Das Erstaunliche an Ingos Werk ist, dass es sich bei jeder neuerlichen Betrachtung zu verändern scheint. So wie meine eigenen Erinnerungen, die Erinnerungen an Henrietta beispielsweise.«

Hypno Joe nickt; er hat das Interesse verloren. Er versucht, mir ein Päckchen seines Kaffees Cup o' Hypno Joe, French Roast zu verkaufen. Ich lehne ab. Als ich mich wieder meinen Gedanken zuwende, fühle ich mich tatsächlich ermutigt. Diese Erinnerung an die Sequenz mit dem Meteorologen beweist mir, dass meine Version des Films und nicht die von Doppelgänger-Boy die richtige ist. Mit diesem wiedergewonnenen Selbstvertrauen kann ich es der Welt beweisen. Aber kann ich das wirklich? Hypno Joe ist vielleicht ganz nett, aber er mahlt Kaffeebohnen. Mir kommt der Verdacht, dass sein ganzes Hypnosegeschäft nur als Köder für seine Kaffeefirma dient.

Wie kann ich die Leute für meine wahre Version des Films begeistern? Mich beschleicht die Vermutung, dass es nur eine Möglichkeit gibt. Digger wird nicht die Einzige sein, die etwas ausgräbt. Mit anderen Worten, ich werde es auch tun. Ebenfalls.

KAPITEL 65

ICH NEHME DEN nächsten Bus nach St. Augustine. Wenn ich die Puppen der Ungesehenen noch einmal finden kann, dann könnte ich damit der Welt (und mir selbst, denn ich habe begonnen, an meinem Verstand zu zweifeln) vielleicht beweisen, dass der Film tatsächlich so existiert hat wie von mir und nicht von meinem dämlichen Klon behauptet, ganz zu schweigen davon, dass wir in der Vorproduktion Zeit und Energie sparen, da wir für das Remake nicht die gesamte Welt der Ungesehenen-Puppen neu erschaffen müssen. Das erläutere ich meinem Sitznachbarn, bei dem es sich zufällig abermals um Levy (Grapschi) handelt, der sich auf der Heimreise von seiner saisonalen Anstellung als Gagschreiber für Clowns im Big Apple Circus and Orchard befindet. Es ist schön, ein bekanntes Gesicht zu sehen, und obgleich ich diesmal einen eigenen Platz habe, nehmen wir, wohl aus einer Art Nostalgie heraus, eine Zeit lang unser altes Arrangement wieder auf.

»Also, nur damit wir uns richtig verstehen, dort im Garten liegen ein paar Schwarze begraben?«, sagt Grapschi.

»Nein, Levy. Dort im Garten liegen mehrere tausend afroamerikanische *Puppen* begraben. Zumindest glaube ich, dass es so ist.«

»Und ich dachte, Clownsscherze wären albern. Aber das ist noch viel alberner.«

»Der Macher des Films wollte das Konzept kultureller Unsichtbarkeit erkunden.«

»Das ist ja wirklich ein Ding. Weißt du, ich habe mir da so einen

Gag ausgedacht, wo vielleicht fünfzig Clowns aus einem Eimer klettern. Und der Witz ist, dass in den Eimer eigentlich niemals fünfzig Clowns reinpassen würden. Ich meine, es ist vielleicht ein Zwanzig-Liter-Eimer, ja? Der Trick ist«, flüstert er, »es ist ein Loch im Boden, und der Eimer hat auch ein Loch im Boden, und die Clowns sind unten im Keller und klettern einer nach dem anderen raus. Das ist der Witz. Wie passen die alle in den Eimer rein? Der Trick ist, dass sie überhaupt nicht reinpassen. Verstehst du? Das beruht auf einem Gag namens Clownsauto, der nach dem gleichen Prinzip funktioniert. Dabei steigt im Prinzip eine ganze Horde Clowns aus einem Kleinwagen. Aber es ist ein Trick; in Wirklichkeit kommen sie aus dem Keller. Im Boden von dem Auto ist ein Loch. Das ist jetzt eine neue Version von diesem Klassiker. Und die ist meiner Meinung nach besser, weil ein Eimer noch kleiner ist als ein Auto, also wird es das Publikum noch mehr überraschen. Ich nenne es den Clownseimer. Ich glaube, das, was dein farbiger Filmemacherfreund gemacht hat, ist so ähnlich.«

»Ich glaube, es ist anders«, sage ich.

»Ein Haufen Clowns, ein Haufen Schwarzer«, sagt er. »Es ist ein ganz ähnlicher Gag.«

Ich lasse es auf sich beruhen, und nachdem ich einige Minuten abgewartet habe, damit es nicht wie eine Reaktion auf unsere Meinungsverschiedenheit wirkt, steige ich von Levys Schoß und setze mich wieder auf meinen eigenen Platz. Grapschi ist ein wirklich netter Kerl, aber ich glaube, wir haben unsere Beziehung ausgereizt. Letztlich ist er doch nur ein einfacher Clownsgagschreiber, was zwar eine ehrliche und ehrenwerte Arbeit ist, aber wenig mit dem gemein hat, was Ingo und ich machen. Ich sage nicht, dass es weniger wichtig ist. Die Clownerie ist eine sehr alte Kunstform, und wenn wir aus Preston Sturges' absurd rührseliger Szene am Schluss von *Sullivans Reisen* irgendetwas gelernt haben, dann ist es, dass die Geknechteten manchmal eine Aufheiterung brauchen. Ich spende Grapschis Bemühungen daher Beifall und gönne ihm seinen Erfolg.

Nach etwa einstündigem Schweigen sagt Grapschi, solange ich in der Stadt sei, solle ich einmal abends auf ein Bier in seinem Wohnwagen vorbeischauen. Ich sage, das klinge wirklich gut, aber wir wissen beide, dass es nie geschehen wird, ja nie geschehen könnte, und das nicht nur, weil ich kein »Biertyp« bin. Es ist eine traurige Erkenntnis, und die restliche Busfahrt verbringen wir schweigend. Als wir den Busbahnhof erreichen, tauschen wir nach unserer Umarmung nicht einmal Telefonnummern aus.

Mein Taxi hält gegen Mitternacht vor dem Wohngebäude. Der Fahrer holt mir Koffer, Spaten, Schaufel und Spitzhacke aus dem Kofferraum.

»Wollen Sie was vergraben?«, sagt er.

»Im Gegenteil.«

»Sie wollen *jemanden* vergraben?«

»Jemanden vergraben ist nicht das Gegenteil von etwas vergraben«, sage ich. »Ich will etwas *ausgraben*, wenn Sie es genau wissen wollen.«

»Einen Schatz?«

»Sicherlich nicht in der Bedeutung, die Sie meinen. Aber Gold und Juwelen könnten mit dem, wonach ich suche, nicht mithalten.«

Er zuckt mit den Schultern und fährt davon.

Ich grabe genau dort, wo ich beim ersten Mal auf die Puppenkörper gestoßen bin. Ich erinnere mich an die Stelle, weil es dort eine Bronzetafel gab (und noch immer gibt), auf der steht: Es gibt hier nichts zu sehen. Bitte gehen Sie weiter. Doch diesmal scheint das zu stimmen, denn hier ist tatsächlich nichts. Keine Puppen, nicht einmal Puppenskelette. Nichts. Nur jede Menge Erde. Bald kommt der Gebäudewart und drückt mir ein abgegriffenes Stück Papier in die Hand, auf dem steht: *He! Was zur Hölle machen Sie da? Lassen Sie das! Sie befinden sich auf Privatgelände!*

Ich schaue aus meinem Loch zu ihm hinauf; er erkennt mein Gesicht, wirkt überrascht, kramt dann in seiner Herrenhandtasche und zieht ein anderes Blatt Papier heraus: *Oh! Von hinten und oben habe ich dich ohne deine Jarmulke gar nicht erkannt. Hallo, mein Freund! Möchtest du auf a schelchel tej hereinkommen?*

»Ich weiß nicht, was das heißt«, sage ich stumm.

Eine Tasse Tee. Das ist jiddisch. Du hast mir das beigebracht, schreibt er.

»Oi«, sage ich stumm.

Ich steige aus dem Loch und mache mich auf meinen einsamen Weg zurück zur Straße. Ein zusammengeknülltes Stück Papier trifft mich am Hinterkopf. Ich hebe es vom Boden auf und lese, was daraufsteht: *He! He! Ich rede mit dir!* Ich gehe mit gesenktem Kopf weiter. Immer wieder werde ich von zusammengeknüllten Blättern getroffen. Ich hebe sie alle auf und stecke sie in meine Herrenhandtasche. Vielleicht werde ich sie zum Zeitvertreib auf der Busfahrt nach Hause lesen. Ich gehe weiter. Hier gibt es nichts mehr für mich.

Für die Rückfahrt ist einer dieser neuen Uber-Busse eingesetzt, der eigentlich nur ein ausgeschlachteter Kombi ist. Man darf einen eigenen Sitz mitbringen, aber nur, wenn er in die jedem Mitfahrer zugewiesenen sechsundfünfzig mal sechsunddreißig mal dreiundzwanzig Zentimeter hineinpasst. Entsprechend müssen die meisten Fahrgäste ihren Sitz als Gepäck aufgeben – wofür zusätzliche Gebühren anfallen – und auf dem Boden sitzen.

Ich streiche die Zettel des Gebäudewarts glatt und lese sie in der Reihenfolge ihrer Nummerierung:

Warum antwortest du mir nicht?

Weißt du nicht mehr, wie viel Spaß wir zusammen hatten?

Weißt du noch, wie sehr uns beiden diese Produktion des Jupiter Theatre gefallen hat, die Gottes vergessene Kinder *als schwules Liebesdrama mit Burt Reynolds und Lou Ferrigno neuinterpretierte?*

Eine solche Neuinterpretation war längst überfällig, sagtest du.

Ich stimmte dir zu. Denn Liebe ist Liebe, sagte ich.

Du stimmtest mir zu.

Ich dachte, wir wären Freunde.

Warum tust du mir das an?

Du weißt, dass ich für dich zum Judentum konvertiert bin!

Schau! Ich habe mich umgedreht, damit du meine Kippa sehen kannst!

Das ist sehr verletzend!

Ich habe noch ein wenig kalte Rinderbrust im Kühlschrank. Wir könnten etwas acheln.

Du bist ein Monster, weißt du das?

Ich will mein Porträt von Helen Keller zurück!

Bitte, B.

Also gut. Was soll's. Mir ist es gleich.

Ich erwarte, dass du mir das Keller-Porträt zurückschickst, B., das erwarte ich wirklich.

Bitte, schenk mir nur eine Minute deiner Zeit. Lass uns einfach reden.

Du bist wirklich unglaublich.

Scheiß auf dich!

Es sind noch mehr, aber die anderen hebe ich mir für später auf, denn ich bin mit einem Mal schläfrig geworden.

HYPNO JOE BIETET mir ein Kaffee-des-Monats-Abonnement an, das ich ablehne. Er seufzt und legt meinen Schalter um. Der Meteorologe ist weiter in die Zukunft gesprungen. Slammy's (ehemals Slappy's) unterhält jetzt eine Armee (die Slarmy, ehemals Slapry) und verpflichtet sämtliche Bürger zu einem zweijährigen Militärdienst. Das hat einige Beobachter erzürnt, aber wie die Marketingministerin Marjorie »die Melodiöse« Morningstar betont: »Die Freiheit hat ihren Preis.« Der ständigen Bedrohung durch die Trunks, die die gesamte Höhle beherrschen wollen und deren Köpfe nun mit Atombomben unter den kürzlich eingebauten Schädelpropellern ausgestattet sind, muss entgegengetreten werden. Der Meteorologe verfolgt diese besorgniserregende Entwicklung auf seinem Bildschirm. Er denkt an Digger, und er weiß, dass sie es ist, die einen Aufstand des Volkes anführen wird. Aber natürlich muss er ihr das sagen. Und genau das hat er getan.

Auf seinem Monitor sieht der Meteorologe Digger dabei zu, wie sie etwas ausgräbt, was sie für einen Haufen Strickmützen hält (denn der Winter naht). In die Kiste hat er auch die von Gerrard Winstanley verfasste Streitschrift *The True Levellers Standard Advanced: Or, the State of Community Opened, and Presented to the Sons of Men* platziert. Natürlich hat jeder Schuljunge (und jedes Schulmädchen, jede*r Schulnichtbinäre *et ketera*) diese Streitschrift gelesen und kennt Winstanley als Begründer der Digger, einer während des Englischen Bürgerkriegs aktiven Gruppe von Protoanarchisten, die an die Abschaffung der Lohnarbeit und die freie Verteilung von Gütern und Lebensmitteln unter ihren Anhängern glaubten. Digger liest das gesamte Pamphlet. Ingo spart sich hier einen Voiceover, da jedes Schulkind den Text gelesen hat und auswendig lernen musste, und tatsächlich würde ein Voiceover nur die schiere Freude schmälern, die der/die Zuschauer*in empfindet, wenn er/sie/xier sieht, wie Diggers Gesicht zunehmend ins Licht der Aufklärung getaucht wird und schließlich im Glanze eiserner Entschlossenheit erstrahlt. Die Sequenz dauert recht lange (vielleicht eineinhalb Stunden), weil die Streitschrift recht lang ist und Digger leider eine schwere Lese-Rechtschreib-Schwäche hat. Doch die Energie baut sich über den gesamten Zeitraum hinweg schön auf, und als sie es schließlich zu Ende gelesen hat, steigt sie auf einen Hügel und hält folgende Kanzelrede:

»Mein Volk, jetzt ist der Augenblick, denn der Augenblick ist immer jetzt, nicht wahr? Wir müssen zusammenstehen und denen entgegentreten, die uns unterdrücken wollen. Und wenn ihr als ein Volk zu dem Schluss kommt, zu dem ich als Individuum gekommen bin, dann müssen wir geschlossen handeln, um den Lauf der Menschheitsgeschichte zu verändern. Wollen wir unser Leben als Sklaven eines unmenschlichen Unternehmens oder, vielleicht noch schlimmer, einer hirnlosen Armee roboterhafter und propellerköpfiger Todesbringer fristen? Ich sage euch, wir dürfen unser ›Los‹ nicht einfach annehmen, sondern müssen für eine menschlichere Welt kämpfen, eine Welt, die auf den Prinzipien des Teilens und eines echten Zusammenschlusses mit der Natur beruht. Ich glaube, es gibt einen Gott, der über uns wacht. Womit sonst ließe sich mein Talent zum Ausgraben dieser Gegenstände erklären? Und wer soll die Gaben hinterlassen haben, wenn nicht irgendein höheres Wesen? Ich glaube nicht, dass es ein Wesen wie wir ist. Es ist kein ›er‹ oder eine ›sie‹ oder auch nur ein ›xier‹. Wie narzisstisch wäre es, das zu glauben? Nein, meine Freunde, dieses Wesen existiert in einer Gestalt, die wir niemals begreifen könnten. Aber ich weiß, es will, dass wir erfolgreich sind, dass wir gute Arbeit leisten und liebenswürdig zueinander sind, wie Garrison Keillor angemahnt hat, bevor er in Ungnade fiel. Ich heiße euch willkommen in dieser Bewegung, die ich ins Leben rufe, auf dass sie uns von den unterdrückerischen Ketten eines Regierungssystems befreit, das auf Gewalt und der raffgierigen Anhäufung materiellen Reichtums basiert. Ich glaube aufrichtig daran: Wenn ihr euch mir anschließt, wird der Schöpfer weiter für uns sorgen und womöglich sogar andere von euch mit der Gabe des Grabens segnen. Also, Freunde, legt eure Slarmy-Uniformen ab, und gemeinsam werden wir die Kleider eines freien Volkes ausgraben!«

Der Meteorologe seufzt, reibt sich die Schläfen, hält das Bild an, zählt die sich entkleidenden Menschen (neunundachtzig) und versucht, ihre Kleidergrößen und modischen Vorlieben zu erraten.

DER CCO VON Slammy's, L. Larabee Chevre, geht in seiner unheilvoll wirkenden neogotischen Bürosuite auf und ab.

»Gegen diese Magie kommen wir nicht an!«, sagt er. »Das ist einfach unmöglich!«

»Ich weiß«, sagt sein Vize Bailey Oltz, stellvertretender Generaldirektor des Bereichs Gewürze und Geschütze. »Aber damit müssen wir uns … auseinandersetzen.«

»Wir müssen ihren Trick herauskriegen! Es muss einen Trick geben. Ohne irgendeine Art von Zaubertrick ist niemand zu dem imstande, was sie da offenbar tut.«

»Und doch …«

»Vielleicht vergräbt sie die Sachen im Schutz der Dunkelheit.«

»Zwei Einwände: Woher sollte sie wissen, worum die Leute sie bitten werden? Und woher nimmt sie die Sachen?«

»Es muss ein Trick sein! Anders geht es nicht!«

»Ja. Da sind wir uns einig. Aber worin besteht der Trick? Das frage ich Sie.«

»Ich bin kein professioneller Zauberer, ja nicht einmal ein Amateur von Rang. Aber ich sage Ihnen so viel, stellvertretender Generaldirektor Oltz, es beruht auf Fingerfertigkeit und Ablenkung.«

»Gewiss. Aber, ich meine, wie sollte das in diesem bestimmten Fall funktionieren?«

»Was habe ich Ihnen gerade gesagt?«

»Dass … ähm, ich weiß es nicht, Sir. Tut mir leid.«

»Ich bin kein Zauberer!«

»Ja.«

»Aber wir können das nicht hinnehmen. Ohne Arbeiter hätte Slammy's keine Kunden, und ohne Kunden hätte Slammy's keine Arbeiter.«

»Sie sind untrennbar. Eine Hand füttert die andere.«

»Und ohne Soldaten gewinnen die Trunks. Und das will nun wirklich niemand.«

»Außer den Trunks. Die Trunks wollen das schon.«

»Ja. Natürlich. Das sieht ihnen ähnlich. Wir müssen zurückschlagen. Holen Sie mir die Voiceover-Frau.«

»Sie meinen Marjorie?«

»Ich weiß nicht, wie sie heißt! Woher soll ich wissen, wie sie heißt?«

»Sie heißt Marjorie.«

»Ich sage Ihnen doch, ich weiß nicht, wie sie heißt.«

»Die Leute mögen es, mit Namen angesprochen zu werden. Dann fühlen sie sich –«

»Bezahle ich ihr einen Haufen Geld?«

»Natürlich.«

»Dann scheiße ich auf ihren Namen.«

In einem saphirbesetzten orangen Kaschmirkapuzenpullover sitzt Marjorie Morningstar mit durchgestrecktem Rücken und im Schoß gefalteten Händen aufrecht und unendlich geduldig da, während Chevre auf und ab geht.

»Wir brauchen eine Kampagne, Voiceover-Frau.«

»Gut.«

»Etwas mit honigsüßer Stimme Gesprochenes.«

»Das kriege ich hin.«

»Kriegen Sie das hin?«

»Natürlich.«

»Wir müssen ihnen so etwas sagen wie: ›Die Trunks bringen euch um, wenn Slammy's euch nicht beschützt.‹ Oder vielleicht so was wie: ›Slammy's ist immer für euch da gewesen. Jetzt müsst ihr für Slammy's da sein.‹«

»Wie wäre es hiermit«, schlägt Oltz vor. »›Frag nicht, was dein Slammy's für dich tun kann, sondern frag, was du für deinen Slammy's tun kannst.‹«

»Was zur Hölle soll das überhaupt bedeuten?«, sagt Chevre.

»Das ist an JFK angelehnt.«

»An JF was?«

»K.«

»Ich weiß nicht, was das bedeuten soll.«

»Er war Präsident.«

»Von Slammy's?«

»Von den Vereinigten Staaten.«

»Von den ... Was zum ... Warum sollten wir den Präsidenten eines Landes zitieren wollen, das in einem Feuerball untergegangen ist? Das ist schlechtes Branding. Da könnte man ja noch eher einen von den Trunks zitieren.«

»Sie wollen in einer Kampagne gegen die Trunks einen Trunk zitieren?«

»Das sind zumindest würdige Gegner. Sie haben Nuklearsprengköpfe.«

»Diese Marketingstrategie ist nicht tragfähig, wenn ich das so sagen darf.«

»Dürfen Sie nicht. *Sie* sind nicht tragfähig. Was meinen Sie denn, Voiceover-Frau?«

»Was, wenn wir uns eines Tricks von Digger bedienen? ›Wir sitzen alle in einem Boot. Gott ist mit uns.‹«

»Was ist mit der Zauberei?«

»Vielleicht etwas wie: ›Zauberei ist Teufelswerk‹?«, schlägt Marjorie vor.

»Ooh. Das ist interessant. Aber vielleicht etwas Weltlicheres? Etwas Glaubhafteres?«

»Zauberei beruht auf Tricks«, sagt Marjorie. »Slammy's trickst euch nicht aus. Bei uns gibt's Rind und Schwein statt Schwindelei'n.«

»Das gefällt mir. Rind und Schwein statt Schwindelei'n. Das ist gut. Außerdem sollten wir nachts mit einem Metalldetektor losgehen, ihre ganzen Kisten ausgraben und den Inhalt gegen menschliche Fäkalien austauschen. Wir greifen von zwei Seiten an.«

»Wo ist euer Gott jetzt?«, pitcht Marjorie weiter, die sich in Fahrt geredet hat. »Slammy's. Wir haben nie behauptet, göttlich zu sein. Außer natürlich, was unseren warmen Apfelkuchen angeht. Mmm-mmm. Slammy's.«

»Hypno-Joe-Kaffee schmeckt hervorragend zu warmem Apfelkuchen«, dringt die Stimme von Hypno Joe in meine hypnotische Trance ein.

Ich versuche, ihn zu ignorieren, aber in diesem Zustand bin ich ausgesprochen beeinflussbar.

»Also gut, ein Päckchen«, sage ich.

»Bestens. Ich setze es auf die Rechnung. Sie können es nach dem Aufwachen gleich mitnehmen.«

Nacht. Die Streitkräfte von Slammy's, in Schwarz gekleidet, bewaffnet mit Metalldetektoren und Grabwerkzeugen, suchen Diggers Hoheitsgebiet nach Metall ab. Sie finden Kisten mit Verbandsmaterial, Socken, Messern (!), Lesestoff. Sie ersetzen den ursprünglichen Inhalt durch menschliche Fäkalien. Die Soldaten kichern leise über ihren Streich, während sie die Kisten wieder vergraben.

Am darauffolgenden Tag versammeln sich die Digger auf einem steinigen Acker, der von einer versteckten CCTV-Kamera überwacht wird.

»Wir werden Samen auf diesem Land aussäen«, sagt Digger, »das niemandem gehört, und mit den daraus entstehenden Feldfrüchten werden wir alle verpflegen, die sich uns anschließen.«

»Woher sollen wir die Samen nehmen?«, fragt ein Mann besorgt. »Slammy's hat sie alle patentieren lassen. Wenn wir sie stehlen, drohen uns Jahre im Geslammnis, wie Slammy's bekanntlich sein privatisiertes Gefängnissystem nennt.«

»Wir werden unsere eigenen Samen aussäen«, sagt Digger, »und die finden wir ... *hier*.«

Und damit beginnt Digger zu graben. Bald hat sie einen Kanister ausgegraben, der diesmal aus irgendeiner nichtmetallischen Polymerverbindung besteht.

Schnitt auf Chevres Büro, in dem sein Team und er zusehen.

»Was zum ...«, sagt Chevre. »Wir wurden hinters Licht geführt!«

»Sie wusste von unserem Plan. Die Metallkisten waren Attrappen.«

»Wie konnte sie das wissen?«

»Es muss einen Maulwurf geben.«

»Das ist ganz lustig, denn Maulwürfe graben ja, also –«

»Es ist nicht lustig! Es ist Hochverrat, und der-, die- oder xierjenige bekommt das Fell über die Ohren gezogen.«

»Fell über die Ohren gezogen. Lustig. Wegen –«

»Schluss.«

KAPITEL 66

WIEDER AUF DER Straße, beladen mit den unter dem Einfluss der Gedankenkontrolle gekauften zwanzig Päckchen Kaffee, gehe ich zu meiner Wohnung und sehe *mich* herauskommen. Ja, das bin ich, aber ohne Bart. Ein weiteres Ich. Ein drittes Ich. Es scheint, als würde ich nun jedes Mal ersetzt werden, wenn ich die Stadt verlasse. In diesem Fall, als ich in Florida nach Puppen gesucht habe. Das muss aufhören. Ich folge diesem neuen Ich zu einem Gebäude in der West 51st Street, wo er auf einen Klingelknopf drückt und ein Summer ertönt. Was macht er dort?

SEIT DIESER CLOWN im Räucherzelt vergeblich versucht hat, mich umzubringen, als ich mit Gregory Corso draußen war, fühle ich mich nicht mehr sicher. Heute werde ich etwas dagegen unternehmen. Ich bin kein gewalttätiger Mann, aber es ist eine gewalttätige Welt. Der Bursche hier hat seine Waren auf dem Bett ausgebreitet. Es erinnert an diese Szene aus *Taxi Driver* und auch an jeden Film und jede Serie, die diese Szene seither von *Taxi Driver* kopiert haben. Vielleicht ist dem, was Marrin Scorsesso vor all den Jahren über illegale Waffenkäufe gesagt hat, nichts weiter hinzuzufügen. Der Illegale-Waffen-Mann hält eine kleine pistolenartige Waffe hoch. Nachdenklich reibe ich über den Teil meines Gesichts, das einmal meinen Bart beherbergt hat, umschmeichle seine neue Nacktheit.

»Das ist die Kel-Tec PF-9«, sagt der Mann. »Mit 360 Gramm die leichteste 9-Millimeter, die es gibt. Sieben Schuss. Sehr beliebt bei den Damen. Man liest viel Negatives darüber, aber das liegt vor allem an Leuten, die irgendeine Rechnung zu begleichen haben, und außerdem heißt das letztlich, dass du Geld sparst, weil diese Schätzchen gerade echt billig zu bekommen sind.«

Er gibt sie mir. Ich halte sie nervös in der Hand.

»Sie ist nicht geladen«, sagt er. »Sei nicht so zimperlich.«

Ich weiß nicht, warum er mir gesagt hat, sie sei bei den Damen beliebt. Er hält mich doch nicht für eine, oder? Natürlich kommen ohne den Bart meine feingezeichneten Gesichtszüge zum Tragen, und ich habe meine neue Joey-King-Haarmulke auf.

»Haben Sie auch etwas, was bei Herren beliebt ist?«, frage ich und gebe sie ihm zurück.

Er legt die niedliche kleine Waffe auf das Bett und nimmt eine andere in die Hand.

»Das hier ist eine Ruger SR 1911. Gute Waffe. Sehr gute Waffe. Kommt bei Polizei und Militär zum Einsatz. Um einiges teurer, und ehrlich gesagt glaube ich, mit 1100 Gramm ist sie zu schwer für dich.«

»Warum sagen Sie das?«

»Hör zu, Mann, an der Ruger würde ich mehr verdienen. Ich will dir bloß helfen.«

Er gibt sie mir. Sie ist sehr schwer. Und er hat »Mann« zu mir gesagt, also weiß er, dass ich ein Mann bin, also ist es vielleicht in Ordnung, wenn ich die kleinere Pistole kaufe, die mir, offen gestanden, ohnehin besser gefällt. Sie ist auf jeden Fall hübscher.

»Wird die andere, die PR-9, auch von Männern benutzt?«, frage ich.

»PF-9. Klar.«

»Gut, dann nehme ich eine davon.«

»Wunderbar. Brauchst du ein Holster? Ich würde es empfehlen.«

»Ja, gern.«

»Alles klar.«

Er zieht ein pinkes Holster aus seiner Tasche.

»Das ist ein spitzenmäßiges Ding, Kumpel. Das Äußere ist aus Öko-Leder, also, ich weiß ja nicht, ob du Veganer bist oder Vegetarier oder was auch immer, aber es ist recyceltes Leder, du brauchst also kein schlechtes Gewissen zu haben. Kein Tier ist dafür gestorben. Das Innere ist allerdings aus Wildleder, um die Oberfläche der Pistole zu schützen. Kein Öko-Wildleder, soweit ich weiß, aber diesen kleinen Luxus solltest du dir ruhig gönnen. Das ganze Teil ist schweißabweisend versiegelt. Schneller und direkter Zugriff. Wirklich sehr beliebt bei den Damen.«

»Haben Sie das auch in Schwarz oder … diesem Militär-Grünton?«

»Braunoliv.«

»Was?«

»Die Farbe heißt Braunoliv.«

»Ah. Ja. Die.«

»Nein, tut mir leid, Chef. Eine andere Farbe habe ich leider nicht da. Ich hätte noch ein paillettenbesetztes, wenn du möchtest.«

Er hat mich »Chef« genannt. Ich nehme das pinke Holster. Aber er hat gesagt, es sei bei den Damen beliebt. Und er hat ver*sie*gelt gesagt. Aber er hat mich »Kumpel« genannt. In jedem Fall ist Pink als »weibliche« Farbe ein kulturelles Konstrukt. Tatsächlich galt Pink vor Beginn des zwanzigsten Jahrhunderts als Jungenfarbe, und Mädchen wurde Blau zugewiesen. Und Gender ist ohnehin nichts Binäres, wie wir heute alle wissen. Ich habe ganz gewiss Charaktereigenschaften, die die meisten als weiblich betrachten würden, und das ist etwas, womit ich kein Problem habe, ja worauf ich sogar stolz bin. Heutzutage können *alle* guten Gewissens das gesamte Spektrum an Eigenschaften zeigen, aber als ich jung war, brauchte man den Mut eines Gender-Outlaws (und Atteste von drei verschiedenen Ärzten), um gewissermaßen auf der Linie zu balancieren. Und ich balancierte.

ICH SEHE ZU, wie mein bartloses Ich das Haus verlässt, eine sonderbare neue Wölbung unter dem Kammgarnblazer. Ich beginne, ihm zu folgen, wobei ich zur Sicherheit einen gewissen Abstand einhalte und darauf achte, dass sich stets ein Schutzschild aus Fußgängern zwischen uns befindet. Hier im Gesehenen fällt das Sonnenlicht direkt ein. War es während meiner Zeit im düsteren Ungesehenen selbst für mich als Riesen nahezu selbstverständlich, nicht entdeckt zu werden, muss ich hier auf der Hut sein, selbst als Nichtriese. Plötzlich fällt mein bartloses Ich in einen offenen Kanalschacht, was mir in Erinnerung ruft, dass die Entdeckung durch mein bartloses Ich nicht die einzige Gefahr ist, die im Gesehenen lauert. Da ist auch noch der Schöpfer, Er, der alles schaut, ohne geschaut zu werden. Er, der meine Gedanken kennt. Ich muss mit diesem dritten Ich sprechen, ohne von ihm oder dem Schöpfer erkannt zu werden. Ich greife mir einen Wischmopp aus dem unbeaufsichtigten Eimer eines Hausmeisters, schraube den Stiel ab und setze mir die Fransen auf den Kopf wie eine Perücke. Es ist eine improvisierte Lösung, aber ich glaube, es funktioniert, denn als B3 aus dem Kanal steigt, erkennt er mich (sich) offenbar nicht. Allerdings macht er einen besorgten Eindruck und scheint die Wölbung unter seinem Blazer zu befühlen. Der Mopp riecht nach Schimmel und Reinigungsmittel.

»Entschuldigen Sie die Störung«, sage ich.

»Was? Was?«, ruft er mit weitgeöffneten Augen. »Ich habe kein Geld, wenn es Ihnen darum geht.«

»Ich möchte Sie nur etwas fragen.«

Das ammoniakhaltige Wasser tropft mir in Augen und Mund; ich spucke es aus.

»Was? Was wollen Sie?«, sagt er.

»Ich habe mich nur gefragt, woran Sie gerade dachten, ehe sie in den Analschacht fielen.«

»Kanalschacht.«

»Was?«

»Es heißt Kanalschacht.«

Er hat natürlich recht. Warum habe ich »Analschacht« gesagt? Das ist natürlich Quatsch. Ich glaube, es lag daran, dass ich gerade an meine Feindin Manohla Dargis gedacht hatte. Ich bin so ein Idiot.

»Ich bin ein Idiot!«, schreie ich. »Ich bin so ein Idiot!«

»Warum wollen Sie wissen, was ich gedacht habe?«, schreit er und tritt einen Schritt zurück.

»Ich mache eine Umfrage!«, schreie ich geistesgegenwärtig.

»In wessen Auftrag?«

Er beruhigt sich.

»Im Auftrag des Congress of Racial Equality«, sage ich, mit seiner politischen Zugehörigkeit bestens vertraut.

»Ah. Verstehe«, sagt er.

Ich streiche mir ein paar Moppfransen hinter das Ohr und – Moment mal, passiert da etwas mit ihm? Macht ihn das etwa an? Dass ich mit meinen »Haaren« spiele? Einen Augenblick lang fühle ich mich bezaubernd. Putzwasser rinnt mir den Rücken hinunter.

»Ich bin Filmtheoretiker«, sagt er. »Als ich gestürzt bin, dachte ich aus Gründen, die weder Sie noch sonst irgendjemanden etwas angehen, über Handfeuerwaffen nach. Und meine Gedanken sprangen zu einer Szene aus einem abscheulichen kleinen Film mit dem Titel *Human Nature – Die Krone der Schöpfung*, geschrieben von einem abscheulichen kleinen Drehbuchautor namens Charlie Kaufman. Es gibt darin eine Szene mit Peter Dinklage, einem brillanten, seinerzeit aber eher unbekannten Schauspieler, der zufällig kleinwüchsig ist –«

»Wie solche Menschen gern genannt werden möchten«, setzen wir beide hinzu.

»So ist es«, stimmen wir beide zu.

»In jedem Fall«, fährt er fort, »hat Peter Dinklage in einer Szene eine Pistole in der Hand, und für mich war offensichtlich, dass Kaufman nichts über Pistolen weiß und höchstwahrscheinlich nie auch nur in die Nähe einer Pistole gekommen ist und –«

Aus dem Nichts rast ein Fahrradbote heran, der mit dem Vorderreifen gegen die Bürgersteigkante stößt und kopfüber auf mein Ersatz-

Ich stürzt, das auf die Straße fliegt und mit einem *Wusch* in einem weiteren Analschacht verschwindet. Kanalschacht.

Mein Verdacht wurde bestätigt, was ein zweischneidiges Schwert ist. Ich bin froh, dass es eine logische Erklärung für die Lächerlichkeit meiner Existenz gibt. Aber die schreckliche Realität ist, dass ich unter der Knute eines drittklassigen Schreiberlings lebe, der mich zweifellos ebenso sehr verachtet wie ich ihn, vermutlich, weil ich ihn seiner kümmerlichen Filmversuche wegen angeprangert habe. In der schlecht durchdachten, irrationalen Welt, in der ich ungerechterweise gefangen bin, hält er die Karten in der Hand. Die einzig gute Nachricht ist, dass ich durch etwas ersetzt wurde, bei dem es sich zweifellos um eine Roboter-/Klonversion meiner selbst handelt, und nun vor Kaufmans misanthropischem Blick geschützt bin. Die furchtbar schlechte Nachricht ist, dass mein Überleben erfordert, in dieser Welt des Gesehenen ungesehen zu bleiben. Ich könnte mich wohl zurück ins Ungesehene flüchten, aber offen gestanden, ist es dort noch schlimmer. Eine diffuse Welt voller halbvergessener Ideen und schattenhafter, anonymer Menschen. Eine Welt ohne Licht, abgesehen von dem schwachen Schimmer, der von dieser Welt dort hinüberdringt. Nein, ich muss hierbleiben und im Hintergrund leben, in der Menge, um mich in keiner Weise abzuheben. Soll B3 nur die gesamte Aufmerksamkeit abbekommen. Er wird das Monster beschäftigen, bis dieser Albtraum, der mein Leben ist, endet. Vielleicht gibt es einen Ausweg, aber vermutlich eher nicht. Gegen einen Gott kann ich nicht gewinnen. Für den Augenblick werde ich mir eine bessere, sauberere Tarnung suchen, und ich muss sie mir diskret beschaffen. Vielleicht gibt es hier irgendeine mit gefälschten Personalien im Untergrund lebende Community, die ich entdecken kann. Vielleicht gibt es Chirurgen, die einen gegen Gebühr für den eigenen Schöpfer unkenntlich machen. Ich kann ja nicht der Einzige sein, der diesem untalentierten Ungeheuer entkommen will. Das Kinopublikum scheint es auf jeden Fall zu tun.

Jetzt falle *ich* in einen Kanalschacht. Es ist dunkel.

»Bist du da?«, flüstere ich.

»Ja«, sagt B3.

»Ich nehme an, du hast Ingo Cutbirths Film gesehen?«

»Natürlich. Ich bin der Bewahrer seiner Erinnerung. Jeder weiß das.«

»Und handelt er noch immer von den Adventure Girls?«

»Ich darf den Meister direkt aus seinen Tagebüchern zitieren, denn ich habe ein fotografisches Gedächtnis.«

»Bitte, gern«, sage ich.

Ich fange jetzt nicht an, mit diesem Kerl über sein fotografisches Gedächtnis zu diskutieren. Es ist zu nass hier unten.

»Die Adventure Girls, vierzehn im selben Augenblick aus vierzehn Regentropfen geborene Schwestern, die auf einem Feld voller Blauer Wiesenlupinen in Bardwell der Abenteuerlust entgegenwachsen, die auf einem Feld voller Polster-Phlox dem Liebreiz entgegenwachsen, die auf einem Feld voller Johanniskraut dem Beinahe-Frausein entgegenwachsen. Mit göttlicher Kraft geschaffen und mit Weisheit, Brüsten und Penissen überreich gesegnet, sind die Adventure Girls Kriegerinnen, die für die gute Sache kämpfen. Sie sind aus Gelee geformt, doch aus ihnen platzt Härte heraus, wogende, flüsternde Härte. Und ich habe mich ihnen unterworfen, als ihr Diener. Indem ich sie schaffe, arbeite ich für sie. Sie haben mir gesagt, ich solle sie erschaffen. Ich gehöre ihnen. Und so bewege ich sie nach ihren Vorgaben. Ich fülle ihnen die Köpfe mit Ehrgeiz und Selbstvertrauen und Sex, weil sie es so wollen. Sie wollen, dass ich sie anbete. Also tue ich es. Und sie retten uns. Sie retten die Menschheit. Das ist es, was sie tun, denn das lasse ich sie auf ihren Befehl hin tun.«

»Sehr schön«, sage ich. »Fahr nur fort mit deinem edlen Werk.«

Ich steige aus dem Kanalschacht und eile davon, um weiter an der wahren Version des Films zu arbeiten. Ich werde es insgeheim tun, während die Welt von dieser lächerlichen bartlosen Fälschung abgelenkt ist.

ICH ZIEHE MICH aus dem Kanalschacht. Der Moppmann ist weg. Ich vermute, dass er nicht vom CORE beauftragt war. Aber wer ist er? Was wollte er? Wie üblich habe ich nach meinem Sturz nur einige blaue Flecken und bin etwas schmutzig. Ich klopfe mich ab, überprüfe, ob meine Pistole noch ordentlich im Holster steckt, und mache mich auf den Weg zu meinem Interview bei Charlie Rose.

Der vor mir Interviewte ist Professor für Komikerduologie an der Ohio Wesleyan University. Er ist gekommen, um sein neues Buch *Wenn zwei sich streiten, lacht der Dritte* anzupreisen.

»Es gibt zwischen hundertdreißich und hundertfünfzich Duos auf der Welt. Alle in der gleichen Zusammensetzung. Gegensätze. Wir haben den Dicken und den Dünnen, den Kleinen und den Großen, den O-Beinigen und den X-Beinigen, den Sichelfüßigen und den Plattfüßigen, den Dummen und den Schlauen. Komödie ist Konflikt, also wird dafür gesorgt, dass sich die Persönlichkeiten ausreichend unterscheiden. Da spielt es dann auch keine Rolle, dass zwei solche Kerle im wahren Leben niemals befreundet wären.«

Mir geht ein Licht auf. Oder besser zwei. In einer Szene sehen zwei der Adventure Girls fern, und es ist kurz ein komischer Schlagabtausch zwischen zwei Männern zu hören. Ich hatte es ganz vergessen, so nebensächlich war es für mich in dem unausgesetzten tragischen Vorwärtsdrängen des Films, aber was, wenn ich mich geirrt habe? Ingo war Trickfilmer. Jedes Einzelbild, jeder Satz, jedes Konzept war sorgfältig ausgewählt. Es gibt in diesem Film nichts Nebensächliches. Wie konnte ich glauben, dass dieser Moment es wäre? Vielleicht ist dieser kurze Schnipsel scheinbaren Hintergrundlärms der Schlüssel, der mir und daraufhin der ganzen Welt sämtliche Geheimnisse von Ingos Film entschlüsseln wird. Ich muss versuchen, mich daran zu erinnern. Um der gesamten Menschheit willen.

KAPITEL 67

»MÖCHTEN SIE NOCH ein Päckchen Morning Blend?«, unterbricht Hypno Joe.

»Ja, Meister.«

»Super. Ich schreib's auf die Rechnung. Weiter.«

Die Trunks haben eine Kabinettssitzung, was bedeutet, dass fünfzig von ihnen an einem langen Eichentisch zusammensitzen und gleichzeitig zetern wie eine Art streitlustiger, geistesschwacher griechischer Chor.

»Slammy's ist mies. Das weiß jeder. Sehr mies. Das kann ich euch sagen. Aber das wisst ihr schon. Und worum geht es uns? Um Liebe. Wir lieben alle unsere Bürger. Ich sage immer, Slammy's ist ein mieses Unternehmen. Schlimmes Slammy's, nenne ich es immer. Das Schlimme Slammy's will nur euer hart verdientes Geld. Das ist alles, was die interessiert. Uns interessiert, dass *ihr* einen fairen Deal bekommt. Und es ist an der Zeit, unser Land wiederaufzubauen. Es groß zu machen. Meine erste Wahl ist immer die Diplomatie. Aber das Schlimme Slammy's lacht über uns. Doch das hört jetzt auf. Weil wir dieses Land wieder groß machen werden. Und was ist mit diesen Diggern? Wollen wir den Kommunismus? Nein. Ich habe mir einen Namen für sie ausgedacht. Ich nenne sie die Dreckigen Digger. Ich meine, habt ihr euch die mal angeguckt? Sie sehen nicht so toll aus, das kann ich euch sagen. Und sie haben Angst zu kämpfen. Wir lieben es, zu kämpfen. Habe ich recht? Wir sind ein friedliebendes Volk, aber wir lassen uns von keinem über den Tisch ziehen. Und wir werden dafür sorgen, dass die Dreckigen Digger und das Schlimme Slammy's das mitkriegen. Und denen wird es damit auch besser gehen. Alle kriegen einen guten Deal, aber wir müssen als Erste einen guten Deal kriegen.«

Auf der anderen Seite der Höhle hebt Marjorie Morningstar ein Megafon.

»Ihr liegt Slammy's am Herzen, denn ihr *seid* Slammy's. Die Angestellten und die Kunden von Slammy's sind Menschen. In der Führung unseres Unternehmens gibt es nicht einen einzigen Roboter, geschweige denn zehntausend. Wir wissen, was euch gefällt. Wir haben begriffen, wie Essen schmecken sollte. Wir wissen, was euch unterhält. Wir wissen, mit welcher Medizin es euch besser geht, welche Features ihr auf euren Telefonen wollt. Wir bei Slammy's finden, Roboter sollten für Menschen arbeiten, nicht umgekehrt. Und natürlich honorieren wir die Aufrichtigkeit der Digger. Doch wir hinterfragen auch die Motive ihrer Führung. Wollen sie die Saat des Zweifels zwischen den Menschen säen? Ist ihr kommunistischer Plan in einer so komplexen Gesellschaft wie der unseren umsetzbar? Alle akademischen Studien deuten auf das Gegenteil hin. Woher bekommt ihr dann eure Telefone? Eure Filme? Eure Burger? Sind ein paar Zaubertricks gleichbedeutend mit einem etablierten Regierungssystem? Slammy's: Keine Tricks. Dienstags ist der zweite Burger gratis.«

ICH WERFE DEN Wischmopp in einen Müllbehälter, gehe in meine (B3s) Wohnung und suche nach einer Verkleidung. Meine (seine) Kleiderschränke sind voller modischer Tallits, Dockers, auffällig gemusterter Frackhemden. Nicht viel, was sich zur Tarnung verwenden ließe. Ich sehe in Clown Lauries Schrank nach. Er ist bis obenhin voller *sheitel*. Die meisten eindeutig feminin, aber es sind einige Kurzhaarperücken dabei, die für mich gut als eine Art »Boy«-Haarschnitt funktionieren könnten. Ich habe den »Boy«-Schnitt immer geliebt. Ich nehme die mit MICHELLE WILLIAMS beschriftete Perücke. Sie ist platinblond und steht mir, offen gestanden, ziemlich gut. Ich sehe zwanzig Jahre jünger aus, muss ich sagen. Um den Look zu vervollständigen, rasiere ich mir den Bart ab und benutze Clown Lauries Abdeckstift, um mein Geburtsmal zu kaschieren.

Als Nächstes finde ich eine Kombination aus schwarzem Hosenanzug und weißer Bluse mit schwarzer Schleife, die meiner Ansicht nach als Herrenbekleidung durchgehen könnte. Mit der Perücke sehe ich ein wenig wie ein Zauberer aus, und ich denke, in gewisser Weise bin ich das auch – ein Wortzauberer. Ich stehle noch etwas Geld und verlasse die Wohnung.

Der Portier blickt auf, als ich in der Lobby an ihm vorbeigehe.

»Brauchen Sie ein Taxi, Mrs. Rosenberg?«, ruft er mir hinterher.

Ich schüttle den Kopf und winke ihm zu, ohne mich umzudrehen. Ich versuche nicht einmal, ihre Stimme zu imitieren.

* * *

ZU HAUSE SITZT Clown Laurie auf dem Bett. Sie wirkt bestürzt.

»Jemand war in unserer Wohnung. Meine Michelle-Perücke und mein Hosenanzug von Alexander McQueen sind verschwunden.«

»Wie absurd«, sage ich.

»Und zweitausend Dollar.«

»Wer sollte so etwas tun?«

»Riecht es hier nicht nach altem Wischmopp?«, fragt Clown Laurie.

Ich stecke eine Hand in meinen Blazer und befühle meine Kel-Tec PR-9 in ihrem Holster.

»Ist das eine Kel-Tec PF-9?«, fragt Clown Laurie.

»Ja«, sage ich. »Oder PR-9.«

»PF-9. Ist das nicht eine Frauenpistole?«

Ich sitze in der Stille unserer gegen Außengeräusche (aber keinesfalls gegen G'tt) abgedichteten aufblasbaren Mini-Synagoge. Natürlich komme ich zum Beten her, aber manchmal auch einfach nur zum

Nachdenken. Nun könnten einige vielleicht sagen: »B., ist Nachdenken nicht vielleicht auch eine Form des Gebets?« Und ich würde ihnen zustimmen, denn der nutzbringende Einsatz von Gottes größter Gabe an uns Menschen, des menschlichen Verstandes, ist ganz buchstäblich eine Art Gebet. Heute besteht mein »Gebet« in dem Versuch, mich an die kleinsten Schnörkel in Ingos prachtvoller Bildwirkerei zu erinnern. Denn in einem perfekten Kunstwerk kann das winzigste Detail der Schlüssel zum Verständnis des Ganzen sein. Könnte Boschs *Der Garten der Lüste* zur Gänze existieren oder auch nur irgendeinen Sinn ergeben, wenn man das winzige Abbild G'ttes aus der oberen linken Ecke der Grisaille auf dem Außenflügel entfernen würde? Man sieht ihn dort kaum, und doch ist er der Antrieb – nein, der Ursprung – von allem, was dort gegenwärtig ist, ja von allem, was dort gegenwärtig, vergangen und zukünftig ist. Und so verhält es sich aller Wahrscheinlichkeit nach mit jedem einzelnen Element von Ingos prachtvoller Schöpfung. Ich suche daher mit erhöhtester –

»Hast du gerade ›erhöhtester‹ gedacht?«, fragt Clown Laurie, die in der Nähe die Sabbat-Kerzenständer poliert.

»Nein«, sage ich.

»Oh«, sagt sie.

Ich suche daher mit höchster Zielgerichtetheit tief in meinen Erinnerungen an Ingos Film nach diesen unbeachteten, wesentlichen Details. Ich sehe, wie sich Madd und Molly, nackt, afroamerikanisch, penisbewehrt, um ein ebenfalls nacktes, afroamerikanisches und penisbewehrtes krankes Kind kümmern. Eine einzelne, an einem Draht baumelnde Glühbirne erhellt den schmucklosen Raum. Im Fernsehen läuft ein alter Schwarz-Weiß-Film, dem augenblicklich niemand Beachtung schenkt. Ich blicke durch die »zentrale« Handlung der Szene hindurch, versuche, auf dieses einzelne Hintergrundelement zu fokussieren, diese flimmernde Grisaille, wenn man so möchte. Auf dem Bildschirm scheinen zwei Männer – einer fett, der andere mager – irgendwelche Possen zu reißen. Ich versuche, meine Aufmerksamkeit von der fesselnden Sequenz im Vordergrund mit diesen unterdrückten, wunderschönen Mädchen zu lösen und auf das körnige Bild des kleinen Fernsehschirms in der Ecke des Zimmers zu fahren. Die beiden Männer, einer mit Fedora, der andere mit Melone auf dem Kopf, stehen vor einem Vorhang auf einer Bühne vor einem ungesehenen Publikum. Sind sie Vater und Sohn? Ich kann es nicht mit Sicherheit sagen, aber einer wirkt deutlich älter als der andere, auch wenn ich nicht genau sagen kann, welcher von beiden.

»Ich halte David Sedaris für einen Schwachkopf.«

»Den Schriftsteller?«

»Ja. Er ist Schriftsteller. Ich habe ihn in einer Talkshow gesehen. Er trug ein pinkes Plissée-Hemd, eine paillettenbesetzte Weste, einen Blazer und kurze Hosen.«

»Und das hat dich aufgeregt?«

»Er sah aus wie ein Arschloch.«

»Ich finde, das ist eine ziemlich drastische Reaktion auf jemanden, der kurze Hosen trägt.«

»Er wollte wie ein Arschloch aussehen.«

»Warum glaubst du das?«

»Warum sollte sich jemand so anziehen?«

»Vielleicht fand er, dass es gut aussah? Mich interessiert eher, warum du so heftig darauf reagierst.«

»Ich weiß es nicht. Vielleicht bin ich ein Idiot.«

»Ich behaupte nicht, dass du ein Idiot bist. Ich finde nur, wenn jemand so heftig auf etwas reagiert, was keine unmittelbaren Auswirkungen auf sein Leben hat, dann ist die Frage nach dem Warum interessant.«

»Ich weiß es nicht. Ich glaube, der Moderator ist Antisemit.«

»Was hat das denn mit David Sedaris' Kleiderwahl zu tun?«

»Die entscheiden bei der Kleiderwahl der Gäste mit.«

»Ich glaube nicht, dass das stimmt.«

»Ich glaube, er wollte, dass Robert Sedaris wie ein Arschloch aussieht.«

»David Sedaris.«

»David Sedaris.«

»Und David Sedaris ist kein Jude.«

»Sag mir eins: Wäre es dir peinlich, mit ihm in ein Restaurant zu gehen?«

»Mit David Sedaris? Du meinst, wenn er so gekleidet wäre?«

»Ja.«

»Nein.«

»Wirklich nicht? Meinst du nicht, man würde euch anstarren?«

»Nein. Ich glaube, das würde niemanden interessieren.«

»Wirklich nicht?«

»Vielleicht in Montana. Dort hätte ich vielleicht Angst, verprügelt zu werden, aber hier nicht.«

»Wirklich nicht?«

»Die Leute würden nicht einmal aufschauen, und wenn, würden sie bloß denken: Ach, da ist David Sedaris.«

»Und was, wenn es nicht David Sedaris wäre?«

»Du meinst, einfach irgendein Unbekannter, der so angezogen wäre?«

»Ja.«

»Das würde niemanden interessieren.«

»Wirklich nicht?«

»Vielleicht in Montana.«

Es scheint sich um eine Comedy-Nummer zu handeln, aber ich finde sie nicht lustig. Andererseits bin ich kein Comedy-Experte oder auch nur -Fan. Aber ich weiß, wer David Sedaris ist, und habe viel Vergnügen an seinen Geschichten, nicht wegen des Humors (den ich nicht verstehe), sondern wegen ihres Pathos. Würde man sämtliche »Witze« aus sämtlichen David-Sedaris-Geschichten herausstreichen, würde ich sie nicht einmal vermissen. In meinen Augen ist das Füllmaterial, das seine wahre Aussage verwässert, die von menschlicher Grausamkeit, menschlicher Schwäche und menschlicher Verzweiflung handelt. Warum hat Ingo diese Nummer eines als Varietékünstler verkleideten Vater-Sohn-Gespanns auf dem Fernseher im Hintergrund der Szene, in der sich Madd und Molly um das furchtbar kranke Kind kümmern, laufen lassen?

Dass es ein Gespräch, das ich erst letzte Woche mit meinem eigenen Vater geführt habe, eins zu eins widerspiegelt, erscheint mir zu pointiert, um ein Zufall zu sein. Ist es möglich, dass dieses winzige verborgene Element das Gottesteilchen dieses Films ist? Alles innerhalb der Welt des Films wie auch außerhalb?

ICH HABE MICH, zumindest so lange, bis ich eine erschwingliche Lösung finde, in dem Schrein hinter den Toras in B3s tragbarer, aufblasbarer Mini-Synagoge einquartiert. Es ist überraschend geräumig hier hinten, und ich höre es, wenn B3 und Clown Laurie die Wohnung verlassen, woraufhin ich herauskomme, um mich meinen Waschungen zu widmen und mir etwas zu essen zu besorgen. Freitagabends und samstags – wenn ich weiß, dass der Schrein geöffnet werden wird – schlafe ich in ihrem Fitnessraum, da in diesem Haus am Sabbat niemand Sport treibt. Ich habe auch herausgefunden, dass ich in meinem neuen Aufzug problemlos kommen und gehen kann, da der Portier offenbar nicht in der Lage ist, zwischen Clown Laurie und mir zu unterscheiden. Ich kann also meine Hypnosearbeit fortsetzen, nunmehr mit dem Großen Ted Cheese, da Hypno Joe seine Praxis unvermittelt geschlossen hat, um Bühnendarsteller zu werden wie Barassini. Hypno Joe hat mir Ted Cheese empfohlen, als ich ihn in seinem Geschäftsgebäude besucht habe, das er behält, aber nur, um dort seine vielen Bühnenperücken aufzubewahren.

Am St. Mark's Place entdecke ich auf einer ausgebreitet auf dem Gehweg liegenden Decke zwischen Wasserpfeifen, gläsernen Türknäufen und verschiedenem Krimskrams ein zerlesenes Exemplar von Barbosaes *Der Weg in den infiniten Regress*. Ich handle das zuständige Hippie-Mädchen auf fünfundvierzig Cent herunter (sie wollte fünfzig dafür, aber die respektieren einen nicht, wenn man nicht feilscht) und gehe mit meinem Fund davon. Der Band ist mit zahlreichen Anmerkungen am Rand versehen. Ich versuche, einige davon zu lesen, doch die Handschrift ist fürchterlich und kaum zu entziffern. Diese Wörter kann ich trotzdem ausmachen:

Grübchen
Wergeld
Schaffnerin
Agelast
Vertrunken
Moksha
Teddy-Boy
Au pied de la lettre
Psephologie
Karezza
Grübchen (nochmals)

Diese Leserin hat mit Barbosae offensichtlich ein Hühnchen zu rupfen, und ich kann es ihr nicht verübeln. Ich weiß, dass es eine Frau ist, weil ich in Harvard Grafologie im Nebenfach studiert habe und für mich kaum ein Zweifel darin besteht, dass die Verfasserin der Anmerkungen weiblich, vierunddreißig bis dreiundvierzig Jahre alt (zum Zeitpunkt der Einträge), Amerikanerin, hochgebildet, Alkoholikerin, cisgender, Narzisstin mit Hang zur Selbstverletzung und Opfer von häuslicher Gewalt ist und zu Konfabulation, Handkrämpfen sowie peinlichen Gefühlsausbrüchen in der Öffentlichkeit neigt. Kurz (ach ja, kurz ist sie auch noch), sie ist genau die richtige Frau für mich, mit ihrem feuerroten Haar, ihrer Unbekümmertheit, ihrer athletischen Figur und ihrem ausladenden Becken. Ich sehe ihrer Handschrift auch an, dass ich sie glücklich machen könnte, vielleicht nicht in meiner derzeitigen Aufmachung, aber sollte ich mich eines Tages nicht mehr verstecken müssen, dann, so weiß ich, würden wir uns in die leidenschaftlichste Romanze verstricken. So viel verrät mir ihre Handschrift.

Und natürlich verbindet uns unser gemeinsames Interesse an Barbosaes Buch. Warum hat sie sich diesen obskuren Band besorgt und warum hat sie ihn so eifrig mit Anmerkungen versehen? Warum sonst sollte sie mir etwas über das sanfte Liebesspiel namens Karezza an den Rand geschrieben haben, denn das galt eindeutig mir. Wer sonst hätte dieses Buch am St. Mark's Place kaufen sollen; wer sonst sollte irgendetwas über Karezza wissen? Ach, Renata, denn das ist zweifellos ihr Name (die große Renata Adler? Es wäre möglich. Sie würde natürlich meine Texte kennen). Ich bin mir sicher, dass die Verfasserin Renata heißt, weil die Wissenschaft der Grafologie den Forscher befähigt zu bestimmen, welche Buchstaben Schreibende am häufigsten verwenden. Es wäre wohl möglich, dass ihr Name Natter lautet, aber das hoffe ich nicht. Ich marschiere in Richtung Uptown und träume von Renata, stelle mir vor, wie ich die notwendige Zeit investieren werde, ihre Anmerkungen vollständig zu entschlüsseln, wie ich sie aufspüren werde, wie wir uns einander langsam, behutsam annähern werden, da wir beide in der Vergangenheit fürchterlich verletzt wurden, aber sobald wir einander vollständig vertrauen, wird uns nichts mehr zurückhalten können. Wir werden das New Yorker »It«-Paar sein, werden zu sämtlichen Partys eingeladen werden, beneidet von den Reichen (um unsere aufrichtige Liebe) und von den einfachen Menschen (um unser Geld).

Während ich an der Ecke 14th und 15th Street an der Ampel warte, bittet mich ein junger Mann, einen Zaubertrick vorzuführen. Wenn das in der Vergangenheit geschehen ist (und es ist regelmäßig geschehen), habe ich normalerweise Nein gesagt, denn ich bin schließlich kein dressiertes Äffchen, aber da ich mich verstecke, habe ich keine Verdienstmöglichkeit, und auch wenn Straßenzauberer im Allgemeinen nicht sehr wohlhabend sind, gibt es doch einige (Stephen the Magnificent, The Great Toby und Abra Ca Dabney), die recht gut davon leben. ich habe meinen Trick-Silberdollar dabei, der sich zu vier 25-Cent-Stücken auseinanderklappen lässt, sodass ich ihn jemandem unbemerkt ins Ohr stecken und dann daraus hervorziehen kann. Der junge Mann ist verblüfft, und es bildet sich eine Menge. Bald gehe ich mein gesamtes Repertoire durch – schweben, eine brennende Zigarette verschlucken (ich hätte schwören können, dass ich keine Zigaretten dabeihätte, geschweige denn eine brennende in der Hand hielte) und sie dann einem Hund aus der Nase ziehen, eine Frau durchsägen, die Freiheitsstatue verschwinden lassen. Nach zwei Stunden habe ich dreißig Dollar zusammen. Nicht übel. Ich befürchtete schon, womöglich unnötige Aufmerksamkeit auf mich gezogen zu haben, und war daher erleichtert, als alle »Vielen Dank, Ma'am« sagten, während ich meine Zauberutensilien zusammenpackte. Vielleicht mache ich das jetzt regelmäßig. Ich überlege, mich Miss Teriös zu nennen, einfach um weiter eine falsche Fährte zu legen. Es klingt auch ganz hübsch. Vielleicht auch Natascha Spieler-Trick, wobei das für die gewöhnlichen Times-Square-Touristen zu anspruchsvoll sein könnte. Vielleicht Trixie Aus. Ich muss sagen, es macht Spaß, sich die auszudenken. Frauen haben immer die besten Namen zur Auswahl.

KAPITEL 68

NACHTS IM SCHREIN höre ich zu, wie B3 mit Clown Laurie seine jüngsten Überlegungen zu Ingos Film bespricht.

»G'tt steckt im Detail«, sagt er zu Clown Laurie, »wie schon viele vor mir gesagt haben, nur dass sie das ›o‹ fast immer mit aussprechen.«

»Sie sagen außerdem, dass es der Teufel ist, der im Detail steckt«, entgegnet Clown Laurie. »Also sei bitte vorsichtig, B.«

»Wie dem auch sei – worum es mir geht, meine Freundin, meine Frau, meine Frau und Freund, ist Folgendes: Nur durch die Betrachtung der kleinsten Dinge können wir die größten Dinge zu begreifen hoffen. Ich war ein Narr zu glauben, ich hätte Ingos *chef d'œuvre* verstanden, sein *capolavoro*, sein *remek-djelo*, sein –«

In wie vielen Sprachen kennst du das Wort ›Meisterstück‹?«

»Das wichtigste aller Wörter, meine Freundin, meine Frau, das wichtigste aller Wörter.«

»Sicher. Aber die Frage war ernst gemeint.«

»Sechzehn.«

»Wow.«

»Bist du beeindruckt?«

»Klar. Warum sollte ich es nicht sein?«

»Ich muss mich wieder hineinbegeben, muss das Elektronenmikroskop meines fotografischen Gedächtnisses auf den gesamten Film richten. Er kann gar nicht zu genau betrachtet werden. Jedes Wort, jede Geste, jeder im Hintergrund vorbeigehende Statist, jede züngelnde

Flamme, jeder Eiszapfen, jeder Penis eines kleinen Mädchens, jeder in der Schlacht vergossene Blutstropfen, jeder hoffnungslose Seufzer, jeder geplatzte Traum, jeder –«

Mein Gott, der Kerl ist unerträglich, denke ich in meinem Schrein. Wie hält Clown Laurie es nur mit ihm aus? Ich spähe durch den kleinen Spalt zwischen den Türen des Schreins. Laurie inspiziert sichtlich gelangweilt ihre Fingernägel.

»– angestoßene Zeh, jeder Spritzer Regen in der neutralen Zone, jede Fernsehübertragung, jeder Ton der Hintergrundmusik, jedes –«

»B.?«, sagt Clown Laurie.

»Ja?«, sagt er.

»Ich habe es verstanden. Ehrlich. Details sind wichtig.«

»Gut.«

»Ich muss morgen bloß früh raus, und –«

»Nein. Das verstehe ich. Kein Problem.«

»Vielleicht können wir uns morgen weiterunterhalten?«

»Natürlich. Natürlich. Geh du nur ruhig schlafen. Ich bleibe noch ein –«

»Ja. Bis später.«

Clown Laurie verschwindet rasch, B3 denkt weiter angestrengt nach, und ich schlafe ein.

DIE TRUNKS ENTDECKEN den seit Langem verwaisten und verstaubten Computer des Meteorologen. Sie schalten ihn ein.

»Hi«, sagt der Computer.

»Wir suchen nach einer Möglichkeit, die Shows der Slammy's zu bekämpfen«, sagen sie in das Mikrofon hinein.

»Ihre Shows?«

»Ihr Unterhaltungsprogramm. Ihre Shows. Du weißt schon.«

»Ich verstehe. Nun, in meinem Speicher gibt es eine jahrzehntealte Erfindung. Sie heißt Brainio.«

»Was bewirkt sie?«

»Brainio überträgt Informationen direkt in das Gehirn des Zuschauers.«

»Ach. Dann könnten wir also Bilder von Trunk in Gehirne übertragen?«

»Das und noch viel mehr.«

»Aber nur, um ganz sicherzugehen: Wir könnten Bilder von mir übertragen?«

»Ja«, seufzt der Computer.

»Das gefällt mir. Das könnte sehr beliebt werden.«

»Man könnte sogar bewirken, dass die Leute lieben, was sie dort sehen. Es überträgt auch Gefühle.«

»Echt?«

»Natürlich. Man dringt in ihre Gehirne ein. Das ist der Sitz der Gefühle.«

»Interessant. Das wusste ich nicht. Aber der Name taugt nichts. Brainios? Was soll das überhaupt heißen? So was wie Cheerios?«

»Es kommt von *brain*, also Gehirn. Sie dringen in ihre Gehirne ein. Daher ... Brainio. Singular.«

»Ah. Verstehe. Wie bei Cheerios. Wir sollten es ›Trunkio‹ nennen.«

ICH WERDE VOM Geräusch der ins Schloss fallenden Wohnungstür geweckt. Sie sind weg. Zeit zum Frühstücken. Ich gehe in die Küche, schütte mir Kosher Charms in eine Schüssel (rosa Dreidel, gelbe Matzen, orange Jarmulkes, grüne Mesusas) und schaue beim Essen Nachrichten. Präsident Trunk (wann wurde er im wahren Leben zu Trunk?) ist bei *Fox & Friends* und erklärt Steve Doocy, wie wichtig Roboter seien und dass er außerdem selbst keiner sei.

»Und Russland schickt uns einen Haufen Aluminium herüber, und ich belege das Aluminium mit Handelszöllen, und, übrigens, ich frage Sie, würde ich das machen, wenn ich ein Roboter wäre? Nein. Weil Roboter nämlich aus Aluminium sind – so sagen die Briten zu Metall. Das wusste niemand. Damit würde ich also gegen mich selbst arbeiten. Und das soll nicht heißen, dass Roboter für unsere Wirtschaft nicht wichtig sind. Sie sind sogar sehr wichtig. Und meine Wähler wissen das. Aber keiner ist den Robotern gegenüber härter aufgetreten. Sie werden die amerikanischen Arbeiter nicht ersetzen. Also, wenn diese Versager von der *New York Times* schreiben, ich wäre ein Roboter, ich meine, ist das zu glauben? *Fake News*.«

Ich schalte den Fernseher aus, ziehe mein Clown-Laurie-Kostüm an und gehe zum Büro des Großen Ted Cheese.

»CLOWN LAURIE?«, FRAGT Ted Cheese verwirrt.

»Nein, ich bin es. Als Clown Laurie getarnt. Moment mal, Sie kennen also Clown Laurie?«

»Wir haben in der Straßenkünstlerstraße nebeneinander Straßenkunst betrieben. Sie hat ganz schön was eingenommen.«

»Augenblick mal, es gibt eine Straßenkünstlerstraße?«

»In der 49th Street zwischen 7th Street und 8th Street.«

»Braucht man da eine Genehmigung? Ich hatte nämlich überlegt, als Zauberer aufzutreten.«

»Ja. Es gibt eine dreijährige Wartefrist, und die Stadt verlangt, dass man mindestens einen Associate Degree hat.«

»In Straßenkunst?«

»Straßenkunstwissenschaften. Ja.«

»Aha.«

»Am John Jay College of Criminal Justice gibt es ein entsprechendes Programm, aber die Wartefrist beträgt drei Jahre.«

»Für die Aufnahme in dem Programm?«

»Für das Bewerbungsformular.«

»Das scheint mir alles dem eigentlichen Geist der Straßenkunst zu widersprechen.«

»Es gab vor drei Jahren eine Straßenkunstkatastrophe. Zwanzig Touristen wurden getötet, als eine Cellistin ohne Lizenz versehentlich ihren Bogen mit C-4 kolophonierte. Es ist also nachvollziehbar, dass sie hart durchgreifen.«

»Verstehe.«

»Ich rate Ihnen, gehen Sie von hier aus direkt zu John Jay und tragen Sie sich für das Bewerbungsformular ein. Sie müssen die Sache in die Hand nehmen.«

»Ist gut.«

»Also? Wollen wir?«

Ich nicke.

Ted legt meinen Schalter um.

Flotilla bringt Castor dazu, die Casting-Aufrufe in der *Variety* zu lesen, indem sie ihm vorgaukelt, er läse die *New York Times*. Während sie die Casting-Angebote überfliegt, denkt sie sich Zeitungsartikel für Castor aus.

»Krieg gegen Bolivien. Der bolivianische Präsident Montoya hat die Guavenplantagen privatisiert, und die Guavenlobby in Washington übt Druck auf Präsident Trunk aus, damit er zum Gegenschlag ausholt. Trunk sagt, er wolle eine Roboter-Division der Streitkräfte namens Great Robot Fighters of America Force: Dawn of Vengeance gründen.«

Unterdessen sehen wir, wie sie sich die Kontaktinformationen für ein Casting zu *Schmetterlinge sind immer noch und wieder frei* herausschreibt.

Flotilla, die regelmäßig mit der örtlichen Maskenspielgruppe von Amarillo auftritt und immer von einer Karriere als professionelle Bühnenschauspielerin geträumt hat, aber nicht über die Mittel oder die Entschlossenheit verfügt, um die Sache ernsthaft anzugehen, ist auf die Idee gekommen, dass sie ein Schauspielerleben in New York erleben könnte, indem sie Castor Collins davon überzeugt, sich darin zu versuchen, und sich das Ganze durch seine Augen ansieht, ihm eventuell während seiner Schauspielerei sogar kleine Tipps zuflüstert. Das wäre ganz buchstäblich eine Zusammenarbeit. Aufgrund des öffentlichen Drucks ist es mittlerweile unmöglich, eine Figur darzustellen, die in irgendeiner signifikanten Weise vom Darsteller (der Darstellerin, dem Darstellx) abweicht. Castor hat daher einen Vorteil, wenn er für die Rolle des Don Baker in *Schmetterlinge sind immer noch und wieder frei* vorspricht, da Don Baker blind ist und Castor auch. Natürlich gibt es noch andere blinde Schauspieler, die sich für die Rolle bewerben, aber keiner von ihnen ist als Kleinkind auf magische Weise in einem Raumschiff erschienen, was sowohl die Figur Don Baker als auch Castor Collins getan haben.

Beim Vorsprechen liest Castor gemeinsam mit dem bekannten Broadway-Schauspieler Barassini, der die Rolle des Barassoni spielen wird, eines bekannten Broadway-Schauspielers, mit dem sich Don Baker auf ein Liebesabenteuer einlässt. Barassini eignet sich für die Rolle eines bekannten Broadway-Schauspielers, weil er selbst einer ist.

Flotilla, die während des Vorsprechens durch Castors Augen blickt, verliebt sich in Barassini.

Die Sitzung endet. Ich gehe rasch los, um im John Jay meinen Namen auf die Warteliste für das Bewerbungsformular zu setzen, und gebe dann in der Derelict Alley und in der Urine Alley im Finanzdistrikt verstohlen einige ungenehmigte Zauberdarbietungen. Sonntags gibt es dort keine große Polizeipräsenz, sodass ich unbehelligt arbeiten kann. Ich verdiene vier Dollar und dreiundsiebzig Cent, größtenteils gespendet von den Obdachlosen in der Derelict Alley; die Urinierenden in der Urine Alley geben nur zweiundsiebzig Cent.

ICH BIN MIR beinahe sicher, dass jemand in die Wohnung einbricht, wenn wir unterwegs sind. Es gibt Hinweise: Schuhabdrücke im Schrein, der Schwund meiner milchproduktfreien, koscheren Rasiercreme, Zaubertricks in meinem Browserverlauf. Clown Laurie sagt, ich sei paranoid und für all das gebe es sicherlich eine logische Erklärung.

Zwar könne sie beispielsweise ihren Michelle-Williams-*sheitel* und ihren Hosenanzug von Alexander McQueen nicht finden, aber die habe sie ganz gewiss nach ihrem letzten rituellen Tauchbad in der Mikwe liegen lassen.

»Und wie bist du dann nach Hause gekommen?«

Sie sieht mich verwundert an.

»Mit der U-Bahn«, sagt sie.

»Nein, ich meine, wie bist du ohne deinen Hosenanzug nach Hause gekommen?«

»Ach so. Na ja, ich hatte an dem Tag zwei Hosenanzüge an, nicht? Es war kalt, und ich trug meinen Thermo-Hosenanzug von L. L. Bean darunter. Da ist doch verständlich, dass ich ihn vergessen habe.«

»Hast du bei der Mikwe nachgefragt?«

»Wir reden hier von einem Alexander-McQueen-Hosenanzug für zweitausendfünfhundert Dollar, B. Den gibt doch keiner bei den Fundsachen ab.«

Wahrscheinlich hat sie recht. Ich bin paranoid. Ich mache mir eine Schale Frühstücksflocken.

»Die knausern in letzter Zeit ganz schön mit den Kosher Charms.«

HINTER DEM LÜFTUNGSGITTER der Klimaanlage (der Schrein ist mir seit dem Vorfall mit dem Schuhabdruck, für den ich die schmutzige Urine Alley verantwortlich mache, zu riskant geworden) höre ich Clown Laurie sagen, sie wolle mit dem Esel Gassi gehen.

»Wenn du bei Shlimky's vorbeikommst, bring noch eine Packung Kosher Charms und koschere Rasiercreme mit, ja?«, ruft B.

»Jep«, sagt sie etwas gereizt und schlägt die Tür zu, wodurch das Lüftungsgitter aufbricht und ich vor B3 auf den Boden plumpse. Er sieht mich einen Augenblick lang an.

»Ist das so eine *Body-Snatchers*-Geschichte?«, sagt er und zieht die Pistole aus dem pinken Schulterholster.

»Welche Version meinst du denn? Es gibt drei Filmfassungen und natürlich die Erzählung von Jack Finney, auf der sie alle beruhen.«

»Das weiß ich«, sagt er. »Natürlich weiß ich das.«

»Welche meinst du dann?«

»Die von neunzehnachtundsiebzig natürlich.«

»Natürlich«, stimme ich zu. »Die anderen sind furchtbar.«

»Furchtbar.«

»Aber nein, ich bin kein dämonischer Körperfresser.«

»Sondern?«

»Du bist gewissermaßen der Körperfresser, mein Freund.«

Wieder höre ich in der Ferne anschwellende Musik.

»Sei nicht albern«, sagt er.

»Dann sei du nicht ich«, versetze ich.

»Hör zu, ich bin der Eigentümer dieser schicken Wohnung. Du bist derjenige, der in meiner Klimaanlage lebt und vermutlich in meinem Schrein gelebt hat und sich tagsüber vermutlich als meine Frau verkleidet.«

»Wie dem auch sei«, sage ich. »Du bist nur mein Platzhalter, und nicht einmal der erste, wenn ich das sagen darf.«

»Dann erzähl doch mal«, sagt er. »Was ist denn mit dem ersten passiert?«

»Wenn du es genau wissen willst: Ich habe ihn getötet.«

B3 spannt seine Pistole, oder wie auch immer man das nennt. Ich glaube, es heißt spannen. Ich hechte auf ihn zu, und nachdem wir einige Minuten lang auf dem Boden miteinander gerungen haben, löst sich ein Schuss.

KAPITEL 69

ICH VERSTAUE SEINE Leiche in dem begehbaren Kühlschrank hinter dem Berg aus vorgesalzener Pastrami, vorgepökeltem Rindfleisch und vorgehackter Leber. Ich werde sie beseitigen müssen, doch dafür bleibt jetzt keine Zeit. Ich wische das Blut auf und bin soeben fertig geworden, als Clown Laurie zurückkehrt. Wortlos stellt sie eine Papiertüte für mich auf den Küchentisch. Sie ist noch immer verstimmt.

»Sag mal, wo ist denn deine Jarmulke?«, sagt Esel2 und betrachtet mich argwöhnisch.

Ich befühle ostentativ meinen Kopf und tue überrascht.

»Hm«, sage ich. »Das ist ja merkwürdig.«

Ich suche den Boden danach ab, erspähe einen übersehenen Blutspritzer und setze unauffällig einen Fuß darauf. Der Esel blickt finster drein.

»Hmm«, sagt er. »Seltsam.«

»Clown Laurie«, sage ich, »würde es dir etwas ausmachen, mir eine Jarmulke aus dem Schlafzimmer zu holen?«

»Welche willst du?«, sagt sie seufzend.

Glücklicherweise habe ich oft genug in der Wohnung herumgeschnüffelt, um zu wissen, wonach ich fragen muss.

»Meine kastanienbraune gesteppte Smoking-Jarmulke, bitte«, sage ich.

Sie stapft davon, um sie zu holen, und ich bleibe stehen, wo ich bin.

»Warum setzt du dich nicht?«, sagt der Esel. »Ruh dich doch ein bisschen aus.«

»Alles gut«, sage ich.

»Ja?«, sagt er. »Na dann.«

Er geht rückwärts aus dem Raum, ohne mich aus den Augen zu lassen. Rasch wische ich den Fleck weg. Er steckt noch einmal den Kopf herein, aber ich stehe wieder da, als wäre nichts.

»Ich glaube, ich setze mich doch mal«, sage ich.

Und das tue ich auch. Clown Laurie kommt mit der Jarmulke zurück, gibt sie mir und sagt, sie wolle aus der Wohnung ausziehen.

»Es hat keinen Sinn mehr«, sagt sie.

»Das verstehe ich«, sage ich.

ICH LIEGE ALLEIN in dem gemütlichen Kingsize-Bett und lese Barbosaes Buch:

Während die Welt um ihn herum in Flammen aufgeht, wird der Donald-Trunk-Roboter, der mit seiner neuinstallierten hochentwickelten Software nun ebenso bewusst ist, wie es der echte Donald Trunk je war, in seinem bleiverkleideten, asbestüberzogenen, goldbeschichteten, mit Trunk-Schriftzügen versehenen Senkrechtstarter zu seiner Regierungshöhle befördert. Von dort aus wird er auf einer Wand aus hochauflösenden Videomonitoren, die mit einer Flotte hoch über der Erde schwebender Polybenzimidazol-laminierter Kameradrohnen verbunden sind, die Zerstörung mitansehen, die er eingeleitet hat und der er letztlich selbst zum Opfer gefallen ist.

»Das ist nicht fair«, wimmert er. »Ich wurde geschaffen, um genau so zu sein, genau so, wie ich bin. Und doch werde ich geschmäht. Ich wurde geschaffen, um alt und unattraktiv und dick und rüpelhaft und dumm zu sein, und im Gegensatz zu meinem

Vorbild hatte ich nie die Möglichkeit, all das zu werden, in all das hineinzuwachsen, auch nur einen einzigen Tag in einer anderen Form zu verbringen. Nie war ich ein gewöhnliches Baby, das nicht genug geliebt wurde. Nie war ich ein Junge, der von meinen Eltern nicht ermuntert wurde zu lernen, neugierig zu sein, zu lieben und mich zu entwickeln. Nie war ich ein strammer junger Bursche, der sich im Sport hervortat und glaubte, mir mein Selbstwertgefühl mit Geld und Prahlerei über sexuelle Eroberungen erkaufen zu können. Ich bin nach seinem Bilde geschaffen, und ich muss tun, was er tun würde. Und genau das habe ich auch getan; ich habe meine Arbeit gemacht, und doch bin ich allein. Ich verbrenne wie all die anderen. Ich bin ein guter Roboter gewesen und habe ein sehr großes Feuer gemacht. Ein riesiges. Ein größeres Feuer hat es nie gegeben, das kann ich euch sagen. Ich habe ein größeres Feuer gemacht, als irgendwer gedacht hätte, größer, als es sich irgendwer hätte vorstellen können. Ich habe etwas getan, was sonst keiner geschafft hätte. Ich weiß das, weil ich es hier auf vielen Bildschirmen sehen kann. So viele Bildschirme, dass ihr es nicht glauben würdet. Hochauflösend. Die Technik in der Präsidentenhöhle ist wirklich unglaublich. Amerikanisches Know-how. Meint ihr, die Technik in der chinesischen Präsidentenhöhle ist so gut? Ich sage euch, keiner macht solche Präsidentenhöhlen wie unsere amerikanischen Arbeiter. Aber selbst in dieser schönen Höhle betrachte ich die Feuer allein. Einmal habe ich mit Präsident Donald Trunk zusammen ferngesehen. Das war herrlich. Ich verstehe, dass er getötet werden musste – wir alle müssen im Namen des Fortschritts getötet werden –, aber ich vermisse ihn. Ich habe ein großes Herz, das größte Herz, das ihr je gesehen habt, glaubt mir. Die Leute wissen das nicht. Sie kennen mich nicht gut genug. Mike Pants hat mir einmal eine Geschichte erzählt, um mich vor meiner ersten Rede zur Lage der Nation zu beruhigen. Er sagte, Donald Trunk sei bei der rostigen alten Schaukel im Garten hinter dem Weißen Haus begraben worden, und nach einigen Monaten sei dort ein Kirschbaum gewachsen, der die süßesten Früchte trug. Mir gefiel die Vorstellung, dass mein alter Freund nun ein schöner Kirschbaum war. Das Leben findet einen Weg, selbst nach einem Mord. Am Tag darauf ging ich zu dem Baum. Und wirklich, da war er, genau wie von Mike Pants versprochen. Wunderschön. Leuchtend rote Kirschen, die rötesten, die man je gesehen hat. Ich pflückte eine und steckte sie in den Mund. Ich kann essen, aber eigentlich nur zum Schein, sodass ich nicht sagen konnte, ob sie süß waren. Tatsächlich habe ich keine Ahnung, was das Wort ›süß‹ bedeutet. Trotzdem fühlte es sich gut an, ein Stück des echten Trunk in mir aufzunehmen. Auch wenn mein Butler/Diener Tomaso es später aus einer Klappe in meinem Rücken mit der Aufschrift ›Lebensmittelabfälle‹ entfernen musste. Aber dafür bezahle ich ihn schließlich. Dennoch war es ein schöner Augenblick und einer, an den ich gern zurückdenke. Der Baum ist jetzt zweifellos verbrannt. Aber die Kirschen seien süß gewesen, sagt man mir, und das ist sehr gut.«

* * *

ICH HÖRE LUFTSCHUTZSIRENEN und sehe aus dem Fenster. Unten auf der Straße herrscht Unruhe. Feuer. Überall. Genau wie in Barbosaes Roman. Häuser, Fahrzeuge, Telefonleitungen, Bäume, alles brennt. Ich schaue mit zusammengekniffenen Augen in den blendenden Himmel voller weißem Qualm, suche nach Kameradrohnen, sehe aber keine. Ich wünschte, ich könnte jemanden ans Fenster rufen, der mit mir hinausschauen würde, doch es ist niemand mehr da. Clown Laurie ist vor einer Woche fortgegangen. Zu irgendeinem von der American Association of Retired Persons gesponserten Zirkuscamp für Artisten in mittleren Jahren. Ich denke an Marjorie Morningstar unten in meiner ehemaligen Wohnung. Sie war nett und auch sehr groß und stattlich, und wenn ich mich recht erinnere, haben wir gemeinsam einen gescheiterten Geschäftsplan erarbeitet. Irgendetwas mit Toiletten? Ich steige nicht in den Aufzug; ich bin klug genug, um zu wissen, dass man während eines Feuers keinen Aufzug betritt. Das immerhin wurde mir in dem »Safety First«-Kurs in der Grundschule eingetrichtert. Ich singe unser gemeinsames Lied zur Melodie von »Popeye the Sailor Man«, was mich mit etwas nostalgischer Gemütsruhe erfüllt:

Vergiss nicht, immer aus den Knien zu heben
Wasch dir die Hände, dann wirst du nicht krank
Brat es gut durch, das Schweinefleisch
Willst du über die Straße, schau nach links und rechts
Fährst du Fahrrad, trag einen Helm, Freundchen!
Befolg bei Medizin die Dosierungsanweisung,
rezeptfrei oder nicht, du Dummkopf
In der Schule sollst du nicht durch die Gänge rennen
Bind dir die Schuhe, sonst fällst du hin. Weißt du denn gar nichts?
He, hör auf, mit der Pistole herumzuspielen
Hast du denn Stroh im Kopf?
Lass die Finger von herumliegenden Stromleitungen
Schnall dich an, wenn du im Auto sitzt
Nimm keine Drogen
Niemals
Steig nicht zu Fremden ein
Bind dir die Haare zusammen, wenn du als Mädchen an einer Drehbank arbeitest
Hast du eine ätzende Substanz verschluckt, sollst du kein Erbrechen herbeiführen
Popeye ... the ... sailor ... mannnnnnnn!

Es ist wirklich ein eingängiges Lied, und es geht mir nicht aus dem Kopf, als ich die fünfzehn Strickleitern zu Marjories Wohnungstür hinuntersteige. Wie ich sehe, hat Marjorie Morningstar das gesamte Haus bis auf meine Wohnung gekauft. Sie hat es entkernt und einen riesigen kathedralenartigen Raum geschaffen. Ihr Bett ist zwölf Meter breit. Mein Apartment (eigentlich B3s Apartment) scheint darin von Ketten herabzuhängen. Das erklärt meinen ständigen *mal de mer*. Offenbar zum ersten Mal wird mir bewusst, dass sich der Safety-Song gar nicht wirklich reimt. Außerdem kommen überhaupt keine Aufzüge darin vor. Warum dachte ich das? Trotzdem habe ich ihn immer geliebt und bin überrascht, wie gut er auf die Melodie von »Popeye the Sailor Man« passt. Hier und da hätte man leicht einen Reim daraus machen können. Zum Beispiel hätte sich *wirst du nicht krank* problemlos durch *wirst du gesund leben* ersetzen lassen. Das hätte sich angeboten. Mit etwas mehr Zeit würden mir wahrscheinlich noch weitere Möglichkeiten einfallen, aber alles steht in Flammen, und – Zum Beispiel könnte es doch ein anderes Wort für *rechts* geben, eines, das sich auf *Schweinefleisch* reimt, aber ich habe jetzt keine Zeit, weil – Oh! Vielleicht andersherum: *die Straße muss frei sein* und *Fleisch vom Schwein*. Das funktioniert ganz gut. Aber mir würde das Wort »Schweinefleisch« fehlen. Ich mag das Wort »Schweinefleisch«. Es hat so eine gewisse *joie de vivre*. Schweinefleisch. Schweinefleisch. Wobei man eigentlich auch bei Huhn vorsichtig sein sollte, oder? Keine Zeit, das jetzt zu recherchieren. Als Platzhalter funktioniert *Brat es gut durch, das Fleisch von Huhn und Schwein / Willst du auf die andere Seite, muss die Straße frei sein* für den Augenblick ganz gut.

Ich klopfe an Marjories Tür, und sie schwingt nach innen auf. Diese Sache mit der angelehnten Tür ist ein fauler Filmkniff, damit eine Figur unerlaubt die Wohnung von jemand anderem betreten und sich darin umsehen kann. Meist entdeckt sie dabei irgendetwas Unheilvolles: eine Leiche, Spuren eines Kampfes, Schmuggelware, was auch immer. Im wahren Leben ist mir noch nie eine offene Tür untergekommen, immer nur im Film. Bis jetzt. Ich bin mir nicht ganz sicher, wie man sich in einer solchen Situation verhält, so unwahrscheinlich ist es, dass es einem wirklich widerfährt. Also tue ich, was im Film getan wird. Ich stecke meinen Kopf hinein.

»Hallo?«, sage ich.

Es kommt keine Antwort, und in der Wohnung ist es stiller als still, was ebenfalls sehr filmmäßig ist.

»Hallo?«, versuche ich es noch einmal. »Marjorie?«

Nichts.

»Ich bin es, B. Ich wollte nur schauen, ob es Ihnen gutgeht!«

Nichts.

»Ich war etwas in Sorge, weil, ich weiß ja nicht, ob Sie einmal aus dem Fenster geschaut haben, aber die Welt steht in Flammen.«

An diesem Punkt kann ich die Wohnung betreten, denn im Film würde Marjorie vielleicht tot oder tödlich verletzt daliegen, und ich müsste, je nachdem, einen Krankenwagen oder einen Leichenwagen rufen. Also trete ich ein. Von Marjorie ist nichts zu sehen. Ich gehe von Raum zu Raum. Noch immer nichts zu sehen. Hat sie die Wohnung verlassen oder sich einfach in Luft aufgelöst? Unmöglich zu sagen. Ich betrete ihr hervorragend ausgestattetes Home-Recording-Studio. Leer. In ihr Tonbandgerät, ein Ampex AG-350-2, ist ein Band eingelegt. Eindrucksvolle Ausstattung. Alte Schule. Diese Marjorie gefällt mir. Ich würde gern einmal mit ihr über die jeweiligen Vorzüge von analogem und digitalem Equipment diskutieren. Ich bin mir sicher, dass wir einer Meinung wären, und das könnte durchaus zu einer Romanze führen. Dann wird es mir bewusst: Vielleicht hat sie auf dem Tonband einen Hinweis zu ihrem Verbleib hinterlassen. Ich schalte das Gerät ein, korrigiere die Wiedergabeentzerrung, die sie viel zu höhenlastig eingestellt hat (das wird zu besprechen sein), und höre mir das Band an:

»Sind Sie im Stress? Die Arbeit? Davey muss zum Fußballtraining? Elspeth zum Ballett? Die Wäsche ist zu machen? Und wo zum Teufel sind Michaels liebste Manschettenknöpfe?! Vielleicht ist es Zeit für eine Auszeit von der Küche. Das neue Bucket o' Fun Family Dinner von Slammy's bietet alles, was Ihre Lieben für ein gesundes, frisches Abendessen brauchen, das auch noch Spaß macht: fünfhundert Hähnchenschenkel in einem praktischen, bodenlosen Clownseimer, jetzt zusätzlich mit Gratis–«

Die Stimme verstummt. Stille auf dem Band. Irgendwie stiller als still. Unheilvoll. Ich warte. Vielleicht war sie ins Bad gegangen und hatte vergessen, das Gerät abzuschalten. Unwahrscheinlich. Erstens war sie mitten im Satz verstummt, und zweitens sind auf der Aufnahme keine sich entfernenden Schritte zu hören. Als geübter Fälscher von Schrittgeräuschen höre ich mir immer echte an, um mich weiter zu verbessern, daher merke ich es, wenn sie fehlen. Ich sehe mich im Raum nach Spuren eines Kampfes um. Es gibt keine. Das Tonband hätte wohl auch das aufgezeichnet, also ist das im Rückblick nicht überraschend. Aber im Rückblick ist man immer schlauer? Jetzt ertönt auf dem Band eine neue Stimme. Ich kann sie weder einem Mann noch einer Frau zuordnen. Tatsächlich klingt sie wie die Stimme in meinem Kopf. Das heißt, sie klingt gar nicht wie eine Stimme. Sie klingt wie überhaupt nichts anderes. Denn in Wahrheit klingen die inneren Gedankengänge eigentlich nicht wie eine Stimme. Die eigene innere Stimme lässt sich in keinem Film nachbilden, und doch ist sie hier auf diesem Band, und ich kann unmöglich unterscheiden, ob es sich um Marjories Gedanken oder die von irgendjemand anderem handelt oder ob es in der Tat meine eigenen sind.

»Hier. Hier. Hier. Und jetzt? Wie lang? Inwiefern? Wieso? Was ist los? Irgendwas stimmt nicht mit mir. Jucken. Es juckt mich. Ja. Ja, ja, ja, aber ich kann sie nicht kontrollieren. Ich muss tiefer gehen. Gestern Nacht habe ich mich in den Schlaf geweint. An Tag eins muss man sich allein auf seinen Atem konzentrieren. Es gibt da ein Lied, das ich schon so oft gehört habe. Jedes Mal denke ich nach der Hälfte: Ich habe keine Ahnung, worum es in diesem Lied geht. BIN ICH DAS? Wird diese Stimme in meinem Kopf irgendwie aufgezeichnet? Irgendwie aufgezeichnet aus dem, was noch übrig ist von – Bin ich es?«, höre ich auf der Aufnahme.

Heiliger Strohsack, denke ich, und aus dem Bandgerät ertönt es im selben Augenblick: »Heiliger Strohsack.«

»Das ist eine Aufzeichnung meiner Gedanken in Echtzeit. Oder sind es Marjories Gedanken, und kann es sein, dass Marjorie und ich, vielleicht aufgrund von räumlicher Nähe, ein und dieselben Gedanken haben? Ich darf nicht vergessen, dass mein unstillbarer Appetit auf Slammy's-Burger über Marjories Voiceover in mein Gehirn eingedrungen ist. Oder sind es die Gedankengänge aller Menschen auf der Welt? Läuft genau dieser Text gleichzeitig in sämtlichen Gehirnen ab? Ist das möglich? Gibt es einen einzigen menschlichen Verstand mit zahlreichen Verkörperungen? Wie die Gesichter des Hindu-Gottes Brahma? Wie der Eine Geist des Huangbo? Nichts ist im Widerstreit. Natürlich sind meine Gedanken Marjories Gedanken. Und Clown Lauries. Und Barassinis. Und Tsais. Und Abbithas. Und die des brillanten afroamerikanischen Filmemachers William Greaves. Und die des geradezu absurd jüdischen Drehbuchautors Charlie Kaufman. Die Wut in mir verfliegt. Jetzt will ich nur noch die Welt betrachten, mich selbst betrachten, einfach nur betrachten. Die Verkörperungen betrachten, die ich von hier aus, von diesem Fleck aus sehen kann. Von hier aus sehe ich, dass alle in Flammen stehen. Bald werde ich in Flammen stehen. Es ist unvermeidbar.

In vielerlei Hinsicht gleicht die Feuerkritik der Filmkritik, vor allem in Bezug auf die sogenannten Autorenfeuer der bedeutenderen Brandstifter. In meiner Monografie *Die fehlgeleitete Kunst im Werk des Herostratus* untersuche ich das Meisterwerk eines Mannes, der (was nicht einer gewissen Ironie entbehrt) als der berüchtigtste Brandstifter der Welt in die Geschichte einging. Doch auch wenn das Werk des Herostratus herausfordernd und destruktiv ist (tatsächlich ließe sich darüber diskutieren, ob diese Destruktivität nicht das Werk aller Brandstifter kennzeichnet), liegt viel Poesie und nicht wenig Voraussicht darin. Das Streben nach Prominenz um jeden Preis ist zum bestimmenden Charakteristikum unseres Zeitalters geworden, und Herostratus hat dieses Konzept ersonnen. Ist das gegenwärtige Feuer das Werk eines Brandstifters? Vielleicht nicht eines einzelnen Brandstifters. Doch das heißt nicht, dass es nicht als ein schöpferisches Werk kritisiert werden kann. Große historische Feuersbrünste wie die von Chicago, Boston oder Thumb zu kritisieren, ist kein einfaches Unterfangen. Schließlich ist Feuer Hitze, und zeitlicher oder räumlicher Abstand von dieser Hitze beeinträchtigt die Fähigkeit, das Feuer zu ›schmecken‹, sehr stark. Jeder Feuerkritiker wird bestätigen, dass nichts darüber geht, sich mitten im Feuer zu befinden.«

KAPITEL 70

KRÄHEN BEVÖLKERN DEN Nachthimmel. Galgenvögel. Augenblick mal. Krähen fliegen nicht in der Nacht. Das wurde nicht anständig recherchiert, fürchte ich. Doch da sind sie nichtsdestoweniger, irrtümlich und doch einleuchtend. Galgenvögel. Sagte ich das schon? So nennt man sie auch. Das weiß nicht jeder. Es ist vielsagend, nicht wahr? Gewaltsam. Anschaulich. Sinnbildlich. Viele wissen nicht, dass man sie so nennt. Diese Galgenvögel hier ersticken die schwarze, sternlose Nacht mit ihrer eigenen tierischen Finsternis. Flügel und Schnäbel. Schwarz auf Schwarz. Wie in einem Gemälde von Ad Reinhardt ist die Negation der Form, das unvermeidliche Ende der Kunst, eine spirituelle Leere, ein erschütternder Endpunkt der Reise, die von Robert Fludd vor Jahrhunderten mit dem Versuch begonnen wurde, in seiner *Utriusque Cosmi Historia* die völlige Finsternis abzubilden, indem er schlicht eine schwarze Seite in den Text einsetzte, und die über Laurence Sternes schwarze Doppelseite in *Tristram Shandy*, um den Tod Yoricks auf der vorherigen Seite zu betrauern, die parodistische Schwärze von Paul Bilhauds Gemälde *Neger kämpfen in einem Tunnel* aus dem Jahr 1882 und Kasimir Malewitschs monochromes *Schwarzes Quadrat* von 1915 führte. Bis zu Reinhardt. Immer bis zu Reinhardt. Bis ins Jetzt.

Und hier bin ich, stehe darunter, unter der erdrückenden Totalität, der historischen Schwärze, dieser Abwesenheit von Schärfe, von Details, von Licht. Der Schwärze einer vergessenen Vergangenheit und einer auf unerträgliche Weise nicht wissbaren Zukunft. Der Schwärze dieser Masse ununterscheidbarer Krähen, der Schwärze giftigen Rauchs, eines toten Universums, dessen Lichter für immer erloschen sind. Gute Nacht, Mond. Es ist kalt. Aber es muss eine existenzielle Kälte sein, denn die Stadt steht in Flammen. In jedem Fall ziehe ich meinen Steinkirk gegen die Kälte zurecht, während ich den Himmel nach meinen Kindheitsfreunden Hegel und Schlegel absuche. Doch die Krähen sind nun alle gleich. Keine Werner-Herzog-Gesichter. Keine Jonah Hills. Nur schwarze Knopfaugen. Diese Krähen zanken nicht zu meiner Belustigung mit vorgetäuschtem deutschem Akzent. Sie sind nicht länger für mich. Sie sind nun der Himmel, und sie sind für den Himmel. So wie die Schaben auf dem Boden zur braunen Erde geworden sind. »Schabe« kommt ursprünglich von *schiavo*, »Slawe«. Die Schabe wird mitunter auch »Schwabe«, »Preuße«, »Russe« oder »Franzose« genannt, um sie als einen Eindringling aus einem anderen, oft benachbarten Land zu kennzeichnen. Viele wissen das nicht. Und auch wenn die Menschheit in früheren Zeiten eine recht kriegerische Beziehung zu diesen winzigen braunen Kerlchen gehabt hat, scheint hier eine grundlegende Veränderung stattzufinden. Denn sie sind jetzt die Erde. Die Krähen sind der Himmel. Und das Wasser ist … Ich weiß noch nicht, was das Wasser ist. Ich bin noch zwei Avenues vom Fluss entfernt. Wahrscheinlich irgendeine Fischart. Die Art von Fisch, die Menschen furchterregend oder widerlich finden. Fermentierter Fisch? Oder diese grotesken Viecher vom Grund des Ozeans. Die, die Glühbirnen vor dem Gesicht hängen haben und rasiermesserscharfe kleine Zähne. Ich glaube, man nennt sie Angstfische. Vielleicht besteht der Fluss jetzt aus Angstfischen. Ich werde es sehen, wenn ich dort bin. Aber das ist für den Augenblick meine Theorie. Und natürlich die Menschen. Die Menschen sind die Menschen. Auf halbem Wege zwischen Himmel und Hölle, zwischen Krähe und Schabe und Angstfisch, zwischen Vergangenheit und Zukunft und Angstfisch. Auch die Menschen haben ihre Unterscheidbarkeit verloren.

Ich gehe zwischen ihnen umher, verliere auch mein eigenes Selbstgefühl, während ich zusehe, wie sich das Feuer über sämtliche Regeln hinwegsetzt, die wir als Gesellschaft etabliert haben. Es hält nicht an Ampeln oder Zebrastreifen. Es verschlingt einfach, ganz und gar unterscheidungslos. Feuer ist ein großer Gleichmacher. Du brennst. Ich brenne. Die Papiertüte brennt. Der Porsche. Der Obdachlose. Zum ersten Mal sind wir alle vereint. Unser Schicksal ist einzigartig. Unser Rauch verbindet sich, vermischt sich, verquickt sich, ist ununterscheidbar, ist untrennbar. Niemand von uns wird eine Spur unserer Errungenschaften oder unserer Misserfolge oder unserer Reue hinterlassen. Es ist ein schöner Tag, der allerschönste des Jahres. Aber vielleicht auch nicht. Vielleicht sind alle Tage der schönste Tag des Jahres. Nein, heute ist ohne Zweifel der schönste Tag des Jahres. Was unterscheidet diesen Tag von allen anderen Tagen des Jahres? Was hat er, was anderen Tagen abgeht?

Mitgefühl. Ungewissheit.

In der Gewissheit, dass wir alle brennen werden, liegt eine Ungewissheit, denn in dieser Gewissheit gibt es die unvorhersehbaren Momente, die Kollisionen, die Interaktionen, die Physik des sich kringelnden Rauchs und der Form, die die züngelnden Flammen annehmen werden, die Abfolge der Explosionen, die Augenblicke der Anmut.

Hat der Meteorologe durch seine Maschine Trunk gesehen? Abbitha hatte ihn gesehen. Vielleicht nicht in seiner ganzen Komplexität, doch wer hätte das schon gekonnt? Wer hätte die Tragödie von Trunk gänzlich begreifen können? Denn Trunk ganz zu verstehen, hieße, das Universum zu verstehen. Unser Höhlenmonster, unser Roboter, unser Albtraum, der in namenlosem, unausgesprochenem Schmerz weint, während er auf das Ende wartet, das er bewirkt hat, das von jedem einzelnen Atom bewirkt wurde, das vor ihm kam, und durch jedes einzelne Atom wogen und fegen wird, das nach ihm kommt.

Wie sieht man die Welt ohne Augen?, frage ich mich. Wie wird sie wohl aussehen? Und in diesem Moment komme ich wie auf Stichwort an dem Theater vorbei, in dem *Schmetterlinge sind immer noch und wieder frei* aufgeführt wird. Ich kaufe mir eine Karte. Es ist ein Theaterstück aus Ingos Film, an das ich mich kürzlich erinnert habe, und obgleich die Welt in Flammen steht, habe ich das Gefühl, dass es für mein Verfahren wichtig wäre, es mir anzusehen, und ich auch das New Yorker Theater im Allgemeinen unterstützen sollte, das an der Schwelle einer dringend notwendigen Renaissance zu stehen scheint.

Der Zuschauerraum ist dicht gefüllt. Ich bin mir sicher, dass das mit der Klimaanlage und dem Asbest zusammenhängt, mit denen nach der Tragödie von *Beelzebuben* alle New Yorker Theater ausgestattet wurden, doch dieser rege Zuspruch ermutigt mich. Denn seit der Broadway mit dem auf Donald Trunks Szene in *Kevin – Allein in New York* basierenden, von Scott Rudin und der White House Musical Theater Division unter dem Vorsitz des Stephen-Miller-Roboters produzierten Musicals *Den Gang runter und links* einen Schritt zu weit gegangen ist, kränkelt das Theater. In dem Stück wird die klassische Weihnachtsgeschichte aus der Sicht Donald Trunks erzählt. Zwar wurde der neue Protagonist von einem unglaublich talentierten singenden und tanzenden Trunk-Roboter gespielt, aber für eine Dauer von fünfunddreißig Sekunden war dem Publikum der Eintrittspreis (von dreihundert Dollar aufwärts) zu hoch. Die Touristen (die meisten von ihnen Trunk-Unterstützer) revoltierten und investierten ihre übrige Touristenzeit und ihr Touristengeld in die über die ganze Stadt verstreuten M&M's-Läden. Das daraus resultierende M&M's-Musical *Choko* mit Rapmusik von Eminem konnte der Broadway-Szene wieder etwas Leben einhauchen, doch selbst das wurde nach zwei Monaten abgesetzt, als Trunk das Theater mitten in einer Aufführung abreißen ließ.

Ich kann nicht behaupten, das Stück gänzlich zu verstehen. Barassini spielt offenbar Vladimir Nabokov, aber vermutlich aus rechtlichen Gründen wird er hier Adam »Nickels« Jacoby genannt und ist nicht nur Amateur-Schmetterlingsforscher, sondern auch schwuler Zureiter von Rodeopferden/Broadway-Schauspieler, der einen blinden Bürgerrechtsanwalt/ehemaligen Weltraumsäugling liebt, verkörpert von Castor Collins. Die Szenen der beiden sind fraglos elektrisierend und beinhalten sowohl simulierten als auch tatsächlichen Geschlechtsverkehr. Die Notwendigkeit, sowohl echten als auch vorgetäuschten Sex zu zeigen, erschließt sich mir nicht, aber ich muss zugeben, dass beides schön anzusehen ist. Meine liebste Szene jedoch – und sie ist wirklich atemraubend – ist die, in der sich die Wand aus Kokons im hinteren Teil der Bühne öffnet und frisch »geschlüpfte« Schmetterlinge zum Vorschein kommen, die ins Publikum hinausfliegen, als wollten sie sagen: »Man muss sich selbst treu sein. Auch ihr könnt euch in etwas Wunderschönes verwandeln.«

Mit beschwingtem Schritt verlasse ich das Theater und gehe zurück in Richtung des Feuers, gefolgt von Hunderten freigelassenen bunten Schmetterlingen, die Feuer fangen und sich fast augenblicklich in Nichts auflösen.

Schmetterlinge nennt man auch Sommervögel.

EIN MANN HEBT die Hunderte von Münzen auf, die er gerade mitten auf der 10th Avenue hat fallen lassen, wobei er sich nach Autos, nach Flammen, nach marodierenden Horden umsieht. Er trägt weiße Jeans, Bootsschuhe und keine Socken. Sein T-Shirt ist schwarz, mit einem weißen Nike-Whoosh darauf. Er ist gutaussehend und tätowiert und hat lockiges schwarzes Haar. Und ich hasse ihn nicht. Und verurteile ihn nicht für die sinnlose Handlung, Hunderte von heruntergefallenen Münzen aufzusammeln, während die Welt in Flammen steht. Schließlich steht die Welt immer in Flammen. Die Welt steht immer in Flammen.

Er bemerkt meinen Blick und setzt eine abwehrende Miene auf. Auch dafür vermag ich ihn nicht zu hassen. Ich habe mich verändert.

Folgendes denke ich nicht mehr:

Ich denke nicht: Warum trägt das Kleinkind Ohrringe?

Ich denke nicht: Diese hübsche junge Frau findet sich ja so toll. Ich denke nicht, dass sie mich nie lieben wird.

Ich denke nicht: Das ist ein oberflächlicher Geschäftsmann.

Ich denke nicht: Fettklops.

Ich denke nicht: Musst du bei der Hitze wirklich diese Hipster-Mütze tragen?

Ich denke nicht: He, hier ist Parkverbot, Freundchen.

Ich denke nicht: Was ist das Gegenteil von sichelfüßig? Das ist der Typ nämlich. Plattfüßig?

Ich denke nicht: Junge, sieht die Frau beim Joggen vielleicht komisch aus.

Ich denke nicht: Gott, ich will mein Gesicht zwischen diese Beine stecken.

Ich denke nicht: Fettsack.

Ich denke nicht: Muss ich mich wirklich vor dem jungen Schwarzen fürchten, der da auf mich zukommt?

Ich denke nicht: Natürlich hat man hier keinen Handy-Empfang, du Idiot.

Ich denke nicht: Dein Arsch ist viel zu fett für abgeschnittene Shorts.

Ich denke nicht: Langweiliger, uninteressanter Typ.

Ich denke nicht: Bandenmitglied.

Ich denke nicht: Müsst ihr einem euer Lesbischsein ständig mit diesen asymmetrischen Haarschnitten unter die Nase reiben?

Ich denke nicht: Wieso trägst du deine Sonnenbrille im Nacken, Arschloch?

Ich denke nicht: Warum magst du mich nicht?

Ich denke nicht: Warum magst du mich nicht?

Ich denke nicht: Warum magst du mich nicht?

Ich denke nicht: Die Welt wäre ein viel besserer Ort, wenn die Menschen nicht so missgünstig wären.

Ich denke nicht, dass der Mann, der »Jesus« sagt, während er mir einen Jesus-Flugzettel in die Hand zu drücken versucht, erbärmlich ist.

Ich nehme den Flugzettel.

Ich denke nicht: Er ist schwul.

Ich denke nicht: Hör mal, es ist völlig in Ordnung, schwul zu sein, aber wieso muss man es ständig allen zwanghaft unter die Nase reiben?

Ich denke nicht: Warum müssen sich die Chassidim so unmodisch kleiden?

Ich denke nicht: Jeans mit vorgefertigten Löchern sind erbärmlich.

Ich denke nicht: Besten Dank, ich kann mir die Jeans selbst zerreißen.

Ich denke nicht, wie amateurhaft das Bild im Schaufenster dieser Galerie ist.

Ich denke nicht: Mit dem Gesichtslifting machst du niemandem etwas vor, meine Liebe.

Ich denke nicht: Du wirst auch alt werden, mein Junge.

Und nicht bloß, weil er es nicht werden wird.

Ich denke nicht: Scientologen tun mir leid.

Ich nehme den Flugzettel.

Ich denke nicht: Ich sollte mir besondere Mühe geben, Frauen im Hidschab freundlich anzusehen, damit sie sich willkommen fühlen.

Ich denke nicht: Das Ramones-T-Shirt macht dich nicht zu einem Ramone, und wenn du es genau wissen willst, haben die Ramones auch gar keine Ramones-T-Shirts getragen. Du würdest eher wie ein Ramone aussehen, wenn du ein T-Shirt des United States Marine Corps anhättest.

Ich denke nicht: Das ist gar keine Frau.

DER FLUSS IST heiß – heiß wie eine heiße Badewanne – und riecht nach Schwefel – der Schwefligen-Höllengruben-Art von Schwefel –, aber ich lebe. Ich versuche, Wasser zu treten. Während ich nach Luft schnappe, sehe ich zu, wie die Stadt weiter von Flammen eingekreist wird. Und dann geschieht es: Eine brennende Dänische Dogge springt über den Zaun des Hundeparks, vermutlich im Versuch, sich selbst zu löschen, doch stattdessen fängt der Fluss Feuer. Jetzt verbrenne ich also und schreie um Gnade. Meine Schreie schwellen zu einer Art mongolischem Kehlkopfgesang an, was jedoch keine kulturelle Aneignung darstellt, da ich in Flammen stehe und tue, was ich eben tun muss.

Wie in Erwiderung auf meinen qualvollen Gesang erscheint ein Wesen aus dem flammenden Fluss.

»Ein Wal«, sage ich zu dem Hund. »Im Hudson werden schon seit einiger Zeit hin und wieder Buckelwale gesichtet. Das ist gut, ein Zeichen, dass die Reinigungsbemühungen erfolgreich waren. Wobei die Tatsache, dass das Wasser Feuer gefangen hat, wohl bedeutet, dass wir noch einige Arbeit vor uns haben.«

»Ich glaube nicht, dass es ein Wal ist«, sagt die Dänische Dogge, »denn es ist gekommen, um uns zu verschlingen, so wie Jona vor uns verschlungen wurde. Und das war ein Übersetzungsfehler; der vermeintliche Wal war in Wahrheit ein großer Fisch – *dag gadol* –«

»Augenblick mal, Jonah Hill?«

»Der Jona aus der Bibel. Also ja.«

»Wir haben jetzt keine Zeit, das zu diskutieren«, sage ich. »Da kommt sein Maul!«

Und schon werden wir verschlungen und von Dunkelheit umfangen. Es ist heiß hier drinnen, aber die Verdauungssäfte im Bauch des Wesens löschen unsere flammenden Körper, und dafür bin ich dankbar, und ich nehme an, der Hund ist es auch; er ist mit einem Mal verstummt. Vielleicht habe ich ihn beleidigt.

Der Wal trägt uns davon. Es ist recht bequem hier drinnen. Es gibt eine Taschenlampe, die er irgendwann einmal verschluckt haben muss, und ein Bett. Zwar gibt es keinen Kühlschrank, aber dafür eine Kühlbox, die er irgendwann einmal verschluckt haben muss, und darin sind gesüßte Getränke, Frühstücksfleisch und Brot – es ist nur abgepacktes Weißbrot, aber Not, Gebot *et ketera*, und angesichts der Umstände ist das auch völlig in Ordnung. Ich überlege mir spielerisch den Begriff *Glamonahing*, eine Art Kofferwort aus *glamorous* und *Jonahing*. Das zeitigt einen nicht unwillkommenen Schmunzler in diesen schrecklichsten aller Endzeiten. Der Hund tut so, als hätte er nichts gehört. Darüber hinaus stoße ich noch auf eine Bibliothek voller halbverdauter

Taschenbuchkrimis. Es sind keine anspruchsvollen Highsmiths dabei, aber ich finde ebenso viel Vergnügen an einem ordentlichen Schundroman wie gewöhnliche Leser (Leserinnen, Leserx) auch. Nennen wir es ein kleines Laster. Die Tage vergehen. Da es keine Sonne gibt, zähle ich die Tage anhand ausgelesener Romane. Aus Erfahrung weiß ich, dass ich fünfundvierzigtausend Wörter in der Stunde lese (das Dreifache des nationalen Durchschnitts), und das bei theoretischen Stoffen. Meine Freizeitlektüre habe ich nie mitgestoppt (zu welchem Zweck? Es ist schließlich Freizeitlektüre!), aber gehen wir einfach einmal von der doppelten Geschwindigkeit aus. Das wären also achtzigtausend Wörter pro Stunde. Nein, fünfundneunzigtausend Wörter pro Stunde, was bedeutet, dass ich einen Groschenroman von durchschnittlicher Länge innerhalb von einer Stunde lese, was bedeutet, dass ich, abzüglich der Zeit zum Schlafen (das Bett ist zwar ein wenig mit Magensäften getränkt, aber recht bequem im Vergleich zu meinem alten Schlafsessel) und für Wurstbrote, nach meiner Schätzung seit genau drei Monaten hier drinnen bin, als wir uns zu drehen beginnen. Das Wesen, schlussfolgere ich, muss in eine aufsteigende Feuerhose geraten sein. Ich spüre, wie wir abheben, während wir in einem Fahrgeschäft der Verdammten kreiseln; als Flammen den Leib dieser riesenhaften Kreatur verzehren und sich über uns ergießt, was seine siedenden, sich verflüssigenden Innereien sein müssen, zerfällt das Fischding, und es wird offensichtlich, dass wir an einem Knochenskelett Hunderte von Metern hoch durch die Luft wirbeln, unter uns Feuer, so weit das Auge reicht. Der gewaltige Schrecken unserer Lage hat uns beide genau im gleichen Augenblick, in genau gleicher Weise erfasst. Wir sind gleich. Wir starren einander in die Augen, verstehen einander zum ersten Mal im Leben zur Gänze, unmittelbar bevor die Hitze unsere Augen platzen lässt und die sichtbare Welt nicht mehr ist. Da sind nur noch die qualvollen Schreie unter uns, bis die Hitze uns das Trommelfell platzen lässt, und dann ist da nur noch Stille. Und unerträglicher Schmerz, bis unsere Nerven verbrennen, und dann ist da nur noch Angst, gewaltige, unermessliche Angst. Ich schreie, doch da ist kein Geräusch. Ich fühle, wie ich falle, und warte auf das kommende Nichts. Ist es schon da? Vielleicht nicht, da ich diese Frage stelle. Auch wenn ich mich mit all meinen Sinnen taub fühle, empfinde ich noch immer Angst. Es wird nicht wehtun, sage ich mir. Es wird nur mit einer Plötzlichkeit enden, die ich nicht erfassen werde, nicht erfassen kann. Blind taste ich nach dem blinden Hund. Vielleicht fällt auch er, und mit derselben Geschwindigkeit wie ich. Galileo lehrt uns, dass es so wäre. Ich glaube, es war Galileo, der uns das gelehrt hat, aber ich kann es nicht mehr nachlesen. Werde ich den Hund erspüren können, nun, da ich keinen Tastsinn mehr habe? Vielleicht werde ich den Widerstand spüren, wenn sich meine Hände mit seinen ebenfalls ausgestreckten Pfoten verbinden. Galileo lehrt mich, dass ich das tun werde. Und ich spüre sie, oder ich glaube sie jedenfalls zu spüren. Schließlich sind wir gleich. Natürlich streckt er ebenfalls die Pfoten aus. Ich glaube, wir ziehen einander aufeinander zu. Ich spüre, wie meine Arme ihn umschlingen und er mich umschlingt. Es ist möglicherweise die engste Umarmung, die ich je gefühlt habe, aber ich bin mir nicht sicher, weil ich nichts fühle. Nur Liebe. Ich fühle Liebe. Ich fühle mich vielleicht zum ersten Mal verstanden. Und ich beginne zu beten (auch wenn ich nicht religiös bin), denn im freien Fall gibt es keine Atheisten. Ich bete um mehr Zeit. Nun, da ich endlich die Liebe kennengelernt habe, bete ich um mehr Zeit mit diesem anderen Wesen. Vielleicht betet er ja auch um mehr Zeit mit –

KAPITEL 71

ICH SPÜRE EINE enorme Erschütterung. Treffen wir mit Endgeschwindigkeit auf das Wasser auf? Ich glaube, es war Galileo, der die Endgeschwindigkeit bestimmt hat. Ganz sicher bin ich mir nicht. Ich glaube, die Geschwindigkeit, mit der wir auftreffen, müsste bei über einhundertsechzig Stundenkilometern liegen. Ich glaube, ich habe gelesen, wenn man von der Golden Gate Bridge spränge, würde sich die Wasseroberfläche anfühlen, als schlüge man auf Zement auf. Ich glaube, das habe ich gelesen. Ist uns das widerfahren? Aber ich bin doch gewiss nicht tot, denn wenn ich es wäre, könnte ich dies hier nicht denken. Aber was dann? Ich bin jetzt wie eine Million Helen Kellers. Eine Milliarde Helen Kellers. Ich kann nichts sehen, nichts hören, nichts fühlen. Konnte Helen Keller nichts fühlen? Ich glaube, so ist es, aber ich kann es nicht überprüfen. Ich fahre mir mehrmals mit der Zunge über die Lippen. Ich schmecke nichts. Ich rieche nichts. Genau wie Helen Keller. Vielleicht ist das der Tod. Vielleicht fristet man so die Ewigkeit. Ich versuche, aufzustehen, und bemerke, dass ich noch immer in ein anderes Wesen verschlungen bin.

Dann erwache ich an Land. Meine Sinne sind wieder intakt; der Hund ist ein blinder Kadaver ohne Trommelfelle. Das Feuer lodert hier genauso. Nun ja, nicht ganz genauso, denn es ist etwas feucht hier am Seeufer, doch es lodert. Es gibt Rehe im Überfluss, was wunderschön ist. Zwar stehen sie alle in Flammen und geben entsetzte Krächzlaute von sich (krächzen Rehe? Ich wünschte, mein iPhone wäre nicht verdaut worden, sodass ich es nachschauen könnte), und das trübt meine Freude an ihnen ein wenig, aber ich muss sie wirklich dafür bewundern, dass sie sich offenbar nicht in Selbstmitleid suhlen.

Augenblick mal, warum kann ich denn sehen?

Ich durchwandere das Feuer, das alles verzehrt, auch die Zeit, auch den Raum, auch mich. Und ich werde immer wieder von Neuem aus der Asche geboren, eine Art Mischung aus nietzscheanischer Wiederkunft, mythischem Phönix und Wiederholungen im Fernsehen. Natürlich, darum kann ich sehen. Ich gehe durch die Welt, wie sie war im Anfang und jetzt und immerdar, und alles steht in Flammen. Das ewige Hier und Jetzt. Das »Everywhen« der Traumzeit der Aborigines. Nach einer Zeitspanne, die sich wie Tage oder Minuten oder Jahrzehnte anfühlt, höre ich Marjories Stimme durch Lautsprecher dröhnen: »Wir bei Slammy's nehmen dem Flächenbrand die Hitze. Unsere feuerbeständigen Kühlwesten bieten während Infernos aller Art den höchsten Komfort. Und in den Farben Gischt, Beere und Mitternachtssonne sind sie auch noch topmodern!«

Bald verbrenne und regeneriere ich mich wie ein Phönix mit ziemlicher Regelmäßigkeit, vielleicht einmal pro Stunde. Irgendwann noch häufiger, vielleicht einmal pro Minute. Jetzt einmal pro Sekunde. Jetzt verbrenne und regeneriere ich mich vierundzwanzigmal pro Sekunde wie ein Phönix. Es schlägt sich auf meine Stimmung nieder.

Ich bin stets neu. Ich bin stets die nächste Version meiner selbst. Bin ich der, der in seiner vernichtenden Kritik zu *Synecdoche, New York* geschrieben hat, Charlie Kaufman sei in seinem erbärmlichen Narzissmus Adolf Hitler ebenbürtig oder überträfe ihn, um ganz ehrlich zu sein, sogar noch, besitze aber zum Glück für unsere Welt keine wirkliche Macht? Ich weiß es nicht. Es war vor zehntausend Lebensaltern. Heute lese ich diese Worte an der Innenseite meiner Gehirnwand, und sie klingen nicht einmal mehr nach mir. War ich wirklich jemals so jung? Natürlich teile ich die Einschätzung noch immer, wie ich gestehen muss. Aber es ist, als läse ich die Worte eines Gleichgesinnten, eines Mitreisenden. Vielleicht empfinde ich weniger leidenschaftlich, aber ich teile noch immer meine Einschätzung dieses armseligen –

Ich stürze. Um mich herum ist es pechschwarz, sodass ich keine Ahnung habe, wann oder worauf ich landen werde. Ich zähle, einundzwanzig, zweiundzwanzig … und komme bis neunundzwanzig, ehe ich aufschlage. Ich lande auf dem Kopf. Meinen Berechnungen zufolge muss ich 296 Meter tief gefallen sein und eine Geschwindigkeit von 177 Stundenkilometern erreicht haben. Ich sollte tot sein, doch ich bin es nicht. Mein Schädel sollte zerdrückt sein wie eine zerdrückte Eierschale. Ich berühre ihn. Er ist es nicht. Was ist das für ein Ort, an dem die Gesetze der Physik nicht gelten? Ich taste nach einem Weg hinaus oder, besser gesagt, hinauf. Es scheint, als befände ich mich in einem Brunnen oder einer Art Cenote, wie man so etwas, glaube ich, nennt. Ich klettere hinaus, laufe weiter, brenne weiter, regeneriere mich weiter. Ich habe mir angewöhnt, mich nach jeder Neugeburt in einer der Tausenden von allgegenwärtigen, sehr schön eingerichteten Slammy's-Deluxe-Toiletten für leitende Mitarbeiter zu reinigen, die offenbar im ganzen Land aufgetaucht sind. Ich muss sagen, Luxus-Toiletten an den Straßen sind eine hervorragende Idee. Darum gilt Slammy's seit Langem als ein ausgesprochen innovatives Unternehmen. Ich wünschte, ich hätte diesen Einfall gehabt. Ich kann mich glücklich schätzen, nach jeder erneuten Regeneration einen frischen Slammy's-Drei-Dollar-Schein zu finden, was genau dem Betrag entspricht, der für einen Besuch dieser stets gut instandgehaltenen Toiletten zu entrichten ist. Und man muss nie anstehen, was herrlich ist, denn alle anderen scheinen tot zu sein.

»Wenn die Zeit keine Rolle mehr spielt, ist jedes Essen Fastfood. Slammy's zum Frühstück, zum Mittag- und Abendessen – das ist jetzt alles eins.«

Irgendwie gelange ich durch den Rauch, das Feuer und die erwähnten Tausenden von Wiedergeburten zum Schlund einer riesigen Höhle. Sie sieht tatsächlich aus wie ein Mund, ein Mund, der die Lippen spitzt, als pfiffe er stumm Chopins von Elgar orchestrierten Trauermarsch oder schmückte das Gesicht einer gigantischen Donald-Trunk-Statue. Bestimmt gab es eine unendliche Anzahl an Wegen zu diesem Ort, so wie zu jedem Ort eine unendliche Anzahl an Wegen führt. Tatsächlich bringt einen jeder Weg, den man beschreitet, zu jedem Ort, an den man gelangen möchte, aber manche Wege sind direkter und erfordern deutlich weniger Energie. Manche sind so qualvoll, dass sie nahezu unbezwingbar werden, auch wenn sie, eine unendliche Menge an Energie und Zeit vorausgesetzt, nicht wirklich unbezwingbar sind. Es ist bedeutend einfacher, ins Morgen als ins Gestern zu gelangen, doch beides ist möglich, wie ich glaube, zumindest in der aktuellen Inkarnation der Welt.

Könnte das die Grotte von Oleara Debord sein, jenem Berg, den ich einst liebte? Falls ja, hat sie sich verändert. Ich erkenne sie nicht mehr wieder.

Ich trete mit einem gewissen Zögern ein, nicht nur wegen des abstoßend anusartigen Eingangs oder der Möglichkeit, von einer ehemaligen Geliebten zurückgewiesen zu werden, sondern auch, weil ich als kleiner Junge einmal Platons Höhlengleichnis in die Finger bekam und heftig erschrak bei dem Gedanken, auch ich könnte womöglich ein Gefangener sein, der in die der Wahrheit abgewandte Richtung blickt. Das ist einer der zahlreichen Gründe dafür, dass ich mich immer umdrehe und hinter mich schaue, wenn ich einem Menschen oder Gegenstand erstmals begegne. Ich bin wirklich darum bemüht, wirklich alles und jeden wirklich vollkommen zu verstehen. Wirklich. Mir kommt der Gedanke, es sei im Rückblick vielleicht nicht ganz ohne Ironie, dass ich meine Berufung darin gefunden habe, ganz buchstäblich auf Schatten an einer Wand zu schauen (einer Leinwand, um genau zu sein), und ich beschließe hier und jetzt, meinen kritischen Prozess, sollte die Welt wieder eine erkennbare Gestalt annehmen, fortan um einen achten Schritt zu erweitern, bei dem ich mich von der Leinwand abwenden und geradewegs in den Projektor starren werde.

Im Augenblick jedoch verspüre ich, obgleich ich mich fürchte, den Zwang, durch diese stummen, pfeifenden Trunk-Lippen das dunkle

Maul zu betreten. Warum? Wer vermag das zu sagen? Vielleicht, weil ich dieses niemals endenden Kreislaufs aus Einäscherung und Wiedergeburt überdrüssig bin. Gewiss, es ist beeindruckend, und ich schätze mich auch glücklich, aber zu sagen, dass es auf die Stimmung drückt, ist wahrhaft untertrieben. Ich fühle mich jetzt die meiste Zeit über grippal, und ich kann mich des Gedankens nicht erwehren, dass das ununterbrochene Lodern dazu beiträgt.

Oje, ist das dunkel. Ich stürme panisch aus der Höhle und verbrenne in etwas redundanter Weise. Wiedergeboren und an der nächsten Slammy's-Deluxe-Führungspersonal-Toilette herausgekommen, gelingt es mir, eine brennende Fackel aus einer brennenden Fackel von der verwaisten und in Flammen stehenden Fackelfabrik nebenan zu fertigen. Eigentlich war es nicht sehr aufwendig. Beim erneuten Eintreten kommt mir der Gedanke, dass sich im Inneren womöglich etwas Beängstigendes befindet und dass dies und nicht die Finsternis mein früheres Ich zu dem hastigen Rückzug veranlasst hat. Ich gehe trotzdem hinein.

»Hallo?«, rufe ich.

Mein »Hallo« wird mindestens dreißigmal zurückgeworfen. Dieser Ort muss riesig sein, oder vielleicht sind seine Wände auch nur aus extrem reflexionsreichem Gestein. Kalkstein vielleicht. Oder Ignatz. Ist Ignatz eine Gesteinsart? Oder vielleicht ist die Höhle auch voller freundlicher Ungesehener mit ähnlichen Stimmen wie ich, die alle meinen Gruß erwidern. Das ist unwahrscheinlich, aber ich muss es herausfinden. Ich bin ziemlich einsam. Ich spreche sie direkt an.

»Wer ist dort?«

Etwa dreißig »Wer ist dort?«s kommen zu mir zurück. Das war vielleicht nicht die klügste Frage, denn es ist vorstellbar, dass sie sich gefragt haben, wer *ich* bin, oder dass sie schlicht nicht zuerst antworten wollen. Und wäre es ein Echo, würde es natürlich genauso klingen. Wobei ich sagen muss, dass zumindest in einigen der Erwiderungen die Betonung auf dem *dort* zu liegen schien, was auf die dreißig Ungesehenen in der Höhle hindeuten würde. Vielleicht sind manche ein

Echo, und manche sind Ungesehene. Nehmen wir die Mitte und sagen wir, es sind je fünfzehn. Ich versuche es noch einmal.

»Ich bin B.«, rufe ich.

»Ich bin B.«, schallt es mehrfach zurück.

Es ist ein Echo.

Es sei denn, die anderen heißen auch B. Gewiss, das wäre ein ziemlicher Zufall, aber *B* ist kein seltener Anfangsbuchstabe. Auf Anhieb fallen mir Billy, Bob und Brett ein, und das sind lediglich die Männer (oder trans* Männer). Es besteht auch die Möglichkeit einer Gruppe von Frauen mit Kontra-Alt-Stimmen. Und es ist ja nicht so, als würde mein Name mit *X* beginnen. Ich werde es wohl nie mit Sicherheit wissen.

»Scheiße«, sage ich frustriert.

Alle anderen sagen ebenfalls »Scheiße«. Oder tun sie es doch nicht? Oder tu ich es nicht? Vielleicht bin *ich* das Echo.

Ich dränge voran wie eine Motte ins Licht oder in diesem Fall in die Finsternis. Eine Fledermaus gewissermaßen. Wie eine Fledermaus in die Finsternis, denn Fledermäuse sind nachtaktiv. Instinktiv schütze ich mein Gesicht mit der freien Hand. Ich hasse Fledermäuse und fürchte, sie könnten neben mir herfliegen, von derselben Finsternis angezogen wie ich. Dann erkenne ich in der Ferne ein schwaches Licht. Was könnte das sein? Ich halte darauf zu, endlich eine Motte, die auf das Licht zusteuert – meine Angst vor Fledermäusen zerstäubt wie Wasser, wenn es zerstäubt –, betrete einen kathedralenartigen Raum und sehe mich tausend Donald Trunks, ja einer Million Donald Trunks auf Podesten gegenüber, die mich anblicken und singen. Sie haben Engelsstimmen. Wie kann das sein? Wer hätte das gedacht? Niemand konnte es wissen. Es ist eine wunderschöne Ballade, elegisch und eindringlich, trotz des grässlichen, Millionen Male vervielfachten Queens-Dialekts. Einer von ihnen, in blauem Blazer und cremefarbenem Rollkragenpullover, spielt auf einer Akustikgitarre. Er spielt nicht schlecht, wird jedoch nahezu übertönt von all den schönen, schrecklichen Stimmen.

Seht, wie die Nation zusammensteht,
Leuchtend in sternenheller Nacht,
Der Linksruck wurde auf rechts gedreht,
Die Zukunft wieder strahlend gemacht.

Denn die Flammen werden uns umspielen,
Feuertaufe in lodernder Glut,
Verbrannt ist alle Bosheit,
Gespaltenheit und beißende Wut.

Und so vereinigen wir uns
In dieser Sonne auf Erden,
Verbrennen als Gleiche unter Gleichen,
Um als Einer neugeboren zu werden.

Erde zu Erde,
Asche zu Asche,
Staub zu Staub,
Auf dass uns Gottes Feuer reinwasche.

IM LAUFE DER Zeit lerne ich die Trunks kennen. Sie lassen ihren Koch synthetisches Essen für mich zubereiten (sie benötigen keine Nahrung) und lassen mich in ihrem komfortablen Bett schlafen (sie benötigen keinen Schlaf). In jedem Fall stelle ich überrascht fest, dass ich sie recht nett finde. Auf ihre ungehobelte Art sind sie charmant und großzügig. Und auch wenn es sich um identische Roboter handelt, die aus der vom Computer des Meteorologen gesteuerten Fließbandproduktion stammen (von Robotern hergestellte Roboter, prahlen sie, das hätte keiner für möglich gehalten!), haben sie alle ihre persönlichen Eigenarten. Trunk Nr. 33 hat Angst vor Spinnen. Trunk Nr. 72 lacht gern. Trunk Nr. 97 ist stets neugierig. Trunk Nr. 38 ist äußerst fingerfertig. Daraus lässt sich etwas lernen: Jeder ist einzigartig, selbst massengefertigte Roboter. Ich finde die Erkenntnis sehr trostreich, dass jeder irgendetwas zu bieten hat. Und zur Feier dieser Einsicht beschließe ich, eine Liste der zehn besten Trunks aller Zeiten zusammenzustellen:

1. Trunk Nr. 143: Was lässt sich über 143 noch Neues sagen? Dieser mit Abstand komplexeste aller Trunks kombiniert die benebelten Gedankengänge seines Vorbilds mit einer geradezu übernatürlichen Liebe zu Logikrätseln. Natürlich findet er nie die Lösung, weil er ein Idiot ist, aber seine unermüdliche Wir-schaffen-das-Einstellung ist liebenswert und kann uns vermutlich alle eine wertvolle Lektion fürs Leben lehren.
2. Trunk Nr. 3907: Wow. Was für ein Trunk! Dieser mal lustige, mal tragische Trunk ist sein Geld allemal wert. Ich muss zugeben, an dem Tag, als ich ihn traf, war ich ein wenig selbstmitleidig. Während der Apokalypse in einer Höhle festzustecken – ich armer Kerl! Stimmt's nicht? Aber 3907 wollte davon nichts wissen. Nachdem er mich zu einem Wettstarren herausgefordert hatte, das ich verlor (sie blinzeln nicht! Wer konnte das ahnen!), erzählte er mir eine Stunde lang Witze. Sie waren größtenteils abgeschmackt und oft frauenfeindlich, aber ich begriff, dass er mich aufheitern wollte, und es rührte mich.
3. Trunk Nr. 908: Das ist der Trunk, dem ich mich im Laufe der Zeit am nächsten fühlte. Dieser Trunk ist vielleicht nicht so aufsehenerregend oder so geschickt wie 38 oder 3907, aber er hat mich dazu gebracht, mich selbst zu hinterfragen. Warum? Weil 908 am ehesten ist wie ich: wissbegierig, schadhaft, strebsam. Wir redeten bis tief in die Nacht hinein, er trank Punsch (ich fand auf schmerzhafte Weise heraus, dass es kein echter Punsch war!), und ich trank synthetischen Rye-Whiskey. Er ist derjenige, der mir sagte, ich müsse Ocky noch eine Chance geben. Ich erklärte ihm, Ocky sei mit ziemlicher Sicherheit

längst verbrannt, doch falls nicht, würde ich seinen Rat befolgen.

4. Trunk Nr. 17: Dieser Trunk ist der *trunkhafteste* Trunk von allen. Wenn ich ihn ansehe, kommt es mir vor, als sähe ich den wahren Trunk an, den Trunk, der vor langer Zeit das Weiße Haus bewohnt hat. Es ist unheimlich. Das hier ist keine blutarme Nicole Kidman mit schlechter Virginia-Woolf-Nase. Das hier ist Gary Oldmans Churchill, Robert Downey Jr.s Chaplin, John Goodmans Feuerstein. Abgesehen von der engelhaften Singstimme, den Laseraugen und der Flugfähigkeit *ist* er Trunk!
5. Trunk Nr. 10 846 und 710 (gleich platziert): Die Trunks, die mich zum Weinen brachten. Ihre Liebe zueinander hat Grenzen gesprengt und uns alle auf ewig gelehrt, dass Liebe Liebe ist.
6. Trunk Nr. 6555: All das Chaos, die Fehlstarts und die Sackgassen des wahren Lebens finden sich in Trunk 6555 wieder. Dieser Trunk kommt nicht mit einer Schleife verziert auf dem Präsentteller daher. Er sagt dir nicht, was du von ihm zu halten hast. Er dankt es dir, wenn du dich häufiger mit ihm auseinandersetzt. Dieser Trunk hat mich abwechselnd angezogen und wütend gemacht. Vielleicht kein anderer Trunk spiegelt unsere tatsächlichen menschlichen Beziehungen, unsere Versuche, miteinander in Verbindung zu treten, so deutlich wider wie 6555.
7. Trunk Nr. 888: Es würde mich nicht überraschen, wenn dem Computer bei der Herstellung dieses Trunks ein Fehler unterlaufen wäre. Er ist wahnsinnig, aber auf die prachtvollste Art und Weise. Wir verstehen vielleicht nicht, wovon er spricht – er erinnert an die exzentrischen, drogenvernebelten, brillanten Texte des amerikanischen Primitivisten Philip K. Dick –, aber es ist immer eine faszinierende, lustige Erfahrung, die zum Nachdenken anregt.
8. Trunk Nr. 1: Die erste Kopie. Unsensibel und ohne Superkräfte,

ähnelt 1 sehr stark dem ursprünglichen King Kong. Ist er so gut wie die neueren Versionen? Nun, nicht in technischer Hinsicht. Aber was ihm an Raffinesse fehlt, das macht er mit seinem ungelenken, trampeligen Charme mehr als wett.

9. Trunk Nr. 11 722: Dieser Trunk sprengt Grenzen. Ihr glaubt zu wissen, wer Trunk ist?, sagt er. Dann seht euch das mal an. Er verbildlicht die sanfte Seite von Trunk, den spielerischen Trunk, den Trunk, der immer da ist, um dir auf die Schulter zu klopfen oder einen Kartentrick vorzuführen. Er ruft uns ins Gedächtnis, dass die Persönlichkeit eines jeden von uns viele Facetten hat.
10. Trunk Nr. 4391: Ein aufregender Trunk. Schnelllebig, ungestüm. Schonungslos. Der Trunk, mit dem man nach einer anstrengenden Woche den Freitagabend verbringen will. Bei Nr. 4391 fließt das Adrenalin in Strömen. Ein echtes *guilty pleasure*.

Ich mache meine Liste öffentlich und begreife, dass es nun an der Zeit ist zu gehen. Natürlich sind die Trunks auf meiner Liste hocherfreut über die Anerkennung, doch die Millionen anderen fühlen sich übergangen. Sie haben allesamt ihr Bestes gegeben. Aber ein Kritiker muss ehrlich sein, selbst auf die Gefahr hin, Gefühle zu verletzen.

»Es ist nur die Meinung eines Einzelnen«, sage ich zu ihnen, und das scheint es erträglicher zu machen.

Und bald singen sie mir zum Geleit:

Erst links, dann rechts, dann tief hinunter
Nur voran, nur immer munter
Hinab die Treppe aus rohem Stein
Ach was, dir braucht nicht bange sein
(Buhuu, Treppen sind manchmal gruselig!)
Dann rechts und noch knapp zwei Kilometer
Umrunde das Stillgewässer, so rät dir jeder

(Kilometer und jeder reimen sich sauber, wenn man aus Queens ist! Haha!)
Und schon bald kommst du unter Garantie
Zum Alfred Rosenberg Center für Klontechnologie
Die Klone sind jetzt im Himmel bis auf Nummer 107
Denn der ist stattdessen hier unten geblieben
Manche sagen, er hasst Juden, doch das ist nichts als Schmus
Ein richtig feiner Kerl ist er, bloß Opfer von Fake News.

»Ich bin kein Jude«, unterbreche ich sie. »Nur damit das klar ist.«

»Wirklich? Du siehst aus wie einer«, erwidern sie singend.

Wie sich herausstellt, ist das Lied damit zu Ende. Sie steigen von ihren Podesten, unterhalten sich untereinander und schlürfen Punsch. Ich schüttle Hände, umarme, klopfe auf Schultern und gehe in Richtung Ausgang. Dort sehe ich Trunk Nr. 1 niedergeschlagen allein dasitzen.

»Keine Laseraugen«, sagt er. »Ist das zu glauben? Obwohl das meine Idee war. Der Computer konnte sie nicht nachrüsten. Zu kostspielig.«

Ich nicke mitfühlend. Ich weiß besser als die meisten anderen, was es heißt, anders zu sein. Ich berühre ihn an der Schulter, und mit dieser letzten Geste der Barmherzigkeit wende ich mich nach links und stolpere tiefer in den Abgrund, in die Schwärze hinein (meine Fackel ist längst heruntergebrannt), die Hände vor mir ausgestreckt, nach Hindernissen tastend. Und nach Fledermäusen.

KAPITEL 72

ES GEFÄLLT MIR nicht in diesem Teil der Höhle. Es ist kalt und dunkel. Die Luft ist diesig. Die Leute sind undurchschaubar und schwer zu erkennen. Der Boden ist hart und auch schwer zu erkennen. Mir ist die Sinnhaftigkeit abhandengekommen. Heute Morgen bin ich aufgewacht und habe festgestellt, dass gestern ist. Jetzt ist es vor einer Woche, und ich bin noch nicht einmal hier in der Höhle. Und doch bin ich es. Ich streife körperlos umher, warte darauf, dass ich selbst auftauche, hoffe, mich sehen zu können, wenn es so weit ist. Woran werde ich es merken? Es ist sehr dunkel. Diese neue Zeitfalte verwirrt mich. Ich versuche, sie zu begreifen, indem ich meine umfangreiche mentale Bibliothek an sowohl literarischer als auch wissenschaftlicher Zeitreiseliteratur durchforste (in Harvard habe ich im Nebenfach Chronologie studiert). Ich erinnere mich an einen Science-Fiction-Autor namens Curtis Vonnegut Jr., der Mitte des zwanzigsten Jahrhunderts über das chrono-synklastische Infundibulum geschrieben hat, eine Raum-Zeit-Dimension, in der man jederzeit und überall zugleich sein könnte. Es ist eine geniale Erzählkonstruktion. Curtis Vonnegut Jr. war ein belletristischer Autor, der mir sehr am Herzen lag. Ich habe alle seine Werke als Kind gelesen und auch einiges, was er als Erwachsener geschrieben hat – wunderbar skurrile Geschichten, angereichert mit einer großen Dosis Gesellschaftssatire, bis obenhin voll mit schrulligen Beobachtungen, Kinkerlitzchen, Trallafitti. Absolut köstlich. Natürlich wird man derlei mit zunehmender Reife überdrüssig, und mit elf Jahren wechselte ich zu Stanisław Lem über, der ebenso witzig und gescheit war, aber nicht für durchschnittliche Leser, die Lem mit seiner Gelehrsamkeit und seinen wissenschaftlichen Abhandlungen (Lem war selbst ausgebildeter Arzt und auch ausgebildeter Robbentrainer) schachmatt setzte. Für den Laien liest sich Lem fürchterlich trocken und rätselhaft, aber natürlich gehört er zu den lustigsten Schriftstellern, die je gelebt haben (er kann selbst Marie-Henri Beyle das Wasser reichen). Doch ich wuchs auch über Lem hinaus und erkannte ihn als aufgeblasenen und derivativen Hochstapler.

Als ich vierzehn Jahre alt war, machte mich mein bester Freund, der Physiker Murray Gell-Mann, mit der Science-Fiction von R. Harrington Folt bekannt, dessen so ausgeklügelte und respektlose Herangehensweise an die Zeitreise Lem wie den sabbernden Schwachkopf dastehen ließ, als der er sich tatsächlich entpuppte. Folts Roman *Zahlungsaufforderung*, den Gell-Mann mir schenkte, versehen mit der Widmung *B., du verblüffst mich. Und ich habe einen Nobelpreis in Physik, verdammt noch mal. Voller Zuneigung, M.*, veränderte mein junges Leben. Das in einer zugleich transzendenten und zweitklassigen Prosa (wie vollbringt man dieses Wunder?) verfasste Buch zieht Parallelen zwischen zervikaler Dilatation und Zeitdilatation. Natürlich erscheinen uns allen diese Parallelen heute offensichtlich, aber Folt war der Erste, der das begriff. Als es mir gelang, aus Gell-Manns gewaltigem Schatten zu treten (ich will nicht sagen, dass er fett war, aber, nun ja …), wurde mir klar, dass Folts Offenbarungen lächerlich waren und dass er ein völliger Hochstapler war und ist (wie sich herausstellte, war sein Lektor Gordon Lish das Genie in der Beziehung), und ich entdeckte Pleven, einen Schriftsteller, der so zurückgezogen lebt, dass nicht einmal sein Verleger ihm je begegnet ist (der Legende nach lebt er unter den Oromo in Äthiopien). Seine schwer verständlichen Zeittheorien hat der Literaturkritiker George Steiner vielleicht am besten charakterisiert, als er sie »chrono-synklastisches Infundibulum auf LSD« nannte. Man stelle sich, wenn man es fertigbringt, ein Universum vor, in dem nicht nur ein Individuum überall/jederzeit sein kann, sondern die Zeit selbst überall/jederzeit und nirgends/keinerzeit sein kann. Nun multipliziere man das mit zehn. Nun entmultipliziere (oder »teile«) man es. Das ist der Kern von Pleven, ein Kern, der in siebzehn Dimensionen existiert. Meine Welt wurde erschüttert. Im Vergleich dazu erschien Folts Werk wie von einer gemeinen Gartenwegschnecke verfasst.

Ich erinnere mich, wie ich irgendwann einmal den Versuch unternahm, meine damalige Frau für *Drehkraft, Zwischenraum* zu interessieren, in meinen Augen Plevens Meisterstück, und sie sich überhaupt keinen Reim darauf machen konnte. Ich sage das nicht, um sie zu verunglimpfen. Es ist für so gut wie jeden ein zutiefst schwieriges Buch. Gell-Mann hat es einmal quer durch den Raum geschleudert. Tatsächlich war dies das Ende unserer Freundschaft. Sieh dir das an, sagte ich zu Murray und schlug mein zerschlissenes Exemplar an der lustigsten Stelle auf, die ich jemals in einem Buch gelesen hatte. Doch Murray warf das Buch nur wieder durch den Raum, das diesmal seine Katze Schrödinger traf und vielleicht tötete. Es war das Ende unserer Freundschaft und meiner Ehe und aus irgendeinem Grund auch von Gell-Manns Ehe. Doch *Zwischenraum* genügte mir nicht. Ich begann, seine Lyrik prosaisch zu finden und seine Prosa lyrisch. Dann entdeckte ich Setiawandt, einen Autor, dessen Zeitphilosophie mich so kopfscheu machte, dass sie mich rückwirkend sieben Jahre meiner Kindheit lang verstummen ließ; in dieser Zeit verschlang ich die Kindheitsgedichte der damals stummen Marguerite Annie Johnson, bis wir beide, jede*r von uns in seiner eigenen Zeit, den Tanz für uns entdeckten, unsere Stimmen wiederfanden und unter Umständen die Welt veränderten. Zum Besseren, wie ich meinen möchte. Natürlich war Setiawandt ein Schwachkopf erster Kajüte. Heute weiß ich das.

EINE HÖHLE IST das Gegenteil eines Feuers, sage ich mir. Es sei denn, in der Höhle brennt ein Feuer. Dann ist es ein und dasselbe oder eins im Selben. Aber meist brennt dort keines. Ich fühle mich benommen und verwirrt. In einer Höhle gibt es nicht viel Brennbares. Manchmal findet sich benzingetränktes Holz, aber ich würde sagen, das ist eher die Ausnahme, die die Regel bestätigt. Warum bestätigt eine Ausnahme die Regel? Das ergibt keinen Sinn, wenn man nur eine Sekunde lang darüber nachdenkt. Oder auch nur eine Vierundzwanzigstelsekunde.

HIER SIND ÜBERALL Massen von dunkel gefärbten Körpern um mich herum, dunkel gefärbt von der Dunkelheit der Höhle, glaube ich. Wären sie auch außerhalb der dunklen Höhle dunkel gefärbt? Ich kann es nicht wissen. So wie ich auch nicht wissen kann, welchen der Hunderte von Tunneln ich nehmen soll. Einige, wenn nicht alle von ihnen werden ohne Zweifel ins Verderben führen. Wie soll ich mich entscheiden? Wie soll ich es wissen? Die Körper schlurfen vorbei, sprechen gedämpft. Es stinkt hier. Es stinkt nach Menschenmassen.

Irgendwann sehe ich ein schwaches Leuchten und gehe darauf zu. Ich betrete einen Raum, der mindestens einhundert Inkubatoren enthält und etwas, wobei es sich nur um ein Dutzend riesenhafter Klonmaschinen handeln kann. Eine winzige alte Naziflagge an einem Zahnstocher ist kurzerhand mit Klebeband an der Wand befestigt worden. Bei näherer Untersuchung sehe ich Reste von Schokoladenglasur an dem Zahnstocher, die gewiss von einem Dritte-Reich-Törtchen stammen, zweifellos von der abscheulichen Constanze Manziarly für den Führer persönlich gebacken.

»Heil Hitler«, sagt eine Stimme.

Ich suche den riesigen Raum ab und entdecke schließlich den offenbar letzten Rosenberg-Klon, der an einem Klapptisch sitzt und dünne Knochenbrühe schlürft. Seine Haut ist bleich, fast durchscheinend. Vielleicht ist das auf einen lebenslangen Mangel an Sonnenlicht zurückzuführen, vielleicht ist es eine Begleiterscheinung des Klonvorgangs. Vielleicht ist es irgendetwas anderes. Ich bin kein Arzt.

»Ich bin Alfred Rosenberg«, sagt er. »Verzeihen Sie meine lichtdurchlässige Erscheinung.«

»Das macht gar nichts«, sage ich. »Ich bin B. Rosenberg.«

»Ich bin kein Jude«, sagen wir im Chor.

Wir beäugen einander argwöhnisch.

»Kann ich Ihnen helfen?«, sagt er schließlich.

»Ich schaue mich nur um«, sage ich.

»Gut«, sagt er. »Lassen Sie sich Zeit. Die Zahnstocherflagge ist nicht zu verkaufen. Das ist ein Familienerbstück.«

Ich nicke und streife umher, wobei ich die Hände deutlich sichtbar hinter dem Rücken verschränke, damit er nicht denkt, ich wolle etwas klauen.

Ich bleibe stehen, um eine der Klonmaschinen in Augenschein zu nehmen.

»Möchten Sie sich vielleicht klonen?«, fragt er. »Ich kann Sie anschließen. Vorausgesetzt, Sie sind kein Jude.«

»Ich sagte Ihnen doch bereits, dass ich kein Jude bin.«

»Ich musste fragen. Man muss fragen.«

»Nun, ich bin keiner.«

»Gut. Wollen Sie also einen Klon?«

»Wie lange würde das dauern?«

»Ich kann Ihnen innerhalb von höchstens einer Woche einen ganz frischen machen.«

»Der käme als Baby, oder? Ich meine, ich müsste ihn großziehen?«

»Irgendjemand muss es machen. Wir sind ja nicht herzlos.«

»Nun, könnten Sie das vielleicht übernehmen? Und ich hole ihn dann in, sagen wir, zehn Jahren ab?«

»Natürlich, das kann ich machen. Ich sitze ja nur hier herum.«

»Ich will aber keinen Nazi.«

»Ach. Ich dachte, Sie sind kein Jude.«

»Bin ich auch nicht. Aber ich bin gegen jegliche Art von Genozid.«

»Ach. Aha. Na schön. Das ist doch prima. Hmm. Lassen Sie mich nachdenken … Also gut, was soll er denn sein?«

»Ein Filmemacher.«

»Ein Riefenstahl?«

»Nein. Keine Nazis.«

»Dann ein Godard? Das sind Ihre Optionen.«

»Ja. Godard ist bestens. Ich bin sein größter Fan.«

»Perfekt.«

»Was bin ich Ihnen denn schuldig?«

»In der derzeitigen apokalyptischen Wirtschaft habe ich keinerlei Verwendung für Geld. Sie können mit einem Klon zahlen. Ich mache zwei Klone von Ihnen. Einen für Sie und einen für mich.«

»Also einen Filmemacher und einen Nazi?«

»Ja.«

»Einverstanden«, sage ich nach kurzer Überlegung.

Ich bin schließlich nicht die Weltpolizei.

Er streckt die Hand aus. Ich versuche, sie zu schütteln, aber er wirft mich zu Boden, steckt mir ein Wattestäbchen in den Mund und fährt damit hin und her.

»Sie hätten die DNA-Probe wirklich nicht mit Gewalt nehmen müssen«, sage ich.

»Hinterher ist man immer schlauer«, sagt er. »Bis bald.«

ALS NÄCHSTES FINDE ich mich in der prachtvollen Behausung des Filmstars Mandrew Manville (ehemals Cheryld Ray Parrett Janior) wieder, dessen zwei fliegende (mithilfe von Jetpacks) Diener mich in Empfang nehmen. Sie sind jetzt sehr alt, mindestens so alt wie Ingo, als ich ihm zum ersten Mal begegnete.

»Wir haben Sie erwartet«, sagt der Dünne mit dem Schnauzbart, der vor mir schwebt – Molloy, wie ich vermute. »Ich bin Mudd«, setzt er hinzu.

»Ich hatte Sie für Molloy gehalten«, sage ich.

»Das passiert häufiger«, sagt der andere, ebenfalls dünn und mit Schnauzbart, der, so folgere ich, Molloy sein muss.

»Ich muss Molloy sein«, sagt er. »Ich habe mich nicht dafür entschieden, Molloy zu sein, aber ich muss es sein, denn dieses Blatt habe ich auf die Hand bekommen, und wie wir alle muss ich das Blatt spielen, das ich auf der Hand habe.«

Ich lächle, weil ich keine Ahnung habe, welcher Gesichtsausdruck gerade angemessen ist.

Offenbar habe ich mich falsch entschieden, denn Molloy landet, stürzt sich auf mich und versucht, mir mit einem Wattestäbchen über die Wangeninnenseite zu fahren.

Ich vermute, dass Mudd und Molloy senil sind. Sie bieten mir Tee an und tun es unmittelbar darauf gleich noch einmal. Ich sage. »Ja, gerne«, und sie bringen mir eine Aubergine und einen Strohhalm.

»Die Aubergine wird auch Eierfrucht genannt«, sage ich.

»Ieh ga ga ga ga ga *ga* ga ga ga ga«, sagt Molloy; ich glaube, er macht sich über mich lustig.

Sie fliegen beide davon, und ich muss an meine Kindheitsgefährten Hegel und Schlegel denken. Sie sind auch geflogen. Und waren eine Art Komikerduo. Mir kommt der Gedanke, dass ich auch ein halbes Komikerduo bin. Nur dass es in meinem Fall unfreiwillig ist und ich nicht weiß, wer mein Partner ist. Das Universum? Ich bin der perfekte Possenreißer für diese Zeit – der arrogante Idiot –, und es gefällt mir gar nicht. Warum kann ich nicht der Stichwortgeber sein? Ich neide Molloy seine Verwandlung. Aber natürlich existiert Molloy in der Welt der Fiktion, dem einzigen Ort, an dem Verwandlung möglich, ja notwendig ist, denn wir als Spezies brauchen unsere Hoffnung, unsere Figurenentwicklung. Wir brauchen die Gewissheit, dass auch dies vorübergeht.

»Ich habe endlich gelernt zu lieben«, ruft Molloy zu mir herunter, während er wieder über mir dahinfliegt.

KAPITEL 73

ZERFALLENDE KÖRPER, HOCH aufgetürmt. Rosenberge, vermute ich. Überschüssige Rosenberge. Die hinter die Zeit, hinter eine sich stets weiterentwickelnde Kultur zurückgefallenen Rosenberge. Die irrelevanten Rosenberge. Man fragt sich, ob es überhaupt möglich wäre, den Tunnel zu wählen, den man nicht gewählt hat. Man vermutet, dass es nicht möglich wäre. Und mit diesen Gedanken betritt man den Tunnel.

Ein lebender Rosenberg spricht hier. Es ist ein kleiner Rosenberg, vielleicht der kleinste von allen, und als solcher schreiben ihm die übrigen versammelten Rosenberge eine Reinheit des Strebens und des Geistes zu. Seine Stimme klingt hell und präzise wie eine Musette oder auch Piccolo-Oboe, die kostbarste aller Oboen, was nur zur Begeisterung der Massen beiträgt, als er erklärt, die Zeit des Wandels sei gekommen.

»Wir sind nicht die Lippe unseres Vaters. Wir sind mehr, unendlich viel mehr, und wir werden den Weg in den Frieden weisen.«

Die Rosenberge jubeln.

»Die vergangenen Generationen haben uns verraten. Sie haben den Planeten mutwillig zerstört. Mit ihrer schamlosen Habgier haben sie unsere Gesellschaft verdorben. Doch damit ist jetzt Schluss. Wir stehen heute auf für Inklusion, Diversität, sexuelle Auflehnung, eine Kultur des gegenseitigen Einvernehmens.«

Die Rosenberge jubeln.

»Wenn ihr erlaubt, würde ich euch gern eine kleine Geschichte erzählen«, sagt er.

Die Rosenberge stoßen ein einstimmiges »Oooh« aus. Schnitt auf Nahaufnahmen von Rosenbergen im Publikum, die zu dem kleinen Jungen emporlächeln, einander im Arm halten, weinen. Es ist ein emotionaler Augenblick. Ich weiß nicht, was ich damit meine, dass es im wahren Leben Nahaufnahmen gibt, aber sie sind trotzdem da.

»Als ich ein kleiner Junge war – letztes Jahr –«

Schnitt auf lachende Rosenberge in der Menge.

»Da sah ich die Welt mit den Augen eines Kindes. So wie es sein sollte, nicht wahr?«

Jubel aus der Menge.

»Aber die Großen raubten mir meine Unschuld. Mit ihrer Gewalt und Korruption, mit ihren Kriegen sorgten sie dafür, dass ich mich nicht mehr sicher fühlte. Ich musste erwachsen werden, und zwar schnell. Ich lernte blitzschnell, dass ich niemandem außer meiner Generation, außer mir selbst trauen konnte. Die Großen interessierten sich nicht für meine Belange. Wie konnte das sein? Das sind unsere Eltern, unsere Erziehungsberechtigten, die Menschen, in deren Hände wir notgedrungen unsere jungen Leben gelegt haben. Und auch wenn das ein schmerzliches Erwachen war, bin ich dankbar dafür, denn nun kenne ich das Antlitz des Bösen. Ich bin dankbar, ein Kind zu sein und so den Weg weisen zu können.«

Jubel aus der Menge. Nahaufnahmen lächelnder Rosenberg-Pärchen, die sich, in Decken gehüllt, zur Musik hin und her wiegen.

Warum läuft überhaupt Musik?

»Es tut mir nur leid, dass ich kein Child of Color oder ein genderqueeres Kind oder ein trans* Child of Color bin wie einige von euch Rosenberge, denn dann hätte ich ein noch reineres Herz, als ich es ohnehin schon habe. Aber ich bin euer Verbündeter, und ich werde mich hinsetzen und zuhören, und ich werde aufstehen und mit ganzem Herzen für die Freiheit all der Unschuldigen in dieser Höhle kämpfen und für die Dezimierung der Korrupten, der Käuflichen, derer, die krumm und verdreht sind vor Hass und Bigotterie und Arthritis. Wir werden sie zerstören, sie in den Boden stampfen, sie bezwingen, keine Spur ihrer Existenz übrig lassen. Bis auf ihre glitschigen Eingeweide, die den Boden unserer gemeinsamen Behausung beflecken werden. Und die Großen, die nach der Säuberung noch übrig sind, werden wir vor die Wahl stellen, sich dieser Revolution anzuschließen oder sich als Mus zu ihren Mitstreitern unter unserem kollektiven Stiefelabsatz zu gesellen. Wir haben viel Arbeit vor uns. Die Trunks sind stark. Sie haben Laser, und ich habe gehört, sie könnten mit Kopfpropellern fliegen. Slammy's ist allgegenwärtig. Aber Slammy's braucht uns als Kunden. Das ist das Entscheidende. Ein Boykott wird sie zerstören.

* * *

IN EINER ECKE finde ich einen Haufen Kleider. Künstlerkleider. Regisseurskleider, um genau zu sein. Kniehohe Lederstiefel, Reithosen, eine Weste, eine Kappe, eine Krawatte. Nicht die Uniform des Regisseurs von heute: keine Steve-Spielberg-Baseballmütze, kein T-Shirt. Keine Tennisschuhe. Zum Spaß ziehe ich die Sachen an (ich habe Kostümfeste immer geliebt!) und denke über den Film nach, den ich in diesem Outfit drehen würde. Ich denke über die Rezension nach, die ich über den Film schreiben würde, den ich in diesem Outfit drehen würde:

»Es gibt gute Filme und sehr gute Filme. Und es gibt natürlich auch bedeutende Filme. Und dann gibt es sehr bedeutende Filme. Und natürlich *sehr*, sehr bedeutende Filme. Aber ein Film, der eine völlig neue Filmsprache schafft, der eine Welt kreiert, in der sowohl Filmemacher als auch ihr Publikum heimisch werden können, ist ein einzigartiges Erlebnis, für das ich auf ewig dankbar sein werde. Gewiss sind alle meine Leser mit den brillanten kritischen Betrachtungen B. Rosenbergs vertraut. Doch das gilt nicht für seine Arbeit hinter der Kamera, sein vom Publikum sträflich vernachlässigtes Meisterwerk *Quod Erat Demonstrandum*, eine herausragende Analyse moderner romantischer

Beziehungen am Beispiel zweier brillanter Harvard-Studenten, die sich mit dem plötzlichen Tod eines Kommilitonen, der ebenfalls in Harvard studiert hat, auseinandersetzen müssen. Die Behauptung, der Verstand junger Intellektueller sei noch nie so tief ausgelotet worden wie in diesem Erstling von Rosenberg, wäre deutlich zu kurz gegriffen. Doch es gibt Zeiten (auch wenn wir Kritiker es ungern zugeben! Haha!), in denen Worte einfach unzulänglich sind. Was uns direkt zum vorliegenden Film bringt, Rosenbergs Zweitling *Vorliegende Fragen*, wenngleich dieser Film meilenweit von einem gewöhnlichen Zweitling entfernt ist. Ich werde meiner Aufgabe nicht gerecht, wenn ich Ihnen sage, dass Sie ihn einfach selbst gesehen haben müssen, doch das müssen Sie. Das muss man. Er muss gesehen werden. So bedeutend ist *Vorliegende Fragen* in seiner Aktualität für die aktuelle kulturelle Konversation, in die wir aktuell verwickelt sind. Was soll man weiter tun, als Ms. Dickinson nachzubeten und zu paraphrasieren: Ich weiß, dies ist ein Film, weil er mir den Kopf von den Schultern gerissen hat. Doch leider ist auch das unzulänglich. Ich habe eine Aufgabe. *Vorliegende Fragen* erzählt die Geschichte eines in Harvard ausgebildeten Filmkritikers – er mag brillant sein, doch er ist viel zu bescheiden für eine derart unbescheidene Selbstetikettierung –, der auf einen Plan der Regierung stößt, die Bevölkerung von einer Droge abhängig zu machen, die sie passiv und fügsam werden lässt. Die Eingangsszenen sind wunderschön inszeniert und dargestellt. In ihrer Ruhe und Stille evozieren sie die langen schwarz-weißen Weitwinkelaufnahmen eines Carl Theodor Dreyer, aber vermittels Nahaufnahmen, Einsatz von Handkameras und grellen Farben ergänzt um einen zeitgenössischen Twist. Leuchtende Grün- und Orangetöne überwiegen und nehmen den fürchterlichen Schrecken vorweg, der bald sein hässliches Haupt erheben wird. Als der Filmkritiker G. Goldberg diesem pharmazeutischen Albtraum zum Opfer fällt, durchläuft der Film eine Wandlung. Vollständig aus Goldbergs Blickwinkel gefilmt, erleben die Zuschauer die Wirkung dieses heimtückischen Regierungscocktails. Nie zuvor wurde subjektives Erleben – ob pharmazeutisch beeinflusst oder nicht – mit solcher

Detailfülle und solchem Esprit geschildert. Die Falschheit des kinematografischen LSD-Trips oder der Marihuana-Trip-Filme, ja selbst der heute so beliebten, allgegenwärtigen Frau-bekommt-in-der-Bar-K.-o.-Tropfen-verabreicht-Sequenzen ist ein ausreichender Beleg für die Schwierigkeit, drogenvernebelte Erfahrungen im Film darzustellen. Was sich hier ereignet, ist das vielleicht brillanteste filmische Unterfangen, das die Welt je gesehen hat. Die Betrachter durchleben die geistige Verwandlung mit Goldberg zusammen. Er wird vom leidenschaftlichen Konsumaktivisten zum gleichgültigen ›Drogi‹, der gewissermaßen mit dem Strom schwimmt und sich mit dem von der Regierung bereitgestellten Unterhaltungs- und Zerstreuungsprogramm zufriedengibt. Und das ist erst der Anfang.

Rosenbergs Darstellerensemble, das vollständig aus animatronischen, ferngesteuerten Trunks besteht, trägt mehr dazu bei, die auf gefährliche Weise eskalierenden Spannungen in der Höhle von heute abzubauen, als es selbst eine Million Rosenberge je könnten. Indem er sich des Bombasts entledigt und die zarte Humanität dieser Roboter zutage treten lässt, ermöglicht Rosenberg den Zuschauern, die gemeinsame Basis zu entdecken, die für echten Wandel notwendig wäre. Darüber hinaus ist –«

Meine Rezension wird von einer neuen (neu? Wie kann das sein?) Mudd-und-Molloy-Nummer unterbrochen, die mir vollständig ausgeformt in den Kopf kommt. Ich glaube, sie stammt nicht einmal aus Ingos Film. Ich versuche, sie zu vertreiben, doch sie lässt sich nicht abweisen.

»Also gut, da wir nach Italien wollen, werde ich dir etwas über die korrekte Aussprache beibringen.«

»Gut, auf geht's.«

»Der englische Buchstabe ›e‹ wird wie ›ä‹ ausgesprochen.«

»Oh.«

»Nicht ›o‹, ›ä‹.«

»Ah.«

»Nein, ›ah‹ sagt man statt ›a‹.«

»Ich dachte, das sagt man statt ›e‹.«
»Nein, ›e‹ ist ›ä‹.«
»›E‹ ist ›ä‹?«
»Und ›a‹ ist ›ah‹. Kapiert?«
»Ich glaube schon. ›A‹ ist ›ah‹.«
»*Si.*«
»Wer, sie?«
»Niemand. *Sì* heißt ›ja‹.«
»Sie heißt ja. ›Können ja mir sagen, was »nein« heißt?‹«
»*No.*«
»Du willst es mir nicht sagen?
»Doch.«
»Und?«
»›Und‹ heißt auf Spanisch übrigens einfach nur *y* und wird wie ›i‹ ausgesprochen.«
»Oi.«
»Auf Italienisch dagegen ist der Buchstabe ›i‹ der Plural von ›der‹, ›die‹ oder ›das‹.«
»Das *was?*«
»Das heißt *il cosa*.«
»Was?«
»Nein. Das heißt nur *cosa*.«
»Oh.«
»Nein. *O* heißt ›oder‹.«
»Jetzt habe ich langsam eine grobe Idee.«
»›I‹ wird wie ›ieh‹ ausgesprochen, ›d‹ wird zu ›deh‹.«
»Nicht ›I-D‹, sondern ›Idee‹! Wie willst du mir Italienisch beibringen, wenn du nicht mal weißt, was ›Idee‹ heißt?«
»Sei nicht albern! Idee heißt *idea*.«
»I-D-A?«
»Aaah!«
»Sag ich doch!«
In der Nummer kommt sowohl eine Sie vor (also zum Beispiel Tsai)

als auch ein Ah (für den ich Pate gestanden habe, falls das nicht klar gewesen sein sollte), und wenn ich mir vorstelle, wie sie aufgeführt wird, sehe ich Mudd und Molloy in Tsai und mich verwandelt, beide von uns in Anzügen. Bei ihr bin ich gern der Dumme. Ich spüre, wie sich in meiner Lendengegend etwas regt. Das ist lange, lange her. Es gefällt mir gut, sehr gut.

KAPITEL 74

DIE HÖHLE IST voller Rosenberge und Trunks und verwirrender Wörter und schlechter Einfälle und Verrisse und gebrochener Seelen und Slammy's-Burger und Finsternis. Alles vervielfältigt sich, repliziert sich, breitet sich aus wie ein grotesker mutierender Organismus. Es gibt Muster und Anklänge an Vergangenes und sich wiederholende Dezimale und Klone und fixe Ideen und »Hallo, wie geht's dir«s und tief verankerte Masturbationsfantasien und Lügen und gewaltsame Umstürze. All das stets gegenwärtig, Raum und Zeit offenbar bis an die Grenzen ihrer Aufnahmefähigkeit gedehnt. Doch das ist eine Illusion. Für einen ist doch immer noch Platz, wie uns die alte schottische Ballade lehrt:

Erst kam ein Kesselflicker, dann ein Schneider
Und ein Matrose mit Schnur und Blei;
Ein Söldner und eine junge Fischerin,
Mit einem Korb Fische dabei;
Ein altes Weib voller Frohsinn und Gesang,
Vier Torfstecher, geradewegs aus dem Moor,
Piping Rury, der stets große Reden schwang,
Und ein junger Schäfer
Mit seinem Hütehund,
Einem aufgeweckten kleinen Labrador.
Er grüßte und blieb stehn am Türabsatz.

Da sagt Lachie MacLachlan: »Komm rein, mein Schatz!
Hier ist doch noch Platz,
Für einen ist immer noch Platz!«

Natürlich ist die eigentliche Lektion dieses Liedleins (heißt es »Liedlein« oder »Liedchen«?), dass eben nicht immer noch Platz für einen ist. Denn Lachie MacLachlans Haus barst vor zu vielen singenden und lachenden Gästen. Dass sie sich alle daranmachten, ein größeres Haus zu bauen, ändert nichts an der Wahrscheinlichkeit, dass auch das größere Haus irgendwann in der Zukunft vor zu vielen Menschen bersten wird. Ich bemühe mich noch immer zu verstehen. Ich bemühe mich, Ingos Film zu verstehen, dass er nie zu enden scheint, dass ich mich, wann immer ich an ihn denke, an etwas anderes, etwas Neues, etwas Widersprüchliches erinnere, dass ich meine Filmerfahrung ständig neu hinterfragen muss. Der Film wächst und wächst, als wäre er in der Erde meines Gehirns eingepflanzt. Eine Bohnenstange. Ein Pilz. Eine Kolonie von Zitterpappeln. Wird auch mein Schädel bersten, nur um von den Verantwortlichen größer und besser wieder errichtet zu werden? Von Ingo? Von den unzähligen Puppen im Film? Ist das bereits geschehen? Ist mein Schädel wieder und wieder neu errichtet worden, bis er schließlich die Größe des Sonnensystems erreicht hat?

DAS KABINETT DER Trunks tritt zu einer im Fernsehen übertragenen Krisensitzung zusammen. Der Präsident spricht.

»Okay, wir gehen einmal reihum, jeder von euch singt eine kleine Lobeshymne auf mich und so weiter. Verteidigungsminister Trunk? Sie fangen an.«

»Danke, Mr. President. Es ist eine Ehre, einem so beherzten und zukunftsorientierten Präsidenten wie Ihnen dienen zu dürfen. Ich singe zur Melodie des Titelliedes der Zeichentrickserie *Familie Feuerstein*.

Wir arbeiten so gern für Sie
Einen Besseren hatten wir nie
Sie schützen uns gegen die Neider
Die unsere schöne Höhle leider
Völlig zerstören wollen
Durch ihre Fake News und ihre grauenvollen
Homosexuellen Handlungen
We'll have a gay old time!

»Danke, Minister Trunk. Bildungsminister Trunk?«

Eine Explosion ist zu hören, Sirenen heulen auf, und die Trunks erheben sich sekundenschnell von ihren Plätzen und verwandeln sich in Kriegsmaschinen, während eine Wand auf elektrische Weise versenkt wird wie ein Autofenster und die versammelten Trunks in die nachtschwarze Höhle hinausfliegen und sich zu all den anderen fliegenden Trunks gesellen, nunmehr wild entschlossen, Zerstörung auf die Menge unter ihnen herabregnen zu lassen.

ICH KANN NICHT behaupten, noch zu wissen, wo ich aufhöre und die Gedanken außerhalb meines Kopfes beginnen. Einige meiner Erinnerungen erscheinen mir fragwürdig, so als läge ihr Ursprung anderswo. Viele stehen im Widerspruch zu anderen Erinnerungen. Es dürfte unmöglich sein, gleichsam die Spreu vom Weizen zu trennen, und ich vermute, dass die Akzeptanz dieses neuen Ichs die einzige Möglichkeit ist, weiterzumachen, die einzige Möglichkeit, meine geistige Gesundheit zu bewahren. Ich liebe beispielsweise all die führenden Slammy's-Angestellten. Mehr, als ich in Worte fassen kann. Ich liebe sie. Sie sind einfach großartig gewesen und haben meine Filmkarriere und mein neues und unvermitteltes und überwältigendes Interesse am Beruf des Kriegsreporters immer unterstützt. Und doch muss ich gestehen, dass ich in den dunklen Winkeln meines Geistes Fantasien über sexuelle

Vereinigung mit einem oder mehreren der Trunks hege, nicht mit allen auf einmal, denn ich bin kein Perversling, aber mit jedem Einzelnen von ihnen und auch mehreren zugleich. Natürlich bin ich von diesen Fantasien zugleich auch abgestoßen und schäme mich ihrer. Und tatsächlich weiß ich nicht einmal, welche dieser Empfindungen – die Fantasien oder das Abgestoßensein – meinem wahren Ich entspricht, falls überhaupt. Sie existieren nebeneinander. Vielleicht sind beide nicht authentisch. Wobei ich sagen muss, dass ich diese Möglichkeit als unwahrscheinlich betrachte, so übermächtig ist mein Verlangen, einen Trunk-Penis in den Mund zu – Oh, da kommt einer, ich sehe ihn ganz deutlich: Kriegsminister Trunk (Trunk Nr. 35 711) erscheint nur mit einem Suspensorium bekleidet vor mir. Ich habe schon immer eine Schwäche für beleibte alte Männer gehabt (wirklich?), und ich spüre, wie ich bei der Vorstellung steif werde. Er lockt mich heran, indem er die wunderbaren Lippen seines winzigen, sinnlichen Mundes in diesem riesigen Gesicht spitzt, das so köstlich marmoriert ist wie ein erstklassiges Stück feingemaserten Rindfleischs. Ich scheine in dieser Fantasie keinen freien Willen zu besitzen und tänzle auf ihn zu, als plötzlich ein Schmerz in meinem Kopf explodiert und ich begreife, dass dies das Signal ist, dass ich auf dem Schlachtfeld gebraucht werde. Ich greife in meine Tasche, nehme den Pissoirspülknopf mit der Aufschrift ZIEHEN heraus, befestige ihn an meinem Filzhut und ziehe in den Krieg.

Ich begreife das alles nicht. Eine Schlacht wird ausgetragen, doch es ist unklar, wer dort kämpft, wer der Feind ist, wer die Verbündeten sind, was es zu erringen gilt. Es gibt keine Uniformen, oder besser gesagt, jede*r scheint sich seine (ihre, xiese) eigene Uniform gestaltet zu haben. Einige tragen Pickelhauben, deren riesenhafte Spitzen so modifiziert wurden, dass sie den Lichtschwertern aus *Star Wars* ähneln; andere tragen übergroße Zweispitze oder leuchtend gelbe Dreispitze mit schwarzen Hutfedern. Es gibt Helme aller Art, aus allen Epochen, aus dem Reich der Fiktion und aus dem anderen Reich. Da sind Steampunker und Superhelden, Soldaten in Rüstungen und andere beinahe nackt und in Kriegsbemalung. Es ist in vielerlei Hinsicht wie eine Cosplayer-Convention, nur dass das Morden echt ist, oder so scheint es zumindest. Wie sollte ich es mit Sicherheit sagen können, bei den Spezialeffekten heutzutage? Mit meinem ZIEHEN-Spülknopf, meiner Flakweste und meiner Kamera um den Hals halte ich mich für einen neutralen Kriegsreporter, wenngleich ich der Seite von Anständigkeit und Wahrheit zuneige, die in dieser gespaltenen Welt wohl oder übel von Slammy's verkörpert wird. Doch ein Trunk tanzt in meinem Kopf, zwinkert mir zu, nennt mich verführerisch Fake News, lockt mich. Ich bin hin- und hergerissen.

Natürlich trage ich jetzt eine Waffe – die PF-9 –, aber sie dient nur zum Selbstschutz; ich bin kein Kriegsteilnehmer. Wie sind wir an diesen Ort gelangt? Mein Gedankengang wird unterbrochen, als unmittelbar vor mir ein als eine Art Westgoten-Mongolen-Hybride gekleideter Mann einen Tataren in weißem Vampir-Make-up niedermetzelt. Ich mache ein Foto. Es ist ein gutes Bild. Ich rechne mit einem Pulitzer. In meiner Fantasie besteht das Pulitzer-Komitee aus nackten Trunks mit Suspensorien, die mich auf die Bühne drängen, wo ich den Preis entgegennehme. Roboter-Trunks mit Kopfpropellern stürzen sich von oben herab und schießen mit ihren Laseraugen wahllos in die Menge hier unten auf dem Boden der Höhle, während zur selben Zeit viele andere Trunks über dieses gigantische Schlachtfeld verstreut auf improvisierten Sperrholzbühnen stehen und abstreiten, dass solche Handlungen stattfinden.

»Slammy's ist faschistisch, höre ich, es ist ein faschistisches, unamerikanisches Unternehmen. Sie schießen in Menschenmengen, höre ich. Kinder, Mütter, Farmer. Hart arbeitende amerikanische Farmer. Kohlearbeiter. Alles, was wir wollen, ist Amerika wieder groß machen, für alle, sogar für diese verlogenen Slammy's-Leute, und glaubt mir, echte Amerikaner wollen das auch. Wir lieben den Frieden. Richtig? Natürlich tun wir das. Wir lieben den Frieden. Wir sind ein friedliebendes Volk. Jeder weiß das. Und das ist es auch, was wir in meiner Regierung am meisten lieben. Den Frieden.«

Ein Slammy's-Eiswagen bahnt sich seinen Weg durch das Chaos und spielt dabei seine klimpernde elektronische Melodie. Kleine Kinder – gekleidet als andere Kinder: afrikanische Kindersoldaten, Stefan von Cloyes, Jeanne d'Arc, die kurdischen Tabura Zaroken Sehit Agit, Trommlerjungen (-mädchen, -diverse), Astro Boy *et ketera* – laufen, mit Slammy's-Dollars wedelnd, zu dem Eiswagen und werden von zwischen den Stalagmiten verborgenen ungesehenen Scharfschützen augenblicklich erschossen. Auch davon mache ich Bilder. Pulitzer mag so etwas. Nun spricht Pollux Collins, der in einem kugelsicheren »Papamobil« mit getönten Scheiben herbeigefahren wird, über ein auf dem Dach befestigtes Megafon zur Menge.

»Volksgenossen, ihr könnt mich hören, aber nicht sehen, so wie ich euch hören, aber nicht sehen kann. Nun ja, ich kann euch durch dieses schalldichte kugelsichere Glas auch nicht hören, aber man sagt mir, ihr hättet liebliche Stimmen und würdet meinen Namen singen. Das ist gut. Sehr gut. Wir befinden uns in einer Zeit heftigen Umbruchs. Wir müssen diesen Sturm überstehen, um eine Zeit des Friedens und Reichtums für alle zu erleben. Wie der große Lehrer – ja, *Lehrer*, nicht Gottessohn – Jesus H. Christus einst sagte: ›Das Reich Gottes ist inwendig in euch.‹ Er meinte, es sei nicht notwendig, den Frieden außerhalb von euch zu suchen, denn ihr tragt ihn im Herzen. Tatsächlich hätte er auch hinzusetzen können, dass es eine Ablenkung wäre, ihn außerhalb zu suchen. Denn wie Matthäus 18,9 uns lehrt: *Und so dich dein Auge ärgert, reiß es aus und wirf's von dir*. Er hätte auch hinzusetzen können, man solle gleich beide Augen ausreißen, denn dann ist jeder Ärger ausgeschlossen und man kann sich ganz auf das Reich Gottes in seinem Herzen konzentrieren, statt Pornofilme zu schauen oder was auch immer einen davon ablenkt, auf das Reich Gottes in seinem Inneren zu blicken. Denn hat meine Blindheit mir nicht zur Einsicht verholfen? Ja, meine Freunde, es ist kein Zufall, dass es ›Einsicht‹ heißt. Ein*sicht*. Versteht ihr? *Sicht hinein*. Ich möchte euch einladen, mit mir zusammen dem Äußeren abzuschwören. Denn ist nicht selbst diese Höhle, unser Schutz vor den rauen Elementen dort draußen, eine Art Blindheit? Ich frage euch, was geschieht mit dem Höhlenfisch? Im Laufe der Generationen verschwinden seine Augen. Nun sagen manche, das sei schlicht Evolution, ich aber sage, es ist Gott selbst, der (die, xier) diese Kreatur für ihren Glauben belohnt, dafür, dass sie zuversichtlich in die Finsternis hineinschwimmt. Habt Zuversicht, meine Freunde. Kommt zu mir in diesen Garten des Nichtvisuellen und reißt sie aus!«

»Reißt sie aus! Reißt sie aus!«, skandieren Pollux' Anhänger.

»Begeisterte neue Anhänger von Pollux«, fährt Pollux fort, »unterstützt die bereits Eingeweihten, meine *Acolyti Edepol*, in diesem Akt der Auflehnung gegen die Lügen der visuellen Welt und reißt das Auge aus, das mich, ich meine euch, ärgert.«

Und die noch Sehenden reißen sich, von dieser erstaunlichen Predigt angerührt, die Augen heraus, die auf den Boden der dunklen Höhle fallen und dort umherrollen. Wie sich herausstellt, ist es im wahren Leben überhaupt nicht lustig, sondern vielmehr entsetzlich, tragisch und abstoßend. Ich schieße ein paar erschütternde Fotos, die diese *Acolyti Edepol* leider niemals sehen werden. Sie wollen es offenbar so. Und doch bleibt eine gewisse Traurigkeit, zumindest für mich als neutralen Fotojournalisten, denn meine Bilder sind spektakulär, um ehrlich zu sein; sie fangen nicht nur die Brutalität des Krieges ein, den emotionalen Tribut, den er fordert, sondern auch Hunderte von schwarzen, leeren Augenhöhlen, die im übertragenen Sinne dem Inneren ebenjener Höhle entsprechen, in der wir alle uns gerade befinden. Ich denke, auch dafür werde ich einen Pulitzer bekommen, falls es ihn noch gibt. Mir kommt plötzlich in den Sinn, dass das womöglich nicht der Fall sein könnte. Und wie traurig das wäre, wenn Joseph Pulitzer, der Erfinder des Dynamits, der auf dem Sterbebett ein einziges gutes Werk tun wollte, um seine Erfindung zu sühnen, seinen Preis vom Angesicht der Erde getilgt sehen würde, wäre er noch am Leben, um es zu sehen. Wie die Dinge liegen, wird er sich gewiss im Grab umdrehen. In jedem Fall bin ich mir sicher, dass es bei Slammy's irgendeine Art von Fotowettbewerb gibt und einen entsprechenden Preis, vielleicht einen Geldpreis in Slammy's-Dollars, was schön wäre, denn es gibt da ein Sega

Pocket Gear, das ein Verkäufer namens Grapschmann514 auf Slambay anbietet und auf das ich ein Auge geworfen habe. Wobei ehrlicherweise allein die Anerkennung eine enorme Wohltat wäre. Nur eine Trophäe, die ich auf meinen Kaminsims stellen kann. Nun ja, ich habe gar keinen Kaminsims. Nur eine Trophäe, die ich mit mir herumtragen kann. Das wäre eine große Wohltat, wenn sie nicht zu schwer wäre. Vielleicht eine geprägte Tafel. Eine wandgroße Tafel.

Wenn ich die anderen Fotojournalisten so herumlaufen und mit Pistolen um sich schießen sehe, muss ich ihre Neutralität anzweifeln. Der Schrecken des Krieges ist für alle ein Schrecken; er kennt keine Landesgrenzen oder Zugehörigkeiten, also versuche ich, sie nicht zu verurteilen. Einer von ihnen schießt auf mich, und ich ducke mich in ein Loch. Ihn verurteile ich.

KAPITEL 75

IN DIESEM NEUEN Raum finde ich einen Projektor, einen Stuhl und haufenweise Filmdosen. Neugierig wähle ich eine beliebige Dose aus und schaue auf das Etikett: Ingo Cutbirths Film – Rolle eins. Ich glaube nicht an glückliche Zufälle, aber das kommt mir doch etwas merkwürdig vor. Ich wollte schließlich nur der Erschießung entgehen.

Ich lege Rolle eins in den Projektor ein, setze mich auf den Stuhl mit der harten Lehne, der der Leinwand gegenübersteht (es gleicht dem Original so sehr!), und mache mich bereit. Ein großes Rechteck erhellt die Höhlenwand. Ich fühle mich an meine geliebten Rektangulisten erinnert wie zu Beginn jedes Films, abgesehen von denen des einsamen deutschen Zirkulogen Edward Everett Horshack. Doch dies ist etwas anderes. Dies ist Ingos Film, der auf irgendeine Weise ebenfalls aus seiner eigenen Asche wiederauferstanden ist (wie ich es Tausende Male getan habe), und er ist ganz und gar nicht wie in meiner Erinnerung. Die Eröffnungssequenz mit dem Sturm, den Vögeln, dem Himmel, der unheimlichen Puppe, die – wenn auch stumm – direkt zu mir zu sprechen schien, ist verschwunden. Jetzt ist da nur ein schlichtes, unbelastetes weißes Rechteck, mit dem ich nach Gutdünken verfahren kann, eine weiße Malerleinwand, das unbeschriebene Blatt gewissermaßen, mit all der dazugehörigen Beklommenheit und Freiheit. Ein leerer Raum, ein unverstellter Geist in Gestalt eines Vierecks. Ich schaue. Ist es ein Meisterwerk? Ist es ein Schwindel? Werde ich erleuchtet oder hinters Licht geführt? Es ist, überlege ich, nicht mehr und nicht weniger als das, was ich als Betrachter an es herantrage.

Diese neue Erkenntnis lässt mich einen Augenblick lang innehalten. Wie konnte Ingos Film zum projektiven Test eines Psychologen werden? Wie konnte sich die Asche zu dem hier zusammenfügen? Und wie ist er hierhergekommen, in diese Höhle, in diesen scheinbar beliebigen Raum, in Filmdosen? Rechteckigen Filmdosen zudem. Doch ich muss diese und andere Fragen ziehen lassen, wenn ich wirklich und wahrhaftig gegenwärtig sein will. Also schaue ich. Mir kommt in den Sinn, dass Weiß nichts und alles zugleich ist. Es ist leerer Raum, aber natürlich kann und wird einem jeder Schuljunge sagen, dass reines weißes Licht sämtliche Farben des sichtbaren Spektrums enthält. Es ist alles, wie einem jeder Schuljunge ebenfalls sagen kann und auch wird. Darüber denke ich während der gesamten elf Minuten der ersten Rolle nach. Dann lege ich Rolle zwei ein, und als ich mich hinsetze, um das nächste weiße Rechteck zu betrachten, fühle ich Panik in mir aufsteigen. Kann ich drei Monate lang leeren Raum betrachten? Natürlich bin ich es Ingo schuldig. Der Film ist sein Lebenswerk, das Lebenswerk, das ich zerstört habe. Und jetzt ist er auf wundersame Weise auferstanden. Ich muss ihn in seiner gesamten Länge anschauen. Und dann muss ich ihn wieder und wieder anschauen. Sieben Mal. Und dann, beim achten Mal, muss ich ihn zum Projektor gewandt anschauen. Das schulde ich Ingo. Ich schulde es der Welt, dem wenigen, was noch von ihr übrig ist, dies hier zu bewältigen, es zu teilen, selbst wenn mein Lobpreis aus zehntausend unbeschriebenen Seiten besteht. Selbst wenn das meine Schlussfolgerung ist. Ich muss schauen.

Weiß. Weiß. Weiß. Weiß. Weiß. Weiß. Weiß. Weiß. Weiß. Weiß. Weiß. Weiß. Weiß. Weiß. Weiß. Weiß. Anders als in Platons *Höhle* gibt es in dieser Projektion nicht einmal Schatten. Nichts aus der Ideenwelt wird auf diese Wand projiziert. Vielleicht lautet die Lektion, dass auch Ideen illusorisch sind. Vielleicht soll ich das daraus lernen. Doch braucht es dazu wirklich drei Monate? Offen gestanden, erscheint mir das etwas übertrieben. Weiß. Weiß. Weiß. Weiß. Weiß. Weiß. Aber es ist noch zu früh, um mir ein Urteil zu bilden. Gewiss erzeugt der Film Unbehagen, doch beim Betrachter Unbehagen zu erzeugen, ist ein berechtigtes künstlerisches Ziel. Mamouds *Durchgelegene Matratze* (1958) ist ein Meisterwerk, ebenso wie Kitagawas *Taitona Kutsu* (*Enge Schuhe*) (1997). Beide Filme sind höchst unangenehm anzuschauen. *Durchgelegene Matratze* hat mich nächtelang wach gehalten. *Taitona Kutsu* hat mir seelische Blasen überall an meinen metaphorischen Füßen verursacht. Ich dachte schon, ich würde niemals wieder im übertragenen Sinn gehen können.

Ich muss diese Leere also annehmen, muss herausfinden, wohin sie führt. Rolle zwei endet, und als das letzte Stück Film den Projektor verlässt, bleibt noch mehr weißes Licht aus dem nunmehr leeren Projektor zurück. Ich frage mich, ob es einen Unterschied zwischen dem weißen Licht des Films und dem weißen Licht des Projektors ohne den Film gibt. Ich frage mich, ob ich vielleicht drei Monate lang nur dieses Licht betrachten könnte, ohne aufstehen und die Rollen wechseln zu müssen. Das wäre in jedem Fall einfacher. Aber wäre es auch das Gleiche? Ich weiß es nicht. Doch ich kann das Risiko nicht eingehen. Ich stehe auf und wechsle die Rolle. Weiß. Weiß. Weiß. Weiß. Weiß. Weiß. Weiß. Weiß. Weiß. Weiß. Weiß.

Weiß.

ROLLE 703. Etwas ist anders. Ich bin mir fast sicher. Ich glaube nicht, dass ich mir das einbilde. Nicht wie letztes Mal. Oder die Male davor. Bei dieser Rolle bin ich mir sicher. Da ist ein Fleck. Ein kleiner Fleck in der Bildmitte. Ich fühle mich gezwungen, inmitten dieses Meeres aus Weiß darauf zu starren. Ein winzig kleiner Punkt aus Dunkelheit. Wie faszinierend! Ich bin trunken vor Freude. Das Warten hat sich ausgezahlt. Man stelle sich vor, ich hätte gemogelt, hätte vorgespult, wäre durch die vorangegangenen 129 Stunden gesprungen. Die Enthüllung hätte niemals die Kraft gehabt, die sie nun hatte. Diese winzige Finsternis. Sie ist außerordentlich. Ich lehne mich zurück, Wachs in Ingos meisterlichen afroamerikanischen Händen. Habe ich beim letzten Mal wirklich diesen Film gesehen? Habe ich ihn vielleicht ganz und gar missverstanden? Hat meine privilegierte Position als Weißer verhindert, dass ich den Film zu seinen eigenen Bedingungen sehe, ihn in seiner Weißheit wahrnehme? Habe ich mich weiterentwickelt? Kann ich ihn deswegen nun als das sehen, was er ist? Hurra! Ich wechsle die Rolle.

ROLLE 2043. Der dunkle Fleck ist jetzt bedeutend größer. Ich denke nun endlich nicht mehr, dass ich ihn mir einbilde oder nur etwas im Auge habe. Er ist da. Und er wächst, mehr vertikal als horizontal. Und der Film scheint nicht länger stumm zu sein. Was das angeht, bin ich mir noch nicht ganz sicher, aber ich glaube, ich höre eine Art Pochen und vielleicht eine noch verhaltene Stimme. Es ist alles sehr leise. Spielt mir mein Verstand einen Streich? Natürlich gibt der Projektor selbst ein Klicken und Klacken von sich, sodass ich es nicht genau sagen kann. Ich trete näher an die Leinwand heran, was aber natürlich töricht ist, denn der Lautsprecher sitzt im Projektor. Also lege ich das Ohr an den Projektor und verbrenne mich. Das war ebenfalls töricht. Ich setze mich wieder und schaue auf den Punkt.

ROLLE 6591. Der Fleck ist inzwischen so groß geworden, dass er sich als eine Person identifizieren lässt, die auf die Kamera zugeht. Die pochenden Geräusche entstammen nicht nur dem Mechanismus des Projektors. Es sind Schritte. Meine Geduld wird belohnt!

ROLLE 6683: Es ist ein Mann. Ich glaube, es ist ein afroamerikanischer Mann. Will sagen, ein Mann afroamerikanischer Abstammung. Seine Nationalität kann ich auf diese Entfernung noch nicht erkennen. Die Schritte sind nun noch lauter, ebenso wie die Stimme.

ROLLE 7000: Es ist Ingo! Das ist völlig offensichtlich. Ingo geht auf die Kamera zu. Der Ingo im Film ist jünger als der Ingo, den ich habe kennenlernen dürfen. Ich kann die Worte noch immer nicht verstehen, aber ich sehe, dass sich sein Mund bewegt. Spricht er zu mir?

ROLLE 7638: Etwas ist merkwürdig; es scheint beinahe, als würde Ingo altern, während er sich auf die Kamera zubewegt. Ich verstehe noch immer nicht, was er sagt. Ich wünschte, es gäbe irgendeine Möglichkeit, den Film mit Kopfhörern anzusehen. Ich weiß nicht, wen ich dafür um Hilfe bitten könnte.

ROLLE 9502: Ingo füllt das Bild vollständig aus. Er ist jetzt wohl um die achtzig Jahre alt. Genau kann ich es nicht sagen.

ROLLE 10 008: Ingo ist jetzt ganz nah. Ich verstehe seine Worte. Er scheint geradewegs in die Kamera zu blicken, mich also direkt anzuschauen.

»Kannst du mich hören? Kannst du mich endlich hören?«, fragt er. »Ich habe die ganze Zeit über geredet. Du konntest mich wahrscheinlich weder sehen noch hören. Ich bin vor so langer Zeit aufgebrochen und auf dich zugegangen, auf *jetzt* zugegangen.«

»Redest du mit mir?«, sage ich und erinnere mich selbst an Robert De Niro in der Fernsehserie *Taxi*.

»Ich weiß nicht, mit wem ich rede«, sagt er. »Woher sollte ich das wissen? Das hier ist natürlich eine Aufzeichnung. Bist du beschränkt? Ich bin offenkundig in der Vergangenheit. Ich bin mit zwanzig Jahren aufgebrochen. Mit dem Sprechen habe ich vielleicht mit fünfunddreißig angefangen, als ich meine erste Tonaufnahmeausrüstung bekommen habe. Damals klang es noch blechern, aber heute ist der Ton ziemlich gut, glaube ich. Natürlich konntest du es damals noch gar nicht hören, weil ich da noch so weit weg war. Ich hatte irgendwann den Einfall, auf die Kamera zuzugehen. So etwas hatte ich noch nie gesehen. Darauf war ich stolz. Es würde wie eine Reise durch die Zeit sein.«

»Ich habe den Film völlig anders in Erinnerung.«

»Die Erinnerung ist unzuverlässig. Ich erinnere mich beispielsweise nicht daran, was ich vor vielleicht fünfzig Jahren gesagt habe, als ich zu sprechen begann. Und du kannst nicht sehen, was im Laufe dieser

Jahre mit mir passiert ist. Du siehst nur die Resultate meines Lebens: den gebrochenen Körper, den Schmerz, die Sorgen. Ich habe in all den Jahren gewiss darüber gesprochen, aber es ist so weit weg. Vielleicht ist es sogar aufgezeichnet worden, und hättest du ein ausreichend großes Teleskop, könntest du es sehen, so wie das eine Million Jahre alte Licht eines Sterns. Du würdest auch ein Klangoskop brauchen, also etwas wie ein Teleskop, aber für sehr weit entfernten Klang. Verstehst du, was ich meine? Man würde es Lautoskop nennen.«

»Der Film war anders.«

»Alles ist immer anders. Zu diesem Schluss bin ich auf meiner Reise gelangt. Die Bäume am Wegesrand mögen genauso aussehen wie immer, aber sie sind es nicht. Sie verändern sich. Du kannst nicht noch einmal sehen, was du gestern gesehen hast. Es ist nicht mehr da, und du bist es auch nicht. Wir sind allesamt Opfer der Illusion von Beständigkeit. Ich mag vielleicht wirken wie eine Fortführung desjenigen, der ich vor einer Sekunde war, doch das ist nur eine Täuschung, so wie ein Film eine Täuschung ist. Und wir Menschen lieben es, getäuscht zu werden.«

»Aber alles ist jetzt so anders.«

»Hör zu, du hast damals gesehen, was du sehen konntest. Später hast du dich erinnert, woran du dich erinnern konntest. Jetzt siehst du, was du jetzt sehen kannst. Ich nenne das die *conditio humana*.«

»Nur um ganz sicher zu sein: Wenn du ›du‹ sagst, meinst du das ganz allgemein, nicht speziell auf mich bezogen.«

»Wenn ich ›du‹ sage, meine ich natürlich ›man‹. Ich meine denjenigen, der das hier sieht. Sollte es also niemand sehen, meine ich niemanden.«

Bald füllt Ingos Gesicht das Bild aus.

»So endet es für dich«, sagt er und geht an der Kamera vorbei.

»Für mich?«, sage ich. »Nur um sicherzugehen.«

»Natürlich. Aber ich habe unterwegs auch mit anderen gesprochen.«

»Diesen Film haben auch andere gesehen?«

»Andere haben frühere Teile gesehen. Frühere Menschen, frühere Teile.«

»Dann wird der Film über mich hinaus in die Zukunft fortdauern?«

»Er könnte«, sagt er, aber seine Stimme klingt nun weit entfernt.

DIE LEINWAND IST jetzt weiß, und ich höre den Film hinter mir flattern. Ich schalte den Projektor aus und merke, oh, es muss an der Zeit sein, meinen Klon abzuholen. Ich muss gestehen, eine gewisse Aufregung zu verspüren bei der Vorstellung, mit ihm durch die brennende Landschaft zu ziehen, seine Entwicklung mitanzusehen, ihm alles beizubringen, was ich über das Verbrennen weiß, die Filme zu sehen, die er machen wird. Ich trete aus dem Loch wieder auf das Schlachtfeld. Die Situation hat sich verschlimmert: Explosionen, verstümmelte Körper, Wehgeschrei. Die Digger sind jetzt da, angeführt von Digger selbst, die inzwischen um die zwanzig ist; bewaffnet, verwegen, unerschrocken kämpfen sie gegen die Angestellten von Slammy's, die Flaschen für ihren Urin dabeihaben, weil die ranghöheren Offiziere sie den Kampf nicht zum Pinkeln unterbrechen lassen. Ein riesiger, an der Höhlenwand befestigter Bildschirm wurde offenbar von Castor und einem nunmehr blinden Barassini in Beschlag genommen, die darauf eine Szene aus Pollux' neuer Fassung von *Equus* spielen, geschrieben aus der Perspektive der geblendeten Pferde:

BARASSINI: Es ist gut, dass Alan uns geblendet hat.
CASTOR: Denn nun können wir sehen!
BARASSINI: Sind nicht die sehenden Pferde in Wahrheit die blinden?
CASTOR: Ich denke schon.
BARASSINI: Heil Pollux!
CASTOR: Heil Pollux!

Mir kommt unversehens eine Szene aus Ingos Film in den Sinn, an die ich mich unter Hypnose erinnert habe.

Darin hängt Barassini der von Castor begründeten Religion an und wurde zum Schein von Pollux eingestellt, um Castor zu helfen, sich an seine Blindheit zu gewöhnen, doch in Wahrheit hat Pollux ihn gedungen, um Castor falsche Erinnerungen an das vorgebliche Wunder in Pollux' Kindheit einzusetzen. Nun fürchtet Barassini, Pollux könnte ihn umbringen lassen, um sein Geheimnis zu wahren. Er hofft, Ingos Film könnte Voraussagen bezüglich seiner eigenen Umstände enthalten, die ihm helfen könnten, sich zu schützen. Und darum ist er von dem Gedanken besessen, so viel wie irgend möglich über Ingos Film herauszufinden. Noch unter Hypnose beschließe ich, Barassini nichts von dieser Szene zu erzählen.

»Siehst du irgendetwas?«, fragt Barassini.

»Nur Schwärze«, sage ich.

»Könnte es Pollux' Blindheit sein, die du da siehst?«

»Nein. Ich glaube, es ist einfach irgendeine beliebige Schwärze.«

Ein Stalaktit löst sich und fällt mir auf den Kopf, und ich verliere das Bewusstsein.

KAPITEL 76

IN MEINEM BENOMMENEN Traumzustand scheint der Film ein weiteres Mal vor mir abzulaufen. Diesmal ist der Anfang in Farbe, mit außerordentlichem Klang und Stop-Motion-Technik. Wie kann es sein, dass ein Künstler mit solchen Fertigkeiten existiert und dennoch unbekannt ist? Doch ich erinnere mich, dass Ingo mir sagte, er habe den Film noch nie irgendwem gezeigt. Warum sollte so jemand es nicht versuchen, warum sollte sie (er, xier) nicht immer wieder gegen Wände anrennen? Und ich denke an Darger. Das Rätsel um Dargers fehlenden kommerziellen Ehrgeiz oder dieses fotografierende Kindermädchen oder was auch immer. Das sind die wahren künstlerischen Stimmen. Diejenigen, die die meisten von uns so selten vernehmen, selbst in unseren Köpfen. Alles, sowohl innerhalb als auch außerhalb von uns, ist Werbung. Reklametafeln, die uns zu überzeugen versuchen, dies oder jenes zu tun. Arglistige Werbemelodien in Endlosschleifen, kreisend, verkündigend, schmeichelnd, bestechend, erpressend, erniedrigend, verhöhnend. Wie erreichen wir die Aufrichtigkeit des wahren Künstlers? Wie machen wir unser Gehirn zur Sicherheitszone? Wir sind Ankläger und Angeklagte zugleich. Wir sind Richter und Geschworene, Henker und Gehenkte. Darum muss ich Ingo Agruras (heißt er so?) verstehen. Denn während ich ihn nun in mir aufnehme, in mein Unbewusstes, durch seine Bildsprache und seine Worte, wird sein Gehirn zu meinem, und ich kann endlich frei sein.

Der Film beginnt. Formen verändern sich in schwärzlicher Leere.

Wogend. Ist dies das gesamte Universum oder das Innere eines einzigen Blutkörperchens? Man weiß es nicht genau. Die Musik synthetisiert, orchestral. Pianissimo. Brütend und entfernt. Unheilvoll. In meinem Geist beschwört diese Musik einen steten, unscheinbaren Regen herauf. Um das deutlich zu machen: Es regnet in meinem Geist, nicht auf der Leinwand, und nur die Straße in meinem Geist wird nass. Tropfen stören die Stille einer von meinen Geisteslampen erhellten Pfütze. Dann werden die Formen auf der Leinwand auf mysteriöse, furchterregende Weise zu Tropfen, die schwärzliche Leere wird zum Miniaturmodell einer städtischen Straße bei Nacht. Eine Pfütze kräuselt sich. Der Film hat die Bilder vor meinem geistigen Auge vorweggenommen. Wie kann das sein? Ich bin beunruhigt, und irgendwo in den hinteren Winkeln meines Gehirns schreit eine grob gezeichnete Frau vor Entsetzen. Ist es *Psycho* oder irgendeine Version dieses Films, verarbeitet und wieder verarbeitet durch meine Erinnerungen an diese Szene, kombiniert mit den Hunderten von Imitaten davon, die ich seitdem gesehen habe?

Diese schreiende Frau, ein bizarr lebensechter und entsetzter Puppenkopf, unterbricht ihr Geschrei gerade lange genug, um mich »Baby« zu nennen, und beginnt dann von Neuem. Die Filmwissenschaft lehrt uns, dass ein Film durchschnittlich siebenunddreißig Sekunden lang Zeit hat, um uns zu überzeugen, dass wir so an die Form gewöhnt sind, dass Unfähigkeit und Unaufrichtigkeit tatsächlich so schnell registriert werden, woraufhin der Film buchstäblich oder im übertragenen Sinn abgeschaltet wird. Während der Film mich immer tiefer hineinzieht, schwöre ich, dafür zu sorgen, dass die Welt dieses Meisterwerk sehen wird. Und ich weiß nach siebenunddreißig Sekunden, dass es eines ist. In der Toilettenpause nach drei Stunden nicke ich Ingo zu, nicke ihm einfach nur zu, als ich auf dem Weg zur Toilette an ihm vorbeigehe. Es ist, als wachte man nachts mitten in einem Traum auf, weil man pinkeln muss. Man tut alles, um nicht zu denken, den Zauber nicht zu brechen, tut alles, was man kann, um das Halbbewusstsein aufrechtzuerhalten. Ich kehre auf meinen Platz in dem verdunkelten Raum zurück, und der Film geht damit weiter, dass die Figur auf der Leinwand aus einem Badezimmer kommt. Der Film ist offenbar so konstruiert, dass er meine Seherfahrung integriert. Darum sind die Pausen vorgeschrieben und festgelegt: Toilette. Toilette. Mittagessen. Toilette. Abendessen. Körperhygiene – Eigenpflege/Schlaf. Frühstück. Und wieder von vorn. Der Film nimmt all das in seine eigene Erzählung auf. Selbst meine Träume. Es dauert nicht lange, bis die Grenze verschwimmt. Was waren meine eigenen Erfahrungen? Welche Erfahrungen gehörten den Filmfiguren? Ich weiß es nicht mehr. Würde jemand anderes denselben Film sehen? Ich fürchte, ich werde es niemals wissen, aber vermutlich nicht. Und ich glaube, das ist das Geniale an Ingo Agruras. Er weiß das, er weiß, dass Kunst immer vom Betrachter, dem Kritiker, dem Zeugen geschaffen wird. Ehe sie gesehen wird, ist sie nichts. Wäre die *Guernica* nie gesehen worden, wäre sie nichts. Selbst wenn sie in irgendeinem dunklen Schrank existierte, wäre sie gleichsam nichts. Ingo weiß das. Und ich tue es auch. Ich bin der einzige Zeuge dieses Wunders, des zehnten Weltwunders oder wie viele es derzeit auch immer sind.

Ich rufe meine Freundin – ist sie noch meine Freundin? – in Afrika an. Nach ihrer Zeit ist es 2.00 Uhr morgens. Vielleicht hat sie einen Nachtdreh, denn sie hebt nicht ab. Ich will irgendjemandem meine Neuigkeiten mitteilen. Dies ist der Durchbruch, der Augenblick, von dem jeder Kritiker träumt. »Wo bist du?«, spreche ich auf ihre Mailbox. »Ich habe in St. Augustine den Jungbrunnen entdeckt, den Henri de Ponce de León vergeblich gesucht hat. Jungbrunnen, weil ich wieder wie ein Kind bin, voller Fröhlichkeit und Elan. Wahrscheinlich bist du gerade bei einem Nachtdreh. Wobei, wenn ich mir das Wetter in Lagos anschaue, sehe ich, dass es gerade heftig regnet, was einen Außendreh unwahrscheinlich macht. Es sei denn, das Szenario erfordert Regen. Ich versuche, mich zu erinnern, ob es Szenen mit Regen gibt. Aber in jedem Fall bin ich mir sicher, dass du drehst oder vielleicht schläfst und das Telefon versehentlich auf lautlos gestellt hast oder vielleicht auch nicht versehentlich, weil du nach einem sehr schwierigen Drehtag einfach deinen Schlaf brauchtest. Ruf mich an.«

Ich erreiche sie erst am dritten Tag von Ingos Film. In der Zwischenzeit hat sich mein Bewusstseinszustand leicht verändert. Bin ich Rabelais? Bin ich Mudd? Ist es das Jahr 2016? Ist es 1920? Als sie abhebt, klingt sie weit weg.

»Du klingst weit weg«, sagt sie. »Was textest du da von wegen Jungbrunnen?«

Sie sagt nicht *texten*. Seit wann sagt sie *texten*? Ganz bestimmt hat sie sich mit einem dieser Schauspieler verbrüdert (verschwestert), wahrscheinlich mit diesem zum Schauspieler mutierten Rapper. Er ist ein Kind, denke ich.

»Er ist ein Kind«, sage ich.

»Wer?«

»Was?«

»Wer ist ein Kind?«

»Ich habe einen neuen Filmemacher entdeckt«, sage ich zu ihr. »Vielleicht den größten Filmemacher aller Zeiten.«

»Ein Weißbrot?«, sagt sie. »'türlich ein Weißbrot.«

Warum redet sie so?

»Ja, er ist weiß, aber das tut nichts zur Sache.«

»Weiß und männlich«, blafft sie. »Das ist so *wack*.«

»*Wack*?«

»Ja. *Wack*. Problem damit?«

»Nein.«

»Okay. Wieso ist der Typ keine *Sister*?«

»Warum sprichst du so? Was ist los?«

Lange Pause. Zieht sie an einer Zigarette? Einem Marihuana-Joint?

»Nichts. Tut mir leid. Ich bin ein bisschen müde. Die Drehtage sind lang und mühsam, meine Figur ist komplex, widersprüchlich und gebrochen. Ein kleines Mädchen, das Sex als Waffe einsetzt. Es geht nicht spurlos an mir vorüber, mich in diese gemarterte Seele einzufühlen. Ich möchte alles über den Film hören, den du da entdeckt hast. Das klingt großartig.«

»Ist es auch! Das –«

»Aber jetzt muss ich schlafen. Morgen bin ich vielleicht richtig ausgeruht. Ich möchte dir gern meine ganze Aufmerksamkeit schenken. Alles andere wäre dir gegenüber nicht fair.«

»Das verstehe ich. Ich muss ohnehin den Film weiterschauen. Meine Pause ist fast zu Ende. Dann bis morgen also?«

»Bis morgen.«

Der zwanzigste Tag des Films. Der Tag, an dem Ingo stirbt. Ich weiß nicht genau, um welche Zeit Ingo gestorben ist. Ich bemerke erst in der dritten Toilettenpause, dass er ausgestreckt auf dem Boden liegt. Irgendwann zwischen der zweiten und der dritten Toilettenpause am zwanzigsten Tag. Ingo ist tot, sage ich zu meiner Freundin über eine schlechte Telefonverbindung, bei der alles, was ich sage, beinahe augenblicklich als elektronisches Echo zu mir zurückkommt.

»Hörst du das?«, frage ich sie.

(»Hörst du das?«)

»Was denn?«

»Schon gut.«

(»Schon gut.«)

»Ich muss sowieso Schluss machen.«

(»Ich muss sowieso Schluss machen.«)

»Der Filmemacher ist gestorben.«

(»Der Filmemacher ist gestorben.«)

Als Nächstes bin ich nicht mehr am Telefon, sondern stehe benommen in der Wohnung des Gebäudewarts und versuche, ihm die Situation zu erklären. Der Gebäudewart bittet mich, an der Tür zu warten. Kurz darauf kehrt er mit einer Schaufel und einem maschinengeschriebenen, kopierten Zettel zurück:

Offenbar hat man damit gerechnet. Bitte begraben Sie seinen Leichnam hinter dem Haus in dem unmarkierten Stück Land, das von dem großen W markiert wird. Achten Sie auf die bereits dort Begrabenen. Aber sehen Sie sie nicht an. Sie müssen ungesehen bleiben. Hier sind vierhundert Dollar für Ihre Mühe. Kaufen Sie sich davon etwas Hübsches.

DER FILM BEGINNT von Neuem: weibliches Stöhnen. Kontraktionen. Ich denke an meine eigene Geburt. Die Regierung behauptet beharrlich, man könne sich an die eigene Geburt nicht erinnern, aber aufgrund meines fotografischen Gedächtnisses kann ich es natürlich doch. Ich bin die männliche Marilu Henner, in mehr als zweierlei Hinsicht. Ich besinne mich auf den Schrecken des Kreißsaals, wo man nur die Wahl hat zwischen blendendem kalten Licht, Riesen mit chirurgischen Gesichtsmasken und einem sterilen Operationssaal auf der einen oder der blutigen, klaffenden, albtraumhaften Vagina, aus der man gekommen ist, auf der anderen Seite. Ich weiß noch, wie ich dachte: Es gibt keinen Ausweg. Ich weiß es noch genau. Du kannst nicht zurück nach Hause. Ich kannte die Wahrheit, für deren Erkenntnis Tom Wolfe vier Jahrzehnte kräftezehrenden Alkoholismus brauchte. Ich wusste es bei meiner Geburt. Und dieses Wissen färbte mein ganzes Sein. Ich würde für immer durch meine Wurzellosigkeit bestimmt sein, meinen Peripatetismus gewissermaßen. Ich habe mich oft als die männliche Mary MacLane betrachtet, in mehr als zweierlei Hinsicht, eine männliche Abenteurerin, wenn man so möchte, ein Stachel im Fleisch der Konvention, ein Stachel im Fleisch der Konzeption, überheblich, ja, aber nicht ohne Berechtigung. Wollen wir MacLane ihre Überheblichkeit vorwerfen, oder wollen wir sie dafür rühmen? Hätte Mencken *meinen* Esprit, meine Texte gerühmt? Wir werden es nie genau wissen, denn er ist tot, doch ich vermute, ja, das hätte er gewiss, ganz ohne Zweifel. Ich schrecke aus meinen Gedanken auf, da das Stöhnen jetzt lauter ist, weniger gedämpft, und höre nun eine zweite Stimme. Wir haben den Mutterleib verlassen. Alle drei, die neugeborenen Zwillinge und ich, sehen die Welt zum ersten Mal. Und sie ist wunderbar. Bei dieser Wiedergeburt empfängt mich kein steriler Operationssaal. Stattdessen bin ich bei Nacht in einem heftigen Schneesturm, auf dem Boden einer Pferdekutsche. Ein weiterer Blitz erhellt blendend, wenn auch nur einen Augenblick lang, diese winterliche Sturmlandschaft, dieses schneebedeckte leere Feld weitab der Zivilisation. Der unvermeidliche Donnerschlag lässt die Säuglinge in Geschrei ausbrechen. Sie werden zum Trost an die Brust der Mutter gelegt, während man mich, den unsichtbaren Beobachter, den Filmbetrachter, das einköpfige Publikum übergeht. Dies ist die Vergangenheit, begreife ich nun, ein Historienspiel: die Mutter in einem bodenlangen Rock, blutig von der Nachgeburt, der Mann – ihr Ehemann? – mit einer Stoffmütze auf dem Kopf und in dunkler Arbeitskleidung. Anfang der 1900er-Jahre? Die Kostüme erinnern an jene aus *Will There Be Blood?*, einem unterdurchschnittlichen Film von dem geringeren der beiden Paul Andersons, in welchem der mit dem International Prize ausgezeichnete Schmierenschauspieler Daniel Day-Lewis sich einmal mehr lächerlich macht, diesmal mit einem Zwirbelbart und einer Mel-Blanc-hat-gerade-zum-ersten-Mal-Stanislawski-gelesen-Darbietung, jedoch, wie ich sagen muss, in durch den brillanten Kostümbildner Mark Bridges äußerst sorgfältig ausgewählter Garderobe. Der Mann treibt die Pferde an, und die Kutsche rast durch das heftige Unwetter. Heimwärts? Vielleicht war in dieser längst vergangenen Zeit das Zuhause etwas, wohin man tatsächlich zurückkehren konnte. Der Schnee fällt, die Bäume biegen sich im Wind – jedes einzelne Blatt beschreibt eine unwahrscheinlich komplizierte Wirbelbewegung in der Luft. Pferdehufe lassen Schnee aufstieben. Die Mutter wickelt die Säuglinge in ihren Schal, drückt sie an sich; der Vater strebt in einem erbitterten Kampf gegen die Elemente, auf dass die Neugeborenen nicht diesem unbarmherzigen Wetter erliegen, weiter voran. Wieder erhellt ein Blitz die frostige Landschaft, gefolgt von einem unerwartet mächtigen Donnerschlag. Dann fällt sonderbarerweise eine Reihe dunkler, volleyballgroßer Kugeln vom Himmel, die auf dem schneebedeckten Boden auftreffen und zu blutroten Flecken zerplatzen.

Ingo schaltet den Projektor aus und die Glühlampe an der Wohnzimmerdecke ein.

Ich sitze einige Sekunden lang schweigend in einer Art postkoitaler Starre da. »Augenblick mal«, sage ich. »Wie kann das Ihr erster Film sein, wenn Sie seit neunzig Jahren als Filmemacher tätig sind?«

»Ich habe neunzig Jahre an diesem Film gedreht, in chronologischer Reihenfolge.«

»Dann haben Sie diese Szene im Jahr 1926 gedreht?«

»O nein. Diese Szene habe ich zuletzt gedreht. Im Jahr 2006.«

»Dann ... haben Sie 2006 also 1926 gedreht?«

»Ja. Manche Experten würden es wohl umgekehrte chronologische Reihenfolge nennen – auch wenn der Zeitpfeil ein Mythos ist –, also bewegt sich der Film entsprechend von Kunstfertigkeit zu Amateurhaftigkeit, von Farbe zu Schwarz-Weiß, vom Tonfilm zum Stummfilm. Für mich ist es eine filmische Entropie. Und die sogenannte umgekehrte Chronologie verleiht dem Filmbeginn eine gewisse vage Nostalgie und dem Ende ein Gefühl von diffuser Prophezeiung.«

Ingo Cudlipp (Cuddlipp?) wird immer faszinierender. Könnte dieser missgebildete, riesenhafte Eremit jenes seltene Wesen sein – der geniale Außenseiter-Filmemacher? Natürlich hat es bereits Außenseiter-Filmemacher gegeben, aber nur sehr wenige, denn das Filmemachen war für Einzelne stets zu kostspielig, vor allem für den typischen Außenseiter, der für gewöhnlich arm, ungebildet und von Natur aus ungemein dumm ist. Natürlich gibt es da jemanden wie Marvin Edward Edmunds, dessen Werk wunderschön ist, dessen unverfrorene nekrophile Pädophilie ihn jedoch in der aktuellen Entrüstungskultur von der angemessenen Bewunderung ausschließt.

»Sind Sie pädophil?«, frage ich. »Nur aus Interesse.«

Er antwortet nicht. Das werte ich als Nein.

»Sie haben also den gesamten Film rückwärts gedreht?«

»Es gibt da einen Punkt, den ich als Angelpunkt bezeichne und an dem das Jahr, das ich filmte, mit dem Jahr, in welchem ich filmte, übereinstimmte. Das war 1956. Eisenflower war Präsident.«

»Eisenhower.«

»Flower. Ich erinnere mich aus dem schlichten Grund daran, dass Aizen Myōō, die japanische Gottheit, eine geöffnete Lotusblume in einer ihrer/seiner Hände hält. Aizen-*Flower*. Eselsbrücke.«

»Das weiß ich«, sage ich. »Ich weiß alles über Aizen Myōō. Ich habe das im Hauptfach studiert. Trotzdem hieß er Eisenhower. Aber was ich wissen will, was ich Sie fragen will, ist, woher Sie 1926 wissen konnten, wie Sie das Jahr 2016 animieren mussten?«

»Ich habe gewisse übersinnliche Fähigkeiten, zum einen dahingehend, dass ich die Zukunft sehen kann. Natürlich nicht vollständig. Aber es gibt gewisse Talente, die mit dem Leben als Einsiedler einhergehen. Die Isolation führt zu einer Empfänglichkeit den universalen Mächten gegenüber, und auf diese Weise kann ich die Zukunft sehen. Nicht vollständig. Aber mit einer gewissen Präzision. Vielleicht beharre ich auf Eisenflower, weil ich einigermaßen, aber eben nicht vollständig korrekt vorhergesehen habe, dass es einen Präsidenten namens Eisenflower geben würde. Einen Präsidenten namens Quite The Eisenflower.«

»Dwight D. Eisenhower. Warum sollte er mit zweitem Vornamen ›The‹ heißen?«

»Ich taufe sie nicht«, sagte er. »Ich sage sie nur voraus.«

Wir beäugen einander argwöhnisch.

»Ich würde gern mehr von Ihrem Film sehen«, sage ich schließlich.

»Noch eine Minute?«

»Das ganze verdammte Ding«, sage ich.

Konfetti fällt aus an der Decke angebrachten Kisten.

KAPITEL 77

NUN, DA ICH den Film einmal ganz angesehen habe, gehe ich zum Winn-Dixie-Supermarkt und kaufe Lebensmittel und Vorräte für drei Monate. Beim zweiten Durchgang werde ich Ingos vorgeschriebenen Zeitplan strikt einhalten. Danach werde ich einen Umzugswagen mieten und den ganzen Rattenschwanz in meine New Yorker Wohnung transportieren, wo ich ihn ein drittes Mal ansehen werde, diesmal jedoch rückwärts. Dann werde ich ihn auf die einzelnen Szenen herunterbrechen und jedes Element der Mise en Scène analysieren. Dann erst, nach eineinhalb Jahren, werde ich diesen Film bewältigt haben. Ich kann meine Aufregung kaum unterdrücken. Ich will wieder von Neuem beginnen. Ich muss wieder von Neuem beginnen.

Ich schleppe meine Einkäufe nach oben und stehe in einem verkohlten und durchnässten Treppenhaus. Ingos Tür wurde eingeschlagen; seine Wohnung ist eine verkohlte, leere Hülle. Es ist nichts mehr da. Mir fällt die Kinnlade herunter, ebenso wie die Einkäufe. Der Gebäudewart erscheint neben mir.

»Was ist passiert?«, frage ich.

Massiert?, schreibt er auf seinen Zettel.

»Passiert?«

Pariert?

»Passiert, passiert, passiert!«, schreie ich, packe ihn an der Kehle und würge ihn.

Ach so, schreibt er. *Feuer*.

»Das sehe ich. Aber wie?«

Der Feuerwehrmann, schreibt er, *sagte mir, es habe vermutlich an der außerordentlichen Menge an Nitrozellulosefilm gelegen, der aufgrund der heutigen übermächtigen Hitze spontan entflammt sei, und an der Tatsache, dass in Ingos Wohnung der Strom abgestellt war, weshalb die Klimaanlage nicht funktionierte.*

»Das hat er Ihnen gesagt?«

Ja.

»Und Sie haben es verstanden?«

Was?

»Sie haben es verstanden?«

Ja.

»Auf Anhieb?«

Was?

Ich lasse ihn einfach stehen und betrete die leere Hülle von Ingos Wohnung. Das Meisterwerk ist verloren. Meine Zukunft ist verloren. Ich sinke inmitten der nassen Asche auf die Knie und weine, ebenso sehr um die Menschheit wie um mich selbst. Vielleicht wäre dies das Kunstwerk gewesen, das vollbracht hätte, was keinem anderen Kunstwerk zuvor gelungen ist: uns zu vereinigen, uns das Beste in uns zu zeigen, uns auf eine kollektive Reise zur Barmherzigkeit zu führen. Ich weiß, dass es mich zur Barmherzigkeit geführt hat, zumindest ein Siebtel des Weges. Dann sehe ich es zwischen den Trümmern liegen: ein Einzelbild. Ein Einzelbild aus dem Film. Ich greife danach, halte es vor das Licht, das dort hereinströmt, wo sich einmal das Fenster befand. Wunder aller Wunder, es ist eines meiner Lieblingsbilder aus einem Film voller Lieblingsbilder. So aus dem Zusammenhang gerissen, ist es scheinbar nichts Besonderes – vielleicht ein Brosame: eine Halbtotale von einer jungen Frau mit einem roten Glockenhut, von der Kamera abgewandt. In der Ferne und leicht unscharf beobachtet sie ein kleiner Junge auf der linken Seite der Leinwand. Nur aus seiner verzückten Miene können wir auf ihre unerträgliche Schönheit schließen. Tatsächlich bleibt ihr Gesicht während des gesamten Films ungesehen.

Wir sehen sie oft aus diesem Blickwinkel, immer mit ihrem roten Glockenhut, immer von einer anderen Figur aus der Ferne beobachtet. Wir wünschen uns, ihr Gesicht zu sehen, sie dazu bringen zu können, dass sie sich umdreht, sei es durch Gewalt oder durch Verführungskraft, aber natürlich können wir das nicht. So wie wir niemals das Gesicht Gottes sehen können, können wir niemals das Gesicht dieser vermutlich überirdisch schönen Frau sehen.

Dieses einzelne Bild ist nicht genug, und doch ist es alles. Es ist der Samen, aus dem meine Rekonstruktion des Films wachsen wird. In einem wahrhaft genialen Film, in einem perfekten Film ist jedes einzelne Bild perfekt, ist es auf perfekte Weise mit den perfekten Bildern zu beiden Seiten verbunden. Indem ich stückweise – Bild für Bild für Bild – für beide Richtungen das perfekte nächste Bild in der Reihung berechne, werde ich diesen perfekten Film wieder zurück ins Leben konstruieren können, einfach indem ich die Frage »Was kommt als Nächstes?« 186 624 000 Mal stelle. Einfach, ha! Aber möglich. Aber machbar. Schließlich ist in einem animierten Film nichts zufällig. Über jeden einzelnen Regentropfen, über seine Größe, über seine Fallgeschwindigkeit, über seinen Landepunkt hat Ingo bewusst entschieden. Ich werde seine perfekten Schritte nachvollziehen. Ein Plan! Ich habe einen Plan. Doch zunächst muss ich weinen. In meinem Schock, in meinem Schrecken über das Geschehene habe ich vergessen, diesen großen Verlust – sowohl für mich selbst als auch für die ganze Welt – angemessen zu würdigen. Aber bis ich diesen Film allgemein bekanntgemacht habe, bin ich der Einzige auf Erden, der weiß, dass er zu betrauern ist. Ich bin der Einzige, der weiß, was wir nicht mehr haben. Und so weine ich allein. Ungeniert, in diesem verrußten Raum, vor dem Gebäudewart, vielleicht sogar vor dem verbrannten Geist Ingos, dessen Lebenswerk sich von einem Augenblick auf den anderen aufgelöst hat, wobei das vernichtende Feuer bereits in Ingos eigener Darstellung des Brandes in den Fox-Archiven von 1937 auf unheilvolle Weise vorausgedeutet wurde wie auch in seiner ebenso niederschmetternden Nachbildung des Feuers in den MGM-Archiven von 1967, bei dem so viele wichtige Filme verlorengingen, darunter das Hypnose-Meisterwerk *Um Mitternacht* des unnachahmlichen Junggenies Tod Browning, in dem sich ein Hypnotiseur der Hypnose bedient, um Dritte zu hypnotisieren und sie zu einem Mord zu bringen oder etwas in der Art. Ich bin mir nicht ganz sicher. Ich habe ihn nie gesehen. Weil die einzige Kopie 1967 bei einem Archivbrand zerstört wurde! Außerdem habe ich mir nie etwas aus Browning gemacht, also hätte ich mir den Film ohnehin nicht angesehen.

Doch dass ein Hypnotiseur darin eine Rolle spielt, ist sicherlich interessant angesichts dessen, was später in ebendiesem Film hier geschieht. Da liegt doch eine gewisse Synchronizität vor, nicht wahr? Dessen bin ich mir sicher. Dass der Film und mein Leben dieselbe Geschichte haben, ist doch irrsinnig faszinierend, oder etwa nicht? Es ist, als spiegelten sie einander wie zwei Zerrspiegel im ewigen Kampf um die Oberhand auf dem Gebiet der lächerlichen Körperverzerrung. Was wird letztlich obsiegen – gestauchte Fiktion oder in die Länge gezogene Realität? Oder wird diese Frage hinfällig, während man sie im Gehirn hin und her wendet? Was ist real? Existiere ich überhaupt? Bin ich die Fiktion eines anderen? Bin ich meine eigene Fiktion? Erschafft mich jemand, während ich jemand anderen erschaffe? Durchqueren wir, Schöpfer und Geschöpf, im Zickzack die Zeit? Das sind die Fragen, die sich mir stellen, als ich über Ingo nachdenke. Hat Ingo den Film geschaffen? Oder bin ich dabei, den Film zu schaffen, indem ich ihn neu schaffe? Ist der Akt der Neuschöpfung der wahre Schöpfungsakt und beweist er dadurch ein für alle Male, dass die Neuschöpfung vor der Schöpfung kommt? Die Chronologie ist verdreht.

Schwärze. Ein Herzschlag. Zwei, nein, drei verschiedene Herzschläge. Einer volltönend und langsam. Die anderen beiden undeutlich und schnell. Plötzlich ein rotes Licht. Innere Organe. Dann wieder Schwarz. Ein Donnerschlag, nah, aber gedämpft. Ein Gurgeln. Rohre? Wo bin ich? Plötzlich wieder Rot. Ich sehe einen Säugling, dann einen zweiten. Dann Schwarz. Dann ein Donnerschlag. Mir wird bewusst: Ich bin in einer Gebärmutter, während eines Sturms. Ich stelle mir das

Trommeln des Regens auf dem Dach vor, wenngleich ich es nicht hören kann. Ich höre eine Frau stöhnen, weit entfernt und doch nah. Meine Vermutungen werden bestätigt.

EDWARD »BUD« MUDD und sein eineiiger Zwilling Everett »Dead« Mudd werden geboren. Everett stirbt am selben Tag und stürzt seine Mutter in krampfartige Traueranfälle, die sie ihr Leben lang begleiten. Das verursacht Bud tiefe Schuldgefühle. Die Mutter hatte für die beiden Säuglinge identische Kleider genäht und sich sehr darauf gefreut, sie in einem Zwillingskinderwagen umherzufahren. Sie zieht Bud als Baby immer beide Garnituren übereinander an und kutschiert ihn in dem riesigen Gefährt allein herum. Sie erzählt ihm Geschichten von seinem Bruder im Himmel, wo dieser, wie sie beharrlich behauptet, auf ewig ein perfektes Neugeborenes sein wird, aber gesegnet mit der Weisheit Salomons. Neben seinen Schuldgefühlen kommt Mudd sich unvollständig vor und sucht während seiner gesamten Kindheit nach dem einen perfekten Freund. Er verschreckt potenzielle Spielkameraden mit seiner Eindringlichkeit, seiner unstillbaren Bedürftigkeit. Als er mit dreizehn Jahren die Ablehnung seiner Mutter, ihre unstillbare Enttäuschung, ihre bizarren Anfälle nicht länger erträgt, verlässt er das Elternhaus und schließt sich einer Varietétruppe an, für die er kleinere Besorgungen erledigt und in dem berühmten Kaufhaus-Sketch von Smith und Dale die Rolle einer jungen männlichen Schaufensterpuppe übernimmt. Bald wird Mudd von der Presse für seine »bewundernswerte körperliche Steifheit« gerühmt, und Smith und Dale werfen ihn hinaus, weil er zu viel Aufmerksamkeit auf sich zieht.

Dem Beispiel von La Milo und Olga Desmond folgend, versucht er, als einzelner Schaufensterpuppendarsteller gebucht zu werden, und inszeniert Tableaux vivants: Gainsboroughs *Knabe in Blau*, Caravaggios *Knabe mit Früchtekorb*, *Knabenhafter niederländischer Maler* von Lawrence Carmichael Earle. Doch als er Picassos *Knabe, ein Pferd führend* darstellt, was Nacktheit und ein totes, ausgestopftes Pferd (ebenfalls nackt) auf der Bühne erfordert, wird das Theater aufgrund von »menschlicher sowie tierischer Anstößigkeit« von der Polizei gestürmt, und Mudd ist ohne Arbeit. Außer steif dazustehen, hat er keinerlei besondere Fähigkeiten, und so zieht er Arbeit suchend von Tür zu Tür. Mudd trifft Molloy, einen dicken Jungen, der mit seiner Solodarbietung im nervösen Zittern leidlich erfolgreich ist, in letzter Zeit jedoch fürchtet, die Nummer nicht weiter ausbauen zu können und das Interesse des Publikums zu verlieren.

Der gedankenverlorene, pummelige Molloy läuft in der 42nd Street ganz buchstäblich dem reservierten Mudd in die Arme, und beide fallen zu Boden. Das anschließende Wortgeplänkel zwischen den beiden Jungen wird von Passanten mit viel Gelächter und Applaus quittiert. Mudd kommt der Gedanke, dass ein Bühnenakt der beiden große Erfolge zeitigen könnte. Er schlägt es dem ziellos dahintreibenden Molloy vor, und damit beginnt eine lebenslange Verbindung. Mehr noch, der einsame Mudd hat nun einen Freund. Molloy erweist sich als Naturtalent: geistreich, lustig, kreativ, ein Junge, der endlich seine wahre Bestimmung gefunden hat. Dass in den ersten fünf Jahren sämtliche Sketche damit endeten, dass Molloy sie versehentlich beide zu Boden wirft, war lediglich ein Überbleibsel ihrer ursprünglichen Begegnung.

Die Idee, sich mit einer lebenden Skulptur zusammenzutun, schien ungeahnte Möglichkeiten zu bergen. Der hektische Molloy und der reglose Mudd würden perfekte Kontrastfiguren abgeben. Sie ersinnen eine Nummer, in welcher der »Bildhauer« Molloy mit Baskenmütze, Kittel und Lavallière wild auf einen Marmorblock einhaut, bis Mudd zum Vorschein kommt.

»He, ich wollte eine Frau machen!«, sagt Molloy.

»Geht uns das nicht allen so, Kumpel?«, sagt die Statue.

Molloy weicht zurück.

»Du kannst sprechen? Aber du bist doch gar nicht lebendig!«

»Das ist Calvin Coolidge auch nicht, aber er kommt ganz gut zurecht.«

Die Nummer ist ein Erfolg, und sie führen sie in vielen Variationen auf: Krähe und Farmer, Palastwache und Tourist, Arzt und Patient im Streckverband.

* * *

ALS ICH AUFWACHE, liege ich im Streckverband in einem mobilen Armeelazarett, behandelt von einem sehr alten Alan Alda im Kostüm eines Hawkeye Pierce in sehr mittleren Jahren.

»Was ist passiert?«, frage ich.

»Ihnen ist ein Stalaktit auf den Kopf gefallen«, sagt Alda.

»Sie sind Alan Alda«, sage ich.

»Ja«, sagt er erfreut.

»Ich würde lieber von Donald Sutherland behandelt werden.«

»Man muss nehmen, was man kriegt«, sagt er.

»Wie lange war ich bewusstlos?«

»Drei Monate ungefähr.«

»Und der Krieg?«

»Tobt weiter.«

Eine steinalte Lt. Dish geht vorbei, und Hawkeye kneift ihr in den Po. Sie kichert, wirft ihm einen koketten Blick zu, und er folgt ihr in seiner charakteristischen Groucho-Marx-Gangart.

Über das Lautsprechersystem des Militärlagers kommt eine Durchsage:

»Jetzt neu: die Slammy's-Regierung. Ist es nicht an der Zeit, dass eine Regierung *eure* Interessen vertritt? Bei Slammy's bedienen wir eure Bedürfnisse so, wie wir es schon immer in unseren Filialen getan haben: schnell, frisch und mit einem Lächeln im Gesicht.«

Ich liege da, umgeben von all den Verwundeten, und versuche, meine Gedanken zu ordnen.

VIELLEICHT, SO DEUTET Ingo an, lassen sich alle Tragödien der heutigen Welt auf die Mondkinder zurückführen. Pollux Collins' Blindheit hat in Verbindung mit seiner allseits bekannten mysteriösen Herkunft, seiner Geistesschärfe und seinem scheinbar angeborenen Scharlatanismus den perfekten Sturm für ein mittlerweile blühendes Messias-Business heraufbeschworen. Während Castor bescheiden, apologetisch, schamvoll und durch seine Blindheit und die ihm aufgezwungene Prominenz beeinträchtigt ist, macht Pollux sich alles einschließlich der Einschränkungen seines Bruders zunutze, um seine eigene Göttlichkeit zu demonstrieren. Michael Collins hat sie treffend benannt: Der ursprüngliche Pollux war der Sohn von Zeus, sein Bruder Castor hingegen ein gewöhnlicher Sterblicher. Auch wenn eine Legende besagt, Pollux Collins habe ursprünglich Castor geheißen und, als er von dem Mythos erfuhr, heimlich seinem Bruder den Namen Castor aufgezwungen, während er sich selbst Pollux nannte. Es heißt weiter, die Familie Collins habe nie von dem Rollentausch erfahren. All das ist natürlich nichts als gewöhnlicher Klatsch; man muss Ingos Film nicht gesehen haben, um es zu wissen. Was Ingo tut, ist, in die Köpfe dieser beiden kulturellen Größen einzudringen. Jeder hat xiesen Lieblings-Collins. Welchen von beiden man gern heiraten würde, sagt viel über eine*n selbst aus, zumindest laut der »Denk«stücke in den populären Gazetten. »Mrs. Castors« sind eher Individualistinnen, »Mrs. Polluxe« Faschistinnen. »Mrs. Castors« können Ungewissheit gut aushalten; »Mrs. Polluxe« leben in einer schwarz-weißen Welt. »Mrs. Castors« sind mitfühlend, »Mrs. Polluxe« missgünstig. »Mrs. Castors« haben Verständnis für menschliche Verletzlichkeit; »Mrs. Polluxe« sind sarkastisch. »Mrs. Castors« sind neurotisch; »Mrs. Polluxe« sind soziopathisch. Ich bin eine »Mrs. Castor«. Ich bin es immer gewesen. Es ist viel schwieriger, in Ungewissheit zu leben, die Launen des menschlichen Verstands zu erforschen, Dinge zu hinterfragen, beherzt zu sein. Wäre ich seinerzeit am Leben und Deutscher gewesen, dann hätte ich der Weißen Rose angehört, vielleicht sogar als ihr*e mutigste*r Anführer*in.

Eine weitere Lautsprecherdurchsage:

»Bei Slammy's setzt sich unser Maskottchen Hammer für eure Interessen ein. Er wird eure Traurigkeit mit seinen unablässigen Schlägen der Liebe zertrümmern.«

In meinem kürzlich zertrümmerten Kopf durchstreife ich die Höhle, ohne mich an weitere Teile von Ingos Film erinnern zu können, wie ich ihn in Erinnerung hatte, ehe er durch diese neue, wiederhergestellte Version ersetzt wurde. Dass sich Barassini während der Attentate von New York verflüchtigt hat – seinem offiziellen Biografen T. Thomas Tekerlek-Wheeler zufolge war Barassinis Praxis der Einschlagsort, was für mich vielerlei Fragen aufwirft –, hat meine Arbeit stark behindert. Es scheint ein Ding der Unmöglichkeit zu sein, im nunmehr verödeten Großraum New York einen staatlich geprüften Hypnotiseur mit einigermaßen anständigen Yelp-Bewertungen zu finden. Und ich vermute, dass ich mich aufgrund der traumatischen Gesamtsituation in gewisser Weise emotional abgeschottet habe, misstrauischer geworden bin, hyperaufmerksam Gefahren gegenüber, argwöhnisch meinen Mitmenschen gegenüber, was die für eine vollständige Erinnerung notwendige Ruhe und Gelassenheit verunmöglichen würde. Mein Ziel ist stets gewesen (seit ich die »neue« Version von Ingos Film gesehen habe), die beiden zu vergleichen, zu entscheiden, welcher von ihnen der »echtere« Film ist, und meine Erkenntnisse anschließend zu veröffentlichen.

Vielleicht spielt es in der heutigen Welt keine Rolle mehr, vielleicht ist Ingos Meisterwerk für eine in Höhlen lebende Gesellschaft nicht länger relevant. Vielleicht haben wir einfach »andere Sachen auf dem Tisch«, wie die jungen Leute in den Kochkursen in der Slammy's-Höhle sagen, aber ich denke, gerade heute brauchen wir Ingos Film am dringendsten. Denn dies ist ein Film, der uns nicht nur zeigt, wer wir sind, sondern auch, wozu wir werden könnten, und auch, wer wir waren und wer wir hätten werden können, und auch, wer wir nicht sind und wer wir nicht sein werden. Er ist, wie ich glaube, ein außerordentliches Artefakt. Doch was ist zu tun? Wie kann ich helfen? Was kann ich machen? Es gibt da eine alte persische Fabel mit dem Titel »Der Affe und die Hummel«, die sich vielleicht eignen könnte, um mein Dilemma zum Ausdruck zu bringen:

Vor vielen Jahren lebten einmal ein Affe und eine Hummel, die waren die allerbesten Freunde.

»Wie kannst du nur mit einer Hummel befreundet sein?«, fragte die Antilope. »Sie wird dich immerfort zu stechen versuchen.«

»Wir sind Freunde«, erwiderte der Affe. »Darum will sie mich nicht stechen.«

»Dann hast du dich nur mit ihr angefreundet, damit sie dich nicht sticht?«

»Kurz gesagt: Ja«, sagte der Affe.

»Das kommt mir arglistig vor«, sagte die Antilope. »Vielleicht bist du hier der wahre Übeltäter und nicht die Hummel.«

»Ich habe sie nie einen Übeltäter genannt. So etwas hat niemand behauptet.«

»Vielleicht bist du der Übeltäter«, wiederholte die Antilope, die Hörner trotzig gesenkt.

»Bin ich nicht ein rationaler Egoist im Sinne Max Stirners?«

»Das bist du«, räumte die Antilope ein, die nun ein tieferes Verständnis ihres äffischen (doch leider nicht besten) Freundes gewonnen hatte.

Vielleicht ist Ingo hier die Hummel.

KAPITEL 78

EINE KLEINE MELODIE kündigt eine neue Mitteilung an, diesmal offenbar in meinem Kopf.

»Slammy's-Arbeitsagenturen. Schließt euch unseren Teams an. Vom Berufsgastronom bis zum Physiker – Slammy's hat die passende Karriere für euch parat. Ihr müsst keine Klinken putzen; der Slammy's-Hammer hat die Türen schon für euch eingeschlagen! Er hat sie pulverisiert!«

Vielleicht ist meine Freundschaft zu Ingo selbstsüchtig, aber vielleicht kann ich auch dem Rest der Welt einen großen Dienst erweisen. Ich glaube, ich muss mich weiter um meine ursprüngliche Erinnerung an den Film bemühen. Ich suche auf meinem Slammy's-Telefon nach lokalen Hypnotiseuren. In der gesamten Höhle gibt es nur einen einzigen, The Great Cavey, der offenbar auf Gewichtsabnahme spezialisiert ist. Ich rufe ihn an:

»Hier spricht The Great Cavey.«

Es ist eine Frau, was mich überrascht. Ich war davon ausgegangen, dass jemand, der sich »The Great« nennt, automatisch ein Mann sein muss. Ich bin ein Monster.

»Äh, hallo.«

»Ja.«

Eine Melodie ertönt. Wir verstummen beide.

»Die Slammy's-Universität. Wir gestalten die Zukunft, einen klugen Kopf nach dem anderen. Mit einem Hammer.«

»Ähm, ja, ich brauche eine Hypnosebehandlung.«

»Wie viel muss denn runter?«

»Runter?«

»Gewicht.«

»Ach so! Nein, es ist kein Gewichtsproblem. Ich habe, falls es Sie interessiert, mein Idealgewicht, mein Kampfgewicht.«

»Worum geht es dann?«

»Ich hätte da eine Gedächtnislücke, bei der ich Hilfe brauchte.«

Eine Melodie: »Slammy's-Raumschiffe: zur Höhlendecke und zurück! Seht die Zwillinge aus dem Sternbild Zwillinge aus nächster Nähe! Den ganzen März über zum halben Preis.«

»Ich bin hauptsächlich auf Gewichtsabnahme spezialisiert.«

»Ja. Das ist mir bekannt.«

Melodie: »Slammy's-Telefone: Wir bei Slammy's machen keine Smartphones, wir machen *Very*-Smart-Phones. Unser neues Slammy's-Genius ist so innovativ, kreativ und inspirierend, dass ihr es nicht selbst zu sein braucht. Es ist das erste Telefon, das zugleich eine voll funktionsfähige Drohne ist, dem vom Obersten Gerichtshof Persönlichkeitsrechte zugesprochen wurden und das für seine bahnbrechende Studie über das faszinierende Kailpodh-Fest der indigenen Bevölkerung von Kodagu ein MacArthur-Stipendium erhalten hat.«

»Wenn Sie sich für das Gewichtsabnahme-Paket entscheiden, kann ich noch ein bisschen Erinnerungshilfe drauflegen. Kostet aber extra.«

»Könnten wir auch nur die Erinnerungshilfe machen?«

»Angebote sind nicht gegeneinander austauschbar.«

»Was?«

»Angebote sind nicht gegeneinander austauschbar.«

»Ich habe Sie verstanden. Ich kann es nur nicht glauben.«

»Die meisten kommen wegen ihres Gewichts. Slammy's ist nicht gerade Health Food. Sagen Sie denen nicht, dass ich das gesagt habe.«

»Also gut. Machen wir Gewichtsabnahme und Erinnerungshilfe.«

»Prima. Sagen Sie Slammy's nicht, dass ich das eben gesagt habe. Ernsthaft.«

»Tue ich nicht.«

»Danke. Ich sitze im East Grotto Medical Building. Sie können es gar nicht verfehlen. Auf dem Dach ist auch ein großes Slammy's-Zeichen. Schreiben Sie vorher auf, wofür Sie eine besondere Schwäche haben.«

»Beim Essen, meinen Sie?«

»Ja.«

»Gut.«

Ich traue Cavey nicht über den Weg, denke ich. Außerdem denke ich: Eis mit Erdnuss-Karamell-Stücken, die in Marinara marinierten Pommes frites bei Orso, Brat- und Backfett direkt aus der Packung. Cavey wird sich die Hände reiben.

»SIE VERSPÜREN KEINEN Hunger«, sagt sie mit dieser Hypnotiseurstimme, die Hypnotiseure immer einsetzen.

»Na ja, ich habe auf dem Weg hierher einen Slammurrito gegessen«, sage ich.

»Aber selbst wenn nicht, würden Sie keinen Hunger verspüren.«

»Gut.«

»Von jetzt an werden Sie Essen nicht mehr als Liebesersatz benutzen.«

»Beziehen Sie sich darauf, dass ich ein Loch in eine Cantaloupe-Melone gebohrt habe und Sex mit ihr hatte? Denn das war nur ein einziges Mal. Und außerdem, woher wissen Sie das überhaupt?«

»Unsere Überwachung fruchtet. Slammy's. Wir sehen uns in der Obstabteilung!«

»Gibt es den Slogan wirklich?«

»Er ist neu; noch in der Einführungsphase.«

»Gut. Könnten wir jetzt mit dem Erinnerungsteil beginnen?«

»Gut.«

The Great Cavey zieht ein Buch mit dem Titel *Da fällt mir was ein:*

Die Kunst, sich vermittels posthypnotischer Suggestion an Vergessenes zu erinnern aus dem Regal. Sie blättert eine Zeit lang darin herum. Ich sehe auf die Uhr.

»Also gut«, sagt sie schließlich. »Ich glaube, das Ganze funktioniert so, dass ich in Ihnen eine posthypnotische Suggestion hervorrufe, die im Zusammenspiel mit der Umgebung Ihre Empfänglichkeit für kurz aufblitzende Erinnerungen erhöhen wird.«

»Gut«, sage ich.

»Fibula, Tibula«, liest sie eine Art Beschwörungsformel aus dem Buch vor. »Erinnere dich an die schöne Zeit / Erinnere dich an deine Sterblichkeit / Die Welt um dich her hält die Antwort bereit / Such in dir selbst und in der Höhle so weit.«

»Das ist alles?«

Sie liest zur Sicherheit noch einmal nach.

»Ach, Moment!«, sagt sie und macht eine kleine wedelnde Handbewegung. »So, das müsste es sein.«

Ich bin skeptisch, weil das eher wie ein Zauber als eine Hypnose wirkt, aber unsere Zeit ist um, und nachdem ich die Rechnung beglichen habe, scheucht sie mich aus der Praxis.

HE, ICH BIN NICHT BLOSS EIN HANDTUCHTRÄGER, FREUNDE

Regisseur Judd Apatow nimmt die Welt, wie sie ist, und nicht, wie er sie gern hätte. Aus diesem Grund bleibt er eine der bedeutendsten noch verbliebenen Stimmen des Kinos. Sein von Flammen verzehrter Arm und sein von einem Stalaktiten zertrümmerter Schädel haben seinen gewaltigen künstlerischen Ausstoß kaum schmälern und seinen rasiermesserscharfen und doch einfühlsamen Verstand kaum trüben können. Die obzwar charmante und inspirierende Geschichte tut (wie in allen Apatow-Filmen) im Grunde wenig zur Sache. Was hier recht eigentlich gezeigt wird, ist Menschlichkeit. Wenn der Handtuchträger der Slammy's-Mannschaft, der zufällig eine geistige Behinderung hat und zufälligerweise auch die Hoffnung unterhält, eines Tages ein geistig behinderter Komiker zu sein, dem Center der Mannschaft namens Jones (gespielt von dem unnachahmlichen afroamerikanischen Schauspieler Terence P. Sullivan P. Jackson P. Diddy) seinen ersten Witz erzählt und Jones mit so unverhohlener Freude reagiert, dann begreift das Publikum plötzlich, dass das Herz farbenblind ist. Schließlich sind wir doch alle nur Menschen, die alle in einer Höhle leben und alle nach einer Verbindung zueinander suchen; das ist alles. Die Erwiderung von Jones hat mich ins Mark getroffen: »Hör zu, Barry, wir beide sind nicht sehr verschieden. Wir wollen uns beide einen Namen machen. Ich, indem ich Körbe werfe, und du mit deiner geistig behinderten Comedy. Aber ich kann mich über deine Witze freuen und du dich über die Körbe, die ich werfe. Und weißt du was? Zusammen können wir die Höhle verändern.« Oder der Augenblick, in dem Coach Johnson (der charmanterweise gern mal hinter dem Stalagmiten einen Joint durchzieht) herausfindet, dass seine Frau, mit der er seit zwanzig Jahren verheiratet ist, eine tödliche Krankheit hat, seinen Kummer aber verbirgt, weil Darryl, der wichtigste Spieler der Mannschaft, Geburtstag hat und in einem Waisenhaus der Zeugen Jehovas (dem Jehowaisenhaus) lebt, in dem keine Geburtstage gefeiert werden, sodass die Jungen alle für eine Geburtstagstorte zusammenlegen und Gesangsunterricht nehmen, um eine außerordentliche mehrstimmige Version von »Happy Birthday to You« zu singen. Oder wenn Bremsstreifen, der Verlierer der Klasse, endlich den Mut aufbringt, Melanie, das klügste Mädchen der Schule, zu fragen, ob sie mit ihm zum Winterball geht, und sie Nein sagt, dann ein schlechtes Gewissen hat, es sich anders überlegt und Ja sagt und dann von einem Auto überfahren wird. Die Verzweiflung in Bremsstreifens Gesicht wäre einer Renée Falconetti würdig und mündet in der vielleicht herausragendsten Wendung der Filmgeschichte, als Bremsstreifen begreift, dass es nun an ihm ist, Melanies Forschungen voranzutreiben und AIDS zu heilen. Die Szene, in der Bremsstreifen seine Eltern auf seinen Namen anspricht, rekurriert auf die besten Dialoge Bergmans:

»Warum habt ihr mich Bremsstreifen genannt?«

»Dein Großvater hieß so. Und wenn der Name für ihn gut genug war, ist er für dich auch gut genug.«

»Aber er bedeutet –«

»Wir wissen, was er bedeutet!«

»Ich habe sehr darunter gelitten.«

»Meinst du, Opa Bremsstreifen hätte er gefallen? Aber er hat sich nicht unterkriegen lassen und ist Präsident geworden.«

»Seid still.«

Dieses einsam verhallende »still« ist vielleicht das größte Wort der Filmgeschichte, bringt es doch die gesamte menschliche Existenz auf den Punkt.

»Dem ***<u>stillen</u>*** Geist ergibt sich das Universum.« – LAOTSE

»Es gibt nichts ***<u>Stilleres</u>*** als eine geladene Kanone.« – HEINRICH HEINE

»Es gibt vielerlei Lärme. Aber es gibt nur eine ***<u>Stille</u>***.« – KURT TUCHOLSKY

»Ich sprach zu meiner Seele: Sei ***<u>still</u>*** und warte, ohne zu hoffen, denn Hoffnung wäre auf etwas Falsches gerichtet.« – T. S. ELIOT

(Fettungen, Kursiven, Unterstreichungen und übertrieben große Schrift von mir.)

KAPITEL 79

MELODIE:

»In unseren Slammy's-Nachbarschaftskliniken werdet ihr garantiert innerhalb von fünfzehn Minuten nach Ankunft von einem qualifizierten Gesundheitsberater untersucht. Wir wissen, wenn man krank ist, will man alles, außer in einem überfüllten Wartezimmer zu sitzen. Bei Slammy's hat die Ungeduld unserer Patienten immer oberste Priorität.«

Digger gräbt nach dringend benötigten Vorräten für ihre Truppen: Rüstungsgüter, Medikamente, Trockennahrung. Doch ihre Gabe scheint sie vollständig verlassen zu haben. Die Digger erleiden schwere Verluste und verlieren das Vertrauen in ihre Anführerin. Digger begreift nicht, was geschehen ist. Zum ersten Mal zieht sie die Existenz Gottes in Zweifel. Anders als wir wird sie natürlich nie wissen, dass es daran liegt, dass der Meteorologe gestorben ist.

»Slammy's nimmt alle Digger bereitwillig auf. Eure Anführerin hat euch getäuscht; sie ist nicht von Gott beseelt. Sie ist eine Scharlatanin, deren Schwindel aufgeflogen ist. Schließt euch den Kriegsbestrebungen von Slammy's an und erhaltet für begrenzte Zeit sämtliche Slammy's-Produkte zum halben Preis. Slammy's: Wir graben uns in dein Herz!«

DIE ERINNERUNG AN Mudd und Molloy, die durch Cherylds Höhle schwirren und Staub wischen, schießt mir durch den Kopf.

»Hör mal, ich habe nachgedacht. Ich habe beim Beerenpflücken ein paar Klonmaschinen in der Höhle gefunden.«

»Aha. Und weiter?«, fragt Mudd.

»Was, wenn wir uns klonen –«

»Wir sollen uns klonen?«

»Du hast mich richtig verstanden. Wenn wir uns klonen –«

»Wieso?«

»Das will ich dir ja gerade sagen. Wenn wir –«

»Gut, dann sag's mir doch.«

»Das will ich ja.«

»Gut.«

»Wenn wir uns klonen und dann diese Zeitmaschine benutzen –«

»Zeitmaschine?«

»Ja. Wir benutzen sie, um unsere Klone in die Zeit unserer Geburt zurückzuschicken, u–«

»Wir haben eine Zeitmaschine?«

»Beim Sammeln essbarer Pilze habe ich in der Höhle einen Computer entdeckt, der Dinge in die Vergangenheit schicken kann.«

»So was geht?«

»Ich wüsste nicht, warum nicht. Der Computer hat eine einfache Bedienungsanleitung.«

»Also gut. Nur eine Frage.«

»Ja?«

»Was ist ein Klon?«

»Ein genetisches Duplikat einer Person.«

»Wie eine Skulptur.«

»Nein.«

»Ich meinte eine sehr realistisch wirkende Skulptur.«

»Nein, er ist lebendig.«

»So wie ich am Anfang unserer Karriere eine lebendige Skulptur war? Gott, ist das lange her.«

»Nein. Wie ein Duplikat. Genau wie die Person. Er bewegt sich, er spricht.«

»Also wie eine Sexpuppe.«

»Nein. Wie ein … eineiiger Zwilling.«

»Ah. Ich glaube, ich verstehe. Wie mein Zwilling Dead, der als Säugling gestorben ist.«

»Ja. Nur lebendig. Und wenn wir diese Klone in die Vergangenheit schicken, haben sie, wenn sie älter sind, eine Chance auf den komödiantischen Erfolg, der uns verwehrt blieb.«

»Wer sagt denn, dass sie Komiker werden wollen?«

»Sie wären genau wie wir. Und wir wollen doch Komiker sein.«

»Ja, aber sie würden unter anderen Umständen aufwachsen. Damit könnten sie auch einen anderen Weg einschlagen.«

»Ich kann dir nicht folgen.«

»Das ist die alte Frage von Anlage versus Umwelt.«

»Welche Frage ist das noch gleich?«

»Anlage versus Umwelt.«

»Das ist keine Frage.«

»Du weißt schon: Ist ein Kind von Geburt an, wie es ist, oder entsteht seine Persönlichkeit durch die Art und Weise, wie es behandelt wird?«

»Von Geburt an.«

»Das weißt du doch gar nicht.«

»Ich habe das Gefühl, die Komik steckt uns in den Knochen.«

»Das klingt nicht logisch.«

»Wie willst du denn Picasso erklären, Mozart, Joe Yule Jr.?«

»Ihre Väter haben ihnen allen das Fach nähergebracht, in dem sie Erfolg hatten.«

»Ausnahmen bestätigen die Regel.«

»Warum lassen wir sie nicht einfach in unserer Zeit und erziehen sie selbst zu Komikern?«

»Mit der Komik ist es vorbei. Ich weiß nicht, was zum Teufel los ist. Ich wäre nicht überrascht, wenn Komik bald illegal wäre.«

»Barinholtz 451.«

»Was?«

»Ike Barinholtz ist Komiker.«

»Mhm.«

»*MADtv*?«

»Und?«

»Das ist wie in *Fahrenheit 451*.«

»Was ist so?«

»Barinholtz 451.«

»Mhm. Ich weiß bloß immer noch nicht, was du damit meinst.«

»*Fahrenheit 451* ist ein Roman von Ray Bradbury.«

»Ja?«

»Er handelt davon, wie in der Zukunft das Lesen verboten wird.«

»Gut.«

»Und Barinholtz klingt wie Fahrenheit.«

»Na ja, ein bisschen vielleicht.«

»Und du hast gesagt, Komik wird noch verboten. Also habe ich versucht, ein komisches Wort zu finden, das sich für einen Witz über das Komikverbot vor die 451 stellen lässt. Und Barinholtz war das Passendste, was mir einfiel. Jedenfalls auf die Schnelle. Er ist ja Komiker.«

»Gut. Wären wir damit dann durch?«

»Ja. Aber ich finde deine Idee gefährlich. Wir können die Vergangenheit nicht ändern, ohne dass es fürchterliche Konsequenzen hätte.«

»Und worauf beruht diese Einschätzung?«

»Auf Filmen. Dem Großvater-Paradox.«

»Was ist das?«

»Eine kleine Veränderung in der Vergangenheit kann zu riesigen Veränderungen in der Gegenwart führen. Nein, Moment, das ist der Schmetterlingseffekt. Das Großvater-Paradox besagt, dass du nicht in die Vergangenheit reisen und deinen Großvater umbringen kannst, weil du dann nie geboren würdest und darum auch nicht in die Vergangenheit reisen und deinen Großvater umbringen könntest.«

»Das spielt für unser Vorhaben überhaupt keine Rolle.«

»Dann wollen wir keine Großväter umbringen?«

»Nein.«

»Na schön. Das beruhigt mich. Aber woher sollen wir wissen, ob es funktioniert hat?«

»Wir werden es sofort wissen. Denn wenn es klappt, werden sie in der Vergangenheit berühmt sein.«

»Und wenn nicht?«

»Dann schicken wir immer weiter Klone, bis zwei von ihnen berühmt sind.«

»Ich habe das Gefühl, es gibt da einen Logikfehler, aber ich komme nicht darauf.«

»Psst. Lass mich mal einen Abstrich von deiner Wange machen.«

»FÜR JEDEN BURGER, den ihr kauft, gehen zehn Cent an die Produktion von Hörbüchern für Blinde, Papierbüchern für Taube und Bücher auf Rädern für Querschnittsgelähmte. Uns von Slammy's liegen eure Probleme am Herzen. Seid ihr blind oder taub, seid ihr lahm, habt ihr Schmerzen? Esst bei Slammy's, denn ihr liegt uns am Herzen!«

Hier an diesem Ort bin ich mutlos. Tage sind vergangen, vielleicht Wochen. Ich habe dreimal nach meinem Klon gefragt, aber er ist noch immer nicht fertig. Angeblich ist irgendeine Pumpe kaputt. Ich sitze allein da, esse zu Mittag und sehe zu, wie die Höhlenameisen um ein paar Krümel von meinem Slammitalian Calzoney-O herumschwärmen. Seit Langem schon bewundere ich die Arbeitsamkeit und den Gemeinschaftsgeist der Ameisen. Von frühester Kindheit an habe ich mich eingehend mit Entomologie befasst und dabei einen Schwerpunkt auf die Myrmekologie gelegt. Später in Harvard habe ich sogar dem großen E. O. Wilson assistiert. *Sie sind ein bemerkenswerter junger Mann*, hielt Wilson in seiner sorgfältigen, nach der Palmer-Methode geschulten kursiven Handschrift in meinem Harvard-Jahrbuch fest. *Einer der besten, die mir je zu meiner Freude assistiert haben. Gewiss werden*

Sie es in jedem Bereich, für den Sie sich entscheiden, weit bringen und dabei noch vielen großen Männern assistieren. Ich liebe Sie. XOXO. – Eddy. Ameisen sind die wahrscheinlich faszinierendsten Mitglieder der Ordnung Hymenoptera und fraglos die intelligentesten. Aber nur als Superorganismus, denn diese Intelligenz offenbart sich nur in der Gesamtheit der Kolonie. Seien wir ehrlich, die einzelne Ameise ist total dämlich. Wohingegen eine Kolonie von 700 000 Ameisen aus dem Sudan erwiesenermaßen einen höheren IQ hat als die *Parade*-Kolumnistin Marilyn vos Savant. Außerdem haben sie Bobby Fischer problemlos im Schach besiegt. Zwar war das während eines seiner psychotischen Schübe, als er mehr daran interessiert zu sein schien, sich mit jüdisch aussehenden isländischen Zuschauern anzulegen, aber dennoch: Es sind Ameisen!

»Slammy's: nur einen Stalaktitenwurf entfernt.«

Ameisen existieren auf der Erde seit fast zweihundert Milliarden Jahren nahezu unverändert und gelten damit als eine der erfolgreichsten Arten auf dem Planeten. Im Vergleich dazu bringt es beispielsweise *Homo sapien* gerade einmal auf lausige fünfzehnhundert Jahre. Die Frage ist, was wir als Menschen von den Ameisen über Langlebigkeit lernen können. Wie der Mensch ist die Ameise ein soziales Wesen. Ameisen denken und handeln gemeinschaftlich. Die Entscheidungen, die sie als Individuen treffen, sind stets zum Wohle ihrer Gesellschaft. Gewiss, sie können sich anderen Ameisen gegenüber aggressiv und kriegerisch verhalten, aber nur solchen, die nicht ihrer eigenen Kolonie angehören. Darin unterscheiden sich Ameisen von Menschen. Menschen sind soziale Wesen, doch selbst innerhalb ihrer eigenen Gemeinschaft können sie sich anderen gegenüber antagonistisch verhalten. Dieses Konkurrenzdenken unter den Individuen wird der Untergang der Menschheit sein. Die Lösung wäre, dass Menschen wie Ameisen in Kasten geboren würden. Idealerweise sollte man sich nicht entscheiden können, beispielsweise Filmkritiker zu werden; man wäre entweder dazu geboren oder nicht. In einer solchen Welt würde es keine Neider geben. Mit Erreichen der Volljährigkeit würde ich die Stelle als Filmkritiker des *New Yorker* bekommen, und es wäre klar, dass ich für alle filmischen Belange der Experte bin. Andere würden als Ärzte oder Turner oder Hutformenbauer geboren werden. Alle würden wir im Rahmen unseres Berufsschemas den gleichen Beitrag zum Gemeinwohl leisten. Wir würden noch immer die Mitglieder anderer Kolonien hassen, wie Ameisen es tun, doch innerhalb unserer eigenen Kolonie würde Frieden herrschen. Man müsste nie Angst haben, als beruflicher Versager zu gelten, weil an die sogenannten niederen Berufsstände gar keine Erwartungen gerichtet würden, die dementsprechend auch nicht enttäuscht werden könnten. So würde man einen Müllwerker also beispielsweise dafür bewundern, dass –

Mein Gott! Das Ende des Films! Es ist mir wieder eingefallen! Es spielt eine Million Jahre in der Zukunft! Natürlich! Calcium! Natürlich! An die Millionen Jahre dazwischen kann ich mich noch immer nicht erinnern. Das bleibt eine Leerstelle. Vielleicht wird mir im Zuge der weiteren Erinnerung an diesen letzten Abschnitt auch das wieder einfallen, oder ich werde es mir zumindest zusammenreimen können. Als Filmkritiker, Cineast, Filmemacher, Vertrauter des verstorbenen Joseph Campbell (natürlich als er noch lebte! Haha!) und der Erfinder und vielleicht einzige Praktizierende der Filmrückwärtsbetrachtung halte ich mich für in herausragender und einzigartiger Weise qualifiziert, eine Geschichte von hinten nach vorne zu rekonstruieren. So wie es mein soeben wiedergefundener Freund Calcium tut. Wir haben so viel gemeinsam, diese höchst ungewöhnliche Ameise und ich.

Und damit fällt es mir wieder vollständig ein, das Ende von Ingos Film. Wo war es nur die ganze Zeit über verschüttet in dieser wundersamen Ungeheuerlichkeit meines menschlichen Gehirns? Wie wurde es verschüttet? Ich weiß darauf keine Antwort, doch hier ist es wieder. Ich bin mir sicher. Der Film in der Höhle war falsch, eine Lüge, ein Schwindel, eine Irreführung, ein Täuschungsmanöver (doch von wem und zu welchem Zweck?). Das hier ist der ganze restliche Film. Gewiss, vieles fehlt noch immer. Eine Million Jahre fehlt noch immer. Ganz zu schweigen von all den verwirrenden und widersprüchlichen Augenblicken, die weiter innerhalb des Films nebeneinander existieren, ebenso wie den kleinen Aussetzern und dergleichen, aber diese Widersprüche und fehlenden Teile existieren auch in der Erinnerung an mein eigenes Leben. Vielleicht wollte Ingo mit seinem Film genau das sagen – dass der menschliche Verstand an sich dieser Verwirrung unterworfen ist und nicht nur meiner. Oder vielleicht doch nur meiner, da der Film für mich und nur für mich allein gemacht zu sein scheint, aber sagte er nicht auch, die leere Fassung, die ich kürzlich gesehen habe, sei auch von anderen gesehen worden, und deutete er nicht an, es könnte nach mir noch weitere Zuschauer geben? Ich bin mir also nicht mehr sicher. Aber eines weiß ich genau: Ich habe das Ende. Also kann ich den Rest vielleicht von dort aus rekonstruieren. Für den Augenblick weiß ich so viel:

KAPITEL 80

DER FILM ENDET eine Million Jahre in der Zukunft. Der Mensch ist längst ausgestorben. Die Herrschaft über den Planeten hat die hyperintelligente Ameise. Eine einzelne Ameise. Die anderen Ameisen sind genauso beschränkt wie heutzutage. Ich meine, sie sind natürlich nicht wirklich beschränkt, Ameisen sind selbstverständlich bemerkenswerte und mysteriöse Insekten, wie ich bereits sagte, *et ketera*, aber diese eine sehr kluge Ameise beherrscht Infinitesimalrechnung und Integralrechnung, und sie kann fliegen, aber nicht so wie geflügelte Ameisen. Diese Ameise kann in einem Düsenjet fliegen, den sie von Hand gebaut hat. Ach ja, Hände hat sie auch. Vier Hände. Und zwei Füße. Diese Ameise, die sich aus irgendeinem Grund Calcium nennt (vielleicht in Anlehnung an ihre Kalkulationskünste?), wohingegen die anderen Tiere auf dem Planeten nicht einmal schlau genug sind, um zu wissen, was ein Name ist, beherrscht den gesamten Planeten. Doch trotz all seiner Macht, seiner Villen und Juwelen ist Calcium sehr einsam, denn er hat niemanden, mit dem er sein Leben teilen könnte. Eine Zeit lang lebt er mit einer weiblichen Ameise zusammen, die er Betty nennt (und innig liebt), aber sie hat nicht die geringste Ahnung, was los ist, und versucht nur immer wieder, in ihre Kolonie zurückzukommen, und stößt dabei gegen herrschaftliche Wände. Irgendwann lässt er sie ziehen und sieht sie zu den Klängen eines Lieds von Paul Simon davongehen – ich glaube, es ist das Stück »You Can Call Me Al«, das bei näherer Überlegung vermutlich wegen dieser Zeilen Verwendung fand:

If you'll be my bodyguard
I can be your long lost pal
I can call you Betty
And Betty when you call me
You can call me Al.

Der Rest des Songs hat meines Wissens keinen weiteren Bezug zum Film. Schließlich heißt die Ameise Calcium, nicht Al oder auch nur Alcium. Jedenfalls geht Betty, und Calcium (Al?) ist wieder ganz allein. Er liest. Er schaut Brainio. Er blickt zu den Sternen hinauf und staunt über die Größe des Weltalls. Er arbeitet in einem Labor, wo er zum Wohle der Menschheit, ich meine Ameisenheit, Perpetuum mobiles und verschiedene Medikamente entwickelt.

Eines der von ihm entwickelten Medikamente verfügt über eine ungewöhnliche und unerwartete Eigenschaft. Es reist in der Zeit zurück. Zumindest vermutet er das, denn er findet eine Kapsel davon in seiner Medikamentenbox im Fach mit der Aufschrift »Dienstag«, obwohl er es erst am Mittwoch erfindet. Tags darauf liegt die Pille im »Montag«-Fach. »Wie kann das sein?«, fragt sich Calcium laut. Er öffnet die Kapsel, um die Körnchen des Medikaments zu untersuchen, doch sie verschwinden augenblicklich.

»In die Vergangenheit?«, fragt er sich, abermals laut.

Er sieht nach dem Gefäß mit den Pillen in seinem Labor, stellt jedoch fest, dass diese ebenfalls verschwunden sind.

»In die Vergangenheit?«, fragt er sich abermals und abermals laut. »Was habe ich nur angerichtet? Vor allem aber, was hat meine Erfindung unter Umständen mit der Vergangenheit angerichtet?«

Calciums Frage lässt diesen Betrachter den gesamten Film neu überdenken: Inwieweit hat Calciums durch die Zeit reisendes Medikament die Vergangenheit beeinflusst? Ergeben einige der verwirrenden Teile der vorangegangenen filmischen Erzählung nun mehr Sinn? Oder weniger?! Oder ganz genauso viel?

»Existiere ich nun in dieser Zeit«, fragt sich Calcium (in Gedanken jetzt, aber als ameisiger Voiceover), »überhaupt nur, weil ich dieses zum Lebewesen mutierte Pharmazeutikum in die Vergangenheit geschickt habe? Hat die Vergangenheit, die ich hervorgebracht habe, mich hervorgebracht? Ich muss mich in meine zahlreichen Protokolle und Graphen vertiefen, um herauszufinden, ob irgendetwas darin auf eine in der Zeit zurückreisende chemische Verbindung hinweist.«

Schon bald findet Calcium in seinen Aufzeichnungen einen interessanten, drei Tage alten Eintrag:

Seltsam, hatte er geschrieben. *Es scheint, als schiene es unter meinen Freunden, den übrigen Ameisen, eine Art anscheinend recht kleinen Ausbruch einer allem Anschein nach bislang unbekannten Krankheit zu geben: grippeartige Symptome, leichtes Unwohlsein. Ich bin mir nicht sicher, worauf das zurückzuführen ist. Es erscheint mir nicht bedrohlich. Vielleicht sollte ich mich in mein Labor zurückziehen und an einem Heilmittel arbeiten, nur für den Fall, dass sich die Symptome in den kommenden Tagen verschlimmern sollten.*

Hatte er darum an dem Medikament gearbeitet, das sich zu diesem zeitreisenden Wesen entwickelte? Es übersteigt das Vorstellungsvermögen. Meines und auch Calciums.

In einem vier Tage alten Eintrag stößt er auf Folgendes: *Unter einigen meiner Freunde ist eine Krankheit ausgebrochen: starke grippeähnliche Symptome, heftige Übelkeit, einige Todesfälle. Ich muss ein Heilmittel entwickeln.*

Am Tag zuvor: *Was geht nur vor sich? Aus heiterem Himmel ist es zu einem heftigen Ausbruch verheerender Grippesymptome und extremer Übelkeitsanfälle gekommen; viele meiner Freunde sind verstorben. Ein Heilmittel! Ein Heilmittel! Denk nach, Calcium, denk nach!*

Wieder einen Tag zuvor: *Alle meine Freunde sind tot. Wie ist das geschehen? Warum? Welche albtraumhafte Krankheit hat sie dahingerafft? Hätte ich doch nur ein Heilmittel!*

Und am Tag davor: *Meine Freunde sind plötzlich alle als Zombies wieder zum Leben erwacht! Ich bin ratlos. Soll ich ein Medikament entwickeln? Zu welchem Zweck? Ist Zombieismus heilbar? Heißt es überhaupt Zom-*

bieismus? Mir bleibt keine Zeit, es in dem von mir selbst erstellten Wörterbuch nachzuschlagen. Sie werden bald angreifen! Ich bin beinahe ohne Hoffnung!

Wieder einen Tag vorher: *Mein Herrenhaus wurde von den Zombies, in die sich meine Mitameisen ohne jede Vorwarnung verwandelt haben, in Brand gesetzt. Ich kann nichts tun. Was sollte es nützen? Alles ist verloren.*

Wie grotesk, denkt Calcium. Die Zerstörung läuft rückwärts ab, setzt sich in die Vergangenheit fort. Mein Herrenhaus ist heute noch da und gestern schon fort. Welch neuen Schrecken habe ich da geschaffen?

Er sieht in seinen neun Tage alten Aufzeichnungen nach: *Unsere gesamte Stadt wurde von einem Schwarm Zombie-Ameisen in Brand gesetzt! Woher kamen sie? Meine sämtlichen Papiere brennen!*

Mit dem neunten Tag enden die Einträge. Er wird es niemals erfahren.

Calcium vergießt einige Tränen und schreibt dann hektisch auf die Rückseite einer Wäscheliste. Wir hören seine Gedanken aus dem Off:

»Ich kann keine weiteren Aufzeichnungen finden. Ich werde niemals erfahren, was geschehen ist. Vielleicht kann ich für mich selbst eine Art Zeitmaschine erfinden, um zu sehen, was die Luftrabies (denn so habe ich sie getauft) in der Vergangenheit aus der Welt *machten* wird. Aber eine solche Maschine ist ein Ding der Unmöglichkeit. Man kann nicht in der Zeit zurückreisen (es sei denn, man ist [war?] die Luftrabies [vielleicht]). Zeitreisen widersprechen sämtlichen Gesetzen der Physik und auch den Gesetzen dreier Bundesstaaten. Ich kann nichts tun als weiterarbeiten und dankbar sein, dass ich die Luftrabies nicht nächste Woche erfunden habe, denn dann wäre die Welt heute ein völlig anderer, schrecklicher Ort. Und doch kann ich bei der Arbeit nicht umhin, über die bevorstehende Vergangenheit nachzusinnen. Irgendein mysteriöses, ausgestorbenes philosophierendes Wesen hat einmal gesagt: ›Das Leben wird vorwärts gelebt und rückwärts verstanden.‹ Das ist, wie sich herausstellt, das einzige Relikt dieser uralten Spezies, über die wir sonst nichts wissen. Wir vermuten (nun, *ich* vermute), dass sie Stifte hatten. Was wird aus der Luftrabies *geworden*? Wird es sich im Laufe der Zeit *weiterentwickelt*? Natürlich kann man das nicht mit Sicherheit *wussten*. Man kann davon ausgehen, dass der *Antichron* (wie ich die Gattung nun nenne) keine Fressfeinde hatte, sodass es wohl keine Notwendigkeit gab, sich zu Verteidigungszwecken *weiterzuentwickelten*. Vielleicht werden sie sich aufgrund von Nahrungsmittelknappheit *weiterentwickelten*. Wobei es aktuell keine Knappheit an Ameisen zu geben scheint, weshalb ich bezweifle, dass das der Grund ist. Vielleicht werden durch Genmutation verschiedene Stämme der Luftrabies *entstanden*, und diese Stämme werden untereinander um die Vorherrschaft *kämpften*. Die Welt muss wirklich sehr anders, ja regelrecht umgekehrt aussehen, vermute ich. Ich fühle mich an die Schriften von ›Walter Benjamin‹ erinnert, einem weiteren mysteriösen alten Wesen, das, vermutlich ebenfalls mit einem Stift, offenbar Folgendes niedergeschrieben hat:

> Seine Augen sind aufgerissen, sein Mund steht offen und seine Flügel sind ausgespannt. Der Engel der Geschichte muß so aussehen. Er hat das Antlitz der Vergangenheit zugewendet. Wo eine Kette von Begebenheiten vor *uns* erscheint, da sieht *er* eine einzige Katastrophe, die unablässig Trümmer auf Trümmer häuft und sie ihm vor die Füße schleudert. Er möchte wohl verweilen, die Toten wecken und das Zerschlagene zusammenfügen. Aber ein Sturm weht vom Paradiese her, der sich in seinen Flügeln verfangen hat und so stark ist, daß der Engel sie nicht mehr schließen kann. Dieser Sturm treibt ihn unaufhaltsam in die Zukunft, der er den Rücken kehrt, während der Trümmerhaufen vor ihm zum Himmel wächst. Das, was wir den Fortschritt nennen, ist *dieser* Sturm.

Ich versuche, den Weg meiner schrecklichen Schöpfung vorauszuahnen. Wie kann ich wissen, was *geschahen* wird, wohin die Luftrabies *gelangt* wird? Ja, wie soll ich wissen können, wie die Welt einem Wesen erscheint, das beharrlich weiter in die Geschichte hineinmarschiert, wo die gewöhnliche Erfahrung von Ursache und Wirkung verdreht ist wie der Knöchel einer Läuferin (ja, einer Läufer*in*), die sich den Knöchel verdreht hat? Ist es nur ein simpler Umkehrungsprozess, bei dem Lebewesen mit der Zeit immer jünger werden (Notiz: interessante Filmidee! Ausarbeiten!), oder ist es eine unvorstellbar andere Welt? Welche Eigenschaften muss ein Wesen besitzen, um erfolgreich gegen diese furchtbare Strömung ankämpfen zu können, die wir die Zeit nennen? Standhaftigkeit, Stärke, Anpassungsfähigkeit, Schonungslosigkeit. Tatsächlich ist seine Verheerung der Ameisengemeinschaft nichts weiter als ein Ausweis seines kalten Überlebensdrangs. Die Welt der Natur ist gefühllos: Sie tötet, was auch immer sie gerade töten muss. Sie giert, wonach auch immer sie gerade gieren muss. Sie meidet, was sie meiden muss. Gerade. Aber welch einzigartige Erfahrung es sein muss, in die andere Richtung zu gehen, rückwärtszugehen. Ein Wesen, das in jener Welt beispielsweise in ein Loch fiele, wäre für den Betrachter nicht in geringstem Maße komisch. Vielmehr erschiene die aus dem Loch steigende Kreatur geradezu göttlich, Jesus, der von den Toten aufersteht, der seinen rechtmäßigen Platz an der Seite seines Vaters einnimmt (ach, Papa). Könnte es in einer solchen Realität überhaupt Humor geben? Vielleicht würden jene, deren Taten uns wundersam erscheinen, auf den rückwärts Wandernden lächerlich und komisch wirken. Man stelle sich einen wohlmeinenden Heiligen vor, der die Gesunden krank macht, oder einen Gott, dessen Blitze zurück in seine Hände geschleudert werden und Zerstörung entverursachen. Man stelle sich eine Armee ›furchteinflößender‹ fliegender, schwadronierender Roboter vor, die mit den Augen todbringende Laserstrahlen einsaugen und so ihre eigene Dummheit zu verursachen scheinen. Diese albernen Beispiele, die mir gerade in meinen abnormal großen Kopf kommen, zeichnen das Bild einer grundlegend veränderten Welt. Es wäre möglich, dass die eigene Natur, die eigene Ästhetik, durch diese Realität so verwirrt, so beschädigt würde, dass es Wegsehen und Blindheit notwendig machte, Umwege als eine Form der Selbstverteidigung. So stelle ich mir meine immer zahlreicher werdenden tollwütigen Kinder vor, wie sie Hals über Kopf dem Beginn der Zeit entgegenhasten. Vielleicht sind sie tatsächlich zum Wetter geworden oder zu einer noch unbekannten Entsprechung desselben, strudeln und heulen und spucken und zerstören sich ihren Weg zurück in der Zeit, ungesehen von einer sich vorwärtsmühenden Welt, unentdeckt inmitten der Menge, immer weiter anwachsend, bis sie schließlich zu einem dynamischen System werden, das die ganze Welt direkt an ihrem Beginn umspannt. All das sind nur Mutmaßungen, eine einfach gestrickte Geschichte, die sich eine alte Tante zum Zeitvertreib selbst erzählt. Man kann sich nicht närrische Gedanken machen über etwas, was man niemals wissen wird. Und doch mache ich mir Gedanken. Während ich mit jedem vergehenden Augenblick immer weiter in der Zeit voranschreite, vom Ursprung der Luftrabies weg, und sich dabei jeder dieser Augenblicke verdoppelt, während sich die Luftrabies von mir entfernt, in die entgegengesetzte *katefthynsi tou chrónou*, vergeude ich den Rest meines bisschen Lebens mit Spekulationen, mit dem Entwerfen eines möglichen Szenarios, das ich nie werde überprüfen, einer Theorie, die ich nie werde auf die Probe stellen können. Aber was sollte ich hier sonst tun, jetzt, allein auf dieser Welt ohne jede Hoffnung der Zusammenkunft mit einem anderen meiner Art? Ich bin wie ein Kind, das mit Puppen spielt, das sich an einem regnerischen Nachmittag zu meiner eigenen Unterhaltung Geschichten ausdenkt.

Und warum sind die Ameisen eigentlich zu Zombies geworden?«

MEINE ERINNERUNG AN die Calcium-Szene wird durch eine Reihe aufdringlicher Gedanken unterbrochen, offenbar übermittelt von vielen schreienden Menschen, von denen nur einige Marjorie Morningstar zu sein scheinen:

Trau den anderen nicht!
Lass nicht zu, dass über dich gelacht wird!
Schütz deine eigenen Interessen!
Niemand hat so gelitten wie du!
Angesichts all des wirklichen Leids in der Höhle hast du kein Recht, dich zu beschweren!
Viele Menschen haben es deutlich schwerer als du!
Genieß Slammy's!
Lass dich nicht zum Narren halten!
Beeindrucke die anderen!
Vergiss nicht, einen Slammy's-Burger zu essen!
Die anderen versuchen, dich über den Tisch zu ziehen!
Schau nur, wie hübsch sie ist!
Schau nur, wie attraktiv er ist!
Schau nur, wie erfolgreich sie sind!
Jetzt hör dir mal dieses Lied an: »Die Höhle ist schön, und Liebe ist das Größte auf Erden / Sei pflichtschuldig und versuch, nicht krebskrank zu werden / Denk immer daran –«
Geh zu Slammy's!
Tanz!
Probier diese Droge!
Nimm keine Drogen!
Religion ist Lüge!
Die Gruppe, der du nicht angehörst, versucht, dich zu zerstören.
Mmmmm! Probier mal!
Du bist hässlich!
Du musst diesen Brainio schauen!
Mensch, der Junge ist wirklich ein Wunderkind, und du warst keins!
Ist dir jetzt nicht nach Weinen zumute?
Schau mal, der süße Hund!
Alle lachen über dich!

Das Trommelfeuer endet. Der Raum um mich herum ist voller Trunks und Wörter und Rosenberge und Rauch und schlechter, unsinniger Ideen und Rezensionen: Alles wird rezensiert, analysiert, gehasst, geliebt, uns in endlosen Wiederholungen wieder entgegengespuckt, sich multiplizierend, sich replizierend, sich wiederholend, sich wiederholende Muster, widerhallend, doch die Stimme in meinem Kopf ist zumindest so leise geworden, dass ich mich wieder der Erinnerung an Ingos Film zuwenden kann.

Jemand rempelt mich an. Jesus. Ist das Jesus? Ich kann bei all dem Rauch nicht viel erkennen, aber irgendjemand hat mich ziemlich heftig angerempelt, und es fühlt sich so an, wie es sich in meiner Vorstellung anfühlen würde, heftig von Jesus angerempelt zu werden. Eigentlich tut es ganz gut. Ein mitfühlender Rempler. Es ist jemand oder etwas mit Bart und langen Haaren. Natürlich weiß niemand, wie der historische Jesus aussah oder ob es überhaupt einen historischen Jesus gegeben hat. Gewiss findet er in den zeitgenössischen Schriften von Josephus Erwähnung, doch die verraten uns nicht sonderlich viel über diesen sogenannten Jesus. Und doch habe ich bei diesem Schubser eine gelassene Ruhe, eine augenblickliche Glückseligkeit empfunden. Gesell dich zu uns, würde er wohl bitten, denke ich, und ich würde nur verächtlich schnauben.

Schwarze Wolle, will ich ihn fragen, bekommt er damit wohl diesen Rauch hin?

Ich versuche, ihn zu fragen, aber er ist weg. Doch meine innere Ruhe bleibt. Ich bin zufrieden damit, über die sich bauschende, giftige schwarze Schönheit zu staunen, über den rippenbrechenden Husten, die Katzenmusik aus Keuchen und Schreien. Ist es schwarze Wolle? Ich fühle mich an das Gedicht »A Drunk Man Looks at the Thistle« des großen schottischen Modernisten Hugh MacDiarmid erinnert, vor allem an die Strophe:

Und Jesus und ein namenloser Affe sodann
Zusammenstoßen, um zu teilen fortan
Jene Form, die kein Erdenmensch fliehen kann?

Ist damit der Zusammenstoß gemeint, den ich gerade erlebt habe? Ist vielleicht jeder Zusammenstoß gemeint? Ist jeder Zusammenstoß ein Zusammenstoß, der auf irgendeiner Ebene das sogenannte Gottesteilchen hervorbringt?

KAPITEL 81

HIER IN DER Höhle versuche ich, mich vor dem allgegenwärtigen Gefecht zu verstecken. Bei all den Explosionen, dem albtraumhaften Geschrei und dem Zähneknirschen ist es nahezu unmöglich, mich auf meine Erinnerungen an Calcium zu konzentrieren. Mein Chef, der Redakteur der *Slammy's Gazette*, erscheint hosenträgerbewehrt und zigarrekauend in meinem Kopf und befehligt mich auf das Schlachtfeld zurück, um über den Krieg zu berichten. Ich glaube, ich habe ihn noch nie leibhaftig gesehen, nur in meinem Gehirn. Ich bin mir nicht sicher, dass er leibhaftig existiert. In dieser Hinsicht gleicht er sehr dem historischen Jesus. Dennoch ist er furchteinflößend mit seinen Ärmelhaltern und dem grünen Lidschatten.

»Rosenberg, warum zum Teufel stehen Sie einfach da rum wie ein Sack Scheiße?«

»Tut mir leid, Chef. Ich dachte gerade über einen Film nach, den ich einmal gesehen habe.«

»Dann setzen Sie sich mal in Bewegung! Wir haben Krieg, Junge! Wollen Sie, dass uns die *Trunk Trumpet* zuvorkommt?«

»Nein, Sir. Ich habe nur –«

»Ich kann mich nicht erinnern, Sie nach Ihren billigen Ausflüchten gefragt zu haben! Die Welt muss informiert werden!«

»Ist gut, Chef. Tut mir leid.«

Mein Redakteur geht wieder in sein Büro, ebenfalls in meinem Gehirn, und schlägt seine Gehirntür zu. Ein gerahmtes Foto von Truman, eine Zeitung mit der Schlagzeile, Dewey habe ihn geschlagen, in der Hand, fällt von der Gehirnwand vor seinem Büro und zerschellt auf dem Boden meines Gehirns. Gehirnglassplitter überall.

»Ich bin bald wieder da«, flüstere ich meiner Erinnerung an Calcium zu und begebe mich an die Front.

Bei meiner Ankunft ist alles ruhig. Ich sehe einen Soldaten, der an einen Stalagmiten gelehnt dasitzt, eine Zigarette raucht und zu dem Sternbild Zwillinge emporschaut, das Pollux erschaffen hat, indem er Löcher in die Höhlendecke bohrte.

»Hallo, Soldat«, sage ich.

»'n Abend, Mister.«

»Wie war das Gefecht heute?«

»Hart. Ich habe fünf Kameraden aus meiner Einheit verloren. Sie starben im Kampf für das Land, das sie liebten.«

»Für welches Land kämpfen Sie, Soldat? Ich kann Ihr französisches Képi nicht zuordnen.«

»Für Slammy's«, sagt er. »Hundert Prozent reines Rindfleisch, hundert Prozent reiner Patriot!«

»Haben Sie irgendeine Nachricht an Ihre Lieben daheim, Soldat?«

»Ich liebe dich, Mary Lou. Bald bin ich bei dir zu Hause, und dann –«

Ihm wird der Kopf weggeschossen, und ich springe reflexartig hinter den Stalagmiten, um Schutz zu suchen. Ich zittere vor Angst und kann mich nicht mehr an den Namen der Frau erinnern, die er seinen Worten nach liebte. Das ist besonders blöd, weil angesichts seines Todes das Zitat ein tolles Ende für den Artikel abgegeben hätte. Da wäre in der ganzen Höhle kein Auge trocken geblieben. Ich bin mir ziemlich sicher, dass er Marilyn sagte. Bei so etwas würde ich ungern danebenlangen, weil es zu Verstimmungen führen könnte, wenn seine Freundin (Frau, Tochter, Freund, Diverse) glaubt, seine letzten Worte hätten jemand anderem gegolten. Aber ich bin mir so gut wie sicher, dass er Madeline gesagt hat, und so werde ich es auch schreiben. Ich werfe den Artikel und ein Foto des Soldaten (natürlich bevor sein Schädel explodiert ist!) auf den Schreibtisch meines Redakteurs in meinem Gehirn. Er nimmt ihn und überfliegt ihn.

»Gute Arbeit, Rosenberg. Und jetzt gehen Sie verdammt noch mal wieder da raus.«

Ich spähe hinter meinem Stalagmiten hervor. Hunderte von Trunks schweben im Standby-Modus in der Luft und laden über entlang der Höhlenwand in Steckdosen eingesteckte Stromkabel ihre Batterien auf. Sie schwanken leicht auf und ab wie Bojen. Es wirkt richtiggehend friedlich. Der CEO von Slammy's, der sich als Barassini entpuppt, auf dem Kopf eine Baseballkappe, auf der in Blindenschrift die Worte »Blinder Glaube ist wahrer Glaube« stehen, wird auf einen gigantischen Fernsehschirm projiziert. Er schläft fest auf seinem Bürostuhl. Sein Schnarchen erfüllt über Wandlautsprecher die ganze Höhle. Ich halte nach Scharfschützen Ausschau, die, wie einem jeder nichttote Kriegsreporter sagen kann, niemals schlafen. Irgendwo in der Ferne spielt ein einsamer Trompeter ein schwermütiges Wecksignal, was sonderbar wirkt, war ich doch immer der Meinung, ein Wecksignal solle eher aufgeweckt klingen. Vielleicht ist es eine Neuinterpretation des Wecksignals, so wie manchmal jemand einen flotten Popsong zu einer traurigen Nummer umschreibt. Mir gefallen diese Neuinterpretationen häufig – natürlich nicht, als Kaufman es in diesem entsetzlichen »Trauriger mittelalter weißer Mann«-Film *Anomalisa* mit »Girls Just Want to Have Fun« versucht hat. Da war es schrecklich, eine Verhöhnung des ganzen Geistes des Originals von Cynthia Looper, das natürlich eine Ode an die Ermächtigung der Frau (trans* Frau) ist, ein Lied, in dessen Kern die klare Aussage steckt, dass die Frauen (trans* Frauen) die Männer (trans* Männer) nicht brauchen, um sich in ihrer Haut (trans* Haut) wohlzufühlen, eine melodische Version des brillanten feministischen Schlachtrufs der 1970er »Eine Frau braucht einen Mann wie ein Fisch ein Fahrrad« (übrigens geprägt von keiner Geringeren als der großen amerikanischen Filmschauspielerin aus den 1930ern Irene Dunn!), denn wie jeder weiß, hätte ein Fisch für ein Fahrrad wenig bis keine Verwendung, a) weil er im Ozean lebt und einfach schwimmen kann, wohin er will, und b) weil ein Fisch keine Beine hat, wie sollte er also überhaupt in die Pedale treten? Barassini wird von dem Wecker seines Telefons geweckt, das »Hypnotised« von Coldplay spielt. Er tastet benommen herum, drückt auf Stopp und blickt augenlos in die Kamera.

»Guten Morgen, meine amerikanischen Mitbürger, heute ist ein guter Tag, um beim Kauf von Slammy's-Artikeln zu sparen – nur heute fünfzig Prozent reduziert! –, und auch ein guter Tag, um der Zivilisation die Zerstörung zu ersparen. Denkt daran, dass wir bei Slammy's es uns zum Ziel gemacht haben, euch zu dienen, euch die hochwertigsten Lebensmittel und Dienstleistungen anzubieten, bequem und zu einem vernünftigen Preis. Das kann man von der Konkurrenz nicht behaupten. Die Frage, die ihr euch stellen müsst, ist, wie viel ihr für diese Bequemlichkeit und Preisgünstigkeit zu opfern bereit seid oder auch dafür, dass Amerikaner wie ihr das Recht habt, eine Produktidee zu entwickeln, ein kleines Business zu gründen, wie wir es getan haben, hart daran zu arbeiten, dieses Business weiter aufzubauen, es zu einem Vermögen zu bringen, auf ehrliche Weise, durch harte Arbeit und Opfer? Ihr müsst euch fragen: Haben all diese Trunks hart für ihr Vermögen und ihre Laser gearbeitet? Haben sie ihr Berufsleben als bescheidene Hypnotiseure/Broadway-Schauspieler begonnen, so wie ich? Oder sind sie faule, aufgedunsene Roboter, gebaut von Robotern, deren bloßes Vorhandensein ein Affront gegen unsere Lebensart ist? Bei Slammy's beschäftigen wir keine Maschinen, sondern nur Menschen, die euer Essen zubereiten, eure Wasserfahrräder bauen, eure Roboter, die euch die –«

Inzwischen sind die Trunk-Roboter selbstständig aus dem Standby-Modus erwacht, haben ihre Kabel aus den Steckdosen gezogen und lauschen Barassinis Rede. Sie beginnen, einstimmig »The Girl from Ipanema« in einer sehr schönen, entspannten, jazzigen A-cappella-Version zu singen. Türen öffnen sich in meinem Gehirn (und vermutlich auch in den Gehirnen anderer hier draußen auf dem Schlachtfeld), und ein wunderschöner Trunk im Bikini erscheint und geht mit kessem Hüftschwung an mir vorbei. Er *ist* das Mädchen aus Ipanema. Mein Gott, er ist so schön. Ich kann Barassinis Stimme gar nicht mehr hören. Das Parfum, das von Trunks warmem, fleischigem Körper zu mir herüberweht, ist berauschend: Vanille, Lavendel, Moschus, Altmännerschweiß. Er lockt mich mit einem zarten Finger. Diese unerreichbare Göttin winkt mich herbei! Das Ich in meinem Gehirn, mein Homunkulus, geht auf ihn zu. Plötzlich erscheint Marjorie, schwebt über mir in einem durchscheinenden Gewand, einem Sexy-Engel-Halloweenkostüm. Ich schaue auf; Trunk schaut auf.

»Verflucht«, sagt er.

»B.«, gurrt Marjorie, »uns von Slammy's liegst du am Herzen. Wir liefern uns selbst direkt an deine Haustür, frisch und saftig. Und bei Slammy's gibt es wirklich was Heißes und nicht bloß große, vollgekackte, alte, weiße mit Kentucky Fried Chicken vollgestopfte Männerärsche.«

Marjorie dreht sich schwebend um die eigene Achse, ein sexy Grillhühnchen – viel gesünder als KFC –, und ich kann ihre Pobacken sehen, die wirklich und wahrhaftig prachtvoll sind. Ich sehe wieder zu dem lockenden Trunk hinüber, und die Illusion ist zerstört. Er ist in meinen Augen wieder absolut unfickbar. Meine Loyalität gilt jetzt Slammy's, gilt Marjorie, gilt Muschi statt Schwanz. Eine explodierende Mörsergranate reißt mich aus meinen Gedanken an Marjorie in den wahren Schrecken des Krieges. Keine fünf Meter von mir entfernt liegt ein Haufen schwer verwundeter Soldaten, tot oder im Begriff zu sterben. Manche von ihnen sind als Stormtrooper aus *Star Wars* gekleidet, manche als Batmans, andere als Wonder Womans. Da ist sogar ein dünner, traurig aussehender Kerl, der als Mandra der Zauberer gekleidet ist, und ein mittelalter Bob aus *Bob's Burgers*, dessen blutbefleckte Schürze vermutlich eine bald todbringende Verstümmelung verdeckt. Ich mache Fotos von den Versehrten. Das ist meine Aufgabe; ich bin ein Chronist des Krieges. Später in der Kantine, wo ich leider zwischen Hawkeye und Trapper John sitze, die clevere Sprüche auf TV-Niveau austauschen, versuche ich, das mitangesehene Leid zu vergessen und mich an das Ende des Films zu erinnern.

* * *

CALCIUM GRÄBT ALSO in einer Höhle. Ist es diese Höhle? Die, in der ich mich gerade befinde? Ich glaube, ich erkenne diesen Stalaktiten dort wieder. Calciums paläontologisches Hobby scheint seine Einsamkeit zu lindern, denn es liegt etwas Tröstliches in dem Gedanken, dass das Leben eine lange, ununterbrochene Kette ist, dass er Teil dieser Kette ist, dass sie fortdauern wird, wenn er nicht mehr ist, dass es Hoffnung gibt: dass es eine Zukunft gibt, nicht nur eine Vergangenheit. Ich fühle ebenso. Diese Höhle sei seine ergiebigste Grabungsstätte gewesen, erklärt er im Voiceover. Schnitt und Kameraschwenk über allerlei versteinerte Überreste und rekonstruierte Tiere, mit denen der Ballsaal seines Anwesens gefüllt ist. Heute ist es nicht anders: Er gräbt einen Schädel aus, eine neue Spezies, riesig, mit einer beispiellos großen Hirnschale. Wir erkennen darin den Schädel eines Menschen. Calcium spricht zu dem Schädel:

»Was bist du, mein Freund? Einen sonderbaren Schädel wie diesen habe ich nie zuvor gesehen. Ach, arme Kreatur, hätte ich dich doch gekannt. Ich empfinde eine jähe und tiefe Verwandtschaft. Liegt es daran, dass unsere Schädel ähnlich beschaffen sind und dass ich aufgrund dieser Ähnlichkeit eine ähnliche Intelligenz vermute, eine ähnliche Weltanschauung? Wären wir Freunde gewesen, mein Riese, meine Bohnenstange? Würde meine einsame Seele in unserer Verbindung Linderung finden? Ich möchte es annehmen.«

Calcium gräbt weiter, findet immer mehr Teile dieses menschlichen Skeletts. Mit seiner enormen Ameisenstärke (Ameisen sind über zentausendmal stärker als Menschen) schleppt er seinen Fund Knochen für Knochen nach Hause. Das beansprucht volle fünf Stunden der Gesamtlaufzeit des Films. Anschließend setzt er das Skelett zusammen (sieben Stunden) und macht sich dann an die akribische Arbeit der forensischen Gesichtsrekonstruktion. Ich habe in Harvard Anatomie studiert und bemerke, dass mit dem Schlüsselbein des Skeletts etwas nicht stimmt. Ist es beschädigt worden? Ich staune auch über Calciums Vorgehen, das so bemerkenswert geschickt wie höchst präzise ist. Tatsächlich ähnelt das fertiggestellte Gesicht recht stark meinem eigenen.

»Ich werde diese bislang unentdeckte Spezies das Große Ach nennen, abgeleitet von dem Griechischen Wort *achos*, das Schmerz oder Leid bedeutet.«

Meine Erinnerung an diesen Teil des Films ist so bestürzend klar, dass sie einer Offenbarung gleichkommt.

»Es tut mir leid«, sagt Calcium zu dem Kopf (meinem Kopf?), »dass mir der Lehm in Pantone 489C ausgegangen ist und ich für den südwestlichen Quadranten deines Gesichts und Halses Lehm in Pantone PMS 2583 verwenden musste.«

Sonderbarerweise befindet sich der Lehm in dem Violettton durch Zufall oder auch nicht exakt dort, wo sich mein eigener bereits erwähnter Portweinfleck befindet.

»Das macht nichts«, sage ich in meiner Erinnerung während der Filmvorführung, allein in Ingos Wohnung auf dem harten Holzstuhl sitzend, da Ingo zu diesem Zeitpunkt bereits tot war. Ich spüre, wie mir ein Schauder des Wiedererkennens den Rücken hinaufläuft, so wie damals. Oder heißt es »hinunterläuft«?

»Ich habe hier etwas Pflanzenmaterial, mit dem ich meine farbliche Ungenauigkeit vielleicht verdecken könnte. Ich nenne es Altmännerbart. Nicht dass du alt wärst, mein Riese, das ist einfach der volkstümliche Name für diese Substanz, die mir offiziell als *Usnea* bekannt ist.«

Mit diesen Worten zieht er einige haarähnliche Flechten aus einem Ablagefach und klebt sie am unteren Drittel des rekonstruierten Gesichts fest. An dieser Stelle blieb mir bei der Vorführung der Mund offen stehen. Denn das bin ich. Es ist ohne jeden Zweifel mein Skelett, mein Schädel, den Calcium eine Million Jahre in der Zukunft ausgegraben hat. Dass all das innerhalb meiner Erinnerung an Ingos Film existiert, verstärkt meine Verwirrung. Hat Ingo diese Szene gedreht, nachdem ich gegenüber von ihm eingezogen war? Oder hat er mit überirdischer Voraussicht meine Ankunft vorausgeahnt? In jedem Fall verstehe ich jetzt, warum sich dieser Film nach meinem ersten Durchgang für mich so überaus persönlich angefühlt hat, denn ich komme darin vor. Der Film handelt von mir.

»So, siehst du?«, sagt ein freundlicher Calcium. »Vielleicht hingen tatsächlich solche seltsamen Fransen an deinem Gesicht herunter. Ich kann es nicht wissen, doch es scheint vorstellbar, dass ein Wesen solche Fransen hervorbrächte, um sich zu wärmen oder vielleicht als Ausweis von Gesundheit und Virilität, über die du beide gewiss verfügtest. Ich denke, du warst gewiss der sexuell gesündeste –«

Ich sterbe!, wird mir bewusst. Dies ist der Beweis. Ich weiß nicht genau, wann, aber irgendwann in der Zukunft sterbe ich und werde rekonstruiert, ein Ausstellungsstück im naturhistorischen Museum einer denkenden Ameise.

»Von all meinen Fossilien habe ich dich am liebsten«, sagt Calcium. »Worüber hast du nachgedacht, als du noch am Leben warst, liebliche Kreatur? Was waren deine Sorgen? Was waren deine Freuden?«

»Vermutlich die gleichen wie deine, Calcium«, erwiderte ich. »Die Kunst, die Sterblichkeit, Tsai.«

»Vermutlich die gleichen wie meine«, überlegt Calcium. »Die Kunst, die Sterblichkeit, Betty. Ach, wie ich die Gespräche mit dir liebe. … Wie soll ich dich nennen? Wäre dir B. recht, B. wie Bor? Oder soll ich dich Rosenberg nennen, nach den Sandrosenformationen über der Grabungsstätte, an der ich dich gefunden habe? Oder vielleicht beides zusammen?«

Das eine wie das andere! Beides zugleich! Und ich werde dich Calcium nennen, dachte ich.

»Du kannst mich Calcium nennen«, sagt er. »Weißt du, B. Rosenberg, die Mitglieder meiner eigenen Art, die Ameisen, wirken so glücklich. Aber ich bleibe immer ein Außenseiter. Auf Partys wissen alle anderen, wie sie sich zu verhalten haben, während ich unbeholfen in der Ecke sitze. Ich habe eine Strategie, die nie funktioniert: Ich versuche, traurig und tiefsinnig auszusehen. Manchmal lese ich ein Buch, um gedankenvoll zu erscheinen. Aus irgendeinem Grund glaube ich, damit irgendjemanden anziehen zu können. Ich glaube, weil ich es anziehend fände. Da sitze ich also und warte darauf, dass irgendeine andere Ameise herüberkommt und sagt: ›Du siehst tiefsinnig und sorgenvoll aus. Was liest du denn da?‹ Aber es ist noch nie geschehen. Und natürlich können die anderen Ameisen gar nicht sprechen, geschweige denn, dass sie wüssten, was ein Buch ist, also wird es auch niemals geschehen. Und dennoch bleibe ich bei dieser ›Aufreißmethode‹, auch wenn sie auf klägliche Weise versagt. Ich sage mir (denn leider kann ich es niemand anderem sagen), dass das vielleicht die Definition von Wahnsinn ist.«

»Mir kannst du es sagen!«, sagte ich zu dem Bildschirm.

»Aber *dir* kann ich es natürlich sagen, Rosenberg«, sagt Calcium. »Ich weiß, du wirst mich selbst über Äonen und Äonen hinweg verstehen.«

»Das tue ich«, sagte ich.

Und dann beginne ich aus irgendeinem Grund zu weinen. Jetzt. Hier.

»Ich bin so einsam, Rosenberg«, sagt Calcium wieder. »So schrecklich einsam.«

Ich rezitiere einige Zeilen von Tennyson für ihn: »Ich kann's nur träumen, bin ich doch / Ein weinend' Kind in dunkler Kammer / Das nach dem Licht verlangt und noch / Nicht Worte hat für seinen Jammer.«

»Weißt du, Rosenberg«, fährt Calcium fort, »ich habe da eine Methode der Weltbetrachtung entwickelt, eine Art Rahmenerzählung, wenn man so möchte. Wie soll ich das erklären? Hmm. Ich versuche dabei, eine Art von Distanz zu oder eher Distanziertheit gegenüber schwierigen Ereignissen in meinem Leben und der Welt zu entwickeln. Ich lasse zu, dass sie von einer gewissen Leichtigkeit umhüllt werden. Ich mache mich ein wenig lustig über sie und über mich selbst. Ich nenne es ›auf die Schappe nehmen‹ oder ›schärtsen‹, und richtig angewendet, macht es ein schmerzliches Erlebnis zu einem erträglichen.«

»Wir nennen diese Methode Komik oder Humor«, sage ich zu dem Bildschirm, der nun in meiner Erinnerung fortdauert. »Und ich für meinen Teil ziehe ihre Wirksamkeit und überhaupt ihren Nutzen in Zweifel. Wobei es in meiner Zeit ein Genie gibt, das wir Judd Apatow nennen, und –«

KAPITEL 82

EINE KUGEL DURCHBOHRT meine Schulter und schreckt mich aus meiner nostalgischen Erinnerung in die harte Realität und dann gleich wieder zurück in die Erinnerung, als ich feststelle, dass sich die Verletzung am Schlüsselbein des Skeletts genau dort befindet, wo ich gerade getroffen wurde. Sterbe ich so und hier und jetzt?'

»Sani!«, schreie ich. »Sani!«

Zwei Clowns in weißen Kitteln kommen aus dem Nichts auf mich zugerannt, eine Trage zwischen sich. Ich bin beunruhigt; ich kenne diese Nummer und weiß, was jetzt kommt. Ich versuche, sie fortzuscheuchen, aber es ist zwecklos; es wird passieren. Bei mir angekommen, setzen sie die Trage neben mir ab und betten mich darauf. Dann packt jeder von ihnen ein Ende der Trage, hebt an und versucht, mit mir davonzulaufen. Nur dass sie sich natürlich in unterschiedliche Richtungen bewegen, und als sie loslaufen, schlägt die Trage mitsamt mir hart auf dem Boden auf. Ich höre Gelächter zwischen den Schmerzensschreien der Versehrten, und als ich aufblicke, sehe ich, dass die gesamte Szene in Echtzeit auf dem riesigen Slammy's-Fernseher übertragen wird. Auch ich schaue mir auf dem Bildschirm an, wie die Clowns, ohne zu merken, dass sie die Trage nicht mehr halten, begleitet von weiterem Gelächter in entgegengesetzte Richtungen laufen. Ich hoffe, dass sie ihren Irrtum nie bemerken und ich von einem Paar echter Sanitäter ins Lazarett gebracht werde. Selbst Hawkeye und Trapper John wären eine Verbesserung. Ich scheine viel Blut zu verlieren. Wieder lachen die Zuschauer, als die beiden Clowns genau im selben Augenblick (wie stimmen sie das ab?) bemerken, dass sie mich nicht mehr tragen. Nachdem sie ihrer Überraschung mit clownesk weit aufgerissenen Augen überdeutlich Ausdruck verliehen haben, kommen sie zurück, um mich zu holen, heben mich mit der Trage hoch, inszenieren pantomimisch einen Streit darüber, wer in welche Richtung schauen soll, einigen sich und rennen mit mir davon. Ein dritter Clown kommt und fragt sie pantomimisch nach der Uhrzeit. Beide heben gleichzeitig die rechte Hand, um auf die Uhr zu sehen, und lassen dabei eine Seite der Trage los, sodass ich wieder auf den Boden falle. All das begleitet von weiterem Gelächter und Applaus. Während der folgenden fünfzehn Minuten lässt man mich fallen, schleudert mich weg und tritt »versehentlich« auf mich. Man steckt mich in einen Krankenwagen, der so klein ist, dass mein Kopf hinten herausschaut. Als er über eine Bodenwelle fährt, fliege ich hinaus und lande in einem Loch im Boden der Höhle.

Irgendwann komme ich in einem Clownskrankenhaus an, wo ich wie eine Mumie von Kopf bis Fuß bandagiert werde, Arme und Beine in die Höhe gehoben von einem dieser kleinen Flaschenzüge, die man nur in alten Filmen und Bilderwitzen aus dem *New Yorker* sieht, versorgt von einem männlichen Clown, der als Krankenschwester mit riesigen Luftballons als Brüsten verkleidet ist. Auf dem Fernseher an der Wand meines Krankenzimmers läuft genau diese Szene. In dieser Position dazuliegen, ist alles andere als bequem, und es ist demütigend, aber es erlaubt mir, in Ruhe über Calcium nachzudenken, der nun in meiner Erinnerung durch die leeren, brennenden Straßen der Zukunft in jener Stadt geht, die er errichtet haben wird, vorbei am Elektrizitätswerk, dem Kino, der Schneiderei. Die Stadt ist klein, weil er eine Ameise ist (der Hutladen hat beinahe normale Größe), aber auch weil es hier niemanden gibt, mit dem er sie teilen könnte, weshalb er keinen Grund hatte, sie zu vergrößern. Die anderen Ameisen lassen sich nicht überreden, sich seiner Gemeinschaft anzuschließen. Sie scheinen darin nicht einmal irgendetwas anderes zu erkennen als einen Ort, an dem sich Krümel finden lassen, vor allem in der Küche des Delicieux, dem mit fünf Sternen ausgezeichneten Fischrestaurant, in dem Calcium sowohl Chefkoch als auch der (in jeder Hinsicht) alleinige Besitzer ist. Er betritt das Kino, schaltet den Projektor ein und wartet in dem ansonsten leeren Kino. Auf der Leinwand erscheint ein Vorspann.

Calcium präsentiert
Calcium in
Welch ein Anblick!

Der Film beginnt mit einer Ameise (Calcium), die eine leere Straße entlanggeht. Calcium hebt den Blick, um die Natur zu bewundern: die Wolken am Himmel, die Bäume, die schneebedeckten Berge von Oleara Debord in der Ferne. Er achtet nicht auf den Weg, stolpert über ein Sandkorn und fliegt durch die Luft. Als er mit einem dumpfen Aufschlag auf dem Kinn landet, springt sein rechtes Auge aus der Höhle und hüpft davon.

»O nein!«, sagt Calcium und läuft dem Auge hinterher.

Es ist eine überragend clevere Verfolgungsjagd, die Friedkins grässlichen *Brennpunkt Brooklyn* (in welchem Gene Hackmans Figur Popeye Doyle seinem eigenen aus der Höhle gesprungenen Augapfel fast zehn Kilometer weit unter den erhöhten Bahnschienen in Brooklyn hinterherjagt) mit Leichtigkeit in den Schatten stellt. Der Film führt spielend meine Liste der Filme über »entsprungene« Augäpfel an, und es dauerte ja auch nur eine Million Jahre, bis er in die Kinos kam. Calcium verdeutlicht den nunmehr einäugigen Blickwinkel seiner Figur auf kluge Weise durch Schwärzen der rechten Bildfläche. Diese Beeinträchtigung seines Gesichtsfelds führt zu allerlei Missgeschicken: Er läuft gegen Laternenpfähle, stolpert über Müllbehälter, verfehlt nur knapp eine Ameise (ebenfalls Calcium, hier mit falschen Wimpern), die einen Larvenwagen vor sich herschiebt. Der massive schwarze Augapfel hüpft schließlich in die Bowlinghalle Fun Zone, rollt eine Bowlingbahn entlang und erzielt einen Strike. Calcium wartet geduldig an der automatischen Kugelausgabe auf seinen verirrten Augapfel. Als dieser erscheint, steckt er ihn sich wieder in den Kopf und schreit dann: »Ich kann immer noch nichts sehen!« Irgendwann findet sein wirklicher Augapfel den Weg in die Kugelausgabe. Als er seinen Irrtum begreift, zieht er sich die Bowlingkugel aus dem Schädel und tauscht sie gegen das Auge aus.

»Beim Bowling drück ich kein Auge zu«, sagt er in die Kamera und zwinkert.

Dann reckt Calcium in Siegerpose die Faust in die Luft, und das Bild bleibt stehen, was für mich persönlich etwas zu viel des Guten ist.

Calcium im Kinosaal lacht und applaudiert, sieht sich nach Reaktionen der anderen Zuschauer um, erinnert sich, dass er allein ist, und wird sonderbar kleinlaut. Oh, wie ich diesen Blick kenne. Calcium und ich gleichen uns auf so viele Weisen. Beide sind wir Autodidakten (auch wenn ich ein College besucht habe, musste ich mich letztendlich selbst unterrichten, um dann meine Lehrer unterrichten zu können), beide sind wir durch unsere überlegene Intelligenz von unseren Artgenossen abgesondert, beide loten wir ständig die Grenzen des Kinos aus.

ANSCHLIESSEND IM EISCAFÉ fragt sich Calcium: »Wäre es möglich, dass ich meinen Freund B. Rosenberg treffe, wenn ich in der Zeit zurückreise? Wären wir im wahren Leben Freunde? Würde dieser Gigant in mir einen verwandten Geist erkennen oder nur etwas, was sich unter dem Fuß zerquetschen lässt? Ich möchte annehmen, dass wir enge Freunde würden.«

»Das würden wir, Calcium!«, schreie ich durch meine lächerlichen Bandagen. »Ich würde dich auf meiner Schulter tragen!«

Mit meinem unvermittelt freigekommenen Arm nehme ich einige Ameisen vom Boden des Krankenhauses auf und versuche, eine mit einer introspektiven Miene zu finden. Doch leider sehen sie alle gleich aus. Und seien wir ehrlich, sie sehen alle dumm aus. Mir ist bewusst, dass das eine Art von Borniertheit oder Speziesismus oder schlicht Anti-Ameisentum auf meiner Seite ist, und ich bin angemessen beschämt, denn ich kann diese idiotisch aussehenden Kreaturen ums Verrecken nicht voneinander unterscheiden. Es gibt eine, die ein Grübchen im Gesicht zu haben scheint, aber ich vermute, dass es sich nur um irgendeine Art von Verletzung oder Geburtsfehler handelt. In jedem Fall sieht sie (er, xier) dadurch irgendwie niedlich aus, vor allem wenn sie (er, xier) lächelt, was mich zu dem Schluss bringt, dass sie, er, xier sogar noch weniger intelligent ist als die normalen Ameisen. Auch hier ist mir bewusst, dass das ein Vorurteil aufgrund des Äußeren ist, und ich schäme mich völlig zu Recht noch mehr. Ich setze die niedliche Ameise wieder auf den Boden und verliere mich wieder in meinen Erinnerungen an Calcium.

Auf Oleara Debord ist ein Vulkan ausgebrochen. Der Himmel der Zukunft ist schwarz von toxischem Rauch. In den Straßen fließt Lava. Die Kamera sucht den rauchenden Aschehaufen ab, der Calciums Herrenhaus ist, und findet schließlich Calcium, bewusstlos und mit Brandblasen übersät. Nach einem langen Augenblick wacht er auf und sieht sich benommen um.

»Was ist passiert?«, sagt er.

Sein Blick kommt auf den Überresten seines Hauses zu ruhen.

Calcium schreit auf und humpelt zum Haus hinüber. Dort stößt er auf die verkohlten Überreste der Überreste seines lieben Rosenberg; der einzige unversehrte Teil ist ein Stück weinfarbener Lehm. Er fällt zu Boden und weint.

»Jetzt bin ich wirklich allein«, flüstert er bittertraurig.

Später streift er ziellos umher, tritt Glutherde aus, weiß nicht weiter. Er findet seinen Laptop, dessen Deckel geschmolzen ist, der aber wundersamerweise noch funktioniert. Er tippt seine Gedanken in die Tastatur.

Es ist sehr gut möglich, dass meine Kinder, meine Luftrabieserreger auf ihrer Reise in die Vergangenheit eines Tages diesem Menschenxier (denn die-

sen Artnamen habe ich ihm und den Seinen gegeben) namens B. Rosenberg begegnen, lebendig und sich quälend, denn sind diese beiden Begriffe nicht identisch? Hier jedoch ist er Staub und wird es bis in alle Ewigkeit sein. Wohingegen ich, gefangen in dieser »vorwärts« gerichteten Zeit, mich immer weiter von meinem längst verstorbenen Freund fortbewegen werde.

Calcium legt sich auf den Boden und weint zehn Tage und zehn Nächte lang, deren Verstreichen durch fallende Kalenderblätter signalisiert wird und dennoch zehn Tage an Filmzeit einnimmt. Dann spricht er: zu niemandem, zum Himmel:

»Mein namenloser Ach ist fort, zerschmettert zu Staub und Brocken von Lehm. Es war eine Freundschaft wie keine andere, die ich je kannte, in intellektueller, aber auch in seelischer Hinsicht. Ich weiß, dass er litt. Sein frakturierter Schädel und die gebrochenen Knochen, das durchlöcherte Schlüsselbein und die fehlenden Finger verraten mir, dass er einen tiefen Sturz in ein tiefes Loch oder vielleicht viele weniger tiefe Stürze in viele weniger tiefe Löcher erlitten hat, was in dem Sturz in das ziemlich tiefe Loch mündete, in dem ich ihn fand, gefolgt von (oder vielleicht folgend auf) eine ausgedehnte Zeitspanne, in der er seine eigenen Zehen und Finger aß. Ich habe meinen einzigen Freund verloren. Hier ist nichts mehr für mich.«

Calcium erwägt Selbstmord. Unter der Spüle hat er immer eine Dose Ameisenspray, nur für den Fall. Doch als er sie in den Händen hält, sieht er sich außerstande, den Sprühknopf zu drücken. Er will leben! Er will in der Vergangenheit leben!

»Gibt es eine Möglichkeit«, fragt er sich, »dass auch ich in der Zeit zurückreise, um vielleicht an irgendeinem künftigen/vergangenen Tag meinen längst verstorbenen Freund schließlich lebendig anzutreffen?«

»Ja, bitte«, weine ich. »Finde mich, Calcium. Ich werde auf dich warten.«

»Ich werde dich finden«, weint Calcium, »und wenn es das Letzte ist, was ich tue. Oder wäre es das Erste, was ich tue? Aber wie?«

Calcium braucht eine Ablenkung, um besser denken zu können. Er sieht in die Zeitung; in fünfzehn Minuten beginnt ein Film. Es ist sein

Film *Calciumcarbonat*, eine Komödie, in der er eine Art Limonadenmogul spielt, der eine Limo mit künstlichem Orangengeschmack namens *Ameisina* herstellt. Er füllt das Produkt in riesige Pappbecher ab und gießt sie auf dem Gehweg aus, um Ameisen anzulocken, denn obwohl er ein schwerreicher Geschäftsmann ist, der mehrere Villen besitzt, ist er einsam. Bei einer dieser Aktionen kommt eine sehr schöne weibliche Ameise des Weges, und Calcium verliebt sich in sie. Betty (denn so hat er sie genannt) scheint sich nicht einmal bewusst zu sein, dass er existiert. In der Umkehrung der Zeit sowie des Einsatzes von besonders kontrastreichem Filmmaterial erinnert mich *Calciumcarbonat* an Godards *Éloge de l'amour*, den größten Film der 2000er. Die Darstellung der Betty durch Betty die Ameise ist ebenso herrzerreißend wie Cécile Camps Verkörperung der Elle in Godards Meisterwerk. Die Aussage, Betty sei so natürlich, so menschlich (in Ermangelung eines besseren Begriffs; so *ameisig*?), dass sie sich der Kamera gar nicht bewusst zu sein scheint, ist vielleicht die Untertreibung des Jahrzehnts, oder besser gesagt des Megaannum.

Ich sehe mir zusammen mit Calcium den Film an und wünschte, ich könnte wirklich dort sein, statt in Mull verpackt in einem Clownskrankenhaus zu liegen, wünschte, er könnte wissen, wie sehr ich seine Arbeit bewundere, nein liebe. Ich vergesse eine ganze Zeit lang, dass es keinen Calcium gibt, dass er die leicht verwirrte Schöpfung von Ingo Cutbirth ist, dass er vollständig, wenn auch uneinheitlich ausgeformt dem Verstand eines Farmpächters (?) entsprungen ist, dass er all unsere Ängste und Hoffnungen als menschliche Wesen umfasst: die Hoffnung auf Brillanz und die Angst, niemals verstanden zu werden, nicht in einer Million Jahren, nicht in einer Million Lebensalter, nicht in einem Megaannum, nicht in einer Million Megaanni *et ketera*.

Plötzlich verfängt sich der Film im Malteserkreuz. Ein Loch brennt sich in das Bild einer von Calciums Villen, und er hastet in den Vorführraum, um den Projektor abzuschalten und den Schaden zu begrenzen.

Später am Schneidetisch des Vorführraums schneidet er das zerstörte Bild heraus, klebt die beiden verbliebenen Stücke aneinander und startet den Film von Neuem.

Während Calcium und ich den Film erneut ansehen, diesmal vom Vorführraum aus, geht der Projektor nahtlos über die fehlende Vierundzwanzigstelsekunde hinweg. Mir kommt der Gedanke, dass wir Menschen womöglich eine falsche Auffassung von Zeitreisen gehabt haben. Vielleicht verhält es sich eher so: Jeder Augenblick der Existenz ist gequantelt. Brennt also in einem Augenblick ein Haus und wird dieser Augenblick herausgeschnitten, so überträgt sich das Brennen des Hauses nicht auf den nächsten Augenblick. Das Haus würde in sämtlichen anderen Augenblicken unversehrt bleiben, vielleicht mit den kleinsten, fast nicht wahrnehmbaren Störimpulsen der Nichtexistenz, in denen die verbliebene Zeit zusammengefügt wurde. Natürlich ist Apatow genau diesem Gedanken in *Jungfrau (40), männlich, sucht ...* nachgegangen. Ist jemals irgendjemand Judd Apatow voraus? Wenn wir uns an die Waxing-Sequenz erinnern (wie könnte man dieses Beispiel für klassische Apatow-Humordie je vergessen?), dann lehrt er uns darin genau das, und ich für meinen Teil war noch nicht bereit, es zu lernen. »Jetzt bin ich es, Judd«, sage ich zum Kosmos. Ein einzelnes drahtiges schwarzes Haar, aus Steve Carells Brust gerissen, würde das, was wir als Carells »Brusthaar« kennen, in keiner Weise verändern. Unsere Wahrnehmung von Carells Brusthaar ließe sich nur beeinflussen, indem wir es Haar für Haar für Haar ausrissen. Jedes einzelne Haar trägt zu der Wahrnehmung bei, die wir als »Steve Carells Brusthaar« begreifen, doch das Entfernen eines einzelnen Haars würde nur den aufmerksamsten Elektrologisten auffallen. Ebenso verhält es sich mit einem Film oder einer gequantelten Realität.

Natürlich ist es kein Zufall, dass Ingo die Ameise Calcium genannt hat. Eine kurze anagrammatikalische Untersuchung des englischen Begriffs *Calcium Ant* ergibt das vielsagende »Lacuna Mict«, und eine kurze akronymatische Untersuchung von MICT enthüllt es als die Abkürzung für Multiple Image Computed Tomography. Eine kurze Wörterbuchsuche nach dem Begriff *Tomografie* enthüllt es als das Abtasten eines Objekts in mehreren Abschnitten. Würde eines dieser »Bildscheibchen« fehlen, würde man es vermissen? Und wenn nicht, was sagt das dann über die Welt aus, in der wir womöglich, ja mit großer Wahrscheinlichkeit leben?

Ist diese fehlende Million Jahre vielleicht nichts weiter als ein nebensächliches Filmdetail, ein einzelnes »Carell-Haar«, wenn wir einen Begriff dafür finden müssten? In Wahrheit bin ich mir sicher, dass die alleinige Bedeutung dieser Million Jahre darin liegt, dass sie die Wand sind, die uns trennt, meinen Freund Calcium und mich.

Und ich wünschte, ich könnte Calcium das mitteilen, über dieses endlose, bedeutungslose Megaannum hinweg. Vielleicht würde es helfen, ihm seine Bürde zu erleichtern. Dann rufe ich mir einmal mehr in Erinnerung, dass Calcium in der Zukunft vermutlich *nicht* existiert. Tatsächlich existiert er nur in der Vergangenheit in einem Film, den Ingo vor langer Zeit gedreht hat, und nicht einmal dort, denn dieser Film wurde zerstört. Von mir. Daher existiert Calcium nur in meinem Gehirn, in meiner Vorstellung, in meinem Gedächtnis; daher *kann* ich mit ihm kommunizieren, wenn ich es möchte. Denn wir sind beide in meinem Kopf.

KAPITEL 83

ALS DIE SCHWESTER heute Abend meine Verbände wechselt und mir dabei wieder einmal auf komische Weise und unter großem Gelächter »ihre« Ballonbrüste ins Gesicht drückt, erinnere ich mich an eine weitere Szene (erinnere ich mich an sie, oder erfinde ich sie?), in der Calcium allein zu Hause sitzt und in sein Tagebuch schreibt:

Nehmen wir einmal rein theoretisch an, die Zeit funktioniere genau wie ein Filmstreifen, der durch einen Filmprojektor läuft, insofern als sie aus eigenständigen Augenblicken bestünde, und reale Bewegung sei eine Illusion unserer Wahrnehmung, gepaart mit dem Mechanismus eines kosmischen »Projektors«. In diesem Fall würde ein sich in der entgegengesetzten zeitlichen Richtung bewegendes Element augenblicklich und spurlos aus dem Blick eines sogenannten »vorwärtsreisenden« Beobachters verschwinden. Vielleicht hat mein versuchshalber geschaffenes Präparat einen solchen Weg angetreten. Es lässt sich nicht mit Sicherheit sagen, da jeder Versuch, das Präparat erneut herzustellen, abermals im augenblicklichen Verschwinden besagten Präparates resultieren würde und keine »Zeit« bliebe, es zu untersuchen. Und was, wenn dieses Element auf irgendeine Weise lebendig oder vielleicht viraler Natur wäre? Schließlich war es patronenförmig, dem Rabiesvirus darin nicht unähnlich. Wie könnte es mit seiner neuen Umgebung interagieren? Mit anderen Worten, wie könnte ich durch seine Erzeugung die Vergangenheit beeinflusst haben? Wie beeinflusse ich die Vergangenheit in diesem Augenblick durch meine fortgesetzte Leichtfertigkeit? Da ich mich immer weiter von dieser fremden Realität entferne, werde ich es niemals erfahren. Es quält mich.

Ein Clownspfleger badet mich, indem er einen Eimer Konfetti über mir ausschüttet. Gelächter.

»Was bedeutet all das für mein heutiges Leben?«, frage ich mich in meinem Krankenbett. »Das ist alles nur ein Film. Und in der Realität liege ich bandagiert und mit Konfetti überhäuft in einem Clownskrankenhaus in einer Höhle am Ende der Welt. Wenn ich eine Abfolge separater Bilder bin, bin ich dann überhaupt im herkömmlichen Sinn des Wortes lebendig? Bin ich eine Illusion meiner selbst? Sind wir alle nur eine Reihe von Fotos?«

Calcium fleht auf den Knien eine ungesehene Macht an. Seinen Gott? Das Universum? Seine eigene Psyche?

»Warum bin ich so allein? Warum habe ich keine Freunde? Ich verlange so wenig. Mein Leben ist ein Leben des Dienens, ein Versuch, die Lebensumstände meiner Spezies zu verbessern. Und nun ist das Einzige, was ich je für mich selbst getan habe – B. Rosenberger zu bauen, ein prähistorisches Monument, viele Male größer als mein höchster Wolkenkratzer, ein Symbol für die Integration, das ich mit erhobenem Arm dargestellt habe, eine Fackel in der Hand, um verirrten und müden Reisenden den Weg zu leuchten, eine Geste großen Wohlwollens –, zerstört worden.«

Ich verspüre eine überwältigende Zuneigung – eigentlich eine immerwährende Liebe – zu Calcium, dieser per Stopptrick animierten Ameise aus einem Film ... nein, nicht einmal das ... meiner *wiedererlangten Erinnerung* an eine per Stopptrick animierte Ameise aus einem Film, gefärbt von der ganzen unpräzisen Verschwommenheit des Gedächtnisses. So wie mir meine fernen Erinnerungen an die animierten Vögel Hegel und Schlegel Trost bringen, wie mich meine Erinnerungen an diese Zeichentrickheiligen Willibald und Winibald wärmen, mich in diesen trostlosen »Einzelkind«-Zeiten an die Freuden des Geschwisterdaseins erinnern, wie mir meine Erinnerungen an Groebli und Mauch, die animierten schlittschuhlaufenden Affen, ins Gedächtnis rufen, dass die engsten Verbindungen manchmal zwischen jenen bestehen, die nicht blutsverwandt sind. Letztlich *finden* wir unsere Familien, oder etwa nicht? Doch ich fürchte um mein Augenlicht. Es scheint sich eine Art Tunnelblick einzustellen, ein Verlust des äußeren Gesichtsfelds. Es lässt sich schwer einschätzen, wie rasch er fortschreitet, vor allem derart in Bandagen eingewickelt, wie ich es bin, aber ich vermute, in einer Zeitrafferaufnahme würde ich eine Sichtblende erleben, die der im Abspann von Stummfilmen allgegenwärtigen Technik ähnelt. Vielleicht ist es ein Glaukom. Vielleicht ist der Film zu Ende.

Mehr gibt es vielleicht nicht zu erinnern. Doch es gibt noch reichlich Anlass zur Sorge. Die Zukunft kommt noch immer, ob der Film weitergeht oder nicht, Bild für Bild, Sorge für Sorge. Wie wird es weitergehen? Wohin werde ich gehen? Ich wünschte, ich hätte jetzt gerade einen Freund auf der Welt, nicht in einer Million Jahren, wenn ich tot bin. Was nützt mir das? Ich wünschte, ich hätte Calcium an meiner Seite: Gemeinsam würden wir Verbrechen aufklären, philosophische Diskussionen führen *et ketera*. Ich wünschte, ich hätte einen Groebli. Ich habe noch nie im Leben einen Groebli gehabt. Jemanden, den ich anrufen könnte und der mir sagen würde, dass alles gut wird, jemanden, mit dem ich Schlittschuh laufen könnte. Wäre das nicht eine Erleichterung? Ich brauche ein Hobby. Ich habe immer schon ein Hobby gebraucht. Ich habe das Schlittschuhlaufen nie gelernt. Ich habe mir nie die Zeit dafür genommen. Dem jungen B. ging es immer nur um die Schule und die Universität. Woher kam dieser Ehrgeiz, dieser verzweifelte Ehrgeiz?

Der Film ist zu Ende, und ich bin entwurzelt. Worüber soll ich jetzt immerzu nachdenken? Was ist mir aus meinem eigenen Leben im Gedächtnis geblieben? Nicht aus Ingos Film, sondern aus meinem eigenen Leben? Ich bringe es nicht fertig, wieder anzufangen. Ich kann nicht einmal das Slammyplex betreten, um meiner Filmkritik nachzugehen. Diese Filme sind nicht für mich gemacht. Ich weiß nicht, für wen sie gemacht sind. Es sind keine Filme mehr. Es sind … *Bombardements*, blindwütige Angriffe auf die Sinne. Ich habe gehört, im Augenblick soll ein Film laufen, der offenbar sehr gute Besprechungen bekommt und nur darin besteht, dass ein junger Mensch von unbestimmtem Geschlecht neunzig Minuten lang immer wieder »Schaut mich an!« in die Kamera schreit. Die *Slammy's Gazette* bezeichnete ihn als den »Inbegriff der Coming-of-Age-Geschichte unserer Zeit«, doch ich werde ihn mir nicht ansehen. Weiter hieß es: »Borchard Melnoir ist auf dem Höhepunkt xieser Schauspielkunst. Xien Schrei verkörpert den Schmerz aller Mensch*innen.« Wo sind die Zwischentöne?, frage ich. Natürlich begrüße ich das ethnisch gemischte, genderdiverse Schauspielensemble – in dieser Hinsicht haben wir wirklich Fortschritte gemacht –, doch ich fürchte, als Kultur haben wir die Subtilität aus den Augen verloren. Ich werde diese Entwicklung nicht mit meinen Slammy's-Dollar unterstützen. Filme sind für mich immer ein Mittel zum Verstehen der Welt gewesen. Doch das ist alles nichtig. Selbst Ingos Film, welche Bedeutung hat all das schon? Dann erinnere ich mich also daran. Wen interessiert das? Nichts hat sich dadurch geändert. Meine Zeit ist verstrichen, und das habe ich damit angefangen.

Aber Augenblick mal.

Ingos Film geht doch noch weiter. Es fällt mir jetzt ein, wie um mich vor dieser Leere zu retten, vor meinem eigenen Versagen. Es ist ein Segen. Vielleicht gibt es einen Gott.

KAPITEL 84

CALCIUM KALKULIERT. SEINE Tafel ist mit mathematischen Krakeleien und chemischen Gleichungen gefüllt. Er denkt nach. Er geht auf und ab. Er starrt durch einen noch intakten Fensterrahmen hinaus auf seine zerstörte Stadt. Er spielt auf seiner verbrannten Geige. Überirdische Musik. Moderner Phrygischer Modus, nehme ich an. Er geht wieder zur Tafel. Er übt sich an den Überresten seiner Indoor-Kletterwand im Felsenklettern. Man sollte nicht meinen, dass er die Griffe und Tritte brauchte, da er eine Ameise ist und vermutlich über einen Haftapparat verfügt. Vielleicht hat er diesen im Zuge seiner verschiedenen Hand- und Fußmutationen eingebüßt. In jedem Fall ist er recht geschickt. Ich bin einige Jahre lang ein eifriger Hobbykletterer gewesen und war recht gut darin. Mein Internist hatte mir gesagt, meine Körperstruktur sei zum Klettern gut geeignet, also fing ich damit an, und nach sehr kurzer Zeit lehrte ich es meine Lehrer. Wäre da nicht ein unglücklicher und, offen gestanden, unerklärlicher Sturz auf den Boden eines zwanzig Meter tiefen Kraters am Fuß des Mount Bald gewesen, würde ich noch immer klettern. Ich verletzte mich nicht ernsthaft, aber ich verbrachte vier Tage dort unten, ehe mein Ausstatter bemerkte, dass ich meine Ausrüstung nicht zurückgebracht hatte. Es war eine traumatische Erfahrung, die mir die Lust am Klettern nahm. Dass ich drei meiner Zehen essen musste, um zu überleben, trug sehr zu meiner anschließenden Abneigung gegen diesen Sport bei. Ich weiß nicht, warum ich mich genötigt fühlte, den ersten Zeh fünfzehn Minuten nach dem Sturz zu essen. Ich führe es auf eine gewisse Verwirrung zurück, die oft mit Panik einhergeht.

»Heureka!«, kreischt Calcium.

Und ich werde aus meiner Träumerei gerissen.

»Das Präparat, das ich entwickelt habe, bewegt sich tatsächlich in der Zeit zurück«, sagt Calcium. »Die Frage bleibt bestehen, ob dieses Präparat als eine Lebensform existiert und, wenn ja, ob es andere Lebensformen verschlingt und damit die Welt, durch die es sich bewegt, verändert und damit Veränderungen in einer umgekehrten Zeitschiene verursacht. Mit anderen Worten … Nein, das ist nicht korrekt. Es würde Veränderungen in einem sich vorwärtsbewegenden Organismus verursachen, doch diese Energie würde genutzt werden, um es weiter in die Vergangenheit zu befördern. Was wäre, wenn – und ich spreche hier nur ins Blaue, aber man möge mir trotzdem folgen –, was wäre also, wenn diese neue Lebensform die Gedanken und Erinnerungen und Fantasien in den Gehirnen sich vorwärtsbewegender Wesen schluckt, die daraus resultierende Energie nutzt, um sich zu vermehren, die Gehirne dieser Wesen verlässt und tiefer in der Vergangenheit weitere Gehirne findet, mit denen es ebenso verfährt, wobei es in diesen Gehirnen Abfallprodukte ausscheidet, die die verdauten Gedanken, Erinnerungen und Fantasien der vorherigen (zukünftigen) Gehirne sind?«

Calcium geht händeringend auf und ab.

»Will ich die umgekehrte Chronologie meiner Zeitrabieskreaturen berechnen, muss ich seinen Lebenszyklus in die Rechnung einbeziehen.«

Calcium kalkuliert erneut. Die Tafel füllt sich rasch mit neuen Gleichungen. Nun geht Calcium in seine Werkstatt und deckt ein riesiges Modell einer kargen Landschaft auf. Er nimmt einen Pappkarton mit der Aufschrift AMEISEN aus einem Regal und schüttet vielleicht tausend Ameisenpuppen heraus. Man muss bedenken, dass diese Ameisenpuppen einen Maßstab von etwa eins zu sechs haben. Ihre tatsächliche Größe ist auf dem Bildschirm unmöglich zu bestimmen, aber wenn

Calcium ameisengroß wäre, dann wären seine Puppen vielleicht je einen Millimeter lang. Da ich annehme, dass es Ingo nahezu unmöglich gewesen wäre, mit derart kleinen Puppen zu arbeiten, muss man davon ausgehen, dass Calciums Ameisenpuppen eine Größe von mindestens fünf Zentimetern haben; Calcium (der, wie man nicht vergessen darf, selbst eine Puppe ist!) müsste also sechsmal so groß sein und wäre damit eine Puppe von dreißig Zentimetern Größe, was bedeuten würde, dass, vorausgesetzt, ich wäre als Mensch ungefähr fünfhundertmal so groß wie eine Ameise, die Puppe des versteinerten B. fünfhundertmal dreißig Zentimeter messen müsste, was einhundertfünfzig Metern entspricht. Ich rechne noch einmal nach. Doch, es stimmt eindeutig. Ingo hatte mich als einhundertfünfzig Meter großes versteinertes Skelett gebaut. Wenn er an diesem Teil des Films tatsächlich nach unserer ersten Begegnung gearbeitet hatte, wie war es dann möglich, dass ich ein so gigantisches Ding nie zu Gesicht bekam? Wo sollte er die Szenen gedreht haben? Seine Wohnung hatte die gleiche Deckenhöhe wie meine, 2,75 Meter. Es ist alles kaum zu begreifen. Selbst wenn es Ingo mithilfe geradezu herkulischer Fingerfertigkeit tatsächlich gelungen sein sollte, ameisengroße Ameisenpuppen zu bauen und zu animieren, hätte er immer noch eine lebensgroße Puppe von mir bauen müssen. Und selbst in diesem Fall hätte ich etwas Derartiges ganz sicher gesehen. Ich bin kein großer Mann, aber in einen Karton in seinem Regal würde ich nicht hineinpassen, da bin ich mir sicher. Jedenfalls noch nicht, denn noch bin ich nicht unter allgemeine Menschengröße geschrumpft.

Im Film baut Calcium die Zeitrabiespuppen (denn so nenne ich sie nun), Puppen, die noch kleiner sind als die Ameisenpuppen, so klein, dass viele davon in den Kopf einer Ameise passen. Ich muss das Ganze vielleicht doch noch einmal durchrechnen, denn diese Puppen messen vielleicht ein Achtel der Ameisenköpfe. Damit wäre die Puppe des versteinerten B. um die sechshundert Meter hoch. Es gibt in ganz St. Augustine keinen Ort, an dem Ingo sie versteckt haben könnte, ohne dass sie für mich und alle anderen zumindest teilweise sichtbar gewesen wäre. Ich rechne noch einmal nach. Sechstausend Meter? Sechzig Meter? Sechzigtausend Meter. Mein Gehirn ist damit gerade überfordert. Sagen wir einfach: sehr hoch.

Die kleinen Zeitrabiespuppen, die er nun gestaltet, sind durchscheinend und formlos. Er arbeitet fieberhaft, die Zeiger der analogen Uhr an seiner Wand beschleunigen sich, um das Verstreichen von achtundvierzig Stunden anzuzeigen. Am Ende der Zeitraffersequenz hat Calcium dunkle Ringe unter den Augen und Bartstoppeln im Gesicht. Er wirkt erschöpft, aber er hat eine Mission und arbeitet weiter, stellt Lichter auf, ordnet Ameisen in einer Reihe an und beginnt damit, sie Bild für Bild vorwärtszubewegen. Wir fahren wieder auf die Uhr zu und sehen sie diesmal durch eine Zeitspanne von vierzehn Tagen rasen. Wir fahren zurück, und im Bild erscheint ein noch erschöpfterer Calcium, nun mit einem recht beachtlichen Bart. Er lässt sich auf den Stuhl an seinem Schreibtisch fallen, schaltet den Computer ein und sieht sich das Ergebnis seiner Arbeit an. Auf dem Bildschirm marschieren die Ameisen auf einen Ameisenhügel zu, während eine zweite Reihe Ameisen von dem Hügel davonmarschiert. Es gibt auch Ausreißer, Ameisen, die verwirrt erscheinen, die gegen Dinge laufen, sich in den unterschiedlichsten Winkeln entfernen und wieder zurückkehren. Die Animation ist erstaunlich; Calcium ist Ingo in Kunstfertigkeit und Geschick ebenbürtig. Ich rufe mir einmal mehr ins Gedächtnis, dass es keinen Calcium gibt; Ingo ist hier der Über-Puppenspieler. Ich schmunzle über meinen nachvollziehbaren Fehler.

Plötzlich erscheint im Film eine der formlosen Kreaturen, die ziellos in einem umgekehrten zeitlichen Verlauf dahintreiben. Wie durch Zufall scheint sie den Weg in das Ohr einer Ameise zu finden. Haben Ameisen Ohren? Ich weiß es nicht mehr. Ich glaube schon, so wie auch Vögel und Fische Ohren haben, wobei die Ohren von Vögeln und Fischen äußerlich nicht sichtbar sind, die Ohren dieser Ameisen hingegen sehr an menschliche Ohren erinnern, was ziemlich sicher nicht korrekt ist. Andererseits, wenn es irgendjemand weiß, dann wohl Calcium. Nun muss ich mir schon wieder ins Gedächtnis rufen, dass Calcium eine Puppe ist und Ingo ihn gebaut hat. Ingo war keine Ameise, also hat er sich in diesem Detail vielleicht geirrt. Sei's drum.

Wir folgen der Kreatur in den Verstand der Ameise. Verfügen Ameisen über einen Verstand? Sie haben ein Gehirn, glaube ich. Natürlich ist Calciums Gehirn deutlich weiterentwickelt als das der durchschnittlichen Ameise (und des durchschnittlichen Menschen, haha!), aber sie haben Gehirne. Ob sie über einen Verstand verfügen, ist eine Frage, die vielleicht kein Mensch beantworten kann. Denn Descartes zufolge ist ein Gehirn kein Verstand. Und das entspricht auch meinem Verständnis (Gehirnis?! Hahaha!). Mir ist klar, dass Calcium beides hat, aber trifft das auch auf die durchschnittliche Ameise zu? Calcium (Ingo! Denk dran!) scheint dieser Auffassung zu sein, denn Schauplatz ist nun der Verstand der erwähnten befallenen Ameise. Dort sehen wir ihre Wünsche, ihre Bedürfnisse, ihre Enttäuschungen, ihre kleinen Triumphe, dargestellt in Form von sepiagetränkten Stopptrick-Erinnerungen und -Fantasien, kinotauglich inszeniert, vergleichbar vielleicht am ehesten dem Werk des großen weiblichen Genies Maya Deren. Die formlose Kreatur schwimmt zwischen diesen Vignetten einher, verschlingt sie, ähnlich wie der Protagonist von Tōru Iwatanis *Pakkuman*, einem elektronischen Kinderspielzeug aus den 1980er-Jahren. Beim Fressen spaltet sich die Kreatur in zwei identische Kreaturen auf, die die Ameise verlassen und augenblicklich ins Gehirn einer zweiten Ameise eindringen, die einen Augenblick früher in der Zeit existiert (denn sie reisen ja in der Zeit zurück!). Die beiden Kreaturen fressen einige Gedanken der Ameise (ich muss sagen, dass sie denen der vorherigen Ameise enttäuschend ähnlich sind), doch diesmal sondern sie Abfallprodukte aus den Gedanken der ersten Ameise ab und hinterlassen sie im Gehirn der zweiten Ameise, wo sie dann (in leicht zersetzter Form) Teil des Bewusstseins der zweiten Ameise werden. Dann teilen sich die beiden in vier auf und verlassen die Ameise in Richtung jüngster Vergangenheit. Manchmal dringen die Zeitrabieserreger nochmals in dieselben Ameisen ein, von denen sie gerade gefressen haben, aber wenige Augenblicke vor ihrem ersten Besuch, wodurch sie die Abfallgedanken der Ameise in ihrer früheren Inkarnation ablegen. Vielleicht ließe sich damit das Déjà-vu erklären. Oder vielleicht das Déjà-rêvé? Oder das Déjà-entendu? Oder in jedem Fall eines der unzähligen Déjàs. Diese Rückwärtsbewegung in der Zeit lässt sich schwer analysieren. Als Student der Physik weiß ich, dass die Gesetze der Zeit symmetrisch sind, weshalb es keine Rolle spielt, in welcher Richtung man sich in ihr bewegt, doch als lebendige Menschenwesen verfügen wir natürlich nicht über diese Erfahrung. Wenn mich der Herzschmerz eines gelehrt hat, dann ist es, dass die Dinge niemals wieder so werden, wie sie einmal waren. Und so gesund ich für mein Alter auch sein mag, weiß ich doch, dass ich nie wieder eine Meile in unter vier Sekunden laufen werde (Roger Bannister hat mich während meines Fulbright-Stipendiums in Oxford trainiert. *Du bist besser als ich. Wenn du dir den Bart abrasierst, verringert das den Luftwiderstand, und du brichst meinen Rekord. Alles Liebe, Rog*, hat er mir ins Jahrbuch geschrieben). Heute könnte ich mich glücklich schätzen, wenn ich es unter fünf schaffte. So verhält es sich mit der Zeit. Dennoch haben Ingos Spekulationen etwas Aufregendes. Was sagen sie über die Zeit aus und, vielleicht noch wichtiger, was sagen sie über all das aus, was diese verdauten und in nichtsahnende Gehirne hinein ausgeschiedenen zukünftigen Gedanken anrichten könnten? Sind die Zeitrabieserreger schon hier in meiner Zeit angekommen? Haben sie bereits alles Leben auf diesem Planeten von Beginn an infiziert? Wohin gehen sie, wenn sie sich einmal über den Beginn des Lebens hinausbewegt und eine kalte, tote Erde erreicht haben? Sterben sie dort? Machen sie kehrt und kommen zurück wie jemand auf einer Reise quer durch die Vereinigten Staaten, den die Arbeit zur Umkehr zwingt?

KAPITEL 85

»**WAS WÄRE, WENN** ich die Zeitrabieserreger als Treibstoff für meinen Jet verwenden könnte?«, denkt Calcium im Off. »Würde das funktionieren? Würde mein Jet mich in die Vergangenheit befördern, damit ich nach meinem Rosenberg suchen kann?«

Calcium kalkuliert.

»Ich würde sehr viel Zeitrabiestreibstoff brauchen, um bis zu B. zu gelangen«, murmelt er. »Und natürlich ist auch das Große Nichts zu bedenken. Das mysteriöse Massensterben. Ein Teil von mir glaubt, es war das Resultat eines Asteroideneinschlags. Ein Teil von mir glaubt, es war ein Austritt von Gammastrahlung. Ein bisschen von mir glaubt, es war eine Flut. Dann ist da noch meine Klathratkanonen-Hypothese, an die etwa ein Fünftel von mir glaubt. Vielleicht globale Erwärmung. Globale Abkühlung. Ich bin unentschlossen. In jedem Fall gab es, so viel scheint klar, eine lange Periode, vielleicht eine Million Jahre oder ein Megaannum, während der sämtliches irdisches Leben bis auf die Ameisen ausgelöscht war. Vielleicht hätte ich es nicht das Große Nichts nennen sollen, denn das ist natürlich respektlos meiner eigenen Art gegenüber. Vielleicht das Große Ganz Klein Wenig? Das ist doppeldeutig, da wir auch ganz kleine Lebewesen sind, und damit recht clever. Ich muss das irgendwo verwenden. Trotzdem klingt das Große Nichts sehr beeindruckend, und da meine Art den Unterschied nicht zu bemerken oder sich nicht dafür zu interessieren scheint, werde ich so lange dabei bleiben, bis mir Einwände zu Ohren kommen, woraufhin ich den Begriff gern ändern werde. Meinen Berechnungen zufolge gab es also eine Jahrmillion der Ameisen. Und eine Jahrmillion der in der Zeit rückwärtsreisenden Zeitrabieserreger, die sich von ihnen ernährten. Wenn ich eine Art Netz erfinden könnte, eine Art Vakuumsauger, mit dem sich die Zeitrabieserreger aus der Luft fischen ließen, dann könnte ich sie vielleicht als Treibstoff für meinen Jet verwenden und in die Zeit von B. Rosenberg zurückreisen.«

Und so arbeitet Calcium daran, seinen Jet mit einem solchen Sauggerät auszurüsten. Als es so weit ist, befüllt er sein Flugzeug mit Zeitrabies, nimmt Kurs auf die Vergangenheit und sieht durch die Frontscheibe zu, wie die Gegenwart für immer verschwindet.

ICH WEISS, DASS mein Schöpfer mit mir fertig ist. Ich weiß, dass er mit mir abgeschlossen hat. Er hat mich auf eine Pointe reduziert. Er hat mich hier im Clownskrankenhaus zurückgelassen. Ich weiß, er ist müde, erschöpft von der Anstrengung und der Zeit, die es ihn gekostet hat. Die Witze. Die Witze. Die verdammten, endlosen Witze. Die fordern ihren Tribut, da bin ich mir sicher. Ich weiß, er wird weiterziehen, zu etwas anderem, jemand anderem, jemand anderem, an dem er Rache üben kann, und ich werde aufhören zu existieren. Ich weiß, dass es so kommt. Er ist müde, und ich bin leer. Doch ich werde weiterhin meine Existenz zur Geltung bringen, meine Ansichten, die belegen, dass ich in meiner eigenen unabhängigen, autonomen, lähmenden Realität existiere. Ich habe Ansichten. Ich muss Ansichten haben. Die einzige Art und Weise, sich zur Welt zu verhalten, besteht darin, im Widerstand zu ihr zu leben, unerschütterlich, majestätisch, unumstößlich dazustehen wie Oleara Debord vor mir. Sonst ist man nichts als ein Wetterphänomen, der Brise ausgeliefert, dem Wind, den Gezeiten, den Vorstellungen anderer. Flüchtiger, wabernder Rauch, der mal hierhin und mal dorthin weht, sich auflöst. Niemand betrachtet den Ozean und denkt: Sieh dir mal dieses unglaubliche Wassermolekül dort an.

Nein, es ist eines von Billionen Wassermolekülen, das sich treiben lässt, ungesehen, anonym. Und ich bin auch gar nicht widerspenstig um der Widerspenstigkeit willen. Meine Widerspenstigkeit ist, wo sie zutage tritt, stets das Resultat meiner Weigerung, mich dem Gruppendenken zu unterwerfen, meinem dringenden Bedürfnis, hinter den Hype, die Meinungsmache, das Trendige, das Jetzt zu blicken. Meine Ansichten sind das Ergebnis akribischer Analyse. Aber jetzt bin ich müde, und ich begreife diese neue Höhlenwelt nur in Bruchstücken. Die jungen Leute haben ihre eigene Ausdrucksweise: *pibblig, Backenstäbchen, michelle-trachtenbergern*. Ich weiß nicht, was das alles bedeutet. Es interessiert mich nicht mehr. Sie haben ihre neuen Prominenten: DeLazer Flypaper, Cappy Bint, The W, Nils Treak, Liddell Bopeep. Gutaussehende Jüngelchen und Manic Pixie Dream Girls. Und ich kann einfach kein Interesse dafür aufbringen. Ich habe darum gekämpft. Ich habe darum gekämpft und verloren.

Ich habe versucht, mir in dieser stumpfsinnigen Kultur Bedeutung zu verleihen, die von Slammy's entworfen und von den Trunks durchgesetzt wurde. Denn es scheint, als würden sie nun gemeinsame Sache machen (haben sie das schon immer getan?). Ich hasse die Produkte dieser irrsinnigen Vermählung, aber ich sehne mich so sehr nach ihrer Liebe. Ich wünsche mir, dass sie mich zu ihrem William Burroughs machen, ihrem Sam Fuller, ihrem Hunter Thompson – ihrem weisen Ahnen, hinter dem sie einhertraben, den sie bewundern, dessen Geschichten sie verzückt lauschen. Aber ich vermute, das wird nicht geschehen. Diese Position ist von diesem monströsen und tatterigen Armond White besetzt, der zum gegenwärtigen historischen Zeitpunkt den deutlichen Vorteil genießt, Afrohöhlianer zu sein.

Mir kommt der Gedanke, dass selbst mein Vergessen des Films beinahe von Ingo orchestriert zu sein scheint. Ist der Film dafür geschaffen, nach dem Anschauen vergessen zu werden? War mein Koma Teil des Films, so wie das von Molloy? Die Welt ist nach dem Film eine andere. Da bin ich mir sicher. Ich bin verändert, aber die Veränderung ist rätselhaft und unmöglich zu benennen; die Veränderung verändert sich ständig, nicht wahr. Die Menschen sind anders, mal sind sie wütend, mal lächeln sie ohne Grund. Das Wetter ist sonderbar geworden: stockend, heiß, kalt. Oft gibt es gar kein Wetter. Ich fühle mich merkwürdig. Ich bin nicht ich. Ich bin ich als Erwachsener und ich als Kind, alles zugleich. Mein Kopf ist weich. Mein Hals ist steif. Irgendetwas ergibt jetzt gerade keinen Sinn. Und es ist immer jetzt gerade. Ich bin so müde. Diese Tür geht nicht auf. So lange wach zu bleiben, um mich an den Film zu erinnern, hat mich verwirrt. Welche Tür? Hier ist keine Tür. Was meinte ich damit?

»Alle sind unglücklich. Verletzt. Gequält. Besorgt«, erklingt von irgendwo eine Durchsage. Das versteht sich doch von selbst, warum also eigens eine Durchsage machen?

Und dann ist es vorbei. Die letzte Rolle ist durchgelaufen, und ich bin überwältigt. Dieser Namenloser-Affe-Durchgang war wie kein Namenloser-Affe-Durchgang vor ihm. Ich kann nur stumm hier sitzen, während der Projektor weiter vor sich hin surrt. Ich kann nicht sprechen. Ich will nicht sprechen. Ich bin stumm. Ich starre auf das nunmehr weiße Rechteck vor mir. Der Film hat mich gebrochen. Er hat mich geheilt. Ich bin neugeboren. Meine gesamte DNA ist verändert worden. Ich scheine Stunden, Tage hier zu sitzen, ehe ich in der Lage bin, mich zu bewegen, zu laufen, in die Welt hinauszutreten.

KAPITEL 86

DRAUSSEN SIEHT ALLES anders aus, *ist* alles anders. Das Licht ist heller, der Himmel blauer. Die Luft atmet nun mich. Und ich gehe. Eine Ruhe ist über mich gekommen. Die Menschen, an denen ich vorbeikomme, lächeln und nicken mir zu. Wie seltsam und wie wunderbar, auf dieser Welt zu sein. Wie seltsam und wie wunderbar, zu lächeln und das Nicken zu erwidern. Ich bin in ein Geheimnis eingeweiht. Ich bin Teil von etwas Größerem. Ich bin wahrhaft verändert. Doch ich blicke nicht urteilend, nicht geringschätzig auf mein früheres Ich. Ich empfinde nichts als Mitgefühl und Liebe für diese Person, für alle Personen, für jedes tanzende, wirbelnde Elektron im Universum. Ich begreife jetzt, dass ich Ingos Film niemandem zeigen muss. Tatsächlich kann ich Ingos Film niemandem zeigen. Der Film war allein für mich bestimmt. Die einzige Möglichkeit, den Film mit jemandem zu teilen, besteht darin, zu teilen, was ich geworden bin. Er hat mich verwandelt, und meine Präsenz wird andere verwandeln. Der ganze Film an sich ist natürlich das Ungesehene, das zumindest von anderen Ungesehene. Das ist jetzt so offensichtlich.

Ich werde ihn wieder erinnern. Und wieder. Ich werde ihn bis ans Ende meines Lebens erinnern, aber nicht als Kritiker. Ich werde nicht versuchen, ihn zu meistern, ihn zu besitzen, ihn zu lehren. Diese Zeit ist vorbei. Die Tage der Inanspruchnahme, der Inbesitznahme sind gezählt. Von nun an werde ich mich großer Kunst fügen. Sie wird nach Belieben mit mir verfahren können. Ich werde gehen, wohin sie mir zu gehen befiehlt. Ich werde sie in mir aufnehmen, werde zulassen, dass sie mich in Stücke reißt, mich auslöscht, mich nach ihrem Bilde wiederaufbaut. Ich werde in ihr leben wie ein Untertan in einem himmlischen Königreich. Ich werde nie versuchen, mir etwas anzueignen: keinen Film, keinen Menschen, keine Idee.

Ich rufe meinen Redakteur an.

»Hallo, Davis«, sage ich.

»B., wo bist du? Ich versuche, dich seit Monaten zu erreichen.«

»Tut mir leid«, sage ich. »Ich war in eine lebensverändernde Erfahrung eingetaucht.«

»Geht es dir gut? Du klingst verändert.«

»Ich bin verändert, auf wunderbare Weise verändert.« Ich lache warmherzig.

»Ähm, gut. Wie kommst du mit dem *Enchantment*-Artikel voran? Wir warten auf Text.«

»Davis, ich liebe dich, und ich bin so dankbar für die Chancen, die du mir eingeräumt hast.«

»Gut. Gerne.«

»Ich bin an einen anderen Ort gelangt, und ich kann nicht mehr urteilend auf die Werke anderer blicken. Ich bin einfach so dankbar, lebendig zu sein, und ich bin dankbar, dass die Welt in all ihrer Komplexität lebendig ist.«

»Was willst du damit sagen?«

»Ich kann keine Kritiken mehr schreiben.«

»Wir haben in diesen Text investiert, B. Wir haben dich eigens nach Florida geschickt.«

»Und dafür bin ich so dankbar. Danke. Vielleicht kannst du den Auftrag an Dinsmore weitergeben? Ich schicke xiem meine Aufzeichnungen. Als trans* Mann hat Dinsmore ein Recht auf den Artikel.«

»Ich verstehe nicht recht, was hier gerade passiert.«

»Zum ersten Mal in meinem Leben kann ich mit Fug und Recht behaupten, dass ich auch nicht weiß, was passiert. Und es fühlt sich wunderbar an. Auf Wiederhören, Davis. Ich liebe dich.«

Ich lege auf, aber nicht auf die übliche wütende Art. Ich lege sanft auf. Ich lege voller Dankbarkeit auf, frei von Schuldgefühlen. Ich lege auf, weil es Zeit zum Auflegen ist. Dann bestelle ich die Gedächtnisrutsche für Ingos Grabstelle telefonisch ab. Ich werde die Anzahlung verlieren, doch das ist mir gleich. Dann bestelle ich einen neuen Grabstein für Ingo. Nur mit Namen und Lebensdaten darauf. Schlicht und diskret. Vielleicht ist selbst das zu viel. Ich weiß es nicht. Ich weiß gerade gar nichts mehr. Ich lerne. Ich bin ein Schüler. Auf immer und ewig ein Schüler. Ein blutiger Anfänger, wie man sagt. Und das ist gut. Das ist der richtige Zustand. Ich kann atmen. Es gibt nichts zu verteidigen. Ich bin frei.

KAPITEL 87

IN DEN TAGEN darauf bin ich glücklich. Ich setze keinerlei Erwartungen in meine Interaktionen mit anderen Menschen, und das macht alles einfacher. Ich trete der Welt sanft und freundlich entgegen, und die Welt dankt es mir. Ich bin nicht mehr … Ich halte inne. Ich weiß nicht, wie ich den Gedanken beenden soll, bis ich erkenne, dass das der ganze Gedanke ist: Ich bin nicht mehr.

Der Plan, soweit ich in meinem neuen Leben einen habe, besteht darin, den Film, Ingos Notizbücher und seine gesamten Requisiten und Kulissen in einen großen Mietlaster zu laden und wieder nach New York zu befördern. Dort werde ich mir eine neue Arbeit suchen, vielleicht für eine wohltätige Organisation tätig werden, vielleicht in irgendeiner unterversorgten kulinarischen Einöde einen Gemeinschaftsgarten gründen. Von solchen Dingen träume ich jetzt. Ich will nur dienen können. Einmal im Jahr werde ich mir dann freinehmen, sodass ich mir Ingos Film wieder ansehen kann, um mehr zu lernen, mehr zu fühlen, gegenwärtiger zu werden, besser zu dienen. Das ist mein Plan, soweit man davon sprechen kann, wobei ich mir vollauf bewusst bin, dass das Leben, wie Mr. J. Lennon uns gelehrt hat, das ist, was passiert, während wir gerade andere Pläne schmieden.

Auf der Straße, am Steuer des acht Meter langen Lastwagens mit meinem Auto im Schlepptau, sehe ich einen Slammy's vor mir. Es ist der Slammy's, an dem ich auf dem Weg nach St. Augustine angehalten hatte. So vieles ist seitdem passiert. So vieles hat sich verändert. Ich lächle in der Erinnerung an all die Missgeschicke dieses Ichs. Das ist eine Ewigkeit her. Ich beschließe, anzuhalten, mir vielleicht eine Slammy's Original Boardwalk Cola für die Fahrt zu kaufen, vielleicht einen Slammy's Veggie Burger ohne Käse, da ich nun ein Anhänger der veganen Ernährung bin.

Der Parkplatz ist leer. Ich parke mit meinem riesigen Sattelschlepper dennoch am äußersten Ende im Gras, um nicht zu viele Parklücken zu besetzen (vielleicht gibt es einen mittäglichen Ansturm!). Ich überquere den Parkplatz. Es ist so heiß, dass ich den von der Sonne aufgeheizten Asphalt durch die Schuhsohlen spüre. Es fühlt sich gut an. Es fühlt sich auch gut an, das klimatisierte Restaurant zu betreten. Es fühlt sich auch gut an, meine alte Freundin hinter dem Tresen zu sehen. Sie wird sich vermutlich nicht an mich erinnern. Warum sollte sie? Ich lächle, und sie erwidert mein Lächeln.

»Willkommen bei Slammy's«, sagt sie. »Was kann ich für Sie tun?«

Es ist offensichtlich, dass ihr mein Gesicht nichts sagt. Das ist in Ordnung. Mein altes Ich wäre verletzt gewesen. Aber ich weiß, dass sie wahrscheinlich Hunderte von Menschen am Tag sieht. Ich bin einfach nur ein weiterer. Das macht nichts.

»Hallo, ich hätte gern eine Slammy's Original Boardwalk Cola. Biggy bitte.«

»Okay, Baby«, sagt sie. »Sonst noch was?«

Sie hat mich »Baby« genannt. Ich bin verblüfft. Ich bin erfreut. Ich muss gegen alte Instinkte ankämpfen.

»Ja, ich hätte auch noch gern einen Slammy's-Veggie-Burger. Ohne Käse bitte.«

»Gibt's nur mit Käse, Baby«, sagt sie.

Ich widerstehe dem Drang, ihr zu sagen, ich sei Veganer und könne nicht guten Gewissens Tierprodukte zu mir nehmen.

»Gut, ist in Ordnung«, sage ich.

»Sonst noch was?«

»Nein, das wäre alles«, sage ich. »Danke.«

»5,37 Dollar, Baby.«

Es ist schön, dass sie mich weiterhin »Baby« nennt. Es bedeutet nichts weiter, als dass sie freundlich ist. Es heißt nicht, dass sie mit mir flirtet. Unter den Afroamerikanern in dieser Gegend ist es wahrscheinlich ein normaler Kosename. So, wie wenn mich eine Bedienung in einem Café »Herzchen« nennt.

Ich bezahle und setze mich. Ich versuche, Blickkontakt mit ihr herzustellen, um zu sehen, ob zwischen uns vielleicht doch irgendetwas ist. Nicht, dass ich das erwarten würde. Aber sie sieht nur ausdruckslos an mir vorbei aus dem Fenster. Es dauert eine Zeit lang, bis das Essen kommt, was mich überrascht, da ich der einzige Gast bin.

»Gehört der große Lastwagen dir, Baby?«, sagt sie endlich zu mir.

»Ja«, sage ich. Ich habe plötzlich das Bedürfnis, ihr von Ingos Film zu erzählen, von seinem Afroamerikanischsein, seinem Schwedischsein, davon, wie sehr mich der Film verändert hat. Aber ich besinne mich darauf, dass ich Ingo und mir selbst geschworen habe, niemandem von der Existenz des Films zu erzählen. Diese neue Einstellung bereichert mich. Ich muss ständig wachsam bleiben.

»Der brennt nämlich«, sagt sie.

Ich wirble herum und sehe dicke Rauchschwaden aus dem Laster aufsteigen

KAPITEL 88

RAUCH DRINGT MIR in die Augen. Und in seiner neuen, in Teilchen zerlegten Struktur sehe ich den Film noch einmal und zum letzten Mal. Ich weiß, dieser Rauch wird sich nie wieder zu einem Film zusammenfügen lassen. Ich weiß genug über Entropie, um das zu wissen. Das Universum gleitet stetig einer immer größeren Unordnung entgegen.

Und dann ist innerhalb eines Augenblicks die gesamte Menschheit ausgelöscht. Es gibt jetzt nur noch Ameisen. Und Pilze. Und hier und da einige sonderbare mutierte Pflanzen, Rosen in einem überirdischen Farbton, Farben ohne Beispiel und ohne Erklärung. Wie ist es möglich, dass Ingo eine Farbe geschaffen hat, die man sich nie hätte vorstellen können? Es ist die Farbe eines Schreis, die Farbe des Paradoxen, die Farbe des Nichts. Und eine Million Jahre lang ist nichts zu hören, da Ameisen und Pilze und Blumen keine Ohren haben. Es gibt keine Komödie und keine Tragödie auf dieser Welt. Denn Ameisen könnten sie nicht begreifen, haben kein Bedürfnis danach. Ameisen, das muss man wissen, sind perfekte Wesen. Sie wissen, wer sie sind, ohne zu wissen, dass sie wissen, wer sie sind. Sie kennen keine Scham oder Bescheidenheit. Ihr Ameisensein will nichts rechtfertigen, ist rein. Sie müssen sich keine Geschichten erzählen, müssen keine Mythologien oder Götter erschaffen. Und dieser Teil des Films, der einen Monat lang dauert, ist nicht da, um mich zu unterhalten. Ich bin einfach nur eine Fliege an der Wand der Ameisenheit, und ich kann ihr zuschauen oder nicht. Und ich schaue zu.

Es vergehen ganze Tage, an denen überhaupt keine Ameisen zu sehen sind. Nur Felsen. Nur Pilze. Nur übernatürliche Blumen. Es geht nicht um mich. Natürlich geht es gerade dadurch, dass es nicht um mich geht, doch um mich. Alles dreht sich um mich. Alles wird in Bezug auf mich verstanden. Es führt kein Weg daran vorbei. Das ist der perfekte Mechanismus des Bewusstseins. Ich erinnere mich an die Erfahrung, diesen Monat des Films anzusehen, als das Eintreten in einen neuen Seinszustand. Alles verlangsamte sich. Da der Regisseur keinen bestimmten Fokus setzte (abgesehen von der Platzierung der Kamera, denn ganz lässt sich der Subjektivität nicht entgehen), schweifte mein Blick frei durch das Bild. Anfangs war es beängstigend, so als müsste ein Kind eine Schulaufgabe ohne Anweisungen erledigen. Aber mit der Zeit – und es gab viel Zeit – begann ich, diese Freiheit beglückend zu finden, und so wie bei der selbstgeführten Meditation wurde ich mir meines eigenen »Affengeists« schmerzlich bewusst und brachte ihn daraufhin schrittweise sanft zum Verstummen.

In der zweiten Woche betrachtete ich die Ameisen, die Nichtameisen, die Felsen, die Pilze, die Blumen urteilsfrei, ohne den Vorgängen irgendwelche menschlichen Motivationen zuzuschreiben, ohne Anthropomorphismen. Mit einem Wort: Ich lebte schlicht dort. Gewiss, am Ende eines jeden Tages, wenn ich in den Schlaf zu finden versuchte, wurde ausgiebig und fieberhaft masturbiert mit nie zuvor erdachten Fantasien, doch ich begriff, dass auch das ein Resultat meines »Affengeists« war, der meinen Körper verließ wie Samen, in einem Zucken der Kapitulation. Ich begann zu ahnen, dass alles Bisherige nur gezeigt worden war, um dieser grundlegenden Erfahrung des Wandels den Weg zu bereiten. Und selbst nach meiner Offenbarung dauerte die Eine-Million-Jahre-Sequenz weitere zwei Wochen an, in deren Verlauf nicht das Geringste geschah. Genug ist genug, dachte ich schließlich. Wirklich, ich habe es verstanden. Und damit änderte sich alles. Wenn der Schüler bereit ist, erscheint der Lehrer.

KAPITEL 89

IN MEINEM KRANKENBETT im Clownskrankenhaus weiß ich, dass ich verändert bin. Nun, ich glaube, dass ich verändert bin, doch kann ich mir da sicher sein? Vielleicht ist meine Erinnerung daran, wie ich war, fehlerhaft. Doch wenn meine jetzige Erinnerung fehlerhaft ist und ich genauso bin, wie ich war, dann war meine frühere Erinnerung fehlerhaft, und ich kann mich nicht erinnern, eine fehlerhafte Erinnerung gehabt zu haben. Mir kommt der Gedanke, dass das Erwachen aus einem Langzeitkoma für einen Menschen die einzige Möglichkeit ist, sich selbst nach einer langen Abwesenheit wiederzusehen. Die Erfahrung, einen Freund oder Verwandten nach langer Abwesenheit wiederzusehen, ist uns allen vertraut. Sie sind älter geworden. Sie sind größer geworden. Sie sind dicker geworden. Doch da wir jede einzelne Sekunde jedes einzelnen Tages mit uns selbst verbringen, haben wir diese Möglichkeit nicht. Zudem schätzen wir die Veränderungen der anderen nicht unbedingt objektiv ein. Als ich das Haus, in dem ich aufgewachsen bin, nach Jahrzehnten der Abwesenheit wiedersah, wirkte es kleiner. Gewiss war es nicht wirklich kleiner geworden. Meine Erinnerung trog. Oder zumindest meine Subjektivität: Ich hatte das Haus größer in Erinnerung, weil ich damals kleiner war, weil meine Welt kleiner war. Bin ich nun also verändert? Vielleicht kann ich, wenn ich wieder in New York bin, unter meinen Bekannten eine Umfrage durchführen: Wirke ich verändert? Wenn ja, in welcher Weise? Stimmt mein Eindruck, dass ich kleiner werde?

Die meisten meiner Bekannten scheinen mich aufgegeben zu haben. Das Krankenhauspersonal hat mir gesagt, es habe keine Besuche gegeben. Keine Anrufe. Bei meiner Exfrau überrascht mich das nicht. Aber meine Tochter? Das tut weh. Mein Sohn? Etwas ist ganz gewiss anders. Ich spüre es. Selbst wenn sie mir sagten, es sei nicht so, würde ich ihnen daher nicht glauben. Sie würden lügen. Aus welchem Grund auch immer. Aus Freundlichkeit. Gemeinheit. Schicklichkeit. Aber etwas ist mir abhandengekommen. Ein gewisser Funke. Eine Leichtigkeit in meinem Gang (was ich selbst in meinem Streckverband spüre). Ich war damals jünger, vielleicht fühlt es sich also so an, drei Monate älter zu sein. Ich war noch nie so alt wie jetzt, wie sollte ich das also wissen? Wie *kann* ich es wissen? Ich kann nichts weiter tun, als weiterzuleben und dabei nicht zu wissen, warum ich verändert bin, sondern nur in welcher Weise. Und nicht einmal das. Ich bin verwirrt. Meine Erinnerung ist fehlerhaft. Vielleicht haben sich meine Leidenschaften verändert. Ich weiß es noch nicht. Meine Bedürfnisse. Meine Sexualität. Noch weiß ich es nicht.

ALS ICH AUFWACHE, liegt im Nachbarbett eine weibliche Puppe in Mullbinden und Streckverbänden. Sie sagt mir, sie sei fremd hier, eine Ungesehene, die sich mit den Diggern verbündet habe und ebenfalls im Gefecht verwundet worden sei. Sie sagt mir, der Kampf gegen den Korporatismus, gegen den Faschismus, sei der Kampf aller, und sie müssten bekämpft werden, wo immer sie aufkämen. Also sei sie hier in die Höhle gekommen. Doch jetzt sei sie verwundet und habe Heimweh. Sie vermisse ihre Schwester Molly. Ich frage sie, ob sie unter all den Bandagen zufällig einen Penis habe, denn mir kommt da ein Verdacht.

»Ja, habe ich«, sagt sie.

Ich frage die Puppe, wie sie in ihre Welt zurückkehren könne, wenn diese unwiederbringlich in Zeit und Feuer verloren sei. Sie sagt, man könne nicht zu etwas Vergangenem zurückkehren. Man könne nur dorthin vorangehen, wo es jetzt sei.

»Was heißt das?«, frage ich.

»Im Universum geht nichts verloren. Die Dinge verschieben sich nur. Sie ordnen sich neu. Die Atome sind noch da. Die Chrontome sind noch da.«

»Chrontome?«

»Zeiteinheiten, aus denen Augenblicke gebildet werden. Bausteine. Auch sie bleiben bestehen, werden nur zu neuen, zu anderen Augenblicken zusammengefügt. Anderswo.«

»Man kann diese verlorenen Augenblicke also im Grunde gar nicht wiederfinden, weil die Chrontome inzwischen Teil anderer Augenblicke sind?«

»Natürlich ist es in physikalischer Hinsicht nicht unmöglich. Aber die Wahrscheinlichkeit, dass sich die Chrontome noch einmal zu genau derselben Zusammensetzung formieren, ist in etwa so groß wie die, dass sich alle zerstobenen Atome eines eingeäscherten Toten wieder zu exakt dieser Person zusammenfügen.«

»Könnte das passieren?«

»Möglich wäre es.«

»Ein Klon?«

»Nein. Dieselbe Person. Aber in einer anderen Zeit.«

»Also könnten sich die Chrontome neu zusammensetzen, um dieselbe Zeit zu bilden, aber zu einer anderen Zeit?«

»Ja. Aber man müsste sich in die Zukunft bewegen, um diese potenzielle Vergangenheit zu finden.«

»Das scheint mir keinen Sinn zu ergeben.«

»Und doch fühlst du dich von der Idee angezogen.«

»Ja. Man ist immer auf der Suche nach Magie in der Welt. Das lässt man niemals hinter sich. Es fragt sich, warum.«

»Ja, in der Tat.«

»Ich will nicht sterben.«

»Ich weiß, mein Schatz. Ich weiß.«

KAPITEL 90

IST DIE AUFZEICHNUNG identisch mit dem Original? Und wie verhält es sich mit einer Kunstform, die nur in Gestalt einer Aufzeichnung existiert (zum Beispiel einem Bewegtbildfilm), die eine Darstellung einer Reihe unbewegter Tableaus sein mag, welche jedoch im Gehirn des Betrachters als durch die Zeit miteinander vereinigt begriffen werden, da das Gehirn des Betrachters durch im Grunde nichts weiter als eine optische Täuschung überlistet wird? Auf diese Weise existiert der Film tatsächlich nicht außerhalb des Gehirns des Betrachters und im Fall von Ingos Film einzig und allein dieses Betrachters. Wie Harry Rimmer es in seiner Verteidigung der Wahrhaftigkeit der Bibel so eloquent formulierte: »Die Verfasser der Bibel sind allesamt tot, und sie sind es seit vielen Generationen. Ihr Zeugnis wurde zu ihren Lebzeiten nicht angefochten, als sie noch zur Rechenschaft gezogen werden konnten und andere Zeugen derselben Sachverhalte ebenfalls noch am Leben waren. *Es ist eine von den Gesetzen der Evidenz anerkannte Tatsache, dass der Bericht eines Augenzeugen, der zu seinen Lebzeiten nicht angefochten wird, für alle Zeit festgeschrieben ist und von denen, die nach ihm kommen, nicht angezweifelt werden kann.* [Hervorhebung von mir] Die Frage der Wahrhaftigkeit der Bibel liegt damit außerhalb der Rechtsprechung.« Kurz gesagt, bin ich der einzige Zeuge von Ingos Film, und was ich sage, ist Gesetz.

Ich bin mir nun sicher, dass ich so viel von dem Film erinnert habe wie menschenmöglich. Ich sollte mich daranmachen, ihn rückwärts zu erinnern. Ich glaube, dass dieser Film eine Rückwärtsrückerinnerung mehr als die meisten anderen Filme belohnen würde. Es scheint, als hätte Ingo ein Interesse daran gehabt, dieses Feld zu erforschen. Und tatsächlich kommt eine Zeit im Leben eines jeden Menschen, da liegt nicht mehr viel vor ihm, und er kann nur noch zurückschauen. Doch ich würde nicht zu den Erinnerungen zurückspringen, um sie dann vorwärts abzuspielen, sondern eher den gesamten Film rückwärts abspielen, um Wirkung und Ursache zu untersuchen, um alles von Pandora Entfesselte wieder in die Büchse zurückzusaugen, um die wahre Rückläufigkeit zu verstehen. Ich glaube, Ingo hat das instinktiv erkannt; als Sohn eines ungebildeten Schlafwagenstewards (?) ist er Zeuge einer Brutalität geworden, wie sie wenige von uns kennen.

Der Film ist zu Ende. Ich erinnere mich an den Schluss. Ich glaube, ich habe alles aus diesem Vorwärtsdurchgang, diesem Namenloser-Affe-Durchgang gezogen, was möglich war. Vieles fehlt; vieles ist durcheinander. Vielleicht werde ich diese fehlenden Teile während meiner Rückwärtserinnerung entdecken. Vielleicht werde ich, wenn ich mit der Wirkung beginne, zur Ursache gelangen und im Laufe dieses Prozesses weitere Dinge erfahren. Aber die erlebte Realität des Menschentieres ist natürlich, dass die Zeit sich vorwärtsbewegt. Ich muss also durch die Zeit vorwärtsgehen, während ich durch die Erinnerung rückwärtsschaue. Das ist meine Verpflichtung, so wie Dantes Wahrsager dazu verdammt sind, auf ewig vorwärtszugehen, während ihre Köpfe nach hinten blicken, so wie Lots Frau, der in diesem patriarchalen Text nicht einmal ein Name zugewiesen wird – nennen wir sie Yvonne –, nach hinten schaut und bestraft wird, indem sie zur Salzsäule erstarrt. Man kann offenbar weder nach vorne schauen wie die Wahrsager noch nach hinten wie Yvonne, ohne dafür bestraft zu werden. Also kann man ebenso gut schauen, wohin man möchte, würde ich sagen.

Also schaue ich zurück. Und gehe vorwärts. Und denke darüber nach, was mit Calcium geschehen sein mag, als er sich in die Vergangenheit begab und zusah, wie die Welt sich faltete statt entfaltete. Hat er mich je gefunden? Moment mal. Ich erinnere mich an einen Augenblick. Ich fuhr nach Florida hinunter, meine Windschutzscheibe war übersät mit –

Ich falle in ein Loch. Es ist finster und scheint tief zu sein, denn ich falle sehr lange. Ich weiß – oder glaube aufgrund früherer Erfahrungen zu wissen –, dass dieser Sturz nicht mit meinem Tod oder auch nur mit schweren Verletzungen enden wird; er ist einfach etwas, was mir zustößt. Andere haben Ausschlag; ich falle in Löcher. Diese Erkenntnis erlaubt mir, mich im freien Fall zu entspannen; es heißt, Betrunkene und Säuglinge würden sich bei einem Sturz nicht verletzen, weil sie aufgrund eingeschränkter Fähigkeit zur Vorausahnung ihren Körper nicht anspannen. Ich bin weder betrunken noch ein Säugling, bin aber an dem Punkt angelangt, an dem ich mich als Buddhist bezeichnen kann, nachdem ich von dem großen Jack Cornfeld in einsichtsorientierter Meditation geschult wurde, und Jack hat uns immer gesagt: »Ihr müsst im gegenwärtigen Augenblick leben. Ihr müsst. Lebt darin, ihr Arschlöcher!«, und das taten wir. Im Fallen setze ich daher meine Arbeit fort; ich lasse den Film in meinem Kopf rückwärts ablaufen. Das verändert natürlich alles. Es ist das, was Jack bei seinem inzwischen berühmten Vortrag am Naropa Institute als einen »Paradigmenwechsel« bezeichnete. »Macht einen verdammten Paradigmenwechsel, ihr Arschlöcher!« Nun sehe ich mich umgekehrt fallen; ich sehe mich aus dem Loch aufsteigen, ein Held, ein Superheld eigentlich, meine Wirkung führt zur Ursache, meine Demütigung führt zu einer völligen Beherrschung der Schwerkraft. Das ist eine wahre Superkraft. Ich bin Umkehrman. Ich sehe noch mehr von dem Film in dieser Richtung. Ich sehe Henrietta, Tsai, Barassini, Grace, allesamt auf dem Weg zu ihrer Geburt, ihre Narben eine nach der anderen ausgelöscht. Ich sehe, wie sie ungeboren werden, sich in Spermium und Zelle aufteilen, die Eigenschaften ihrer Eltern zurückvererben, frei werden. Ich sehe auch Trunk, der kleiner wird, der alle seine Traurigkeiten ablegt. Mit jeder ausgelöschten Traurigkeit sehe ich den Weg, zu dem sie geführt hätte, ausgelöscht. Ich stelle mir die unterschiedlichen Leben vor, die er hätte führen können. Und wenn ich sie mir vorstellen kann, müssen sie an irgendeinem Ort wahr sein. Mir kommt der Gedanke, dass ich mich mit dem Film auch an mich selbst erinnere, denn der Film existiert nicht ohne mich. Nun ja, diese eine Version von B2 tut es schon, und diese andere Version, die in den rechteckigen Filmdosen, aber das sind nicht die echten Versionen. Sie sind eher eine Art Verfälschung, eine Art Rekonstruktion, eine Parodie, despektierlich und widerwärtig. Ich erkenne jetzt, dass die Erinnerung an den Film der Film ist, dass selbst die Teile, an die ich mich nicht erinnern kann, der Film sind. Die Erinnerung ist fehlerbehaftet. Sie ist unpräzise, aber sie ist das einzige Werkzeug, mit dem wir über die Zeit hinweg Kontakt zur Welt halten können. Ohne sie existiert das Leben, wie wir es kennen, nicht weiter. Ich schlage auf.

DANKSAGUNG

VIELEN DANK AN Anna Kaufman, Ben Greenberg, Claudia Ballard, Deanna Storey, Denise Monaghan, Emma Balay-Wilson, Eva H. D., Helen Kaufman, Ken Richman, die MacDowell Colony, Myron Kaufman, Riva Lehrer, Sharon Jackson und Susan Kaufman.

B. Rosenberg kriegt nichts auf die Reihe, außer Kritiken zu schreiben, die keiner liest. Der New Yorker Stadtneurotiker prahlt mit der schwarzen Hautfarbe seiner Freundin und wehrt sich gegen die Unterstellung, er sei Jude. Nicht einmal ein Geschlecht will er haben, in Zeiten »politisch korrekter Schafe« nennt er sich einfach nur B. Dann jedoch stößt er auf den längsten jemals gedrehten Film. Sein unbekannter Schöpfer, ein hundertneunzehnjähriger Afroamerikaner, hat neunzig Jahre daran gearbeitet. B. hat eine Mission: Er möchte den ungesehenen Film endlich der Welt zeigen. Doch das Meisterwerk geht in Flammen auf und B. kann es nur nachträumen.

CHARLIE KAUFMAN, 1958 in New York geboren, ist ein US-amerikanischer Drehbuchautor und Filmregisseur. Er studierte an der Tisch School of the Arts der New York University und begann seine Karriere als Autor von Fernsehserien. Doch Kaufmans unkonventioneller Stil führt zu seinem Frust dazu, dass sein Material oft abgeändert wurde, weswegen er andere, schöpferischerer Wege suchte. International bekannt wurde er erstmals für sein Drehbuch für *Being John Malkovich* (1999). Mit *Vergiss mein nicht!* gewann er 2005 den Oscar für das beste Originaldrehbuch. Kaufman debütierte 2008 als Filmregisseur mit *Synecdoche, New York* und erhielt dafür eine Einladung zum Wettbewerb der 61. Filmfestspiele von Cannes. Sein neuester Film *I am Thinking of Ending Things* (2020), von Netflix produziert, ist ein großer Kritiker- und Publikumserfolg.

STEPHAN KLEINER, 1975 geboren, lebt als freier Lektor und Übersetzer in München. Er übersetzte u. a. Geoff Dyer, Nick Hornby, Michel Houellebecq und Hanya Yanagihara ins Deutsche.

